中国安全防范行业年鉴

（2022 版）

中国安全防范产品行业协会　编

中国人民公安大学出版社
·北　京·

图书在版编目（CIP）数据

中国安全防范行业年鉴：2022 版 / 中国安全防范产品行业协会编 . —北京：中国人民公安大学出版社，2023. 12

ISBN 978-7-5653-4747-4

Ⅰ. ①中…　Ⅱ. ①中…　Ⅲ. ①安全装置—工业企业—中国—2022—年鉴　Ⅳ. ①F426. 63-54②F426. 4-54

中国国家版本馆 CIP 数据核字（2023）第 191105 号

中国安全防范行业年鉴（2022 版）

中国安全防范产品行业协会　编

出版发行：中国人民公安大学出版社
地　　址：北京市西城区木樨地南里
邮政编码：100038
经　　销：新华书店
印　　刷：天津盛辉印刷有限公司

版　　次：2023 年 12 月第 1 版
印　　次：2023 年 12 月第 1 次
印　　张：26
开　　本：889 毫米×1194 毫米　1/16
字　　数：768 千字

书　　号：ISBN 978-7-5653-4747-4
定　　价：108. 00 元

网　　址：www. cppsup. com. cn　www. porclub. com. cn
电子邮箱：zbs@ cppsup. com　zbs@ cppsu. edu. cn

营销中心电话：010-83903991
读者服务部电话（门市）：010-83903257
警官读者俱乐部电话（网购、邮购）：010-83901775
公安业务分社电话：010-83905672

《中国安全防范行业年鉴》（2022 版）编委会

《中国安全防范行业年鉴》（2022 版）编纂工作组

序 言

Preface

2022 年是党和国家历史上极为重要的一年。这一年，党的二十大胜利召开，科学谋划了中国未来五年乃至更长时期党和国家事业发展的目标任务和大政方针。这一年，新冠疫情反复延宕，世界经济脆弱性更加突出。面对风高浪急的国际环境和艰巨繁重的国内改革发展稳定任务，党中央带领全党全国各族人民，坚持稳中求进工作总基调，完整、准确、全面贯彻新发展理念，加快构建新发展格局，推动高质量发展，在全面建设社会主义现代化国家新征程上迈出坚实步伐。

2022 年，安防行业按照总体国家安全观及建设更高水平平安中国要求，坚持以人民安全为宗旨，统筹发展与安全，以安全新格局保障发展新格局，全力推进行业高质量发展。这一年，在严峻的国际形势，以及新冠疫情的冲击下，我国安防行业虽面临国内需求收缩、原材料涨价、供应链摩擦等诸多不确定因素，但依然保持了总体平稳略增的态势。在国家大力推动数字经济发展、制造业转型升级能力加强、新一代信息技术创新提速等诸多因素影响下，行业持续走向智能化、数字化；在数字政府、智慧应急、智慧制造、智慧社区、智慧环保、智慧水利、数字乡村等新兴领域项目不断落地的情况下，安防市场容量持续扩张，市场应用持续扩大。同时，安防企业也积极通过扩展行业领域、下沉服务渠道、加大创新投入、谋求上市融资等措施推动企业可持续发展。

2022 年，行业管理部门、技术服务机构及社会团体组织锚定行业高质量发展这个重点任务，多措并举，不断完善行业管理，提升行业服务：全国公安机关科技信息化部门以公安中心工作和实战任务需求为导向，做好提升技防管理水平、深入推进公共安全视频监控建设联网应用、积

中 国 安 全 防 范 行 业 年 鉴 （2022版）

极推动地方配套政策、加强推进标准制定修订等工作；安防技术服务机构着力强化行业标准化建设，持续完善检测认证工作，提升服务质量；各地安防协会强化自身建设，推动行业团体标准制定、搭建交流平台，促进行业内外合作。

《中国安全防范行业年鉴》（以下简称《年鉴》）（2022 版）继续沿用 2021 版的框架体系，分为综述篇、法规政策篇、管理与服务篇、行业发展篇以及附录五大部分，包含行业发展大事、行业发展综述、法律法规政策规划、技防管理、标准化与技术监督、行业管理与服务、新产品新技术等内容，力图在现有框架体系下，使内容更加丰富，可读性更强。

《年鉴》（2022 版）的编纂工作一如既往地得到了行业主管部门、技防管理部门、各地安防协会、技术服务机构以及广大安防企业的大力支持，我们真诚地希望业界同仁提出宝贵意见，使其越做越精，越做越好。同时，在《年鉴》（2022 版）出版之际，谨向关心支持编纂工作的各界人士表示衷心的感谢！未来我们将继续加大投入，加强改革创新，力求精益求精，使《年鉴》真正成为安防行业权威工具书。

《中国安全防范行业年鉴》（2022 版）编委会

2023 年 9 月 1 日

CONTENTS

目录

Contents

综述篇

法规政策篇

管理与服务篇

行业发展篇

综述篇

第一章　2022 年中国安防行业发展大事记

第一节　重要讲话节选

2022 年 4 月 19 日下午，中共中央总书记习近平主持召开中央全面深化改革委员会第二十五次会议。会议指出，加强数字政府建设是创新政府治理理念和方式的重要举措，对加快转变政府职能，建设法治政府、廉洁政府、服务型政府意义重大。

习近平在主持会议时强调，要全面贯彻网络强国战略，把数字技术广泛应用于政府管理服务，推动政府数字化、智能化运行，为推进国家治理体系和治理能力现代化提供有力支撑。要聚焦金融服务科技创新的短板弱项，完善金融支持创新体系，推动金融体系更好适应新时代科技创新需求。要坚持面向世界科技前沿、面向经济主战场、面向国家重大需求、面向人民生命健康，树立勇担使命、潜心研究、创造价值的激励导向，营造有利于原创成果不断涌现、科技成果有效转化的创新生态，激励广大科技人员各展其能、各尽其才。

——摘自：习近平在中央全面深化改革委员会第二十五次会议上的讲话（2022 年 4 月 19 日）

2022 年 6 月 22 日下午，中共中央总书记习近平主持召开中央全面深化改革委员会第二十六次会议。

习近平在主持会议时强调，数据基础制度建设事关国家发展和安全大局，要维护国家数据安全，保护个人信息和商业秘密，促进数据高效流通使用、赋能实体经济，统筹推进数据产权、流通交易、收益分配、安全治理，加快构建数据基础制度体系。要加强党中央对行政区划工作的集中统一领导，做好统筹规划，避免盲目无序。要遵循科技创新规律和人才成长规律，以激发科技人才创新活力为目标，按照创新活动类型，构建以创新价值、能力、贡献为导向的科技人才评价体系，引导人尽其才、才尽其用、用有所成。要推动大型支付和金融科技平台企业回归本源，健全监管规则，补齐制度短板，保障支付和金融基础设施安全，防范化解系统性金融风险隐患，支持平台企业在服务实体经济和畅通国内国际双循环等方面发挥更大作用。

——摘自：习近平在中央全面深化改革委员会第二十六次会议上的讲话（2022 年 6 月 22 日）

2022 年 10 月 16 日，中共中央总书记习近平在中国共产党第二十次全国代表大会上作报告。

习近平强调，要推动战略性新兴产业融合集群发展，构建新一代信息技术、人工智能、生物技术、新能源、新材料、高端装备、绿色环保等一批新的增长引擎。加快发展数字经济，促进数字经济和实体经济深度融合，打造具有国际竞争力的数字产业集群。

习近平指出，要提高城市规划、建设、治理水平，加快转变超大特大城市发展方式，实施城市更新行动，加强城市基础设施建设，打造宜居、韧性、智慧城市。

习近平强调，要强化国家安全工作协调机制，完善国家安全法治体系、战略体系、政策体系、风险监测预警体系、国家应急管理体系，完善重点领域安全保障体系和重要专项协调指挥体系建设。

习近平指出，要提高公共安全治理水平。坚持安全第一、预防为主，建立大安全大应急框架，完善公共安全体系，推动公共安全治理模式向事前预防转型。推进安全生产风险专项整治，加强重点行业、重点领域安全监管。提高防灾减灾救灾和重大突发公共事件处置保障能力，加强国家区域应急力量建设。强化食品药品安全监管，健全生物安全监管预警防控体系。加强个人信息保护。

——摘自：习近平在中国共产党第二十次全国代表大会上的讲话（2022年10月16日）

2022年3月5日，国务院总理李克强在第十三届全国人民代表大会第五次会议上作政府工作报告。在2022年政府工作任务部分指出：

要提升科技创新能力。实施基础研究十年规划，加强长期稳定支持，提高基础研究经费占全社会研发经费比重。实施科技体制改革三年攻坚方案，强化国家战略科技力量，加强国家实验室和全国重点实验室建设，发挥好高校和科研院所作用，改进重大科技项目立项和管理方式，深化科技评价激励制度改革。支持各地加大科技投入，开展各具特色的区域创新。加强科普工作。推进国际科技合作。加快建设世界重要人才中心和创新高地，完善人才发展体制机制，弘扬科学家精神，加大对青年科研人员支持力度，让各类人才潜心钻研、尽展其能。

要增强制造业核心竞争力。促进工业经济平稳运行，加强原材料、关键零部件等供给保障，实施龙头企业保链稳链工程，维护产业链供应链安全稳定。引导金融机构增加制造业中长期贷款。启动一批产业基础再造工程项目，促进传统产业升级，大力推进智能制造，加快发展先进制造业集群，实施国家战略性新兴产业集群工程。着力培育“专精特新”企业，在资金、人才、孵化平台搭建等方面给予大力支持。推进质量强国建设，推动产业向中高端迈进。

要促进数字经济发展。加强数字中国建设整体布局。建设数字信息基础设施，逐步构建全国一体化大数据中心体系，推进5G规模化应用，促进产业数字化转型，发展智慧城市、数字乡村。加快发展工业互联网，培育壮大集成电路、人工智能等数字产业，提升关键软硬件技术创新和供给能力。完善数字经济治理，培育数据要素市场，释放数据要素潜力，提高应用能力，更好赋能经济发展、丰富人民生活。

要推进社会治理共建共治共享。促进人民安居乐业、社会安定有序。创新和完善基层社会治理，强化社区服务功能，加强社会动员体系建设，提升基层治理能力。健全社会信用体系。提高防灾减灾救灾和应急救援能力，做好洪涝干旱、森林草原火灾、地质灾害、地震等防御和气象服务。推进国家安全体系和能力建设。强化网络安全、数据安全和个人信息保护。加强社会治安综合治理，推动扫黑除恶常态化，坚决防范和打击各类违法犯罪，建设更高水平的平安中国、法治中国。

——摘自：李克强在第十三届全国人民代表大会第五次会议上的政府工作报告（2022年3月5日）

2022年1月20日，中央政法委年度工作总结暨部署大会召开。中央政法委秘书长陈一新在会上强调，要坚持以习近平新时代中国特色社会主义思想为指导，全面贯彻党的十九大和十九届历次全会精神，深入贯彻习近平总书记关于政法工作的新理念新思想新战略。

陈一新提出，今年要抓实抓好“十项工作重点”。全力护航党的二十大，是今年政法工作压倒一切的中心任务，是中央政法委义不容辞的首要责任，是政法战线务必抓实抓好的头等大事。要坚决维护国家政治安全、打好重点领域主动战持久战、加强社会治安防控、推进扫黑除恶常态化、加快推进市域社会治理现代化、加强和创新基层社会治理、服务保障经济社会高质量发展、全面深化政法改革、加强政法领域意识形态工作、巩固深化政法队伍教育整顿成果，以强烈的责任担当确保落实见效。

陈一新强调，要深化研究“十大战略策略问题”，即重视顶层设计和基层探索问题、统筹发展和安全问题、统筹推进国内法治和涉外法治问题、履行打击和保护职能问题、发挥专门力量和群防群治作用问题、重视社会治理平战机制转换问题、研究智能化建设及其安全风险防控问题、打好打赢网下战场和网上战场问题、完善制约监督和协同配合机制问题、回答好人民监督和自我革命两个答案，不断增强政法工作的前瞻性、科学性、创造性、实效性。

——摘自：陈一新在中央政法委2021年度工作总结暨部署大会上的讲话（2022年1月20日）

2022 年 8 月 15 日，中央政法委召开第九次市域社会治理现代化试点工作交流会。中央政法委秘书长陈一新强调，要坚持以习近平新时代中国特色社会主义思想为指导，坚定不移走中国特色社会主义社会治理道路，加快完善党委领导、政府负责、群团助推、社会协同、公众参与的市域社会治理体制，为市域社会治理现代化提供有力保障。陈一新就如何完善市域社会治理体制，提出六点意见。

——把握完善市域社会治理体制的总体要求。要适应共建共治共享社会治理新格局的要求，完善市域社会治理的组织架构和组织方式。要适应社会主要矛盾变化的要求，尊重民意、汇聚民智、凝聚民力，不断满足群众对美好生活的需要。要适应把重大风险防控化解在市域的要求，增强防控化解重大风险的统筹力、执行力和实效性。要适应深化平战结合的要求，强化全周期管理、全要素保障，形成上下联动、各方协同、保障有力的平战结合机制。

——推进市域社会治理现代化必须坚持党的全面领导。要坚持和完善党总揽全局、协调各方的领导制度，落实好请示、报告、决策、执行等制度；要做强组织指挥体系，推动各地把市域社会治理作为“一把手工程”，履行好党委政法委牵头协调、组织推动、督办落实的职责；要切实发挥市级“统”的功能，统筹研究部署、统筹资源力量、统筹推进工作落实；要健全年度考评和试点验收评估机制，着力补短板强弱项，形成创先争优的良好局面。

——推进市域社会治理现代化必须落实政府重要职责。要突出防控化解政治安全风险、人民内部矛盾、社会治安风险、公共安全风险隐患、网络安全风险等五类风险隐患。要突出行业领域乱象常态化整治，坚持“打防控建”并举，推动行业领域整治走深走实。要突出加强社会治理服务保障，为推进市域社会治理提供人财物支持。

——推进市域社会治理现代化必须重视发挥群团助推作用。要建立群团助推责任机制，探索群团助推组织形式，找准群团助推着力点，引导群团组织聚焦群众所急、党政所需、群团所能的领域，助推市域社会治理取得实效。

——推进市域社会治理现代化必须增强社会协同合力。要健全社会组织培育扶持机制，扩大社会组织有序参与，确保社会组织按照党的路线方针政策和决策部署开展业务活动。要加强社会组织规范管理，促进其不断提升服务绩效和社会公信力。

——推进市域社会治理现代化必须充分调动公众参与积极性。要畅通群众参与的制度化渠道，健全群众参与的引导机制，创新完善群众工作机制，推动听民声察民情解民忧常态化，使市域社会治理深深扎根于人民群众之中。

——摘自：陈一新在中央政法委第九次市域社会治理现代化试点工作交流会上的讲话（2022年8月15日）

第二节　重要会议

中央全面深化改革委员会第二十五次会议（2022 年 4 月 19 日）

2022 年 4 月 19 日，中央全面深化改革委员会第二十五次会议在北京召开。

会议指出，加强数字政府建设是创新政府治理理念和方式的重要举措，对加快转变政府职能，建设法治政府、廉洁政府、服务型政府意义重大。党的十八大以来，党中央围绕实施网络强国战略、大数据战略等作出一系列重大部署，各方面工作取得新进展。要把坚持和加强党的全面领导贯穿数字政府建设各领域各环节，坚持正确政治方向。要把满足人民对美好生活的向往作为数字政府建设的出发点和落脚点，打造泛在可及、智慧便捷、公平普惠的数字化服务体系，让百姓少跑腿、数据多跑路。要以数字化改革助力政府职能转变，统筹推进各行业各领域政务应用系统集约建设、互联互通、协同联动，发挥数字化在政府履行经济调节、市场监管、社会管理、公共服务、生态环境保护等方面职能的重要支撑作用，构建协同高效的政府数字化履职能力体系。要强化系统观念，健全科学规范的数字政府建设制度体系，依法依规促进数据高效共享和有序开发利用，统筹推进技术融合、业务融合、数据融合，提升跨层级、跨地域、跨系统、跨部门、跨业务的协同管理和服务水平。要始终绷紧数据安全这根弦，加快构建数字政府全方位安全保障体系，全面强化数字政府安全管理责任。

中央财经委员会第十一次会议（2022年4月26日）

中共中央总书记、国家主席、中央军委主席、中央财经委员会主任习近平于2022年4月26日主持召开中央财经委员会第十一次会议，研究全面加强基础设施建设问题，研究党的十九大以来中央财经委员会会议决策部署落实情况。

会议指出，要加强信息、科技、物流等产业升级基础设施建设，布局建设新一代超算、云计算、人工智能平台、宽带基础网络等设施，推进重大科技基础设施布局建设，加强综合交通枢纽及集疏运体系建设，布局建设一批支线机场、通用机场和货运机场。要加强城市基础设施建设，打造高品质生活空间，推进城市群交通一体化，建设便捷高效的城际铁路网，发展市域（郊）铁路和城市轨道交通，推动建设城市综合道路交通体系，加强智能道路、智能电源、智能公交等智慧基础设施建设。要加强国家安全基础设施建设，加快提升应对极端情况的能力。

“推动数字经济持续健康发展”专题协商会（2022年5月17日）

中国人民政治协商会议全国委员会于2022年5月17日在北京召开“推动数字经济持续健康发展”专题协商会。

会议指出，要发挥新型举国体制优势、超大规模市场优势，加强关键核心技术攻关，把发展数字经济自主权牢牢掌握在自己手中。要推动数字经济和实体经济深度融合，引导中小企业数字化转型，充分挖掘工业互联网发展潜力，促进新一代信息技术为设备赋智、为企业赋值、为产业赋能。要厘清数据所有权、使用权、运营权、收益权等权利，建设更为安全高效的数据要素市场。要加强统筹协调，创新监管方式，健全数字经济治理体系，在保障国家网络和数据安全的基础上激发企业创新活力。要鼓励数字经济国际合作，积极参与全球数字治理进程。

中央全面深化改革委员会第二十六次会议（2022年6月22日）

中央全面深化改革委员会第二十六次会议于2022年6月22日在北京召开，审议通过了《关于构建数据基础制度更好发挥数据要素作用的意见》《关于加强和改进行政区划工作的意见》《关于开展科技人才评价改革试点的工作方案》《强化大型支付平台企业监管促进支付和金融科技规范健康发展工作方案》。

会议指出，数据作为新型生产要素，是数字化、网络化、智能化的基础，已快速融入生产、分配、流通、消费和社会服务管理等各个环节，深刻改变着生产方式、生活方式和社会治理方式。我国具有数据规模和数据应用优势，我们推动出台数据安全法、个人信息保护法等法律法规，积极探索推进数据要素市场化，加快构建以数据为关键要素的数字经济，取得了积极进展。要建立数据产权制度，推进公共数据、企业数据、个人数据分类分级确权授权使用，建立数据资源持有权、数据加工使用权、数据产品经营权等分置的产权运行机制，健全数据要素权益保护制度。要建立合规高效的数据要素流通和交易制度，完善数据全流程合规和监管规则体系，建设规范的数据交易市场。要完善数据要素市场化配置机制，更好发挥政府在数据要素收益分配中的引导调节作用，建立体现效率、促进公平的数据要素收益分配制度。要把安全贯穿数据治理全过程，守住安全底线，明确监管红线，加强重点领域执法司法，把必须管住的坚决管到位。要构建政府、企业、社会多方协同治理模式，强化分行业监管和跨行业协同监管，压实企业数据安全责任。

中国共产党第二十次全国代表大会（2022年10月16日）

2022年10月16日，中国共产党第二十次全国代表大会在京召开。

会议强调，要坚持把发展经济的着力点放在实体经济上，推进新型工业化，加快建设制造强国、质量强国、航天强国、交通强国、网络强国、数字中国。实施产业基础再造工程和重大技术装备攻关工程，支持专精特新企业发展，推动制造业高端化、智能化、绿色化发展。巩固优势产业领先地位，在关系安全发展的领域加快补齐短板，提升战略性资源供应保障能力。推动战略性新兴产业融合集群发展，构建新一代信息技术、人工智能、生物技术、新能源、新材料、高端装备、绿色环保等一批新的增长引擎。加快发展数字经济，促进数字经济和实体经济深度融合，打造具有国际竞争力的数字产业集群。优化基础设施布局、结构、功能和系统集成，构建现代化基础设施体系。

会议指出，要坚持人民城市人民建、人民城市为人民，提高城市规划、建设、治理水平，加快转变超大特大城市发展方式，实施城市更新行动，加强城市基础设施建设，打造宜居、韧性、智慧城市。

会议强调，要强化国家安全工作协调机制，完善国家安全法治体系、战略体系、政策体系、风险监测预警体系、国家应急管理体系，完善重点领域安全保障体系和重要专项协调指挥体系，强化经济、重大基础设施、金融、网络、数据、生物、资源、核、太空、海洋等安全保障体系建设。

会议指出，提高公共安全治理水平。坚持安全第一、预防为主，建立大安全大应急框架，完善公共安全体系，推动公共安全治理模式向事前预防转型。推进安全生产风险专项整治，加强重点行业、重点领域安全监管。提高防灾减灾救灾和重大突发公共事件处置保障能力，加强国家区域应急力量建设。强化食品药品安全监管，健全生物安全监管预警防控体系。加强个人信息保护。

中央政法委秘书长扩大会议（2022年10月24日）

2022年10月24日，中央政法委秘书长陈一新主持召开秘书长扩大会议，传达学习党的二十大精神，研究贯彻落实初步意见。

会议强调，要把认真学习宣传贯彻好党的二十大精神作为当前的首要政治任务，力求学在深处，深刻领会过去五年工作和新时代十年伟大变革的重大意义，坚定历史自信，增强历史主动；深刻领会习近平新时代中国特色社会主义思想的世界观和方法论，更好用党的创新理论武装头脑、指导实践；深刻领会新时代新征程中国共产党的使命任务，把握好中国式现代化的科学内涵、本质要求、战略安排、基本原则和重大举措；深刻领会全面建设社会主义现代化国家的战略部署，履行好新时代政法工作职责使命；深刻领会以伟大自我革命引领伟大社会革命的重要要求，坚持全面从严治党，深入推进新时代党的建设新的伟大工程；深刻领会团结奋斗的时代要求，一步一个脚印把党的二十大作出的重大决策部署付诸行动、见诸成效。力求谋在新处，聚焦维护国家政治安全、推进社会治理现代化、深化政法改革、加强政法队伍建设等职责任务，聚焦明年政法工作的重点、难点、着力点，组织开展大调研，谋划好贯彻落实党的二十大精神的思路举措。力求干在实处，把学习贯彻党的二十大精神与做好当前工作紧密结合起来，对照今年各项目标任务，持续在防风险、保安全、护稳定、深改革、强队伍、促发展上出实招见实效，以新安全格局保障新发展格局、以高水平安全保障高质量发展。

公安部党委（扩大）会议（2022年1月14日）

公安部党委书记、分管日常工作的副部长王小洪于2022年1月14日晚主持召开公安部党委（扩大）

会议，传达学习习近平总书记在省部级主要领导干部学习贯彻党的十九届六中全会精神专题研讨班开班式上的重要讲话精神，研究贯彻落实意见。

会议要求，要准确把握当前我国社会主要矛盾和中心任务，更加自觉地在党和国家工作全局中研究谋划公安工作。要立足两个大局、心怀“国之大者”，坚持围绕中心、服务大局，贯彻新发展理念，推动高质量发展，积极适应人民群众对公安工作提出的新期待新要求，不断加强和改进公安工作，切实履行好捍卫国家政治安全、维护社会安定、保障人民安宁的新时代使命任务，推进更高水平的平安中国、法治中国建设，确保人民群众获得感、幸福感、安全感更加充实、更有保障、更可持续。

全国公安厅局长会议（2022 年 1 月 17 日）

全国公安厅局长会议于 2022 年 1 月 17 日在京召开。

会议要求，要全面强化打防管控措施，始终保持对突出犯罪的严打高压态势，常态化推进扫黑除恶斗争，深入开展“缉枪治爆”“猎狐”“昆仑”和打击长江流域非法捕捞、妨害国（边）境管理犯罪等专项行动，依法严厉打击非法集资、侵犯知识产权、走私和“黄赌毒”“食药环”“盗抢骗”等违法犯罪，持续加大对电信网络诈骗等网络犯罪和跨境赌博等跨境犯罪的打击治理力度，坚决打击整治网络黑灰产业和侵犯公民个人信息等违法犯罪活动，确保社会治安平稳有序，不断增强人民群众安全感。

会议强调，要强化重点地区、重点部位和校园、医院等重点场所安全防范，推动落实新技术新业态安全管理措施，深化道路交通事故预防工作，加强铁路、民航、港航和地铁、公交等安全防范和监所等重点单位安全管理，严防发生重特大安全事故和个人极端暴力案（事）件。

公安部党委（扩大）会议（2022 年 5 月 7 日）

公安部党委书记、分管日常工作的副部长王小洪 5 月 7 日主持召开公安部党委（扩大）会议，认真传达学习习近平总书记在主持召开中央政治局常委会会议分析当前新冠肺炎疫情防控形势，研究部署抓紧抓实疫情防控重点工作时的重要讲话精神，研究贯彻落实意见。

会议要求，要牢固树立大局观念，统筹推进疫情防控和经济社会发展。紧紧围绕“疫情要防住、经济要稳住、发展要安全”要求，紧密结合公安工作实际，认真落实助力“六稳”“六保”、保障改善民生、优化营商环境等便民利企政策措施，努力为实现全年经济社会发展目标作出应有贡献。要优化交通管理措施，科学精准施策，着力保障货运物流运输安全畅通、促进产业链供应链稳定。要深刻汲取近期一些地方发生重特大安全生产事故教训，扎实抓好安全生产 15 条措施落实，全面排查整治公共安全领域隐患，坚决防范遏制重特大安全事故。要不断深化“互联网+公安政务服务”，推出更多“网上办”“掌上办”“一网通办、一网通管”等便利措施。要准确把握宽严相济刑事司法政策，依法慎用查封、扣押、冻结等强制措施，最大限度减少对企业正常生产经营活动的影响。要准确把握常态化疫情防控条件下的社会心态，始终坚持严格规范公正文明执法，确保好的执法效果。

公安部党委理论学习中心组学习（扩大）会议（2022 年 8 月 24 日）

2022 年 8 月 24 日，公安部党委书记、部长王小洪主持召开公安部党委理论学习中心组学习（扩大）会议。会议强调，要认真学习贯彻习近平总书记关于政法工作的重要论述，深入贯彻落实习近平总书记重要训词精神，增强“四个意识”、坚定“四个自信”、做到“两个维护”，牢牢把握对党忠诚、服务人民、执法公正、纪律严明总要求，忠实履行党和人民赋予的新时代使命任务，以维护安全稳定的实际行动迎接党的二十大胜利召开。

会议要求，要坚持不懈抓好全面深化公安改革推进会各项部署的落实，更加注重改革的系统性、整体性、协同性，加快推进同体制改革相适应、相衔接、相配套的机制制度改革，最大限度释放改革活力。要在完善职能体系上下功夫，突出扁平化、实战化、合成化，进一步明晰职能定位、理顺层级关系，加快构建职能科学、事权清晰、指挥顺畅、运行高效的公安机关职能体系。要在健全警务机制上下功夫，以公安信息化建设和应用为牵引，更好地助推警务机制变革、业务流程再造，提升警务运行质效。要在夯实基层基础上下功夫，大力推动基层基础工作规范化标准化、基层社会治理科学化精细化，做实做细基础防范管理等工作，为公安工作长远发展打牢根基。

第三节　对安防行业具有影响力的大事

一、习近平在二十大报告中强调，推进国家安全体系和能力现代化，坚决维护国家安全和社会稳定

2022 年 10 月 16 日，中国共产党第二十次全国代表大会在北京召开。

中共中央总书记习近平在二十大报告中强调要推进国家安全体系和能力现代化，坚决维护国家安全和社会稳定。

报告指出，国家安全是民族复兴的根基，社会稳定是国家强盛的前提。必须坚定不移贯彻总体国家安全观，把维护国家安全贯穿党和国家工作各方面全过程，确保国家安全和社会稳定。

报告强调，我们要坚持以人民安全为宗旨、以政治安全为根本、以经济安全为基础、以军事科技文化社会安全为保障、以促进国际安全为依托，统筹外部安全和内部安全、国土安全和国民安全、传统安全和非传统安全、自身安全和共同安全，统筹维护和塑造国家安全，夯实国家安全和社会稳定基层基础，完善参与全球安全治理机制，建设更高水平的平安中国，以新安全格局保障新发展格局。

一是健全国家安全体系。坚持党中央对国家安全工作的集中统一领导，完善高效权威的国家安全领导体制。强化国家安全工作协调机制，完善国家安全法治体系、战略体系、政策体系、风险监测预警体系、国家应急管理体系，构建全域联动、立体高效的国家安全防护体系。

二是增强维护国家安全能力。坚定维护国家政权安全、制度安全、意识形态安全，加强重点领域安全能力建设，确保粮食、能源资源、重要产业链供应链安全，加强海外安全保障能力建设，维护我国公民、法人在海外合法权益，维护海洋权益，坚定捍卫国家主权、安全、发展利益。全面加强国家安全教育，提高各级领导干部统筹发展和安全能力，增强全民国家安全意识和素养，筑牢国家安全人民防线。

三是提高公共安全治理水平。坚持安全第一、预防为主，建立大安全大应急框架，完善公共安全体系，推动公共安全治理模式向事前预防转型。提高防灾减灾救灾和急难险重突发公共事件处置保障能力，加强国家区域应急力量建设。强化食品药品安全监管，健全生物安全监管预警防控体系。加强个人信息保护。

四是完善社会治理体系。健全共建共治共享的社会治理制度，提升社会治理效能。畅通和规范群众诉求表达、利益协调、权益保障通道，依法严惩群众反映强烈的各类违法犯罪活动。发展壮大群防群治力量，营造见义勇为社会氛围，建设人人有责、人人尽责、人人享有的社会治理共同体。

二、数字政府建设中国再出发　顶层规划密集出台　各地纷纷响应

2022 年 6 月 23 日，国务院印发《关于加强数字政府建设的指导意见》（以下简称《指导意见》）明确了 2025 年和 2035 年分阶段实现的两个目标。到 2025 年，一个“政府数字化履职能力、安全保障、制度规则、数据资源、平台支撑等数字政府体系框架基本形成”。《指导意见》的出台对于进一步完善数字政府建设体系框架、构筑协同高效的政府数字化履职能力体系、提升政府公共服务能力和推进国家治理体系和治理能力现代化有着重要意义。

2022 年以来，国家层面密集部署出台相关文件，加速推动数字政府建设。4 月，中央全面深化改革委员会第二十五次会议审议通过了《指导意见》，强调全面贯彻网络强国战略，把数字技术广泛应用于政府

管理服务，推动政府数字化、智能化运行，为推进国家治理体系和治理能力现代化提供有力支撑。2022 年的政府工作报告也提出，加强数字政府建设，推动政务数据共享，进一步压减各类证明，扩大“跨省通办”范围。

与此同时，各地也纷纷加快数字政府建设步伐，出台相关发展规划。据不完全统计，全国已有超过半数的省份出台了数字政府相关专项规划。如江苏省提出，到 2025 年基本建成基于数字和网络空间的唯实领先的数字政府；浙江省提出，到 2025 年基本建成“整体智治、唯实唯先”的现代政府；陕西省提出，到 2025 年年底全面建立纵向贯通、横向协同、覆盖全省的数字政府体系；江西省提出，到 2024 年年底建成业务体系、管理体系、技术体系“三位一体”的数字政府；广东省提出，到 2025 年全面建成“智领粤政、善治为民”的广东数字政府 2.0。

数字政府建设是整个经济社会数字化改革的关键，也是数字中国建设的重要组成部分。随着数字政府建设的全面、系统提速，数字政府将开启全新局面，将更多成果更公平、更精准地惠及百姓民生，开创美好的数字化新生活。

三、国家提速数字乡村发展　安防市场进一步下沉

2020 年脱贫攻坚战取得全面胜利后，我国“三农”工作重心历史性转向全面推进乡村振兴。以习近平同志为核心的党中央高度重视乡村振兴工作，并强调，民族要复兴，乡村必振兴。数字乡村是乡村振兴的战略方向，也是建设数字中国的重要内容。为此，在 2019 年印发《数字乡村发展战略纲要》，为推进数字乡村建设指明方向，2021 年发布《中华人民共和国国民经济和社会发展第十四个五年规划和 2035 年远景目标纲要》提出“加快推进数字乡村建设”，在《“十四五”国家信息化规划》中将“数字乡村发展行动”列为十大优先行动之一，并作出明确部署。

为进一步提速数字乡村发展建设，2022 年 1 月 26 日，中央网信办等十部门印发《数字乡村发展行动计划（2022—2025 年）》（以下简称《行动计划》）。《行动计划》对“十四五”时期数字乡村发展工作进行全面部署。在部署数字治理能力提升行动中明确推动社会综合治理精细化。逐步完善“互联网+网格治理”服务管理模式，打造基层治理“一张网”，推广“一张图”式乡村数字化治理模式。高质量建成涵盖所有县、乡、村的公共安全视频图像应用体系，进一步加大农村地区公共安全视频图像应用系统建设。引导各级各类社会化视频图像接入公共安全视频图像信息共享交换平台，积极推动视频图像资源与网格中社会治理基础数据有效融合、开放共享。《行动计划》还提出加强农村智慧应急管理体系建设。完善覆盖全面、实时监测、全局掌控的乡村数字化公共卫生安全防控体系，建立突发事件风险监测与预警信息共享平台，引导村民开展自我卫生管理和卫生安全防控。

2022 年 2 月 22 日，中央一号文件发布，文件要求大力推进数字乡村建设。推进智慧农业发展，促进信息技术与农机农艺融合应用。以数字技术赋能乡村公共服务，推动“互联网+政务服务”向乡村延伸覆盖。着眼解决实际问题，拓展农业农村大数据应用场景。加快推动数字乡村标准化建设，研究制定发展评价指标体系，持续开展数字乡村试点。加强农村信息基础设施建设。推进更高水平的平安法治乡村建设。

4 月 20 日，中央网信办、农业农村部、国家发展改革委、工业和信息化部、国家乡村振兴局联合印发《2022 年数字乡村发展工作要点》（以下简称《工作要点》）。《工作要点》明确了工作目标，部署了 10 个方面 30 项重点任务。《工作要点》提出提升乡村社会治理数字化水平。探索推广数字乡村治理新模式，拓展乡村治理数字化应用场景。开展网格化服务管理标准化建设，深化智安小区、平安乡村建设。继续加强农村公共区域视频图像系统建设联网应用，积极推进视频图像资源在疫情防控、防灾减灾、应急管理等各行业各领域深度应用。继续开展“乡村振兴、法治同行”活动，深入推进公共法律服务平台建设，进一步加强移动智能调解系统的推广应用，加快构建覆盖城乡、便捷高效、均等普惠的现代公共法律服务体系。

5 月 23 日，中共中央办公厅、国务院办公厅印发的《乡村建设行动实施方案》（以下简称《方案》），其中一项重点任务就是要实施数字乡村建设发展工程。推进数字技术与农村生产生活深度融合，持续开展数字乡村试点；发展智慧农业，深入实施“互联网+”农产品出村进城工程和“数商兴农”行动，构建智慧农业气象平台；推动“互联网+”服务向农村延伸覆盖，推进涉农事项在线办理，加快城乡灾害监测预警信息共享；深入实施“雪亮工程”。

9 月 2 日，中央网信办、农业农村部、工业和信息化部、国家市场监督管理总局印发《数字乡村标准体系建设指南》（以下简称《指南》）。《指南》明确了“十四五”时期数字乡村标准化工作目标，标准体系框架，包括基础与通用标准、数字基础设施标准、农业农村数据标准、农业信息化标准、乡村数字化标准、建设与管理标准、安全与保障标准 7 部分内容。在乡村公共安全管理数字化部分主要规范农村数字化公共安全防控体系、突发事件风险监测与预警信息共享等系统建设及应用。在智慧应急管理部分主要规范物联网、云计算、大数据和人工智能等信息技术在自然灾害风险监测、隐患报送、预报预警和应急资源调配中的应用。

随着国家系列文件的发布，各地数字乡村建设也如火如荼开展。

乡村振兴，科技先行。数字乡村建设相关政策的陆续出台，与安防紧密相关的智慧教育、智慧医疗、智慧农业、智慧应急、乡村数字治理等领域正迎来提速发展，不断刺激安防行业的需求，快速推动我国安防产业进一步往纵深方向发展。

四、九部委发文深入推进智慧社区建设

2022 年 5 月 20 日，民政部、中央政法委、中央网信办、发展改革委、工业和信息化部、公安部、财政部、住房和城乡建设部、农业农村部九部委印发《关于深入推进智慧社区建设的意见》（以下简称《意见》）。《意见》明确智慧社区是充分应用大数据、云计算、人工智能等信息技术手段，整合社区各类服务资源，打造基于信息化、智能化管理与服务的社区治理新形态。

《意见》要求要深化物联网、大数据、云计算和人工智能等信息技术应用，按照智慧城市和现代社区的发展要求，依托社区数字化平台和线下社区服务机构，集约建设便民惠民智慧服务圈，提供线上线下相融合的社区生活服务、社区治理及公共服务、智能小区等服务，让社区更加和谐有序、服务更有温度，不断增强居民获得感、幸福感、安全感。

《意见》提出到 2025 年，基本构建起网格化管理、精细化服务、信息化支撑、开放共享的智慧社区服务平台，初步打造成智慧共享、和睦共治的新型数字社区，社区治理和服务智能化水平显著提高，更好感知社会态势、畅通沟通渠道、辅助决策施政、方便群众办事。

《意见》提出智慧社区建设六大重点任务，包括集约建设智慧社区平台、拓展智慧社区治理场景、构筑社区数字生活新图景、推进大数据在社区应用、精简归并社区数据录入、加强智慧社区基础设施建设改造。

在集约建设智慧社区平台方面，《意见》要求因地制宜推进智慧社区综合信息平台建设，推动部署在不同层级、不同部门的各类社区信息系统与智慧社区综合信息平台联网对接或向其迁移集成。推进智慧社区综合信息平台与城市运行管理服务平台、智慧物业管理服务平台、智能家庭终端互联互通和融合应用，提供一体化管理和服务。

在拓展智慧社区治理场景方面，《意见》依托智慧社区综合信息平台建立健全民情反馈、风险研判、应急响应、舆情应对机制，提升社区全周期管理水平。搭建社区灾害风险预警模型，发展实时监测、智能预警、应急管理和疫情防控智能应用，全面提升社区预警和应急处置能力。促进智慧小区建设，拓展智能门禁、车辆管理、视频监控等物联网和云服务。

在构筑社区数字生活新图景方面，《意见》提出依托智慧社区综合信息平台，支持村（社区）史馆、智慧家庭、智能体育场地等建设，打造多端互联、多方互动、智慧共享的数字社区生活。

在加强智慧社区基础设施建设改造方面，《意见》明确实施城乡社区综合服务设施智慧化改造工程，加快部署政务通用自助服务一体机，完善社区政务、便利店、智能快递柜等自助便民服务网络布局。合理布建社区公共安全视频监控点位，推进“雪亮+”智能化应用。优化社区智慧电网、水网、气网和热网布局，推进小区智能感知设施建设，扩大智能感知设施和技术在安全管理、群防群治、机动车（自行车）管理、生活垃圾处理等领域应用。在维护公共安全等领域，依照相关法律法规稳妥慎重使用人脸识别技术。

五、北京、广州等 24 个城市将开展智能建造试点

2022 年 11 月初，住房和城乡建设部印发通知，北京等 24 个城市将开展智能建造试点，积极探索建筑业转型发展的新路径。24 个城市开展智能建造试点的主攻方向是以科技创新为支撑，促进建筑业与数字经济深度融合，培育智能建造新产业新业态新模式，着力解决工程建设存在的生产方式粗放、劳动力紧缺、资源能源消耗大等突出问题，更好发挥建筑业对稳增长扩内需的重要支点作用。

试点预期目标主要包括三个方面。一是加快推进科技创新，提升建筑业发展质量和效益。重点围绕数字设计、智能生产、智能施工、建筑产业互联网、建筑机器人、智慧监管六大方面，挖掘一批典型应用场景，加强对工程项目质量、安全、进度、成本等全要素数字化管控，形成高效益、高质量、低消耗、低排放的新型建造方式。

二是打造智能建造产业集群，培育新产业新业态新模式。广州、深圳、苏州等城市在试点方案中明确提出，推动建设一批智能建造产业基地，加快建筑业与先进制造技术、新一代信息技术融合发展，提高科技成果转化和产业化水平，带动自主创新软件、人工智能、物联网、大数据、高端装备制造等新兴产业发展。

三是培育具有关键核心技术和系统解决方案能力的骨干建筑企业，增强建筑企业国际竞争力。

本次选取的 24 个智能建造试点城市包括北京、天津、保定、雄安新区、沈阳、哈尔滨、苏州、南京、温州、嘉兴、台州、合肥、厦门、青岛、郑州、武汉、长沙、广州、深圳、佛山、重庆、成都、西安、乌鲁木齐。

六、新版国家职业分类大典：安防行业两个职业入选并修订

2022 年 9 月 27 日，人力资源和社会保障部（以下简称人社部）向社会发布了新修订的《中华人民共和国职业分类大典》（以下简称《大典》）。

随着我国进入新发展阶段，国家经济实力、科技实力、综合国力跃上新的台阶，新技术、新产业、新业态发展迅猛，行业发展变革引发社会职业结构较大规模变迁。为适应新时代我国人力资源管理的需要，2021 年 4 月，人力资源和社会保障部会同国家市场监督管理总局、国家统计局启动了《大典》修订工作。此次《大典》修订工作以 2015 年版《大典》为基础，将近年来已发布的新职业纳入其中，是自颁布首部国家职业分类大典以来的第二次全面修订。

在公安部科技信息化局的指导下，中国安全防范产品行业协会（以下简称中安协）积极参与完善国家职业分类大典并主导安防行业“安全技术防范工程技术人员”“安全防范系统安装维护员”两个职业的修订工作，经过向社会广泛征集修订建议、组织专家评审论证、提出修订意见并书面报送公安部和人社部等有关单位。经公安部审核、人社部审定，由中安协申报的安防行业两个职业修订意见成功入选新版国家职业分类大典。

大典中对两个职业定义与任务为：

一、职业编码：2-02-28-01，安全技术防范工程技术人员

定义：从事安全防范系统工程规划设计、实施指导，安全防范风险和系统效能评估，安全防范系统应用和技术服务的工程技术人员。

主要工作任务：1. 识别、分析和评价保护对象的安全防范风险，编制系统建设规划；2. 研究、设计

保护对象、系统自身的防护方案和系统工程施工技术方案；3. 制订系统工程施工方案和施工计划并指导工程施工；4. 编制系统操作手册和报警处置预案；5. 分析、评价系统防护效能，并出具评价报告；6. 进行安全防范技术咨询和服务。

二、职业编码：4-07-05-04，安全防范系统安装维护员

定义：从事安全防范系统（工程）基础施工设备安装调试、系统调试、维护维修工作的人员。

主要工作任务：1. 根据安全防范系统设计方案，进行基础施工和线缆施工，安装设备和器材，调试系统；2. 进行安全防范系统、设备和器材的日常检测与维护；3. 排查、维修安全防范系统及设备故障。

职业分类作为制定职业标准的依据，是开展职业教育培训和人才评价的重要基础性工作。此次安防行业的两个职业进入新版大典，对于增强从业人员的社会认同度、促进就业创业、引领职业教育培训改革、推动经济高质量发展等，具有重要意义。今后，在公安部科技信息化局的统筹指导下，中安协将会同有关单位同步修订“安全技术防范工程技术人员”“安全防范系统安装维护员”国家职业标准，并开展相关职业培训、技能评价和职业竞赛等工作。

七、安防企业再掀上市潮

当前伴随着安防快速向“数字化、智能化”迈进，产业链上下游相关业务备受资本市场青睐，特别是人工智能、AI 芯片等领域。2022 年 A 股市场迎来了 AI 独角兽以及安防产业上游核心零部件企业上市热潮。

序号	公司名称	主营业务	上市时间	板块
1	格灵深瞳	计算机视觉技术和大数据分析技术	3 月 17 日	上交所科创板
2	杭州觅睿科技	网络摄像机及物联网视频产品、云存储	4 月 8 日	深交所创业板
3	杰创智能	多维感知设备，大数据分析、管理平台	4 月 20 日	深交所创业板
4	思特威	CMOS 图像传感器产品	5 月 20 日	上交所科创板
5	云从科技	视频人工智能	5 月 27 日	上交所科创板
6	涂鸦智能	IoT 开发平台服务商	7 月 5 日	香港交易所
7	凌云光	机器视觉与光纤光学	7 月 6 日	上交所科创板
8	奥比中光	3D 视觉感知相关产品	7 月 7 日	上交所科创板
9	江波龙	嵌入式存储、固态硬盘、移动存储	8 月 5 日	深交所创业板
10	魅视科技	视音频连接、显示控制、KVMS、综合解决方案与产品	8 月 8 日	深交所创业板
11	维海德	高清摄像头、视频会议终端等	8 月 10 日	深交所创业板
12	熵基科技	计算机视觉与生物识别	8 月 17 日	深交所创业板
13	科捷智能	人工智能、物联网、AI 视觉、5G 大数据分析	9 月 15 日	上交所科创板
14	锐捷网络	网络设备、网络安全产品及云桌面解决方案	11 月 21 日	深交所创业板
15	萤石网络	IPC 及智能家居产品	12 月 28 日	上交所科创板

在以上安防企业成功上市的同时，还有不少安防企业正在 IPO 和通往上市的路上，包括云天励飞、睿联技术、以萨技术、思必驰、西安诺瓦星云、科拓股份、思泰克、捷易科技、视芯科技、四川君逸数码、厦门立林科技、厦门美科安防、麦驰物联、海康机器人等。

企业上市钟声的敲响意味着一个新的征程的开始，一个全新起点的开端，迎来了一个崭新的未来，同样未来任重道远，需要企业不断地努力，创新模式、改造自己，从而获得稳定和可持续发展。

第四节 安防行业大事记

2022 年 1 月 6 日

由北京安全防范行业协会牵头编制的团体标准《医院禁限带物品安全检查工作规范》正式发布，并于即日起开始实施。

2022 年 1 月 11 日

广东省公安厅技防办联合省教育厅、省公安厅国保局和治安局，指导广东省安全防范报警系统标准化技术委员会编制的广东省地方标准 DB44/T 702—2022《普通高等学校安全技术防范要求》和 DB44/T 834—2022《中小学校和幼儿园安全技术防范要求》发布，于 2022 年 4 月 11 日开始实施。

2022 年 3 月 1 日

公安部第三研究所检测中心主导制定并正式发布《上海市智能安全技术防范系统产品检测技术要求（试行）》【MSTL-AGF-01-16：2022】，范围涵盖全市安防的 22 类产品，结合上海实际提出具体要求，6 月底在全市安防工程验收中全面实施。

2022 年 3 月 10 日

由公安部主编，住房和城乡建设部批准，公安部第一研究所、公安部科技信息化局、中国建筑标准设计研究院有限公司、公安部安全与警用电子产品质量检测中心、中国建筑设计研究院有限公司等单位起草的国家标准 GB 55029—2022《安全防范工程通用规范》发布，于 2022 年 10 月 1 日起实施。

2022 年 3 月 18 日

SVAC 联盟召开第三届第一次全体会员大会，大会按照联盟《章程》和《选举办法》的规定开展换届选举工作，选举产生第三届理事会理事 12 家和监事会监事 3 名，并一致推选出联盟第三届理事长。

2022 年 4 月 15 日

由公安部提出，全国安全防范报警系统标准化技术委员会（SAC/TC100）归口的国家标准 GB/T 41482—2022《毫米波全息成像人体安全检查设备》、GB/T 41483—2022《基于介电常数技术的液态危险化学品安全检查仪通用技术要求》发布，于 2022 年 11 月 1 日起实施。

2022 年 4 月 15 日

由公安部提出，全国安全防范报警系统标准化技术委员会（SAC/TC100）归口的国家标准 GB/T 29315—2022《中小学、幼儿园安全防范要求》（代替 GB/T 29315—2012）发布，于 2022 年 6 月 1 日起实施。

2022 年 4 月 15 日

由公安部第三研究所牵头起草的国家标准 GB/T 41483—2022《基于介电常数技术的液态危险化学品安全检查仪通用技术要求》发布，于 2022 年 11 月 1 日起实施。

2022 年 4 月 30 日

山西省公安厅提请山西省人大监察和司法委员会对《山西省安全技术防范条例》进行修订，经 2022 年 5 月 27 日山西省第十三届人民代表大会常务委员会第三十五次会议审议通过。

2022 年 5 月 16 日

为充分发挥“雪亮工程”在农村社会管理工作中的重要作用，严密对农村社会面管控，确保农村地区人民群众安居乐业和社会大局稳定，辽宁省公安厅下发了《关于进一步加强农村地区“雪亮工程”建设的通知》（辽公科信〔2022〕68 号），部署加强辽宁省农村“雪亮工程”建设工作。

2022 年 6 月 16—18 日

“2022 第二十二届湖南智慧安防产品与技术博览会”在湖南国际会展中心举办。湖南安博会展览面积近 13000 平方米，以“科技引领强警、创新赋能安防”为主题，吸引了 200 多家安防企业参展，并有来自全省 14 个市州的 15000 余名专业观众入场参观。同期举办了 2022 第二届中国安防渠道分销商大会。

2022 年 6 月 23 日

由新疆安全技术防范行业协会、深圳市安全防范行业协会、新疆国际会展中心、乌鲁木齐城市建设投资（集团）有限公司共同主办的“第八届中国—亚欧安防博览会、新疆安全技术防范行业协会成立 10 周年大会、第七届新疆国际消防安全应急救援设备博览会”在乌鲁木齐市新疆国际会展中心隆重开幕。

2022 年 6 月 27 日

由全国安全防范报警系统标准化技术委员会实体防护设备分技术委员会（SAC/TC100/SC1）牵头，联合公安部第一研究所、公安部治安管理局、公安部科技信息化局等单位申报 2022 年度公安部科学技术奖励项目“安全防范实体防护关键技术系列标准”项目通过公安部科学技术奖励专业组初评，被评为三等奖。

2022 年 6 月 28 日

中国安全防范产品行业协会（简称中安协）第六届理事会第三次常务理事工作会议在北京召开。会议回顾总结协会 2022 年上半年工作情况和介绍下半年工作的主要安排，审议表决增设分支机构、分支机构更名以及分支机构负责人提名等各项工作内容。

2022 年 7 月 1 日

公安部第三研究所认证中心发布 TRIMPS-ZY05-003：2022《社会公共安全产品认证实施规则　安全数据存储器产品》，启动安全数据存储器产品 TRIMPS 自愿性认证。

2022 年 7 月 7—9 日

由辽宁省社会公共安全产品行业协会主办的第二十四届东北公共安全防范产品博览会于 2022 年 7 月 7 日至 9 日在辽宁省沈阳市新世界博览馆举办。本次展会展出面积超过 15000 平方米，吸引了来自国内外 400 余家企业参展，参观观众超过 30000 人次。展会集中展示安全防范技术在智慧政务、智慧警务、平安乡村、智慧司法、智慧交通、智慧社区、智慧校园、智慧医院及应急救援等领域的应用，同期还举办了“5G 移动警务、视频智能化助力建设平安辽宁”等主题活动。

2022 年 7 月 26 日

为深入贯彻落实吉林省公安厅党委决策部署，将高质量完成联合实验室建设作为吉林省图侦技术创新发展的新引擎、新动能全力推进，7月26日，视图大数据智能创新应用联合实验室举行战略合作框架协议签约暨联合实验室揭牌仪式。

2022年8月1日

北京市图像信息系统建设管理工作办公室会同北京市委政法委，编发《2022年全市“雪亮工程”重点工作和任务分工》（京图信管字〔2022〕2号），强调了各级政府部门的建设、整合、管理和应用责任，明确了具体的建设任务和阶段目标。

2022年8月5日

中国安全防范产品行业协会安检防爆专业委员会（简称安检防爆专委会）成立大会在北京召开。会议分别为安检防爆专委会资深顾问、主任委员、副主任委员、委员代表颁发聘书，并就安检防爆专委会工作内容、管理制度等内容进行专项汇报。

2022年8月19日

由广东省公安厅指导，广东省公共安全技术防范协会承担的“广东公共安全技术防范标准化试点”项目顺利通过中期评估。该项目是2020年1月获批的国家标准化管理委员会第六批社会管理和公共服务综合标准化试点项目。同时，该项目也是全国安防领域首个国家级社会管理和公共服务综合标准化试点。

2022年8月26日

《北京地区助企纾困政策指南汇编》（简称《助企指南》）正式上线，《助企指南》由北京安全防范行业协会联合天达共和律师事务所将疫情期间重点的企业扶持相关政策进行梳理、分类、分析而形成，以便企业能根据实际需要及时找到相对应的扶持政策及指引。

2022年8月30日

由中国安全防范产品行业协会标准化工作委员会组织起草的团体标准TCSPIA 008—2022《视频图像目标聚类服务技术要求》、TCSPIA 009—2022《城市轨道交通车辆细水雾灭火系统技术规程》发布，自发布之日起实施。

2022年9月7日

经内蒙古自治区人民政府第26次常务会议审议通过《内蒙古自治区公共安全视频监控图像信息系统管理办法》，并正式实施。

2022年9月16日

安徽省安全技术防范行业协会成功举办“智安江淮”2022中国（安徽）智安社区建设高峰论坛及协会成立20周年庆典活动，首次发布《安徽省安防行业发展报告（2022版）》。

2022年9月16日

由中国安全防范产品行业协会与广西安全技术防范行业协会共同主办的“中国安防产业东盟国家合作与发展研讨会”在南宁五象山庄举行，会议就行业现状、企业发展痛点及中国安防产业与东盟国家合作发展进行了系列研讨。

2022年9月16日

北京市延庆区人民政府再度携手北京安全防范行业协会在北京市延庆区举办第二届人民安防（八达

岭）低空安全峰会。峰会以“无人机产业新飞跃　立体化安防向未来”为主题，深度探讨低空安防科技和解决方案的应用与发展，持续性强化“试验区建设”和“人民安防”品牌在低空产业的影响力，着力解决行业痛点及难题，从而助力延庆区打造首都无人机产业创新聚集区，为无人机产业腾飞保驾护航。

2022年9月19日

全国安全防范报警系统标准化技术委员会实体防护设备分技术委员会（SAC/TC100/SC1）组织公安部第一研究所、公安部第三研究所等相关单位申报的项目《安全防范实体防护关键技术系列标准》获得公安部科学技术奖三等奖。

2022年9月22日

为促进人工智能产业高质量发展，强化新一代人工智能科技创新策源功能，推动人工智能与经济、生活、城市治理等领域深度融合，打造人工智能世界级产业集群，上海市人民代表大会常务委员会第四十四次会议通过《上海市促进人工智能产业发展条例》。

2022年9月27日

人力资源和社会保障部向社会发布了新修订的《中华人民共和国职业分类大典》，安防行业的两个职业“安全技术防范工程技术人员”和“安全防范系统安装维护员”入选并修订。

2022年10月

国家安全防范报警系统产品质量检验检测中心（北京）与德国莱茵TÜV在公共安全行业锁具强制性标准GA 374—2019《电子防盗锁》等技术要求的基础上，共同梳理智能门锁在使用体验、可靠性、信息安全和隐私保护四大维度的高规格要求，联合推出智能门锁“安心守护”高端认证检测项目。

2022年10月10日

公安部第三研究所认证中心发布TRIMPS-PC19-001：2022《公共安全产品认证实施规则　防盗报警产品》，防盗报警产品由强制性产品认证转入自愿性产品认证。

2022年10月11日

由国家认证认可监督管理委员会提出并归口，公安部第三研究所认证中心牵头起草的《社会公共安全领域　智能联网产品网络安全认证要求》RB/T 093—2022发布，于2023年1月1日起实施。

2022年10月11日

由上海安全防范报警协会参与制修订，经上海市市场监督管理局批准的《重点单位重要部位安全技术防范系统要求　第25部分：化工企业》地方标准正式发布。

2022年10月12日

由公安部提出，全国安全防范报警系统标准化技术委员会（SAC/TC100）归口。清华大学、公安部第一研究所、中国科学院自动化研究所、国防科技大学、北京邮电大学、中国科学院计算技术研究所等单位起草的国家标准GB/T 41786—2022《公共安全　生物特征识别　术语》、GB/T 41987—2022《公共安全　人脸识别应用　防假体呈现攻击测试方法》、GB/T 41988—2022《公共安全　虹膜识别应用　图像技术要求》、GB/T 41989—2022《公共安全　虹膜识别应用　算法评测方法》、GB/T 41990—2022《公共安全　虹膜识别应用　采集设备》发布，于2023年5月1日起实施。

2022 年 10 月 25 日

中国安全防范产品行业协会标准化工作委员会（简称标委会）成立大会在北京召开。会议分别为标委会主任委员、副主任委员、委员代表颁发聘书，并就标委会秘书处工作内容、已立项团体标准编制进度、标委会管理制度等内容进行专项汇报。

2022 年 11 月 18 日

为深入学习贯彻《中共中央关于认真学习宣传贯彻党的二十大精神的决定》精神，中国安全防范产品行业协会发挥示范带头作用，认真做好政策解读和教育引导，积极带领行业认真学习贯彻党的二十大精神，公安部科技信息化局第四党支部与中国安防协会党支部联合举办学习二十大报告专题辅导学习会。会议邀请中央党校战略哲学室教授做专题辅导，公安部科技信息化局第四党支部全体党员、中国安全防范产品行业协会党支部全体党员及全体工作人员参加会议，全国地方安防协会和部分会员单位通过“中国安防协会”视频号收看了专题学习会。

2022 年 11 月 26 日

经浙江省安全技术防范行业工程师评审委员会评审通过，报请省人社厅评审结果备案，共计 40 人获得安防工程师职务任职资格，68 人获得安防高级工程师职务任职资格。

2022 年 11 月 29—30 日

全球公共安全合作论坛（连云港）首届大会在连云港市举行。本次论坛由中国友谊促进会主办，以“合作促安全、安全保发展”为主题，来自 40 个国家、地区和国际组织的 460 余位嘉宾以线上线下方式齐聚一堂，共话安全形势、共享安全理念、共商安全对策。开幕式上，中共中央书记处书记、公安部部长王小洪以视频形式出席并作主旨发言。

2022 年 12 月 1 日

由公安部提出并归口，全国安全防范报警系统标准化技术委员会实体防护设备分技术委员会（SAC/TC100/SC1）为执行单位，国家安全防范报警系统产品质量监督检验中心（北京）、公安部第三研究所、国家安全防范报警系统产品质量监督检验中心（上海）等单位起草的 GB 17565—2022《防盗安全门通用技术条件》发布，于 2024 年 1 月 1 日起实施。

2022 年 12 月 9 日

上海安全防范报警协会召开第七届第五次理事会，会议审议并通过了《上海安全防范报警协会 2022 年度工作报告及 2023 年度工作要点》《上海安全防范报警协会 2022 年度监事会工作报告》。同时，会议选举了新一任理事长和秘书长，与会代表还投票通过增补新的副理事长单位、常务理事单位及理事单位。

2022 年 12 月 22 日

由中国安全防范产品行业协会、中国就业培训技术指导中心主办，公安部专业研究机构、视频图像信息智能分析与共享应用技术国家工程实验室承办的 2022 年全国行业职业技能竞赛——全国数据安全职业技能竞赛“美亚柏科杯”数据安全管理员职业技能竞赛总决赛在福建厦门举行。该竞赛属于国家级二类赛事，数据安全管理员赛项设有学生组和职工组，共有约 7000 人报名，经过选拔赛激烈的角逐，最终来自全国各地的 300 余名优秀选手齐聚厦门参加总决赛，展示技能、同台比武。

2022 年 12 月 28 日

由国家反恐怖工作领导小组办公室、国家粮食和物资储备局、公安部反恐怖局、公安部科技信息化局提出，全国安全防范报警系统标准化技术委员会（SAC/TC100）归口的行业标准 GA 1801. 1—2022《国家战略储备库反恐怖防范要求　第 1 部分：石油储备库》、GA 1801. 2—2022《国家战略储备库反恐怖防范要求　第 2 部分：通用仓库》、GA 1801. 3—2022《国家战略储备库反恐怖防范要求　第 3 部分：成品油库》、GA 1801. 4—2022《国家战略储备库反恐怖防范要求　第 4 部分：火炸药库》发布，于 2023 年 7 月 1 日起实施。

2022 年 12 月 28 日

由国家反恐怖工作领导小组办公室，国家卫生健康委员会科技教育司，住房和城乡建设部城市建设司，农业农村部畜牧兽医局，应急管理部危化监管一司、二司，公安部反恐怖局、科技信息化局，国家国防科技工业局二司、八司，生态环境部辐射源安全监管司、核设施安全监管司，中宣部新闻局等单位提出，全国安全防范报警系统标准化技术委员会（SAC/TC100）归口的行业标准 GA 1802. 1—2022《生物安全领域反恐怖防范要求　第 1 部分：高等级病原微生物实验室》、GA 1802. 2—2022《生物安全领域反恐怖防范要求　第 2 部分：病原微生物菌（毒）种保存中心》、GA 1802. 3—2022《生物安全领域反恐怖防范要求　第 3 部分：高生物安全风险疫苗生产单位》、GA 1803—2022《城市中心广场反恐怖防范要求》、GA 1804—2022《危险化学品生产企业反恐怖防范要求》、GA 1805—2022《危险化学品经营企业反恐怖防范要求》、GA 1806—2022《核设施单位反恐怖防范要求》、GA 1807—2022《核技术利用单位反恐怖防范要求》、GA 1808—2022《军工单位反恐怖防范要求》、GA 1809—2022《城市供水系统反恐怖防范要求》、GA 1810—2022《城镇燃气系统反恐怖防范要求》、GA 1811. 1—2022《传媒设施反恐怖防范要求　第 1 部分：媒体机构》、GA 1811. 2—2022《传媒设施反恐怖防范要求　第 2 部分：广播电视传输覆盖网设施》、GA 1813—2022《水利系统反恐怖防范要求》发布，于 2023 年 7 月 1 日起实施。

2022 年 12 月 29 日

由公安部提出并归口，国家安全防范报警系统产品质量检验检测中心（北京）、中国海关科学技术研究中心、国家安全防范报警系统产品质量检验检测中心（上海）以及相关安防企业等单位起草的国家标准 GB 16796—2022《安全防范报警设备　安全要求和试验方法》（代替 GB 16796—2009）发布，于 2024 年 1 月 1 日起实施。

2022 年 12 月 30 日

河南省市场监督管理局批准发布河南省地方标准《住宅小区智能安防系统技术规范》（DB41/T 2376—2022），该标准于 2023 年 3 月 29 日正式实施。

2022 年 12 月 30 日

由公安部提出，全国安全防范报警系统标准化技术委员会（SAC/TC100）归口，公交部第一研究所、视频图像信息智能分析与共享应用技术国家工程实验室、国家信息中心以及相关安防企业等单位起草的国家标准 GB/T 28181—2022《公共安全视频监控联网系统信息传输、交换、控制技术要求》（代替 GB/T 28181—2016）发布，于 2023 年 7 月 1 日起实施。

第二章　2022 年中国安防行业发展综述

第一节　2022 年中国安防行业发展报告

一、国家经济形势

2022 年是我国经济发展中极为重要的一年。面对地缘政治冲突加剧、全球滞胀风险上升、新冠肺炎疫情反复等国内外复杂形势，在以习近平同志为核心的党中央坚强领导下，各地区各部门完整、准确、全面贯彻新发展理念，加快推进构建新发展格局步伐，经济总体延续恢复态势，经济总量持续扩大，发展基础更加坚实，发展质量稳步提升。根据国家统计局 2022 年国民经济和社会发展统计公报，2022 年我国国内生产总值达到 121 万亿元，比上年增长 3%，按年平均汇率折算经济总量达 18 万亿美元，稳居世界第二位。货物进出口总额首次突破 40 万亿元大关，达到 42.1 万亿元，比上年增长 7.7%，在高基数上实现新突破。2022 年，民生福祉持续增进，全国居民人均可支配收入比上年实际增长 2.9%，与经济增长基本同步。全国规模以上高技术制造业增加值比上年增长 7.4%，高技术产业投资增长 18.9%，我国电子信息制造业、软件业务、工业互联网核心产业规模实现快速增长。

2022 年，我国数字技术与实体经济融合深入推进，数字企业创新发展动能不断增强。根据国家互联网信息办公室《数字中国发展报告》，2022 年我国数字经济规模达到 50.2 万亿元，占 GDP 比重的 41.5%，名义 GDP 增长 10.3%，已建成全球规模最大、技术领先的数字基础设施，算力总规模位居世界第二。此外，数字政务协同服务效能实现大幅提升，数字安全保障体系得到进一步完善，数字治理为千行百业营造良好发展环境。

二、安防行业发展状况

我国安防行业是国民经济及数字产业发展的重要组成部分，2022 年同样面临需求收缩、供给冲击、预期转弱三重压力，加上原材料涨价、贸易摩擦等不稳定不确定因素，给行业发展带来诸多困扰。在相对艰难的环境下，我国安防企业按照建设“制造强国、质量强国、网络强国和数字中国”的总体要求，坚持自主创新，推动市场应用，2022 年行业保持了总体平稳增长的发展态势，行业高质量发展谱下新的篇章。

（一）平安建设深入发展　政策标准持续加力

2022 年，我国安防行业在主管部门的带领下，认真贯彻党的二十大精神，不断强化全域联动、立体高效的综合安全防范体系建设，推动公共安全治理模式向事前预防转型，助力国家实现安全体系和能力现代化、维护国家安全和社会稳定。

1. 数字乡村迎来新高潮

2022 年 2 月中央网信办、农业农村部等部门联合发布《数字乡村发展行动计划（2022—2025 年）》，提出数字基础设施升级行动、智慧农业创新发展行动及数字治理能力提升行动等八大任务。同时还设立了乡村基础设施数字化改造提升等 7 项重点工程。接着，题为《中共中央　国务院关于做好 2022 年全面推进乡村振兴重点工作的意见》的中央1号文件发布，要求大力加强农村信息基础设施建设，推进智慧农业发展，加强更高水平的平安法治乡村建设，创建一批“枫桥式公安派出所”“枫桥式人民法庭”等。目前我国数字乡村建设已进入一个新的阶段，平安法治、乡村治理、智慧农业以及应急广播等领域建设迎来了新发展高潮，有效增加对安防技术产品的需求，为行业发展增加了新动能。

2. 智慧社区建设持续推进

智慧社区作为基层社会治理和治安防控工作的重要载体，2022年迎来发展的高潮。2022年5月10日，民政部等九部委印发《关于深入推进智慧社区建设的意见》，提出要促进智慧小区建设，提升社区全周期管理水平，搭建社区灾害风险预警模型，发展实时监测、智能预警、应急管理和疫情防控等智能应用，全面提升社区预警和应急处置能力；同时提出要推进“雪亮+”智能化应用，拓展智能门禁、车辆管理、视频监控等物联网和云服务，合理布建社区公共安全视频监控点位，依照相关法律法规稳妥慎重使用人脸识别技术。8月份，黑龙江省出台《关于深入推进智慧社区建设的若干措施》，力争到2025年基本构建起网格化管理、精细化服务、信息化支撑、智能化安防、开放共享的智慧社区服务平台；11月份，山东省出台《关于加快推进智慧社区建设工作的实施意见》，提出年底前建成1200个智慧社区；山西省发布了《“十四五”城乡社区服务体系建设规划》，提出将持续推动城乡社区信息化水平，推动社区物业设备设施、安防等智能化改造升级，集约建设智慧社区信息系统。

3. 数字政府建设如火如荼

数字化时代的到来，数字政府建设已成为适应于信息社会的新型政府治理形态和国家治理方式。2022年6月23日，国务院发布《关于加强数字政府建设的指导意见》，要求大力推行智慧监管，充分运用数字技术支撑构建新型监管机制，充分运用非现场、物联感知、掌上移动、穿透式等新型监管手段。同时还提出要积极推动数字化治理模式创新，提升社会管理能力，推进社会治安防控体系智能化，加强“雪亮工程”和公安大数据平台建设，深化数字化手段在国家安全、社会稳定、打击犯罪、治安联动等方面的应用，推进智慧应急建设，提升基层智慧治理能力。8月，浙江省发布了《关于深化数字政府建设的实施意见》，明确建设“公安大脑”，深化“雪亮工程”建设，推广“智安小区”“智安单位”建设应用；10月，黑龙江省出台了《关于加强数字政府建设的实施意见》，提出推进社会治安防控体系智能化，加快推进“雪亮工程”向基层延伸，建设公安视频大数据智能化服务资源调度体系，构建视频图像大数据。此外，江苏省、陕西省、江西省、广东省也出台了数字政府相关专项规划。安防产业作为关键信息基础设施的支撑产业之一，是数字政府重要组成部分，随着数字政府持续推进，迎来新的发展商机。

4. 智慧城市建设进一步深化

建设新型智慧城市，既是老百姓对更美好城市生活的向往，也是城市高质量发展的必然追求。当前我国智慧城市发展正处于从“技术创新牵引”到“制度创新牵引”的重要转折点，各地正加快体制机制、管理手段、管理模式等制度领域的创新，引领新一轮智慧城市快速发展。2022年，有的省市发布智慧城市建设开放场景清单，涵盖车联网、智慧城市、智能制造、东数西算等领域；有的省市提出要打造一批服务智慧城市与数字政府的创新场景应用，重点支持以多功能智能杆为载体的5G基站、车联网路侧设施、数字感知设施、充电桩、智慧停车等新型信息基础设施建设；有的省市开展新型智慧城市细分领域标准提升工程，重点围绕智慧校园、智慧景区、智慧文化设施、智慧体育设施、智慧停车场、公交电子站牌、智慧杆柱等领域完成了系列标准编制工作。

5. 智慧校园建设加快步伐

2022年5月，教育部发布了《全国依法治校示范校创建指南（中小学）》，提出要有效预防和处理安全事故，充分保障校园安全；6月，国家标准《中小学、幼儿园安全防范要求》实行，从而明确了校园安全防范的重点部位和区域，并把校园安全防护区域从内部延伸到了门口、周边地区。各地也陆续推出了一系列规划标准，如北京在《北京教育信息化“十四五”规划》中提出推进物联网、区块链等技术在教育场景中广泛应用，提升教学设施、科研设施、生活设施、安防设施的数字化和智能化水平，建设绿色、高效、平安的现代化校园；广东省实施《普通高等学校安全技术防范要求》和《中小学校和幼儿园安全技术防范要求》两项地方标准，全方位推进学校安全防范工作。随着大数据、人工智能等新一代信息技术的赋能，“平安校园”正不断向“智慧校园”延进，在满足校园安全保障的同时，各种安防技术产品正融入教学深入教室。

6. 加强河湖安全保护

2022 年 10 月，水利部、公安部联合制定了《关于加强河湖安全保护工作的意见》，明确提出要加强重点水利工程安全保卫，强化河湖安全保护协作保障，要布建满足安全防护需要的视频监控等信息化设备，最大限度消除监管、防护“盲区”，有效预警、防范、处置涉水案件、事故。水行政主管部门、流域管理机构要强化安全保卫机构和队伍建设，配备专兼职安保人员、必要的装备设备和技术防范设施；公安机关加强对辖区内重点水利工程治安保卫和反恐怖工作的检查，督促指导完善治安保卫和反恐怖制度、落实治安规范和反恐防恐措施。

这些措施的出台将持续推进安防产品技术在“平安水利”“平安河湖”以及“智慧水利”建设中落地应用。

（二）行业保持平稳发展

1. 行业保持总体平稳增长的态势

2022 年，在更高水平平安中国与数字中国建设方针指引及主管部门的正确带领下，我国安防行业积极贯彻党和国家方针政策，坚持自主创新，加强新产品新技术研发，拓展新市场新领域，探索新模式新业态，产业链条进一步延伸，在困难条件下保持了行业经济总体的平稳运行，高质量发展再谱新篇章。

结合安防行业发展现状，中国安全防范产品行业协会（以下简称“中安协”）组织专家对 300 余家安防行业上市公司资料进行了系统采集加工分析，其中包括生产制造、系统集成、运营服务、视频网络安全、无人系统等相关领域上市企业，同时重点抽样调查了 3757 家非上市公司数据。经过数据统计及分析研判，至 2022 年年底，我国安防企业达到 3 万余家，从业人员 180 余万，行业总产值约 8583 亿元，比上年增长 2. 8%，虽然增幅有所下降，但仍保持总体平稳增长态势。

（1）上市企业营业收入约 2836 亿元，比上年增长 2. 9%

根据统计数据分析，300 多家安防上市公司 2022 年实现营业收入约 2836 亿元，比上年增长 2. 9%；实现利润约 786 亿元，同比增长 2. 5%。其中约有 88%的企业实现盈利，约有 12%的企业亏损。受龙头企业影响，在统计范围内的上市企业中生产制造类企业营业收入依然占据着约 65%的分量，企业毛利率均保持在 30%~35%之间，在制造类企业中属于优质水平；由于政府及部分行业市场需求下降，系统集成及工程类上市企业中监控工程项目业绩表现不佳，而智能交通领域、智慧城市及智能建筑领域业绩较好；疫情防控下，相关安保服务需求提升，运营服务类企业营业收入以及盈利状况均实现正向增长，平均毛利率达到 45%。另外视频网络安全、无人系统等相关领域上市企业首次纳入统计范围内，受需求强劲影响，业绩表现好于其他领域的企业。

（2）非上市企业营业收入约 3684 亿元，同比增长 2. 6%

3757 家非上市企业 2022 年实现营业收入约 3684 亿元，同比增长 2. 6%，其中 55%的企业实现正增长。非上市企业中有 3220 家企业实现盈利，有 464 家企业亏损。

从存续时间分析：3757 家安防非上市公司中成立 10 年以上占比达到 68%；成立 7 到 10 年的占比 16%。从地区分布来看：东部地区统计企业数量占 47%，但营业收入占 67%，其中营业收入在 1 亿元以上的企业占 86%；中部地区企业统计数量相对较少，营业收入和盈利状况好于东部企业。

2. 企业持续创新，技术进步涌现新的热点

企业是行业发展的主力军，2022 年面对多重压力，安防企业持续加大研发投入，提升技术创新水平，推动企业可持续发展。2022 年，安防上市企业研发投入占企业增加值的比重达到 5%以上，头部企业多数在 10%以上。安防非上市企业研发投入占增加值的比重平均为 3. 8%，也高于全国 2. 5%的平均水平。较

高的研发投入有效地保证了行业的科技创新能力与核心竞争力的提升，安防企业在人工智能、大数据、无人系统、信息安全、生物识别、物联网等方面持续发力，取得了一大批科研成果，高端技术产品自主研发能力显著增强，商业化应用不断加速，引领行业发展不断向前。

（1）AI普惠进一步落地　赋能安防数字化转型

AI技术在2015年前后开始进入安防行业，2018年AI公司大量进入安防领域，用AI技术进行人脸检测、识别、分析以及视频分析，成为行业主流。经过多年努力，以AI开放平台为载体，为人工智能生态提供算法能力、整合算力、共享多维数据等关键价值，促进AI应用源源不断地在场景中落地，AI赋能推动行业全面进入智能化时代。当前，AI框架提出了泛开发、全场景、超大规模、科学计算、安全可信、工程化六大技术发展趋势，安防行业包括视频监控、报警、楼宇对讲、出入口控制等各种智能化产品、平台、解决方案推陈出新、琳琅满目。如以摄像机为代表的视觉成像感知设备，华为的“软件定义摄像机”持续迭代，推出魔方2.0双目全彩AI筒型摄像机、双目雷视一体机、AI超微光卡口3.0、智慧交通全息感知等一系列智能机；天地伟业“主动智能”摄像机和全向智能摄像机引人注目，不仅能主动根据场景完成自我调试，还能够对颜色、人员、车辆、声音等元素识别组合处理，实现主动策略；宇视不断拓宽产品能力边界，推出三球联动一体机、雷视取证抓拍一体机等。整体上看，这几年行业企业加大研发，AI在端、边、云各层级上不断赋能，在各行业数字化驱动下，应用场景已从落地实战较早的公安、交通等领域向楼宇、社区、园区、水利、金融、商业、民用等领域拓展，显示出AI普惠的进一步落地。

（2）生成式AI、大模型崭露头角　应用Demo逐步亮相

自2022年11月ChatGPT发布以来，AI大模型的浪潮正在开启，安防行业同样是生成式AI落地最早的领域。在这次大潮中，视频业务为中心的安防企业纷纷跟进，陆续研发自己的大模型。到2023年上半年，一些模型应用相继亮相：华为发布了盘古大模型，宇视发布了梧桐大模型，联汇科技发布了视觉语言大模型，商汤发布日日新大模型，云从科技也推出了“从容”大模型，科大讯飞推出了“星火”大模型等，海康、大华不久也将推出多模态识别、视觉行业大模型。超大规模AI正成为下一代人工智能的突破口，许多企业在推出AI大模型的同时，正在着力解决大数据、大算力支持问题，同时解决通信、调优及应用部署问题。

（3）智能芯片快速崛起　国产替代持续推进

芯片是AI落地应用的基础，近几年AI在安防领域大规模的落地应用不仅得益于大量算法厂商的高强度投入，更得益于芯片的发展。

目前行业内包括中星微技术第三代AISoC（星光智能三号芯片）、富瀚微SoC芯片FH8898、耐能新一代高端AISoCKL730、为旌科技海山V839、瑞芯微AI-ISP、灵汐科技类脑芯片、算丰基于RISC-V的AI视觉AP级SoC、亿智电子亿智AISOC芯片等都是安防行业最为前沿的智能芯片产品。

近几年受贸易战等因素影响，西方国家对中国获得高端算力芯片和先进制程工艺设置了种种障碍，大大推升了我国安防企业的制造和运行成本。在巨大压力下，我国芯片企业加强自主研发，短短几年的时间，国产AI芯片产品不断推出，助推我国高端芯片国产化战略实施。

（4）生物识别由单一走向多模态

近几年，生物识别技术在全球范围取得了快速发展，其中人脸识别技术成为人工智能产业化最成功的案例。2018年展会，人脸识别及动态捕捉技术几乎成为每家展商的标配。这几年，由于疫情的常态化、市场的需求及技术的变革等多重因素助推了生物识别技术多模态发展，行业企业不断研发推出包括“指纹+人脸识别”技术、“人像+掌静脉识别”技术、“指纹+指静脉识别”技术、“人像+虹膜识别”技术、“指纹+手掌+人脸识别”技术等在内的诸多产品技术。

当前，声纹识别技术、步态识别技术、3D多模态融合识别技术取得了新的发展，在公安部门开展实战应用以及金融、安防、司法等领域开始了较为广泛的应用，未来多模态识别和场景业务结合将呈现越来越深入、越来越专业的发展趋势。

（5）视频网络与数据安全潜力释放

公共安全视频监控网络系统由于设备数量多、分布广，具有多元化、开放性和复杂性等特点，极易受到黑客攻击和被不法分子利用。大量的视频数据在采集、传输、存储、应用、管理过程中，面临着隐私泄露和违规应用的风险。一是算法安全、模型安全、数据安全等技术方面的问题；二是部分元器件及开放的软件工具存在安全漏洞、后门等安全问题；三是随着人工智能特别是大模型的应用，带来了新的包括意识形态安全、知识产权保护、虚假信息管控、个人信息及隐私保护问题。网络安全、数据安全越来越受到各方面的高度关注，安全产业也在高速成长中。美亚柏科、华软金盾、天防、启明星辰、绿盟、迪爱斯、拓尔思、瑞莱智慧、欧科云链等安防企业，持续深耕于视频网络感知安全、网络访问和传输安全、网络环境安全、网络数据安全、应用安全和网络基础设施安全等相关业务，同时也有不少网络安全企业把安防视频网络安全纳入业务范围，加大研发投入，持续推出安全可信的网络产品和服务。为了实现更高水平平安建设的目标，视频安全和数据安全服务将成为各地建设安防类项目的标配，安全服务仍是潜力巨大的市场板块。

（6）“智慧物联”价值进一步凸显

我国安防企业立足传统安防业务，在数字化、智能化、跨界合作等趋势的影响下，不断加强智慧物联技术的开发，加强行业市场推广应用，持续推出与社会治理、行业市场、社区、家庭智能化密切相关的智慧物联技术与产品应用解决方案。安防旗舰企业在业务需求牵引以及大环境的影响下，纷纷对定位进行了战略升级，包括海康威视、大华股份、宇视科技、天地伟业、立林在内的典型厂商都着力转战“智慧物联”赛道，许多企业纷纷推出了政务、交通、教育、医疗、园区、零售、家居、养老、水利、边防、森林、海防等众多场景的智慧物联解决方案。

（7）无人系统安全技术迅速成长

近年来，无人机产业快速崛起，应用价值不断增长，无人机在警用执法、应急处突、城市管理、环境监测、电力巡检、林业巡查、水利巡查等领域得到了广泛应用。无人系统的快速发展，吸引了越来越多安防厂商进入，包括海康威视、大华股份、宇视科技、高新兴、大立科技等安防企业相继推出无人机和机器人产品，中移成研院、航天宏图、上海特金、映博、珠海云洲等企业也推出了细化、成熟的行业应用方案。与此同时，为了加强和配合对无人机应用的管理，无人机探测与反制技术也获得了快速的发展。探测跟踪技术主要包括雷达探光电识别跟踪测、无线电监测、声音监测等；无人机反制技术主要有电磁、导航信、声波干扰阻断技术，以及导航信控制技术、无线电信号劫持、毁伤捕获技术、激光武器技术、微波武器技术等。

3. 行业应用持续拓展　新兴及民用领域保持较高增长

伴随着国家政策的调整和产品技术提升，政府项目及传统行业市场需求出现萎缩，而同时更多新兴行业市场、乡村市场、民用市场快速升温，应用场景被持续挖掘。2022年，安防企业渠道下沉战略成为各企业关注的重点，潜在需求大但相对分散的四、五线及县镇级市场成为企业新的角逐场。

（1）政府项目和传统领域项目收入减少

2022年，新冠疫情的反复对安防市场形成了严重冲击，政府和传统行业用户因为预算等原因暂停或取消了部分项目建设，有些项目延期且回款较差，导致相关企业营收和利润都出现下滑。调查企业数据显示：政府投资项目领域如平安城市、雪亮工程、智慧城市、公安司法、政务民生等领域，占行业应用市场比例从2021年的31%下降到2022年的26%，2022年项目收入约为358亿元，同比增长-18.6%；传统行业项目如文博、金融、交通、教育、医疗等领域占行业应用市场比例从2021年的26%下降到2022年的15%，2022项目收入约为212亿元，同比增长-23%。

（2）新兴领域市场应用注入新动能

随着国家政策驱动、技术加速进步以及应用场景的持续拓展，新兴的安防应用领域不断涌现，2022年智慧应急、智慧制造、智慧物流、智慧农林、智慧能源、智慧文旅、智能环保、防灾等新兴市场整体表现良好，调查企业实现项目收入同比增长10%以上，新兴领域市场增长不断为行业发展注入了新的动力。

（3）数字乡村成为新的市场增长热点

在国家乡村振兴政策的大力促进下，数字乡村建设迎来了新发展高潮，数字乡村基础设施、数字治理、智慧农业、法治乡村项目快速升温，有效增加了对安防技术产品的需求，2022年与此相关的安防项目增长达到20%以上。安防企业着手布局这一赛道，不断推出子品牌，用“安防下乡，渠道下沉”的策略，抢占乡村安防市场。

（4）民用安防市场获得了强劲的发展

2022年，在新一轮智慧社区建设政策推动下，各地智慧社区建设如火如荼，与此同时家居安全、老幼看护、便捷服务、健康管理等智慧家居生活也获得了快速发展。2022年，调查企业在民用市场如智慧社区、智能家居、餐饮住宿、娱乐休闲等领域项目总体收入约为710亿元，同比增长8.1%，实现利润约80亿元，同比增长24.8%。

三、行业管理与服务再上新台阶

安防行业作为平安建设和法治建设的基础性保障行业，其发展离不开行业管理部门的监管指导与技术服务机构及社会团体组织的服务支撑。2022年，行业管理部门、技术服务机构及社会团体组织锚定行业高质量发展这个重点任务，多措并举，不断完善行业管理、提升行业服务。

（一）行业管理与服务持续优化

2022年，全国公安科技信息化部门深入贯彻落实党中央、国务院和公安部党委有关决策部署，以公安中心工作和实战任务需求为导向，通过多种举措加强行业管理与服务。积极采取有效举措，大力推进公共安全视频监控建设联网应用工作，深化指导各地“雪亮工程”“智慧安防小区”建设；积极推进安防行业标准制修订工作，并通过加强标准的宣贯培训，推动标准的贯彻实施；积极指导行业协会开展服务行业、服务会员等各项工作，协调解决行业协会面临的业务困惑和难题，推动协会创新发展。

各地公安机关科技信息化部门积极探索地方政策，出台相关文件，指导安防行业有序发展。北京、河北、山西、辽宁、上海、安徽、广东等地积极回应行业发展新需求新期待，通过深化改革、优化流程、创新服务，出台便民利企改革措施，持续提升技防管理水平。

（二）行业标准化工作取得新成效

2022年，全国安全防范报警系统标准化技术委员会（以下简称“标委会”）稳步推进安防行业标准化建设。一是扎实推进标准制修订工作。在编的国家标准和行业标准共70余项，其中已完成并经批准发布的标准共30项（包含12项国家标准、18项行业标准），完成44项标准报批稿。二是积极开展重要领域标准项目研究及制定。完成并经批准发布1项公共安全视频图像信息联网共享应用国家标准，11项国家标准报批稿，8项公共安全视频监控应用云平台项目行业标准报批稿，25项反恐怖防范行业标准，完成3项文物安全防范标准征求意见稿。三是积极开拓国际标准化工作。组织我国专家牵头制定4项国际标准，其中2项经批准发布。四是加大安防标准的宣贯培训力度，推动安防标准的贯彻实施。

（三）行业认证工作拓展新局面

2022年，中国安全技术防范认证中心（以下简称“安防认证中心”）按照年度整体工作计划，积极推进各项工作落实。一是平稳推进认证业务，截至2022年12月31日，安防认证中心持有效证书共计1007张，具体包括：自愿性产品认证（GA）企业133家、证书433张；自愿性产品认证（CSP）企业213家、证书574张。二是积极创建认证评价业务，启动多项新认证业务。三是扎实开展科研工作，完成国家重点研发计划“智慧城市评价”项目四个课题的综合绩效评价，取得了良好的验收结果。

2022年，公安部第三研究所认证中心（以下简称“三所认证中心”）积极推进各项工作落实。截至2022年10月10日，三所认证中心保有有效的强制性产品认证证书494张，境内外获证企业105家；保有有效自愿性产品认证证书218张，获证企业48家；保有有效的服务认证证书232张。三所认证中心持续推进认证业务转型和范围拓展，完成1项新型产品、1项新型服务业态的实施规则编制工作，2022年新发“智能联网产品认证”证书43张，目前持有的有效认证证书达65张；其他自愿性产品认证的项目达到稳定水平，自愿性产品认证总有效认证证书持有量为218张。

（四）行业检测检验工作稳步提升

2022年，国家安全防范报警系统产品质量检验检测中心（北京）（以下简称“北京检测中心”）共出具检测报告24094份，涉及企业3144家。北京检测中心充分发挥技术专长，多次承担国家重大活动、重要场所安保任务等；完成2018—2020年“雪亮工程”重点支持项目现场验收评估工作、防护装备生产厂商情况摸排等工作；积极配合部队装备选型采购，配合公安部科技信息化局开展2022年度算法评测检测等工作，配合公安部装备财务局开展相关标准制修订等工作，承担各地公安机关、安保单位软件平台建设及安防工程检验等测试任务。同时，北京检测中心紧盯科研创新，深入开展检测认证新技术、新方法的研究、标准编制和检验设备研制等工作，承担科研项目20余项，完成科研项目15项。牵头国家、行业标准制修订项目及国家标准外文版翻译项目共30余项。共发表科技论文20余篇，获得授权专利10余项，获得计算机软件著作权登记证书10余项。

2022年，国家安全防范报警系统产品质量检验检测中心（上海）立足服务公安实战，拓展业务领域，创新服务模式，扩大检验范围，建设实验室资质，圆满完成2次CNAS扩项及6年换证复评审，能力范围扩大至1350项，扩项资质能力约400项；推进实验室基础能力建设，参加能力验证比对活动；开展科研标准研究，提升检测能力和技术水平，圆满完成了全年各项工作。

（五）行业自律管理及服务高质量发展

2022年中国安防协会及各地方安防协会在相关主管部门的指导下，以习近平新时代中国特色社会主义思想凝心铸魂，坚定不移贯彻总体国家安全观，秉承服务政府、服务行业、服务企业、服务社会的根本宗旨，积极落实各项工作，取得了显著成效。一是夯实党建基础，持续开展党的二十大精神系列专题学习活动，扎实推进党史学习教育常态化制度化，以党建引领推动安防行业新发展；二是在标准、规范的制修订，标准宣贯上精勤耕耘，以标准规范的先行引领行业发展，取得了显著成果；三是充分发挥行业专家作用，通过举办各种活动，强化协会服务职能；四是围绕发挥资源聚合优势，搭建大数据平台及其他各种交流平台，促进产业链中各方合作，推动行业高质量发展；五是整合传统媒体与新媒体资源，加强行业宣传工作。

四、2023年安防行业发展展望

（一）国家宏观经济形势

2023年是全面贯彻落实党的二十大精神的开局之年，也是实施“十四五”规划承上启下的关键一年。国家确定2023年经济的发展思路是，坚持稳中求进工作总基调，完整、准确、全面贯彻新发展理念，更好统筹发展和安全，精准实施宏观调控，加快构建新发展格局，全力做好稳增长、稳就业、防风险工作，提振市场信心，着力推动高质量发展。

数据显示，2023年上半年，国家经济发展韧性强、活力足。上半年国内生产总值同比增长5.5%，明显快于去年全年3%的经济增速，经济增长整体回升，物价总体稳定。前8个月，工业和服务业生产加快，国内需求继续扩大，社会消费品零售总额同比增长7%，服务业生产指数同比增长8.1%；高技术产业投资同比增长11.3%；规模以上装备制造业增加值同比增长6%。在复杂严峻的外部环境下，我国经济增速明显快于世界主要发达经济体，彰显出我国经济发展的强大韧性。

（二）2023年上半年安防市场状况

2023年上半年，随着国家宏观政策显效，经济活力逐步恢复，我国安防行业信心增强，整体呈现复苏态势。根据《中国安防》杂志安防行业景气指数报告，2023年一季度，我国安防行业景气指数为148，与上季度相比上升了 13 个百分点，位于“较景气区间”。在调查企业中，有一半以上的企业认为经营状况处于“良好”状态，有 38%的企业认为“一般或持平”。二季度，行业景气指数为 156，与一季度相比上升了 8 个百分点，比去年同期上升 26 个百分点，跃至“较强景气区间”，在调查企业中有 64%的企业认为经营状况处于“良好”状态，有 28%的企业认为“一般或持平”。

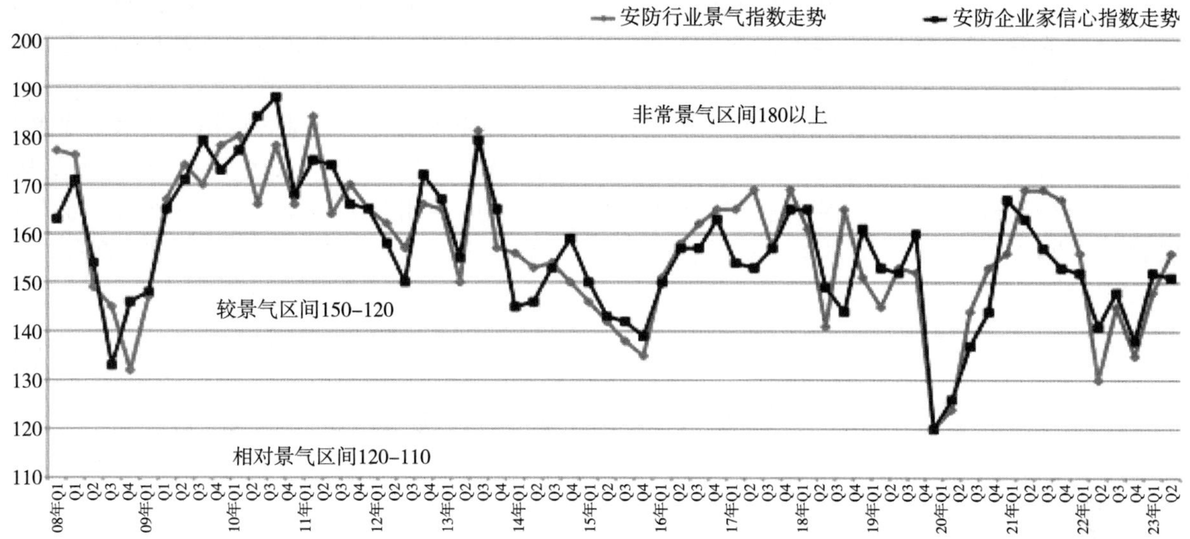

图 1　安防行业景气及企业家信心指数走势

另外，已经有 119 家安防上市企业披露了 2023 上半年数据，显示企业经营状况有所好转。在 119 家企业中，有 66 家企业营业收入同比增长，占 55. 5%，比 2022 年整年增长 17 个百分点；负增长的 53 家，占比为 44. 5%。从经济效益看：有 75 家企业实现净盈利，占比为 63%；有 44 家亏损，占比为 37%。相比 2022 年整年净盈利企业占比仅为 34%，亏损企业占比高达 66%，亏损企业幅度大大收窄。值得关注的是，2023 年上半年实现营收和归母净利润双增长的企业主营业务主要集中在智能家居、视频监控、智能交通、显控设备、智能物联等领域。随着下半年国内各项刺激扶持政策逐步实施，市场需求将加速回暖，安防企业经营盈利能力或将进一步回升。

（三）2023 年安防市场展望

2022 年，宏观环境严峻复杂、需求收缩等因素给行业发展、企业经营带来了很大挑战，企业发展实属不易。艰难的 2022 年过去了，对于 2023 年的发展，行业大部分企业都给予增长的预期。绝大部分企业认为，随着疫情防控政策的优化，以及各项政策效应的显现，我国经济增速将持续回升，安防行业也会随之复苏，呈现上升态势。

据中安协对 300 多家行业企业问卷调查预测，2023 年约有 55%的企业销售额将会提高，约 40%以上的企业销售额与上年度持平，79%的企业预测盈利将实现正增长。预计第四季度安防行业的发展速度将达到 6%，其中视频监控市场增长 6%左右，社区及居民安防增长 7%以上，其他国内外市场增长率约为 4%。

从国内市场看：首先，2023 年 2 月，公安部科技部联合印发通知部署推进科技兴警三年行动计划，无疑将给安防行业注入一股新的政策驱动力。其次，安防企业仍需积极拓展新兴市场应用领域，在智慧城市、乡村安防、智能社区、智能制造、智慧养老等赛道都是很有潜力的增长领域。最后，与其他行业的融合也将成为未来趋势。安防行业将与 IT、互联网以及文旅、交通、医疗、教育等行业进行更紧密的合作与融合，形成跨界发展的新模式，这种融合将产生更多的商机和市场空间。

从外贸方面来看：近两年我国安防出口保持平稳发展的态势。许多调查企业认为，国际市场未来仍可大有作为，像中东、西非、东南亚、非洲、南美都很有潜力，也成为各大实力企业重点关注的对象。

从国内供应链安全来看：这两年安防行业芯片短缺等供应链问题比较突出，给企业业务发展带来较大影响。在这次调查中，大多数企业反映目前安防行业芯片供应链问题得到了缓解，除高端应用外，通用行业芯片已实现自给自足，国内正在逐步夯实自有产品供应链的安全保障，并逐步形成从上游研发到生产、制造、销售等全产业供应的内循环，2023 年供应链安全问题整体向好。

从技术发展看：数字经济的持续发展和数字化转型的加速推进，将进一步推动安防行业的技术创新和业务模式转型。政府对数字中国等政策的持续推进，将为安防行业提供更广阔的市场空间。在技术创新方面，人工智能、物联网、5G 等技术的引入和应用，将使安防产品的智能化水平不断提高，提升产品的性能和用户体验。

2023 年是全面推进《数字中国建设整体布局规划》实施的起步之年。当前，以信息技术为代表的新一轮科技革命和产业变革突飞猛进，安防产业作为数字经济重要组成部分以及数字中国建设重要基础，又将面临发展的新机遇期。同时伴随着疫情影响的消退以及新兴应用领域的日益崛起为安防行业提供了良好的发展环境。未来，安防行业的前景仍然值得期待，但需要企业不断进行技术创新和市场拓展来应对行业的快速变化。

第二节　中国安防行业 2022 年季度景气调查报告

2022 年第一季度景气调查报告

2021 年，我国经济总体保持复苏态势，国内生产总值（GDP）比上年增长 8. 1%，两年平均增长 5. 1%；经济规模突破 110 万亿元，稳居全球第二大经济体。进入 2022 年，“十四五”规划进入中期的关键年份，同时今年也是党的二十大举行的关键之年，如何落实中央经济工作会议的部署，实现稳定当头、稳中求进的发展目标，是今年我国经济发展的重要任务。从国家统计局发布的 1—2 月经济运行情况来看，尽管全球疫情影响仍在持续，国际环境更趋复杂严峻和不确定，国内发展面临需求收缩、供给冲击、预期转弱三重压力，但随着稳增长政策发力，1—2 月经济数据普遍好于预期，工业、消费、投资增速均在加快，国民经济持续恢复。据相关权威机构及专业人士预计，一季度经济有望实现 5%以上的增长，甚至有可能达到 6%。

从我国安防行业一季度发展情况看，总体以低平开局。对行业景气调查资料显示，相比上季度及去年同期，一季度安防行业生产规模、内销市场、企业盈利水平等主要景气指数均出现了一定程度的下滑；一些企业流动资金相对紧张，债务增加；企业劳动力需求有所减少。这些情况和问题，既有外部大环境变化带来的影响，也有行业季节性和企业自身特点的体现。

一、行业景气度有所下降

（一）行业景气指数仍位于“较强景气区间”

2022 年一季度，我国安防行业景气指数为 149，比上季度下降了 18 个百分点，比去年同期下降 7 个百分点，位于“较景气区间”（见图2、图3）。调查企业中，有 55%的企业认为经营状况处于“良好”状态，与上季度相比下降 16 个百分点，比去年同期下降 11 个百分点；有 39%的企业认为“一般或持平”，比上季度上升 14 个百分点，比去年同期上升了 15 个百分点；有 6%的企业反映经营处于“不佳”状况，比上季度上升了 2 个百分点，比去年同期下降了 4 个百分点。

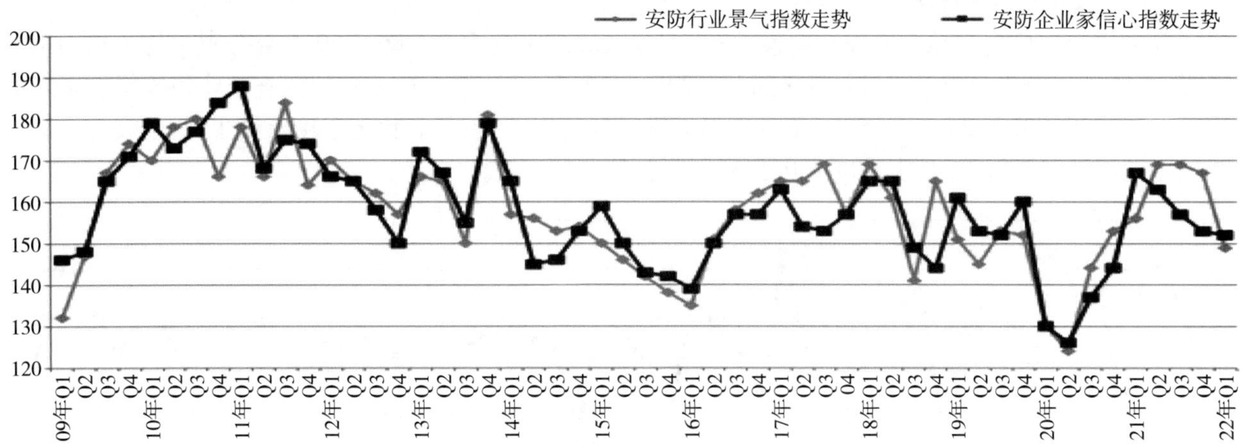

图 2　安防行业景气指数及企业家信心指数走势

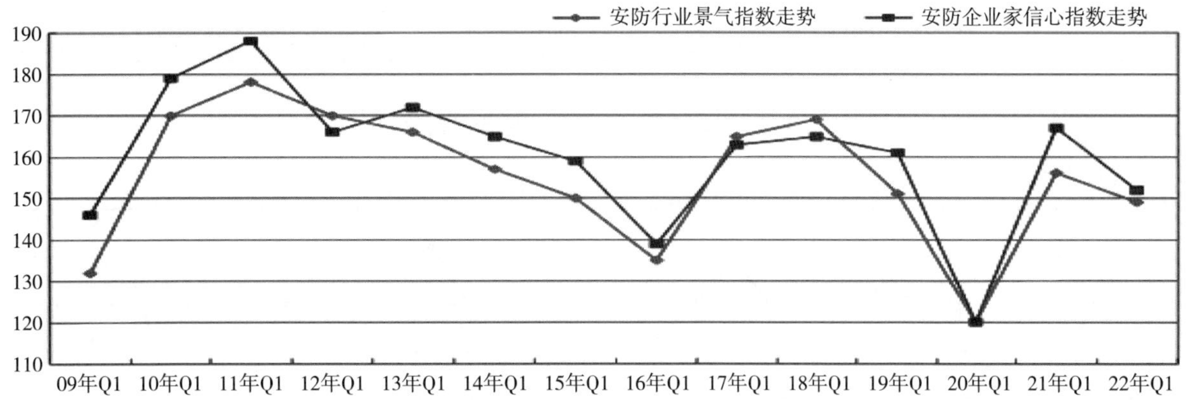

图 3　历年一季度安防行业景气指数及企业家信心指数走势

（二）生产景气度位于“较景气区间”

2022 年一季度，安防行业生产（施工）景气指数为 128，比上季度下降了 21 个百分点，与去年同期相比下降 8 个百分点，位于“较景气区间”（见图 4）。在调查对象中，有 47%的企业反映生产（施工）规模比上季度扩大，有 34%的企业反映与上季度持平；有 19%的企业反映生产（施工）规模减小。

从劳动力需求情况看，一季度景气指数为 130，比上季度下降了 12 个百分点，与去年同期相比下降了 16 个百分点，位于“较景气区间”。其中：反映劳动力需求“增加”的企业占 49%，比上季度下降了 1 个百分点；反映“持平”的企业占 32%，比上季度下降了 9 个百分点；反映“减少”的企业占 19%，比上季度上升 11 个百分点。

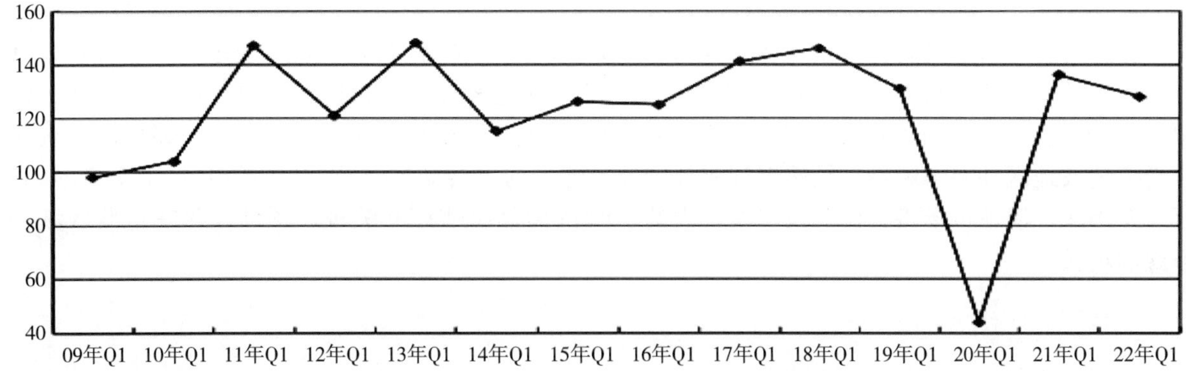

图 4　历年一季度安防行业生产景气指数情况

（三）内销市场景气降幅较大

今年一季度，安防产品（工程）销售景气指数为 122，比上季度下降了 29 个百分点，与去年同期相比下降了 16 个百分点，位于“较景气区间”（见图 5、图 6）。其中，有 40%的调查企业销售额有了新的增长，比上季度下降了 26 个百分点；有 42%的企业反映销售“持平”，比上季度上升了 23 个百分点；有 18%的企业反映“下降”，比上季度上升了 3 个百分点。

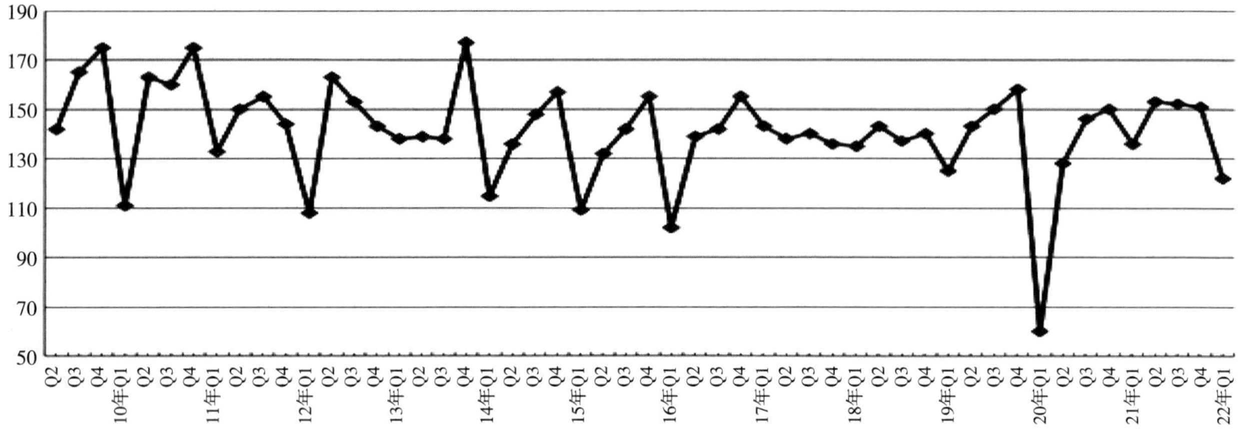

图 5 安防产品（工程）销售景气指数

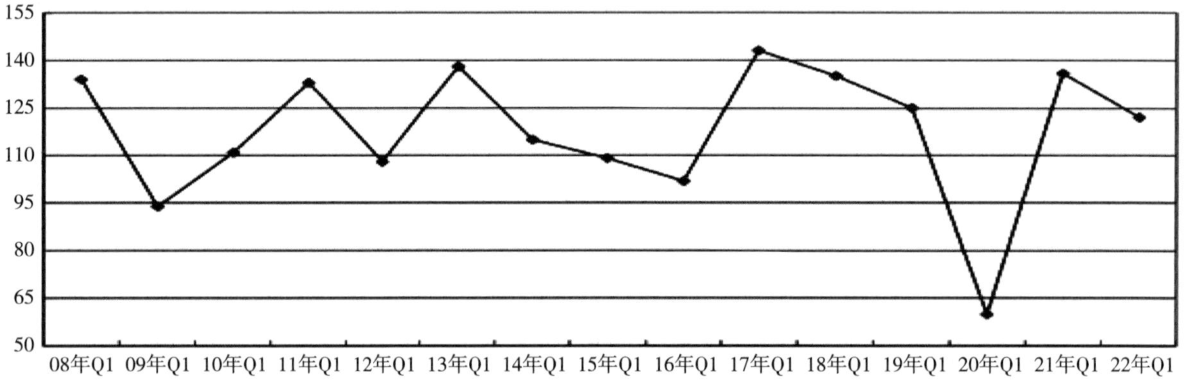

图 6 历年一季度安防产品（工程）销售景气指数

（四）外贸出口位于“微景气区间”

2022 年一季度，外贸出口景气指数为 100，比上季度下降了 3 个百分点，与去年同期持平，位于“微景气区间”（见图 7）。其中，有 27%的调查企业国外订单有了新的增长，比上季度下降了 2 个百分点；有 46%的企业反映销售“持平”，比上季度上升了 1 个百分点；有 27%的企业反映“下降”，比上季度上升了 1 个百分点。

从宏观上看，当前我国稳外贸政策持续显效。2022 年 1—2 月我国货物贸易进出口总值 6.2 万亿元，同比增长 13.3%，外贸表现整体比较平稳。从安防行业来看，随着我国安防行业的不断壮大以及我国“一带一路”国际合作的深入推进，海外市场将仍是企业发展重要的关注点。大部分调查企业认为，受疫情及地区冲突等影响，虽然部分海外区域安防市场将会受到波及，但 RCEP 将带来更多利好，东亚、东南亚、澳新市场将打破关税壁垒，大约 90%的商品将实施 0 关税，预计今年在这些区域仍有较可观的增长。

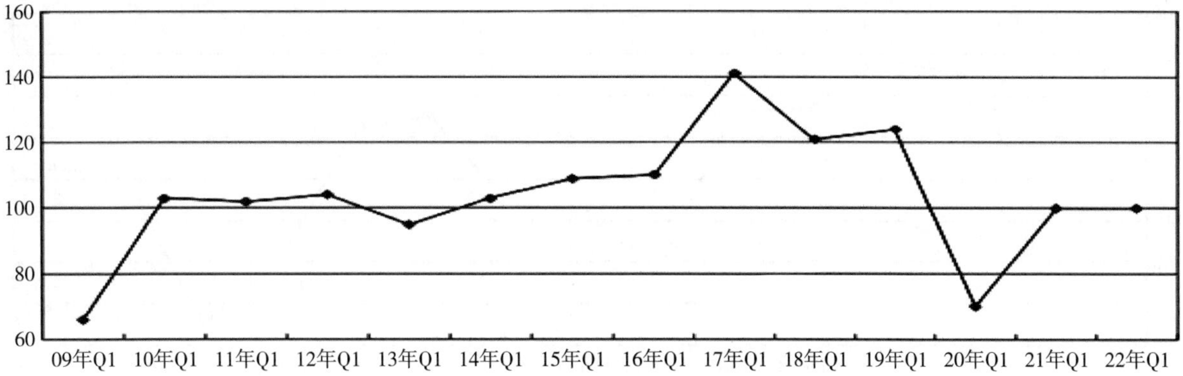

图 7　历年一季度安防企业外贸出口景气指数走势

（五）企业盈利景气位于“较景气区间”

1. 生产（工程）成本相对稳定

2022 年一季度，安防生产（工程）企业成本与上季度相比，有 36%的调查企业反映生产（工程）成本“上升”，有 56%的企业反映“持平”，有 8%的企业反映“下降”。上季度反映“上升”“持平”和“下降”的比重分别为 50%、45%和 5%。

2. 销售价格相对稳定

一季度，调查企业中反映产品销售价格“持平”的占 74%，反映“上升”的占 13%，反映“下降”的为 13%。上季度，企业反映“持平”“上升”和“下降”的比重分别为 75%、16%和 9%。

3. 企业盈利景气度位于“较景气区间”

一季度安防企业盈利景气指数为 122，位于“较景气区间”（见图 8），与上季度相比下降了 12 个百分点，与去年同期相比下降了 10 个百分点。在调查对象中，有 40%的企业反映“增盈（或减亏）”，比去年同期下降了 4 个百分点；有 42%的企业反映“持平”，比去年同期下降了 2 个百分点；有 18%的企业反映“盈利减少（或增亏）”，比去年同期上升了 6 个百分点。

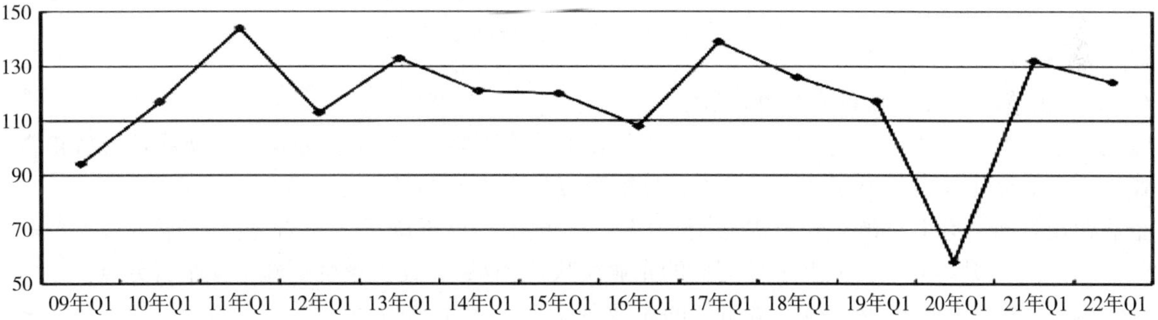

图 8　历年一季度安防企业盈利景气指数情况

（六）企业投入景气水平略有回升

1. 固定资产投入位于“较景气区间”

今年一季度，安防企业固定资产投入景气指数为 126，与上季度相比上升了 4 个百分点，位于“较景气区间”（见图 9）。在调查企业中，有 45%的企业继续扩大了固定资产投入，比上季度上升了 7 个百分点；有 36%的企业投入保持持平，比上季度下降了 10 个百分点；有 19%的企业投资减少，比上季度上升了 3 个百分点。

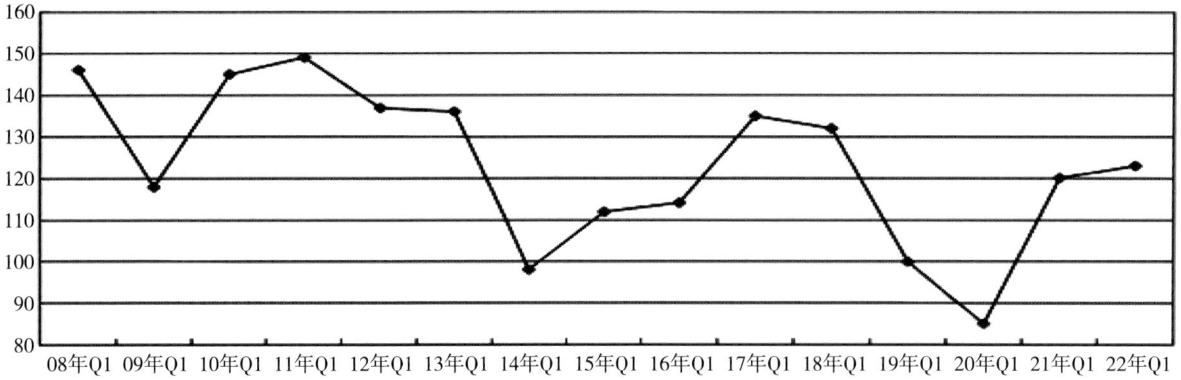

图 9　历年一季度安防企业固定资产投入景气指数

2. 企业科技创新投入位于“较强景气区间”

2022 年一季度，安防企业科技投入景气指数为 150，与上季度持平，比去年同期上升了 9 个百分点，位于“较强景气区间”（见图 10）。其中，有 57%的企业继续增加了科技研发资金的投入，有 36%的企业科研投入与上季度持平，有 7%的企业投入下降。

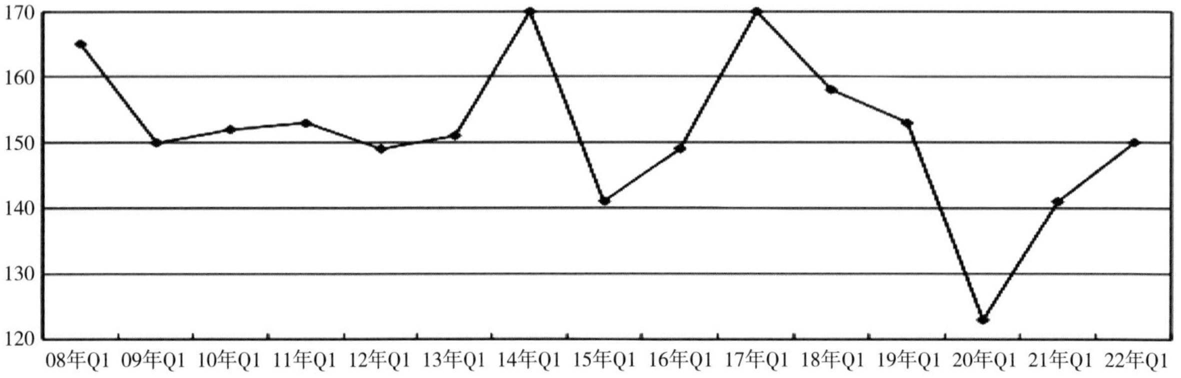

图 10　历年一季度安防企业科技创新投入

（七）企业资金状况、融资情况相对稳定

流动资金方面。反映资金充足的企业占 36%，比上季度下降了 10 个百分点；反映能够维持正常周转的企业占 47%，较上季度上升了 2 个百分点；反映资金紧张的占 17%，比上季度上升 8 个百分点。

企业融资方面。有 17%的企业反映融资“容易”，较上季度下降了 3 个百分点；有 72%的企业反映“一般”，比上季上升了 6 个百分点；有 11%的企业反映“困难”，比上季度下降了 3 个百分点。

资金拖欠方面。反映资金“拖欠增加”的企业为 21%，比上季度下降了 7 个百分点；反映“持平”的企业为 53%，比上季度上升了 1 个百分点；反映“减少”的企业为 26%，比上季度上升了 6 个百分点。

二、企业家对未来发展信心有所下降

一季度，安防企业家信心指数为 152，比上季度下降 1 个百分点，比去年同期下降 15 个百分点，但仍位于“较强景气区间”（见图 2），企业家对行业未来发展信心指数大幅提升。在调查企业中，有 56%的企业对行业发展状况持“乐观”态度，有 40%的企业认为“一般”，认为“不乐观”的企业占 4%。

三、对 2022 年上半年我国安防行业形势的分析

（一）国家宏观经济形势

2022 年是我国经济社会发展极为关键的一年，全国“两会”明确传递出今年中国经济发展将着力稳

定宏观经济大盘，并确定了 GDP 增长 5.5%左右的目标。实现目标的举措，包括从宏观调控政策、扩大内需、改革以及新动力的培育等方面进行体系推进。

在今年的政府工作报告中，科技创新、数字经济、双碳绿色受到广泛关注。其中在科技创新方面，今年《政府工作报告》提出要深入实施创新驱动发展战略，巩固壮大实体经济根基。具体要实施基础设施投资的十年规划、实施科技体制改革的三年攻坚方案、建立四大综合性的国家科学中心，三大综合性的国际科技创新中心，同时强调了对企业的研发投入等。而在数字经济方面，《政府工作报告》提出促进数字经济发展，加强数字中国建设整体布局。并进一步提到加快发展工业互联网、培育壮大集成电路、人工智能等数字产业，提升关键软硬件技术创新和供给能力；完善数字经济治理，释放数据要素潜力，更好赋能经济发展。数字经济将是未来几年领跑中国经济的一个重要方面。在双碳绿色方面，今年要有序推进碳达峰碳中和工作，落实碳达峰行动方案；推进绿色低碳技术研发和推广应用，建设绿色制造和服务体系。双碳以及由双碳所引领的绿色发展模式会形成巨大需求，技术创新将在构建绿色发展新格局上占据重要位置。

可以说，在“十四五”关键期，“双碳”目标提供了绿色发展转型机遇，技术创新提供新动力，数字经济飞速发展提供更加强劲动力。科技创新、数字经济、绿色低碳转型等相关领域的投资，将创造短期需求，也将为我国经济中长期可持续发展打下良好基础。对于安防产业而言，这些重点创新方向都契合安防产业目前的智能化发展趋势，未来将迎来更多利好。

（二）上半年安防市场前景预测

当前，安防行业发展和国家经济形势一样，面临增速下降、预期减弱、企业转型困难等实际问题，但行业整体发展韧性仍足，大多数调查企业对今年行业的发展仍保持较乐观态度，认为上半年行业将呈现稳中有进态势。据调查企业预测，下季度约有 66%的企业销售额将会提高，约 25%的企业与一季度持平。预计上半年安防行业的发展速度将达到 6%，其中视频监控市场增长 7%左右，防盗报警及实体防护增长 5%左右，出入口控制增长 6%左右，社区居民安防增长 7%以上，国外市场的增长率预计为 6%。

从发展机遇上看，当前社会治安防控体系建设仍将为安防行业提供很大空间。包括公安技防的深化建设、公安大数据智能建设、平安乡村、智能安防小区、安全服务、边境安防等建设，都有国家政策的部署和支撑。部分调查企业反映，在公共安全深建设、深应用、深安全发展以及新基建的趋势下，市场仍有很大发展空间。

与此同时，行业企业面临的一些问题也不容忽视。据部分调查企业反映，2022 年上半年安防行业成本和人工不断增加、部分项目回款难、集成费用等利润低、上游供应链紧张、元器件价格上涨、受疫情影响开拓下游市场受阻等，企业经营压力增加。其实不只是安防企业，自疫情暴发以来我国许多企业，特别是抗风险能力较弱的中小企业受到了很大冲击，这些问题受到国家的高度重视。今年《政府工作报告》在提出一系列减负纾困政策的同时，从加大企业创新激励力度、着力培育“专精特新”企业等多个方面，部署了助企做大做强的具体措施，这些部署举措将为包括安防企业在内的行业企业提振信心。

2022 年第二季度景气调查报告

2022 年一季度，我国经济同比增长 4.8%，高于市场预期。但 3 月以来，我国部分地区发生了严重程度仅次于 2020 年年初的第二轮疫情严重冲击，经济处在 2020 年一季度以来最困难时期。前 5 个月，1—2 月经济正常恢复，3—4 月逆转，5 月主要指标边际改善，呈现恢复迹象。

据国家统计局发布的数据，5 月，全国规模以上工业增加值由 4 月同比下降 2.9%转为同比增长 0.7%；货物进出口总额同比增长 9.6%，增速比上月加快 9.5 个百分点；制造业采购经理指数、非制造业商务活动指数和综合 PMI 产出指数同步回升，分别为 49.6%、47.8%和 48.4%，虽低于临界点，但明显高于上月 2.2、5.9 和 5.7 个百分点。体现制造业景气面呈现积极变化，非制造业景气水平明显改善，我国企业生产经营景气水平有所恢复。但总体来看，上半年疫情虽正趋缓和，但经济主要指标增速还处于低位，恢复基础还需要巩固。

从我国安防行业二季度发展情况看，二季度经营压力依然存在，与一季度情况接近。对行业景气调查资料显示，二季度安防行业生产规模、内销市场、企业盈利水平、外贸出口等主要景气指数与去年同期相比出现了较大滑坡；企业家信心指数有所回落；企业陷入经营成本攀升、订单减少、利润下降、发展信心不足等困境，行业仍面临不小的挑战和压力。

一、行业景气度同比回落

（一）行业景气指数位于“较景气区间”

2022 年二季度，我国安防行业景气指数为 130，与上季度相比下降 19 个百分点，比去年同期下降 39 个百分点，位于“较景气区间”（见图 11）。调查企业中，有 43%的企业认为经营状况处于“良好”状态，与上季度相比下降 12 个百分点，比去年同期下降 33 个百分点；有 44%的企业认为“一般或持平”，比上季度上升 5 个百分点，比去年同期上升了 27 个百分点；有 13%的企业反映经营处于“不佳”状况，比上季度上升了 7 个百分点，比去年同期上升了 6 个百分点。

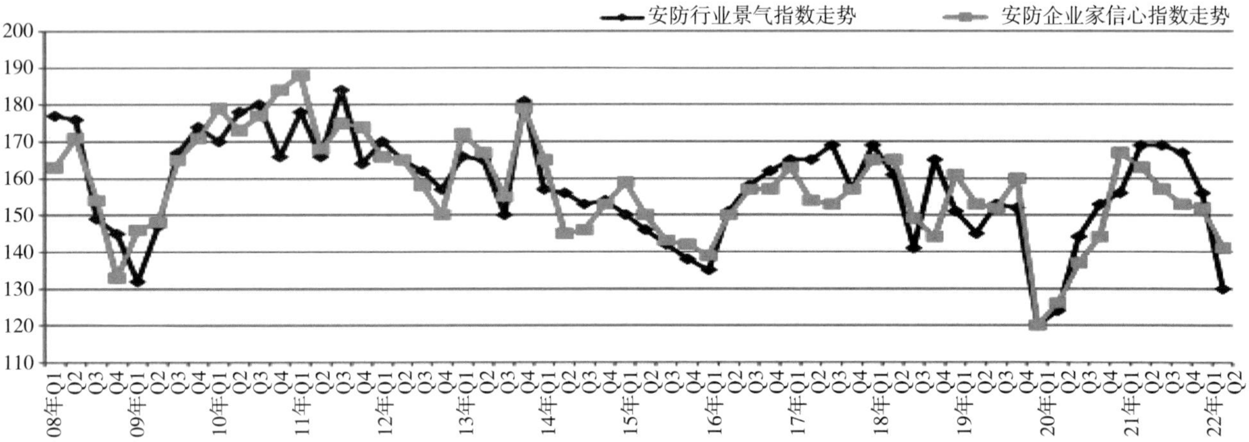

图 11　安防行业景气指数及企业家信心指数走势

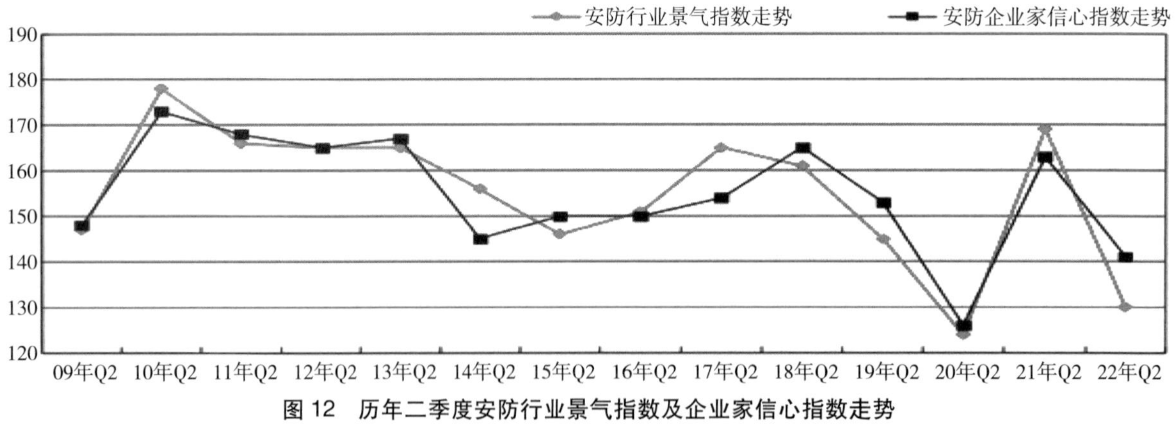

图 12　历年二季度安防行业景气指数及企业家信心指数走势

（二）生产景气度同比降幅较大

2022 年二季度，安防行业生产（施工）景气指数为 122，比上季度下降了 6 个百分点，与去年同期相比下降 44 个百分点，位于“较景气区间”（见图 13）。在调查对象中，有 46%的企业反映生产（施工）

规模比上季度扩大，有 29%的企业反映与上季度持平；有 24%的企业反映生产（施工）规模减小。

从劳动力需求情况看，二季度景气指数为 121，比上季度下降了 9 个百分点，与去年同期相比下降了 30 个百分点，位于“较景气区间”。其中：反映劳动力需求“增加”的企业占 39%，比上季度下降了 10 个百分点；反映“持平”的企业占 43%，比上季度上升了 11 个百分点；反映“减少”的企业占 18%，比上季度下降 1 个百分点。

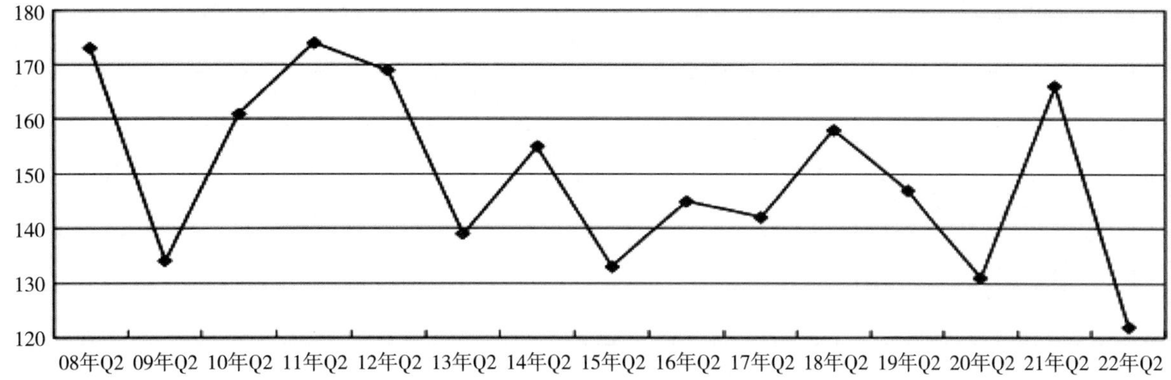

图 13　历年二季度安防企业生产景气指数情况

（三）内销市场景气低于去年

今年二季度，安防产品（工程）销售景气指数为 118，比上季度下降了 4 个百分点，与去年同期相比下降了 35 个百分点，位于“相对景气区间”（见图 14、图 15）。其中，有 42%的调查企业销售额有了新的增长，比上季度上升了 2 个百分点；有 34%的企业反映销售“持平”，比上季度下降了 8 个百分点；有 24%的企业反映“下降”，比上季度上升了 6 个百分点。

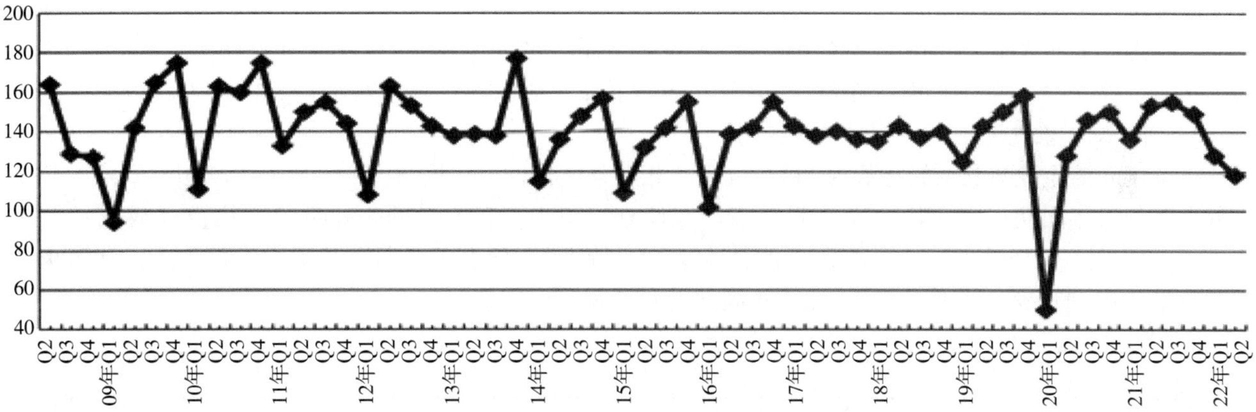

图 14　安防产品（工程）销售景气指数

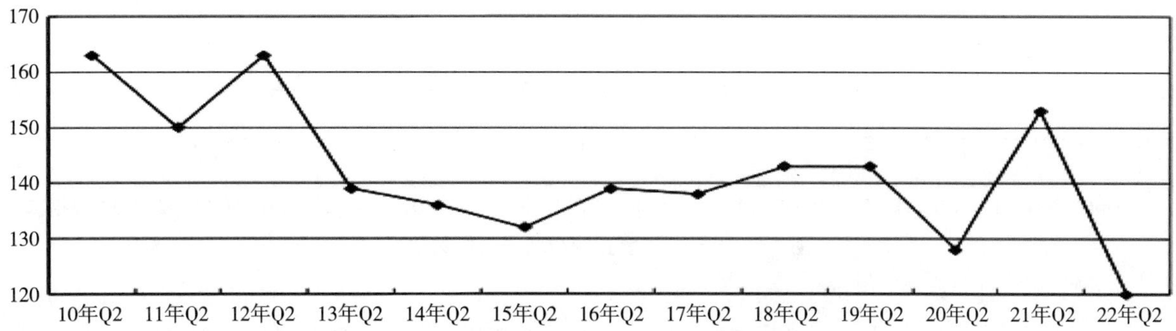

图 15　历年二季度安防产品（工程）销售景气指数

（四）外贸出口位于“微景气区间”

2022 年二季度，外贸出口景气指数为 100，与上季度持平，与去年同期相比下降了 15 个百分点，位于“微景气区间”（见图 16）。其中，有 32%的调查企业国外订单有了新的增长，比上季度上升了 5 个百分点；有 36%的企业反映销售“持平”，比上季度下降了 10 个百分点；有 32%的企业反映“下降”，比上季度上升了 5 个百分点。

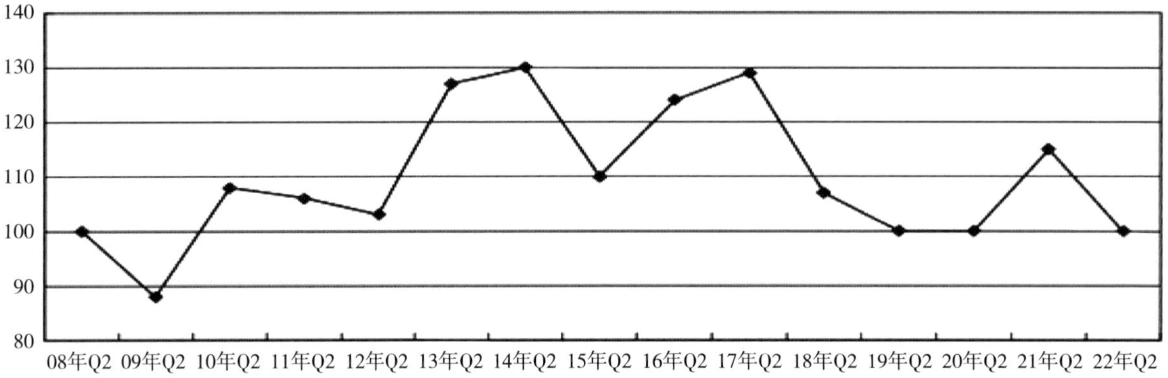

图 16　历年二季度安防企业外贸出口景气指数走势

（五）企业盈利景气有所下降，降至“相对景气区间”

1. 生产（工程）成本上升

2022 年二季度，安防生产（工程）企业成本与上季度相比，有 41%的调查企业反映生产（工程）成本“上升”，有 39%的企业反映“持平”，有 20%的企业反映“下降”。上季度反映“上升”“持平”和“下降”的比重则分别为 36%、56%和 8%。

2. 销售价格相对稳定

二季度，调查企业中反映产品销售价格“持平”的占 63%，反映“上升”的占 15%，反映“下降”的为 22%。上季度，企业反映“持平”“上升”和“下降”的比重分别为 74%、13%和 13%。

3. 企业盈利景气度位于“相对景气区间”

二季度安防企业盈利景气指数为 115，位于“相对景气区间”（见图 17），与上季度相比下降了 7 个百分点，与去年同期相比下降了 27 个百分点。在调查对象中，有 39%的企业反映“增盈（或减亏）”，比去年同期下降了 15 个百分点；有 37%的企业反映“持平”，比去年同期上升了 3 个百分点；有 20%的企业反映“盈利减少（或增亏）”，比去年同期上升了 8 个百分点。

图 17　历年二季度企业盈利景气指数情况

（六）企业投入积极性有所下降

1. 固定资产投入位于“较景气区间”

今年二季度，安防企业固定资产投入景气指数为 121，与上季度相比下降了 5 个百分点，位于“较景气区间”（见图 18）。在调查企业中，有 39%的企业继续扩大了固定资产投入，比上季度下降了 6 个百分点；有 43%的企业投入保持持平，比上季度上升了 7 个百分点；有 18%的企业投资减少，比上季度下降了 1 个百分点。

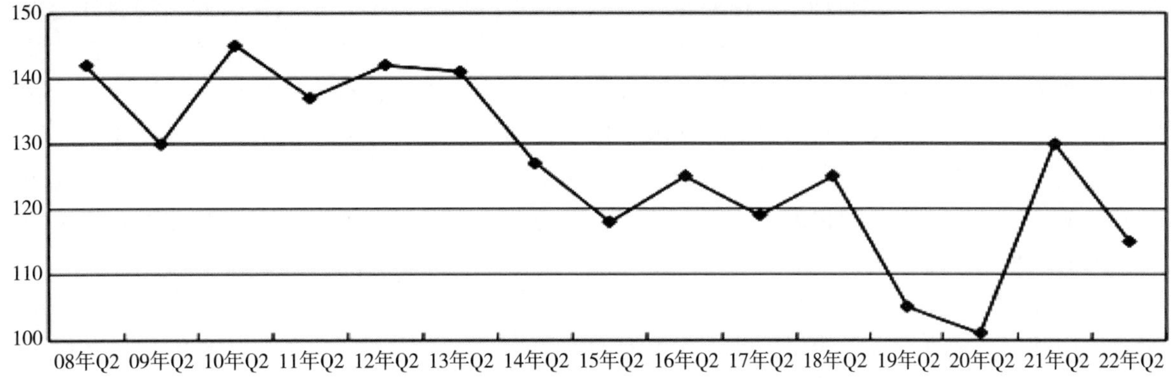

图 18　历年二季度安防企业固定资产投入景气指数

2. 企业科技创新投入位于“较景气区间”

2022 年二季度，安防企业科技投入景气指数为 141，比上季度下降了 9 个百分点，比去年同期下降了 8 个百分点，位于“较景气区间”（见图 19）。其中，有 50%的企业继续增加了科技研发资金的投入，有 41%的企业科研投入与上季度持平，有 9%的企业投入下降。

图 19　历年二季度安防企业科技创新投入

（七）企业资金状况、融资情况相对紧张

流动资金方面。反映资金充足的企业占 33%，比上季度下降了 3 个百分点；反映能够维持正常周转的企业占 30%，较上季度下降了 17 个百分点；反映资金紧张的占 37%，比上季度上升 20 个百分点。

企业融资方面。有 33%的企业反映融资“容易”，较上季度上升了 16 个百分点；有 49%的企业反映“一般”，比上季度下降了 23 个百分点；有 18%的企业反映“困难”，比上季度上升了 7 个百分点。

资金拖欠方面。反映资金“拖欠增加”的企业为 28%，比上季度上升了 7 个百分点；反映“持平”的企业为 61%，比上季度上升了 8 个百分点；反映“减少”的企业为 11%，比上季度下降了 15 个百分点。

二、企业家对未来发展信心有所回落

二季度，安防企业家信心指数为 141，比上季度下降 11 个百分点，位于“较景气区间”（见图 1）。

在调查企业中，有 54%的企业对行业发展状况持“乐观”态度，有 33%的企业认为“一般”，认为“不乐观”的企业占 13%。

三、2022 年下半年安防市场前景预测

今年是党的二十大召开之年，是党和国家事业发展进程中十分重要的一年，做好今年各项工作意义重大。2022 年以来，国内疫情反弹叠加国际地缘政治冲突升级，外部环境更趋复杂严峻和不确定，经济发展持续面临“需求收缩、供给冲击、预期转弱”三重压力。4 月 29 日，中共中央政治局召开会议，分析研究当前经济形势和经济工作，强调疫情要防住、经济要稳住、发展要安全。这是党中央在关键时刻作出的重要决策部署、提出的明确要求，为我们攻坚克难、稳中求进，努力实现全年经济社会发展预期目标指明前进方向，注入强大信心和力量。从国家层面传递的信息看，当前的问题没有改变我国经济韧性强、长期向好的基本面。从短期来看，国内疫情已缓解、防控措施更精准，同时目前实施积极的财政政策和稳健的货币政策，不断深化改革、扩大开放，着力扩大内需，增强微观主体活力等党中央的决策部署和国务院政策措施正在落实，下半年若没有大规模疫情冲击，经济复苏步伐将加快。

从安防行业来看，当前安防行业深度融入公共安全建设、社会治理体系建设中，防范技术的快速发展、融合应用和安防数据的大量积累，已经为平安中国建设、法治中国建设提供了重要科技支撑。党中央、国务院高度重视技防建设特别是“雪亮工程”建设应用，近期中办、国办陆续印发的《数字乡村发展战略纲要》《乡村建设行动实施方案》等规划文件，国务院刚刚印发的《关于加强数字政府建设的指导意见》，都对加强“雪亮工程”建设作了明确部署要求。虽然目前行业发展面临新冠疫情、断供制裁、经济下行等考验，但综合政策扶持、内需释放、技术升级等多种因素，总体上机遇大于挑战。从调查企业反映来看，部分调查企业对下半年行业的发展仍保持较乐观态度，认为下半年随着疫情防控形势总体改善，企业产能逐渐恢复、项目有效推进，行业将加快恢复。

据调查企业预测，下季度约有 52%的企业销售额将会提高，约 29%的企业与二季度持平。预计下半年安防行业的发展速度将达到 5%，其中视频监控市场增长 5%左右，防盗报警及实体防护增长 4%左右，出入口控制增长 5%左右，社区居民安防增长 6%以上，国外市场的增长率预计为 5%。

对于调查企业反映发展中面临的项目延期、项目和订单缩减、运营成本增加、回款难、利润低、融资困难等问题，中国安防协会给予重点关注，下一步协会将深入研究落实党中央、国务院、地方政府关于稳经济大盘各项政策，做好宣贯和培训工作；加强对行业不同类型企业的调研工作，制订针对性帮扶方案；积极搭建上中下游、大中小企业融通创新、市场对接平台，缓解融资、经营压力；帮助企业做好品牌宣传推广等措施，帮助企业纾困解难，为行业产业尽快恢复和持续发展提供支持。

2022 年第三季度景气调查报告

2022 年上半年，受国际环境复杂演变、国内疫情冲击等超预期因素影响，经济下行压力明显加大，上半年我国经济累计同比增长 2.5%，二季度中国经济同比增长 0.4%，较一季度增速下降 4.4 个百分点。6 月以来，随着疫情逐渐得到有效控制、宏观支持政策效果逐步显现、复工达产有序展开，工业生产、投资、消费等领域环比明显改善，8 月经济修复的效果较为理想，主要指标增速都有所回升。

据国家统计局发布的数据，8 月，全国规模以上工业增加值同比增长 4.2%，增速较上月加快 0.4 个百分点；社会消费品零售总额同比增长 5.4%，增速比上月加快了 2.7 个百分点；固定资产投资环比增长 0.36%；货物进出口总额同比增长 8.6%；制造业采购经理指数为 49.4%，比上月上升 0.4 个百分点；非制造业商务活动指数为 52.6%，比上月下降 1.2 个百分点，仍高于临界点，体现出企业生产经营活动总体延续恢复态势，但扩张力度有所减弱，恢复基础还需要巩固。

从我国安防行业发展形势看，一、二季度尤其是二季度经营压力大，主要景气指数与去年同期相比出现了很大滑坡，三季度情况逐步恢复好转。对行业景气调查资料显示，三季度行业生产规模、内销市场、企业盈利、外贸出口、固定投资、科技创新、企业综合经营状况等主要景气指数均有提升，企业家信心指数回升，但行业发展中的一些问题，包括需求收缩、中小企业融资困难等，需要认真分析、努力应对解决。

一、行业景气度提升

（一）行业景气指数回升，位于“较景气区间”

2022 年三季度，我国安防行业景气指数为 142，与上季度相比上升了 12 个百分点，比去年同期下降 27 个百分点，位于“较景气区间”（见图 20、图 21）。调查企业中，有 60%的企业认为经营状况处于“良好”状态，与上季度相比上升 17 个百分点，比去年同期下降 16 个百分点；有 25%的企业认为“一般或持平”，比上季度下降 19 个百分点，比去年同期上升了 8 个百分点；有 15%的企业反映经营处于“不佳”状况，比上季度上升了 2 个百分点，比去年同期上升了 8 个百分点。

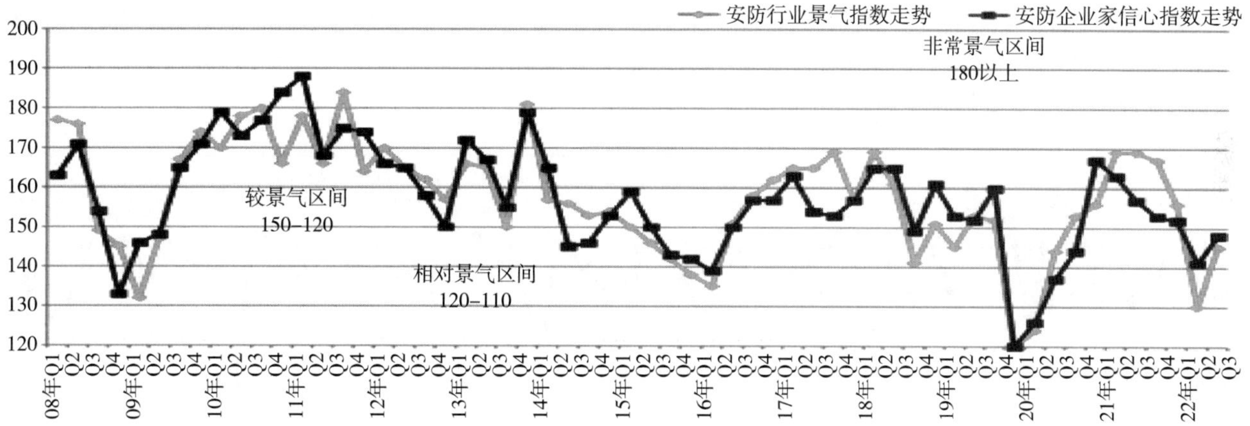

图 20　安防行业景气指数及企业家信心指数走势

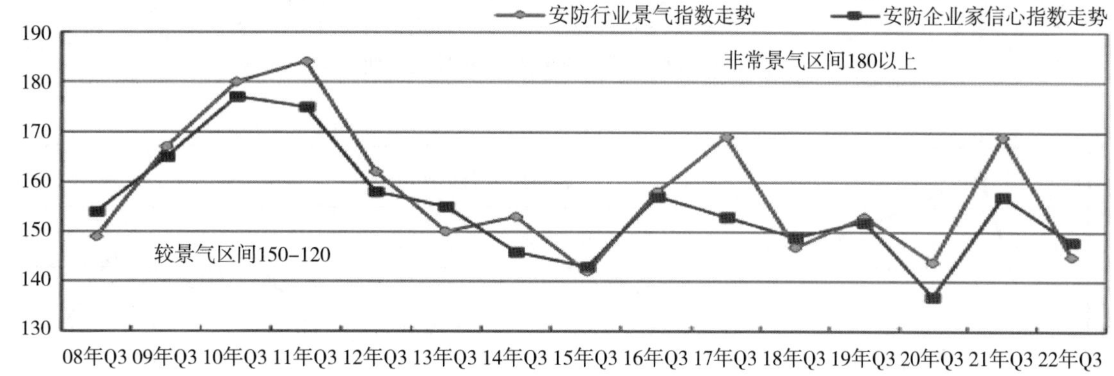

图 21　历年三季度安防行业景气指数及企业家信心指数走势

（二）生产景气度回升

2022 年三季度，安防行业生产（施工）景气指数为 138，比上季度上升了 16 个百分点，与去年同期相比下降 17 个百分点，位于“较景气区间”（见图 22）。在调查对象中，有 53%的企业反映生产（施工）规模比上季度扩大，有 33%的企业反映与上季度持平；有 15%的企业反映生产（施工）规模减小。

从劳动力需求情况看，三季度景气指数为 121，与上季度持平，与去年同期相比下降了 23 个百分点，位于“较景气区间”。其中：反映劳动力需求“增加”的企业占 38%，比上季度上升了 1 个百分点；反映“持平”的企业占 45%，比上季度上升了 2 个百分点；反映“减少”的占 17%，比上季度下降 1 个百分点。

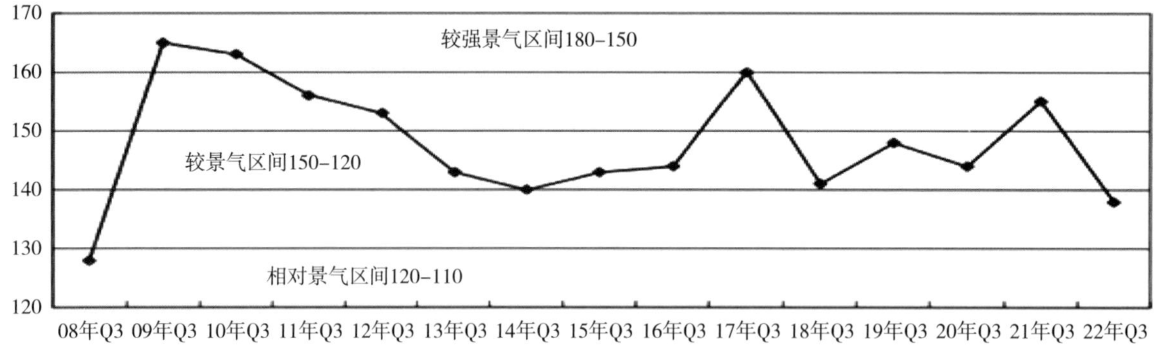

图 22　历年三季度安防行业生产景气指数情况

（三）内销市场景气提升

今年三季度，安防产品（工程）销售景气指数为 135，比上季度上升了 17 个百分点，与去年同期相比下降了 17 个百分点，位于“较景气区间”（见图 23、图 24）。其中，有 50%的调查企业销售额有了新的增长，比上季度上升了 8 个百分点；有 35%的企业反映销售“持平”，比上季度上升了 1 个百分点；有 15%的企业反映“下降”，比上季度上升了 9 个百分点。

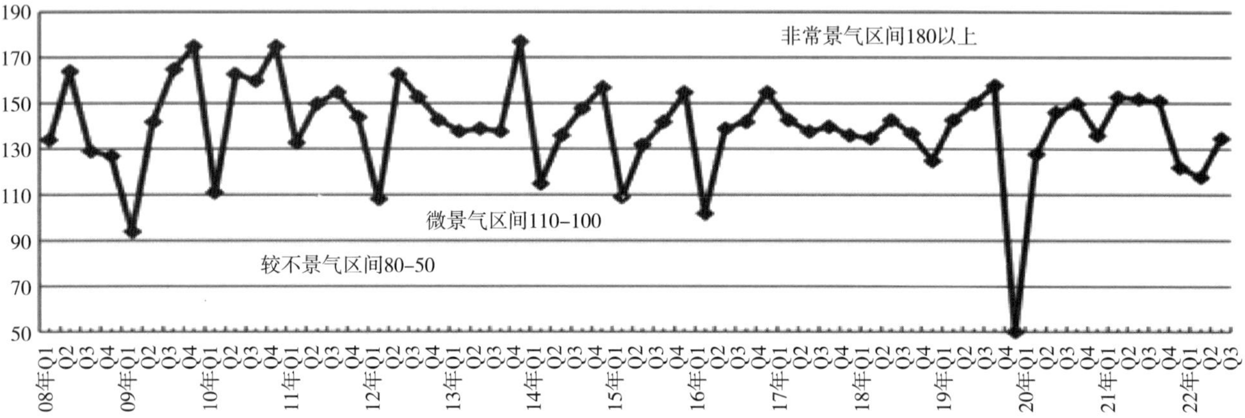

图 23　安防产品（工程）销售景气指数

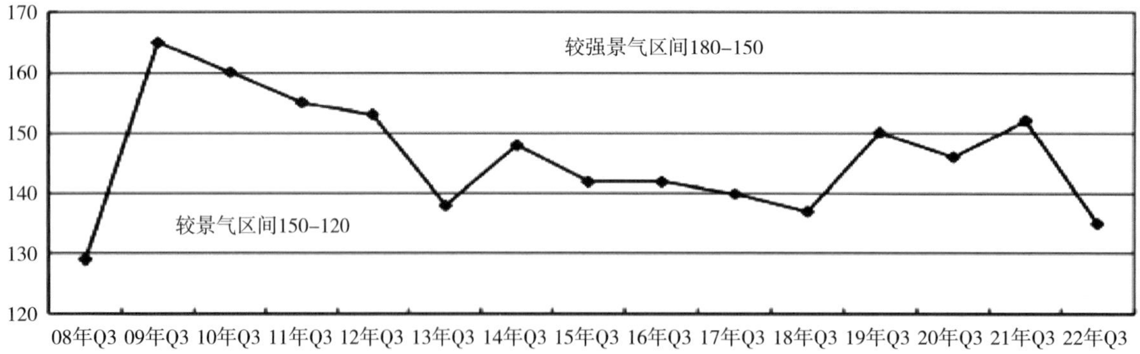

图 24　历年三季度安防产品（工程）销售景气指数

（四）外贸出口位于“微景气区间”

2022 年三季度，外贸出口景气指数为 105，比上季度上升了 5 个百分点，与去年同期相比下降了 5 个百分点，位于“微景气区间”（见图 25）。其中，有 26%的调查企业国外订单有了新的增长，比上季度下降了 6 个百分点；有 53%的企业反映销售“持平”，比上季度上升了 17 个百分点；有 21%的企业反映“下降”，比上季度下降了 11 个百分点。

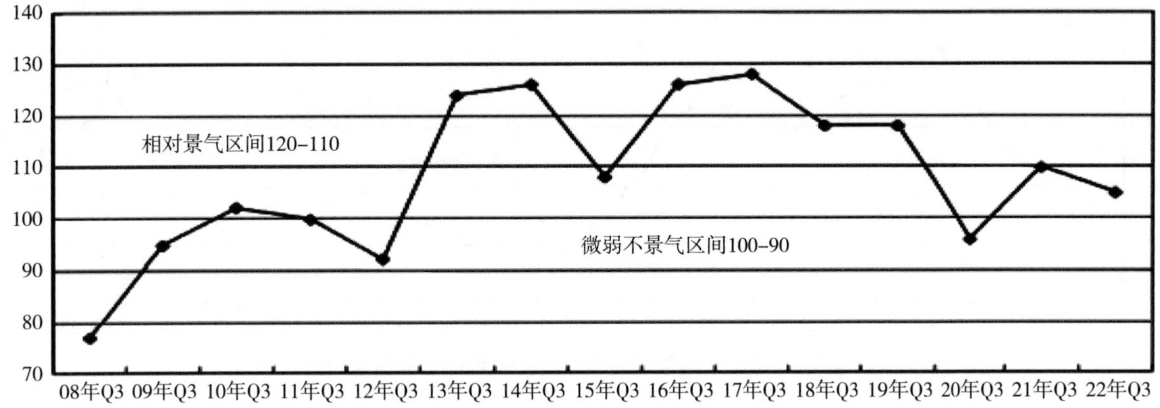

图 25　历年三季度安防企业外贸出口景气指数走势

（五）企业盈利景气回升至“较景气区间”

1. 生产（工程）成本略有上升

2022 年三季度，安防生产（工程）企业成本与上季度相比，有 45%的调查企业反映生产（工程）成本“上升”，有 55%的企业反映“持平”，没有企业反映“下降”。上季度反映“上升”“持平”和“下降”的比重则分别为 41%、39%和 20%。

2. 销售价格略有波动

三季度，调查企业中反映产品销售价格“持平”的企业占 75%，反映“上升”的占 13%，反映“下降”的企业为 12%。上季度，企业反映“持平”“上升”和“下降”的比重分别为 63%、15%和 22%。

3. 企业盈利景气度位于“较景气区间”

三季度安防企业盈利景气指数为 132，位于“较景气区间”（见图 26），与上季度相比上升了 17 个百分点，与去年同期相比下降了 10 个百分点。在调查对象中，有 50%的企业反映“增盈（或减亏）”，比去年同期下降了 2 个百分点；有 32%的企业反映“持平”，比去年同期下降了 6 个百分点；有 18%的企业反映“盈利减少（或增亏）”，比去年同期上升了 8 个百分点。

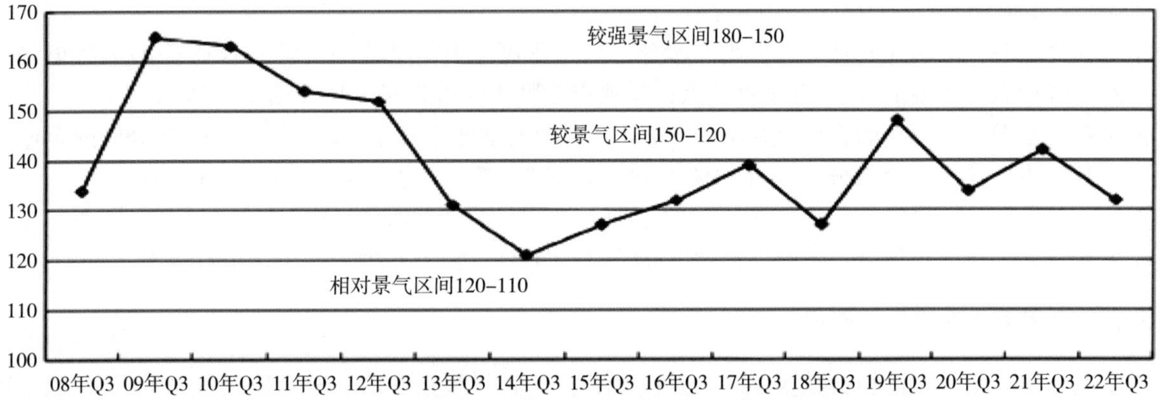

图 26　历年三季度安防企业盈利景气指数情况

（六）企业投入积极性提升

1. 固定资产投入位于“较景气区间”

今年三季度，安防企业固定资产投入景气指数为 126，与上季度相比上升了 5 个百分点，位于“较景气区间”（见图 27）。在调查企业中，有 33%的企业继续扩大了固定资产投入，比上季度下降了 6 个百分点；有 60%的企业投入保持持平，比上季度上升了 17 个百分点；有 7%的企业投资减少，比上季度下降了 11 个百分点。

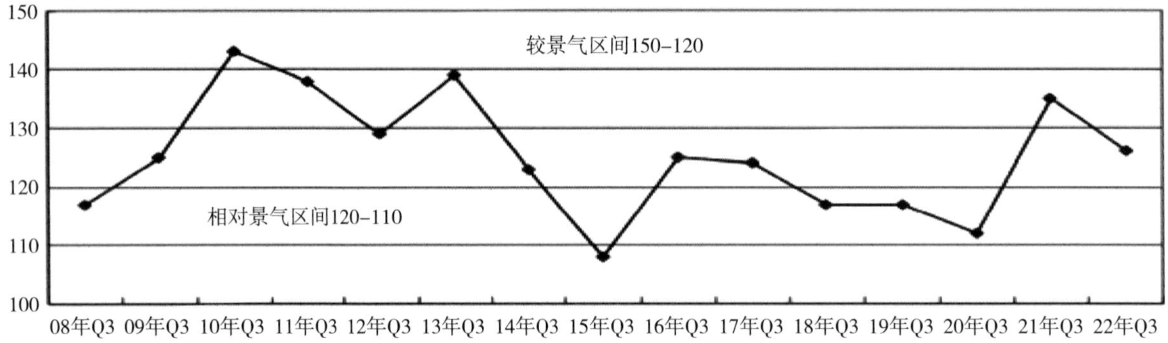

图 27　历年三季度安防企业固定资产投入景气指数

2. 企业科技创新投入位于“较景气区间”

2022 年三季度，安防企业科技投入景气指数为 147，比上季度上升了 6 个百分点，比去年同期下降了 14 个百分点，位于“较景气区间”（见图 28）。其中，有 52%的企业继续增加了科技研发资金的投入，有 43%的企业科研投入与上季度持平，有 5%的企业投入下降。

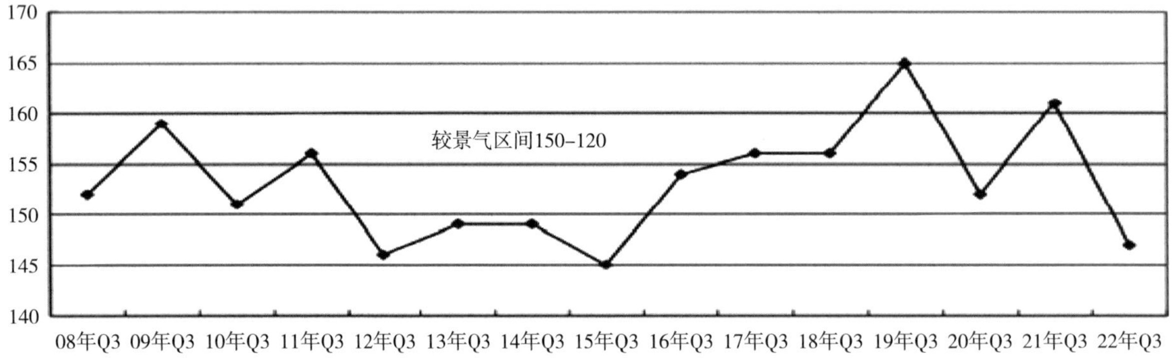

图 28　历年三季度安防企业科技创新投入

（七）企业资金状况、融资情况相对紧张

流动资金方面。反映资金充足的企业占 35%，比上季度上升了 2 个百分点；反映能够维持正常周转的企业占 40%，较上季度上升了 10 个百分点；反映资金紧张的占 25%，比上季度下降 12 个百分点。

企业融资方面。有 21%的企业反映融资“容易”，较上季度下降了 12 个百分点；有 48%的企业反映“一般”，比上季下降了 1 个百分点；有 31%的企业反映“困难”，比上季度上升了 13 个百分点。

资金拖欠方面。反映资金“拖欠增加”的企业为 27%，比上季度下降了 1 个百分点；反映“持平”的企业为 61%，与上季度持平；反映“减少”的企业为 12%，比上季度上升了 1 个百分点。

二、企业家对未来发展信心提升

三季度，安防企业家信心指数为 148，比上季度上升 7 个百分点，位于“较景气区间”（见图 29）。在调查企业中，有 60%的企业对行业发展状况持“乐观”态度，有 28%的企业认为“一般”，认为“不乐观”的企业占 12%。

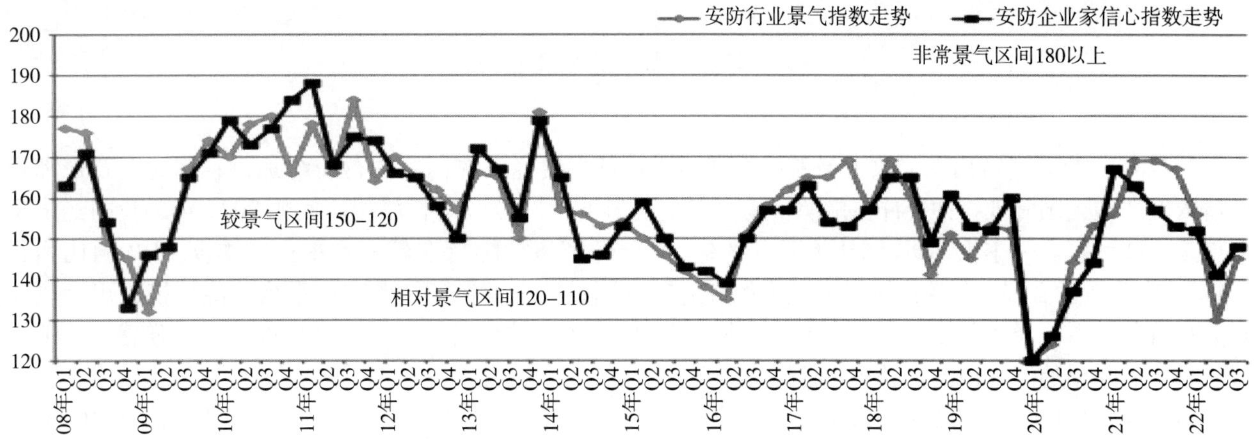

图 29　安防行业景气指数及企业家信心指数走势

三、对四季度安防市场前景的分析与预计

坚持稳字当头、稳中求进，是做好今年经济工作的政策导向。尽管当前外部形势依然复杂严峻，国内经济恢复还面临不少困难和挑战，但我国经济长期向好的基本面和支撑高质量发展的要素条件没有改变。展望下半年，多数经济学家和专业机构认为，随着财政、货币、产业链供应链等一揽子稳增长政策的落地实施，经济有望充分发挥韧性足、潜力大、空间广的优势，实现增速逐季回升。

从安防行业来看，经济宏观环境给行业发展、企业经营带来的挑战是客观存在的，但综合行业政策扶持、内需释放、技术升级等多种因素，总体上机遇大于挑战。从调查企业反映来看，多数调查企业对四季度行业的发展仍保持较乐观态度，认为下季度随着疫情防控形势总体改善、政策效能释放、项目有效推进，行业将加快恢复。据调查企业预测，下季度约有 53%的企业销售额将会提高，约 37%的企业与二季度持平。预计下季度安防行业的发展速度将达到 6%，其中视频监控市场增长 5%以上，防盗报警及实体防护增长 4%左右，出入口控制增长 5%以上，社区居民安防增长 6%以上，国外市场的增长率预计为 4%。

从外贸方面来看，当前海外环境仍错综复杂，但境外大部分地区已逐渐从疫情中恢复，经济慢慢实现复苏增长，国际安防市场机遇与挑战并存。据一些调查企业反映，三季度出口稳中有进，预计四季度将继续保持增长态势。从区域上看，当前亚太、拉美、中东等地区有较大增长空间，美、英、澳等国家和地区受到政治活动、政治氛围等方面影响较大。长期来看，海外市场仍旧是重要增长点，中国企业将在海外长期保持较强的产品竞争力。面对国际市场，企业应根据不同市场情况适当调整海外业务策略。

从国内行业市场来看，对于建筑楼宇领域，调查企业反映今年以来房地产项目大面积停顿，需求大幅下降，新产品采购项目减少，回款艰难甚至出现呆坏账，对相关企业经营和生存状况有较大影响。对于政府领域市场，近两年来由于疫情的持续和反复，较多地方政府将主要精力投入在疫情防控上，项目推进较慢。据调查企业反映，受到疫情影响，一些地区政府财政开支吃紧，对安防项目投入预期降低，传统网安及科技信息化方面的投入将有所减少，各地预算有限，将近 50%的项目停止招标。但也有企业表示，近几年在发展数字政府的政策下，各地政府在数字化改革方面投入力度加大。整体来看，随着疫情防控工作企稳，稳经济相关政策逐步落实，在数字社会、数字治理的政策牵引下，部分政府（民生）、公安行业的业务逐渐有向好的苗头，比如在数据安全与数据融合共享领域的工程项目将逐渐开始招标、信创项目也不断增加，政府项目的中长期增长依然会有不错的空间。

2022 年第四季度景气调查报告

2022 年，海外经济出现了数十年未见的高通胀，各主要经济体国家央行纷纷加息；同时，新冠肺炎疫情依然严峻，国际地缘冲突冲击能源格局，多重压力下全球经济增长放缓。回顾 2022 年，我国经济走势也是一波三折。一季度 GDP 同比增长 4.8%，各项经济指标维持在较高水平；二季度 GDP 同比增长 0.4%，疫情暴发后多地封控措施对二季度经济造成重创；三季度伴随国务院一系列稳经济措施出台以及相关政策落地后，经济总体回稳，GDP 同比增长 3.9%；四季度经济继续受到疫情大面积反弹感染、地产低迷和外需降温的三重冲击，经济下行压力再度凸显。

据国家统计局公布的最新资料：11 月，全国规模以上工业增加值同比增长 2.2%，环比下降 0.31%；社会消费品零售总额 38615 亿元，同比下降 5.9%；制造业采购经理指数和非制造业商务活动指数均低于临界点，分别为 48.0%、46.7%，综合 PMI 产出指数为 47.1%，企业生产经营活动总体继续放缓。但整体来看，面对超预期因素冲击，我国经济顶住压力持续恢复。虽然全年经济增速与年初预期目标有一定差距，但投资规模继续扩大，市场价格总体平稳，新动能持续成长等。尤其是党的二十大胜利召开，极大增强发展信心。随着各项稳经济政策显效发力，经济运行有望逐步恢复。

从我国安防行业发展形势看，2022 年全年经济走势与全国经济情况有较高的相似度。一、二季度尤其是二季度经营压力大，主要景气指数与去年同期相比出现了很大滑坡，三季度情况逐步恢复好转；四季度受疫情大面积反弹、企业生产经营困难增多影响，行业发展景气有所回落。对行业景气调查资料显示，四季度行业生产规模、内销市场、企业盈利、外贸出口、固定投资、科技创新、企业综合经营状况等主要景气指数与上季度及去年同期相比均有回落。

一、行业景气度下降

（一）行业景气指数下降，但仍位于“较景气区间”

2022 年四季度，我国安防行业景气指数为 135，与上季度相比下降了 7 个百分点，比去年同期下降 32 个百分点，位于“较景气区间”（见图 30、图 31）。调查企业中，有 47%的企业认为经营状况处于“良好”状态，与上季度相比下降 13 个百分点，比去年同期下降 24 个百分点；有 41%的企业认为“一般或持平”，比上季度上升 16 个百分点，比去年同期上升了 16 个百分点；有 12%的企业反映经营处于“不佳”状况，比上季度下降了 3 个百分点，比去年同期上升了 8 个百分点。

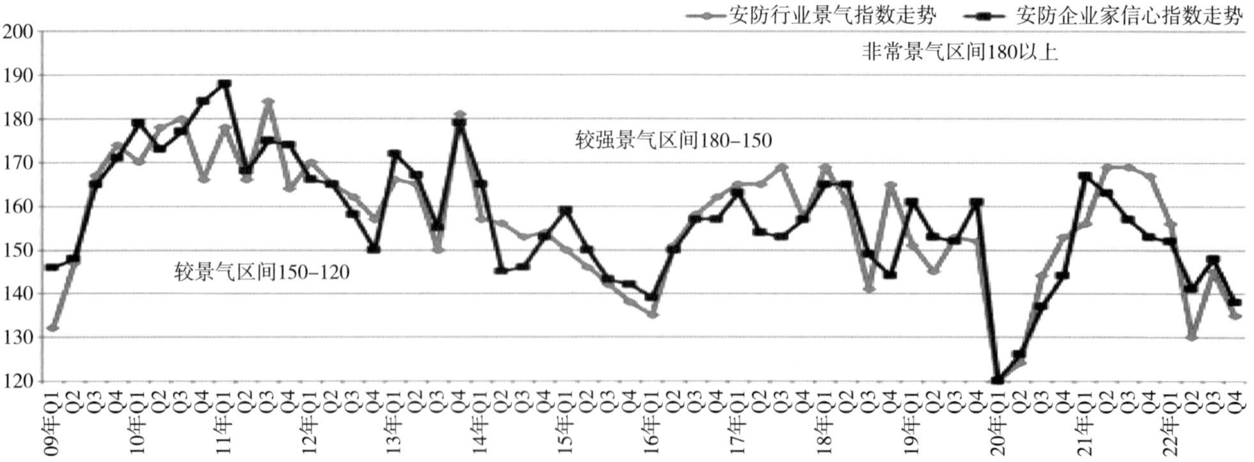

图 30　安防行业景气指数及企业家信心指数走势

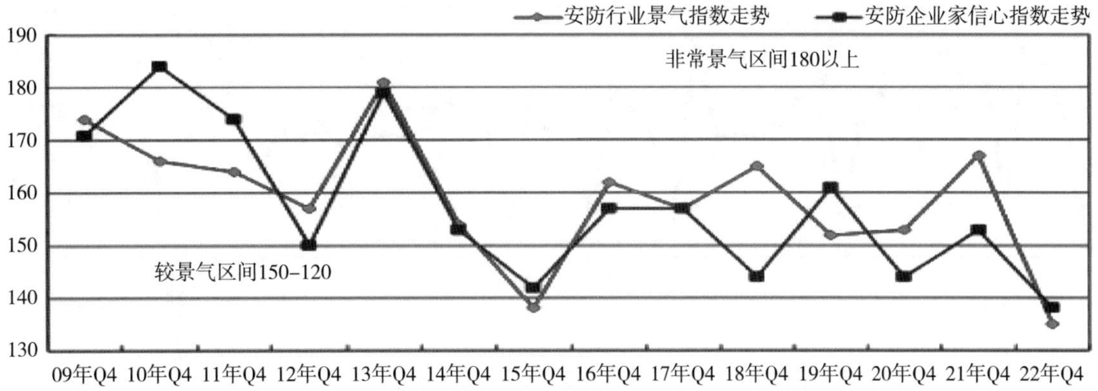

图31　历年四季度安防行业景气指数及企业家信心指数走势

（二）生产景气度回落

2022年四季度，安防行业生产（施工）景气指数为128，比上季度下降了10个百分点，与去年同期相比下降21个百分点，位于“较景气区间”（见图32）。在调查对象中，有44%的企业反映生产（施工）规模比上季度扩大，比上季度下降9个百分点；有40%的企业反映与上季度持平，上升了7个百分点；有16%的企业反映生产（施工）规模减小，上升了2个百分点。

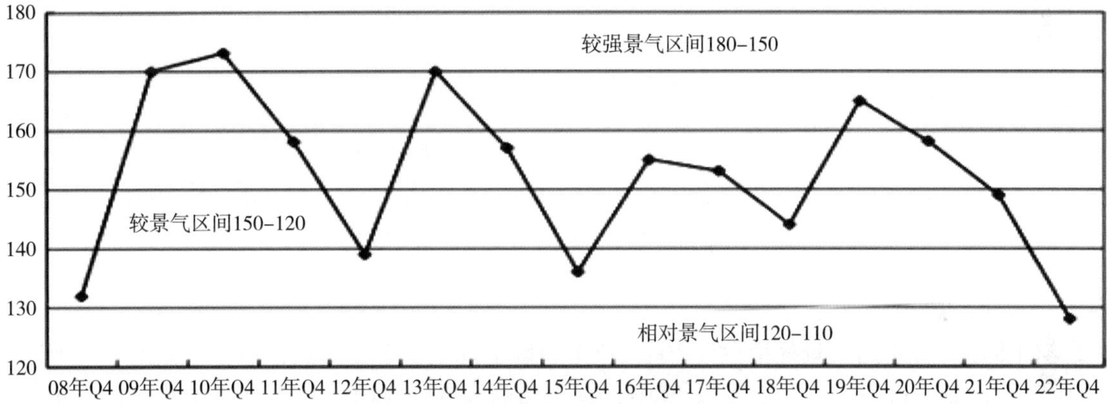

图32　历年四季度企业生产景气指数情况

从劳动力需求情况看，四季度景气指数为105，比上季度下降了16个百分点，与去年同期相比下降了37个百分点，位于“微景气区间”。其中：反映劳动力需求“增加”的企业占23%，比上季度下降了15个百分点；反映“持平”的企业占49%，比上季度上升了4个百分点；反映“减少”的企业占28%，比上季度上升11个百分点。

（三）内销市场景气下降

今年四季度，安防产品（工程）销售景气指数为125，比上季度下降了10个百分点，与去年同期相比下降了26个百分点，位于“较景气区间”（见图33、图34）。其中，有44%的调查企业销售额有了新的增长，比上季度下降了6个百分点；有37%的企业反映销售“持平”，比上季度上升了2个百分点；有19%的企业反映“下降”，比上季度上升了4个百分点。

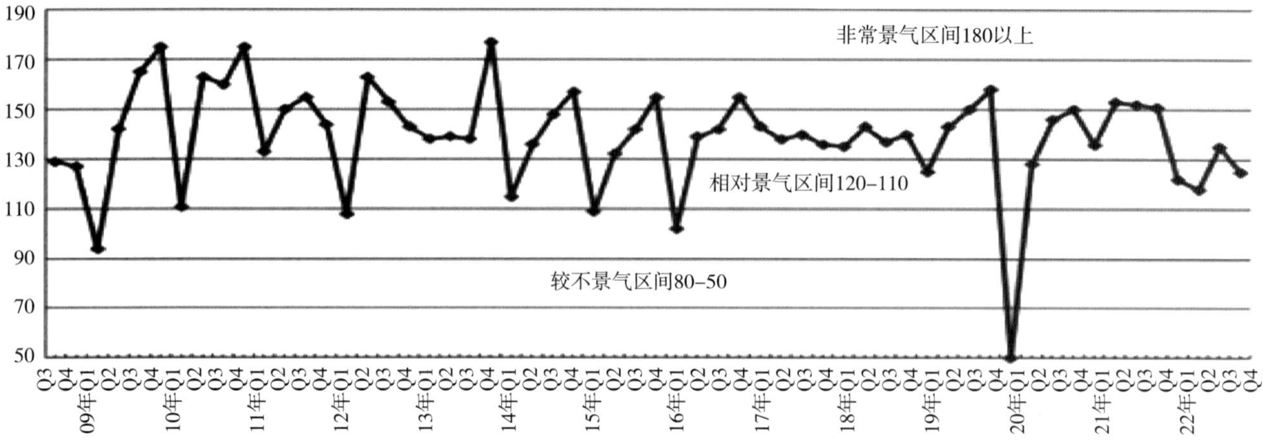

图 33　安防产品（工程）销售景气指数

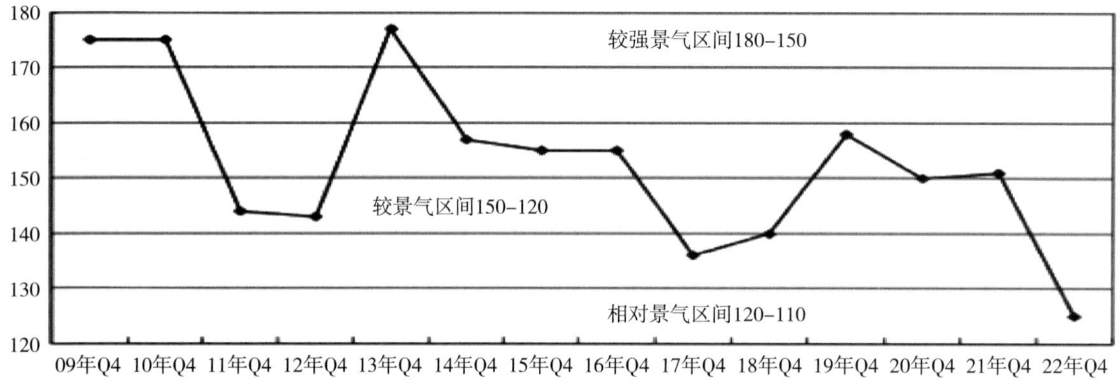

图 34　历年四季度安防产品（工程）销售景气指数

（四）外贸出口位于“微景气区间”

2022 年四季度，外贸出口景气指数为 100，比上季度下降了 5 个百分点，与去年同期相比下降了 3 个百分点，位于“微景气区间”（见图 35）。其中，有 33%的调查企业国外订单有了新的增长，比上季度上升了 7 个百分点；有 34%的企业反映销售“持平”，比上季度下降了 19 个百分点；有 33%的企业反映“下降”，比上季度上升了 12 个百分点。

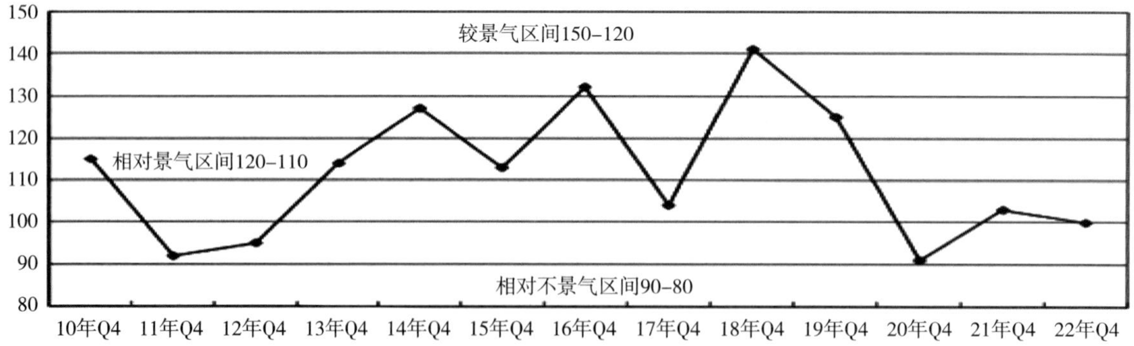

图 35　历年四季度安防企业外贸出口景气指数走势

（五）企业盈利景气下降，位于“较景气区间”

1. 生产（工程）成本相对稳定

2022 年四季度，安防生产（工程）企业成本与上季度相比，有 30%的调查企业反映生产（工程）成本“上升”，有 58%的企业反映“持平”，有 12%的企业反映“下降”。上季度反映“上升”“持平”和“下降”的比重则分别为 45%、55%和 0%。

2. 销售价格与上季度基本持平

四季度，调查企业中反映产品销售价格“持平”的企业占 77%，反映“上升”的企业占 14%，反映“下降”的企业为 9%。上季度，企业反映“持平”“上升”和“下降”的比重分别为 75%、13%和 12%。

3. 企业盈利景气度位于“较景气区间”

四季度安防企业盈利景气指数为 122，位于“较景气区间”（见图 36），与上季度相比下降了 10 个百分点，与去年同期相比下降了 12 个百分点。在调查对象中，有 40%的企业反映“增盈（或减亏）”，比去年同期下降了 9 个百分点；有 42%的企业反映“持平”，比去年同期上升了 7 个百分点；有 18%的企业反映“盈利减少（或增亏）”，比去年同期上升了 3 个百分点。

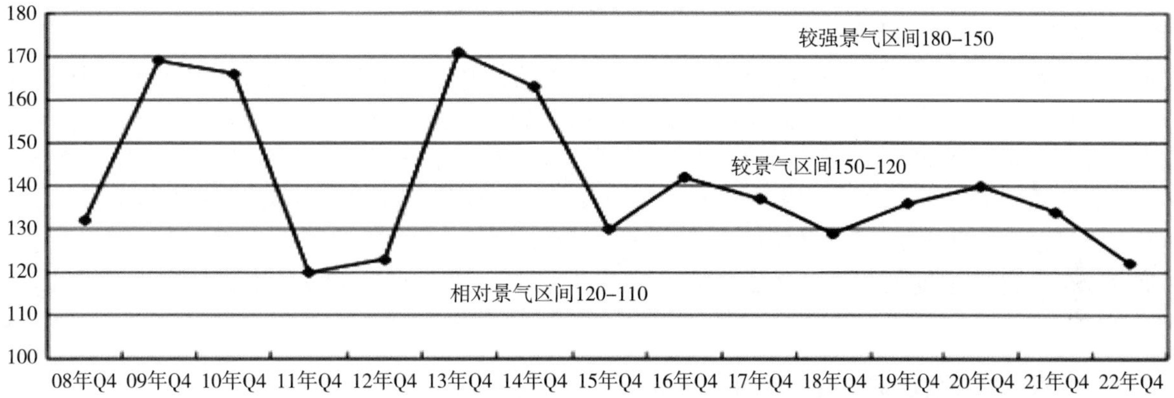

图 36　历年四季度安防企业盈利景气指数情况

（六）企业投入积极性有所下降

1. 固定资产投入降至“微景气区间”

今年四季度，安防企业固定资产投入景气指数为 102，与上季度相比下降了 24 个百分点，位于“微景气区间”（见图 37）。在调查企业中，有 21%的企业继续扩大了固定资产投入，比上季度下降了 12 个百分点；有 60%的企业投入保持持平，与上季度持平；有 19%的企业投资减少，比上季度上升了 12 个百分点。

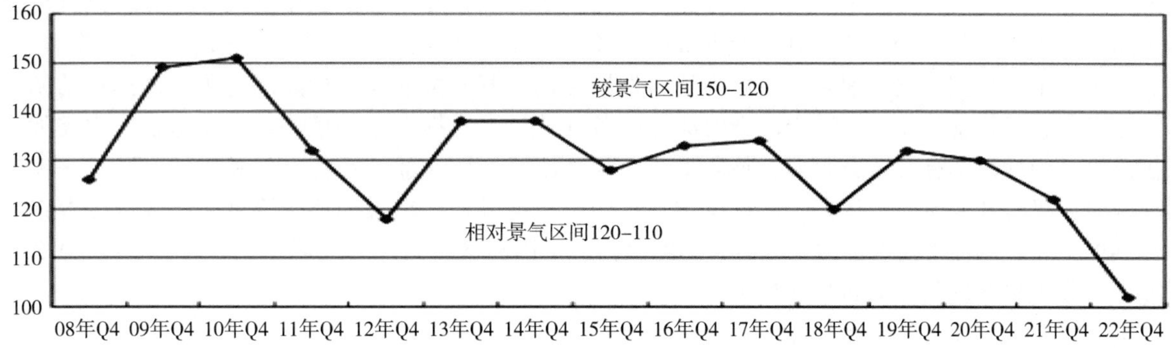

图 37　历年四季度安防企业固定资产投入景气指数

2. 企业科技创新投入位于“较景气区间”

2022 年四季度，安防企业科技投入景气指数为 130，比上季度下降了 17 个百分点，比去年同期下降了 20 个百分点，位于“较景气区间”（见图 38）。其中，有 35%的企业继续增加了科技研发资金的投入，有 60%的企业科研投入与上季度持平，有 5%的企业投入下降。

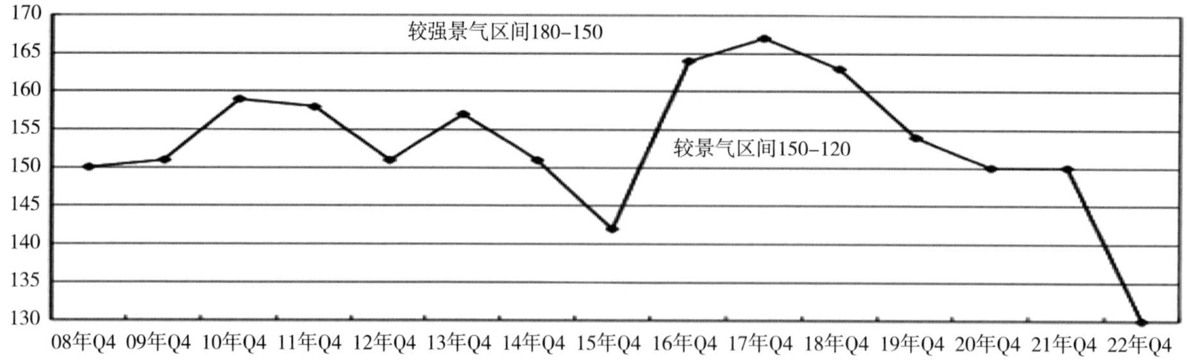

图 38　历年四季度安防企业科技创新投入景气指数

（七）企业资金状况、融资情况相对稳定

流动资金方面。反映资金充足的企业占 35%，与上季度持平；反映能够维持正常周转的企业占 51%，较上季度上升了 11 个百分点；反映资金紧张的占 14%，比上季度下降 11 个百分点。

企业融资方面。有 29%的企业反映融资“容易”，较上季度上升了 8 个百分点；有 59%的企业反映“一般”，比上季上升了 11 个百分点；有 12%的企业反映“困难”，比上季度下降了 19 个百分点。

资金拖欠方面。反映资金“拖欠增加”的企业为 25%，比上季度下降了 2 个百分点；反映“持平”的企业为 53%，比上季度上升了 8 个百分点；反映“减少”的企业为 22%，比上季度上升了 10 个百分点。

二、企业家对未来发展信心有所回落

四季度，安防企业家信心指数为 138，比上季度下降 10 个百分点，位于“较景气区间”（见图 1）。在调查企业中，有 47%的企业对行业发展状况持“乐观”态度，有 44%的企业认为“一般”，认为“不乐观”的企业占 9%。

三、2023 年上半年安防经济形势分析

（一）国家宏观经济形势

2023 年是全面贯彻落实党的二十大精神的开局之年，也是实施“十四五”规划承上启下的关键一年，做好经济工作十分关键。2022 年 12 月 15 日至 16 日在北京召开的中央经济工作会议明确了 2023 年经济的发展思路，并对明年整体经济工作作了详细部署。会议强调明年经济发展要坚持稳中求进工作总基调，完整、准确、全面贯彻新发展理念，加快构建新发展格局，着力推动高质量发展，更好统筹疫情防控和经济社会发展，更好统筹发展和安全，全面深化改革开放，大力提振市场信心，把实施扩大内需战略同深化供给侧结构性改革有机结合起来。整体来看会议释放了“明年经济运行有望总体回升”这一明确信号。多家研究机构和专业人士认为，在政策重心重回经济增长、疫情扰动持续降低、扩大内需等多方积极因素共振下，中国经济发展的内生动力将不断增强，中国经济将出现较为明显的好转。对于 2023 年经济增速，市场机构普遍预计将回升至 5. 5%左右。

（二）2023 年安防市场前景预测

2022 年宏观环境严峻复杂、需求收缩等因素给行业发展、企业经营带来了很大挑战，企业发展实属不易。艰难的 2022 年过去了，对于 2023 年的发展，行业大部分企业都给予乐观预期。据调查统计，绝大部分企业认为，随着疫情防控政策的优化，以及各项政策效应的显现，我国经济增速将持续回升，安防行业也会随之复苏，呈现上升态势。但因季节性规律及疫情的因素，部分企业认为，行业发展目前至 2023 年一季度还会有一定的波动，一季度整体项目建设应该比较淡，随着疫情感染高峰期过去，各行业有序恢复生产生活，安防行业也会随之回暖，重新回到有序发展阶段，预计 2023 年行业会以良好的态势

发展。调查企业预测，2023年一季度约有32%的企业销售额将会提高，约42%的企业与四季度持平。预计下季度安防行业的发展速度将达到5%，其中视频监控市场增长5%左右，防盗报警及实体防护增长4%左右，出入口控制增长4%左右，社区居民安防增长5%以上，国外市场的增长率预计为4%。

从外贸方面来看，2022年三季度以来，中国出口增速持续回落。展望2023年，一些机构认为外需疲弱，中国出口将面临挑战。对于安防行业，国际仍是重要的机会市场。调查企业认为，随着2023年对外政策逐渐宽松，像中东、西非、东南亚、非洲、南美都很有潜力，将极大可能成为各大实力企业的重点关注对象。

从国内供应链安全来看，这两年安防行业芯片短缺等供应链问题比较突出，给企业业务发展带来较大影响。据此次对该问题的调查，大多数企业反映，目前安防行业芯片供应链问题得到了缓解，安防除高端应用外，通用行业芯片已实现自给自足，国内正在逐步夯实自有产品供应链的安全保障，并逐步形成从上游研发到生产、制造、销售等全产业供应的内循环，2023年供应链安全问题整体向好。

从安防AI发展来看，安防行业作为AI最先得到广泛应用的领域，经过这几年的快速发展，已经进入了一个稳健的成熟期。据调查企业反映，近一两年来安防AI在行为分析、人脸识别、人脸比对、语音语意、预测预判、态势感知、生物识别等方面得到关键提升，AI赋能的场景更加垂直细分，深入到很多很小的场景；同时所使用的技术产品更加专业、更具针对性。当下尽管受到疫情的影响，但智能化的潮流仍持续影响安防行业并助力行业维持正增长。对于明年的发展，调查企业认为，在信息化赛道、乡村安防、智能家居、工业机器人、工业自动化、智慧养老、安全城市等方面都是很有潜力的增长领域。

法规政策篇

第三章　2022 年发布的法律、法规及规范性文件

第一节　国家法律、法规、规范性文件

国家法律、法规指导和引领着行业发展。本节收录了 8 部 2022 年新颁布的安防行业相关法律、法规、规章及规范性文件，具体目录如下：

中共中央　国务院关于做好 2022 年全面推进乡村振兴重点工作的意见

当前，全球新冠肺炎疫情仍在蔓延，世界经济复苏脆弱，气候变化挑战突出，我国经济社会发展各项任务极为繁重艰巨。党中央认为，从容应对百年变局和世纪疫情，推动经济社会平稳健康发展，必须着眼国家重大战略需要，稳住农业基本盘、做好“三农”工作，接续全面推进乡村振兴，确保农业稳产增产、农民稳步增收、农村稳定安宁。

做好 2022 年“三农”工作，要以习近平新时代中国特色社会主义思想为指导，全面贯彻党的十九大和十九届历次全会精神，深入贯彻中央经济工作会议精神，坚持稳中求进工作总基调，立足新发展阶段、贯彻新发展理念、构建新发展格局、推动高质量发展，促进共同富裕，坚持和加强党对“三农”工作的全面领导，牢牢守住保障国家粮食安全和不发生规模性返贫两条底线，突出年度性任务、针对性举措、实效性导向，充分发挥农村基层党组织领导作用，扎实有序做好乡村发展、乡村建设、乡村治理重点工作，推动乡村振兴取得新进展、农业农村现代化迈出新步伐。

一、全力抓好粮食生产和重要农产品供给

（一）稳定全年粮食播种面积和产量。坚持中国人的饭碗任何时候都要牢牢端在自己手中，饭碗主要装中国粮，全面落实粮食安全党政同责，严格粮食安全责任制考核，确保粮食播种面积稳定、产量保持在 1.3 万亿斤以上。主产区、主销区、产销平衡区都要保面积、保产量，不断提高主产区粮食综合生产能力，切实稳定和提高主销区粮食自给率，确保产销平衡区粮食基本自给。推进国家粮食安全产业带建设。大力开展绿色高质高效行动，深入实施优质粮食工程，提升粮食单产和品质。推进黄河流域农业深度节

水控水，通过提升用水效率、发展旱作农业，稳定粮食播种面积。积极应对小麦晚播等不利影响，加强冬春田间管理，促进弱苗转壮。

（二）大力实施大豆和油料产能提升工程。加大耕地轮作补贴和产油大县奖励力度，集中支持适宜区域、重点品种、经营服务主体，在黄淮海、西北、西南地区推广玉米大豆带状复合种植，在东北地区开展粮豆轮作，在黑龙江省部分地下水超采区、寒地井灌稻区推进水改旱、稻改豆试点，在长江流域开发冬闲田扩种油菜。开展盐碱地种植大豆示范。支持扩大油茶种植面积，改造提升低产林。

（三）保障“菜篮子”产品供给。加大力度落实“菜篮子”市长负责制。稳定生猪生产长效性支持政策，稳定基础产能，防止生产大起大落。加快扩大牛羊肉和奶业生产，推进草原畜牧业转型升级试点示范。稳定水产养殖面积，提升渔业发展质量。稳定大中城市常年菜地保有量，大力推进北方设施蔬菜、南菜北运基地建设，提高蔬菜应急保供能力。完善棉花目标价格政策。探索开展糖料蔗完全成本保险和种植收入保险。开展天然橡胶老旧胶园更新改造试点。

（四）合理保障农民种粮收益。按照让农民种粮有利可图、让主产区抓粮有积极性的目标要求，健全农民种粮收益保障机制。2022 年适当提高稻谷、小麦最低收购价，稳定玉米、大豆生产者补贴和稻谷补贴政策，实现三大粮食作物完全成本保险和种植收入保险主产省产粮大县全覆盖。加大产粮大县奖励力度，创新粮食产销区合作机制。支持家庭农场、农民合作社、农业产业化龙头企业多种粮、种好粮。聚焦关键薄弱环节和小农户，加快发展农业社会化服务，支持农业服务公司、农民合作社、农村集体经济组织、基层供销合作社等各类主体大力发展单环节、多环节、全程生产托管服务，开展订单农业、加工物流、产品营销等，提高种粮综合效益。

（五）统筹做好重要农产品调控。健全农产品全产业链监测预警体系，推动建立统一的农产品供需信息发布制度，分类分品种加强调控和应急保障。深化粮食购销领域监管体制机制改革，开展专项整治，依法从严惩治系统性腐败。加强智能粮库建设，促进人防技防相结合，强化粮食库存动态监管。严格控制以玉米为原料的燃料乙醇加工。做好化肥等农资生产储备调运，促进保供稳价。坚持节约优先，落实粮食节约行动方案，深入推进产运储加消全链条节粮减损，强化粮食安全教育，反对食物浪费。

二、强化现代农业基础支撑

（六）落实“长牙齿”的耕地保护硬措施。实行耕地保护党政同责，严守 18 亿亩耕地红线。按照耕地和永久基本农田、生态保护红线、城镇开发边界的顺序，统筹划定落实三条控制线，把耕地保有量和永久基本农田保护目标任务足额带位置逐级分解下达，由中央和地方签订耕地保护目标责任书，作为刚性指标实行严格考核、一票否决、终身追责。分类明确耕地用途，严格落实耕地利用优先序，耕地主要用于粮食和棉、油、糖、蔬菜等农产品及饲草饲料生产，永久基本农田重点用于粮食生产，高标准农田原则上全部用于粮食生产。引导新发展林果业上山上坡，鼓励利用“四荒”资源，不与粮争地。落实和完善耕地占补平衡政策，建立补充耕地立项、实施、验收、管护全程监管机制，确保补充可长期稳定利用的耕地，实现补充耕地产能与所占耕地相当。改进跨省域补充耕地国家统筹管理办法。加大耕地执法监督力度，严厉查处违法违规占用耕地从事非农建设。强化耕地用途管制，严格管控耕地转为其他农用地。巩固提升受污染耕地安全利用水平。稳妥有序开展农村乱占耕地建房专项整治试点。巩固“大棚房”问题专项清理整治成果。落实工商资本流转农村土地审查审核和风险防范制度。

（七）全面完成高标准农田建设阶段性任务。多渠道增加投入，2022 年建设高标准农田 1 亿亩，累计建成高效节水灌溉面积 4 亿亩。统筹规划、同步实施高效节水灌溉与高标准农田建设。各地要加大中低产田改造力度，提升耕地地力等级。研究制定增加农田灌溉面积的规划。实施重点水源和重大引调水等水资源配置工程。加大大中型灌区续建配套与改造力度，在水土资源条件适宜地区规划新建一批现代化灌区，优先将大中型灌区建成高标准农田。深入推进国家黑土地保护工程。实施黑土地保护性耕作 8000 万亩。积极挖掘潜力增加耕地，支持将符合条件的盐碱地等后备资源适度有序开发为耕地。研究制定盐碱地综合利用规划和实施方案。分类改造盐碱地，推动由主要治理盐碱地适应作物向更多选育耐盐碱植物适应盐碱地转变。支持盐碱地、干旱半干旱地区国家农业高新技术产业示范区建设。启动全国第三次土壤普查。

（八）大力推进种源等农业关键核心技术攻关。全面实施种业振兴行动方案。加快推进农业种质资源普查收集，强化精准鉴定评价。推进种业领域国家重大创新平台建设。启动农业生物育种重大项目。加快实施农业关键核心技术攻关工程，实行“揭榜挂帅”“部省联动”等制度，开展长周期研发项目试点。强化现代农业产业技术体系建设。开展重大品种研发与推广后补助试点。贯彻落实种子法，实行实质性派生品种制度，强化种业知识产权保护，依法严厉打击套牌侵权等违法犯罪行为。

（九）提升农机装备研发应用水平。全面梳理短板弱项，加强农机装备工程化协同攻关，加快大马力机械、丘陵山区和设施园艺小型机械、高端智能机械研发制造并纳入国家重点研发计划予以长期稳定支持。实施农机购置与应用补贴政策，优化补贴兑付方式。完善农机性能评价机制，推进补贴机具有进有出、优机优补，重点支持粮食烘干、履带式作业、玉米大豆带状复合种植、油菜籽收获等农机，推广大型复合智能农机。推动新生产农机排放标准升级。开展农机研发制造推广应用一体化试点。

（十）加快发展设施农业。因地制宜发展塑料大棚、日光温室、连栋温室等设施。集中建设育苗工厂化设施。鼓励发展工厂化集约养殖、立体生态养殖等新型养殖设施。推动水肥一体化、饲喂自动化、环境控制智能化等设施装备技术研发应用。在保护生态环境基础上，探索利用可开发的空闲地、废弃地发展设施农业。

（十一）有效防范应对农业重大灾害。加大农业防灾减灾救灾能力建设和投入力度。修复水毁灾损农业、水利基础设施，加强沟渠疏浚以及水库、泵站建设和管护。加强防汛抗旱应急物资储备。强化农业农村、水利、气象灾害监测预警体系建设，增强极端天气应对能力。加强基层动植物疫病防控体系建设，落实属地责任，配齐配强专业人员，实行定责定岗定人，确保非洲猪瘟、草地贪夜蛾等动植物重大疫病防控责有人负、活有人干、事有人管。做好人兽共患病源头防控。加强外来入侵物种防控管理，做好普查监测、入境检疫、国内防控，对已传入并造成严重危害的，要“一种一策”精准治理、有效灭除。加强中长期气候变化对农业影响研究。

三、坚决守住不发生规模性返贫底线

（十二）完善监测帮扶机制。精准确定监测对象，将有返贫致贫风险和突发严重困难的农户纳入监测范围，简化工作流程，缩短认定时间。针对发现的因灾因病因疫等苗头性问题，及时落实社会救助、医疗保障等帮扶措施。强化监测帮扶责任落实，确保工作不留空当、政策不留空白。继续开展巩固脱贫成果后评估工作。

（十三）促进脱贫人口持续增收。推动脱贫地区更多依靠发展来巩固拓展脱贫攻坚成果，让脱贫群众生活更上一层楼。巩固提升脱贫地区特色产业，完善联农带农机制，提高脱贫人口家庭经营性收入。逐步提高中央财政衔接推进乡村振兴补助资金用于产业发展的比重，重点支持帮扶产业补上技术、设施、营销等短板，强化龙头带动作用，促进产业提档升级。巩固光伏扶贫工程成效，在有条件的脱贫地区发展光伏产业。压实就业帮扶责任，确保脱贫劳动力就业规模稳定。深化东西部劳务协作，做好省内转移就业工作。延续支持帮扶车间发展优惠政策。发挥以工代赈作用，具备条件的可提高劳务报酬发放比例。统筹用好乡村公益岗位，实行动态管理。逐步调整优化生态护林员政策。

（十四）加大对乡村振兴重点帮扶县和易地搬迁集中安置区支持力度。在乡村振兴重点帮扶县实施一批补短板促发展项目。编制国家乡村振兴重点帮扶县巩固拓展脱贫攻坚成果同乡村振兴有效衔接实施方案。做好国家乡村振兴重点帮扶县科技特派团选派，实行产业技术顾问制度，有计划开展教育、医疗干部人才组团式帮扶。建立健全国家乡村振兴重点帮扶县发展监测评价机制。加大对国家乡村振兴重点帮扶县信贷资金投入和保险保障力度。完善易地搬迁集中安置区配套设施和公共服务，持续加大安置区产业培育力度，开展搬迁群众就业帮扶专项行动。落实搬迁群众户籍管理、合法权益保障、社会融入等工作举措，提升安置社区治理水平。

（十五）推动脱贫地区帮扶政策落地见效。保持主要帮扶政策总体稳定，细化落实过渡期各项帮扶政策，开展政策效果评估。拓展东西部协作工作领域，深化区县、村企、学校、医院等结对帮扶。在东西部协作和对口支援框架下，继续开展城乡建设用地增减挂钩节余指标跨省域调剂。持续做好中央单位定点帮扶工作。扎实做好脱贫人口小额信贷工作。创建消费帮扶示范城市和产地示范区，发挥脱贫地区农副产品网络销售平台作用。

四、聚焦产业促进乡村发展

（十六）持续推进农村一二三产业融合发展。鼓励各地拓展农业多种功能、挖掘乡村多元价值，重点发展农产品加工、乡村休闲旅游、农村电商等产业。支持农业大县聚焦农产品加工业，引导企业到产地发展粮油加工、食品制造。推进现代农业产业园和农业产业强镇建设，培育优势特色产业集群，继续支持创建一批国家农村产业融合发展示范园。实施乡村休闲旅游提升计划。支持农民直接经营或参与经营的乡村民宿、农家乐特色村（点）发展。将符合要求的乡村休闲旅游项目纳入科普基地和中小学学农劳动实践基地范围。实施“数商兴农”工程，推进电子商务进乡村。促进农副产品直播带货规范健康发展。开展农业品种培优、品质提升、品牌打造和标准化生产提升行动，推进食用农产品承诺达标合格证制度，完善全产业链质量安全追溯体系。加快落实保障和规范农村一二三产业融合发展用地政策。

（十七）大力发展县域富民产业。支持大中城市疏解产业向县域延伸，引导产业有序梯度转移。大力发展县域范围内比较优势明显、带动农业农村能力强、就业容量大的产业，推动形成“一县一业”发展格局。加强县域基层创新，强化产业链与创新链融合。加快完善县城产业服务功能，促进产业向园区集中、龙头企业做强做大。引导具备条件的中心镇发展专业化中小微企业集聚区，推动重点村发展乡村作坊、家庭工场。

（十八）加强县域商业体系建设。实施县域商业建设行动，促进农村消费扩容提质升级。加快农村物流快递网点布局，实施“快递进村”工程，鼓励发展“多站合一”的乡镇客货邮综合服务站、“一点多能”的村级寄递物流综合服务点，推进县乡村物流共同配送，促进农村客货邮融合发展。支持大型流通企业以县城和中心镇为重点下沉供应链。加快实施“互联网+”农产品出村进城工程，推动建立长期稳定的产销对接关系。推动冷链物流服务网络向农村延伸，整县推进农产品产地仓储保鲜冷链物流设施建设，促进合作联营、成网配套。支持供销合作社开展县域流通服务网络建设提升行动，建设县域集采集配中心。

（十九）促进农民就地就近就业创业。落实各类农民工稳岗就业政策。发挥大中城市就业带动作用。实施县域农民工市民化质量提升行动。鼓励发展共享用工、多渠道灵活就业，规范发展新就业形态，培育发展家政服务、物流配送、养老托育等生活性服务业。推进返乡入乡创业园建设，落实各项扶持政策。大力开展适合农民工就业的技能培训和新职业新业态培训。合理引导灵活就业农民工按规定参加职工基本医疗保险和城镇职工基本养老保险。

（二十）推进农业农村绿色发展。加强农业面源污染综合治理，深入推进农业投入品减量化，加强畜禽粪污资源化利用，推进农膜科学使用回收，支持秸秆综合利用。建设国家农业绿色发展先行区。开展农业绿色发展情况评价。开展水系连通及水美乡村建设。实施生态保护修复重大工程，复苏河湖生态环境，加强天然林保护修复、草原休养生息。科学推进国土绿化。支持牧区发展和牧民增收，落实第三轮草原生态保护补助奖励政策。研发应用减碳增汇型农业技术，探索建立碳汇产品价值实现机制。实施生物多样性保护重大工程。巩固长江禁渔成果，强化退捕渔民安置保障，加强常态化执法监管。强化水生生物养护，规范增殖放流。构建以国家公园为主体的自然保护地体系。出台推进乡村生态振兴的指导意见。

五、扎实稳妥推进乡村建设

（二十一）健全乡村建设实施机制。落实乡村振兴为农民而兴、乡村建设为农民而建的要求，坚持自下而上、村民自治、农民参与，启动乡村建设行动实施方案，因地制宜、有力有序推进。坚持数量服从质量、进度服从实效，求好不求快，把握乡村建设的时度效。立足村庄现有基础开展乡村建设，不盲目拆旧村、建新村，不超越发展阶段搞大融资、大开发、大建设，避免无效投入造成浪费，防范村级债务风险。统筹城镇和村庄布局，科学确定村庄分类，加快推进有条件有需求的村庄编制村庄规划，严格规范村庄撤并。开展传统村落集中连片保护利用示范，健全传统村落监测评估、警示退出、撤并事前审查等机制。保护特色民族村寨。实施"拯救老屋行动"。推动村庄小型建设项目简易审批，规范项目管理，提高资金绩效。总结推广村民自治组织、农村集体经济组织、农民群众参与乡村建设项目的有效做法。明晰乡村建设项目产权，以县域为单位组织编制村庄公共基础设施管护责任清单。

（二十二）接续实施农村人居环境整治提升五年行动。从农民实际需求出发推进农村改厕，具备条件的地方可推广水冲卫生厕所，统筹做好供水保障和污水处理；不具备条件的可建设卫生旱厕。巩固户厕问题摸排整改成果。分区分类推进农村生活污水治理，优先治理人口集中村庄，不适宜集中处理的推进小型化生态化治理和污水资源化利用。加快推进农村黑臭水体治理。推进生活垃圾源头分类减量，加强村庄有机废弃物综合处置利用设施建设，推进就地利用处理。深入实施村庄清洁行动和绿化美化行动。

（二十三）扎实开展重点领域农村基础设施建设。有序推进乡镇通三级及以上等级公路、较大人口规模自然村（组）通硬化路，实施农村公路安全生命防护工程和危桥改造。扎实开展农村公路管理养护体制改革试点。稳步推进农村公路路况自动化检测。推进农村供水工程建设改造，配套完善净化消毒设施设备。深入实施农村电网巩固提升工程。推进农村光伏、生物质能等清洁能源建设。实施农房质量安全提升工程，继续实施农村危房改造和抗震改造，完善农村房屋建设标准规范。加强对用作经营的农村自建房安全隐患整治。

（二十四）大力推进数字乡村建设。推进智慧农业发展，促进信息技术与农机农艺融合应用。加强农民数字素养与技能培训。以数字技术赋能乡村公共服务，推动"互联网+政务服务"向乡村延伸覆盖。着眼解决实际问题，拓展农业农村大数据应用场景。加快推动数字乡村标准化建设，研究制定发展评价指标体系，持续开展数字乡村试点。加强农村信息基础设施建设。

（二十五）加强基本公共服务县域统筹。加快推进以县城为重要载体的城镇化建设。加强普惠性、基础性、兜底性民生建设，推动基本公共服务供给由注重机构行政区域覆盖向注重常住人口服务覆盖转变。实施新一轮学前教育行动计划，多渠道加快农村普惠性学前教育资源建设，办好特殊教育。扎实推进城乡学校共同体建设。深入推进紧密型县域医疗卫生共同体建设，实施医保按总额付费，加强监督考核，实现结余留用、合理超支分担。推动农村基层定点医疗机构医保信息化建设，强化智能监控全覆盖，加强医疗保障基金监管。落实对特殊困难群体参加城乡居民基本医保的分类资助政策。有条件的地方可提供村卫生室运行经费补助，分类落实村医养老保障、医保等社会保障待遇。提升县级敬老院失能照护能力和乡镇敬老院集中供养水平，鼓励在有条件的村庄开展日间照料、老年食堂等服务。加强乡镇便民服务和社会工作服务，实施村级综合服务设施提升工程。健全分层分类的社会救助体系，切实保障困难农民群众基本生活。健全基层党员、干部关爱联系制度，经常探访空巢老人、留守儿童、残疾人。完善未成年人关爱保护工作网络。

六、突出实效改进乡村治理

（二十六）加强农村基层组织建设。强化县级党委抓乡促村职责，深化乡镇管理体制改革，健全乡镇党委统一指挥和统筹协调机制，加强乡镇、村集中换届后领导班子建设，全面开展农村基层干部乡村振兴主题培训。持续排查整顿软弱涣散村党组织。发挥驻村第一书记和工作队抓党建促乡村振兴作用。完善村级重要事项、重大问题经村党组织研究讨论机制，全面落实“四议两公开”制度。深入开展市县巡察，强化基层监督，加强基层纪检监察组织与村务监督委员会的沟通协作、有效衔接，强化对村干部的监督。健全党组织领导的自治、法治、德治相结合的乡村治理体系，推行网格化管理、数字化赋能、精细化服务。推进村委会规范化建设。深化乡村治理体系建设试点示范。开展村级议事协商创新实验。推广村级组织依法自治事项、依法协助政府工作事项等清单制，规范村级组织机构牌子和证明事项，推行村级基础信息统计“一张表”制度，减轻村级组织负担。

（二十七）创新农村精神文明建设有效平台载体。依托新时代文明实践中心、县级融媒体中心等平台开展对象化分众化宣传教育，弘扬和践行社会主义核心价值观。在乡村创新开展“听党话、感党恩、跟党走”宣传教育活动。探索统筹推动城乡精神文明融合发展的具体方式，完善全国文明村镇测评体系。启动实施文化产业赋能乡村振兴计划。整合文化惠民活动资源，支持农民自发组织开展村歌、“村晚”、广场舞、趣味运动会等体现农耕农趣农味的文化体育活动。办好中国农民丰收节。加强农耕文化传承保护，推进非物质文化遗产和重要农业文化遗产保护利用。推广积分制等治理方式，有效发挥村规民约、家庭家教家风作用，推进农村婚俗改革试点和殡葬习俗改革，开展高价彩礼、大操大办等移风易俗重点领域突出问题专项治理。

（二十八）切实维护农村社会平安稳定。推进更高水平的平安法治乡村建设。创建一批“枫桥式公安派出所”、“枫桥式人民法庭”。常态化开展扫黑除恶斗争，持续打击“村霸”。防范黑恶势力、家族宗族势力等对农村基层政权的侵蚀和影响。依法严厉打击农村黄赌毒和侵害农村妇女儿童人身权利的违法犯罪行为。加强农村法治宣传教育。加强基层社会心理服务和危机干预，构建一站式多元化矛盾纠纷化解机制。加强农村宗教工作力量。统筹推进应急管理与乡村治理资源整合，加快推进农村应急广播主动发布终端建设，指导做好人员紧急转移避险工作。开展农村交通、消防、安全生产、自然灾害、食品药品安全等领域风险隐患排查和专项治理，依法严厉打击农村制售假冒伪劣农资、非法集资、电信诈骗等违法犯罪行为。加强农业综合行政执法能力建设。落实基层医疗卫生机构疾病预防控制责任。健全农村新冠肺炎疫情常态化防控工作体系，严格落实联防联控、群防群控措施。

七、加大政策保障和体制机制创新力度

（二十九）扩大乡村振兴投入。继续把农业农村作为一般公共预算优先保障领域，中央预算内投资进一步向农业农村倾斜，压实地方政府投入责任。加强考核监督，稳步提高土地出让收入用于农业农村的比例。支持地方政府发行政府债券用于符合条件的乡村振兴公益性项目。提高乡村振兴领域项目储备质量。强化预算绩效管理和监督。

（三十）强化乡村振兴金融服务。对机构法人在县域、业务在县域、资金主要用于乡村振兴的地方法人金融机构，加大支农支小再贷款、再贴现支持力度，实施更加优惠的存款准备金政策。支持各类金融机构探索农业农村基础设施中长期信贷模式。加快农村信用社改革，完善省（自治区）农村信用社联合社治理机制，稳妥化解风险。完善乡村振兴金融服务统计制度，开展金融机构服务乡村振兴考核评估。深入开展农村信用体系建设，发展农户信用贷款。加强农村金融知识普及教育和金融消费权益保护。积极发展农业保险和再保险。优化完善“保险+期货”模式。强化涉农信贷风险市场化分担和补偿，发挥好农业信贷担保作用。

（三十一）加强乡村振兴人才队伍建设。发现和培养使用农业领域战略科学家。启动“神农英才”计划，加快培养科技领军人才、青年科技人才和高水平创新团队。深入推行科技特派员制度。实施高素质农民培育计划、乡村产业振兴带头人培育“头雁”项目、乡村振兴青春建功行动、乡村振兴巾帼行动。落实艰苦边远地区基层事业单位公开招聘倾斜政策，对县以下基层专业技术人员开展职称评聘“定向评价、定向使用”工作，对中高级专业技术岗位实行总量控制、比例单列。完善耕读教育体系。优化学科专业结构，支持办好涉农高等学校和职业教育。培养乡村规划、设计、建设、管理专业人才和乡土人才。

鼓励地方出台城市人才下乡服务乡村振兴的激励政策。

（三十二）抓好农村改革重点任务落实。开展第二轮土地承包到期后再延长30年整县试点。巩固提升农村集体产权制度改革成果，探索建立农村集体资产监督管理服务体系，探索新型农村集体经济发展路径。稳慎推进农村宅基地制度改革试点，规范开展房地一体宅基地确权登记。稳妥有序推进农村集体经营性建设用地入市。推动开展集体经营性建设用地使用权抵押融资。依法依规有序开展全域土地综合整治试点。深化集体林权制度改革。健全农垦国有农用地使用权管理制度。开展农村产权流转交易市场规范化建设试点。制定新阶段深化农村改革实施方案。

八、坚持和加强党对“三农”工作的全面领导

（三十三）压实全面推进乡村振兴责任。制定乡村振兴责任制实施办法，明确中央和国家机关各部门推进乡村振兴责任，强化五级书记抓乡村振兴责任。开展省级党政领导班子和领导干部推进乡村振兴战略实绩考核。完善市县党政领导班子和领导干部推进乡村振兴战略实绩考核制度，鼓励地方对考核排名靠前的市县给予适当激励，对考核排名靠后、履职不力的进行约谈。落实各级党委和政府负责同志乡村振兴联系点制度。借鉴推广浙江“千万工程”经验，鼓励地方党委和政府开展现场观摩、交流学习等务实管用活动。开展《乡村振兴战略规划（2018—2022年）》实施总结评估。加强集中换届后各级党政领导干部特别是分管“三农”工作的领导干部培训。

（三十四）建强党的农村工作机构。各级党委农村工作领导小组要发挥“三农”工作牵头抓总、统筹协调等作用，一体承担巩固拓展脱贫攻坚成果、全面推进乡村振兴议事协调职责。推进各级党委农村工作领导小组议事协调规范化制度化建设，建立健全重点任务分工落实机制，协同推进乡村振兴。加强各级党委农村工作领导小组办公室建设，充实工作力量，完善运行机制，强化决策参谋、统筹协调、政策指导、推动落实、督导检查等职责。

（三十五）抓点带面推进乡村振兴全面展开。开展“百县千乡万村”乡村振兴示范创建，采取先创建后认定方式，分级创建一批乡村振兴示范县、示范乡镇、示范村。推进农业现代化示范区创建。广泛动员社会力量参与乡村振兴，深入推进“万企兴万村”行动。按规定建立乡村振兴表彰激励制度。

让我们紧密团结在以习近平同志为核心的党中央周围，真抓实干，埋头苦干，奋力开创全面推进乡村振兴新局面，以实际行动迎接党的二十大胜利召开！

2022年1月4日

中共中央办公厅　国务院办公厅
关于推进以县城为重要载体的城镇化建设的意见

县城是我国城镇体系的重要组成部分，是城乡融合发展的关键支撑，对促进新型城镇化建设、构建新型工农城乡关系具有重要意义。为推进以县城为重要载体的城镇化建设，现提出如下意见。

一、总体要求

（一）指导思想。以习近平新时代中国特色社会主义思想为指导，坚持以人为核心推进新型城镇化，尊重县城发展规律，统筹县城生产、生活、生态、安全需要，因地制宜补齐县城短板弱项，促进县城产业配套设施提质增效、市政公用设施提档升级、公共服务设施提标扩面、环境基础设施提级扩能，增强县城综合承载能力，提升县城发展质量，更好满足农民到县城就业安家需求和县城居民生产生活需要，为实施扩大内需战略、协同推进新型城镇化和乡村振兴提供有力支撑。

（二）工作要求。顺应县城人口流动变化趋势，立足资源环境承载能力、区位条件、产业基础、功能定位，选择一批条件好的县城作为示范地区重点发展，防止人口流失县城盲目建设。充分发挥市场在资源配置中的决定性作用，引导支持各类市场主体参与县城建设；更好发挥政府作用，切实履行制定规划政策、提供公共服务、营造制度环境等方面职责。以县域为基本单元推进城乡融合发展，发挥县城连接城市、服务乡村作用，增强对乡村的辐射带动能力，促进县城基础设施和公共服务向乡村延伸覆盖，强化县城与邻近城市发展的衔接配合。统筹发展和安全，严格落实耕地和永久基本农田、生态保护红线、城镇开发边界，守住历史文化根脉，防止大拆大建、贪大求洋，严格控制撤县建市设区，防控灾害事故风险，防范地方政府债务风险。

（三）发展目标。到 2025 年，以县城为重要载体的城镇化建设取得重要进展，县城短板弱项进一步补齐补强，一批具有良好区位优势和产业基础、资源环境承载能力较强、集聚人口经济条件较好的县城建设取得明显成效，公共资源配置与常住人口规模基本匹配，特色优势产业发展壮大，市政设施基本完备，公共服务全面提升，人居环境有效改善，综合承载能力明显增强，农民到县城就业安家规模不断扩大，县城居民生活品质明显改善。再经过一个时期的努力，在全国范围内基本建成各具特色、富有活力、宜居宜业的现代化县城，与邻近大中城市的发展差距显著缩小，促进城镇体系完善、支撑城乡融合发展作用进一步彰显。

二、科学把握功能定位，分类引导县城发展方向

（四）加快发展大城市周边县城。支持位于城市群和都市圈范围内的县城融入邻近大城市建设发展，主动承接人口、产业、功能特别是一般性制造业、区域性物流基地、专业市场、过度集中的公共服务资源疏解转移，强化快速交通连接，发展成为与邻近大城市通勤便捷、功能互补、产业配套的卫星县城。

（五）积极培育专业功能县城。支持具有资源、交通等优势的县城发挥专业特长，培育发展特色经济和支柱产业，强化产业平台支撑，提高就业吸纳能力，发展成为先进制造、商贸流通、文化旅游等专业功能县城。支持边境县城完善基础设施，强化公共服务和边境贸易等功能，提升人口集聚能力和守边固边能力。

（六）合理发展农产品主产区县城。推动位于农产品主产区内的县城集聚发展农村二、三产业，延长农业产业链条，做优做强农产品加工业和农业生产性服务业，更多吸纳县域内农业转移人口，为有效服务“三农”、保障粮食安全提供支撑。

（七）有序发展重点生态功能区县城。推动位于重点生态功能区内的县城逐步有序承接生态地区超载人口转移，完善财政转移支付制度，增强公共服务供给能力，发展适宜产业和清洁能源，为保护修复生态环境、筑牢生态安全屏障提供支撑。

（八）引导人口流失县城转型发展。结合城镇发展变化态势，推动人口流失县城严控城镇建设用地增量、盘活存量，促进人口和公共服务资源适度集中，加强民生保障和救助扶助，有序引导人口向邻近的经济发展优势区域转移，支持有条件的资源枯竭县城培育接续替代产业。

三、培育发展特色优势产业，稳定扩大县城就业岗位

（九）增强县城产业支撑能力。重点发展比较优势明显、带动农业农村能力强、就业容量大的产业，统筹培育本地产业和承接外部产业转移，促进产业转型升级。突出特色、错位发展，因地制宜发展一般性制造业。以“粮头食尾”“农头工尾”为抓手，培育农产品加工业集群，发展农资供应、技术集成、仓储物流、农产品营销等农业生产性服务业。根据文化旅游资源禀赋，培育文化体验、休闲度假、特色民宿、养生养老等产业。

（十）提升产业平台功能。依托各类开发区、产业集聚区、农民工返乡创业园等平台，引导县域产业集中集聚发展。支持符合条件的县城建设产业转型升级示范园区。根据需要配置公共配套设施，健全标

准厂房、通用基础制造装备、共性技术研发仪器设备、质量基础设施、仓储集散回收设施。鼓励农民工集中的产业园区及企业建设集体宿舍。

（十一）健全商贸流通网络。发展物流中心和专业市场，打造工业品和农产品分拨中转地。根据需要建设铁路专用线，依托交通场站建设物流设施。建设具备运输仓储、集散分拨等功能的物流配送中心，发展物流共同配送，鼓励社会力量布设智能快件箱。改善农贸市场交易棚厅等经营条件，完善冷链物流设施，建设面向城市消费的生鲜食品低温加工处理中心。

（十二）完善消费基础设施。围绕产业转型升级和居民消费升级需求，改善县城消费环境。改造提升百货商场、大型卖场、特色商业街，发展新型消费集聚区。完善消费服务中心、公共交通站点、智能引导系统、安全保障设施，配置电子商务硬件设施及软件系统，建设展示交易公用空间。完善游客服务中心、旅游道路、旅游厕所等配套设施。

（十三）强化职业技能培训。大规模开展面向农民工特别是困难农民工的职业技能培训，提高其技能素质和稳定就业能力。统筹发挥企业、职业学校、技工学校作用，聚焦新职业新工种和紧缺岗位加强职业技能培训，提高与市场需求契合度。推动公共实训基地共建共享，建设职业技能培训线上平台。落实好培训补贴政策，畅通培训补贴直达企业和培训者渠道。

四、完善市政设施体系，夯实县城运行基础支撑

（十四）完善市政交通设施。完善机动车道、非机动车道、人行道，健全配套交通管理设施和交通安全设施。建设以配建停车场为主、路外公共停车场为辅、路内停车为补充的停车系统。优化公共充换电设施建设布局，加快建设充电桩。完善公路客运站服务功能，加强公路客运站土地综合开发利用。建设公共交通场站，优化公交站点布设。

（十五）畅通对外连接通道。提高县城与周边大中城市互联互通水平，扩大干线铁路、高速公路、国省干线公路等覆盖面。推进县城市政道路与干线公路高效衔接，有序开展干线公路过境段、进出城瓶颈路段升级改造。支持有需要的县城开通与周边城市的城际公交，开展客运班线公交化改造。引导有条件的大城市轨道交通适当向周边县城延伸。

（十六）健全防洪排涝设施。坚持防御外洪与治理内涝并重，逐步消除严重易涝积水区段。实施排水管网和泵站建设改造，修复破损和功能失效设施。建设排涝通道，整治河道、湖塘、排洪沟、道路边沟，确保与管网排水能力相匹配。推进雨水源头减排，增强地面渗水能力。完善堤线布置和河流护岸工程，合理建设截洪沟等设施，降低外洪入城风险。

（十七）增强防灾减灾能力。健全灾害监测体系，提高预警预报水平。采取搬迁避让和工程治理等手段，防治泥石流、崩塌、滑坡、地面塌陷等地质灾害。提高建筑抗灾能力，开展重要建筑抗震鉴定及加固改造。推进公共建筑消防设施达标建设，规划布局消防栓、蓄水池、微型消防站等配套设施。合理布局应急避难场所，强化体育场馆等公共建筑应急避难功能。完善供水、供电、通信等城市生命线备用设施，加强应急救灾和抢险救援能力建设。

（十八）加强老化管网改造。全面推进老化燃气管道更新改造，重点改造不符合标准规范、存在安全隐患的燃气管道、燃气场站、居民户内设施及监测设施。改造水质不能稳定达标水厂及老旧破损供水管网。推进老化供热管道更新改造，提高北方地区县城集中供暖比例。开展电网升级改造，推动必要的路面电网及通信网架空线入地。

（十九）推动老旧小区改造。加快改造建成年代较早、失养失修失管、配套设施不完善、居民改造意愿强烈的住宅小区，改善居民基本居住条件。完善老旧小区及周边水电路气热信等配套设施，加强无障碍设施建设改造。科学布局社区综合服务设施，推进养老托育等基本公共服务便捷供给。结合老旧小区改造，统筹推动老旧厂区、老旧街区、城中村改造。

（二十）推进数字化改造。建设新型基础设施，发展智慧县城。推动第五代移动通信网络规模化部署，建设高速光纤宽带网络。推行县城运行一网统管，促进市政公用设施及建筑等物联网应用、智能化改造，部署智能电表和智能水表等感知终端。推行政务服务一网通办，提供工商、税务、证照证明、行政许可等办事便利。推行公共服务一网通享，促进学校、医院、图书馆等资源数字化。

五、强化公共服务供给，增进县城民生福祉

（二十一）完善医疗卫生体系。推进县级医院（含中医院）提标改造，提高传染病检测诊治和重症监护救治能力，依托县级医院建设县级急救中心。支持县域人口达到一定规模的县完善县级医院，推动达到三级医院设施条件和服务能力。推进县级疾控中心建设，配齐疾病监测预警、实验室检测、现场处置等设备。完善县级妇幼保健机构设施设备。建立省（自治区、直辖市）和地级及以上城市三甲医院对薄弱县级医院的帮扶机制。

（二十二）扩大教育资源供给。推进义务教育学校扩容增位，按照办学标准改善教学和生活设施。鼓励高中阶段学校多样化发展，全面改善县域普通高中办学条件，基本消除普通高中“大班额”现象。鼓励发展职业学校，深入推进产教融合。完善幼儿园布局，大力发展公办幼儿园，引导扶持民办幼儿园提供普惠性服务。落实农民工随迁子女入学和转学政策，保障学龄前儿童和义务教育阶段学生入学。

（二十三）发展养老托育服务。提升公办养老机构服务能力，完善公建民营管理机制，提供基本养老和长期照护服务。扩大普惠养老床位供给，扶持护理型民办养老机构发展，鼓励社会力量建设完善社区居家养老服务网络，提供失能护理、日间照料及助餐助浴助洁助医助行等服务。推进公共设施适老化改造。发展普惠性托育服务，支持社会力量发展综合托育服务机构和社区托育服务设施，支持有条件的用人单位为职工提供托育服务，支持有条件的幼儿园开设托班招收 2 至 3 岁幼儿。

（二十四）优化文化体育设施。根据需要完善公共图书馆、文化馆、博物馆等场馆功能，发展智慧广电平台和融媒体中心，完善应急广播体系。建设全民健身中心、公共体育场、健身步道、社会足球场地、户外运动公共服务设施，加快推进学校场馆开放共享。有序建设体育公园，打造绿色便捷的居民健身新载体。

（二十五）完善社会福利设施。建设专业化残疾人康复、托养、综合服务设施。完善儿童福利机构及残疾儿童康复救助定点机构，建设未成年人救助保护机构和保护工作站。依托现有社会福利设施建设流浪乞讨人员救助管理设施。建设公益性殡葬设施，改造老旧殡仪馆。

六、加强历史文化和生态保护，提升县城人居环境质量

（二十六）加强历史文化保护传承。传承延续历史文脉，厚植传统文化底蕴。保护历史文化名城名镇和历史文化街区，保留历史肌理、空间尺度、景观环境。加强革命文物、红色遗址、文化遗产保护，活化利用历史建筑和工业遗产。推动非物质文化遗产融入县城建设。鼓励建筑设计传承创新。禁止拆真建假、以假乱真，严禁随意拆除老建筑、大规模迁移砍伐老树，严禁侵占风景名胜区内土地。

（二十七）打造蓝绿生态空间。完善生态绿地系统，依托山水林田湖草等自然基底建设生态绿色廊道，利用周边荒山坡地和污染土地开展国土绿化，建设街心绿地、绿色游憩空间、郊野公园。加强河道、湖泊、滨海地带等湿地生态和水环境修复，合理保持水网密度和水体自然连通。加强黑臭水体治理，对河湖岸线进行生态化改造，恢复和增强水体自净能力。

（二十八）推进生产生活低碳化。推动能源清洁低碳安全高效利用，引导非化石能源消费和分布式能源发展，在有条件的地区推进屋顶分布式光伏发电。坚决遏制“两高”项目盲目发展，深入推进产业园区循环化改造。大力发展绿色建筑，推广装配式建筑、节能门窗、绿色建材、绿色照明，全面推行绿色施工。推动公共交通工具和物流配送、市政环卫等车辆电动化。推广节能低碳节水用品和环保再生产品，减少一次性消费品和包装用材消耗。

（二十九）完善垃圾收集处理体系。因地制宜建设生活垃圾分类处理系统，配备满足分类清运需求、

密封性好、压缩式的收运车辆，改造垃圾房和转运站，建设与清运量相适应的垃圾焚烧设施，做好全流程恶臭防治。合理布局危险废弃物收集和集中利用处置设施。健全县域医疗废弃物收集转运处置体系。推进大宗固体废弃物综合利用。

（三十）增强污水收集处理能力。完善老城区及城中村等重点区域污水收集管网，更新修复混错接、漏接、老旧破损管网，推进雨污分流改造。开展污水处理差别化精准提标，对现有污水处理厂进行扩容改造及恶臭治理。在缺水地区和水环境敏感地区推进污水资源化利用。推进污泥无害化资源化处置，逐步压减污泥填埋规模。

七、提高县城辐射带动乡村能力，促进县乡村功能衔接互补

（三十一）推进县城基础设施向乡村延伸。推动市政供水供气供热管网向城郊乡村及规模较大镇延伸，在有条件的地区推进城乡供水一体化。推进县乡村（户）道路连通、城乡客运一体化。以需求为导向逐步推进第五代移动通信网络和千兆光网向乡村延伸。建设以城带乡的污水垃圾收集处理系统。建设联结城乡的冷链物流、电商平台、农贸市场网络，带动农产品进城和工业品入乡。建立城乡统一的基础设施管护运行机制，落实管护责任。

（三十二）推进县城公共服务向乡村覆盖。鼓励县级医院与乡镇卫生院建立紧密型县域医疗卫生共同体，推行派驻、巡诊、轮岗等方式，鼓励发展远程医疗，提升非县级政府驻地特大镇卫生院医疗服务能力。发展城乡教育联合体，深化义务教育教师“县管校聘”管理改革，推进县域内校长教师交流轮岗。健全县乡村衔接的三级养老服务网络，发展乡村普惠型养老服务和互助性养老。

（三十三）推进巩固拓展脱贫攻坚成果同乡村振兴有效衔接。以国家乡村振兴重点帮扶县和易地扶贫搬迁大中型集中安置区为重点，强化政策支持，守住不发生规模性返贫底线。推动国家乡村振兴重点帮扶县增强巩固脱贫成果及内生发展能力。推进大中型集中安置区新型城镇化建设，加强就业和产业扶持，完善产业配套设施、基础设施、公共服务设施，提升社区治理能力。

八、深化体制机制创新，为县城建设提供政策保障

（三十四）健全农业转移人口市民化机制。全面落实取消县城落户限制政策，确保稳定就业生活的外来人口与本地农业转移人口落户一视同仁。确保新落户人口与县城居民享有同等公共服务，保障农民工等非户籍常住人口均等享有教育、医疗、住房保障等基本公共服务。以新生代农民工为重点推动社会保险参保扩面，全面落实企业为农民工缴纳职工养老、医疗、工伤、失业、生育等社会保险费的责任，合理引导灵活就业农民工按规定参加职工基本医疗保险和城镇职工基本养老保险。依法保障进城落户农民的农村土地承包权、宅基地使用权、集体收益分配权，支持其依法自愿有偿转让上述权益。建立健全省以下财政转移支付与农业转移人口市民化挂钩机制，重点支持吸纳农业转移人口落户多的县城。建立健全省以下城镇建设用地增加规模与吸纳农业转移人口落户数量挂钩机制，专项安排与进城落户人口数量相适应的新增建设用地计划指标。

（三十五）建立多元可持续的投融资机制。根据项目属性和收益，合理谋划投融资方案。对公益性项目，加强地方财政资金投入，其中符合条件项目可通过中央预算内投资和地方政府专项债券予以支持。对准公益性项目和经营性项目，提升县域综合金融服务水平，鼓励银行业金融机构特别是开发性政策性金融机构增加中长期贷款投放，支持符合条件的企业发行县城新型城镇化建设专项企业债券。有效防范化解地方政府债务风险，促进县区财政平稳运行。引导社会资金参与县城建设，盘活国有存量优质资产，规范推广政府和社会资本合作模式，稳妥推进基础设施领域不动产投资信托基金试点，鼓励中央企业等参与县城建设，引导有条件的地区整合利用好既有平台公司。完善公用事业定价机制，合理确定价格水平，鼓励结合管网改造降低漏损率和运行成本。

（三十六）建立集约高效的建设用地利用机制。加强存量低效建设用地再开发，合理安排新增建设用地计划指标，保障县城建设正常用地需求。推广节地型、紧凑式高效开发模式，规范建设用地二级市场。鼓励采用长期租赁、先租后让、弹性年期供应等方式供应工业用地，提升现有工业用地容积率和单位用地面积产出率。稳妥开发低丘缓坡地，合理确定开发用途、规模、布局和项目用地准入门槛。按照国家统一部署，稳妥有序推进农村集体经营性建设用地入市。

九、组织实施

（三十七）加强组织领导。坚持和加强党的全面领导，发挥各级党组织作用，建立中央指导、省负总责、市县抓落实的工作机制，为推进以县城为重要载体的城镇化建设提供根本保证。发挥城镇化工作暨城乡融合发展工作部际联席会议制度作用，国家发展改革委要会同各成员单位，强化统筹协调和政策保障，扎实推进示范等工作。各省（自治区、直辖市）要明确具体任务举措，做好组织协调和指导督促。各市县要强化主体责任，切实推动目标任务落地见效。

（三十八）强化规划引领。坚持“一县一策”，以县城为主，兼顾县级市城区和非县级政府驻地特大镇，科学编制和完善建设方案，按照“缺什么补什么”原则，明确建设重点、保障措施、组织实施方式，精准补齐短板弱项，防止盲目重复建设。坚持项目跟着规划走，科学谋划储备建设项目，切实做好项目前期工作。

（三十九）推动试点先行。合理把握县城建设的时序、节奏、步骤。率先在示范地区推动县城补短板强弱项，细化实化建设任务，创新政策支撑机制和项目投资运营模式，增强县城综合承载能力，及早取得实质性进展。在示范工作基础上，及时总结推广典型经验和有效做法，稳步有序推动其他县城建设，形成以县城为重要载体的城镇化建设有效路径。

2022 年 5 月 6 日

中共中央　国务院关于加快建设全国统一大市场的意见

建设全国统一大市场是构建新发展格局的基础支撑和内在要求。为从全局和战略高度加快建设全国统一大市场，现提出如下意见。

一、总体要求

（一）指导思想。以习近平新时代中国特色社会主义思想为指导，全面贯彻党的十九大和十九届历次全会精神，弘扬伟大建党精神，坚持稳中求进工作总基调，完整、准确、全面贯彻新发展理念，加快构建新发展格局，全面深化改革开放，坚持创新驱动发展，推动高质量发展，坚持以供给侧结构性改革为主线，以满足人民日益增长的美好生活需要为根本目的，统筹发展和安全，充分发挥法治的引领、规范、保障作用，加快建立全国统一的市场制度规则，打破地方保护和市场分割，打通制约经济循环的关键堵点，促进商品要素资源在更大范围内畅通流动，加快建设高效规范、公平竞争、充分开放的全国统一大市场，全面推动我国市场由大到强转变，为建设高标准市场体系、构建高水平社会主义市场经济体制提供坚强支撑。

（二）工作原则

——立足内需，畅通循环。以高质量供给创造和引领需求，使生产、分配、流通、消费各环节更加畅通，提高市场运行效率，进一步巩固和扩展市场资源优势，使建设超大规模的国内市场成为一个可持续的历史过程。

——立破并举，完善制度。从制度建设着眼，明确阶段性目标要求，压茬推进统一市场建设，同时坚持问题导向，着力解决突出矛盾和问题，加快清理废除妨碍统一市场和公平竞争的各种规定和做法，破除各种封闭小市场、自我小循环。

——有效市场，有为政府。坚持市场化、法治化原则，充分发挥市场在资源配置中的决定性作用，更好发挥政府作用，强化竞争政策基础地位，加快转变政府职能，用足用好超大规模市场优势，让需求更好地引领优化供给，让供给更好地服务扩大需求，以统一大市场集聚资源、推动增长、激励创新、优化分工、促进竞争。

——系统协同，稳妥推进。不断提高政策的统一性、规则的一致性、执行的协同性，科学把握市场规模、结构、组织、空间、环境和机制建设的步骤与进度，坚持放管结合、放管并重，提升政府监管效能，增强在开放环境中动态维护市场稳定、经济安全的能力，有序扩大统一大市场的影响力和辐射力。

（三）主要目标

——持续推动国内市场高效畅通和规模拓展。发挥市场促进竞争、深化分工等优势，进一步打通市场效率提升、劳动生产率提高、居民收入增加、市场主体壮大、供给质量提升、需求优化升级之间的通道，努力形成供需互促、产销并进、畅通高效的国内大循环，扩大市场规模容量，不断培育发展强大国内市场，保持和增强对全球企业、资源的强大吸引力。

——加快营造稳定公平透明可预期的营商环境。以市场主体需求为导向，力行简政之道，坚持依法行政，公平公正监管，持续优化服务，加快打造市场化法治化国际化营商环境。充分发挥各地区比较优势，因地制宜为各类市场主体投资兴业营造良好生态。

——进一步降低市场交易成本。发挥市场的规模效应和集聚效应，加强和改进反垄断反不正当竞争执法司法，破除妨碍各种生产要素市场化配置和商品服务流通的体制机制障碍，降低制度性交易成本。促进现代流通体系建设，降低全社会流通成本。

——促进科技创新和产业升级。发挥超大规模市场具有丰富应用场景和放大创新收益的优势，通过市场需求引导创新资源有效配置，促进创新要素有序流动和合理配置，完善促进自主创新成果市场化应用的体制机制，支撑科技创新和新兴产业发展。

——培育参与国际竞争合作新优势。以国内大循环和统一大市场为支撑，有效利用全球要素和市场资源，使国内市场与国际市场更好联通。推动制度型开放，增强在全球产业链供应链创新链中的影响力，提升在国际经济治理中的话语权。

二、强化市场基础制度规则统一

（四）完善统一的产权保护制度。完善依法平等保护各种所有制经济产权的制度体系。健全统一规范的涉产权纠纷案件执法司法体系，强化执法司法部门协同，进一步规范执法领域涉产权强制措施规则和程序，进一步明确和统一行政执法、司法裁判标准，健全行政执法与刑事司法双向衔接机制，依法保护企业产权及企业家人身财产安全。推动知识产权诉讼制度创新，完善知识产权法院跨区域管辖制度，畅通知识产权诉讼与仲裁、调解的对接机制。

（五）实行统一的市场准入制度。严格落实“全国一张清单”管理模式，严禁各地区各部门自行发布具有市场准入性质的负面清单，维护市场准入负面清单制度的统一性、严肃性、权威性。研究完善市场准入效能评估指标，稳步开展市场准入效能评估。依法开展市场主体登记注册工作，建立全国统一的登记注册数据标准和企业名称自主申报行业字词库，逐步实现经营范围登记的统一表述。制定全国通用性资格清单，统一规范评价程序及管理办法，提升全国互通互认互用效力。

（六）维护统一的公平竞争制度。坚持对各类市场主体一视同仁、平等对待。健全公平竞争制度框架和政策实施机制，建立公平竞争政策与产业政策协调保障机制，优化完善产业政策实施方式。健全反垄断法律规则体系，加快推动修改反垄断法、反不正当竞争法，完善公平竞争审查制度，研究重点领域和行业性审查规则，健全审查机制，统一审查标准，规范审查程序，提高审查效能。

（七）健全统一的社会信用制度。编制出台全国公共信用信息基础目录，完善信用信息标准，建立公共信用信息同金融信息共享整合机制，形成覆盖全部信用主体、所有信用信息类别、全国所有区域的信用信息网络。建立健全以信用为基础的新型监管机制，全面推广信用承诺制度，建立企业信用状况综合评价体系，以信用风险为导向优化配置监管资源，依法依规编制出台全国失信惩戒措施基础清单。健全守信激励和失信惩戒机制，将失信惩戒和惩治腐败相结合。完善信用修复机制。加快推进社会信用立法。

三、推进市场设施高标准联通

（八）建设现代流通网络。优化商贸流通基础设施布局，加快数字化建设，推动线上线下融合发展，形成更多商贸流通新平台新业态新模式。推动国家物流枢纽网络建设，大力发展多式联运，推广标准化托盘带板运输模式。大力发展第三方物流，支持数字化第三方物流交付平台建设，推动第三方物流产业科技和商业模式创新，培育一批有全球影响力的数字化平台企业和供应链企业，促进全社会物流降本增效。加强应急物流体系建设，提升灾害高风险区域交通运输设施、物流站点等设防水平和承灾能力，积极防范粮食、能源等重要产品供应短缺风险。完善国家综合立体交通网，推进多层次一体化综合交通枢纽建设，推动交通运输设施跨区域一体化发展。建立健全城乡融合、区域联通、安全高效的电信、能源等基础设施网络。

（九）完善市场信息交互渠道。统一产权交易信息发布机制，实现全国产权交易市场联通。优化行业公告公示等重要信息发布渠道，推动各领域市场公共信息互通共享。优化市场主体信息公示，便利市场主体信息互联互通。推进同类型及同目的信息认证平台统一接口建设，完善接口标准，促进市场信息流动和高效使用。依法公开市场主体、投资项目、产量、产能等信息，引导供需动态平衡。

（十）推动交易平台优化升级。深化公共资源交易平台整合共享，研究明确各类公共资源交易纳入统一平台体系的标准和方式。坚持应进必进的原则要求，落实和完善“管办分离”制度，将公共资源交易平台覆盖范围扩大到适合以市场化方式配置的各类公共资源，加快推进公共资源交易全流程电子化，积极破除公共资源交易领域的区域壁垒。加快推动商品市场数字化改造和智能化升级，鼓励打造综合性商品交易平台。加快推进大宗商品期现货市场建设，不断完善交易规则。鼓励交易平台与金融机构、中介机构合作，依法发展涵盖产权界定、价格评估、担保、保险等业务的综合服务体系。

四、打造统一的要素和资源市场

（十一）健全城乡统一的土地和劳动力市场。统筹增量建设用地与存量建设用地，实行统一规划，强化统一管理。完善城乡建设用地增减挂钩节余指标、补充耕地指标跨区域交易机制。完善全国统一的建设用地使用权转让、出租、抵押二级市场。健全统一规范的人力资源市场体系，促进劳动力、人才跨地区顺畅流动。完善财政转移支付和城镇新增建设用地规模与农业转移人口市民化挂钩政策。

（十二）加快发展统一的资本市场。统一动产和权利担保登记，依法发展动产融资。强化重要金融基础设施建设与统筹监管，统一监管标准，健全准入管理。选择运行安全规范、风险管理能力较强的区域性股权市场，开展制度和业务创新试点，加强区域性股权市场和全国性证券市场板块间的合作衔接。推动债券市场基础设施互联互通，实现债券市场要素自由流动。发展供应链金融，提供直达各流通环节经营主体的金融产品。加大对资本市场的监督力度，健全权责清晰、分工明确、运行顺畅的监管体系，筑牢防范系统性金融风险安全底线。坚持金融服务实体经济，防止脱实向虚。为资本设置“红绿灯”，防止资本无序扩张。

（十三）加快培育统一的技术和数据市场。建立健全全国性技术交易市场，完善知识产权评估与交易机制，推动各地技术交易市场互联互通。完善科技资源共享服务体系，鼓励不同区域之间科技信息交流互动，推动重大科研基础设施和仪器设备开放共享，加大科技领域国际合作力度。加快培育数据要素市场，建立健全数据安全、权利保护、跨境传输管理、交易流通、开放共享、安全认证等基础制度和标准规范，深入开展数据资源调查，推动数据资源开发利用。

（十四）建设全国统一的能源市场。在有效保障能源安全供应的前提下，结合实现碳达峰碳中和目标任务，有序推进全国能源市场建设。在统筹规划、优化布局基础上，健全油气期货产品体系，规范油气交易中心建设，优化交易场所、交割库等重点基础设施布局。推动油气管网设施互联互通并向各类市场主体公平开放。稳妥推进天然气市场化改革，加快建立统一的天然气能量计量计价体系。健全多层次统一电力市场体系，研究推动适时组建全国电力交易中心。进一步发挥全国煤炭交易中心作用，推动完善全国统一的煤炭交易市场。

（十五）培育发展全国统一的生态环境市场。依托公共资源交易平台，建设全国统一的碳排放权、用水权交易市场，实行统一规范的行业标准、交易监管机制。推进排污权、用能权市场化交易，探索建立初始分配、有偿使用、市场交易、纠纷解决、配套服务等制度。推动绿色产品认证与标识体系建设，促进绿色生产和绿色消费。

五、推进商品和服务市场高水平统一

（十六）健全商品质量体系。建立健全质量分级制度，广泛开展质量管理体系升级行动，加强全供应链、全产业链、产品全生命周期管理。深化质量认证制度改革，支持社会力量开展检验检测业务，探索推进计量区域中心、国家产品质量检验检测中心建设，推动认证结果跨行业跨区域互通互认。推动重点领域主要消费品质量标准与国际接轨，深化质量认证国际合作互认，实施产品伤害监测和预防干预，完善质量统计监测体系。推进内外贸产品同线同标同质。进一步巩固拓展中国品牌日活动等品牌发展交流平台，提高中国品牌影响力和认知度。

（十七）完善标准和计量体系。优化政府颁布标准与市场自主制定标准结构，对国家标准和行业标准进行整合精简。强化标准验证、实施、监督，健全现代流通、大数据、人工智能、区块链、第五代移动通信（5G）、物联网、储能等领域标准体系。深入开展人工智能社会实验，推动制定智能社会治理相关标准。推动统一智能家居、安防等领域标准，探索建立智能设备标识制度。加快制定面部识别、指静脉、虹膜等智能化识别系统的全国统一标准和安全规范。紧贴战略性新兴产业、高新技术产业、先进制造业等重点领域需求，突破一批关键测量技术，研制一批新型标准物质，不断完善国家计量体系。促进内外资企业公平参与我国标准化工作，提高标准制定修订的透明度和开放度。开展标准、计量等国际交流合作。加强标准必要专利国际化建设，积极参与并推动国际知识产权规则形成。

（十八）全面提升消费服务质量。改善消费环境，强化消费者权益保护。加快完善并严格执行缺陷产品召回制度，推动跨国跨地区经营的市场主体为消费者提供统一便捷的售后服务，进一步畅通商品异地、异店退换货通道，提升消费者售后体验。畅通消费者投诉举报渠道，优化消费纠纷解决流程与反馈机制，探索推进消费者权益保护工作部门间衔接联动机制。建立完善消费投诉信息公示制度，促进消费纠纷源头治理。完善服务市场预付式消费管理办法。围绕住房、教育培训、医疗卫生、养老托育等重点民生领域，推动形成公开的消费者权益保护事项清单，完善纠纷协商处理办法。

六、推进市场监管公平统一

（十九）健全统一市场监管规则。加强市场监管行政立法工作，完善市场监管程序，加强市场监管标准化规范化建设，依法公开监管标准和规则，增强市场监管制度和政策的稳定性、可预期性。对食品药品安全等直接关系群众健康和生命安全的重点领域，落实最严谨标准、最严格监管、最严厉处罚、最严肃问责。对互联网医疗、线上教育培训、在线娱乐等新业态，推进线上线下一体化监管。加强对工程建设领域统一公正监管，依纪依法严厉查处违纪违法行为。强化重要工业产品风险监测和监督抽查，督促企业落实质量安全主体责任。充分发挥行业协会商会作用，建立有效的政企沟通机制，形成政府监管、平台自律、行业自治、社会监督的多元治理新模式。

（二十）强化统一市场监管执法。推进维护统一市场综合执法能力建设，加强知识产权保护、反垄断、反不正当竞争执法力量。强化部门联动，建立综合监管部门和行业监管部门联动的工作机制，统筹执法资源，减少执法层级，统一执法标准和程序，规范执法行为，减少自由裁量权，促进公平公正执法，提高综合执法效能，探索在有关行业领域依法建立授权委托监管执法方式。鼓励跨行政区域按规定联合发布统一监管政策法规及标准规范，积极开展联动执法，创新联合监管模式，加强调查取证和案件处置合作。

（二十一）全面提升市场监管能力。深化简政放权、放管结合、优化服务改革，完善“双随机、一公开”监管、信用监管、“互联网+监管”、跨部门协同监管等方式，加强各类监管的衔接配合。充分利用大数据等技术手段，加快推进智慧监管，提升市场监管政务服务、网络交易监管、消费者权益保护、重点产品追溯等方面跨省通办、共享协作的信息化水平。建立健全跨行政区域网络监管协作机制，鼓励行业协会商会、新闻媒体、消费者和公众共同开展监督评议。对新业态新模式坚持监管规范和促进发展并重，及时补齐法规和标准空缺。

七、进一步规范不当市场竞争和市场干预行为

（二十二）着力强化反垄断。完善垄断行为认定法律规则，健全经营者集中分类分级反垄断审查制度。破除平台企业数据垄断等问题，防止利用数据、算法、技术手段等方式排除、限制竞争。加强对金融、传媒、科技、民生等领域和涉及初创企业、新业态、劳动密集型行业的经营者集中审查，提高审查质量和效率，强化垄断风险识别、预警、防范。稳步推进自然垄断行业改革，加强对电网、油气管网等网络型自然垄断环节的监管。加强对创新型中小企业原始创新和知识产权的保护。

（二十三）依法查处不正当竞争行为。对市场主体、消费者反映强烈的重点行业和领域，加强全链条竞争监管执法，以公正监管保障公平竞争。加强对平台经济、共享经济等新业态领域不正当竞争行为的规制，整治网络黑灰产业链条，治理新型网络不正当竞争行为。健全跨部门跨行政区域的反不正当竞争执法信息共享、协作联动机制，提高执法的统一性、权威性、协调性。构建跨行政区域的反不正当竞争案件移送、执法协助、联合执法机制，针对新型、疑难、典型案件畅通会商渠道、互通裁量标准。

（二十四）破除地方保护和区域壁垒。指导各地区综合比较优势、资源环境承载能力、产业基础、防灾避险能力等因素，找准自身功能定位，力戒贪大求洋、低层次重复建设和过度同质竞争，不搞“小而全”的自我小循环，更不能以“内循环”的名义搞地区封锁。建立涉企优惠政策目录清单并及时向社会公开，及时清理废除各地区含有地方保护、市场分割、指定交易等妨碍统一市场和公平竞争的政策，全面清理歧视外资企业和外地企业、实行地方保护的各类优惠政策，对新出台政策严格开展公平竞争审查。加强地区间产业转移项目协调合作，建立重大问题协调解决机制，推动产业合理布局、分工进一步优化。鼓励各地区持续优化营商环境，依法开展招商引资活动，防止招商引资恶性竞争行为，以优质的制度供给和制度创新吸引更多优质企业投资。

（二十五）清理废除妨碍依法平等准入和退出的规定做法。除法律法规明确规定外，不得要求企业必须在某地登记注册，不得为企业跨区域经营或迁移设置障碍。不得设置不合理和歧视性的准入、退出条件以限制商品服务、要素资源自由流动。不得以备案、注册、年检、认定、认证、指定、要求设立分公司等形式设定或者变相设定准入障碍。不得在资质认定、业务许可等方面，对外地企业设定明显高于本地经营者的资质要求、技术要求、检验标准或评审标准。清理规范行政审批、许可、备案等政务服务事项的前置条件和审批标准，不得将政务服务事项转为中介服务事项，没有法律法规依据不得在政务服务前要求企业自行检测、检验、认证、鉴定、公证以及提供证明等，不得搞变相审批、有偿服务。未经公平竞争不得授予经营者特许经营权，不得限定经营、购买、使用特定经营者提供的商品和服务。

（二十六）持续清理招标采购领域违反统一市场建设的规定和做法。制定招标投标和政府采购制度规则要严格按照国家有关规定进行公平竞争审查、合法性审核。招标投标和政府采购中严禁违法限定或者

指定特定的专利、商标、品牌、零部件、原产地、供应商，不得违法设定与招标采购项目具体特点和实际需要不相适应的资格、技术、商务条件等。不得违法限定投标人所在地、所有制形式、组织形式，或者设定其他不合理的条件以排斥、限制经营者参与投标采购活动。深入推进招标投标全流程电子化，加快完善电子招标投标制度规则、技术标准，推动优质评标专家等资源跨地区跨行业共享。

八、组织实施保障

（二十七）加强党的领导。各地区各部门要充分认识建设全国统一大市场对于构建新发展格局的重要意义，切实把思想和行动统一到党中央决策部署上来，做到全国一盘棋，统一大市场，畅通大循环，确保各项重点任务落到实处。

（二十八）完善激励约束机制。探索研究全国统一大市场建设标准指南，对积极推动落实全国统一大市场建设、取得突出成效的地区可按国家有关规定予以奖励。动态发布不当干预全国统一大市场建设问题清单，建立典型案例通报约谈和问题整改制度，着力解决妨碍全国统一大市场建设的不当市场干预和不当竞争行为问题。

（二十九）优先推进区域协作。结合区域重大战略、区域协调发展战略实施，鼓励京津冀、长三角、粤港澳大湾区以及成渝地区双城经济圈、长江中游城市群等区域，在维护全国统一大市场前提下，优先开展区域市场一体化建设工作，建立健全区域合作机制，积极总结并复制推广典型经验和做法。

（三十）形成工作合力。各地区各部门要根据职责分工，不折不扣落实本意见要求，对本地区本部门是否存在妨碍全国统一大市场建设的规定和实际情况开展自查清理。国家发展改革委、市场监管总局会同有关部门建立健全促进全国统一大市场建设的部门协调机制，加大统筹协调力度，强化跟踪评估，及时督促检查，推动各方抓好贯彻落实。加强宣传引导和舆论监督，为全国统一大市场建设营造良好社会氛围。重大事项及时向党中央、国务院请示报告。

2022 年 3 月 25 日

国务院关于加强数字政府建设的指导意见

国发〔2022〕14 号

各省、自治区、直辖市人民政府，国务院各部委、各直属机构：

加强数字政府建设是适应新一轮科技革命和产业变革趋势、引领驱动数字经济发展和数字社会建设、营造良好数字生态、加快数字化发展的必然要求，是建设网络强国、数字中国的基础性和先导性工程，是创新政府治理理念和方式、形成数字治理新格局、推进国家治理体系和治理能力现代化的重要举措，对加快转变政府职能，建设法治政府、廉洁政府和服务型政府意义重大。为贯彻落实党中央、国务院关于加强数字政府建设的重大决策部署，现提出以下意见。

一、发展现状和总体要求

（一）发展现状。

党的十八大以来，党中央、国务院从推进国家治理体系和治理能力现代化全局出发，准确把握全球数字化、网络化、智能化发展趋势和特点，围绕实施网络强国战略、大数据战略等作出了一系列重大部署。经过各方面共同努力，各级政府业务信息系统建设和应用成效显著，数据共享和开发利用取得积极进展，一体化政务服务和监管效能大幅提升，“最多跑一次”“一网通办”“一网统管”“一网协同”“接诉即办”等创新实践不断涌现，数字技术在新冠肺炎疫情防控中发挥重要支撑作用，数字治理成效不断显现，为迈入数字政府建设新阶段打下了坚实基础。但同时，数字政府建设仍存在一些突出问题，主要是顶层设计不足，体制机制不够健全，创新应用能力不强，数据壁垒依然存在，网络安全保障体系还有不少突出短板，干部队伍数字意识和数字素养有待提升，政府治理数字化水平与国家治理现代化要求还存在较大差距。

当前，我国已经开启全面建设社会主义现代化国家的新征程，推进国家治理体系和治理能力现代化、适应人民日益增长的美好生活需要，对数字政府建设提出了新的更高要求。要主动顺应经济社会数字化转型趋势，充分释放数字化发展红利，进一步加大力度，改革突破，创新发展，全面开创数字政府建设新局面。

（二）总体要求。

1. 指导思想。

高举中国特色社会主义伟大旗帜，坚持以习近平新时代中国特色社会主义思想为指导，全面贯彻党的十九大和十九届历次全会精神，深入贯彻习近平总书记关于网络强国的重要思想，认真落实党中央、国务院决策部署，立足新发展阶段，完整、准确、全面贯彻新发展理念，构建新发展格局，将数字技术广泛应用于政府管理服务，推进政府治理流程优化、模式创新和履职能力提升，构建数字化、智能化的政府运行新形态，充分发挥数字政府建设对数字经济、数字社会、数字生态的引领作用，促进经济社会高质量发展，不断增强人民群众获得感、幸福感、安全感，为推进国家治理体系和治理能力现代化提供有力支撑。

2. 基本原则。

坚持党的全面领导。充分发挥党总揽全局、协调各方的领导核心作用，全面贯彻党中央、国务院重大决策部署，将坚持和加强党的全面领导贯穿数字政府建设各领域各环节，贯穿政府数字化改革和制度创新全过程，确保数字政府建设正确方向。

坚持以人民为中心。始终把满足人民对美好生活的向往作为数字政府建设的出发点和落脚点，着力破解企业和群众反映强烈的办事难、办事慢、办事繁问题，坚持数字普惠，消除“数字鸿沟”，让数字政府建设成果更多更公平惠及全体人民。

坚持改革引领。围绕经济社会发展迫切需要，着力强化改革思维，注重顶层设计和基层探索有机结合、技术创新和制度创新双轮驱动，以数字化改革助力政府职能转变，促进政府治理各方面改革创新，推动政府治理法治化与数字化深度融合。

坚持数据赋能。建立健全数据治理制度和标准体系，加强数据汇聚融合、共享开放和开发利用，促进数据依法有序流动，充分发挥数据的基础资源作用和创新引擎作用，提高政府决策科学化水平和管理服务效率，催生经济社会发展新动能。

坚持整体协同。强化系统观念，加强系统集成，全面提升数字政府集约化建设水平，统筹推进技术融合、业务融合、数据融合，提升跨层级、跨地域、跨系统、跨部门、跨业务的协同管理和服务水平，做好与相关领域改革和“十四五”规划的有效衔接、统筹推进，促进数字政府建设与数字经济、数字社会协调发展。

坚持安全可控。全面落实总体国家安全观，坚持促进发展和依法管理相统一、安全可控和开放创新并重，严格落实网络安全各项法律法规制度，全面构建制度、管理和技术衔接配套的安全防护体系，切实守住网络安全底线。

3. 主要目标。

到 2025 年，与政府治理能力现代化相适应的数字政府顶层设计更加完善、统筹协调机制更加健全，政府数字化履职能力、安全保障、制度规则、数据资源、平台支撑等数字政府体系框架基本形成，政府履职数字化、智能化水平显著提升，政府决策科学化、社会治理精准化、公共服务高效化取得重要进展，数字政府建设在服务党和国家重大战略、促进经济社会高质量发展、建设人民满意的服务型政府等方面发挥重要作用。

到 2035 年，与国家治理体系和治理能力现代化相适应的数字政府体系框架更加成熟完备，整体协同、敏捷高效、智能精准、开放透明、公平普惠的数字政府基本建成，为基本实现社会主义现代化提供有力支撑。

二、构建协同高效的政府数字化履职能力体系

全面推进政府履职和政务运行数字化转型，统筹推进各行业各领域政务应用系统集约建设、互联互通、协同联动，创新行政管理和服务方式，全面提升政府履职效能。

（一）强化经济运行大数据监测分析，提升经济调节能力。

将数字技术广泛应用于宏观调控决策、经济社会发展分析、投资监督管理、财政预算管理、数字经济治理等方面，全面提升政府经济调节数字化水平。加强经济数据整合、汇聚、治理。全面构建经济治理基础数据库，加强对涉及国计民生关键数据的全链条全流程治理和应用，赋能传统产业转型升级和新兴产业高质量发展。运用大数据强化经济监测预警。加强覆盖经济运行全周期的统计监测和综合分析能力，强化经济趋势研判，助力跨周期政策设计，提高逆周期调节能力。提升经济政策精准性和协调性。充分发挥国家规划综合管理信息平台作用，强化经济运行动态感知，促进各领域经济政策有效衔接，持续提升经济调节政策的科学性、预见性和有效性。

（二）大力推行智慧监管，提升市场监管能力。

充分运用数字技术支撑构建新型监管机制，加快建立全方位、多层次、立体化监管体系，实现事前事中事后全链条全领域监管，以有效监管维护公平竞争的市场秩序。以数字化手段提升监管精准化水平。加强监管事项清单数字化管理，运用多源数据为市场主体精准"画像"，强化风险研判与预测预警。加强"双随机、一公开"监管工作平台建设，根据企业信用实施差异化监管。加强重点领域的全主体、全品种、全链条数字化追溯监管。以一体化在线监管提升监管协同化水平。大力推行"互联网+监管"，构建全国一体化在线监管平台，推动监管数据和行政执法信息归集共享和有效利用，强化监管数据治理，推动跨地区、跨部门、跨层级协同监管，提升数字贸易跨境监管能力。以新型监管技术提升监管智能化水平。充分运用非现场、物联感知、掌上移动、穿透式等新型监管手段，弥补监管短板，提升监管效能。强化以网管网，加强平台经济等重点领域监管执法，全面提升对新技术、新产业、新业态、新模式的监管能力。

（三）积极推动数字化治理模式创新，提升社会管理能力。

推动社会治理模式从单向管理转向双向互动、从线下转向线上线下融合，着力提升矛盾纠纷化解、社会治安防控、公共安全保障、基层社会治理等领域数字化治理能力。提升社会矛盾化解能力。坚持和发展新时代"枫桥经验"，提升网上行政复议、网上信访、网上调解、智慧法律援助等水平，促进矛盾纠纷源头预防和排查化解。推进社会治安防控体系智能化。加强"雪亮工程"和公安大数据平台建设，深化数字化手段在国家安全、社会稳定、打击犯罪、治安联动等方面的应用，提高预测预警预防各类风险的能力。推进智慧应急建设。优化完善应急指挥通信网络，全面提升应急监督管理、指挥救援、物资保障、社会动员的数字化、智能化水平。提高基层社会治理精准化水平。实施"互联网+基层治理"行动，构建新型基层管理服务平台，推进智慧社区建设，提升基层智慧治理能力。

（四）持续优化利企便民数字化服务，提升公共服务能力。

持续优化全国一体化政务服务平台功能，全面提升公共服务数字化、智能化水平，不断满足企业和群众多层次多样化服务需求。打造泛在可及的服务体系。充分发挥全国一体化政务服务平台"一网通办"枢纽作用，推动政务服务线上线下标准统一、全面融合、服务同质，构建全时在线、渠道多元、全国通办的一体化政务服务体系。提升智慧便捷的服务能力。推行政务服务事项集成化办理，推广"免申即享""民生直达"等服务方式，打造掌上办事服务新模式，提高主动服务、精准服务、协同服务、智慧服务能

力。提供优质便利的涉企服务。以数字技术助推深化“证照分离”改革，探索“一业一证”等照后减证和简化审批新途径，推进涉企审批减环节、减材料、减时限、减费用。强化企业全生命周期服务，推动涉企审批一网通办、惠企政策精准推送、政策兑现直达直享。拓展公平普惠的民生服务。探索推进“多卡合一”“多码合一”，推进基本公共服务数字化应用，积极打造多元参与、功能完备的数字化生活网络，提升普惠性、基础性、兜底性服务能力。围绕老年人、残疾人等特殊群体需求，完善线上线下服务渠道，推进信息无障碍建设，切实解决特殊群体在运用智能技术方面遇到的突出困难。

（五）强化动态感知和立体防控，提升生态环境保护能力。

全面推动生态环境保护数字化转型，提升生态环境承载力、国土空间开发适宜性和资源利用科学性，更好支撑美丽中国建设。提升生态环保协同治理能力。建立一体化生态环境智能感知体系，打造生态环境综合管理信息化平台，强化大气、水、土壤、自然生态、核与辐射、气候变化等数据资源综合开发利用，推进重点流域区域协同治理。提高自然资源利用效率。构建精准感知、智慧管控的协同治理体系，完善自然资源三维立体“一张图”和国土空间基础信息平台，持续提升自然资源开发利用、国土空间规划实施、海洋资源保护利用、水资源管理调配水平。推动绿色低碳转型。加快构建碳排放智能监测和动态核算体系，推动形成集约节约、循环高效、普惠共享的绿色低碳发展新格局，服务保障碳达峰、碳中和目标顺利实现。

（六）加快推进数字机关建设，提升政务运行效能。

提升辅助决策能力。建立健全大数据辅助科学决策机制，统筹推进决策信息资源系统建设，充分汇聚整合多源数据资源，拓展动态监测、统计分析、趋势研判、效果评估、风险防控等应用场景，全面提升政府决策科学化水平。提升行政执行能力。深化数字技术应用，创新行政执行方式，切实提高政府执行力。加快一体化协同办公体系建设，全面提升内部办公、机关事务管理等方面共性办公应用水平，推动机关内部服务事项线上集成化办理，不断提高机关运行效能。提升行政监督水平。以信息化平台固化行政权力事项运行流程，推动行政审批、行政执法、公共资源交易等全流程数字化运行、管理和监督，促进行政权力规范透明运行。优化完善“互联网+督查”机制，形成目标精准、讲求实效、穿透性强的新型督查模式，提升督查效能，保障政令畅通。

（七）推进公开平台智能集约发展，提升政务公开水平。

优化政策信息数字化发布。完善政务公开信息化平台，建设分类分级、集中统一、共享共用、动态更新的政策文件库。加快构建以网上发布为主、其他发布渠道为辅的政策发布新格局。优化政策智能推送服务，变“人找政策”为“政策找人”。顺应数字化发展趋势，完善政府信息公开保密审查制度，严格审查标准，消除安全隐患。发挥政务新媒体优势做好政策传播。积极构建政务新媒体矩阵体系，形成整体联动、同频共振的政策信息传播格局。适应不同类型新媒体平台传播特点，开发多样化政策解读产品。依托政务新媒体做好突发公共事件信息发布和政务舆情回应工作。紧贴群众需求畅通互动渠道。以政府网站集约化平台统一知识问答库为支撑，灵活开展政民互动，以数字化手段感知社会态势，辅助科学决策，及时回应群众关切。

三、构建数字政府全方位安全保障体系

全面强化数字政府安全管理责任，落实安全管理制度，加快关键核心技术攻关，加强关键信息基础设施安全保障，强化安全防护技术应用，切实筑牢数字政府建设安全防线。

（一）强化安全管理责任。

各地区各部门按照职责分工，统筹做好数字政府建设安全和保密工作，落实主体责任和监督责任，构建全方位、多层级、一体化安全防护体系，形成跨地区、跨部门、跨层级的协同联动机制。建立数字政府安全评估、责任落实和重大事件处置机制，加强对参与政府信息化建设、运营企业的规范管理，确保政务系统和数据安全管理边界清晰、职责明确、责任落实。

（二）落实安全制度要求。

建立健全数据分类分级保护、风险评估、检测认证等制度，加强数据全生命周期安全管理和技术防护。加大对涉及国家秘密、工作秘密、商业秘密、个人隐私和个人信息等数据的保护力度，完善相应问责机制，依法加强重要数据出境安全管理。加强关键信息基础设施安全保护和网络安全等级保护，建立健全网络安全、保密监测预警和密码应用安全性评估的机制，定期开展网络安全、保密和密码应用检查，提升数字政府领域关键信息基础设施保护水平。

（三）提升安全保障能力。

建立健全动态监控、主动防御、协同响应的数字政府安全技术保障体系。充分运用主动监测、智能感知、威胁预测等安全技术，强化日常监测、通报预警、应急处置，拓展网络安全态势感知监测范围，加强大规模网络安全事件、网络泄密事件预警和发现能力。

（四）提高自主可控水平。

加强自主创新，加快数字政府建设领域关键核心技术攻关，强化安全可靠技术和产品应用，切实提高自主可控水平。强化关键信息基础设施保护，落实运营者主体责任。开展对新技术新应用的安全评估，建立健全对算法的审核、运用、监督等管理制度和技术措施。

四、构建科学规范的数字政府建设制度规则体系

以数字化改革促进制度创新，保障数字政府建设和运行整体协同、智能高效、平稳有序，实现政府治理方式变革和治理能力提升。

（一）以数字化改革助力政府职能转变。

推动政府履职更加协同高效。充分发挥数字技术创新变革优势，优化业务流程，创新协同方式，推动政府履职效能持续优化。坚持以优化政府职责体系引领政府数字化转型，以数字政府建设支撑加快转变政府职能，推进体制机制改革与数字技术应用深度融合，推动政府运行更加协同高效。健全完善与数字化发展相适应的政府职责体系，强化数字经济、数字社会、数字和网络空间等治理能力。助力优化营商环境。加快建设全国行政许可管理等信息系统，实现行政许可规范管理和高效办理，推动各类行政权力事项网上运行、动态管理。强化审管协同，打通审批和监管业务信息系统，形成事前事中事后一体化监管能力。充分发挥全国一体化政务服务平台作用，促进政务服务标准化、规范化、便利化水平持续提升。

（二）创新数字政府建设管理机制。

明确运用新技术进行行政管理的制度规则，推进政府部门规范有序运用新技术手段赋能管理服务。推动技术部门参与业务运行全过程，鼓励和规范政产学研用等多方力量参与数字政府建设。健全完善政务信息化建设管理会商机制，推进建设管理模式创新，鼓励有条件的地方探索建立综合论证、联合审批、绿色通道等项目建设管理新模式。做好数字政府建设经费保障，统筹利用现有资金渠道，建立多渠道投入的资金保障机制。推动数字普惠，加大对欠发达地区数字政府建设的支持力度，加强对农村地区资金、技术、人才等方面的支持，扩大数字基础设施覆盖范围，优化数字公共产品供给，加快消除区域间“数字鸿沟”。依法加强审计监督，强化项目绩效评估，避免分散建设、重复建设，切实提高数字政府建设成效。

（三）完善法律法规制度。

推动形成国家法律和党内法规相辅相成的格局，全面建设数字法治政府，依法依规推进技术应用、流程优化和制度创新，消除技术歧视，保障个人隐私，维护市场主体和人民群众利益。持续抓好现行法律法规贯彻落实，细化完善配套措施，确保相关规定落到实处、取得实效。推动及时修订和清理现行法律法规中与数字政府建设不相适应的条款，将经过实践检验行之有效的做法及时上升为制度规范，加快完善与数字政府建设相适应的法律法规框架体系。

（四）健全标准规范。

推进数据开发利用、系统整合共享、共性办公应用、关键政务应用等标准制定，持续完善已有关键标准，推动构建多维标准规范体系。加大数字政府标准推广执行力度，建立评估验证机制，提升应用水平，以标准化促进数字政府建设规范化。研究设立全国数字政府标准化技术组织，统筹推进数字政府标准化工作。

（五）开展试点示范。

坚持加强党的领导和尊重人民首创精神相结合，坚持全面部署和试点带动相促进。立足服务党和国家工作大局，聚焦基础性和具有重大牵引作用的改革举措，探索开展综合性改革试点，为国家战略实施创造良好条件。围绕重点领域、关键环节、共性需求等有序开展试点示范，鼓励各地区各部门开展应用创新、服务创新和模式创新，实现“国家统筹、一地创新、各地复用”。科学把握时序、节奏和步骤，推动创新试点工作总体可控、走深走实。

五、构建开放共享的数据资源体系

加快推进全国一体化政务大数据体系建设，加强数据治理，依法依规促进数据高效共享和有序开发利用，充分释放数据要素价值，确保各类数据和个人信息安全。

（一）创新数据管理机制。

强化政府部门数据管理职责，明确数据归集、共享、开放、应用、安全、存储、归档等责任，形成推动数据开放共享的高效运行机制。优化完善各类基础数据库、业务资源数据库和相关专题库，加快构建标准统一、布局合理、管理协同、安全可靠的全国一体化政务大数据体系。加强对政务数据、公共数据和社会数据的统筹管理，全面提升数据共享服务、资源汇聚、安全保障等一体化水平。加强数据治理和全生命周期质量管理，确保政务数据真实、准确、完整。建立健全数据质量管理机制，完善数据治理标准规范，制定数据分类分级标准，提升数据治理水平和管理能力。

（二）深化数据高效共享。

充分发挥政务数据共享协调机制作用，提升数据共享统筹协调力度和服务管理水平。建立全国标准统一、动态管理的政务数据目录，实行“一数一源一标准”，实现数据资源清单化管理。充分发挥全国一体化政务服务平台的数据共享枢纽作用，持续提升国家数据共享交换平台支撑保障能力，实现政府信息系统与党委、人大、政协、法院、检察院等信息系统互联互通和数据按需共享。有序推进国务院部门垂直管理业务系统与地方数据平台、业务系统数据双向共享。以应用场景为牵引，建立健全政务数据供需对接机制，推动数据精准高效共享，大力提升数据共享的实效性。

（三）促进数据有序开发利用。

编制公共数据开放目录及相关责任清单，构建统一规范、互联互通、安全可控的国家公共数据开放平台，分类分级开放公共数据，有序推动公共数据资源开发利用，提升各行业各领域运用公共数据推动经济社会发展的能力。推进社会数据“统采共用”，实现数据跨地区、跨部门、跨层级共享共用，提升数据资源使用效益。推进公共数据、社会数据融合应用，促进数据流通利用。

六、构建智能集约的平台支撑体系

强化安全可信的信息技术应用创新，充分利用现有政务信息平台，整合构建结构合理、智能集约的平台支撑体系，适度超前布局相关新型基础设施，全面夯实数字政府建设根基。

（一）强化政务云平台支撑能力。

依托全国一体化政务大数据体系，统筹整合现有政务云资源，构建全国一体化政务云平台体系，实现政务云资源统筹建设、互联互通、集约共享。国务院各部门政务云纳入全国一体化政务云平台体系统筹管理。各地区按照省级统筹原则开展政务云建设，集约提供政务云服务。探索建立政务云资源统一调度机制，加强一体化政务云平台资源管理和调度。

（二）提升网络平台支撑能力。

强化电子政务网络统筹建设管理，促进高效共建共享，降低建设运维成本。推动骨干网扩容升级，扩大互联网出口带宽，提升网络支撑能力。提高电子政务外网移动接入能力，强化电子政务外网服务功能，并不断向乡镇基层延伸，在安全可控的前提下按需向企事业单位拓展。统筹建立安全高效的跨网数据传输机制，有序推进非涉密业务专网向电子政务外网整合迁移，各地区各部门原则上不再新建业务专网。

（三）加强重点共性应用支撑能力。

推进数字化共性应用集约建设。依托身份认证国家基础设施、国家人口基础信息库、国家法人单位信息资源库等认证资源，加快完善线上线下一体化统一身份认证体系。持续完善电子证照共享服务体系，推动电子证照扩大应用领域和全国互通互认。完善电子印章制发、管理和使用规范，健全全国统一的电子印章服务体系。深化电子文件资源开发利用，建设数字档案资源体系，提升电子文件（档案）管理和应用水平。发挥全国统一的财政电子票据政务服务平台作用，实现全国财政电子票据一站式查验，推动财政电子票据跨省报销。开展各级非税收入收缴相关平台建设，推动非税收入收缴电子化全覆盖。完善信用信息公共服务平台功能，提升信息查询和智能分析能力。推进地理信息协同共享，提升公共服务能力，更好发挥地理信息的基础性支撑作用。

七、以数字政府建设全面引领驱动数字化发展

围绕加快数字化发展、建设数字中国重大战略部署，持续增强数字政府效能，更好激发数字经济活力，优化数字社会环境，营造良好数字生态。

（一）助推数字经济发展。

以数字政府建设为牵引，拓展经济发展新空间，培育经济发展新动能，提高数字经济治理体系和治理能力现代化水平。准确把握行业和企业发展需求，打造主动式、多层次创新服务场景，精准匹配公共服务资源，提升社会服务数字化普惠水平，更好满足数字经济发展需要。完善数字经济治理体系，探索建立与数字经济持续健康发展相适应的治理方式，创新基于新技术手段的监管模式，把监管和治理贯穿创新、生产、经营、投资全过程。壮大数据服务产业，推动数字技术在数据汇聚、流通、交易中的应用，进一步释放数据红利。

（二）引领数字社会建设。

推动数字技术和传统公共服务融合，着力普及数字设施、优化数字资源供给，推动数字化服务普惠应用。推进智慧城市建设，推动城市公共基础设施数字转型、智能升级、融合创新，构建城市数据资源体系，加快推进城市运行“一网统管”，探索城市信息模型、数字孪生等新技术运用，提升城市治理科学化、精细化、智能化水平。推进数字乡村建设，以数字化支撑现代乡村治理体系，加快补齐乡村信息基础设施短板，构建农业农村大数据体系，不断提高面向农业农村的综合信息服务水平。

（三）营造良好数字生态。

建立健全数据要素市场规则，完善数据要素治理体系，加快建立数据资源产权等制度，强化数据资源全生命周期安全保护，推动数据跨境安全有序流动。完善数据产权交易机制，规范培育数据交易市场主体。规范数字经济发展，健全市场准入制度、公平竞争审查制度、公平竞争监管制度，营造规范有序的政策环境。不断夯实数字政府网络安全基础，加强对关键信息基础设施、重要数据的安全保护，提升全社会网络安全水平，为数字化发展营造安全可靠环境。积极参与数字化发展国际规则制定，促进跨境信息共享和数字技术合作。

八、加强党对数字政府建设工作的领导

以习近平总书记关于网络强国的重要思想为引领，始终把党的全面领导作为加强数字政府建设、提

高政府管理服务能力、推进国家治理体系和治理能力现代化的根本保证，坚持正确政治方向，把党的政治优势、组织优势转化为数字政府建设的强大动力和坚强保障，确保数字政府建设重大决策部署贯彻落实。

（一）加强组织领导。

加强党中央对数字政府建设工作的集中统一领导。各级党委要切实履行领导责任，及时研究解决影响数字政府建设重大问题。各级政府要在党委统一领导下，履行数字政府建设主体责任，谋划落实好数字政府建设各项任务，主动向党委报告数字政府建设推进中的重大问题。各级政府及有关职能部门要履职尽责，将数字政府建设工作纳入重要议事日程，结合实际抓好组织实施。

（二）健全推进机制。

成立数字政府建设工作领导小组，统筹指导协调数字政府建设，由国务院领导同志任组长，办公室设在国务院办公厅，具体负责组织推进落实。各地区各部门要建立健全数字政府建设领导协调机制，强化统筹规划，明确职责分工，抓好督促落实，保障数字政府建设有序推进。发挥我国社会主义制度集中力量办大事的政治优势，建立健全全国一盘棋的统筹推进机制，最大程度凝聚发展合力，更好服务党和国家重大战略，更好服务经济社会发展大局。

（三）提升数字素养。

着眼推动建设学习型政党、学习大国，搭建数字化终身学习教育平台，构建全民数字素养和技能培育体系。把提高领导干部数字治理能力作为各级党校（行政学院）的重要教学培训内容，持续提升干部队伍数字思维、数字技能和数字素养，创新数字政府建设人才引进培养使用机制，建设一支讲政治、懂业务、精技术的复合型干部队伍。深入研究数字政府建设中的全局性、战略性、前瞻性问题，推进实践基础上的理论创新。成立数字政府建设专家委员会，引导高校和科研机构设置数字政府相关专业，加快形成系统完备的数字政府建设理论体系。

（四）强化考核评估。

在各级党委领导下，建立常态化考核机制，将数字政府建设工作作为政府绩效考核的重要内容，考核结果作为领导班子和有关领导干部综合考核评价的重要参考。建立完善数字政府建设评估指标体系，树立正确评估导向，重点分析和考核统筹管理、项目建设、数据共享开放、安全保障、应用成效等方面情况，确保评价结果的科学性和客观性。加强跟踪分析和督促指导，重大事项及时向党中央、国务院请示报告，促进数字政府建设持续健康发展。

国务院

2022 年 6 月 6 日

九部门印发《关于深入推进智慧社区建设的意见》的通知

民发〔2022〕29 号

各省、自治区、直辖市民政厅（局）、政法委、网信办、发展改革委、工业和信息化厅（局）、公安厅（局）、财政厅（局）、住房城乡建设厅（局）、农业农村（农牧）厅（局、委），新疆生产建设兵团民政局、政法委、网信办、发展改革委、工信局、公安局、财政局、住建局、农业农村局：

现将《关于深入推进智慧社区建设的意见》印发给你们，请结合实际认真贯彻执行。

民政部

中央政法委

中央网信办
发展改革委
工业和信息化部
公安部
财政部
住房城乡建设部
农业农村部
2022 年 5 月 10 日

关于深入推进智慧社区建设的意见

智慧社区是充分应用大数据、云计算、人工智能等信息技术手段，整合社区各类服务资源，打造基于信息化、智能化管理与服务的社区治理新形态。为充分运用现代信息技术，不断提升城乡社区治理服务智慧化、智能化水平，根据《中共中央　国务院关于加强基层治理体系和治理能力现代化建设的意见》、《国务院办公厅关于印发〈“十四五”城乡社区服务体系建设规划〉的通知》等文件要求，现就推进智慧社区建设提出如下意见：

一、总体要求

（一）指导思想。以习近平新时代中国特色社会主义思想为指导，深入学习贯彻习近平总书记关于网络强国的重要思想和基层治理的重要论述精神，贯彻落实党的十九大和十九届历次全会精神，立足新发展阶段，完整、准确、全面贯彻新发展理念，服务加快构建新发展格局，深化物联网、大数据、云计算和人工智能等信息技术应用，按照智慧城市和现代社区的发展要求，依托社区数字化平台和线下社区服务机构，集约建设便民惠民智慧服务圈，提供线上线下相融合的社区生活服务、社区治理及公共服务、智能小区等服务，让社区更加和谐有序、服务更有温度，不断增强居民获得感、幸福感、安全感。

（二）基本原则。

——坚持党的全面领导。把坚持和加强党的全面领导贯穿于智慧社区建设的全过程和各方面，确保智慧社区建设的正确方向。

——坚持以人民为中心。始终把满足人民对美好生活的向往作为出发点和落脚点，拓展应用服务场景，让数据多跑路、群众少跑腿。

——坚持统筹规划。强化系统观念，整合现有资源，推动系统集成、数据共享和业务协同，打破信息壁垒，为基层赋能减负。

——坚持需求导向。立足社区资源禀赋和居民需求，强化系统建设的实用性、前瞻性和可扩展性，突出以城带乡、急用先行、梯次推进、迭代更新。

——坚持安全发展。加强智慧社区网络和数据安全管理，强化关键信息基础设施防护，依法保护居民信息安全和个人隐私。

（三）建设目标。到 2025 年，基本构建起网格化管理、精细化服务、信息化支撑、开放共享的智慧社区服务平台，初步打造成智慧共享、和睦共治的新型数字社区，社区治理和服务智能化水平显著提高，更好感知社会态势、畅通沟通渠道、辅助决策施政、方便群众办事。

二、重点任务

（一）集约建设智慧社区平台。充分依托已有平台，因地制宜推进智慧社区综合信息平台建设，推动部署在不同层级、不同部门的各类社区信息系统与智慧社区综合信息平台联网对接或向其迁移集成。依法向社区下放政务服务审批受理权限，扩大社区政务服务事项网上受理、办理数量和种类，拓展政务事项查询、办理、反馈功能。完善电子政务服务流程，实行“前台一口受理、后台分工协同”运行模式，推动跨部门业务协同、信息实时共享。以设区的市为单位，大幅度优化精简部署在社区的业务应用系统，整合功能相对单一、相近或重复的办公类、管理类、学习类等App，整治“指尖上的形式主义”。推进智慧社区综合信息平台与城市运行管理服务平台、智慧物业管理服务平台、智能家庭终端互联互通和融合应用，提供一体化管理和服务。

（二）拓展智慧社区治理场景。依托智慧社区综合信息平台建立健全民情反馈、风险研判、应急响应、舆情应对机制，提升社区全周期管理水平。全面推进“互联网+社区党建”，推动社区党建工作和党员管理服务信息化，做好网上群众工作。优化社区网格管理平台，推行“社区输入+网上推送+部门响应”工作模式，健全即时响应机制及时回应群众诉求。搭建社区灾害风险预警模型，发展实时监测、智能预警、应急管理和疫情防控智能应用，全面提升社区预警和应急处置能力。加强网络文明建设，更好满足人民群众日益增长的精神文化需求，增进居民对社区生活共同体的归属感。探索推进村（居）民委员会换届网上选民登记、社区协商、村（居）务公开、民主监督等，畅通群众参与渠道。促进智慧小区建设，拓展智能门禁、车辆管理、视频监控等物联网和云服务。

（三）构筑社区数字生活新图景。依托智慧社区综合信息平台，创新政务服务、公共服务提供方式，推动就业、健康、卫生、医疗、救助、养老、助残、托育、未成年人保护等服务“指尖办”“网上办”“就近办”。聚合社区周边商超、物业、维修、家政、养老、餐饮、零售、美容美发、体育等生活性服务业资源，链接社区周边商户，建设便民惠民智慧生活服务圈。大力发展电子商务，探索建立无人物流配送进社区，优先开发符合“三农”需要的技术应用。推动社区购物消费、居家生活、公共文化生活、休闲娱乐、交通出行等各类生活场景数字化，支持村（社区）史馆、智慧家庭、智能体育场地等建设，打造多端互联、多方互动、智慧共享的数字社区生活。强化数字技能教育培训服务，助力未成年人、老年人、残疾人共享智慧生活，消除数字鸿沟。

（四）推进大数据在社区应用。充分依托自然资源和地理空间基础信息库，加强地名地址信息管理，完善社区重点场所、常住居民、流动人口、失能老年人、未成年人和精神障碍患者等重点人群基础数据，深化大数据挖掘应用，提高基于高频大数据精准动态监测预测预警水平。加快构建数字技术辅助决策机制，科学配置社区服务资源、优化社区综合服务设施功能布局。

（五）精简归并社区数据录入。制定社区信息共享清单，完善统一采集、统一制表、统一报送机制，加快建立标准统一、动态管理的社区数据资源体系，大幅减少工作台账报表。完善乡镇（街道）与部门政务信息系统数据资源共享交换机制，根据服务群众需要向社区开放数据资源。加强社区数据安全管理和保障，重点加强对小区物业服务企业数据管理使用情况的监管，依法保护居民个人信息和隐私。

（六）加强智慧社区基础设施建设改造。实施城乡社区综合服务设施智慧化改造工程，加快部署政务通用自助服务一体机，完善社区政务、便利店、智能快递柜等自助便民服务网络布局。合理布建社区公共安全视频监控点位，推进“雪亮+”智能化应用。加强社区信息交流无障碍建设，充分考虑未成年人、老年人、残疾人等群体的基本需求和使用习惯，提供适老化和无障碍服务。优化社区智慧电网、水网、气网和热网布局，推进小区智能感知设施建设，扩大智能感知设施和技术在安全管理、群防群治、机动车（自行车）管理、生活垃圾处理等领域应用。在维护公共安全等领域，依照相关法律法规稳妥慎重使用人脸识别技术。

三、保障措施

（一）加强组织领导。民政、政法、网络安全和信息化、发展改革、工业和信息化、公安、财政、住房城乡建设（城市管理）、农业农村等部门要加强对智慧社区建设的组织领导，强化统筹协调，明确部门分工，完善协作机制，形成整体合力。加强完善智慧社区规划、政策和标准体系建设，搭建共享开放的数字底座，统筹推进智慧社区应用场景建设，推动部门业务协同和数据共享，加强数据管理和挖掘。乡镇（街道）、村（社区）可因地制宜探索开发符合本地实际的特色应用，做好数据采集整理工作，引导群众参与智慧社区建设和应用。

（二）加强规划引领。以设区的市为单位，统一编制智慧社区建设规划，重点规划社区治理、社区服务基础设施运营、公共事业管理（安防管理、物业管理、停车管理）等领域智慧化建设（改造），根据需要拓展其他建设（改造）项目。省级民政、政法、网络安全和信息化、发展改革、工业和信息化、公安、财政、住房和城乡建设（城市管理）、农业农村等部门要加强对市、县（市、区、旗）的指导和项目支持，根据信息化基础条件，区分新建社区、老旧社区等不同类型，分类规划智慧社区建设策略和重点，提前规划新建社区智慧化建设基础设施，推动智慧社区建设与城镇老旧小区改造、完整社区建设、农村人居环境建设、老年友好型社区建设等有效衔接。

（三）加强保障支持。健全完善政府指导、多方参与的智慧社区建设资金投入机制，鼓励社会力量参与“互联网+社区服务”，创新提供服务模式和产品。探索智慧社区建设市场化运营模式，创新智慧社区建设投融资机制，通过政府购买服务或合作开发等方式，支持各类市场主体承接智慧社区建设项目运营，推进创新迭代。加强对社区工作者信息化技能培训，引导高等院校信息化相关专业毕业生在智慧社区建设相关领域就业创业。开展知识普及和教育培训，提高智慧社区应用水平。医疗、社保、民政、生活缴费等高频服务事项，应保留线下办理渠道，推广“一站式”服务，为老年人、残疾人提供便捷服务。积极扩展数字化支撑下的线下服务功能，支持社会组织、社会工作者、志愿者等提供专业化、特色化、个性化服务。

（四）加强试点示范。以县（市、区、旗）为单位，开展智慧社区建设试点工作。制定完善智慧社区建设标准、统计和评价指标体系等，加强对试点单位的政策指导和支持。及时总结推广成功经验和典型做法，推动智慧社区建设水平全面提升。

2022 年数字乡村发展工作要点

2022 年是“十四五”时期全面推进乡村振兴、加快农业农村现代化的关键之年，稳住农业基本盘、做好“三农”工作具有特殊重要意义。数字乡村发展工作要坚持以习近平新时代中国特色社会主义思想为指导，全面贯彻党的十九大和十九届历次全会精神，深入贯彻中央经济工作会议、中央农村工作会议精神，认真落实《中共中央　国务院关于做好 2022 年全面推进乡村振兴重点工作的意见》《数字乡村发展战略纲要》《“十四五”国家信息化规划》，充分发挥信息化对乡村振兴的驱动赋能作用，加快构建引领乡村产业振兴的数字经济体系，构建适应城乡融合发展的数字治理体系，不断推动乡村振兴取得新进展，推动数字中国建设迈出新步伐。

一、工作目标

到 2022 年底，数字乡村建设取得新的更大进展。数字技术有力支撑农业基本盘更加稳固，脱贫攻坚成果进一步夯实。乡村数字基础设施建设持续推进，5G 网络实现重点乡镇和部分重点行政村覆盖，农村地区互联网普及率超过 60%。乡村数字经济加速发展，农业生产信息化水平稳步提升，农产品电商网络零售额突破 4300 亿元。乡村数字化治理体系不断完善，信息惠民服务持续深化，农民数字素养与技能有效提升，数字乡村试点建设初见成效。

二、重点任务

（一）构筑粮食安全数字化屏障

1. 加强农业稳产保供信息监测。强化粮食购销领域数字化监管，加快建设中央和地方政府事权粮食全覆盖、全链条、全过程数字化监管系统。建立健全重要农产品市场监测预警体系，分类分品种加强调控和应急保障。升级完善国省农业气象业务服务一体化平台，推进卫星遥感、土壤水分数据融合等气象监测技术的应用，开展精细化农业气象灾害预报预警，提升粮食安全气象服务保障能力。

2. 提高农田建设管理数字化水平。加快建成全国农田建设综合监测监管平台，完善永久基本农田数据库，构建全国农田建设“一张图”。综合运用卫星遥感等监测技术，加强对已建成高标准农田的全程监控、精准管理。深入推进国家黑土地保护工程，探索运用遥感监测、信息化管理手段监管黑土耕地质量。运用卫星遥感影像和信息化技术手段，加强对全国耕地和永久基本农田“非农化”“非粮化”动态监测。

（二）持续巩固提升网络帮扶成效

3. 加强防止返贫动态监测和帮扶。完善优化防止返贫监测信息系统，将有返贫致贫风险和突发严重困难的农户纳入监测范围。针对发现的因灾因病因疫等苗头性问题，及时落实社会救助、医疗保障等帮扶措施。推进低收入人口动态监测信息平台建设，加强农村低收入人口主动发现机制、动态监测和分层分类救助帮扶。

4. 优化完善网络帮扶措施。加大对脱贫地区特别是国家乡村振兴重点帮扶县宽带网络升级改造支持力度。继续面向脱贫户开展精准降费。持续推进广播电视重点惠民工程建设。全面提升脱贫地区农副产品网络销售平台运营服务水平，扩大脱贫地区农产品销售规模。利用新一代信息技术巩固拓展生态扶贫成果。鼓励中央企业结合定点帮扶工作，积极开展脱贫地区数字乡村项目开发，加强基础设施建设、运营模式创新和利益联结覆盖。依托“万企兴万村”行动，引导民营企业支持脱贫地区数字乡村建设。充分发挥网信企业优势，持续开展数字乡村聚力行动公益项目。

（三）加快补齐数字基础设施短板

5. 持续推进乡村网络基础设施建设。持续深化电信普遍服务，推动农村光纤和4G网络广度和深度覆盖。面向有条件、有需求的农村及偏远地区，逐步推动千兆光纤网络建设，加快使用低频开展农村5G网络覆盖。补齐边疆地区通信网络设施短板，综合运用卫星通信等多种接入手段为用户提供宽带网络接入服务。实施智慧广电乡村工程，持续推进智慧广电服务乡村振兴专项行动。

6. 推动农村基础设施数字化改造升级。进一步完善农村公路数字化管理机制，加强基础数据统计、归集和共享机制建设。大力推进智慧水利建设，持续开展数字孪生流域和数字孪生水利工程先行先试。加快完善农村地区水利基础设施体系，推动水利基础设施智能化改造。继续实施农村电网巩固提升工程，提高农村供电可靠性和供电保障能力。支持商务流通、邮政、快递企业加强农产品产地冷链物流基础设施建设，积极推进冷链物流信息化。

（四）大力推进智慧农业建设

7. 夯实智慧农业发展基础。持续推进高分卫星数据在农业遥感中的应用。积极推进农村地区移动物联网覆盖，加大农业生产场景窄带物联网（NB-IoT）部署。加快推动农业农村大数据建设应用，重点建设国家农业农村大数据平台，建立健全农业农村数据资源体系，构建全国农业农村大数据“一张图”。依托国家种业大数据平台，构建农业种质资源数据库。深入推进重要农产品单品种全产业链大数据建设。

8. 加快推动农业数字化转型。大力推进数字育种技术应用，建设数字育种服务平台，加快“经验育种”向“精准育种”转变，逐步发展设计育种。加快推进信息技术在农业生产经营中的应用，提高农业生产经营效率。加强粮食全产业链数字化协同，推动粮食产购储加销全链条“上云用数赋智”。健全国家粮食交易平台功能，发展移动端交易。加快供销经营服务网点的数字化改造，打造“数字供销”为农服务综合平台。继续做好数字农业农村项目的推进实施与监督管理，进一步发挥农业农村信息化示范基地的示范引领作用。

9. 强化农业科技创新供给。加强高端智能农机装备研发制造，实施国家重点研发计划“工厂化农业关键技术与智能农机装备”“乡村产业共性关键技术研发与集成应用”重点专项。利用专项支持适应于南方丘陵山区水稻种植机械等一批农机装备。实施农机购置与应用补贴政策，推进北斗智能终端在农业生产领域应用。加快国家农机装备产业计量测试中心筹建工作。搭建科技特派员信息管理服务系统，提升科技特派员服务效能。

10. 提升农产品质量安全追溯数字化水平。完善国家农产品质量安全追溯管理信息平台。持续完善有机产品认证追溯信息系统，进一步优化食品农产品认证信息系统的公众查询服务。引导粮食加工龙头企业、“中国好粮油”示范企业开展质量追溯。加快推进中国农资质量安全追溯平台应用，建设完善全国棉花产业信息平台。

（五）培育乡村数字经济新业态

11. 深化农产品电商发展。深入推进“互联网+”农产品出村进城工程。持续深化“数商兴农”，培育推介农产品网络品牌，开展特色农产品认证资助和推广，以品牌化带动特色产业发展。推进邮政快递服务农特产品出村进城工作，培育快递服务现代农业示范项目，建设农村电商快递协同发展示范区，持续推进交通运输与邮政快递融合发展。深入实施青年农村电商培育工程，组建“青耘中国”直播助农联盟，广泛开展“青耘中国”直播助农活动。持续发展“巾帼电商”，培育扶持妇女优势特色产业。

12. 培育发展乡村新业态。强化乡村旅游重点村镇品牌建设，加大乡村旅游品牌线上宣传推广力度。完善乡村旅游监测工作体系。继续举办长三角乡村文旅创客大会，推动创业创新和乡村振兴有效结合。推进休闲农业、创意农业、认养农业等基于互联网的新业态发展。依托中国·国家地名信息库，深化乡村地名信息服务提升行动。

13. 强化农村数字金融服务。持续推动农村数字普惠金融发展，积极稳妥开展普惠金融改革试验区建设。加大金融科技在农村地区的应用推广，加快研发适合广大农户、新型农业经营主体需求的金融产品。深入推进农村信用体系建设，不断提升授信覆盖面。持续推进农村支付服务环境建设，推广农村金融机构央行账户业务线上办理渠道及资金归集服务，推进移动支付便民服务向县域农村地区下沉。

14. 加强农村资源要素信息化管理。健全国家、省、市、县等互联互通的农村土地承包信息应用平台，稳步开展农村土地承包合同网签。指导各地健全农村承包土地经营权流转合同网签制度，提升农村承包土地经营权流转规范化、信息化管理水平。鼓励各地建立农村承包土地经营权流转网络交易平台，规范开展农村承包土地经营权流转政策咨询、信息发布、合同签订、交易鉴证、权益评估、融资担保、档案管理等服务。探索农村宅基地数据库和管理信息系统建设。

（六）繁荣发展乡村数字文化

15. 加强乡村网络文化阵地建设。持续深化县级融媒体中心建设，扩大县级融媒体中心东西协作交流公益项目覆盖范围。加大对“三农”题材网络视听节目的支持，增强优质内容资源供给。规范互联网宗教信息服务，加大农村地区互联网宗教有害信息监管和处置力度，大力宣传党的宗教工作理论和方针政策。继续开展“净网”“清朗”等各类专项行动，为农村地区少年儿童营造安全、健康的网络环境。

16. 推进乡村优秀文化资源数字化。加大对乡村优秀传统文化资源挖掘保护力度，深入推进中华优秀传统文化传承发展工程“十四五”重点项目，持续推动实施国家文化数字化战略。继续完善历史文化名镇名村和中国传统村落数字博物馆建设，推动实施云上民族村寨工程。依托乡村数字文物资源库和数字展览，推进乡村文物资源数字化永久保存与开放利用。

（七）提升乡村数字化治理效能

17. 推进农村党建和村务管理智慧化。优化升级全国党员干部现代远程教育系统，不断提升农村基层党建工作信息化、科学化水平。加快推进网上政务服务省、市、县、乡（镇、街道）、村（社区）五级全覆盖，加强市、县政务服务平台建设，为农村居民提供精准化、精细化的政务服务。实施村级综合服务提升工程，提高村级综合服务信息化、智能化水平。加快建设农村房屋综合信息管理平台，提高农房建设管理与服务的信息化水平。

18. 提升乡村社会治理数字化水平。探索推广数字乡村治理新模式，拓展乡村治理数字化应用场景。开展网格化服务管理标准化建设，深化智安小区、平安乡村建设。继续加强农村公共区域视频图像系统建设联网应用，积极推进视频图像资源在疫情防控、防灾减灾、应急管理等各行业各领域深度应用。继续开展“乡村振兴、法治同行”活动，深入推进公共法律服务平台建设，进一步加强移动智能调解系统的推广应用，加快构建覆盖城乡、便捷高效、均等普惠的现代公共法律服务体系。

19. 推进乡村应急管理智慧化。完善智能数字网格预报技术体系，推进暴雨、局部地区突发强对流预警信号精确到乡（镇、街道），构建极端天气监测预警服务体系。依托空天地一体化监测体系，加强农村多灾易灾地区灾害风险监测。实施自然灾害监测预警信息化、国家地震烈度速报与预警等工程，加强面向偏远农村、牧区、山区的预警信息服务。持续开展乡村防灾减灾科普宣传教育。

20. 运用数字技术助力农村疫情防控。强化农村疫情信息监测，升级通信大数据平台，支撑农村常态化疫情精准防控和局部疫情应急处置，提升区域协查数据的精准性和及时性。推进健康码全国互通互认、一码通行。充分利用互联网、应急广播终端等信息化手段开展疫苗接种、疫情防控等方面的政策措施和知识普及宣传。

（八）拓展数字惠民服务空间

21. 发展“互联网+教育”。加快推进教育新型基础设施建设，持续完善农村中小学校网络建设，提升中小学校网络承载能力和服务质量。通过卫星电视、宽带网络为农村薄弱学校和教学点输送优质教育资源。不断完善国家数字教育资源公共服务体系，强化国家中小学智慧教育平台功能，促进数字资源东西协作。继续开展教育信息化专题培训和捐赠活动，提升农村地区师生教育信息化素养。持续研发数字化国家通用语言文字学习资源，继续开展民族语言信息化研发工作。

22. 发展“互联网+医疗健康”。构建权威统一、互联互通的全民健康信息平台，推动各级各类医疗卫生机构纳入区域全民健康信息平台。稳步推进医疗机构信息系统集约化云上部署。推进“互联网+医疗健康”“五个一”服务行动，继续加强远程医疗服务网络建设，推动优质医疗资源下沉。引导地方探索基层数字健共体建设。持续推进电子证照应用服务，推广“出生一件事”联办。深入推动“互联网+中医药”服务，深化中医馆健康信息平台的推广应用。加快推进全国统一的医疗保障信息平台落地应用，逐步建立救助患者医疗费用信息共享机制。2022年底前每个县至少有1家定点医疗机构实现包括门诊费用在内的医疗费用跨省直接结算。

23. 完善社会保障信息服务。持续完善全国统一的社会保险公共服务平台建设，建立以社会保障卡为载体的居民服务“一卡通”，进一步优化乡村基层社保经办服务，不断扩大服务范围。加快推广应用全国社会救助系统，推动社会救助服务向移动端延伸。拓宽残疾人两项补贴“跨省通办”服务模式，推动实现“全程网办”。增加全国残疾人两项补贴信息系统的监管功能，提高补贴发放精准性。开展互联网网站、App适老化及无障碍改造，制定属地化互联网应用适老化及无障碍改造方案。

24. 深化就业创业信息服务。持续完善就业信息化平台建设，加强脱贫人口、农民工、乡村青年等群体就业监测与分析。充分利用互联网平台汇集岗位信息，拓宽广大农民外出就业和就地就近就业渠道。面向农村转移劳动力、返乡农民工等群体开展职业技能培训，支持帮助其就业创业。推动互联网企业在农村地区开展互联网助农项目，为农民增收开辟新渠道。

25. 推动农村消费升级。继续实施县域商业建设行动，扩大农村电商覆盖面，健全县乡村三级物流配送体系，促进农村消费扩容提质升级。支持大型商贸流通企业、电商平台等服务企业向农村延伸拓展，加快品牌消费、品质消费进农村。加快农村寄递物流体系建设，分类推进“快递进村”工程，推广农村寄递物流末端共同配送。推进抵边自然村邮政普遍覆盖。引导传统商贸流通、邮政企业强化数据驱动，推动产品创新数字化、运营管理智能化、为农服务精准化，支持企业加快数字化、连锁化转型升级。

（九）加快建设智慧绿色乡村

26. 提升农村自然资源和生态环境监测水平。继续组织做好自然资源调查监测、实景三维中国建设，开展自然资源三维立体“一张图”、国土空间基础信息平台、自然资源监管决策应用体系扩展建设。探索推进包括农村在内的全国生态监测评价预警体系建设。加快推进林草生态网络感知系统建设与应用，推动感知平台各相关业务系统“真用真连”“互联互通”。推进全国林草信息化示范区评选工作。

27. 加强农村人居环境数字化治理。建立农村人居环境问题在线受理机制，引导农村居民通过App、小程序等方式参与人居环境网络监督。不断完善农村环境监测体系，持续加强环境要素和重点监管对象监测。提高农村地区水环境、水生态监测能力。持续加强农村生活垃圾收运处置信息管理，提升村镇污水垃圾治理水平。开展高分卫星在农村人居环境监测应用示范工作。

（十）统筹推进数字乡村建设

28. 加强统筹协调和试点建设。指导地方建立健全数字乡村发展统筹协调机制，推动《数字乡村发展行动计划（2022—2025年）》落地实施。研究制定数字乡村发展评价指标体系，开展数字乡村发展评价工作。印发实施数字乡村标准体系建设指南，加强数字乡村标准化建设。持续完善数字乡村建设指南。完成首批国家数字乡村试点总结评估，鼓励地方开展区域性数字乡村试点。充分利用融媒体、直播平台、网络视听节目等渠道，讲好乡村振兴故事，总结推广典型经验，营造良好社会氛围。

29. 强化政策保障和金融服务。加大财政资金投入和引导力度，按规定统筹利用现有涉农政策与资金渠道，支持数字乡村重点项目建设。加强金融机构对数字乡村建设重点项目和优质涉农企业、新型农业经营主体、农村就业创业群体的信贷、融资支持。持续加大乡村金融供给，提高全国整体县域信贷资金适配性。因地制宜打造金融服务乡村振兴创新示范区。持续推进金融科技赋能乡村振兴示范工程。鼓励地方探索构建数字乡村服务资源池，引导社会力量有序参与数字乡村建设。

30. 加强数字乡村人才队伍建设。持续开展农民手机应用技能培训，组织开展网络安全教育培训，提升农村人口的数字素养与个人信息保护意识。持续派强用好驻村第一书记和工作队，加强对农村党员干部现代信息技术应用方面的教育培训。继续加强高等学校新农村发展研究院建设，加大对农业农村等人才急需领域的职业教育供给。大力开展乡村旅游人才、农业农村科技青年人才、复合型巾帼人才信息化培训。

中央网信办
农业农村部
国家发展和改革委员会
工业和信息化部
国家乡村振兴局
2022年4月20日

工业和信息化领域数据安全管理办法（试行）

工信部网安〔2022〕166号

各省、自治区、直辖市、计划单列市及新疆生产建设兵团工业和信息化主管部门，各省、自治区、直辖市通信管理局，青海、宁夏无线电管理机构，部属各单位，部属各高校，各有关企业：

现将《工业和信息化领域数据安全管理办法（试行）》印发给你们，请认真遵照执行。

工业和信息化部
2022年12月8日

工业和信息化领域数据安全管理办法（试行）

第一章　总则

第一条　为了规范工业和信息化领域数据处理活动，加强数据安全管理，保障数据安全，促进数据开发利用，保护个人、组织的合法权益，维护国家安全和发展利益，根据《中华人民共和国数据安全法》《中华人民共和国网络安全法》《中华人民共和国个人信息保护法》《中华人民共和国国家安全法》《中华人民共和国民法典》等法律法规，制定本办法。

第二条　在中华人民共和国境内开展的工业和信息化领域数据处理活动及其安全监管，应当遵守相关法律、行政法规和本办法的要求。

第三条　工业和信息化领域数据包括工业数据、电信数据和无线电数据等。工业数据是指工业各行业各领域在研发设计、生产制造、经营管理、运行维护、平台运营等过程中产生和收集的数据。

电信数据是指在电信业务经营活动中产生和收集的数据。

无线电数据是指在开展无线电业务活动中产生和收集的无线电频率、台（站）等电波参数数据。

工业和信息化领域数据处理者是指数据处理活动中自主决定处理目的、处理方式的工业企业、软件和信息技术服务企业、取得电信业务经营许可证的电信业务经营者和无线电频率、台（站）使用单位等工业和信息化领域各类主体。工业和信息化领域数据处理者按照所属行业领域可分为工业数据处理者、电信数据处理者、无线电数据处理者等。数据处理活动包括但不限于数据收集、存储、使用、加工、传输、提供、公开等活动。

第四条　在国家数据安全工作协调机制统筹协调下，工业和信息化部负责督促指导各省、自治区、直辖市及计划单列市、新疆生产建设兵团工业和信息化主管部门，各省、自治区、直辖市通信管理局和无线电管理机构（以下统称地方行业监管部门）开展数据安全监管，对工业和信息化领域的数据处理活动和安全保护进行监督管理。

地方行业监管部门分别负责对本地区工业、电信、无线电数据处理者的数据处理活动和安全保护进行监督管理。

工业和信息化部及地方行业监管部门统称为行业监管部门。

行业监管部门按照有关法律、行政法规，依法配合有关部门开展的数据安全监管相关工作。

第五条　行业监管部门鼓励数据开发利用和数据安全技术研究，支持推广数据安全产品和服务，培育数据安全企业、研究和服务机构，发展数据安全产业，提升数据安全保障能力，促进数据的创新应用。

工业和信息化领域数据处理者研究、开发、使用数据新技术、新产品、新服务，应当有利于促进经济社会和行业发展，符合社会公德和伦理。

第六条　行业监管部门推进工业和信息化领域数据开发利用和数据安全标准体系建设，组织开展相关标准制修订及推广应用工作。

第二章　数据分类分级管理

第七条　工业和信息化部组织制定工业和信息化领域数据分类分级、重要数据和核心数据识别认定、数据分级防护等标准规范，指导开展数据分类分级管理工作，制定行业重要数据和核心数据具体目录并实施动态管理。

地方行业监管部门分别组织开展本地区工业和信息化领域数据分类分级管理及重要数据和核心数据识别工作，确定本地区重要数据和核心数据具体目录并上报工业和信息化部，目录发生变化的，应当及时上报更新。

工业和信息化领域数据处理者应当定期梳理数据，按照相关标准规范识别重要数据和核心数据并形成本单位的具体目录。

第八条　根据行业要求、特点、业务需求、数据来源和用途等因素，工业和信息化领域数据分类类别包括但不限于研发数据、生产运行数据、管理数据、运维数据、业务服务数据等。

根据数据遭到篡改、破坏、泄露或者非法获取、非法利用，对国家安全、公共利益或者个人、组织合法权益等造成的危害程度，工业和信息化领域数据分为一般数据、重要数据和核心数据三级。

工业和信息化领域数据处理者可在此基础上细分数据的类别和级别。

第九条　危害程度符合下列条件之一的数据为一般数据：

（一）对公共利益或者个人、组织合法权益造成较小影响，社会负面影响小；

（二）受影响的用户和企业数量较少、生产生活区域范围较小、持续时间较短，对企业经营、行业发展、技术进步和产业生态等影响较小；

（三）其他未纳入重要数据、核心数据目录的数据。

第十条　危害程度符合下列条件之一的数据为重要数据：

（一）对政治、国土、军事、经济、文化、社会、科技、电磁、网络、生态、资源、核安全等构成威胁，影响海外利益、生物、太空、极地、深海、人工智能等与国家安全相关的重点领域；

（二）对工业和信息化领域发展、生产、运行和经济利益等造成严重影响；

（三）造成重大数据安全事件或生产安全事故，对公共利益或者个人、组织合法权益造成严重影响，社会负面影响大；

（四）引发的级联效应明显，影响范围涉及多个行业、区域或者行业内多个企业，或者影响持续时间长，对行业发展、技术进步和产业生态等造成严重影响；

（五）经工业和信息化部评估确定的其他重要数据。

第十一条　危害程度符合下列条件之一的数据为核心数据：

（一）对政治、国土、军事、经济、文化、社会、科技、电磁、网络、生态、资源、核安全等构成严重威胁，严重影响海外利益、生物、太空、极地、深海、人工智能等与国家安全相关的重点领域；

（二）对工业和信息化领域及其重要骨干企业、关键信息基础设施、重要资源等造成重大影响；

（三）对工业生产运营、电信网络和互联网运行服务、无线电业务开展等造成重大损害，导致大范围停工停产、大面积无线电业务中断、大规模网络与服务瘫痪、大量业务处理能力丧失等；

（四）经工业和信息化部评估确定的其他核心数据。

第十二条　工业和信息化领域数据处理者应当将本单位重要数据和核心数据目录向本地区行业监管部门备案。备案内容包括但不限于数据来源、类别、级别、规模、载体、处理目的和方式、使用范围、责任主体、对外共享、跨境传输、安全保护措施等基本情况，不包括数据内容本身。

地方行业监管部门应当在工业和信息化领域数据处理者提交备案申请的二十个工作日内完成审核工作，备案内容符合要求的，予以备案，同时将备案情况报工业和信息化部；不予备案的应当及时反馈备案申请人并说明理由。备案申请人应当在收到反馈情况后的十五个工作日内再次提交备案申请。

备案内容发生重大变化的，工业和信息化领域数据处理者应当在发生变化的三个月内履行备案变更手续。重大变化是指某类重要数据和核心数据规模（数据条目数量或者存储总量等）变化 30%以上，或者其他备案内容发生变化。

第三章　数据全生命周期安全管理

第十三条　工业和信息化领域数据处理者应当对数据处理活动负安全主体责任，对各类数据实行分级防护，不同级别数据同时被处理且难以分别采取保护措施的，应当按照其中级别最高的要求实施保护，确保数据持续处于有效保护和合法利用的状态。

（一）建立数据全生命周期安全管理制度，针对不同级别数据，制定数据收集、存储、使用、加工、传输、提供、公开等环节的具体分级防护要求和操作规程；

（二）根据需要配备数据安全管理人员，统筹负责数据处理活动的安全监督管理，协助行业监管部门开展工作；

（三）合理确定数据处理活动的操作权限，严格实施人员权限管理；

（四）根据应对数据安全事件的需要，制定应急预案，并开展应急演练；

（五）定期对从业人员开展数据安全教育和培训；

（六）法律、行政法规等规定的其他措施。

工业和信息化领域重要数据和核心数据处理者，还应当：

（一）建立覆盖本单位相关部门的数据安全工作体系，明确数据安全负责人和管理机构，建立常态化沟通与协作机制。本单位法定代表人或者主要负责人是数据安全第一责任人，领导团队中分管数据安全的成员是直接责任人；

（二）明确数据处理关键岗位和岗位职责，并要求关键岗位人员签署数据安全责任书，责任书内容包括但不限于数据安全岗位职责、义务、处罚措施、注意事项等内容；

（三）建立内部登记、审批等工作机制，对重要数据和核心数据的处理活动进行严格管理并留存记录。

第十四条 工业和信息化领域数据处理者收集数据应当遵循合法、正当的原则，不得窃取或者以其他非法方式收集数据。

数据收集过程中，应当根据数据安全级别采取相应的安全措施，加强重要数据和核心数据收集人员、设备的管理，并对收集来源、时间、类型、数量、频度、流向等进行记录。

通过间接途径获取重要数据和核心数据的，工业和信息化领域数据处理者应当与数据提供方通过签署相关协议、承诺书等方式，明确双方法律责任。

第十五条 工业和信息化领域数据处理者应当按照法律、行政法规规定和用户约定的方式、期限进行数据存储。存储重要数据和核心数据的，应当采用校验技术、密码技术等措施进行安全存储，并实施数据容灾备份和存储介质安全管理，定期开展数据恢复测试。

第十六条 工业和信息化领域数据处理者利用数据进行自动化决策的，应当保证决策的透明度和结果公平合理。使用、加工重要数据和核心数据的，还应当加强访问控制。

工业和信息化领域数据处理者提供数据处理服务，涉及经营电信业务的，应当按照相关法律、行政法规规定取得电信业务经营许可。

第十七条 工业和信息化领域数据处理者应当根据传输的数据类型、级别和应用场景，制定安全策略并采取保护措施。传输重要数据和核心数据的，应当采取校验技术、密码技术、安全传输通道或者安全传输协议等措施。

第十八条 工业和信息化领域数据处理者对外提供数据，应当明确提供的范围、类别、条件、程序等。提供重要数据和核心数据的，应当与数据获取方签订数据安全协议，对数据获取方数据安全保护能力进行核验，采取必要的安全保护措施。

第十九条 工业和信息化领域数据处理者应当在数据公开前分析研判可能对国家安全、公共利益产生的影响，存在重大影响的不得公开。

第二十条 工业和信息化领域数据处理者应当建立数据销毁制度，明确销毁对象、规则、流程和技术等要求，对销毁活动进行记录和留存。个人、组织按照法律规定、合同约定等请求销毁的，工业和信息化领域数据处理者应当销毁相应数据。

工业和信息化领域数据处理者销毁重要数据和核心数据后，不得以任何理由、任何方式对销毁数据进行恢复，引起备案内容发生变化的，应当履行备案变更手续。

第二十一条　工业和信息化领域数据处理者在中华人民共和国境内收集和产生的重要数据和核心数据，法律、行政法规有境内存储要求的，应当在境内存储，确需向境外提供的，应当依法依规进行数据出境安全评估。

工业和信息化部根据有关法律和中华人民共和国缔结或者参加的国际条约、协定，或者按照平等互惠原则，处理外国工业、电信、无线电执法机构关于提供工业和信息化领域数据的请求。非经工业和信息化部批准，工业和信息化领域数据处理者不得向外国工业、电信、无线电执法机构提供存储于中华人民共和国境内的工业和信息化领域数据。

第二十二条　工业和信息化领域数据处理者因兼并、重组、破产等原因需要转移数据的，应当明确数据转移方案，并通过电话、短信、邮件、公告等方式通知受影响用户。涉及重要数据和核心数据备案内容发生变化的，应当履行备案变更手续。

第二十三条　工业和信息化领域数据处理者委托他人开展数据处理活动的，应当通过签订合同协议等方式，明确委托方与受托方的数据安全责任和义务。委托处理重要数据和核心数据的，应当对受托方的数据安全保护能力、资质进行核验。

除法律、行政法规等另有规定外，未经委托方同意，受托方不得将数据提供给第三方。

第二十四条　跨主体提供、转移、委托处理核心数据的，工业和信息化领域数据处理者应当评估安全风险，采取必要的安全保护措施，并由本地区行业监管部门审查后报工业和信息化部。工业和信息化部按照有关规定进行审查。

第二十五条　工业和信息化领域数据处理者应当在数据全生命周期处理过程中，记录数据处理、权限管理、人员操作等日志。日志留存时间不少于六个月。

第四章　数据安全监测预警与应急管理

第二十六条　工业和信息化部建立数据安全风险监测机制，组织制定数据安全监测预警接口和标准，统筹建设数据安全监测预警技术手段，形成监测、预警、处置、溯源等能力，与相关部门加强信息共享。

地方行业监管部门分别建设本地区数据安全风险监测预警机制，组织开展数据安全风险监测，按照有关规定及时发布预警信息，通知本地区工业和信息化领域数据处理者及时采取应对措施。

工业和信息化领域数据处理者应当开展数据安全风险监测，及时排查安全隐患，采取必要的措施防范数据安全风险。

第二十七条　工业和信息化部建立数据安全风险信息上报和共享机制，统一汇集、分析、研判、通报数据安全风险信息，鼓励安全服务机构、行业组织、科研机构等开展数据安全风险信息上报和共享。

地方行业监管部门分别汇总分析本地区数据安全风险，及时将可能造成重大及以上安全事件的风险上报工业和信息化部。

工业和信息化领域数据处理者应当及时将可能造成较大及以上安全事件的风险向本地区行业监管部门报告。

第二十八条　工业和信息化部制定工业和信息化领域数据安全事件应急预案，组织协调重要数据和核心数据安全事件应急处置工作。

地方行业监管部门分别组织开展本地区数据安全事件应急处置工作。涉及重要数据和核心数据的安全事件，应当立即上报工业和信息化部，并及时报告事件发展和处置情况。

工业和信息化领域数据处理者在数据安全事件发生后，应当按照应急预案，及时开展应急处置，涉及重要数据和核心数据的安全事件，第一时间向本地区行业监管部门报告，事件处置完成后在规定期限内形成总结报告，每年向本地区行业监管部门报告数据安全事件处置情况。

工业和信息化领域数据处理者对发生的可能损害用户合法权益的数据安全事件，应当及时告知用户，并提供减轻危害措施。

第二十九条 工业和信息化部委托相关行业组织建立工业和信息化领域数据安全违法行为投诉举报渠道，地方行业监管部门分别建立本地区数据安全违法行为投诉举报机制或渠道，依法接收、处理投诉举报，根据工作需要开展执法调查。鼓励工业和信息化领域数据处理者建立用户投诉处理机制。

第五章 数据安全检测、认证、评估管理

第三十条 工业和信息化部指导、鼓励具备相应资质的机构，依据相关标准开展行业数据安全检测、认证工作。

第三十一条 工业和信息化部制定行业数据安全评估管理制度，开展评估机构管理工作。制定行业数据安全评估规范，指导评估机构开展数据安全风险评估、出境安全评估等工作。

地方行业监管部门分别负责组织开展本地区数据安全评估工作。

工业和信息化领域重要数据和核心数据处理者应当自行或委托第三方评估机构，每年对其数据处理活动至少开展一次风险评估，及时整改风险问题，并向本地区行业监管部门报送风险评估报告。

第六章 监督检查

第三十二条 行业监管部门对工业和信息化领域数据处理者落实本办法要求的情况进行监督检查。

工业和信息化领域数据处理者应当对行业监管部门监督检查予以配合。

第三十三条 工业和信息化部在国家数据安全工作协调机制指导下，开展工业和信息化领域数据安全审查相关工作。

第三十四条 行业监管部门及其委托的数据安全评估机构工作人员对在履行职责中知悉的个人信息和商业秘密等，应当严格保密，不得泄露或者非法向他人提供。

第七章 法律责任

第三十五条 行业监管部门在履行数据安全监督管理职责中，发现数据处理活动存在较大安全风险的，可以按照规定权限和程序对工业和信息化领域数据处理者进行约谈，并要求采取措施进行整改，消除隐患。

第三十六条 有违反本办法规定行为的，由行业监管部门按照相关法律法规，根据情节严重程度给予没收违法所得、罚款、暂停业务、停业整顿、吊销业务许可证等行政处罚；构成犯罪的，依法追究刑事责任。

第八章 附则

第三十七条 中央企业应当督促指导所属企业，在重要数据和核心数据目录备案、核心数据跨主体处理风险评估、风险信息上报、年度数据安全事件处置报告、重要数据和核心数据风险评估等工作中履行属地管理要求，还应当全面梳理汇总企业集团本部、所属公司的数据安全相关情况，并及时报送工业和信息化部。

第三十八条 开展涉及个人信息的数据处理活动，还应当遵守有关法律、行政法规的规定。

第三十九条 涉及军事、国家秘密信息等数据处理活动，按照国家有关规定执行。

第四十条 工业和信息化领域政务数据处理活动的具体办法，由工业和信息化部另行规定。

第四十一条 国防科技工业、烟草领域数据安全管理由国家国防科技工业局、国家烟草专卖局负责，具体制度参照本办法另行制定。

第四十二条 本办法自2023年1月1日起施行。

水利部　公安部印发《关于加强河湖安全保护工作的意见》的通知

各省、自治区、直辖市水利（水务）厅（局）、公安厅（局），新疆生产建设兵团水利局、公安局，各流域管理机构，长江航运公安局：

为深入贯彻落实习近平总书记关于保障国家水安全的重要论述精神，进一步强化水利部门和公安机关的协作配合，健全水行政执法与刑事司法衔接工作机制，保障河湖安全，水利部与公安部共同制定了《关于加强河湖安全保护工作的意见》，现印发给你们。请结合本地实际，认真贯彻落实。执行中遇到的问题，请及时层报水利部、公安部。

水利部　公安部
2022 年 9 月 28 日

关于加强河湖安全保护工作的意见

为深入贯彻落实习近平新时代中国特色社会主义思想和习近平总书记关于保障国家水安全的重要论述精神，进一步强化水利部门和公安机关的协作配合，健全水行政执法与刑事司法衔接工作机制，提升河湖安全保护工作效能，有效防范和依法打击涉水违法犯罪，维护河湖管理秩序，提出如下意见。

一、充分认识加强河湖安全保护工作的重要性

江河湖泊是水资源的重要载体，是生态系统和国土空间的重要组成部分，是经济社会发展的基础支撑。习近平总书记强调，保护江河湖泊，事关人民群众福祉，事关中华民族长远发展。党的十八大以来，习近平总书记提出“节水优先、空间均衡、系统治理、两手发力”的治水思路，先后就推动长江经济带发展、黄河流域生态保护和高质量发展、推进南水北调后续工程高质量发展等发表一系列重要讲话，确立起国家“江河战略”，为加强河湖保护治理提供了根本遵循和行动指南。强化水行政主管部门、流域管理机构与公安机关的协作，加强水行政执法与刑事司法衔接，形成打击河湖违法犯罪合力，保障涉水法律法规严格落实，是贯彻落实习近平总书记关于治水重要讲话指示批示精神和中央决策部署的重要举措，对于推动水利法治建设、提升河湖安全保护水平、提高国家水安全保障能力具有重要意义。

水行政主管部门、流域管理机构要依法履行职责，严格执行涉水法律法规，加强河湖日常执法巡查，受理水事违法行为的举报、投诉，依法查处各类水事违法行为，配合和协助公安机关查处涉水治安和刑事案件。公安机关依法受理水行政主管部门、流域管理机构移送的涉嫌犯罪的水事案件，按照治安管理处罚法、刑法等有关规定，依法严厉打击严肃查处暴力抗法和妨碍执法人员依法执行职务等行为。

二、明确河湖安全保护协作重点任务

（一）加强防洪安全保障。水行政主管部门、流域管理机构强化对重点河段、敏感水域常态化执法巡查，对可能影响到人身安全的涉水行为做好提醒劝阻，依法打击非法侵占河湖水域和水库库容、非法占用河湖岸线等行为，依法严厉查处影响河势稳定，危害大坝及其附属设施、河岸堤防等水利工程安全，侵占河道、违法修建跨河临河建筑物构筑物、弃置或堆放阻碍行洪物体等妨碍河道行洪安全的违法案件。公安机关加强汛期社会面治安巡逻防控，依法打击妨碍防洪安全的违法犯罪行为，切实维护良好社会秩序。

（二）加强水资源水生态水环境保护。水行政主管部门、流域管理机构依法依规加强对水资源、水生态、水环境保护的监管，利用日常监管、专项检查等方式，加大对非法取水、河湖“四乱”、人为造成水土流失危害和因地下工程建设对地下水造成重大不利影响等违法行为的查处力度。公安机关对水行政主管部门、流域管理机构移交的非法围垦河湖、破坏水文监测设施、破坏饮用水水源等涉嫌犯罪的案件，依法及时开展调查。

（三）加强河道采砂秩序维护。水行政主管部门、流域管理机构要加大河道采砂监管力度，严肃查处未经批准擅自采砂，在禁采区、禁采期采砂，以及超范围、超深度、超期限、超许可量等未按许可要求采砂等突出问题。对涉嫌犯罪的，及时将案件移送公安机关，配合公安机关做好涉黑涉恶线索摸排、核查等工作。对水行政主管部门、流域管理机构移交的涉嫌犯罪的非法采砂案件，公安机关依法及时开展调查，依法查处，依法严惩其中的黑恶势力犯罪。各级水利部门和公安机关在查处非法采砂违法犯罪案件中发现公职人员包庇纵容以及充当“保护伞”的，按照管辖权限，及时移送纪检监察机关、检察机关依法处理。

（四）加强重点水利工程安全保卫。水行政主管部门、流域管理机构要强化重点水利工程安全监管和执法巡查，督促指导工程管理单位完善水利工程安全保障制度，制定突发事件与反恐怖应急预案，强化安全保卫机构和队伍建设，配备专兼职安保人员、必要的装备设备和技术防范设施，加强对重要部位的日常维护和巡查检查，开展相关应急预案的演练，及时发现消除各类安全隐患。公安机关加强对辖区内重点水利工程治安保卫和反恐怖工作的检查，督促指导完善治安保卫和反恐怖制度、落实治安规范和反恐防恐措施，接到单位内部发生治安案件、涉嫌刑事犯罪案件的报警，及时出警，依法处置。

（五）加强水行政执法安全保障。水行政主管部门、流域管理机构要全面依法履职，严格执行涉水法律法规，加强自身执法能力建设，严防、严管、严查失职渎职、充当“保护伞”的行为，保障水事执法秩序。水行政主管部门、流域管理机构依法履职过程中遇到阻碍执法、暴力抗法等违法犯罪行为，及时向公安机关报警，公安机关要及时依法处置。

三、建立健全河湖安全保护协作机制

（一）建立健全联席会议机制。地方水行政主管部门或流域管理机构与公安机关要定期开展河湖安全保护工作会商，互相通报相关工作情况，研究需要解决的重难点问题。各自明确一名主管领导作为联席会议召集人，一名负责人作为联络员。联席会议原则上每半年召开一次，遇有重大事项或紧急情况可随时召开，必要时邀请其他有关部门参加。双方要通过工作简报、信息网络等形式，及时通报和交换相关信息，实现信息共享。

（二）建立健全水行政执法与刑事司法衔接机制。地方水行政主管部门、流域管理机构查处水事违法案件，对涉嫌犯罪的，应当及时将案件移送公安机关，坚决禁止有案不移、以罚代刑。案件移送时应出具书面文件，办理移交手续，依法依规提供相应的证明材料和证据，并配合开展取证、监测、鉴定等工作。公安机关办理涉嫌犯罪的水事案件，水利部门应提供必要的专业支持、技术协助和工作配合。公安机关对工作中发现的水事违法行为，应及时通报水行政主管部门、流域管理机构处理。水行政主管部门、流域管理机构与公安机关应将处理结果及时告知移送单位。对案情疑难复杂、社会影响大的案件，水行政主管部门、流域管理机构可以与公安机关实施联合挂牌督办。

（三）建立健全流域安全保护协同机制。流域管理机构要协调推动流域内地方水行政主管部门与公安机关建立健全流域安全保护协同机制，以流域为单元，建立健全流域上下游、左右岸、干支流、行政区域间水行政主管部门与公安机关的执法协作工作机制，统筹流域内河湖安全保护工作，明确责任主体和职责分工，形成流域统筹、区域协同、部门协作的河湖安全保护格局。要加强跨区域执法协作，依法打击危害河湖安全的跨区域违法犯罪行为。

四、强化河湖安全保护协作保障

（一）强化组织领导。地方水行政主管部门、流域管理机构和公安机关要加强组织领导，利用好河湖长制平台，建立协作长效机制，明确责任部门和责任人，将相关工作情况纳入水利和公安系统目标责任考核，推进河湖安全保护工作常态化、制度化。双方要建立执法资源共享机制，畅通信息共享和业务优化协同渠道，积极对接执法设备和数据平台，实现相关数据共享利用。

（二）强化培训交流。地方水行政主管部门、流域管理机构和公安机关要将联合培训纳入本部门年度业务培训计划，通过典型案件剖析、支部联学等多种形式，系统学习河湖安全保护和刑事办案涉及的法律法规，重点加强案件调查取证、移送办理及法律适用等内容的培训，提升河湖安全保护执法办案能力。可定期互派业务骨干挂职交流，或通过省市县多层次联合集中培训、互相派员培训等方式，强化实践锻炼和专业化建设，并根据办案需要和各方需求，适时扩大挂职交流的范围。

（三）强化要素保障。地方水行政主管部门、流域管理机构要加强河湖安全保护工作资金保障，加大对水利（河湖）公安派出所、警务室的支持力度。地方各级公安机关充实重点区域、敏感水域的执法力量，积极支持水行政主管部门、流域管理机构加强河湖保护执法，保障河湖安全保护工作机制运转有序。地方水行政主管部门和公安机关要推动基层党委和政府督促水域责任单位加强涉水警情、案情多发频发水域的防护设施建设，在水域周边设置安全隔离带、防护栏、警示牌等，布建满足安全防护需要的视频监控等信息化设备，最大限度消除监管、防护“盲区”，有效预警、防范、处置涉水案件、事故。

（四）强化基地建设。有条件的水行政主管部门、流域管理机构要推动在大中型水利工程、涉水违法犯罪高发频发地区等重点区域建设专门执法基地，会同公安机关联合开展执法培训，进一步加强行政执法与刑事司法衔接，提升执法办案效能。水行政主管部门、流域管理机构要做好基地设施设备、日常运维、人员津贴等经费保障工作。公安机关要配合做好选配执法人员及师资培训力量派驻、装备配备教学使用等工作。

（五）强化宣传引导。地方水行政主管部门、流域管理机构和公安机关要做好河湖安全保护普法和宣传工作，充分利用电视、广播、互联网等各类媒体渠道和深入基层走访座谈、张贴布告等方式，大力宣传河湖安全保护重要意义、法规政策、执法工作成效与典型案例等，通过公布举报电话、邮箱或者公众号等方式，畅通群众涉河湖违法犯罪线索举报渠道，形成强大舆论声势，营造全社会共同保护河湖安全的良好氛围。

地方水行政主管部门、流域管理机构和公安机关可依据本意见，结合实际制定具体实施意见或者协作意见。

第二节　地方法律、规章及规范性文件

本节收录了 14 部 2022 年新颁布的安防行业相关的地方法规、规章及规范性文件，目录如下：

北京市安全生产条例（节选）

（2022 年 5 月 25 日，北京市第十五届人民代表大会常务委员会
第三十九次会议修订，自 2022 年 8 月 1 日起施行）

第一章　总则

第一条　为了加强安全生产工作，防止和减少生产安全事故，维护城市安全运行，保障人民群众生命和财产安全，促进首都经济社会高质量发展，根据《中华人民共和国安全生产法》（以下简称安全生产法）等法律、行政法规，结合本市实际情况，制定本条例。

第二条　本条例适用于本市行政区域内从事生产经营活动的单位（以下统称生产经营单位）的安全生产和有关监督管理活动。

第三条　安全生产工作坚持中国共产党的领导。

安全生产工作应当以人为本，坚持人民至上、生命至上，把保护人民生命安全摆在首位，树牢安全发展理念，坚持安全第一、预防为主、综合治理的方针，从源头上防范化解重大安全风险。

安全生产工作坚持党政同责、一岗双责，实行管行业必须管安全、管业务必须管安全、管生产经营必须管安全，强化和落实生产经营单位主体责任与政府监管责任，建立生产经营单位负责、职工参与、政府监管、行业自律和社会监督的机制。

第四条　生产经营单位应当遵守安全生产法律、法规、规章的规定，建立健全安全生产规章制度和覆盖全体人员、全部生产经营活动的全员安全生产责任制，确保安全生产。

生产经营单位的主要负责人是本单位安全生产第一责任人，对本单位的安全生产工作全面负责。其他负责人对职责范围内的安全生产工作负责。

第五条　市、区人民政府应当加强对安全生产工作的领导，建立健全安全生产工作协调机制，支持、督促有关部门依法履行安全生产监督管理职责，及时协调、解决安全生产监督管理中存在的重大问题。

乡镇人民政府、街道办事处应当明确负责安全生产监督管理的有关工作机构及其职责，加强安全生产监管力量建设，配备监督检查人员，做好本地区安全生产监督管理工作。

第六条　市、区安全生产委员会在同级人民政府领导下，研究部署、指导协调、督促落实本行政区域内的安全生产工作。市、区安全生产委员会日常办事机构设在同级应急管理部门。

第七条　市、区人民政府应当根据国民经济和社会发展规划制定安全生产规划，并组织实施。

制定国土空间规划等相关规划应当综合考虑城市运行安全保障。安全生产规划应当与国土空间规划等相关规划相衔接。

第八条　市、区应急管理部门依照安全生产法和本条例，对本行政区域内安全生产工作实施综合监督管理，指导、协调、监督本级人民政府有关部门和下级人民政府履行安全生产监督管理职责。

市、区应急管理、经济和信息化、公安、规划和自然资源、住房和城乡建设、城市管理、交通、水务、市场监督管理、园林绿化、农业农村和人防等有关部门（以下统称负有安全生产监督管理职责的部门），依照有关法律、法规、规章的规定和市人民政府确定的职责，对本行业、领域的安全生产工作实施监督管理。

对新兴行业、领域的安全生产监督管理职责不明确的，由市、区人民政府按照业务相近的原则确定监督管理部门。

第九条　各级人民政府及其有关部门应当采取多种形式，加强对有关安全生产的法律、法规、规章和安全生产知识的宣传，组织开展安全生产教育和培训，培养专业技术和管理人才，推进安全文化建设，增强全社会的安全生产意识和安全防范能力。

人力资源社会保障部门应当将安全生产纳入相关技能培训内容。

第十条　各级人民政府及其有关部门鼓励安全生产科学技术研究，支持安全生产先进适用技术、装备、工艺的推广应用和管理数字化、智能化转型，推进安全生产产业发展。

第十一条　本市推进安全生产社会化服务体系建设，支持、指导、规范有关安全生产服务机构依法开展评价、认证、检测、检验、咨询、宣传和培训等安全生产技术、管理服务活动。

本市鼓励相关行业协会参与安全生产标准的制定，支持相关行业协会加强行业自律，对生产经营单位的安全生产工作进行指导，提供安全生产管理和技术咨询等服务，推广应用安全生产的先进技术，提升行业安全生产水平。

第十二条　本市建立健全区域安全生产协同工作机制，协同推进京津冀安全生产地方标准建设，加强一体化应急救援，推动京津冀安全生产协同发展。

第二章　生产经营单位的安全生产保障

第十三条　生产经营单位的主要负责人应当依法履行本单位安全生产管理职责，定期组织研究安全生产工作，每年向职工代表大会或者职工大会报告安全生产工作情况；依法不需要建立职工代表大会或者职工大会的小型、微型企业等规模较小的生产经营单位，应当每年向从业人员通报安全生产工作情况。

第十四条　生产经营单位的主要负责人应当依照安全生产法的规定，组织落实全员安全生产责任制，明确各岗位的责任人员、责任范围和考核标准等内容，并加强对落实情况的监督考核。

第十五条　生产经营单位的主要负责人应当依照安全生产法的规定，组织制定下列安全生产规章制度并督促落实：

（一）安全生产教育和培训制度；

（二）安全生产检查制度；

（三）安全风险分级管控制度；

（四）生产安全事故隐患排查治理制度；

（五）劳动防护用品配备和管理制度；

（六）生产安全事故报告和处理制度；

（七）其他保障安全生产的规章制度。

小型、微型企业等规模较小的生产经营单位，根据本单位实际，可以制定综合性的安全生产规章制度。

从事危险作业或者生产经营场所、设备和设施存在较大危险因素的，生产经营单位还应当制定专项管理制度。

第十六条　生产经营单位设置的专职安全生产分管负责人或者安全总监协助主要负责人履行安全生产管理职责。

第十七条　生产经营单位应当加强安全生产标准化建设，实现安全管理、设备设施、作业现场和操作过程等的标准化，提升安全生产管理水平。

第十八条 生产经营单位的决策机构、主要负责人或者个人经营的投资人应当保证安全生产所必需的资金投入，并专项用于下列安全生产事项：

（一）安全技术措施工程建设；

（二）安全设备、设施的更新和维护；

（三）安全生产宣传、教育和培训；

（四）劳动防护用品配备；

（五）重大危险源监控；

（六）安全风险评估和隐患排查治理；

（七）生产安全事故应急救援演练；

（八）应急救援队伍建设或者救援服务；

（九）其他保障安全生产的事项。

第十九条 矿山、金属冶炼、建筑施工、运输单位和危险物品的生产、经营、储存、装卸单位，除国家另有规定外，应当按照市人民政府规定的比例、人数设置安全生产管理机构，配备专职安全生产管理人员。

第二十条 本条例第十九条规定以外行业的生产经营单位，从业人员超过一百人的，应当设置安全生产管理机构或者配备专职安全生产管理人员；从业人员在一百人以下的，应当配备专职或者兼职的安全生产管理人员。

第二十一条 生产经营单位的安全生产管理机构以及安全生产管理人员应当履行安全生产法规定的职责，并依法参与生产安全事故调查处理。

安全生产管理机构以及安全生产管理人员应当组织本单位安全生产考核，并提出奖惩意见。

第二十二条 生产经营单位应当依照安全生产法的规定，开展或者委托第三方对从业人员开展安全生产教育和培训。安全生产教育和培训主要包括下列内容：

（一）安全生产法律、法规、规章和相关标准；

（二）安全生产规章制度和操作规程；

（三）岗位安全操作技能；

（四）安全设备、设施、工具、劳动防护用品的使用、维护和保管知识；

（五）生产安全事故防范和应急措施、自救互救知识，生产安全事故案例；

（六）其他需要培训的内容。

第二十三条 生产经营单位新建、改建、扩建工程项目的安全设施，必须与主体工程同时设计、同时施工、同时投入生产和使用。安全设施投资应当纳入建设项目概算。

第二十四条 矿山、金属冶炼建设项目和用于生产、储存、装卸危险物品的建设项目的安全设施设计，应当符合有关法律、法规、规章和相关标准的规定，采用先进适用的工艺、技术和可靠的设备、设施。

第二十五条 生产经营单位对存在较大危险因素的设备、设施应当设置明显的安全警示标志，并安装必要的安全防护装置；安全防护装置应当符合国家标准、行业标准，不得违反规定拆除或者停止使用。

第二十六条 本市执行国家生产安全工艺、设备淘汰目录。

市应急管理部门可以会同有关部门对国家目录以外的危及生产安全的工艺、设备拟订本市淘汰目录，报市人民政府批准后公布实施。

生产经营单位不得使用纳入国家和本市淘汰目录的工艺、设备。

第二十七条 生产经营单位应当按照下列规定开展安全风险分级管控：

（一）根据本单位生产经营活动的特点，制定安全风险辨识程序和方法，全面开展安全风险辨识和评估；

（二）对辨识出的安全风险进行分类梳理，确定安全风险等级；

（三）从制度、技术、应急等方面，对安全风险进行有效管控；

（四）建立安全风险公告制度，告知从业人员安全风险基本情况和防范措施。

生产经营单位应当按照有关规定使用本市安全风险分级管控系统，如实填报安全风险分级管控情况。

负有安全生产监督管理职责的部门应当编制本行业、领域安全风险辨识评估标准，指导、督促生产经营单位落实安全风险分级管控责任、实现有效管控，加强新兴行业、领域以及使用新工艺、新技术、新材料等的安全风险辨识。

第二十八条 生产经营单位进行爆破、吊装、动火、临时用电以及国家规定的其他危险作业，应当严格遵守安全生产法关于危险作业管理的规定，以及有关操作规程和安全措施。

第二十九条 生产经营单位进行悬吊、挖掘、油罐清洗、建设工程拆除、高处作业、临近高压输电线路作业、有限空间作业等，应当遵守下列规定：

（一）制定作业方案，按照本单位内部批准权限审批；

（二）安排负责现场管理的专门人员，确认现场作业条件、作业人员的上岗资质、身体状况符合安全作业要求；

（三）落实安全交底和技术交底，向作业人员详细说明作业内容、主要危险因素、作业安全要求和应急措施等内容；

（四）配备与现场作业活动相适应的劳动防护用品，以及相应的安全警示标志、安全防护设备、应急救援装备；

（五）发现直接危及人身安全的紧急情况，立即采取应急措施，停止作业或者撤出作业人员。

第三十条 生产经营单位设置户外广告设施、牌匾标识的，应当遵守有关户外广告设施、牌匾标识管理的法律法规、技术标准和规范，并进行经常性检查和维护，确保安全、牢固；发现生产安全事故隐患的，应当及时予以消除。

第三十一条 同一建筑物内的多个生产经营单位共同委托物业服务企业或者其他管理人进行管理的，由物业服务企业或者其他管理人按照委托协议承担管理范围内的安全生产管理职责。

受委托对商务楼宇、商业综合体进行管理的物业服务企业或者其他管理人应当遵守下列规定：

（一）协调、配合物业管理区域内的生产经营单位做好安全生产工作，及时告知安全使用物业的注意事项；

（二）对消防设施、充电桩、电梯等易于发生安全风险的共用设备、设施和部位开展日常巡查，发现有安全风险隐患的，及时设置警示标志，采取必要措施排除隐患或者向有关单位报告；

（三）发现安全生产违法行为的，及时劝阻、制止，并按照有关规定报告。

第三十二条 危险化学品生产单位不得向未取得危险化学品经营许可证的经营单位或者个人销售危险化学品；危险化学品经营单位不得从未取得危险化学品生产许可证或者危险化学品经营许可证的单位采购危险化学品。

危险化学品应当储存在专用仓库、专用场地或者专用储存室内，储存方式、方法和数量应当符合国家标准、行业标准，并由专人管理。

第三十三条 供水、排水、污水处理、供电、供气、供热、垃圾处理、通信等市政基础设施的运行管理单位和轨道交通运营单位、管线施工和运营单位，应当加强设备、设施日常维护和施工现场安全管理，定期开展巡查和运行安全评价，及时排除生产安全事故隐患。

在供水、排水、污水处理、供电、供气、供热、垃圾处理、通信等市政基础设施保护范围内从事建设活动的，应当查询有关地下管线情况，会同市政基础设施的运行管理单位做好地下管线安全防护工作。

鼓励采用新技术提高监测预警能力，及时发现和处置危害管线运行安全的行为，保障基础设施的安全运行。

第三十四条 歌舞厅、影剧院、体育场（馆）、宾馆、饭店、商（市）场、旅游区（点）、客运车站、网吧等公众聚集场所，电动车集中充电场所，以及室内体验、竞技类新业态，其生产经营单位应当遵守下列规定：

（一）不得改变经营场所建筑的主体、承重结构和消防设施；

（二）按照有关规定在经营场所设置安全出口和疏散通道并确保畅通；

（三）按照有关规定在经营场所配备应急广播、应急照明设施、消防器材，安装必要的安全监控系统，并确保完好、有效；

（四）制定可靠的安全措施和生产安全事故应急救援预案，配备应急救援人员；

（五）有关负责人能够熟练使用应急广播，掌握应急救援预案的全部内容；

（六）从业人员能够熟练使用消防器材，了解安全出口和疏散通道的位置以及本岗位的应急救援职责；

（七）经营场所实际容纳的人员不超过规定的容纳人数。

第三十五条 生产经营单位承办大型群众性活动的，应当制定符合规定要求的活动方案和突发事件应急预案，并按照国家和本市有关规定履行审批手续；搭建的构筑物应当符合有关安全标准，并委托评估机构进行安全风险评估。

活动举办期间，承办单位应当落实各项安全措施，保证活动场所的设备、设施安全运转，配备足够的工作人员维持现场秩序。人员聚集时，承办单位应当采取控制和疏散措施，确保参加活动的人数符合安全要求。

第三十六条 生产经营单位必须依法参加工伤保险，为从业人员缴纳保险费。

本市按照国家有关规定建立安全生产责任保险制度，发挥保险机构参与风险评估管控和事故预防的功能。矿山、危险化学品、烟花爆竹、交通运输、建筑施工、民用爆炸物品、金属冶炼等国家规定的高危行业、领域的生产经营单位，应当投保安全生产责任保险。鼓励其他生产经营单位投保安全生产责任保险。

第三十七条 生产经营单位应当通过作业场所公示、书面告知、答复、教育培训等方式将涉及安全生产的下列事项告知从业人员：

（一）作业场所和工作岗位存在的危险因素；

（二）已采取的防范生产安全事故的技术措施和管理措施；

（三）发生直接危及人身安全的紧急情况时的应急措施。

从业人员有权向生产经营单位了解前款规定的事项。

第三十八条 生产经营单位的从业人员应当遵守本单位安全生产规章制度和岗位操作规程、施工作业规程，接受安全生产教育和培训并参加应急演练，发现生产安全事故隐患或者不安全因素应当及时报告。

发生生产安全事故时，从业人员应当服从现场统一指挥，配合事故调查并如实提供有关情况。

从业人员从事特种作业的，应当经过专门培训并取得特种作业资格。

第三章　安全生产的监督管理（略）

第四章　生产安全事故的应急救援

第五十四条 本市加强生产安全事故应急能力建设，统筹、规划、推动多层次、多主体的应急救援队伍建设；鼓励生产经营单位和其他社会力量建立提供社会化救援服务的专业应急救援队伍。具体办法由市应急管理部门会同有关部门制定，报市人民政府批准。

危险物品的生产、经营、储存单位以及矿山、金属冶炼、城市轨道交通运营、建筑施工单位应当建立应急救援队伍；生产经营规模较小的，可以不建立应急救援队伍，但应当指定兼职的应急救援人员。其他生产经营单位发生生产安全事故需要应急救援，可以委托前述单位的应急救援队伍提供应急救援服务。

市、区人民政府应急救援队伍依法承担应急救援服务，也可以根据需要委托社会应急救援队伍开展应急救援活动。对接受委托执行应急救援任务的，给予必要的支持。

第五十五条　生产经营单位应当制定本单位生产安全事故应急救援预案，与市、区人民政府组织制定的生产安全事故应急救援预案相衔接，并定期组织演练。

生产经营单位制定的生产安全事故应急救援预案主要包括下列内容：

（一）应急救援组织及其职责；

（二）危险目标的确定和潜在危险性评估；

（三）应急救援预案启动程序；

（四）紧急处置措施方案；

（五）应急救援组织的训练和演练；

（六）应急救援设备器材的储备；

（七）经费保障；

（八）其他事项。

第五十六条　生产经营单位发生生产安全事故，事故现场有关人员、单位负责人等应当依法报告生产安全事故情况，并及时采取措施救治受伤人员；造成人员伤害需要抢救的，应当及时将受伤人员送至医疗机构救治。

第五十七条　负有安全生产监督管理职责的部门应当定期统计本行业、领域生产安全事故情况，并将有关情况报告同级应急管理部门。

应急管理部门应当定期统计分析本行政区域内发生的生产安全事故情况，并定期向社会公布。

第五章　法律责任（略）

第六章　附则

第六十五条　本条例所称的小型、微型企业，按照国家有关中小企业划型标准执行。

第六十六条　本条例自 2022 年 8 月 1 日起施行。

中共北京市委　北京市人民政府
关于加强基层治理体系和治理能力现代化建设的实施意见（节选）

为深入贯彻落实《中共中央、国务院关于加强基层治理体系和治理能力现代化建设的意见》精神，加快推进本市基层治理体系和治理能力现代化建设，结合实际，提出如下实施意见。

一、总体要求

（略）

二、完善党全面领导基层治理制度

（略）

三、深化吹哨报到和接诉即办改革

（略）

四、加强基层政权治理能力建设

（一）增强街道（乡镇）行政执行能力。（略）
（二）增强街道（乡镇）为民服务能力。（略）
（三）增强街道（乡镇）议事协商能力。（略）
（四）增强街道（乡镇）应急管理能力。（略）
（五）增强街道（乡镇）平安建设能力。加强街道（乡镇）综治中心实战化平台建设，推进与吹哨报到、接诉即办和网格化服务管理体系有机衔接。完善基层社会治安防控体系，健全防范涉黑涉恶长效机制，加强技防立体化、信息化、智能化应用。坚持和发展新时代“枫桥经验”，健全街道（乡镇）矛盾纠纷一站式、多元化解决机制，充分发挥街道（乡镇）司法所和人民调解委员会作用，着力将矛盾纠纷化解在基层。健全基层社会心理服务体系，完善心理疏导服务机制，建立社会心态监测机制，培育自尊自信、理性平和、积极向上的社会心态。

五、健全基层群众自治制度

（略）

六、推进基层法治和德治建设

（略）

七、提升基层治理精细化、智慧化水平

（一）完善网格化工作体系。加强网格化服务管理平台建设，健全问题发现、研判预警、指挥调度、督办处置、考核评价等功能，发挥网格化在基层治理中的基础性作用。推动制定单元网格划分地方标准，依托社区（村）划分治理网格，加快基层治理多网融合发展。优化网格化运行机制，统筹网格内各类管理和服务事项，完善单元网格基础功能，推进 12345 市民服务热线和网格管理联动贯通，构建以诉求解决、主动服务和群防群治为重点的综合化网格工作模式。加强网格员队伍建设，将街巷长、城市协管员、小巷管家等作为专职网格员纳入网格化服务管理平台，建立健全专兼职相结合的网格员队伍体系。

（二）推进基层治理智慧化。统筹推进智慧城市、智慧社区基础设施、系统平台和应用终端建设。推广智能感知等技术应用。实施“互联网+基层治理”行动，整合部署在社区（村）的信息系统，加快推进“一库、两平台”建设，实现数据赋能基层治理。依托市级大数据资源平台，规范基层信息数据采集和核查，构建以人、地、事、物、组织为主要内容的城乡社区基础信息库。开发拓展基层智慧化应用场景，搭建共建共享的区域化党建、社区（村）服务管理平台和互动交流平台。探索建立实有人口居住地登记管理制度。加强基础数据共享，建立健全向社区（村）推送数据机制。推行适老化和无障碍信息服务，开展科技惠老活动，帮助老年人融入数字社会，保留必要的线下办事服务渠道。

（三）提升基础设施智能化水平。推动大数据、区块链、人工智能等现代科技与基层治理深度融合，合理规划布设社区（村）智慧零售终端、智能快件箱等智能末端配送设施。鼓励和引导各类市场主体参与社区（村）信息基础设施建设，加快实现 5G 网络、千兆光网、新型城域物联专网等在社区（村）的深度覆盖。推进社区（村）市政基础设施智能化改造和安防、消防系统智能化建设，推动门禁管理、停车管理、高空抛物监测等设施智能化升级。

八、支持引导社会力量参与基层治理

（略）

九、夯实基层治理基础保障

（略）

2022 年 5 月 30 日

天津市平安建设条例

（2022 年 7 月 27 日天津市第十七届人民代表大会常务委员会第三十六次会议通过）

第一章　总则

第一条　为了建设更高水平的平安天津，提高社会治理现代化水平，维护社会长治久安，根据有关法律、行政法规，结合本市实际，制定本条例。

第二条　本条例适用于本市行政区域内平安建设以及相关监督管理活动。

第三条　本市平安建设工作应当坚持党的领导、人民至上、安全发展、统筹推进、主动创安、科学治理的原则，落实总体国家安全观，筑牢首都政治“护城河”，全面提升平安建设科学化、社会化、法治化、智能化水平，不断增强人民群众的获得感、幸福感、安全感，为全面建设社会主义现代化大都市提供安全稳定的政治社会环境。

第四条　本市平安建设的主要任务是：

（一）维护国家政治安全；

（二）防范和化解重点领域风险；

（三）依法打击各类违法犯罪行为；

（四）健全社会治安防控体系和公共安全保障体系；

（五）加强和完善网络空间治理；

（六）推进社会矛盾纠纷多元预防调处化解；

（七）开展平安创建活动；

（八）国家和本市规定的其他平安建设任务。

第五条　市和区平安建设领导机构统筹谋划、协调推动平安建设工作，对平安建设工作进行督办落实、考评激励。领导机构下设办公室，负责平安建设领导机构的日常工作。

市和区平安建设领导机构根据平安建设工作需要，确定本辖区内相关单位作为成员单位。各成员单位应当按照平安建设权责清单，严格落实平安建设工作责任制和领导责任制。

第六条　市和区人民政府应当将平安建设工作纳入国民经济和社会发展规划，履行平安建设相关职责，并将平安建设工作所需经费列入本级财政预算。

乡镇人民政府、街道办事处具体负责本辖区平安建设工作。

第七条　本市各级社会治安综合治理中心是整合社会治理资源、创新社会治理方式的重要工作平台，应当完善运行机制，加强规范化建设，强化组织调度、协调推动风险研判、矛盾化解、治安防控、网格化管理等功能，为平安建设工作提供支撑。

第八条　单位和个人应当遵守法律、法规，遵守公共秩序和文明行为规范，尊重社会公德，依法理性反映诉求、解决纠纷、维护权益，提高安全防范意识和能力。

第九条 本市各级国家机关应当将平安建设纳入法治宣传教育内容，在依法履行职责中开展平安建设宣传教育。

广播、电视、报刊、网络等媒体应当加强平安建设知识的宣传普及，发挥舆论引导和监督作用。

第十条 本市建立健全与北京市、河北省平安建设合作与交流机制，在信息共享、重大突发事件处置、矛盾风险防范与化解等方面加强协作，促进京津冀平安建设协同发展。

第二章 共同治理

第十一条 本市建立健全纵向横向联动、政府社会互动、群众参与齐动的平安建设工作机制，坚持系统治理、综合治理、依法治理、源头治理与专项治理相结合，深化“战区制、主官上、权下放”党建引领基层治理体制机制创新，统筹各类资源力量，营造共建共治共享的平安建设格局。

第十二条 市和区人民政府及其有关部门、监察机关、人民法院、人民检察院应当落实平安建设工作任务，推进分行业、分系统、分领域平安建设标准化、规范化、精细化建设，加强部门间信息互通、资源共享、工作联动。

第十三条 乡镇人民政府、街道办事处应当做好社会治安综合治理、维护社会稳定的工作，动员、组织群防群治力量，共同维护社会治安和社会秩序，保障辖区公共安全。

乡镇人民政府、街道办事处应当及时处理或者组织协调有关部门和单位及时处理辖区内群众诉求、化解社会矛盾纠纷、排查安全隐患。需要多部门协同解决的，由乡镇人民政府、街道办事处协调区人民政府工作部门及其派出机构、承担公共服务职能的企业事业单位等进行处理，必要时可以报区人民政府确定责任部门。

第十四条 本市基层平安建设实行网格化服务管理，整合综合治理、应急管理、社会保障、社会救助、市容环境等网格资源，建立健全信息收集、问题发现、任务分办、协同处置、结果反馈工作机制，依托网格开展防控违法犯罪、排查社会治安隐患等平安建设工作。

第十五条 居民委员会、村民委员会应当在街道办事处、乡镇人民政府指导下，建立健全社区、村平安建设联防联控等工作制度，推动平安建设相关内容纳入居民公约、村规民约，组织引导居民、村民参与平安建设活动，促进自治、法治、德治相结合。

第十六条 工会、共青团、妇联、残联等人民团体应当结合各自职责和工作特点，通过多种方式做好平安建设相关工作，依法维护职工、未成年人、妇女、残疾人等的合法权益。

第十七条 有关协会、商会等行业组织应当发挥行业自律作用，指导和支持会员参与平安建设，协助主管部门做好本行业平安建设相关工作。

第十八条 鼓励和支持志愿服务组织、志愿者在维护社会稳定、平安法治宣传、矛盾纠纷化解、心理健康指导等方面开展志愿服务。

第十九条 企业事业单位和其他组织应当履行社会责任，积极参与平安建设工作。

各级人民政府应当充分发挥市场机制作用，引导支持各类社会组织和市场主体发挥专业优势，积极参加服务社会、防控风险、化解纠纷等工作。

第二十条 鼓励公民积极参与平安建设，对平安建设工作提出意见和建议。

各级人民政府、有关部门应当拓宽公民参与平安建设工作的渠道，搭建多种形式的参与平台，健全服务诉求处理机制，对于公民反映的诉求和意见建议，应当及时受理并反馈。

第二十一条 本市开展全域平安示范创建活动。平安建设领导机构组织开展各区、乡镇（街道）和社区（村）平安创建活动，有关单位、行业主管部门组织开展平安校园、平安医院、平安家庭等平安创建活动，动员社会力量参与平安建设工作。

第三章 政治安全维护

第二十二条 本市加强维护国家政治安全工作体系和能力建设，严密防范和依法打击各种渗透颠覆破坏活动、暴力恐怖活动、民族分裂活动、宗教极端活动、邪教活动以及其他危害国家政治安全的违法犯罪行为。

第二十三条　本市全面贯彻落实马克思主义在意识形态领域指导地位的根本制度，坚持社会主义先进文化前进方向，继承和弘扬中华民族优秀传统文化，加强爱国主义、集体主义和中国特色社会主义教育，培育和践行社会主义核心价值观，防范和抵制不良文化的影响，坚定维护意识形态安全。

任何组织和个人不得歪曲党的历史、中华人民共和国历史、人民军队历史，不得歪曲、丑化、亵渎、否定英雄烈士事迹和精神，不得编造、传播有损国家和民族尊严、伤害人民感情的言论或者信息。

第二十四条　本市加强反间谍安全防范工作，建设国家安全人民防线，开展反间谍安全防范宣传教育，依靠人民群众的支持，动员、组织人民群众依法防范、制止间谍行为和其他危害国家安全的行为。

第二十五条　本市坚持陆海统筹，加强管辖海域和沿海区域平安建设，健全海防协调联动机制，强化与有关部门、机构的协作配合，依法惩治涉海违法行为，按照规定做好海上及沿海应急处置工作，维护海防安全稳定。

第二十六条　本市健全网络社会综合防控体系，依法打击网络违法犯罪活动，有效维护网络安全，营造清朗网络空间。

任何组织和个人不得危害网络安全，不得利用网络从事危害国家安全、荣誉和利益等活动。

第二十七条　本市坚持以铸牢中华民族共同体意识为主线，深化民族团结进步教育，促进各民族交往交流交融，推动实现各民族共同团结奋斗、共同繁荣发展。

第二十八条　本市依法保护正常的宗教活动，积极引导宗教与社会主义社会相适应。各宗教坚持独立自主自办的原则，坚持中国化方向。

任何组织和个人不得利用宗教进行危害国家安全、破坏社会秩序、损害公民身心健康、妨碍国家教育制度，以及其他损害国家利益、社会公共利益和公民合法权益等违法活动。

第四章　社会风险防范

第二十九条　本市建立健全重大决策社会稳定风险评估机制。对直接关系人民群众切身利益、容易引发社会稳定问题等的重大决策，决策作出前应当由决策事项承办部门或者牵头部门组织进行评估，按照决策实施后可能对社会稳定造成的影响程度，划分风险等级，作为作出重大决策的重要依据。

第三十条　本市完善市、区、乡镇（街道）三级平安建设形势分析研判机制，动态排查各类社会风险隐患，加强风险研判，划分风险等级，按照规定报告。对可能影响社会稳定的风险，按照规定发布预警信息。

第三十一条　各级人民政府、有关部门应当加强社会风险隐患治理，依法严格落实对分管行业领域安全风险防控监管职责，建立健全处置机制，及时消除社会风险隐患。社会风险引发突发事件的，应当按照有关规定启动应急预案，及时控制、减轻和消除突发事件引起的社会危害。

第三十二条　本市完善社会矛盾纠纷多元预防调处化解综合机制，发挥市、区、乡镇（街道）社会矛盾纠纷调处化解中心作用，加强矛盾纠纷源头预防，拓宽多元化解渠道，健全信访工作机制，综合发挥和解、调解、仲裁、公证、行政裁决、行政复议、诉讼等途径的作用，对各类矛盾纠纷做到早发现、早预警、早介入、早解决，促进社会矛盾纠纷及时有效预防和化解。

第三十三条　司法行政部门应当依法推进社区矫正工作，坚持监督管理与教育帮扶相结合，采取分类管理、个别化矫正，加强对社区矫正对象的教育、心理辅导、职业技能培训，有针对性地消除社区矫正对象可能重新犯罪的因素，帮助其成为守法公民。

居民委员会、村民委员会依法协助社区矫正机构做好社区矫正工作。社区矫正对象的监护人、家庭成员，所在单位或者就读学校应当协助社区矫正机构做好社区矫正工作。

第三十四条　司法行政部门应当会同相关部门做好刑满释放人员安置帮教工作，帮助刑满释放人员回归社会正常生活。

第三十五条 公安机关、司法行政部门应当依法开展强制隔离戒毒工作，完善并严格执行各项安全监管制度，加强涉毒人员教育矫治，指导、支持社区戒毒和社区康复等工作。

第三十六条 本市加强精神障碍患者关爱帮扶工作，建立和完善精神障碍的预防、治疗和康复服务体系。

卫生健康、公安、民政、医疗保障等部门应当组织做好信息采集、看护管理、医疗诊治、困难救助等服务，保护精神障碍患者及其家庭成员的权益，防止精神障碍患者对他人造成伤害。

家庭成员之间应当相互关爱，创造良好、和睦的家庭环境，提高精神障碍预防意识；发现家庭成员可能患有精神障碍的，应当帮助其及时就诊，照顾其生活，做好看护管理。

第三十七条 各级人民政府应当组织做好预防未成年人犯罪工作。国家机关、人民团体、社会组织、企业事业单位、居民委员会、村民委员会、学校、家庭等各负其责、相互配合，共同做好预防未成年人犯罪工作，及时消除滋生未成年人违法犯罪行为的各种消极因素，提高未成年人自我防范的意识和能力，为未成年人身心健康发展创造良好的社会环境。

第三十八条 市和区人民政府确定的治安保卫重点单位，应当按照有关规定和标准要求配备安防人员和设施设备，制定防范、应对突发事件和意外伤害的预案，组织培训和演练，提高防控能力。

公安机关等有关部门应当指导有关单位开展重点防控工作，进行监督检查，对防控薄弱环节和突出问题提出整改意见，相关单位应当按期完成整改。

第三十九条 国家机关、人民团体、企业事业单位和其他组织应当建立健全单位内部平安建设工作机制，完善防范内部安全风险责任制度，落实各项安全措施，组织开展法治宣传教育，增强本单位职工安全风险防范意识和法治意识。

第四十条 大型群众性活动的主办者、承办者依法负责活动的安全，大型群众性活动的场所管理者依法负责活动场所及设施的安全。

公安机关依法开展对大型群众性活动的安全管理工作。对经安全许可的大型群众性活动，公安机关根据安全需要组织相应警力，维持活动现场周边的治安、交通秩序，预防和处置突发治安事件，查处违法犯罪活动。

第四十一条 市和区人民政府应当建立健全金融风险防范和处置工作机制，制定地方金融风险突发事件应急预案，及时稳妥处置金融风险。

地方金融组织相关业务活动可能引发或者已经形成重大金融风险的，应当及时向市地方金融监督管理部门报告有关情况，并及时采取措施，消除隐患，处置风险。

第四十二条 本市完善公共法律服务体系，加强公共法律服务平台建设，发挥律师、公证、司法鉴定、仲裁、调解、基层法律服务等的作用，开展法律援助、矛盾纠纷化解、法律咨询、法治宣传教育等法律服务，提高群众获得公共法律服务的便利性。

第四十三条 卫生健康部门应当会同教育、公安、民政、司法行政等部门强化社会心理服务和危机干预，加强心理健康知识宣传、指导、咨询服务，完善社会心理服务网络，推动社会心理服务和教育进学校、进社区、进单位、进家庭等，防范化解因心理问题引发的个人极端行为风险。

第五章　公共安全保障

第四十四条 本市健全公共安全保障体系，全面提升公共安全效能，提高公共安全保障能力，努力为人民群众创造安业、安居、安康、安心的良好环境。

第四十五条 市和区人民政府应当按照打防结合、整体防控、专群结合、群防群治的原则，构建立体化、法治化、专业化、智能化的社会治安防控体系，形成城乡统筹、网上网下融合、人防物防技防结合、打防管控一体的工作格局。

第四十六条　人民法院、人民检察院、公安机关、司法行政部门等应当依法惩处涉枪涉爆、电信网络诈骗、侵犯公民个人信息、侵犯知识产权、侵害未成年人、危害食品药品安全等影响公众安全感的违法犯罪活动，维护社会良好秩序。

第四十七条　监察机关、人民法院、人民检察院、公安机关、司法行政部门以及其他有关国家机关，应当根据分工，互相配合、互相制约，依法做好反有组织犯罪工作，推进常态化扫黑除恶工作。

各级人民政府和有关部门应当依法组织开展有组织犯罪预防和治理工作。鼓励单位和个人举报有组织犯罪。

第四十八条　市和区人民政府应当建立健全打击治理电信网络诈骗违法犯罪协调工作机制，统筹推进本行政区域内打击治理电信网络诈骗违法犯罪工作。

公安机关应当组织专项打击行动，会同相关部门开展联合治理行动，依法打击利用电信、网络等载体实施诈骗等违法犯罪行为。

电信企业、金融机构、互联网企业等应当加强反诈骗风险监测，发现涉嫌电信网络诈骗的，应当及时作出风险提示，向公安机关报告，并按照规定采取阻断措施。

第四十九条　市人民政府对本市防范和处置非法集资工作负总责，各级人民政府应当建立健全政府统一领导的防范和处置非法集资工作机制。地方金融监督管理部门应当会同公安、市场监管等有关部门依法打击非法金融活动，防范和处置非法集资。

地方金融监督管理部门和行业主管部门、监管部门发现本行政区域或者本行业、本领域可能存在非法集资风险的，应当依法对相关单位和个人进行警示约谈，责令整改。

第五十条　市和区人民政府应当加强对安全生产工作的领导，建立健全安全生产工作协调机制，支持、督促各有关部门依法履行安全生产监督管理职责，及时协调、解决安全生产监督管理中存在的重大问题。

应急管理、发展改革、工业和信息化、交通运输、城市管理、市场监管等负有安全生产监督管理职责的部门，应当按照职责做好安全生产专项监督管理工作，依法建立健全安全风险评估与论证机制、隐患排查治理制度，对重大事故隐患实行挂牌督办。

生产经营单位应当遵守安全生产相关法律、法规，加强安全生产管理，建立健全全员安全生产责任制和安全生产规章制度，加大对安全生产资金、物资、技术、人员的投入保障力度，改善安全生产条件，加强安全生产标准化、信息化建设，构建安全风险分级管控和隐患排查治理双重预防机制，健全风险防范化解机制，提高安全生产水平，确保安全生产。

第五十一条　市和区人民政府应当统一领导、组织、协调本行政区域的食品安全监督管理工作以及食品安全突发事件应对工作，建立健全食品安全全程监督管理工作机制和信息共享机制。

市场监管部门和其他有关部门应当加强沟通、密切配合，按照职责分工，依法履行食品安全监督管理职责。

第五十二条　卫生健康部门应当监督、指导医院安全秩序管理工作，维护医院正常医疗秩序，保护医患双方合法权益。

公安机关应当依法维护医院安全秩序，按照规定设立警务室，配备相应警力；依法查处、打击侵害患者和医务人员人身安全以及扰乱医院安全秩序等违法犯罪行为，保障患者和医护人员人身安全、财产安全。

医院应当建立安全秩序管理责任制，健全安全保卫制度，配备或者聘用符合条件的人员从事保安工作，加强安全防护设施配备，履行医院安全秩序管理主体责任。

第五十三条　教育、人力资源社会保障等部门应当依法加强对学校安全管理工作的监督、检查和考核，督促学校建立并落实安全管理制度，及时消除安全隐患，保障学生、教职工合法权益。

公安机关应当依法对学校保安服务工作情况以及技防设施设备使用情况进行监督检查，及时制止和查处危害师生人身安全、财产安全的违法行为，在学生上学和放学时段安排警力维护学校周边治安和交通秩序。

教育、市场监管、卫生健康、公安等部门应当按照职责，依法加强对学校食堂、学校校外配餐企业的监督管理，督促学校建立健全饮食卫生安全制度，保障学校食品安全。

学校应当建立并落实内部安全管理、周边安全、消防安全、食品安全、校园欺凌防控等安全管理制度。学校按照规定聘任的法治副校长，履职期间应当协助开展法治教育、学生保护、安全管理、预防犯罪、依法治理等工作。

第五十四条 人力资源社会保障等部门应当依法对用人单位遵守劳动法律、法规的情况进行监督检查，及时处理用人单位违反国家规定拖欠或者未足额支付劳动报酬等违法用工行为，依法对劳动争议仲裁工作进行指导。

第五十五条 市和区人民政府应当加强对本行政区域内出租房屋服务管理工作的组织领导，健全完善相关工作机制。公安、住房城乡建设、市场监管、民政等部门应当按照职责分工，做好出租房屋服务管理工作。

房屋出租人应当按照规定申报房屋出租信息，保障出租房屋设施安全，及时排除或者督促承租人及时排除安全隐患，发现承租人涉嫌违法犯罪的，应当及时向公安机关或者相关部门报告。

第五十六条 市和区人民政府应急管理部门应当对本行政区域内的消防工作实施监督管理，并由本级消防救援机构负责实施。其他有关部门在各自职责范围内依法依规做好本行业、本领域的消防安全工作。

单位和个人应当严格遵守消防安全相关法律、法规、规章和其他规定，履行维护消防安全、保护消防设施、预防火灾、报告火警的义务。

人员密集场所应当在醒目位置设置视频、警示牌或者采用广播等形式对公众提示消防安全注意事项、安全逃生路线、安全出口的具体位置以及灭火、逃生设备器材的具体位置和使用方法等内容，保障疏散通道、安全出口、消防车通道畅通。

第五十七条 应急管理、市场监管、公安等部门应当根据各自职责，加强对危险化学品、易燃易爆品、管制器具等的安全管理工作，对非法生产、运输、储存、销售、使用等行为依法及时处理。

第五十八条 市和区人民政府应当加强对本行政区域内突发公共卫生事件应急工作的组织领导和统筹协调，完善应急预案，健全应急工作机制，提高科学精准防控水平。

卫生健康、发展改革、工业和信息化、商务、市场监管、城市管理、交通运输、公安等有关部门，按照应急处置工作要求，做好医疗救治、物资生产调配、群众生活供给、市场秩序监管、环境卫生清整、交通运输保障、维护社会稳定等突发公共卫生事件应急处置工作。

在本市居住、工作、学习、旅游以及从事其他活动的个人，应当增强自我防范意识和防护能力，遵守服从应急措施，履行防控义务。根据防控需要，自觉接受调查、医学监测、医学观察、隔离治疗等防控措施，如实提供个人有关信息。

第五十九条 市和区人民政府应当健全防灾减灾救灾工作机制，完善各类应急预案，加强防灾减灾救灾队伍建设，提升抵御自然灾害的综合防范能力。

应急管理、发展改革、公安、规划资源、住房城乡建设、农业农村、水务、卫生健康、交通运输、地震、气象等有关部门应当按照职责分工，加强自然灾害风险调查评估、监测预报预警、灾害防御、应急准备、紧急救援、转移安置、生活救助、卫生防疫、灾后重建等工作，维护人民群众生命财产安全。

第六章 保障与监督

第六十条 本市建立健全平安建设信息共享机制。各有关部门应当将平安建设相关信息推送至市信息资源统一共享交换平台，为政治安全维护、矛盾纠纷化解、社会治安防控、公共安全保障等提供数据信息支撑。

第六十一条　本市推进大数据、云计算、人工智能等信息技术与平安建设的深度融合，深化公安专业平台、公共安全视频监控系统的建设和联网应用，推进交通、警务、消防、城市管理、市场监管、安全生产、生态环保等平安建设重点领域的智能化建设，提升预测社会需求、预判社会发展、预警社会风险的智慧治理水平。

第六十二条　本市加强智慧平安社区建设，提升社区、村智能化安防水平。

区人民政府以及市公安、住房城乡建设、城市管理等有关部门应当按照职责分工，推进全域感知、数据融合、立体防控、安全可靠的智慧平安社区网络建设，依法对数据信息进行采集、传输、处理和共享应用。

第六十三条　本市对在平安建设工作中做出突出成绩的地区、单位和个人，按照有关规定给予表彰和奖励。

对见义勇为人员应当按照有关法律、法规予以奖励和保护。

第六十四条　平安建设领导机构建立健全平安建设考核评价机制，制定完善考核评价标准和指标体系。

市平安建设领导机构应当对市级部门、各区和有关单位平安建设情况进行考核；区平安建设领导机构应当对区属部门、乡镇（街道）和有关单位平安建设情况进行考核。行业主管部门应当对本行业领域有关部门及单位平安建设情况进行考核。平安建设考核结果纳入绩效考核内容。

被考核单位责任不落实、考核不达标的，由平安建设领导机构通过约谈、通报、挂牌督办等方式督促整改。

第六十五条　平安建设领导机构建立人民群众安全感、满意度测评机制，通过委托第三方评估等方式，了解人民群众对平安建设的需求，接受社会监督和评价，测评结果纳入平安建设考核评价指标体系。

第六十六条　国家机关、人民团体、企业事业单位以及其他社会组织工作人员拒不履行平安建设工作职责或者在平安建设工作中滥用职权、玩忽职守、徇私舞弊的，由有权机关依法给予处理；构成犯罪的，依法追究刑事责任。

第六十七条　违反本条例的行为，法律或者法规已有处理规定的，从其规定；构成犯罪的，依法追究刑事责任。

第七章　附则

第六十八条　本条例自2022年8月1日起施行。2004年1月6日天津市第十四届人民代表大会常务委员会第八次会议通过、2016年3月30日天津市第十六届人民代表大会常务委员会第二十五次会议修正的《天津市社会治安综合治理条例》同时废止。

河北省民政厅等十部门
印发《关于深入推进智慧社区建设的实施意见》的通知

冀民（2022）56号

现将《关于深入推进智慧社区建设的实施意见》印发给你们，请结合实际认真抓好贯彻落实。

河北省民政厅

中共河北省委政法委员会

中共河北省委网络安全和信息化委员会办公室

河北省发展和改革委员会
河北省工业和信息化厅
河北省公安厅
河北省财政厅
河北省住房和城乡建设厅
河北省农业农村厅
河北省政务服务管理办公室
2022 年 7 月 27 日

关于深入推进智慧社区建设的实施意见

为贯彻落实民政部等九部门《关于深入推进智慧社区建设的意见》（民发〔2022〕29 号），充分运用现代信息技术，不断提升城乡社区治理服务智慧化、智能化水平，结合我省实际，制定如下实施意见：

一、总体要求

以习近平新时代中国特色社会主义思想为指导，深入贯彻习近平总书记对河北工作重要指示精神，立足新发展阶段，贯彻新发展理念，构建新发展格局，坚持党的全面领导，把满足人民对美好生活的向往作为出发点和落脚点，深化物联网、大数据、云计算和人工智能等信息技术应用，提供线上线下相融合的社区治理和服务。到 2025 年，基本构建起网格化管理、精细化服务、信息化支撑、开放共享的智慧社区服务平台，初步打造成智慧共享、和睦共治的新型数字社区，为推进基层治理体系和治理能力现代化奠定坚实基础。

二、重点任务

（一）建设综合信息平台。依托已有平台，因地制宜推进智慧社区综合信息平台建设，推动部署在不同层级、不同部门的各类社区管理服务信息系统与智慧社区综合信息平台互联互通和融合应用，提供一体化管理和服务。依法向社区下放政务服务审批受理权限，拓展政务事项查询、办理、反馈功能，实行“前台一口受理、后台分工协同”运行模式。以设区的市为单位，大幅度优化精简部署在社区的业务应用系统，整治“指尖上的形式主义”。

（二）拓展智慧治理场景。全面推进“互联网+社区党建”，推动社区党建工作和党员管理服务信息化，推行“社区输入+网上推送+部门响应”工作模式，健全即时响应机制，及时回应群众诉求。搭建社区灾害风险预警模型，全面提升社区预警和应急处置能力。探索推进网上社区协商、村（居）务公开等，畅通群众参与渠道。促进智慧小区建设，拓展智能门禁、车辆管理、视频监控等物联网和云服务。

（三）构筑数字生活图景。依托智慧社区综合信息平台，推动就业、医疗、救助、养老、未成年人保护等服务“指尖办”“网上办”“就近办”。聚合社区周边商超、养老等生活性服务业资源，建设便民惠民智慧生活服务圈。探索建立无人物流配送进社区，优先开发符合“三农”需要的技术应用。推动社区购物消费、公共文化生活等各类生活场景数字化，打造多端互联、智慧共享的数字社区生活。医疗、社保、民政、生活缴费等高频服务事项，应进驻综合服务站受理办理，实行“一站式办理、一门式服务”。保留线下办理渠道，为老年人、残疾人提供便捷服务。

（四）推进数据应用管理。依托自然资源和地理空间基础信息库，加强地名地址信息管理，完善社区失能老年人、未成年人和精神障碍患者等重点人群基础数据。制定社区信息共享清单，建立标准统一、动态管理的社区数据资源体系，减少工作台账报表。完善乡镇（街道）与部门政务信息系统数据资源共享交换机制，根据服务群众需要向社区开放数据资源。落实信息安全制度要求，加强社区数据安全管理和保障，依法保护居民个人信息和隐私。

（五）加强基础设施建设。实施城乡社区综合服务设施智慧化改造工程，加快部署政务通用自助服务一体机，完善社区智能快递柜等自助便民服务网络布局。合理布建社区公共安全视频监控点位，推进“雪亮+”智能化应用。加强社区信息交流无障碍建设，充分考虑未成年人、老年人、残疾人等群体的基本需求和使用习惯，提供适老化和无障碍服务。优化社区智慧电网、水网、气网和热网布局，加大智慧安防小区智能感知设施建设力度，稳步提升优选型、示范型小区建设比例；深化智慧安防小区应用，整合各方资源，加强解析比对和实战应用，创新发展基层社会治理手段。在维护公共安全等领域，依照相关法律法规稳妥慎重使用人脸识别技术。

三、保障措施

（一）强化组织领导。民政、政法、网络安全和信息化、发展改革、工业和信息化、公安、财政、住房和城乡建设（城市管理）、农业农村、政务服务等部门要加强对智慧社区建设的组织领导，强化统筹协调，明确部门分工，完善协作机制，形成整体合力。乡镇（街道）、村（社区）可因地制宜探索开发符合本地实际的特色应用，做好数据采集整理工作，引导群众参与智慧社区建设和应用。

（二）强化保障支持。健全完善政府指导、多方参与的智慧社区建设资金投入机制，鼓励社会力量参与“互联网+社区服务”。探索智慧社区建设市场化运营模式，通过政府购买服务或合作开发等方式，支持各类市场主体承接智慧社区建设项目运营，支持社会组织、社会工作者、志愿者等提供专业化、特色化、个性化服务。

（三）强化示范引领。以设区的市为单位，统一编制智慧社区建设规划，重点规划社区治理、社区服务基础设施运营、公共事业管理（安防管理、物业管理、停车管理）等领域智慧化建设（改造），根据需要拓展其他建设（改造）项目。以县（市、区）为单位，开展智慧社区建设试点工作，制定完善智慧社区建设标准、统计和评价指标体系等。及时总结先进经验，发挥示范带动作用，推动智慧社区建设水平全面提升。

辽宁省大数据发展条例（节选）

（2022 年 5 月 31 日辽宁省第十三届人民代表大会常务委员会第三十四次会议通过）

第一章　总则

第一条　为了充分挖掘数据资源，发挥数据效用，加快大数据发展，建设数字辽宁、智造强省，根据法律、行政法规和国家有关规定，结合本省实际，制定本条例。

第二条　大数据发展应当以强化数据治理、发挥数据效用为目标，遵循政府引导、市场主导、开放共享、创新应用、保障安全的原则。

第三条　省、市、县（含县级市、区，下同）人民政府应当建立跨部门、跨行业、跨区域的大数据发展协同推进机制，推动全社会共同构建数据全生命周期的良性发展生态，发挥市场对数据资源配置的决定性作用，更好地发挥政府作用，加快实现全省产业数字化的场景资源优势和数字产业化的数据资源优势的产业转化。

第二章　基础设施

第七条　信息基础设施建设应当加快实施演进升级，全面增强数据感知、传输、存储、运算能力：

（一）发展泛在协同的物联网感知设施应当规模化部署重点行业物联网感知设施，具备支持固移融合、宽窄结合的海量物联接入能力，建设低、中、高速移动物联网协同发展的综合生态体系，强化跨行业、跨领域共享；

（二）高速宽带网络建设应当有序实现5G网络的乡村室外覆盖、重点区域深度覆盖、重点行业优先覆盖和交通干线沿线覆盖，城市千兆光纤网络全面部署，行政村千兆宽带全面覆盖，新一代互联网全面商用；

（三）全省大数据中心建设应当根据全国一体化大数据中心建设总体布局，充分利用国家算力资源，因需适度建设，实现全省算力资源高效建设利用与汇聚联通；

（四）人工智能、区块链、云计算等新技术基础设施建设应当科学统筹，加快关键共性技术产品研发应用，建立领先的通用技术能力支撑体系。

第八条 融合基础设施建设应当利用新一代信息技术推动传统产业转型升级，加快传统基础设施改造，实现网络化、智能化、服务化、协同化：

（一）工业互联网建设应当升级改造企业外网，加快新一代信息技术在企业内网应用，完善工业互联网标识解析体系，构建多层次工业互联网平台体系；

（二）智慧城市基础设施建设应当改造市政基础设施、社区公共设施和物业管理设施，促进道路、桥梁、地下管网等设施应用智能化感知设备；

（三）智慧农村基础设施建设应当加快县城建筑和市政公用设施数字化改造，提升小城镇公共服务供给能力，部署农业物联网、农机智能终端和传输设备、农产品质量安全信息设备等，升级涉农企业设施设备；

（四）智慧民生基础设施建设应当加快远程医疗能力提升和智慧医院实施进程，发展智慧教育、智慧体育、智慧商业设施，应用智慧老龄化技术，数字化改造文化、旅游设施，实现有线电视网络互联互通和迭代升级；

（五）智慧交通、能源基础设施建设应当加快实现感知、传输、计算等设施与交通基础设施的协同高效，推动车联网部署应用，优化传感、通信等元件在能源系统的布局，建设智慧能源运行云平台和油气管道智能化平台。

第十条 新型基础设施安全保障能力建设应当增强网络安全态势感知、智能防御、监测预警能力，健全数据安全风险评估、监测预警、应急处置机制，提升稳定可靠运行水平。

第三章　公共数据

第十二条 大数据主管部门应当加强对公共数据全生命周期管理，统筹推进各类数据资源汇聚利用，加速数据流通，激发数据活力，提高数据资源价值创造水平，挖掘和释放数据资源的潜在价值。

第四章　工业大数据

第二十一条 省、市、县人民政府应当组织全省工业企业，加快数字辽宁、智造强省建设，提升工业大数据价值挖掘和系统解决能力，丰富应用场景，推进深度应用，扩大数据资源规模，赋能产业转型升级。

第二十三条 工业企业应当加快工业大数据融合应用，建设数字工厂、智能车间等数字化单元，创新生产管理模式，优化业务流程，实现供应链持续优化和敏捷反应。

第二十五条 工业企业应当加强工业数据安全防护，建立数据隐私保护和安全审查制度，提高设备、网络、业务系统的实时监测和安全检测能力。

第六章　数据安全

第三十八条 本省实行数据安全责任制。

数据安全责任按照谁收集谁负责、谁持有谁负责、谁管理谁负责、谁使用谁负责的原则确定。

第三十九条　省、市、县人民政府及其有关部门应当按照数据分类分级保护制度，确定本地区、本部门以及相关行业、领域的重要数据具体目录，对列入目录的数据进行重点保护。

第四十条　国家安全领导机构负责数据安全工作的议事协调，实施国家数据安全战略和有关重大方针政策，建立完善数据安全工作协调机制，统筹协调数据安全的重大事项和重要工作。

公安、国家安全、大数据、保密、密码管理、通信管理等部门和单位按照各自职责，负责数据安全相关监督管理工作。

网信部门依照法律、行政法规的规定，负责统筹协调网络数据安全和相关监督管理工作。

第四十一条　数据收集、持有、管理、使用等数据安全责任单位应当建立本单位、本领域数据安全保护制度，落实有关数据安全的法律、行政法规和国家标准以及网络安全等级保护制度；属于关键信息基础设施范围的，还应当落实关键信息基础设施保护有关要求，保障数据安全。

自然人、法人和非法人组织在数据收集、汇聚等过程中，应当对数据存储环境进行分域分级管理，选择安全性能、防护级别与其安全等级相匹配的存储载体，并对重要数据进行加密存储。

第四十二条　数据收集、持有、管理、使用等数据安全责任单位应当制定本单位、本领域数据安全应急预案，定期组织数据安全风险评估和应急演练；发生数据安全事件，应当依法启动应急预案，采取相应的应急处置措施，并按照规定向有关主管部门报告。

第四十三条　省大数据主管部门应当统筹建设全省公共数据灾备体系；市、县人民政府应当按照统一部署，对公共数据进行安全备份。

第九章　附则

第五十三条　本条例中下列用语的含义：

（一）本条例所称数据，是指任何以电子或者其他方式对信息的记录，包括公共数据和非公共数据；

（二）本条例所称大数据，是指以容量大、类型多、存取速度快、应用价值高为主要特征的数据集合，以及对数据进行收集、存储和关联分析，发现新知识、创造新价值、提升新能力的新一代信息技术和服务业态；

（三）本条例所称公共数据，是指公共管理和服务机构在依法履行职责和提供公共服务过程中获取的数据资源，以及法律、法规规定纳入公共数据管理的其他数据资源。

第五十四条　本条例自 2022 年 8 月 1 日起施行。

《关于深入推进智慧社区建设的若干措施》的通知

黑民发〔2022〕54 号印发

各市（地）民政局、党委政法委、党委网信办、发展改革委、工业和信息化局、公安局、财政局、住房城乡建设局、农业农村局、营商环境局：

现将《关于深入推进智慧社区建设的若干措施》印发给你们，请结合实际认真贯彻执行。

黑龙江省民政厅　中共黑龙江省委政法委员会
中共黑龙江省委网络安全和信息化委员会办公室
黑龙江省工业和信息化厅　黑龙江省公安厅
黑龙江省财政厅　黑龙江省住房和城乡建设厅
黑龙江省农业农村厅　黑龙江省营商环境建设监督局
2022 年 8 月 5 日

关于深入推进智慧社区建设的若干措施

为贯彻落实民政部等九部委《关于深入推进智慧社区建设的意见》，按照《国务院办公厅关于印发〈“十四五”城乡社区服务体系建设规划〉的通知》和我省关于加强基层治理体系和治理能力现代化建设的部署要求，结合我省实际，制定以下若干措施。

一、夯实智慧社区建设基础

（一）集约建设智慧社区综合信息平台。以市（地）或县（市、区）为单位，充分依托已建的智慧城市、智慧社区、数字政务、网格服务管理等信息平台，因地制宜推进智慧社区综合信息平台建设，面向社区提供一体化管理和服务。推动部署在不同层级、不同部门的各类社区信息系统与智慧社区综合信息平台联网对接或向其迁移集成。市（地）、县（市、区）可结合本地实际开展政府购买智慧社区相关服务，鼓励软件和信息技术服务企业加强研发智慧社区相关软件产品及解决方案，加快社区数字化转型，推动智慧社区综合信息平台建设。依法依规向社区下放政务服务审批受理权限，扩大社区政务服务事项网上受理、办理数量和种类，拓展政务事项查询、办理、反馈功能。省级梳理基层高频公共服务事项指导目录，并下发各市（地）参考执行；各市（地）结合本地实际规范村（社区）级政务服务事项目录。完善、规范、优化网上政务服务流程，持续推动各地区、各部门网上政务服务平台标准化建设和互联互通，推进全省政务服务事项标准化工作。全面推进一窗式受理、一站式办理、“一网通办”，推动跨部门业务协同、信息实时共享，拓展网上办事广度和深度。以市（地）为单位，大幅度优化精简部署在社区的业务应用系统，整合功能相对单一、相近或重复的办公类、管理类、学习类等 App，整治“指尖上的形式主义”，减轻社区工作者工作负担。

（二）推进智慧社区基础设施建设。市、县两级政府要将乡镇（街道）、村（社区）纳入信息化、数字化建设规划，统筹推进智慧社区基础设施、系统平台和应用终端建设。以智慧化建设、改造为重点，继续推进城乡社区综合服务设施建设。完善社区自助服务设施布局，加快部署政务通用自助服务一体机，推广普及社区政务、便利店、智能快递柜、无人售卖机、无人图书借阅机等自助服务终端，推动社区服务智能化，为社区居民提供便捷生活服务。推动全省公共安全视频点位科学布建，推进“雪亮+”智能化应用，开展视频监控联网整合，向省级共享交换平台共享视频资源。推动社区养老、社区家政、社区医疗、社区安防等服务和社区物业设备设施的智能化改造升级，在住宅小区、村（屯）出入口等重点部位依据实际需要，布建视频监控、人车识别、高空抛物、智能门禁等前端感知设备，强化社区治安技防能力。在维护公共安全等领域，依照相关法律法规稳妥慎重使用人脸识别技术。优化社区智慧电网、水网、气网和热网布局，推进小区智能感知设施建设，扩大智能感知设施和技术在安全管理、群防群治、机动车（自行车）管理等领域应用。加强社区信息提示屏、环境监测等系统设施建设，实现公共信息及时发布。加强社区信息交流无障碍建设，充分考虑未成年人、老年人、残疾人等群体的基本需求和使用习惯，保留必要的线下服务渠道和设施，提供适老化和无障碍服务。

（三）完善社区数据精减归并共享机制。以智慧社区综合信息平台建设层级为单位推进社区数据资源建设，建立标准统一、动态管理的社区数据资源体系，实行村（社区）数据综合采集，实现一次采集、多方利用，制定社区信息共享清单，完善统一采集、统一制表、统一报送机制，大幅减少社区工作台账报表。依法采集社区社会组织、网格员队伍、志愿者队伍、社区服务企业和单位等信息资源，促进城乡社区公共服务、便民利民服务、志愿互助服务有机融合和信息集成。推动建立基层数据供需对接机制，完善乡镇（街道）与部门政务信息系统数据资源共享交换机制，加快推进各级政务数据向村（社区）延伸，根据服务群众需要向社区开放数据资源。

二、增强智慧社区服务能力

（一）拓展智慧社区治理场景。依托智慧社区综合信息平台建立健全民情反馈、风险研判、应急响应、舆情应对机制，做好网上社情民意信息监测，提升社区全周期管理水平。推进“互联网+社区党建”，用好全国党员管理信息系统，做好网上转接党员党组织关系、流动党员线上管理等工作，推动社区党建工作和党员管理服务信息化，做好网上群众工作。整合现有党的建设、社区治理等各系统信息资源，融合智慧社区综合信息平台，推动基层治理数字化、智能化，实现“一屏知全域、一网管全局”。依托智慧社区综合信息平台，加强社区网格化管理服务，利用信息化手段实现“网格吹哨、部门报到”，健全即时响应机制，及时回应群众诉求。持续推动综合减灾示范社区创建工作，不断提高基层减灾能力。组织开展黑龙江省传染病防控信息化系统升级项目，进一步提升公共卫生疫情防控智能应用能力。推动网上群众性精神文明创建活动深入开展，引导全社会提升网络文明素养，树立社区居民争做好网民意识，增进居民对社区生活共同体的归属感。探索推进村（居）民委员会换届网上选民登记、社区协商、村（居）务公开、民主监督等，畅通群众参与渠道。促进智慧小区建设，拓展智能门禁、车辆管理、视频监控等物联网和云服务，鼓励物业服务企业使用智能化设施设备提供物业服务。

（二）构筑社区数字生活新图景。进一步推进省一体化政务服务平台事项标准化、规范化，推动各地区、各部门、各层级实现同一事项无差别受理、办理流程和评价标准统一，支撑政务服务事项“网上办”。升级改造“全省事”App，打造全省政务服务移动端总门户，对接各地区、各部门政务服务移动端，编制移动端高频政务服务事项清单，推动更多高频政务服务事项“掌上办”“指尖办”。提高线下政务服务大厅服务水平，方便群众“就近办”。聚合社区周边商超、物业、维修、家政、养老、餐饮、零售、美容美发、体育等生活性服务业资源，链接社区周边商户，建设便民惠民智慧生活服务圈。鼓励物业服务企业拓展服务范围，加强与电商、科技、金融、快递等第三方平台互联互通，探索开展线上线下生活服务。大力发展电子商务，探索建立无人物流配送进社区，推进“互联网+”农产品出村进城试点建设工作，优先开发符合“三农”需要的技术应用。创新社区购物消费、居家生活、公共文化生活、休闲娱乐、交通出行等各类生活场景数字化服务方式，提高社区服务便捷性。支持村（社区）史馆、智慧家庭、智能体育场地等建设，打造多端互联、多方互动、智慧共享的数字社区生活。引导社区教育（老年教育）机构，发挥资源优势，面向城乡重点群体提供信息技术基础、智能设备应用等数字技能培训服务，助力未成年人、老年人、残疾人共享智慧生活，消除数字鸿沟。

（三）加强大数据在社区应用。综合利用全省乡镇（街道）、村（社区）地理信息、人口、资源环境、社会经济、民生保障等数据资源，充分依托自然资源和地理空间基础信息库，加强地名地址信息管理，定期开展走访排查，完善社区重点场所、常住居民、流动人口、失能老年人、未成年人和精神障碍患者等重点人群基础数据。完善“一标三实”（标准地址、实有人口、实有房屋、实有单位）信息采集，强化数据共享共用。深化大数据挖掘应用，提高基于高频大数据精准动态监测预测预警水平。加强社区数据资源有序汇集、关联分析、高效处理，为社区各类服务开展提供精准匹配、精准反馈，提高服务效率和服务质量。科学配置社区服务资源，促进服务资源高效配置和有效辐射。优化城乡社区综合服务设施功能布局，促进各类服务设施功能差异互补、内容衔接配套。

三、强化智慧社区建设保障

（一）强化组织领导。各市（地）要切实履行好推进智慧社区建设的领导责任和主体责任，将智慧社区建设作为数字政府建设在社区层面的延伸，整合技术、数据资源，统筹谋划本地智慧社区建设规划、政策和标准体系，搭建共享开放的数字底座，推进智慧社区应用场景建设，推动部门业务协同和数据共享，加强数据管理和挖掘。民政、政法、网络安全和信息化、发展改革、工业和信息化、公安、财政、住房城乡建设（城市管理）、农业农村、营商环境监督等部门要加强对智慧社区建设的具体领导和落实执行，强化统筹协调，明确部门分工，完善协作机制，形成整体合力。以县（市、区）为单位，开展智慧社区建设试点工作，制定完善智慧社区建设标准、统计和评价指标体系等，探索先行先试，总结典型经验做法，提供有益参考。市、县两级可在充分征求乡镇（街道）、村（社区）意见建议的基础上，结合本地智慧社区综合信息平台建设，因地制宜探索开发符合本地实际、符合群众期盼的特色应用，并做好数据采集整理等工作，引导社区居民参与本地智慧社区建设和应用。

（二）强化规划引领。各市（地）要结合贯彻落实《黑龙江省“十四五”数字政府建设规划》《黑龙江省“十四五”城乡社区服务体系建设规划》，统筹编制本地智慧社区建设规划，重点谋划社区治理、社区服务基础设施运营、公共事业管理（安防管理、物业管理、停车管理）等领域的智慧化、信息化改造，根据需要拓展其他建设（改造）项目。省直各相关部门要加强工作指导和项目支持，根据信息化基础条件不同，对新建社区、信息化基础条件较好的社区重点支持自助终端设备铺设、网络升级、智能安防设备购置、智慧物业管理系统等改造升级，对老旧社区、信息化基础条件较差的社区，要结合老旧小区改造，重点支持社区服务环境、社区服务设施、技防设施等硬件改造升级，推动智慧社区建设与完整社区建设、农村人居环境建设、老年友好型社区建设等有效衔接。到 2025 年，要基本构建起网格化管理、精细化服务、信息化支撑、智能化安防、开放共享的智慧社区服务平台，初步打造成智慧共享、和睦共治的新型数字社区，社区治理和服务智能化水平显著提高，更好感知社会态势、畅通沟通渠道、辅助决策施政、方便群众办事。

（三）强化保障支持。市、县两级政府、省直各部门要按照有关领域财政事权划分，加大相关资金渠道统筹力度，支持智慧社区相关建设项目，要健全完善政府指导、多方参与的智慧社区建设资金投入机制，积极采取政府购买社会力量服务、政府和社会资本合作模式（PPP 模式）等方式，鼓励引导社会力量参与智慧社区建设，支持各类市场主体承接智慧社区建设项目运营。对医疗、社保、民政、生活缴费等高频服务事项，应保留线下办理渠道，推动综合性实体政务服务大厅适老化改造，进一步完善政务服务大厅便利老年人、未成年人、残疾人等各类群体的配套服务设施。通过设置“绿色服务通道”或专门服务窗口、优化窗口办事指引等，为老年人等群体提供优待办理服务。支持社会组织、社会工作者、志愿者积极参与智慧社区建设，结合自身实际扩展数字化线下服务功能，提供专业化、特色化、个性化服务。

（四）强化队伍建设。加强城乡社区工作者队伍建设，强化智慧社区工作力量。综合考虑社区规模、管理范围、居民构成和人口数量等因素，合理设置社区工作者员额，通过选派、选任、招聘等方式，选拔高校毕业生等有一定信息化知识的优秀人才充实社区工作者队伍。加强对社区工作者信息化技能培训，按照省级抓示范、市级抓重点、县级抓普遍、部门抓系统行业的培训原则，在社区工作者培训课程中设置智慧化、信息化、数字化有关内容，提升社区工作者应用大数据、云计算、人工智能等信息技术为社区居民服务的能力。引导高等院校信息化相关专业毕业生在智慧社区建设相关领域就业创业。面向城乡社区居民开展智慧社区综合信息平台相关知识普及和教育培训，提高智慧社区应用水平。

江苏省公共数据管理办法（节选）

（2021 年 12 月 14 日江苏省人民政府第 95 次常务会议讨论通过）

第一章　总则

第一条　为了规范公共数据管理，保障公共数据安全，推进数字化发展，加快建设数字政府，提升政府治理能力和公共服务水平，根据《中华人民共和国数据安全法》等法律、法规，结合本省实际，制定本办法。

第二条　本省行政区域内公共数据处理活动及其监督管理，适用本办法。法律、法规另有规定的，从其规定。

本办法所称公共数据，是指本省各级行政机关、法律法规授权的具有管理公共事务职能的组织、公共企事业单位（以下统称公共管理和服务机构）为履行法定职责、提供公共服务收集、产生的，以电子或者其他方式对具有公共使用价值的信息的记录。

开展公共数据处理活动涉及保密、个人信息等情形，以及涉及公共数据的政府信息公开，依照《中华人民共和国保守国家秘密法》《中华人民共和国个人信息保护法》《中华人民共和国政府信息公开条例》等法律、法规的规定执行。

第三条　公共数据管理应当遵循政府统筹、应用牵引、便利服务、保障安全的原则。

第四条　县级以上地方人民政府统一领导本行政区域公共数据管理工作，将公共数据管理工作纳入本行政区域国民经济和社会发展规划，建立健全工作协调机制，统筹解决公共数据管理重大问题，落实数据安全责任，组织开展监督考核。公共数据管理工作所需经费纳入本级财政预算。县级以上地方人民政府的主要负责人是本行政区域公共数据管理工作的第一责任人。

第五条　省政务服务管理办公室是省公共数据主管部门，负责组织、指导、协调、监督公共数据管理工作。省大数据管理中心是省公共数据运行管理机构，具体负责公共数据归口管理工作，建设和管理省公共数据平台。设区的市、县（市、区）人民政府应当确定本级公共数据主管部门和公共数据运行管理机构，并明确其职责。

网信部门依法负责统筹协调网络数据安全和相关监管工作。发展改革、教育、科技、工业和信息化、自然资源、交通运输、卫生健康、地方金融、通信等有关主管部门根据实际情况，制定本行业、本部门公共数据的建设和管理规范，负责公共数据相关管理工作，并承担监管职责。

公共管理和服务机构应当确定本机构公共数据管理具体责任单位及其负责人并明确其职责，做好本机构公共数据的收集获取、目录编制、共享开放、更新维护和安全保障等工作，依法提供、使用公共数据；根据公共数据管理需要，探索建立本机构首席数据（数字）官制度。

第六条　本省统筹数字化发展和安全，建立健全数据安全治理体系，强化公共数据安全全流程保护，提高数据安全保障能力。

第七条　公共数据主管部门建立由有关主管部门、教育和科研机构、社会组织、企业等方面专家组成的公共数据专家委员会，负责研究论证公共数据管理中的重大、疑难问题，评估公共数据风险，提出专业建议。

第八条　本省按照长江三角洲区域一体化、长江经济带发展等国家战略开展区域合作交流，推动建立公共数据区域一体化标准体系，推进公共数据资源供需对接和共享应用，促进数据要素市场一体化发展，提升区域治理现代化水平。

第九条　鼓励和支持各地区、各部门结合实际情况，在法治框架内积极探索有利于公共数据共享开放和开发利用的创新举措；对探索中出现失误或者偏差，符合规定条件的，按照国家和省有关规定可以予以免责或者减轻责任。

第六章　公共数据安全

第四十一条　有关主管部门、公共数据运行管理机构、公共管理和服务机构开展公共数据处理活动应当依法建立健全全流程数据安全管理制度，落实公共数据安全保护责任，保障数据安全。

第四十二条　公共数据依法实行分类分级保护。公共数据主管部门会同有关主管部门结合数据安全、个人信息保护和数据应用需求等因素，根据国家分类分级保护制度要求，推动制定本省公共数据分类分级具体规则。

公共管理和服务机构按照分类分级规则，结合本行业、本区域特点，制定公共数据分类分级实施细则，确定相应的监管防护措施。制定公共数据分类分级具体规则、实施细则应当综合考虑数据汇聚、关联分析等因素，并征求公共数据专家委员会意见。

第四十三条 各地区、各部门对本地区、本部门工作中收集和产生的公共数据以及数据安全负责。

有关主管部门承担本行业、本领域公共数据安全监管职责。

公安机关、国家安全机关等依法在各自职责范围内承担公共数据安全监管职责。

第四十四条 网信部门会同有关主管部门按照国家有关规定建立健全公共数据安全风险评估、报告、信息共享、监测预警机制。

公共管理和服务机构应当落实与数据安全防护级别相适应的监测预警措施，发现数据安全缺陷、漏洞等风险时应当立即采取补救、预防措施。

第四十五条 网信部门会同有关主管部门建立公共数据管理安全应急处置机制，指导公共管理和服务机构制定安全处置应急预案，定期组织应急演练，保障公共数据管理工作安全有序。

发生数据安全事件，公共管理和服务机构应当立即采取处置措施，按照规定及时告知用户并向有关主管部门报告。有关主管部门应当立即启动应急预案，采取相应的应急处置措施，消除安全隐患，防止危害扩大，并及时向社会发布与公众有关的警示信息。

第四十六条 公共管理和服务机构应当监督受委托提供相关信息系统建设、维护和公共数据存储、加工等服务的主体履行相应的数据安全义务。受委托提供服务的主体应当依照法律、法规规定和安全保密协议等合同约定履行数据安全义务，不得擅自留存、使用、泄露或者向他人提供相关公共数据。

公共管理和服务机构应当建立完善受委托提供服务的主体全流程数据安全监管机制，有效预防、发现、处置各类数据安全风险隐患，确保数据安全事件可追查、可追溯。

第四十七条 公共数据利用主体应当依法完善数据安全保护制度，履行法律、法规规定和公共数据利用协议约定的数据安全保护义务，及时向提供公共数据的公共管理和服务机构报告利用过程中发现的各类数据安全问题。

第七章 保障和监督

第四十八条 公共数据提供按照谁主管谁负责、谁提供谁负责的原则，公共数据利用按照谁使用谁负责、谁管理谁负责的原则，实施公共数据全流程管理。公共数据主管部门统筹监管公共数据管理工作，公共数据运行管理机构负责具体实施公共数据管理工作。

第四十九条 有关主管部门应当将公共数据管理相关项目纳入政府投资计划，按照公共数据资源目录核定公共数据建设和管理相关费用，将公共数据建设和管理相关经费纳入部门财政预算，并优先安排。

第五十条 公共管理和服务机构申报使用财政性资金建设的信息化项目以及包含信息化建设内容的项目时，应当附具相关公共数据资源目录。公共管理和服务机构向公共数据主管部门完整、及时、规范提供公共数据资源目录，向公共数据平台汇聚公共数据，是确定项目建设投资、运行维护经费和验收的重要依据。

第五十一条 公共数据主管部门应当建立健全公共数据资产登记管理制度和动态管理机制，汇总登记本级公共数据资产。

公共管理和服务机构负责登记本机构公共数据资产，接受本级公共数据主管部门和国有资产监管等有关部门的指导。

第五十二条 发生重大自然灾害事件、公共卫生事件等突发事件，造成或者可能造成严重社会危害，直接影响公民、法人和其他组织切身利益的，公共数据主管部门应当会同公共管理和服务机构根据需要，依法及时、准确共享开放相关公共数据，并动态更新。法律、法规另有规定的，从其规定。

第五十三条 公共数据主管部门应当加强公共数据管理人才引进和培训，制定激励和培训计划，推动与教育和科研机构建立公共数据管理人才联合培养机制。

第五十四条 县级以上地方人民政府应当将公共数据管理工作纳入绩效管理内容。组织开展考核评议工作可以委托第三方对公共数据共享开放的程度和效果进行评估，评估结果向社会公布。

对在公共数据管理工作中做出突出贡献的单位和个人，按照有关规定给予表彰和奖励。

第五十五条　公共数据主管部门应当实施公共数据日常监管，与有关主管部门双向推送、共享公共数据监管信息，综合开展互联网监管和信用监管，对公共数据共享开放、开发利用等过程中的失信行为依法实施失信约束。

公共数据主管部门指导公共管理和服务机构建立公共数据管理各环节透明化、可审计、可追溯管理和风险研判机制。

第五十六条　公共数据利用主体认为公共数据存在错误、遗漏等情形的，可以通过公共数据平台向提供公共数据的公共管理和服务机构反映；提供公共数据的公共管理和服务机构应当标注、核实，会同公共数据运行管理机构在各自职责范围内及时处理、反馈，通报相关机构。具体办法由省公共数据主管部门制定。

第五十七条　任何单位和个人有权向提供公共数据的公共管理和服务机构以及有关主管部门举报违法利用公共数据行为，提供公共数据的公共管理和服务机构、有关主管部门应当依法及时处理，有关法律、法规、规章没有规定期限的，应当在 10 个工作日内处理。

第五十八条　公共数据共享开放、开发利用等过程中产生争议的，可以提请公共数据主管部门协调解决。公共数据主管部门可以将有关争议问题交由公共数据专家委员会提出专业建议。

第九章　附则

第六十三条　对本省其他国家机关、中央国家机关派驻本省的机关或者派出机构为履行法定职责、提供公共服务收集、使用公共数据的管理，参照本办法执行。法律、法规另有规定的，从其规定。

第六十四条　本办法自 2022 年 2 月 1 日起施行。

福建省人民政府办公厅关于印发 2022 年数字福建工作要点的通知（节选）

闽政办〔2022〕16 号

各市、县（区）人民政府，平潭综合实验区管委会，省人民政府各部门、各直属机构，各大企业，各高等院校：

《2022 年数字福建工作要点》已经省委、省政府同意，现印发给你们，请认真组织实施。

福建省人民政府办公厅
2022 年 3 月 17 日

（此件主动公开）

2022 年数字福建工作要点

2022 年数字福建工作，要以习近平新时代中国特色社会主义思想为指导，全面贯彻落实党的十九大和十九届历次全会精神以及全国“两会”精神，深入学习贯彻习近平总书记在福建考察时的重要讲话精神，全面落实省第十一次党代会、省委经济工作会议、省“两会”部署，立足新发展阶段、贯彻新发展理念、服务和融入新发展格局，围绕新时代数字福建建设，着力构建“数据+服务+治理+协同+决策”的政府运行新模式，加快国家数字经济创新发展试验区建设，强化营商环境建设信息化支撑，打造能办事、快办事、办成事的“便利福建”，为全方位推进高质量发展超越提供有力支撑。

一、打造协同高效的数字政府

（略）

二、做大做强做优数字经济

（略）

三、建设共治共享的数字社会

（一）全面建设新型智慧城市。建设“数字孪生城市”，统筹推进城市管理网格，构建“一网统管”的城市管理系统。支持福州、厦门、泉州、漳州建设城市大脑，启动省、市级城市信息模型（CIM）基础平台和城市运行管理服务平台建设，推动福州、厦门等城市率先开展“CIM+”应用。（责任单位：省发改委、数字办、住建厅，省直有关单位，各设区市人民政府、平潭综合实验区管委会）

（二）加快数字乡村建设。开展国家数字乡村试点及数字乡村聚力行动。推进农村宽带通信网、移动互联网、数字广播电视网发展和智慧广电乡村工程建设。构建省级乡村“数字大脑”，提升乡村治理精细化水平。推进基层“互联网+法律服务”、应急广播通信体系建设。（责任单位：省网信办、农业农村厅、司法厅、广电局、数字办，福建广电网络集团）

（三）加强数字文旅建设。引导建设一批文旅与科技深度融合示范主体，推动博物馆等公共文化机构和景区数字化建设。推进数字文旅系统融合提升工程建设，提升文旅公共数据和数字资源的汇聚应用能力。建设国家文化大数据体系（福建），加强数字文化创意产品开发、推广。加快红色数字资源建设，推进红色资源数字化管理应用。（责任单位：省委宣传部、党史方志办，省文旅厅、文物局、数字办，福建广电网络集团）

（四）提升智慧健康水平。加快“三医一张网”整合，建立“三医”信息共享交换平台。基于福建码，建立以居民身份证号码为主索引的实名身份认证体系，推动医疗就诊“一卡（码）就医”应用。改造提升全民健康信息平台，加快推进检查检验结果互认和影像共享调阅。（责任单位：省卫健委、医保局、药监局、公安厅、数字办、通信管理局，省大数据公司）

（五）实施智慧教育工程。实施智慧教育创新示范工程，遴选一批省级智慧教育示范区、智慧校园示范校。推进福州市国家智慧教育示范区建设。谋划部署省级教育专网建设。（责任单位：省教育厅，福州市人民政府）

（六）加强智慧民政建设。建设智慧民政综合应用平台，升级省养老服务、婚姻登记、社会组织管理等业务平台。推进“互联网+社会救助”服务改革，建设低收入人口动态监测平台。推进国家区块链创新应用综合试点（区块链+民政）建设。建设福建省退役军人事务一体化平台。（责任单位：省民政厅、退役军人事务厅）

四、构建赋智赋能的数据资源体系

（一）健全数据资源管理制度。落实《福建省大数据发展条例》，制定《全省一体化公共大数据体系建设方案》《福建省公共数据资源开放开发管理办法（试行）》。加强全省公共数据资源汇聚共享应用通报评估工作。（责任单位：省发改委、数字办，省直有关单位，各设区市人民政府、平潭综合实验区管委会）

（二）加强公共数据汇聚共享应用。坚决打破信息孤岛、数据壁垒，6月底前全省各级部门信息系统全面接入全省公共数据汇聚共享服务体系，省公共数据汇聚共享平台有效数据达500亿条以上。梳理事项数据共享需求清单，强化数据纠错、质量管控。建设全省跨部门数据综合分析应用平台，持续推进“全省办事免提交证照”清单生成应用。完善提升空间地理基础数据库，建设金融、健康医疗、生态、交通等主题数据库。（责任单位：省发改委、数字办、自然资源厅、生态环境厅、交通运输厅、卫健委、金融

监管局，省直有关单位，各设区市人民政府、平潭综合实验区管委会）

（三）加快数据资源开发利用。加快公共数据资源有序开放和场景式开发利用，推动各地市、企业的特色应用场景挖掘。推进泉州纺织鞋服等特色产业大数据中心建设，打造服务政府、服务社会、服务企业的成熟应用场景。峰会期间挂牌成立福建大数据交易中心，探索建立数据资产评估、登记结算、交易撮合、流通服务等市场运营体系，培育数据交易流通服务市场主体。（责任单位：省发改委、数字办，省直有关单位，各设区市人民政府、平潭综合实验区管委会，省大数据公司）

五、打造坚强有力的数字新基建

（一）全面升级信息网络基础设施。协同推进5G和千兆光网建设，部署一批5G行业虚拟专网，新建5G基站2万个、10G-PON及以上端口5万个，支持福州、厦门、泉州、平潭等建设“千兆城市”。实施中小城市云网强基行动。优化基站资源共享。深化电信普遍服务，持续完善老区苏区、海岛地区、偏远农村宽带网络覆盖。支持厦门建设国际互联网专用通道。加快物联网在工业制造、农业生产、公共服务、应急管理等领域覆盖。建设新型有线电视网络基础设施。实施IPv6流量提升三年专项行动计划。（责任单位：省通信管理局、工信厅、发改委、数字办、广电局，厦门市人民政府）

（二）推进云网协同和算网融合发展。引导数据中心节能降碳改造。推动中国电信（长乐）东南信息园数据中心、中国移动（厦门）数据中心、数字福建（安溪）产业园数据中心、中国土楼云谷等，以及国企云、教育云、医疗云、海洋云、能源云等建设。建设数据中心直连网络。稳步推进云资源池、边缘云节点、内容分发网络等应用基础设施向中小城市下沉部署。推进福建智能视觉AI开放平台、厦门鲲鹏超算中心、泉州先进计算中心等建设，推进综合性人工智能基础设施建设。（责任单位：省发改委、数字办、通信管理局，省直有关单位，有关设区市人民政府，有关通信运营商）

（三）加快发展融合基础设施。加快市政、交通运输、水利、物流、环保等领域基础设施智能化改造。推动工业互联网高质量外网延伸覆盖至区县，支持制造业龙头企业利用新技术开展企业内网改造。实施工业（产业）园区标准化建设“新型基建专项行动”。培育一批综合型、特色型、专业型等多层次工业互联网服务平台。面向重点行业、领域新建若干个标识解析二级节点，工业互联网标识注册量达4200万条。（责任单位：省发改委、数字办、教育厅、工信厅、住建厅、生态环境厅、交通运输厅、水利厅、通信管理局）

六、（略）

七、保障措施

（一）推动省大数据公司全面运作。（略）

（二）强化监测评价。（略）

（三）营造良好发展生态。（略）

（四）确保网络和信息安全。完善信息基础设施网络安全防护能力建设，推进数据安全、个人信息保护等领域基础制度建设。建设关键信息基础设施安全保护平台，加强关键信息基础设施保护，强化数据资源全生命周期安全保护。（责任单位：省网信办、公安厅、发改委、数字办、通信管理局）

江西省平安建设条例

（2022年11月25日江西省第十三届人民代表大会常务委员会第四十二次会议通过）

第一章　总则

第一条　为了建设更高水平的平安江西，提高社会治理能力，维护社会长治久安，推进经济社会高质量发展，根据有关法律、行政法规，结合本省实际，制定本条例。

第二条　本省行政区域内平安建设及其相关监督管理活动，适用本条例。

本条例所称平安建设，是指组织和动员全社会力量，加强和创新社会治理，依法防范社会风险，化解矛盾纠纷，维护社会秩序，预防和减少违法犯罪，防止和减少安全生产事故，提高社会治理水平，构建共建共治共享格局，保障国家安全、社会安定和人民安宁。

第三条　开展平安建设，应当坚持中国共产党的领导，坚持以人民安全为宗旨，以政治安全为根本，以经济安全为基础，以科技文化社会安全为保障，坚持安全发展，统筹传统安全与非传统安全，夯实国家安全和社会稳定基层基础，以新安全格局保障新发展格局。

开展平安建设，应当坚持安全第一，预防为主，坚持属地管理、谁主管谁负责，坚持系统治理、依法治理、综合治理、源头治理、专项治理。

第四条　开展平安建设，应当完善风险监测预警体系、公共安全体系、应急管理体系、重点领域安全保障体系和重要专项协调指挥体系，强化经济、重大基础设施、金融、网络、数据、生物、资源、食品和药品、重要产业链供应链安全体系建设。

开展平安建设，应当提高防范化解重大风险能力，推动公共安全治理模式向事前预防转型。推进安全生产风险专项整治，加强重点行业、重点领域安全监管。

第五条　开展平安建设，应当完善正确处理新形势下人民内部矛盾机制，加强和改进信访工作，畅通和规范群众诉求表达、利益协调、权益保障通道。健全城乡社区治理体系，推进市域社会治理现代化。

开展平安建设，应当发展壮大群防群治力量，营造见义勇为社会氛围，建设人人有责、人人尽责、人人享有的社会治理共同体。

第六条　平安建设的主要任务是：

（一）维护国家政治安全；

（二）健全社会治安防控体系；

（三）防范社会风险、化解矛盾纠纷；

（四）依法预防和惩处各类违法犯罪行为；

（五）建立健全维护公共安全体系；

（六）加强安全生产和应急管理工作；

（七）推进网络综合治理；

（八）健全基层社会治理机制；

（九）平安建设其他任务。

第七条　平安建设实行领导责任制。各级各单位党政主要负责人为平安建设工作的第一责任人，分管负责人为平安建设工作的直接责任人，其他负责人对分管工作范围内平安建设工作负直接领导责任。

第八条　平安建设实行目标管理责任制。机关、团体、企业事业单位以及其他组织应当根据工作职责，明确工作目标，确定工作任务、责任部门和责任人。

第九条　县级以上人民政府应当将平安建设纳入国民经济和社会发展规划与年度计划，履行平安建设相关职责，并将平安建设工作经费纳入本级财政预算。

第十条　机关、团体、企业事业单位以及其他组织应当加强平安建设宣传和教育活动，普及平安建设知识。

新闻媒体应当加强平安建设的宣传，发挥舆论引导和监督作用。

第二章　工作机构和职责

第十一条　省、设区的市、县（市、区）、乡镇（街道）应当设立平安建设统筹协调机构（以下简称统筹协调机构），负责统筹协调本辖区内的平安建设工作。统筹协调机构可以根据平安建设工作需要，设立若干由相关职能部门牵头的专项组，统筹做好平安建设重点工作。

统筹协调机构履行下列职责：

（一）贯彻落实党中央、国务院关于平安建设的决策部署和党委政府的工作要求；

（二）组织、指导实施平安建设相关法律、法规；

（三）掌握平安建设动态，定期分析平安建设形势，总结和推广平安建设经验；

（四）研究拟订本辖区内有关平安建设的政策、措施；

（五）组织平安建设工作、协调解决平安建设中遇到的重大事项和问题；

（六）组织开展平安建设领导责任制和目标管理责任制落实、督导考核、表彰奖励等工作；

（七）处理协调平安建设其他工作。

统筹协调机构下设办公室，负责统筹协调机构日常工作，具体工作职责由统筹协调机构确定。

第十二条　统筹协调机构应当根据平安建设工作需要，确定本辖区内的有关部门和单位作为平安建设的成员单位（以下简称成员单位），并实行动态调整。成员单位有关平安建设的具体工作职责由统筹协调机构确定。

成员单位应当根据统筹协调机构确定的有关平安建设的具体工作职责，建立健全本单位本系统本行业平安建设工作制度并组织实施，按照规定向同级统筹协调机构报告平安建设工作履职情况。成员单位应当把本单位本系统本行业平安建设工作与业务工作同谋划部署，同推进落实。

成员单位应当明确负责平安建设工作的专门机构，配备人员负责本单位平安建设的日常工作。

非成员单位的机关、团体、企业事业单位以及其他组织应当建立和完善平安建设工作制度，落实平安建设主体责任，接受所在地统筹协调机构的指导、督促和检查。

第十三条　省、设区的市、县（市、区）、乡镇（街道）、村（社区）设立社会治安综合治理中心（以下称综治中心），作为整合社会治理资源、创新社会治理方式、矛盾纠纷多元化解的工作平台。

综治中心应当加强标准化、实体化建设，根据工作需要配备必要的办公场所和人员，健全实体化运行工作机制，履行平安建设相关工作职责。

第三章　基层和基础建设

第十四条　乡镇人民政府、街道办事处、村（社区）应当履行本辖区内平安建设职责，组织开展基层平安创建活动，动员社会力量参与基层平安建设。

乡镇人民政府、街道办事处应当及时受理、依法处理或者组织协调有关单位及时处理辖区内群众诉求、化解社会矛盾纠纷、排查安全隐患。需要多部门协同解决的，由乡镇人民政府、街道办事处商县级人民政府有关部门及其派出机构、承担公共服务职能的企业事业单位等进行处理，必要时可以报县级人民政府确定责任部门。

第十五条　县级人民政府应当建立健全基层网格化服务管理机制，科学合理设置网格，整合综合治理、信访、应急管理等各类资源，根据网格服务管理事项编制网格员职责清单，为网格员提供相应保障，发挥网格化服务管理在基层平安建设工作中的基础性作用。

基层网格分为基层治理网格、基础网格和专属网格。城市社区按照一定常住人口数量为单位设置基层治理网格，行政村可以根据居住分布和人口密度将一个或者多个村民小组或者自然村设置为基础网格，行政单位、各类园区、商务楼宇、贸易市场、学校、农（林）场、医疗卫生机构、企业事业单位等根据实际需要设置专属网格。

每一城市社区网格应当配备一名专职网格员，统一纳入社区工作者队伍管理。其他网格根据实际需要配备专职或者兼职网格员。

网格员应当按照网格服务管理事项开展信息收集、治安巡防、矛盾纠纷排查化解、突发事件报告、安全隐患排查等工作，对收集的公众诉求、问题隐患等事项依法及时报告和反馈。

第十六条 各级人民政府和统筹协调机构应当建立健全人防物防技防结合、网上网下结合、打防管控结合的工作机制，增强治安防控的整体性、协同性、精准性。

第十七条 县级以上人民政府应当推进公共安全视频监控系统建设，执行相关技术标准，整合各类视频图像资源，强化系统联网、应用和安全防护，提高公共区域视频监控系统建设质量和效果。

第十八条 统筹协调机构应当依托社会治理大数据平台统筹信息化建设，推进社会治理大数据平台与公共安全视频监控系统、智能安防小区管理平台以及成员单位的社会治理数据信息及时、有效、安全对接，加强信息数据规范管理，实现信息资源的安全共享，提升风险研判、矛盾化解、治安防控的信息化水平。

第十九条 县级以上人民政府应当建立健全应急管理体制，制定突发事件应急预案，建设应急综合指挥平台，完善突发事件应急处置机制，强化综合实战演练和培训教育。

县级以上人民政府自然资源、卫生健康等有关主管部门应当根据自身工作职责和本级人民政府相关应急预案，制定涉及自然灾害、事故灾难、公共卫生和社会安全等突发事件的部门应急预案，依法处置相关突发事件，维护人民群众生命财产安全和社会稳定。

第二十条 县级以上人民政府司法行政部门应当健全法律顾问制度和法律援助制度，全面推进法律明白人培养工程，加强公共法律服务平台建设，推动各类法律服务资源整合，为人民群众提供优质高效的法律服务。

第二十一条 县级以上人民政府卫生健康主管部门应当会同教育、司法行政等有关主管部门和社会组织建设基层社会心理服务平台，加大社会心理服务热线在城乡社区的覆盖面。

第二十二条 机关、团体、企业事业单位以及其他组织应当加强内部治安保卫组织建设，依法建立健全内部治安保卫制度，加强治安防范设施建设，加强重要部位安全保卫，及时排除处理治安隐患；涉密单位应当加强国家安全人民防线制度建设，及时消除泄密、窃密隐患。

公安机关、国家安全机关应当依法指导、监督机关、团体、企业事业单位以及其他组织内部治安保卫和人民防线工作。

第二十三条 各级人民政府及相关部门应当及时回应公众诉求、妥善解决公众反映的问题。

鼓励公众通过 12345、12348、12339 等便民服务平台咨询、求助、投诉、举报或者提出意见、建议。

第四章　风险防控和矛盾化解

第二十四条 县级以上人民政府及相关部门应当健全涉及征地拆迁、工程建设、环境保护、教育卫生等方面的重大决策风险评估制度，根据有关规定开展风险评估，做到管决策必须管风险，将风险评估作为重大决策前的必经程序，并将评估报告以及决策情况及时报送同级统筹协调机构。

第二十五条 各级人民政府及相关部门应当建立健全社会风险隐患排查与预警制度，定期排查各类社会风险隐患，加强风险研判，对可能影响社会稳定的风险，按照规定通报和发布预警信息。

第二十六条 各级人民政府及相关部门应当建立健全矛盾风险防控协同制度，制定职能部门矛盾风险防控责任清单，加强矛盾风险防控协同的培训、演练，及时有效防范和处置各类社会矛盾风险。

第二十七条　机关、团体、企业事业单位以及其他组织应当加强意识形态安全工作，落实意识形态阵地建设和管理。

人民法院、人民检察院、公安机关、国家安全机关、司法行政部门以及相关部门，应当发挥职能作用，严密防范、依法打击和处置各种渗透颠覆破坏活动、暴力恐怖活动、宗教极端主义、民族分裂活动和邪教违法犯罪活动以及其他危害国家安全的活动，完善反间谍工作机制，维护国家政治安全。

第二十八条　统筹协调机构及其成员单位应当完善重大网络舆情一体化应急处置协调制度，建立健全依法办理、舆论引导、社会面管控同步工作机制，及时防范化解网络重大风险。

网信部门、通信管理机构、公安机关、国家安全机关和其他相关部门应当按照职责加强网络安全管理和防护工作，依法惩处利用网络危害国家安全、荣誉和利益，传播暴力、淫秽色情信息，编造、传播虚假信息扰乱经济秩序和社会秩序，以及侵害他人名誉、隐私、知识产权和其他合法权益等违法犯罪行为。

网络运营者应当依法履行网络安全主体责任，履行网络安全保护义务，接受政府监管和社会监督，承担社会责任。

第二十九条　县级以上人民政府应当落实地方金融监督管理制度，建立健全金融风险防范和处置工作机制，稳妥处理地方金融领域影响社会稳定的问题。

处置非法集资牵头部门应当会同国务院金融监管部门驻本省分支机构、派出机构，有关行业主管部门、监管部门、综治中心建立健全非法集资防控机制，发挥监测预警平台、网格化管理和银行机构资金异动监测预警机制作用，加强对非法集资等非法金融活动的监测预警和依法处置。

金融机构、非银行支付机构应当建立健全内部管理制度，执行大额交易和可疑交易报告制度，规范营销宣传行为，普及金融知识，提高投资者、金融消费者的安全意识和风险防范能力。

第三十条　县级以上人民政府应当加强对安全生产工作的领导，建立健全安全生产工作协调制度；负有安全生产监督管理职责的主管部门应当加强危险化学品、烟花爆竹、矿山、建筑施工、交通、消防等重点产业、行业领域安全生产监管执法，督促生产经营单位遵守安全生产法律法规，预防和减少安全生产事故。

生产经营单位应当依法落实安全生产主体责任，建立健全全员安全生产责任制，构建安全风险分级管控和隐患排查治理双重预防机制，提高安全生产水平，保障安全生产。

第三十一条　县级以上人民政府应当建立健全突发公共卫生事件风险预防控制、医疗救治和监督管理制度，加强疫情监测，强化疫情报告，及时发现疫情风险，防范化解突发公共卫生事件风险。

第三十二条　统筹协调机构及其成员单位应当依法建立健全矛盾纠纷多元化解机制，完善矛盾纠纷多元化解服务平台功能，加强调解队伍建设，发挥和解、调解、公证、仲裁、行政裁决、行政复议、诉讼等的优势和作用，促进矛盾纠纷及时有效化解。

第五章　专项治理和重点监管

第三十三条　各级人民政府及相关部门、监察委员会、人民法院、人民检察院应当建立健全常态化扫黑除恶斗争预防和惩治长效机制，依法做好反有组织犯罪工作，依法惩处涉黑涉恶违法犯罪行为。

有关主管部门应当按照职责分工对行业领域突出问题开展排查整治，健全落实市场准入、备案管理、重点监控、社会监督等制度，发现涉黑涉恶等违法犯罪线索的，及时移交有关机关。

第三十四条　县级以上人民政府应当建立健全反电信网络诈骗协调工作制度，组织领导本行政区域内反电信网络诈骗工作。

公安机关与金融监管、通信管理等部门应当建立常态协作制度，建立健全电信网络诈骗预警拦截、封堵劝阻以及涉案资金即时查询、紧急止付、快速冻结、及时解冻和资金返还工作机制，依法惩处利用电信、网络等方式实施的诈骗行为。

电信企业、金融机构、非银行支付机构、互联网企业等单位应当依法履行主体责任，加强电信网络诈骗风险监测和反诈骗宣传教育，发现涉嫌电信网络诈骗的，应当及时向客户作出风险提示，按照规定采取阻断措施并向公安机关报告。

第三十五条 公安机关应当会同相关部门依法加强枪支、弹药、管制刀具以及爆炸性、放射性、毒害性、腐蚀性等危险物品的监督管理，对违法行为及时处理，消除安全隐患。

危险物品的生产、运输、储存、销售、使用、进出口等相关单位应当依法实行经营许可、经营备案、流向追踪、销售购买人员登记、失窃被抢和可疑情况报告等安全管理制度，做好内部安全管理工作，配合政府相关部门的监督检查。

第三十六条 县级以上人民政府应当加强对禁毒工作的领导，完善禁毒工作机制。

县级以上人民政府禁毒委员会及其成员单位应当依法履行禁毒工作职责，防止发生制毒活动，防止麻醉药品、精神药品、易制毒化学品流入非法渠道，加强对吸毒人员的服务管理，提高在校学生抵御毒品的意识和能力。

第三十七条 县级以上人民政府市场监督管理部门应当会同有关部门加强食品安全监督管理，根据食品安全风险监测、风险评估结果和食品安全状况等，确定监督管理的重点、方式和频次，实施风险分级管理。

县级以上人民政府市场监督管理部门应当加强药品研制、生产、经营、使用全过程监管，保证药品质量，保障公众用药安全和合法权益，保护和促进公众健康。

县级以上人民政府市场监督管理部门应当与人民法院、人民检察院、公安机关等加强案情通报、案件移送、检验认定、调查处置、督办指导、联合惩戒等方面的合作，完善行政执法与刑事司法、检察公益诉讼的衔接机制，依法惩处食品药品违法犯罪行为。

第三十八条 县级以上人民政府应当建立健全生态文明建设协调制度，推进生态环境保护综合执法改革，健全生态环境保护督察制度，预防和减少环境污染、生态环境损害事故的发生，依法落实生态环境修复责任制度。

县级以上人民政府水利、生态环境、自然资源、农业农村、林业等部门应当依托河长制湖长制林长制等工作机制，协同推进流域综合管理，强化长江江西段、鄱阳湖、赣江、抚河、信江、饶河、修河等重点流域环境治理，依法惩处非法捕捞、非法采砂、非法倾倒、非法排污等违法行为。

人民法院、人民检察院、公安机关等应当完善环境资源司法保护制度，健全生态环境公益诉讼制度，规范生态环境损害赔偿工作，依法惩处破坏生态和污染环境的违法犯罪行为。

第三十九条 县级以上人民政府交通运输、邮政等行业主管部门和公安、应急管理等行业监管部门应当共同落实监管责任，依法惩处利用寄递物流渠道进行的各种违法犯罪活动。

货运、邮政、快递、仓储等物流运营单位，应当依法建立健全安全管理制度，执行禁寄物品名录，实行安全查验制度，对客户身份信息进行查验、实名登记，发现可疑物品或者客户拒绝检查和登记的，不得提供运输、寄递服务；发现禁寄物品的，及时向交通运输、邮政、公安等部门报告。

第四十条 县级以上人民政府有关主管部门应当加强现代移动通信、人工智能、人脸识别等新技术和网络直播、数字经济、共享经济等新业态、新经济的安全监督管理。

县级以上人民政府交通运输、市场监督管理、城市管理、商务、工业和信息化、网信、通信管理、邮政等部门和公安机关应当建立协同监管机制，加强对共享单车、共享租车、网约车、智能网联汽车等新业态企业和外卖餐饮、电子商务等相关平台、企业的监督管理，及时发现安全隐患，有效防范和处置新型风险。

网约车、外卖餐饮等相关互联网平台、企业应当加强对驾驶员、配送员的安全教育和管理，提高新型风险的识别和预警能力。

第四十一条 县级以上人民政府旅游主管部门应当加强旅游设施、旅游场所和旅游从业人员的管理，会同有关主管部门依法惩处旅游行业危害公共安全、破坏治安秩序等违法犯罪行为，建立健全旅游投诉受理机制。

旅游经营者应当执行安全生产管理和消防安全管理的法律、法规和国家标准、行业标准，具备相应的安全生产条件，制定旅游者安全保护制度和应急预案，对提供的产品和服务进行安全检验、监测和评估，采取必要措施防止危害发生。

第四十二条 县级以上人民政府公安机关应当会同相关主管部门指导、督促重点区域和重要场所落实人防、物防、技防措施，加强安全隐患排查，及时消除各类安全风险。

学校、幼儿园、养老和儿童福利机构、医院、公园、文物保护单位、大型商业中心、工业园区、机场、车站、公交、地铁、铁路沿线、港口码头、出入境口岸、城中村、城乡接合部、监管场所等重点区域和重要场所的管理单位或者运营单位应当按照有关法律法规和技术标准配备安防人员和设施设备，制定突发事件应急预案，定期组织培训和应急演练，提高风险防控能力。

第四十三条 县级以上人民政府公安机关应当依法加强对大型群众性活动的安全管理工作。对经过安全许可的大型群众性活动，公安机关应当根据安全需要组织相应警力，维持活动现场及周边的治安、交通秩序，预防和处置突发事件。

第四十四条 县级以上人民政府教育主管部门应当会同公安、城市管理、市场监督管理等部门建立健全学生安全区域制度，完善校园及周边综合治理长效机制，做好安全防范工作。

学校、幼儿园及培训机构应当会同公安机关强化校园安全防范建设，按照规定落实专职保安员、护学岗和封闭化管理等安全管理制度，配备一键式紧急报警和视频监控系统等设施。

学校、幼儿园及培训机构应当落实安全管理制度，健全校园安全预案、动态监测和分析研判机制，开展多种形式的安全知识教育。

第四十五条 县级以上人民政府司法行政部门应当会同相关主管部门开展对社区矫正对象、刑满释放人员的教育矫正、安置帮教、职业培训、就业指导、困难帮扶、心理疏导等工作，预防和减少重新违法犯罪。

县级以上人民政府卫生健康主管部门应当建立对精神障碍患者的经常性社会心理疏导和危机干预机制，加强对严重精神障碍患者筛查、确诊患者登记报告、随访管理，防范极端事件发生。

县级以上人民政府应当设立专门教育指导委员会，推进专门学校规范化建设，健全教育矫治有严重不良行为未成年人工作体系，预防和减少未成年人违法犯罪。

第四十六条 县级以上人民政府应当加强对流动人口服务和管理工作的领导，组织公安机关、人力资源和社会保障、卫生健康等部门建立健全流动人口综合信息系统，实现政府部门之间信息共享。

公安机关应当加强流动人口的居住登记和居住证管理工作，人力资源和社会保障、卫生健康、民政、教育、住房和城乡建设等部门按照各自职责做好相关服务管理工作，其他单位、组织和个人应当协助做好流动人口相关的服务和管理工作。

第四十七条 县级以上人民政府其他有关主管部门应当根据各自职责，做好平安建设专项治理和重点监管工作。

第六章 社会参与

第四十八条 各级人民政府应当引导企业事业单位、基层群众自治组织、社会组织、志愿者等依法参与平安建设工作，运用红色资源，弘扬红色文化，创新治理方式方法，提升共建共治共享的社会治理水平。

第四十九条 工会、共青团、妇联、残联等人民团体应当结合各自职责和工作特点，通过多种方式做好平安建设相关工作，依法维护职工、未成年人、妇女、残疾人等的合法权益。

第五十条 企业事业单位应当依法建立健全社会风险隐患排查机制，及时消除社会风险隐患，并向相关主管部门报告。

企业事业单位可以设立人民调解委员会，及时化解矛盾纠纷。

企业事业单位应当履行社会责任，参与所在地平安建设，创建平安企业、平安单位。

第五十一条 村民委员会、居民委员会应当依法协助乡镇人民政府、街道办事处开展平安建设工作，推动平安建设相关内容纳入村规民约、居民公约，组织引导村民、居民参与平安建设活动。

村民委员会、居民委员会应当建立健全治安保卫组织，开展宣传教育、治安巡逻、帮教转化、矛盾纠纷排查调处等治安防范工作。

第五十二条 业主委员会、物业服务企业应当与居民委员会共同推进平安小区建设，化解邻里矛盾纠纷，维护本居民区的社会治安秩序和业主合法权益。

物业服务企业应当依法做好物业服务区域内安全防范和管理服务工作，协助公安机关和其他相关单位做好社区治理、治安巡查、矛盾调解、公益宣传等平安建设工作。

第五十三条 鼓励和支持符合条件的社会组织参加城乡网格化管理和基层社会治理工作，依法承接平安建设有关事项。

鼓励和支持行业协会、商会发挥行业自律功能，引导成员参与平安建设活动，协助有关部门做好本行业平安建设相关工作。

鼓励和支持社会工作服务机构参与平安建设活动，在犯罪预防、矫治帮教、法律咨询、心理咨询、应急处置、婚姻家庭等领域提供专业服务。

第五十四条 鼓励和支持社会公众参加平安建设志愿活动，开展社会治安巡查、矛盾调解、平安法治宣传、应急处置救援、特殊群体关爱、提供法律服务等工作。

统筹协调机构和有关部门应当健全平安建设志愿服务激励保障机制，加强对平安志愿者的组织、指导、培训，为志愿服务提供便利。

参与平安建设志愿活动受到恐吓威胁、滋事骚扰、跟踪尾随、攻击辱骂、财产损失的，公安机关应当依法处理并采取相关保护措施。

第五十五条 家庭成员应当树立新时代家庭观，传承尊老爱幼、男女平等、夫妻和睦等家庭美德，加强家庭家教家风建设，参加文明家庭创建活动。

家庭应当与相关部门、学校共同配合，根据未成年人生理、心理特点，采取多种方式对未成年人开展预防犯罪教育，使未成年人树立遵纪守法的观念，增强防范违法犯罪的意识。

第五十六条 各级人民政府可以通过购买服务的方式，依法将适合由社会组织承担的矛盾纠纷调解、特殊人群服务管理、预防未成年人违法犯罪、社会心理服务等事项交由符合条件的社会组织承担。

第七章 监督和奖惩

第五十七条 省统筹协调机构应当建立健全平安建设考核评价机制，制定考核评价标准和指标体系，强化考核评价结果运用，推动落实平安建设工作目标管理责任制和领导责任制。设区的市、县（市、区）、乡镇（街道）统筹协调机构可以结合实际情况，根据省统筹协调机构制定的考核评价标准和指标体系制定本辖区的具体考核办法。

考核结果纳入综合考核指标体系，作为领导班子和领导干部业绩评价的重要依据以及领导干部晋职晋级、评优评先、奖励惩处的依据。

第五十八条 各级统筹协调机构应当完善督导检查机制，发现有下列情形之一的，应当对领导班子和领导干部进行责任督导和追究：

（一）不重视平安建设，相关工作措施落实不力，基层基础工作薄弱，治安秩序严重混乱的，或者在较短时间内连续发生重大刑事案件、群体性事件、公共安全事件的，或者发生特别重大刑事案件、群体性事件、公共安全事件的；

（二）对矛盾纠纷排查化解不及时，导致反复发生信访人到非指定的接待场所走访或者严重影响社会稳定的案（事）件，造成恶劣影响的；

（三）存在重大治安隐患，在上级主管部门、有关部门或者统筹协调机构及其办公室提出警告、监察建议、司法建议、检察建议、公安提示函、整改建议后，拒不整改或者整改不力的；

（四）单位职工违法犯罪情况严重，在社会上造成恶劣影响的；

（五）平安建设考核评价不合格、不达标的；

（六）对群众反映强烈的社会治安重点地区和突出公共安全、治安问题等，没有采取有效措施的或者出现反弹，或者公众安全感低以及对政法部门工作满意度低的；

（七）需要督导和追究的其他事项。

具有前款情形的，各级统筹协调机构或者有权机关根据情况采取下列方式依法进行责任督导和追究：通报、约谈、挂牌督办、黄牌警告、实行一票否决权制、引咎辞职、责令辞职、免职等。

第五十九条　省统筹协调机构应当建立健全平安建设公众评价机制，开展公众安全感和政法部门工作满意度的社会调查；开展社会调查，可以委托专业机构、社会组织等第三方进行。统筹协调机构可以将调查结果作为考核评价和责任督导的依据。

第六十条　县级以上人民代表大会常务委员会应当加强贯彻落实平安建设法律法规情况的监督。

监察委员会、人民法院、人民检察院、公安机关、国家安全机关在履行职责中发现相关单位履行平安建设职责存在突出问题的，可以依法提出监察建议、司法建议、检察建议、公安提示函、反间谍安全防范风险提醒书。

第六十一条　对在平安建设工作中成绩显著的单位、家庭和个人，统筹协调机构或者有关部门应当按照国家和本省有关规定给予表彰、奖励。

对见义勇为人员应当按照有关法律、法规予以奖励和保护。

第六十二条　机关、团体、企业事业单位以及其他组织未依法履行平安建设职责的，由同级统筹协调机构责令限期整改；拒不整改或者整改不符合要求的，可以建议有权机关依法给予处理。收到建议的机关应当依法及时调查处理。

机关、团体、企业事业单位以及其他组织的工作人员拒不履行平安建设工作职责或者在平安建设工作中滥用职权、玩忽职守、徇私舞弊的，由有权机关依法给予处理；构成犯罪的，依法追究刑事责任。

第八章　附则

第六十三条　本条例自2023年1月1日起施行。1992年4月25日江西省第七届人民代表大会常务委员会第二十七次会议通过，1997年8月15日江西省第八届人民代表大会常务委员会第二十九次会议修正，2003年8月1日江西省第十届人民代表大会常务委员会第四次会议修订的《江西省社会治安综合治理条例》同时废止。

江西省教育厅关于进一步加强校园安全防范工作的通知

各设区市、省直管县（市）教育局，赣江新区社会发展局，各高校、省属中专：

为深入贯彻习近平总书记关于校园安全稳定工作重要论述和省委省政府、教育部领导的批示精神，全面加强校园安全管理，坚决防止类似事故再次发生，以实际行动迎接党的二十大胜利召开，现就进一步做好校园安全防范工作通知如下。

一、全面开展涉校涉生安全隐患大排查。各地各校要会同公安、市场监管等部门，立即、再次、全面开展校园（含幼儿园）安全隐患大排查大整治，对学校安全管理制度落实、安防建设、周边综合治理、消防安全、校车安全、学生集中活动场所等逐一进行摸排，特别是要做好涉校涉生矛盾纠纷排查化解，严防激化升级引发伤害事件，切实消除各类安全隐患。要加强对校外培训机构安全管理，重点排查所有培训机构的安全设施和保障措施。要加强对暑期校内托管服务的安全监管，防暑条件不到位的一律不得开办，保安人员不到位的一律不得开办，安全保障措施不到位的一律不得开办。

二、持续强化校园安防建设。各地各校要会同公安机关持续强化校园安全防范建设，确保专职保安员、护学岗、封闭化管理、一键式紧急报警和视频监控系统配备 100% 达标。要进一步加强校园安保队伍建设，加大培训力度，提升专业素质，配足配齐校园安防八件套设备，确保安保人员在职在岗，尽心履责，并具备熟练操作技能。一键式紧急报警和视频监控系统要与属地公安机关、教育部门实现联网，确保实现一键报警，及时联动处置。

三、持续强化重点人员稳控。各地各校要配合政法、公安、司法、卫生健康等部门，了解掌握校园周边严重精神障碍患者、吸毒人员、刑满释放人员、涉访滋事人员和生活失意、心态失衡、行为偏执、扬言报复社会等易肇事肇祸人员的信息、动向，严防其在校园及周边实施极端暴力犯罪或肇事肇祸。

四、持续强化校园及周边治理。各地各校要严格落实门卫值守制度，发挥安检门的作用，认真查验出入学校人员和车辆，严防不法分子和管制刀具等危险物品进入校园。要加大校内重点部位、区域巡查力度，加强校内人员管理。要会同公安、政法等部门进一步健全公安民警为主导，警务辅助人员、学校安保人员和群防群治力量共同参与的“护学岗”机制，做好上下学时段校门周边防控工作，确保重点时段、重点部位安全可控。

五、切实压实校园安全主体责任。各地各校要始终坚持“两个至上”，牢固树立“安全工作无小事”的思想，进一步提高站位，深刻认识维护学校安全、学生安全的极端重要性，不断强化大局意识、责任意识，认真落实学校安全工作职责，切实做到党政同责、一岗双责、齐抓共管，把学校安全责任落到实处，把校园安全各项措施落实到位，坚决防范发生重特大安全事故。

中共江西省委教育工委　江西省教育厅

2022 年 8 月 3 日

山东省人民政府办公厅关于推动城乡建设绿色发展若干措施的通知（节选）

各市人民政府，各县（市、区）人民政府，省政府各部门、各直属机构，各高等院校：

为深入贯彻习近平生态文明思想，全面落实《中共中央办公厅国务院办公厅关于推动城乡建设绿色发展的意见》，进一步提升全省城乡建设绿色发展水平，助力实现碳达峰、碳中和目标，经省委、省政府同意，现就推动城乡建设绿色发展工作有关事项通知如下。

一、构建城乡绿色发展空间载体

（略）

二、推动基础设施绿色升级

（略）

三、推进建造方式绿色转型

（略）

四、推动形成绿色治理模式

（十一）推进新型智慧城市建设。完善新型智慧城市建设标准和政策法规，开展城市信息模型平台建设，构建城市三维地质模型，以数字化、信息化、智慧化赋能城市建设管理，2025 年新型智慧城市建设覆盖率达到 100%。积极布局“新城建”，实施智能化市政基础设施建设和改造提升，支持济南、青岛、济宁、烟台等市开展全国新型城市基础设施建设试点。实施“城市大脑”提升行动，加快数字化城市管理平台向智慧化升级。提升城市运行管理效能和风险监测预警能力，加强城市综合体、高层建筑等消防安全管理。推进智慧社区（村居）建设，到 2025 年建成 5000 个左右智慧社区（村居）。（省住房城乡建设厅、省大数据局牵头，省民政厅、省自然资源厅、省消防救援总队等按照职责分工负责）

（略）

五、切实加强组织领导

（略）

山东省人民政府办公厅
2022 年 5 月 2 日

（此件公开发布）

河南省数字经济促进条例（节选）

（2021 年 12 月 28 日河南省第十三届人民代表大会常务委员会第二十九次会议通过）

第一章　总则

第一条　为了促进数字经济发展，全面建设数字经济强省，推动经济社会高质量发展，根据有关法律、行政法规，结合本省实际，制定本条例。

第二条　本省行政区域内促进数字经济发展、保障数字经济安全等相关活动适用本条例。

本条例所称数字经济，是指以数据资源为关键生产要素，以现代信息网络为重要载体，以数字技术促进效率提升和结构优化的经济形态。

第三条　发展数字经济是本省经济社会发展的重要战略。发展数字经济应当遵循统筹规划、市场主导、创新引领、共建共享、包容审慎、数据安全的原则。

第四条　县级以上人民政府应当将数字经济发展纳入国民经济和社会发展规划，加大对数字经济发展的投入，促进数字经济高质量发展。

县级以上人民政府应当加强对数字经济促进工作的领导，建立统筹协调机制，解决数字经济发展中的重大问题。

第五条　县级以上人民政府发展改革部门是数字经济的主管部门，负责组织、协调、推进数字经济发展工作。

县级以上人民政府工业和信息化部门负责电子信息产业和软件服务业管理工作，拟定并组织实施相关规划、政策和标准，促进数字经济发展。

县级以上人民政府教育、科技、公安、民政、财政、人力资源社会保障、自然资源、生态环境、住房城乡建设、交通运输、水利、农业农村、商务、文化和旅游、卫生健康、应急、市场监管、统计、大数据、能源以及网信、通信管理等有关部门应当按照职责分工，做好促进数字经济发展相关工作。

第六条 县级以上人民政府数字经济主管部门应当会同有关部门，根据上级人民政府数字经济发展规划，结合本地实际，编制本行政区域数字经济发展规划，报同级人民政府批准后实施。

第七条 省人民政府及有关部门应当推动数字经济开放合作，加强与有关国家和地区在数字基础设施建设、电子商务、数字贸易等领域的合作交流；加强与省外数字经济合作，促进基础设施共建共享，数据资源依法有序流动、合法有效利用，数字产业协同发展。

第八条 鼓励和支持各类市场主体在合法、安全的前提下，参与数据资源开发利用、数字产业化发展、产业数字化转型及数字化治理和服务。

支持高等院校、科研机构、行业协会等为促进数字经济发展提供人才培养、创业孵化、投资融资、技术支持、产权交易等服务。

第九条 县级以上人民政府及有关部门、新闻媒体应当加强数字经济领域相关法律、法规、政策和知识的宣传普及，营造促进数字经济发展的良好氛围。

第十条 县级以上人民政府应当对在数字经济发展工作中作出突出贡献的单位和个人，按照有关规定给予表彰和奖励。

第二章　数字基础设施建设

第十一条 本条例所称数字基础设施，是指以信息技术为支撑、以信息网络为基础，为经济社会发展提供感知、传输、存储、计算及融合应用等基础性信息服务的公共设施体系，主要包括通信网络基础设施、算力基础设施、新技术基础设施、融合基础设施和信息安全基础设施等。

数字基础设施建设应当遵循安全可靠、自主可控的原则。

第十二条 县级以上人民政府应当将数字基础设施的建设和布局纳入国土空间规划，在制定市政、交通、电力、公共安全等相关基础设施规划时应当根据数字经济发展的需要，与数字基础设施建设规划统筹衔接。

第十三条 县级以上人民政府及有关部门、省通信管理部门应当支持新一代移动通信网络建设、光纤宽带网络优化布局和卫星互联网络、量子通信网络发展，推进互联网骨干网、城域网、接入网等信息通信网络建设。

工程建设、设计等单位应当将信息通信网络基础设施作为主体工程的重要组成部分，按照有关建设设计标准和规范同时设计、同时施工、同时验收，并保留完整的管线分布等数字基础设施建设档案。

第十四条 省人民政府及有关部门应当统筹推进数据中心、智能计算中心、超级计算中心等基础设施建设；支持数据中心优化建设和升级改造，提升资源利用水平和运行效率；推动云计算、边缘计算等多元计算协同发展，构建高效协同的数据处理体系。

设区的市、县级人民政府可以根据需要，按照国家产业政策统筹建设本区域数据中心、边缘计算中心等算力基础设施，在土地、电力保障等方面给予支持。

第十五条 省人民政府及有关部门应当统筹推进人工智能、区块链等新技术基础设施建设，支持建设底层技术平台、算法平台、开源社区等基础平台，建立领先的新技术能力支撑体系。

鼓励社会力量参与数字经济新技术基础设施建设。政府可以通过购买服务等方式，发挥基础平台作用，提供公共服务。

第十六条 县级以上人民政府及有关部门应当推动能源、交通、城建、农业、水利、环保、应急、医疗、健康、教育、文化和旅游等领域的传统基础设施数字化、网络化、智能化改造，建立经济社会智慧化运行的基础设施体系。

省人民政府工业和信息化部门、省通信管理部门应当推动工业互联网基础设施建设，完善工业互联网标识解析体系，支持建设多层次工业互联网平台体系，加强工业互联网安全能力建设，推动企业积极开展内外网升级改造，提升生产和管理效能。

县级以上人民政府及有关部门应当加快交通、物流、市政等重点领域物联网终端和智能传感器的规模部署，推动感知设备统一接入、集中管理和感知数据共享利用。

县级以上人民政府及有关部门应当加强乡村数字基础设施建设，推动乡村信息服务供给和基础设施数字化转型，完善农村电商基础设施，建立健全农产品网络销售的物流设施、供应链设施和支撑保障设施，促进乡村振兴战略实施。

第十七条　县级以上人民政府及有关部门应当构建完善云网数端一体化协同安全保障体系，运用可信身份认证、数字签名、接口鉴权、数据溯源等数据保护措施和区块链等技术，强化对数据资源和算力资源的安全防护。

县级以上人民政府及有关部门应当推动企业和第三方机构创新云安全服务模式，强化数据安全技术服务能力。

数字基础设施以及网络平台的管理者、运营者应当加强对关键信息基础设施和数据资源的安全保护。

第六章　数字化治理和服务

第四十七条　县级以上人民政府应当应用数字技术，推进数字政府、数字社会、新型智慧城市、数字乡村建设，提升公共服务数字化、智能化水平，推进治理体系和治理能力现代化，促进数字经济高质量发展。

第四十八条　省人民政府应当遵循集约便捷高效的原则，统筹数字政府建设，提升数字化治理能力。

县级以上人民政府及有关部门应当落实数字政府建设的要求，推进数字政府基础设施、公共支撑、数据服务、应用系统等集约化、一体化建设和运行，提升政府决策科学化、社会治理精准化、公共服务高效化、行政管理协同化水平。

第四十九条　县级以上人民政府应当落实新型智慧城市建设要求，按照新型智慧城市的总体架构，以需求为导向，根据城市规模和发展特点，推动城市治理、民生服务、生态宜居、产业发展等智能化创新应用，提升城市综合承载力、创造力、竞争力。

第五十条　县级以上人民政府应当促进数字技术在乡村产业发展、公共服务、集体资产管理等领域的综合应用，推进城市资源向乡村延伸，提升乡村治理水平。

第五十一条　县级以上人民政府应当强化社区服务和管理功能综合集成，推动标准化、规范化智慧小区建设，打造一体化智慧社区。

第五十二条　县级以上人民政府及有关部门应当加强信息资源深度整合应用，运用数字技术创新治理和服务模式，加强智慧交通、智慧医疗、智慧康养、智慧教育、智慧城管、智慧安防、智慧生态环境监控等建设，提升公共服务水平。

第八章　数字经济安全保障

第六十六条　县级以上人民政府及有关部门应当履行数字经济安全保障职责，健全安全风险评估和安全保障制度，建立监测预警和应急处置机制，采取安全保障措施，保护数据、网络、设施等方面的安全。

第六十七条　自然人、法人和非法人组织的数据信息受法律保护。

任何单位和个人收集、存储、使用、加工、传输、提供、公开数据资源，应当坚持合法、正当、必要、精准和诚信原则，遵守网络安全、数据安全、密码安全、电子商务、个人信息保护等有关法律、法规以及国家标准的强制性要求，不得损害国家利益、社会公共利益或者他人合法权益。

第六十八条　县级以上人民政府网信、公安等部门应当加强对个人信息数据采集和流通各环节的监督管理，依法查处危害个人信息数据安全的违法活动。

第六十九条　在数字经济活动中收集和产生的数据涉及出境的，应当遵守数据安全管理的相关法律、法规，依法进行安全评估，不得影响国家安全，不得损害社会公共利益，不得侵害个人信息安全，不得侵害其他市场主体的合法权益。

第七十条 数据的采集人、持有人和使用人应当采取技术手段和其他必要措施，确保其收集储存的数据安全，防止数据泄露、篡改、丢失。发生或者可能发生数据泄露、篡改、丢失的，应当及时采取补救措施，按照规定告知用户和相关权利人，并向网信、公安、工业和信息化、发展改革、通信管理等有关主管部门报告。

第七十一条 省人民政府及其有关部门应当组织建设网络交易监测平台。有关部门应当通过网络交易监测平台，对互联网平台经营者及网络交易实施在线监测，确保网络交易安全。网络运营者应当按照网络安全等级保护制度的要求，履行安全保护义务，保障网络免受干扰、破坏或者未经授权的访问，防止网络数据泄露或者被窃取、篡改。

第七十二条 省人民政府应当按照国家有关规定建立网络安全应急处置机制。发生网络安全事件时，有关主管部门应当依法启动应急预案，采取相应的应急处置措施，防止危害扩大，消除安全隐患，并及时向社会发布与公众有关的警示信息。

网络运营者应当制定网络安全事件应急预案，及时处置系统漏洞、计算机病毒、网络攻击、网络侵入等安全风险；在发生危害网络安全的事件时，立即启动应急预案，采取相应的补救措施，并按照规定向网信、公安、工业和信息化、发展改革、通信管理等有关主管部门报告。

第十章 附则

第七十六条 本条例自 2022 年 3 月 1 日起施行。

广东省乡村振兴促进条例（节选）

（2022 年 6 月 1 日广东省第十三届人民代表大会常务委员会第四十三次会议通过）

第一章 总则

第一条 为了全面实施乡村振兴战略，促进农业全面升级、农村全面进步、农民全面发展，加快农业农村现代化，根据《中华人民共和国乡村振兴促进法》等法律、行政法规，结合本省实际，制定本条例。

第二条 本条例适用于本省行政区域内乡村产业发展、乡村人居环境提升、乡村治理、城乡融合发展以及帮扶保障等乡村振兴促进活动。

第三条 乡村振兴促进工作应当坚持中国共产党的领导。

第二章 乡村产业发展

第十四条 县级以上人民政府及有关部门应当推进农业生产经营管理数字化、智能化转型，统筹建立标准化、集成化的数字农业体系，加强农业信息监测预警和综合服务，推进农业生产经营信息化。

县级以上人民政府应当支持建设智慧农业云平台和农业大数据平台，探索智慧农业技术集成应用解决方案，提升农业生产精细化、智能化水平，推动智慧农业发展。

第三章 乡村人居环境提升

第二十二条 各级人民政府应当统筹推进数字乡村建设，完善农村宽带通信网、移动互联网、数字电视网和下一代互联网，加快农村交通、电力、水利等传统基础设施数字化改造。

第四章　乡村治理

第三十条　建立健全现代乡村社会治理体制和自治、法治、德治相结合的乡村社会治理体系，培育和践行社会主义核心价值观，实施村务阳光工程，推进法治乡村建设，培育文明乡风，建设平安乡村，构建共建共治共享的社会治理格局。

第三十六条　各级人民政府及有关部门应当统筹发展和安全，落实平安建设责任制，推行乡村治理积分制、清单制；建立健全农村社会治安防控体系以及食品、药品、交通、消防和森林防火等公共安全体系，加强自然灾害防治，加强平安乡村建设。

第八章　附则

第五十九条　辖有村庄的街道办事处在乡村振兴促进工作中，参照本条例关于乡镇人民政府的规定履行相关职责。

第六十条　本条例自2022年9月1日起施行，《广东省农村扶贫开发条例》同时废止。

深圳经济特区人工智能产业促进条例（节选）

（2022年8月30日深圳市第七届人民代表大会常务委员会第十一次会议通过）

第一章　总则

第一条　为了促进深圳经济特区人工智能产业高质量发展，推进人工智能在经济社会领域深度融合应用，规范人工智能产业有序发展，根据有关法律、行政法规的基本原则，结合深圳经济特区实际，制定本条例。

第二条　本条例所称人工智能，是指利用计算机或者其控制的设备，通过感知环境、获取知识、推导演绎等方法，对人类智能的模拟、延伸或者扩展。

第三条　本条例所称人工智能产业，是指与人工智能相关的软硬件产品研究、开发和生产、系统应用、集成服务等核心产业，以及人工智能在民生服务、社会治理、经济发展等领域融合应用带动的相关产业。

第四条　本市人工智能产业发展遵循科技引领、应用驱动、以人为本、安全可控的原则。

第五条　市人民政府应当建立本市人工智能产业发展协调工作机制，统筹协调人工智能发展和安全工作，推动人工智能产业健康有序发展，充分发挥人工智能对经济、社会、生态等方面可持续发展的推动作用。

第六条　市工业和信息化部门是人工智能产业主管部门（以下简称市产业主管部门），负责实施、协调、督促本行政区域内人工智能产业发展工作。

市发展改革、教育、科技创新、公安、财政、人力资源保障、规划和自然资源、生态环境、住房和建设、交通运输、商务、卫生健康、国资、市场监管、统计、城管和综合执法、政务服务数据管理、中小企业服务等部门以及市网信部门在各自职责范围内，负责人工智能产业发展相关工作。

第七条　人工智能产业发展应当纳入本市国民经济和社会发展规划，明确人工智能产业发展的总体思路、发展目标、主要任务和政策措施。

市产业主管部门应当编制本市人工智能产业发展计划，报市人民政府批准后发布实施。

第八条　市市场监管部门应当会同市产业主管部门等有关部门建立和完善人工智能地方标准体系。

鼓励高等院校、科研机构、企业和其他组织参与制定人工智能领域的国际标准、国家标准、行业标准、地方标准和团体标准。

第九条 市统计部门、市产业主管部门应当会同其他有关部门，建立健全人工智能产业统计分类标准，制定和完善人工智能产业统计分类目录，有序开展人工智能产业统计调查和监测分析工作。

第十条 市人民政府有关部门应当按照鼓励创新的原则，对人工智能产业实行包容审慎监管。针对人工智能新技术、新产业、新业态、新模式等特点制定相应的监管规则和标准，实行分类分级监管。

第十一条 鼓励和支持高等院校、科研机构、企业和其他组织在基础研究、基础平台、技术开发、人才培育等方面开展国际交流与合作，推进技术创新和发展。

第十二条 在遵循有关法律法规和伦理安全规范的前提下，推动人工智能产品和服务的普及应用，提高全社会人工智能的应用意识和能力，推进经济社会智能化发展。

第三章 产业基础设施建设

第二十六条 市人民政府应当统筹规划以通信网络、数据中心、计算系统、一站式开发平台等为核心的产业基础设施建设，完善以市场为主体的建设运营机制，为人工智能产业发展提供公共服务。

第二十七条 市人民政府应当优化网络基础设施建设协调机制，解决用电、用地、审批、入场等问题。

第二十八条 市产业主管部门应当完善数据中心运行评估评价体系，探索提升数据中心能效标准，搭建支撑人工智能发展的绿色数据中心。

第二十九条 市政务服务数据管理部门应当按照公共数据资源体系整体规划和相关制度规范要求，构建人工智能产业公共数据资源体系。

第三十条 市市场监管部门应当会同有关部门建立人工智能应用领域的公共数据和行业数据标准体系，实现数据互通。

第三十一条 市人民政府应当建设公共数据开放平台，建立人工智能应用领域的公共数据共享目录和共享规则，推动公共数据分类分级有序开放。

第三十二条 鼓励从事人工智能研究和应用的组织和个人依托公共数据开放平台，开发人工智能产品和服务，推动公共数据在人工智能场景的创新应用。

第三十三条 推动人工智能领域数据的流通利用，促进数据要素资源化、资产化、资本化发展。

从事人工智能研究和应用的组织和个人对外提供其依法获取的个人数据的，除法律、法规另有规定的外，应当进行去标识化处理。

第三十四条 鼓励和支持高等院校、科研机构、企业和其他组织建设人工智能算力基础设施、开源开发平台和开源社区，利用国家超级计算深圳中心、鹏城云脑等计算平台，开放算力资源，降低企业开发成本，缩短开发周期，培育共享协作的开源治理生态。

第三十五条 鼓励和支持企业面向细分行业场景，建设人工智能开放创新平台，向行业上下游企业开放人工智能关键共性技术。

第三十六条 市人民政府应当推动人工智能测试检测以及认证平台建设，提供功能测试、安全性测试、可靠性评估、伦理安全风险评估等服务。

支持设立基础电子元器件检测认证及实验平台，面向智能终端、5G、智能汽车、高端装备等重点市场，加快完善相关标准体系，降低测试认证成本。

第四章 应用场景拓展

第三十七条 市人民政府应当推进人工智能在民生服务、社会治理、经济发展等领域的融合应用，支持人工智能新技术、新产品、新模式的应用推广。

探索搭建世界级先进技术应用推广平台，加快汇聚国内外前沿技术创新成果和高端创新要素。

第三十八条　本市国家机关、法律法规授权的具有管理公共事务职能的组织以及公共企事业单位应当率先使用人工智能产品和服务，推动社会管理数字化、智能化。

推进人工智能技术在行政和司法领域的应用，提升政务服务和司法服务的规范化、便利化、信息化水平。

第三十九条　推进人工智能技术在医疗、教育、就业、养老、文化、交通、住房保障等民生服务领域的应用，推动公共资源向基层延伸，构建优质、均衡、智能的民生服务体系。

第四十条　推进人工智能技术在社会治理、法律服务、社会治安防控、应急救援等领域的应用，提升政府治理能力和治理水平。

推进人工智能技术在金融风险、国有资产、规划投资、财政、税收、审计、统计等领域的应用，为本市制定经济政策、监控经济运行状态提供依据。

推进人工智能技术在自然资源、生态环境、水利、节能减排等领域的应用，提升对生态风险的防范处理能力。

第四十一条　推动人工智能技术在科技创新、产业发展、生产制造、商贸流通、金融服务等领域规模化应用，支持企业应用人工智能提升研发、生产和服务的智能化水平。

鼓励企业利用人工智能技术开展技术改造。市产业主管部门可以对企业开展智能化改造、技术装备升级换代改造给予资金支持。

第四十二条　支持保护儿童、老年人、残疾人以及其他特殊人群权益的人工智能产品和服务，保障和改善其基本服务需求和服务体验。

第四十三条　市产业主管部门应当建立人工智能应用场景开放制度，定期制定并发布人工智能场景需求清单，公开征集应用场景解决方案，吸引境内外高水平的人工智能产品和服务供给方。

探索建立人工智能应用场景供需市场化运营机制。

第四十四条　除涉及国家安全、公共利益和公民人身安全的领域外，对于国家、地方尚未制定标准但符合国际先进产品标准或者规范的低风险人工智能产品和服务，允许通过测试、试验、试点等方式开展先行先试。

第四十五条　建立电子元器件和集成电路交易平台，确立相关市场准入的实验标准和评估流程，降低5G、物联网等新一代信息技术和新型基础设施在相关领域准入门槛，推动相关融合应用示范。

第四十六条　鼓励医疗机构建立注册类医疗器械临床试验伦理审查互认机制，提高人工智能医疗器械的临床试验效率。允许采信由国家认证认可监督管理委员会会同国家药品监督管理局认定的第三方检验机构出具的医疗器械注册检验报告。

鼓励本市医疗机构使用辅助决策、影像或数据处理、医疗数据分析挖掘、医疗助理等人工智能产品与服务。

第六章　治理原则与措施

第六十三条　本市人工智能产业治理遵循和谐友好、公平公正、包容共享、尊重隐私、安全可控、共担责任、开放协作、敏捷治理原则，推动经济、社会以及生态可持续发展。

第六十四条　建立和完善政府规范、行业自律、企业自治、社会监督的人工智能治理机制，推动形成具有广泛共识的人工智能治理框架和标准规范，促进产业多元主体协同共治。

第六十五条　市人民政府应当按照国家人工智能治理相关规定，设立市人工智能伦理委员会，履行下列职责：

（一）研究制定人工智能领域的伦理安全规范；

（二）建立健全人工智能伦理安全规范管理制度，引导和规范人工智能伦理安全规范的制订和实施；

（三）分析研判数据和算法对信息权益保护、社会伦理道德、劳动就业等造成的影响；

（四）发布人工智能伦理安全实践指南、人工智能伦理安全白皮书以及人工智能企业伦理安全治理优秀案例集等，引导不同类型的人工智能企业建立完善伦理安全治理制度；

（五）评估、监督本市人工智能企业的伦理安全规范执行情况；

（六）其他应当开展的活动。

市人工智能伦理委员会的日常工作由市产业主管部门承担。

第六十六条 市人民政府及其有关部门根据人工智能应用的风险等级、应用场景、影响范围等具体情境，实施分级、分类差异化监管，完善人工智能领域监管机制。

高风险的人工智能应用应当采用事前评估和风险预警的监管模式。中低风险的人工智能应用应当采用事前披露和事后跟踪的监管模式。

人工智能应用分级分类监管办法由市人民政府另行制定。

第六十七条 市科技创新部门应当组织开展人工智能社会实验，研究人工智能发展对个人和组织的行为方式、收入变化、社会心理，以及对就业结构、社会公平等方面的综合影响，持续积累数据和实践经验。

市产业主管部门及其他部门应当开展人工智能发展的监测和评估，准确把握技术和产业发展趋势，开展人工智能对经济社会综合影响以及对策研究，及时调整产业发展政策。

第六十八条 行业组织依照法律、法规和章程的规定，开展行业自律管理，引导和督促本行业的经营者依法竞争，维护市场竞争秩序。

鼓励行业组织参与制定人工智能相关行业标准、技术指南、设计准则等行业制度规范，提供信息、技术、培训等服务，开展政策宣传、标准推广等活动。

第六十九条 人工智能企业应当将遵守伦理安全规范纳入本单位职业规范要求，并将伦理安全风险教育、法律法规教育纳入本单位人工智能从业人员培训的内容。

鼓励人工智能企业利用技术创新、技术对抗等方式，防范人工智能产品和服务可能出现的伦理安全风险和合规风险。

第七十条 鼓励和支持单位和个人开展人工智能研究和应用监督活动，向市产业主管部门、行业组织等举报违反法律、法规以及人工智能伦理安全规范的行为。

第七十一条 对于公共决策领域以及涉及公共利益的商业领域的算法，提供人工智能产品和服务的组织或者个人应当采取利于公众理解的方式进行算法说明。

第七十二条 从事人工智能研究和应用的组织或者个人，应当遵守人工智能伦理安全规范，在合理范围内开展相关活动。相关组织或者个人应当对人工智能产品和服务在国家利益、公共安全、商业秩序以及个人权益等方面可能产生的不利影响进行伦理安全规范审查和风险评估。

开展人工智能研究和应用活动，不得从事下列行为：

（一）提供危害国家安全或者社会公共利益的产品和服务；

（二）侵犯个人隐私或者侵害个人信息权益；

（三）提供危害身心健康的产品和服务；

（四）因种族、性别、国籍、民族和宗教信仰等歧视用户；

（五）利用算法技术根据用户的习惯、偏好、支付能力实施价格歧视或者消费欺诈等侵害消费者权益的行为；

（六）利用深度合成技术从事禁止行为；

（七）其他违反有关法律法规和伦理安全规范的行为。

违反前款规定的，依照《中华人民共和国民法典》以及国家安全、个人信息保护、消费者权益保护等有关法律、法规给予处罚或者追究相应责任。

第七章　附则

第七十三条 本条例自2022年11月1日起施行。

第四章　2022 年颁布的安防相关政策规划文件

第一节　国家政策规划文件

本节收录了 7 部 2022 年印发的行业相关国家政策规划文件节选内容，具体目录如下：

“十四五”国家应急体系规划（节选）

为全面贯彻落实习近平总书记关于应急管理工作的一系列重要指示和党中央、国务院决策部署，扎实做好安全生产、防灾减灾救灾等工作，积极推进应急管理体系和能力现代化，根据《中华人民共和国国民经济和社会发展第十四个五年规划和 2035 年远景目标纲要》，制定本规划。

一、规划背景（略）

（一）“十三五”时期取得的工作进展

（二）面临的形势

二、总体要求

（一）指导思想（略）

（二）基本原则（略）

（三）主要目标

总体目标：到 2025 年，应急管理体系和能力现代化建设取得重大进展，形成统一指挥、专常兼备、反应灵敏、上下联动的中国特色应急管理体制，建成统一领导、权责一致、权威高效的国家应急能力体系，防范化解重大安全风险体制机制不断健全，应急救援力量建设全面加强，应急管理法治水平、科技信息化水平和综合保障能力大幅提升，安全生产、综合防灾减灾形势趋稳向好，自然灾害防御水平明显提升，全社会防范和应对处置灾害事故能力显著增强。到 2035 年，建立与基本实现现代化相适应的中国特色大国应急体系，全面实现依法应急、科学应急、智慧应急，形成共建共治共享的应急管理新格局。

应急管理体制机制更加完善。领导体制、指挥体制、职能配置、机构设置、协同机制更趋合理，应急管理队伍建设、能力建设、作风建设取得重大进展，应急管理机构基础设施、装备条件大幅改善，工作效率、履职能力全面提升。县级以上应急管理部门行政执法装备配备达标率达到80%。

灾害事故风险防控更加高效。安全风险分级管控与隐患排查治理机制进一步完善，多灾种和灾害链综合监测、风险早期感知识别和预报预警能力显著增强，城乡基础设施防灾能力、重点行业领域安全生产水平大幅提升，危险化学品、矿山、交通运输、建筑施工、火灾等重特大安全事故得到有效遏制，严防生产安全事故应急处置引发次生环境事件。灾害事故信息上报及时准确，灾害预警信息发布公众覆盖率达到90%。

大灾巨灾应对准备更加充分。综合救援、专业救援、航空救援力量布局更加合理，应急救援效能显著提升，应急预案、应急通信、应急装备、应急物资、应急广播、紧急运输等保障能力全面加强。航空应急力量基本实现2小时内到达灾害事故易发多发地域，灾害事故发生后受灾人员基本生活得到有效救助时间缩短至10小时以内。

应急要素资源配置更加优化。科技资源、人才资源、信息资源、产业资源配置更趋合理高效，应急管理基础理论研究、关键技术研究、重大装备研发取得重大突破，规模合理、素质优良的创新型人才队伍初步形成，应急管理科技信息化水平明显提高，“一带一路”自然灾害防治和应急管理国际合作机制逐步完善。县级以上应急管理部门专业人才占比达到60%。

共建共治共享体系更加健全。全社会安全文明程度明显提升，社会公众应急意识和自救互救能力显著提高，社会治理的精准化水平持续提升，规范有序、充满活力的社会应急力量发展环境进一步优化，共建共治共享的应急管理格局基本形成。重点行业规模以上企业新增从业人员安全技能培训率达到100%。

三、深化体制机制改革，构建优化协同高效的治理模式（略）

（一）健全领导指挥体制
（二）完善监管监察体制
（三）优化应急协同机制
（四）压实应急管理责任

四、夯实应急法治基础，培育良法善治的全新生态（略）

（一）推进完善法律法规架构
（二）严格安全生产执法
（三）推动依法行政决策
（四）推进应急标准建设

五、防范化解重大风险，织密灾害事故的防控网络

（一）注重风险源头防范管控

加强风险评估。以第一次全国自然灾害综合风险普查为基准，编制自然灾害风险和防治区划图。加强地震构造环境精细探测和重点地区与城市活动断层探察。推进城镇周边火灾风险调查。健全安全风险评估管理制度，推动重点行业领域企业建立安全风险管理体系，全面开展城市安全风险评估，定期开展重点区域、重大工程和大型油气储存设施等安全风险评估，制定落实风险管控措施。开展全国工业园区应急资源和能力全面调查，指导推动各地建设工业园区应急资源数据库。

科学规划布局。探索建立自然灾害红线约束机制。强化自然灾害风险区划与各级各类规划融合，完善规划安全风险评估会商机制。加强超大特大城市治理中的风险防控，统筹县域城镇和村庄规划建设，严格控制区域风险等级及风险容量，推进实施地质灾害避险搬迁工程，加快形成有效防控重大安全风险

的空间格局和生产生活方式布局。将城市防灾减灾救灾基础设施用地需求纳入当地土地利用年度计划并予以优先保障。完善应急避难场所规划布局，健全避难场所建设标准和后评价机制，严禁随意变更应急避难场所和应急基础设施的使用性质。

（二）强化风险监测预警预报

充分利用物联网、工业互联网、遥感、视频识别、第五代移动通信（5G）等技术提高灾害事故监测感知能力，优化自然灾害监测站网布局，完善应急卫星观测星座，构建空、天、地、海一体化全域覆盖的灾害事故监测预警网络。广泛部署智能化、网络化、集成化、微型化感知终端，高危行业安全监测监控实行全国联网或省（自治区、直辖市）范围内区域联网。完善综合风险预警制度，增强风险早期识别能力，发展精细化气象灾害预警预报体系，优化地震长中短临和震后趋势预测业务，提高安全风险预警公共服务水平。建立突发事件预警信息发布标准体系，优化发布方式，拓展发布渠道和发布语种，提升发布覆盖率、精准度和时效性，强化针对特定区域、特定人群、特定时间的精准发布能力。建立重大活动风险提示告知制度和重大灾害性天气停工停课停业制度，明确风险等级和安全措施要求。推进跨部门、跨地域的灾害事故预警信息共享。

（三）深化安全生产治本攻坚

严格安全准入。加强工业园区等重点区域安全管理，制定危险化学品、烟花爆竹、矿山、工贸等“禁限控”目录，完善危险化学品登记管理数据库和动态统计分析功能，推动建立高危行业领域建设项目安全联合审批制度，强化特别管控危险化学品全生命周期管理。建立更加严格规范的安全准入体系，加强矿用、消防等设备材料安全管理，优化交通运输和渔业船舶等安全技术和安全配置。严格建设项目安全设施同时设计、同时施工、同时投入生产和使用制度，健全重大项目决策安全风险评估与论证机制。推动实施全球化学品统一分类和标签制度。

加强隐患治理。完善安全生产隐患分级分类排查治理标准，制定隐患排查治理清单，实现隐患自查自改自报闭环管理。建立危险化学品废弃报告制度。实行重大事故隐患治理逐级挂牌督办、及时整改销号和整改效果评价。推动将企业安全生产信息纳入政府监管部门信息平台，构建政府与企业多级多方联动的风险隐患动态数据库，综合分析研判各类风险、跟踪隐患整改清零。研究将安全风险分级管控和隐患排查治理列入企业安全生产费用支出范围。

深化专项整治。深入推进危险化学品、矿山、消防、交通运输、建筑施工、民爆、特种设备、大型商业综合体等重点行业领域安全整治，解决影响制约安全生产的薄弱环节和突出问题，督促企业严格安全管理、加大安全投入、落实风险管控措施。结合深化供给侧结构性改革，推动安全基础薄弱、安全保障能力低下且整改后仍不达标的企业退出市场。统筹考虑危险化学品企业搬迁和项目建设审批，优先保障符合条件企业的搬迁用地。持续推进企业安全生产标准化建设，实现安全管理、操作行为、设施设备和作业环境规范化。推动淘汰落后技术、工艺、材料和设备，加大重点设施设备、仪器仪表检验检测力度。推动各类金融机构出台优惠贷款等金融类产品，大力推广新技术、新工艺、新材料和新装备，实施智能化矿山、智能化工厂、数字化车间改造，开展智能化作业和危险岗位机器人替代示范。强化危险废物全过程监管，动态修订《国家危险废物名录》，修订危险废物鉴别、贮存以及水泥窑协同处置污染控制等标准，制定完善危险废物重点监管单位清单。建立废弃危险化学品等危险废物监管协作和联合执法工作机制，加强危险废物监管能力与应急处置技术支持能力建设。

（四）加强自然灾害综合治理

改善城乡防灾基础条件。开展城市重要建筑、基础设施系统及社区抗震韧性评价及加固改造，提升学校、医院等公共服务设施和居民住宅容灾备灾水平。加强城市防洪排涝与调蓄设施建设，优化和拓展城市调蓄空间。增强公共设施应对风暴和地质灾害的能力，完善公共设施和建筑应急避难功能。统筹规划建设公共消防设施，加密消防救援站点。实施农村危房改造和地震高烈度设防地区农房抗震改造，逐步建立农村低收入人口住房安全保障长效机制。完善农村道路安全设施。推进自然灾害高风险地区居民搬迁避让，有序引导灾害风险等级高、基础设施条件较差、防灾减灾能力较弱的乡村人口适度向灾害风险较低的地区迁移。

提高重大设施设防水平。提升地震灾害、地质灾害、气象灾害、水旱灾害、海洋灾害、森林和草原火灾等自然灾害防御工程标准和重点基础设施设防标准。加强城市内涝治理，实施管网和泵站建设与改造、排涝通道建设、雨水源头减排工程。科学布局防火应急道路和火灾阻隔网络。完善网络型基础设施空间布局，积极推进智能化防控技术应用，增强可替代性，提升极端条件下抗损毁和快速恢复能力。加快推进城市群、重要口岸、主要产业及能源基地、自然灾害多发地区的多通道、多方式、多路径交通建设，提升交通网络系统韧性。推进重大地质灾害隐患工程治理，开展已建治理工程维护加固。开展重点岸段风暴潮漫滩漫堤联合预警，推进沿海地区海堤达标和避风锚地建设，构建沿海防潮防台减灾体系。加强国家供水应急救援基地建设。防范海上溢油、危险化学品泄漏等重大环境风险，提升应对海洋自然灾害和突发环境事件能力。加快京津冀平原沉降综合防治和地质灾害安全管理。

六、加强应急力量建设，提高急难险重任务的处置能力（略）

（一）建强应急救援主力军国家队

（二）提升行业救援力量专业水平

（三）加快建设航空应急救援力量

（四）引导社会应急力量有序发展

七、强化灾害应对准备，凝聚同舟共济的保障合力（略）

（一）强化应急预案准备

（二）强化应急物资准备

（三）强化紧急运输准备

（四）强化救助恢复准备

八、优化要素资源配置，增进创新驱动的发展动能（略）

（一）破解重大瓶颈难题（略）

（二）构建人才集聚高地（略）

（三）壮大安全应急产业

优化产业结构。以市场为导向、企业为主体，深化应急管理科教产教双融合，推动安全应急产业向中高端发展。采用推荐目录、鼓励清单等形式，引导社会资源投向先进、适用、可靠的安全应急产品和服务。加快发展安全应急服务业，发展智能预警、应急救援救护等社区惠民服务，鼓励企业提供安全应急一体化综合解决方案和服务产品。

推动产业集聚。鼓励有条件的地区发展各具特色的安全应急产业集聚区，加强国家安全应急产业示范基地建设，形成区域性创新中心和成果转化中心。充分发挥国家安全应急产业示范基地作用，提升重大突发事件处置的综合保障能力，形成区域性安全应急产业链，引领国家安全应急技术装备研发、安全应急产品生产制造和安全应急服务发展。

支持企业发展。引导企业加大应急能力建设投入，支持安全应急领域有实力的企业做强做优，培育一批在国际、国内市场具有较强竞争力的安全应急产业大型企业集团，鼓励特色明显、创新能力强的中小微企业利用现有资金渠道加速发展。

（四）强化信息支撑保障

广泛吸引各方力量共同参与应急管理信息化建设，集约建设信息基础设施和信息系统。推动跨部门、跨层级、跨区域的互联互通、信息共享和业务协同。强化数字技术在灾害事故应对中的运用，全面提升监测预警和应急处置能力。加强空、天、地、海一体化应急通信网络建设，提高极端条件下应急通信保障能力。建设绿色节能型高密度数据中心，推进应急管理云计算平台建设，完善多数据中心统一调度和重要业务应急保障功能。系统推进“智慧应急”建设，建立符合大数据发展规律的应急数据治理体系，完善监督管理、监测预警、指挥救援、灾情管理、统计分析、信息发布、灾后评估和社会动员等功能。升级气象核心业务支撑高性能计算机资源池，搭建气象数据平台和大数据智能应用处理系统。推进自主可控核心技术在关键软硬件和技术装备中的规模应用，对信息系统安全防护和数据实施分级分类管理，建设新一代智能运维体系和具备纵深防御能力的信息网络安全体系。

九、推动共建共治共享，筑牢防灾减灾救灾的人民防线

（一）提升基层治理能力

以网格化管理为切入点，完善基层应急管理组织体系，加强人员力量配备，厘清基层应急管理权责事项，落实基层政府及相关部门责任。加强和规范基层综合性应急救援队伍、微型消防站建设，推动设立社区、村应急服务站，培养发展基层应急管理信息员和安全生产社会监督员，建立完善“第一响应人”制度。指导基层组织和单位修订完善应急预案。引导乡镇（街道）、村（社区）防灾减灾基础设施建设有序发展，增强城乡社区综合服务设施应急功能。统筹防灾减灾救灾和巩固拓展脱贫攻坚成果，防止因灾致贫返贫。推动国家安全发展示范城市、全国综合减灾示范县（市、区、旗）和全国综合减灾示范社区创建工作，新增全国综合减灾示范社区3000个以上，充分发挥示范引领作用。指导生产经营单位加强应急管理组织建设，推动监管和服务向小微企业延伸。

（二）加强安全文化建设（略）

（三）健全社会服务体系（略）

十、实施重大工程项目，夯实高质量发展的安全基础

（一）管理创新能力提升工程

1. 应急救援指挥中心建设。

建成国家应急指挥总部，完善调度指挥、会商研判、模拟推演、业务保障等设施设备及系统。按照就近调配、快速行动、有序救援的原则推进区域应急救援中心工程建设，健全完善指挥场所、综合救援、物资储备、培训演练、装备储备、航空保障场所及配套设施。建设综合应急实训演练基地，完善室内理论教学、室外实操实训、仿真模拟救援等设施设备。完善国家应急医学研究中心工作条件。推进国家、省、市、县四级综合指挥调度平台和地方应急指挥平台示范建设，实现各级政府与行业部门、重点救援队伍互联互通、协调联动。建设重点城市群、都市圈应急救援协同调度平台。

2. 安全监管监察能力建设。

制定执法装备配备标准，配齐配强各级各行业领域安全监管监察执法队伍装备，持续改善执法工作保障条件。提升安全监管监察执法大数据应用水平。建成危险化学品、矿山、城市安全、金属冶炼、油气等重大事故防控技术支撑基地。升级优化危险化学品登记管理系统。建成矿用新装备新材料安全准入分析验证实验室和火灾事故调查分析实验室，完善设备全生命周期认证溯源管理系统。充分利用现有设施，完善监管监察执法装备测试、验证、维护、校验平台和智能化矿山安全监管监察辅助决策支撑平台，加强省级安全生产技术支撑中心实验室和分区域安全生产综合技术支撑中心实验室建设。

（二）风险防控能力提升工程

3. 灾害事故风险区划图编制。

开展全国地震活动断层探察，编制第六代全国地震区划图。开展全国地质灾害风险普查，编制全国地质灾害风险区划图和防治区划图。开展台风、暴雨、暴雪等气象灾害和风暴潮、海啸等海洋灾害风险调查，编制不同尺度的危险性分布和风险评估分布图。开展安全生产重点行业领域专项调查。研发区域

综合风险评估、自然灾害与事故灾难耦合风险评估等关键技术，编制城市公共安全风险评估、重大风险评估和情景构建等相关技术标准。建设灾害事故风险调查、典型风险与隐患排查数据库，建设全国灾害评估与区划系统。

4. 风险监测预警网络建设。

实施自然灾害监测预警信息化工程，建设国家风险监测感知与预警平台，完善地震、地质、气象、森林草原火灾、海洋、农业等自然灾害监测站网，增加重点区域自然灾害监测核心基础站点和常规观测站点密度，完善灾害风险隐患信息报送系统。建设沙尘暴灾害应急处置信息管理平台，在主要沙尘源区试点布设沙尘暴自动监测站。升级覆盖危险化学品、矿山、烟花爆竹、尾矿库、工贸及油气管道等重点企业的监测预警网络。推进城市电力、燃气、供水、排水管网和桥梁等城市生命线及地质灾害隐患点、重大危险源的城乡安全监测预警网络建设。加快完善城乡安全风险监测预警公共信息平台，整合安全生产、自然灾害、公共卫生等行业领域监测系统，汇聚物联网感知数据、业务数据以及视频监控数据，实现城乡安全风险监测预警"一网统管"。建设基于云架构的新一代国家突发事件预警信息发布系统。稳步推进卫星遥感网建设，开发应急减灾卫星综合应用系统和自主运行管理平台，推动空基卫星遥感网在防灾减灾救灾、应急救援管理中的应用。

5. 城乡防灾基础设施建设。

实施地震易发地区学校、医院、体育馆、图书馆、养老院、儿童福利机构、未成年人救助保护机构、精神卫生福利机构、救助管理机构等公共设施和农村房屋抗震加固。推动基于城市信息模型的防洪排涝智能化管理平台建设。在重点城市群、都市圈和自然灾害多发地市及重点县区，依托现有设施建设集应急指挥、应急演练、物资储备、人员安置等功能于一体的综合性应急避难场所。加强城乡公共消防设施和城镇周边森林草原防火设施建设，开展政府专职消防队伍、地方森林草原消防队伍、企业专职消防队伍达标创建。加强农田、渔港基础设施建设和农村公路、隧道、乡镇渡口渡船隐患整治，实施公路安全生命防护工程、高速公路护栏提质改造和农村公路危桥改造。深入推进农村公路平交路口"一灯一带"示范工程。开展行业单位消防安全示范建设，实施高层建筑、大型商业综合体、城市地下轨道交通、石油化工企业、老旧居民小区等重点场所和易地扶贫搬迁安置场所消防系统改造，打通消防车通道、楼内疏散通道等"生命通道"。

6. 安全生产预防工程建设。

实施化工园区安全提质和危险化学品企业安全改造工程，以危险工艺本质安全提升与自动化改造、安全防护距离达标改造、危险源监测预警系统建设为重点，推进化工园区示范创建，建设化工园区风险评估与分级管控平台。推进城镇人口密集区危险化学品生产企业搬迁改造。开展煤矿瓦斯综合治理和水害、火灾、冲击地压等重大灾害治理。基本完成尾矿库"头顶库"安全治理及无生产经营主体尾矿库、长期停用尾矿库闭库治理。实施"工业互联网+安全生产"融合应用工程，建设行业分中心和数据支撑平台，建立安全生产数据目录。

（三）巨灾应对能力提升工程（略）

7. 国家综合性消防救援队伍建设。

8. 国家级专业应急救援队伍建设。

9. 地方综合性应急救援队伍建设。

10. 航空应急救援队伍建设。

11. 应急物资装备保障建设。

（四）综合支撑能力提升工程

12. 科技创新驱动工程建设。

建设重大自然灾害风险综合防范、重特大生产安全事故防控、复合链生灾害事故防治、城市安全与应急、矿山重大灾害治理、防汛抗旱应急技术、应急医学救援等国家级实验室和部级实验室。建设地震科学实验场和地震动力学国家重点实验室。实施大灾巨灾情景构建工程。建设火灾防治、消防救援装备、防汛抗旱和气象灾害防治、应急救援机器人检测、无人机实战验证、应急通信和应急装备物联网、大型石油储罐火灾抢险救援、城市跨类灾害事故防控、煤矿深部开采与冲击地压防治、高瓦斯及突出煤矿灾害防治等研究基地。依托现有机构完善危险化学品安全研究支撑平台。优化自然灾害领域国家野外科学观测研究站布局。建设应急管理领域国家科技资源共享服务平台和重点灾害地区综合防灾减灾技术支撑平台。完善区域地球表层、巨灾孕育发生机理等模拟系统和国际灾害信息管理平台。

13. 应急通信和应急管理信息化建设。

构建基于天通、北斗、卫星互联网等技术的卫星通信管理系统，实现应急通信卫星资源的统一调度和综合应用。提高公众通信网整体可靠性，增强应急短波网覆盖和组网能力。实施智慧应急大数据工程，建设北京主数据中心和贵阳备份数据中心，升级应急管理云计算平台，强化应急管理应用系统开发和智能化改造，构建“智慧应急大脑”。采用5G和短波广域分集等技术，完善应急管理指挥宽带无线专用通信网。推动应急管理专用网、电子政务外网和外部互联网融合试点。建设高通量卫星应急管理专用系统，扩容扩建卫星应急管理专用综合服务系统。开展北斗系统应急管理能力示范创建。

14. 应急管理教育实训工程建设。（略）

15. 安全应急装备推广应用示范。

实施安全应急装备应用试点示范和高风险行业事故预防装备推广工程，引导高危行业重点领域企业提升安全装备水平。在危险化学品、矿山、油气输送管道、烟花爆竹、工贸等重点行业领域开展危险岗位机器人替代示范工程建设，建成一批无人少人智能化示范矿井。通过先进装备和信息化融合应用，实施智慧矿山风险防控、智慧化工园区风险防控、智慧消防、地震安全风险监测等示范工程。针对地震、滑坡、泥石流、堰塞湖、溃堤溃坝、森林火灾等重大险情，加强太阳能长航时和高原型大载荷无人机、机器人以及轻量化、智能化、高机动性装备研发及使用，加大5G、高通量卫星、船载和机载通信、无人机通信等先进技术应急通信装备的配备和应用力度。

（五）社会应急能力提升工程

16. 基层应急管理能力建设。

实施基层应急能力提升计划，开展基层应急管理能力标准化建设，为基层应急管理工作人员配备常用应急救援装备和个体防护装备，选取条件较好的区域建设基层移动指挥中心、基层综合应急救援服务站。编制完善应急管理培训大纲、考核标准和相关教材，开展各级应急管理工作人员专业知识培训。推进应急广播系统建设，开展农村应急广播使用人员培训和信息发布演练。在交通不便或灾害事故风险等级高的乡镇开展应急物资储备点（库）建设。

17. 应急科普宣教工程建设。（略）

十一、组织实施（略）

（一）加强组织领导

（二）加强投入保障

（三）加强监督评估

国务院

2021年12月30日

“十四五”国家安全生产规划（节选）

为全面贯彻落实习近平总书记关于安全生产工作的一系列重要指示和党中央、国务院决策部署，根据《中华人民共和国安全生产法》《中华人民共和国国民经济和社会发展第十四个五年规划和 2035 年远景目标纲要》《“十四五”国家应急体系规划》等法律法规和文件，制定本规划。

一、现状与形势

（一）取得的进展（略）

（二）面临的形势（略）

二、指导思想、基本原则与规划目标

（一）指导思想（略）

（二）基本原则（略）

（三）规划目标

到 2025 年，防范化解重大安全风险体制机制不断健全，重大安全风险防控能力大幅提升，安全生产形势趋稳向好，生产安全事故总量持续下降，危险化学品、矿山、消防、交通运输、建筑施工等重点领域重特大事故得到有效遏制，经济社会发展安全保障更加有力，人民群众安全感明显增强。到 2035 年，安全生产治理体系和治理能力现代化基本实现，安全生产保障能力显著增强，全民安全文明素质全面提升，人民群众安全感更加充实、更有保障、更可持续。

专栏 1 “十四五”时期主要指标

序号	指标内容	预期值
1	生产安全事故死亡人数	下降 15%
2	重特大生产安全事故起数	下降 20%
3	单位国内生产总值生产安全事故死亡率	下降 33%
4	工矿商贸就业人员十万人生产安全事故死亡率	下降 20%
5	营运车辆万车死亡率	下降 10%
6	煤矿百万吨死亡率	下降 10%

三、织密风险防控责任网络

（一）深化监管体制改革

充分发挥国务院安全生产委员会统筹协调作用，压实成员单位工作责任，健全运行机制，形成工作合力。建立消防执法跨部门协作机制。加强国家矿山安全监察机构力量建设，优化各级机构设置和布局，充实专业人才，完善国家监察、地方监管、企业负责的矿山安全监管监察体制。推动负有安全生产监管职责的重点部门加强监管力量建设，确保有效履行职责。鼓励各地根据实际情况探索创新安全生产监管体制，指导乡镇、街道、功能区建立健全安全生产预防控制体系。优化安全生产监管力量配置，实施基层安全生产网格化监管，推动安全生产监管服务向小微企业和农村地区延伸。落实应急管理综合行政执法改革，整合行政执法职责，强化执法队伍建设，健全综合行政执法协调联动机制。

（二）压实党政领导责任（略）

（三）夯实部门监管责任（略）

（四）强化企业主体责任（略）

（五）严肃目标责任考核（略）

四、优化安全生产法治秩序

（一）健全法规规章体系（略）

（二）加强标准体系建设

加强全国安全生产有关专业标准化技术委员会建设，健全以强制性标准为主体、推荐性标准为补充的安全生产标准体系，构建“排查有标可量、执法有标可依、救援有标可循”的安全生产标准化工作格局。加快推进安全生产强制性国家标准和行业标准精简整合，有效提高强制性国家标准的通用性和覆盖面。强化安全生产基础通用标准制定，加快急需短缺标准制修订，增加标准有效供给。加快电化学储能、氢能、煤化工、分布式光伏发电等新兴领域安全生产标准制修订。积极培育发展安全生产团体标准、企业标准，推动建立政府主导和社会各方参与制定安全生产标准的新模式。加强安全生产标准信息服务，便于生产经营单位和社会公众查阅下载安全生产国家、行业和地方标准文本。强化安全生产领域强制性国家标准宣贯培训和实施效果评估，建立安全生产标准“微课云平台”。

专栏2　“十四五”安全生产标准制修订重点方向
1. 制订：安全风险监测预警、有限空间作业安全、化工过程安全、精细化工反应风险评估、硝酸铵安全、海洋石油天然气开采安全、页岩气开采作业、烟花爆竹工程设计与作业安全、安全生产应急救援等。 2. 修订：职工伤亡事故分类、职工伤亡事故调查分析、生产设备安全设计、化学品生产单位特殊作业安全、危险化学品重大危险源安全监控、氯气安全、尾矿库安全监测、涂装作业安全等。

（三）创新监管执法机制

科学划分企业安全生产风险等级，开展分类分级监管执法，强化对高风险企业的监督检查。统筹编制省、市、县级年度安全生产执法计划，将安全生产强制性标准实施情况列入执法检查内容，确定检查项目和频次。依托数字化转型赋能，试点探索安全生产风险动态感知新模式，实施差异化、针对性的精准监管执法。实行执法事项清单制度，编制统一执法目录。全面推行行政执法公示、执法全过程记录、重大执法决定法制审核制度。推进联合执法、区域执法、交叉执法，形成监管执泆合力。利用信息化平台和智能化装备等先进技术手段，创新监管监察执法方式，有效开展非现场监管监察。加强执法监督，完善内外部监督机制。建立政府购买服务和实施第三方协助检查机制，推行执法效果评估制度。完善安全生产政府法律顾问、执法行为审议制度及重大行政执法决策机制。健全安全生产行政执法与刑事司法衔接工作常态化协作机制，畅通案件移送流程，提高安全生产类案件与刑事打击的衔接准度和处置精度。推动出台刑法修正案（十一）涉及安全生产条款的司法解释，加大对安全生产犯罪的预防惩治力度。

（四）提升行政执法能力

健全应急管理综合行政执法人员的资格准入、教育培训、考核奖惩、容错纠错、准军事化管理等制度，推动建立专业化、职业化安全生产行政执法队伍。配齐配强行政执法专业人员力量。完善执法人员实操实训条件，定期开展专业培训。强化执法保障，将执法工作经费纳入本级财政预算，加强执法人员职业保障，按规定参加工伤保险，完善工资待遇、人身意外险等保障机制。制定实施安全生产监管监察能力建设规划。加强各级应急管理综合行政执法机构标准化建设和负有安全生产监管职责的部门监管能力建设，完善执法装备配备标准，强化执法工作条件保障。

五、筑牢安全风险防控屏障

（一）优化城市安全格局

完善规划安全风险评估会商机制，有效衔接国土空间规划，推动形成有效防控重大安全风险的城市空间安全发展格局。完善城市建设与运行安全的全生命周期管理，强化韧性城市建设。深化城市安全风险评估，健全城市安全风险管控体系。加强超大特大城市安全风险演化规律研究，健全重大安全风险全过程管控机制，强化特大城市重大安全风险综合管控。强化与市政设施配套的安全设施建设，推动将公共安全设施、消防训练、安全科普教育基地等纳入控制性详细规划和国土空间规划“一张图”。加强城市高层建筑、大型综合体、综合交通枢纽、隧道桥梁、管线管廊、道路交通、轨道交通、燃气、排水防涝、垃圾填埋场、渣土受纳场、电力设施、公园等的安全风险管控。推动有条件的地方制定危险化学品、烟花爆竹、矿山、工贸等“禁限控”目录。加强城市棚户区、城中村、城镇老旧小区与危房改造的安全监管，实施城市塌（沉）陷区安全专项治理。

（二）严格安全生产准入

持续推进企业安全生产标准化建设，推进重点行业领域企业安全生产标准化达标升级，推动安全生产基础薄弱、保障能力低下且整改后仍不达标的企业退出市场。建立落后产能化解机制，加快淘汰矿山、危险化学品、烟花爆竹等生产企业落后产能，防范产业升级过程中的系统风险。深化产业园区安全风险评估与规划布局，推进产业园区安全入园的清单管理。严格高危行业领域建设项目安全审查，完善建设项目安全设施同时设计、同时施工、同时投入生产和使用制度。加快淘汰不符合安全生产强制性标准的工艺技术和装备设施。实施高危行业领域企业主要负责人、安全生产管理人员和特种作业人员等从业人员安全素质提升行动。

（三）强化安全风险管控

推动安全生产深度融入“平安中国”“智慧城市”“城市更新”建设，强化安全风险动态监测、预警、识别、评估和处置。建立大客流监测预警和应急管控处置机制。加强国际性重大活动安全风险评估。严密防控电化学储能站等新技术新产业新业态安全风险。加快推进各行业领域安全生产风险监测预警系统建设，推进城市电力、燃气、供水、排水管网和桥梁等城市生命线及重大危险源安全风险监测预警网络建设，构建重大安全风险防控的全生命周期管理模式。开展智能化作业和危险岗位的机器人替代，实施安全风险综合防范工程，有序推进智能化试点，在关键风险位置实施机器人替代示范。推动第五代移动通信（5G）、物联网、大数据、人工智能等技术与安全生产风险防控的深度融合，实施智能化工厂、数字化车间、网络化平台项目试点。加强化工、桥梁、隧道、电力、油气、水利、核电等重大工程和设施安全风险防控。强化能源结构改革新形势下的电网安全保障，提升大面积停电等事故的防范和应急处置能力。

（四）精准排查治理隐患

深入推进全国安全生产专项整治三年行动，建立专项整治成果评估推广应用机制，总结推广专项整治在责任体系、工作机制、制度规范和技术标准等方面的典型经验做法。强化危险化学品、矿山等重点行业领域企业“一企一策”指导服务，加大仓储物流、储能设施、农村道路、防疫物资生产企业的隐患排查治理力度。制定完善有关行业领域重大事故隐患判定标准，严格落实重大事故隐患“双报告”制度，健全重大事故隐患治理督办制度。完善事故隐患举报奖励制度，畅通事故隐患举报渠道。完善举报信息收集、核实、受理和查处的办事程序和规章制度，落实事故隐患举报奖励，依法保护举报人的合法权益。借助云计算、大数据技术，健全事故隐患数据库，加强对重大事故隐患的动态分析和全过程记录管理。

六、防范遏制重特大事故

（一）危险化学品

严密防范已淘汰的落后产能异地落户、办厂进园。健全城区危险化学品生产企业关停并转、退城入园等支持政策措施。全面排查和管控危险化学品生产储存企业外部安全防护距离。强化高危化学品和高危工艺风险管控，升级重大危险源风险监测预警系统。实施“工业互联网+危化安全生产”工程，建设一批本质安全型化工园区和大型油气储存基地，推动危险化学品安全数字化智能化转型。深化精细化工企业反应、大型油气储存场所安全风险评估。严格落实危险化学品登记鉴定制度。强化托运、承运、装卸、车辆运行等危险化学品运输全链条安全生产监管，统筹推进危险化学品运输车辆专用停车场建设。加强使用危险化学品从事生产的企业及医院、学校、科研机构等单位的危险化学品使用安全管理。完善油气输送管道、储运设施安全风险监测预警系统，强化海洋石油安全生产监管。完善油气输送管道地理信息系统，强化油气输送管道高后果区管控。推动实施全球化学品统一分类和标签制度。加快建设统一的危险化学品产供储销全链条监管与服务平台，实现来源可循、去向可溯、状态可控。力争实现化工事故总量、较大及以上事故总量比“十三五”期间下降15%以上。

（二）煤矿

实施冲击地压、煤与瓦斯突出和水害等煤矿重大灾害超前精准治理，推进实施煤矿重大灾害治理示范工程。严格落实煤矿“一优三减”措施。全面推进智能化煤矿建设。持续推进冲击地压、煤与瓦斯突出、水文地质类型极复杂等灾害严重且在现有技术条件下难以有效防治的煤矿淘汰退出。规范小煤矿技改扩能，科学确定生产能力，合理划定开采范围，推进机械化开采。加强整合技改扩能煤矿安全监管，严厉打击煤矿非法生产。推进煤炭清洁利用和重点地区减量替代，优化煤制油气战略基地、长输管道规划布局和管控方案。

（三）非煤矿山

提高非煤矿山主要矿种最低开采规模和最低服务年限标准，实行尾矿库总量控制。深化金属非金属地下矿山采空区隐患治理、尾矿库“头顶库”综合治理和无生产经营主体尾矿库、停用3年以上尾矿库闭库治理。严格非煤矿山建设项目安全设施设计审查和企业安全生产许可管理，加大对安全设施竣工验收活动和验收结果的监督核查。强化非煤矿山建设项目基建过程安全监管。推进小型金属非金属地下矿山机械化建设。建立完善非煤矿山安全风险监测预警机制和监测监控系统，研发应用非煤矿山智能感知装备及综合监控装备。推广使用非煤矿山在线监测监控预警、无人机巡查监察系统、采空区及井下冲击地压监测监控、尾矿充填、井下老空水监测监控、井下近矿体帷幕注浆等先进适用技术和装备。定期对入井人数超过30人、井深超过800米、水文地质条件复杂的金属非金属地下矿山，以及现状边坡超过200米的高陡边坡金属非金属露天矿山、现状堆置高度超过200米的金属非金属矿山排土场、头顶库和设计坝高超过200米的尾矿库进行专家会诊检查，推进停产和关闭矿山电子封条建设。

（四）消防

实施打通消防“生命通道”工程，实行“一城一策、一区一策”消防车通道治理。集中开展超高层建筑、大型商业综合体、地下轨道交通、石油化工等四类重点场所消防安全治理。推动各地每年将隐患集中的老旧场所消防风险治理列入实事工程、民生工程，落实差异化风险管控措施。健全电动汽车、电动自行车储能等新材料新设备新业态火灾风险预估预判机制，优化落实本质安全措施。加强乡村火灾隐患整治，强化对乡镇工业园、特色小镇等乡村新兴产业消防安全管理，推进乡镇农村公共消防基础设施建设。推进学校及幼儿园、养老服务、娱乐场所、宾馆酒店、商场市场、旅游景区、医疗卫生、宗教场所、文物建筑和博物馆等行业单位消防安全标准化管理。加强传统村落、历史名镇、文物古建筑群等场所消防设施和用火用电管理。推动建立基层消防网格化信息管理平台，建设消防物联网监控系统和城市消防大数据库。统筹水上消防能力建设。推动消防装备设施更新升级。完善政府年度消防工作考核、消防安全重大问题问责、火灾事故调查评估制度。全面推行事故隐患自知自查自改和公示承诺、风险申报制度。

（五）道路运输

加强客货车产品生产准入、一致性监管。逐步提高客货车技术标准，督促生产企业改进车辆安全设计。淘汰隐患问题车辆。建立健全道路运输企业、道路运输车辆和驾驶员信息共享机制。严格落实典型和严重道路交通事故深度调查制度，倒查道路交通安全各相关环节存在的问题漏洞。加强交通运输新业态管理服务，加大对新能源公交车、新能源出租车运营安全性的监督管理力度，强化长途客运班车、省际包车、旅游客运车、危险货物运输和城市公共交通企业安全监管，综合应用各类监控数据，依法严厉查处超速、超员、超载、疲劳驾驶等违法行为。深化货车非法改装、车辆挂靠专项整治，健全货车非法改装联合监管工作机制，将车辆超限超载治理纳入地方政府安全生产考核，严厉打击“大吨小标”、“百吨王”、倒卖合格证等违法违规行为。构建适应新形势的农村出行运输服务体系，鼓励农村客运车辆安装使用卫星定位装置和视频监控装置。建立自动驾驶汽车运行数据监管平台，强化运行过程监管。加快高速公路护栏提质改造。

（六）其他交通运输（除道路运输外）

完善国家民航安全绩效指标体系，强化可控飞行撞地、跑道安全、空中相撞等重点风险治理，深化机场净空保护、鸟击防范等安全专项整治，加强无人机管控。全面划定铁路线路安全保护区，实施铁路沿线安全环境治理及道口“平改立”、危险货物铁路运输安全专项整治，强化公铁水并行交汇地段安全综合治理。严格执行客船恶劣天气条件下禁限航规定，推进巡航救助一体化船艇和海事监管、航海保障装备设施、船舶溢油应急设备库建设，强化“四类重点船舶”和“六区一线”重点水域安全监管。强化城市轨道交通全过程安全评估，健全城市轨道交通运营安全风险分级管控和隐患排查治理制度，强化运营安全风险管控。强化寄递企业安全生产基础能力建设，完善实名收寄、收寄验视、过机安检“三位一体”安全防控模式，推动邮件快件作业场所安全管理规范化。

（七）工贸

以钢铁、粉尘涉爆、涉氨制冷、铝加工（深井铸造）、有限空间作业为重点，强化事故隐患排查治理，深化工贸行业安全专项整治。推广应用粉尘涉爆领域湿法除尘工艺、铝加工（深井铸造）自动化监测报警和联锁装置等先进技术装备。加快实施建材行业搬运码垛、投料装车、抛光施釉、喷漆打磨、高温窑炉、切割分拣、压力成型等安全风险较高的岗位“机器换人”。加强对商场、超市、批发市场、餐饮等人员和货物密集场所的事故隐患排查，严防群死群伤事故。

（八）烟花爆竹

推进全国烟花爆竹转型升级集中区建设，打造安全可控的现代化烟花爆竹产业，引导烟花爆竹生产企业向主产地区转移或有序退出。强化烟花爆竹机械质量监督检验和涉药机械常态化安全论证，加强对烟花爆竹新型安全材料的研发与推广应用。加强直接涉药生产工序的机械化改造，确保烟花爆竹生产重要涉药工序人机分离、人药分离。完善全国烟花爆竹生产经营企业安全监管信息系统，强化烟花爆竹重点地区安全监管，推进烟花爆竹安全监管信息协同共享。

（九）城市建设

改革建筑施工安全生产许可证制度，完善隧道工程事故预防机制，严格落实工程质量安全手册制度。完善建筑施工安全监管信息系统，健全建筑施工安全信用体系。深化公路、铁路、水利、电力、民航等建设工程的专项整治。强化施工现场安全管理和安全生产费用提取使用监管，推动施工现场安全管理标准化规范化。督促企业对临边、洞口、攀登、悬空和交叉作业部位等区域实施重点防护，加强劳动防护用品管理，严防高处坠落事故。推动智慧工地建设，实施建设施工全生命周期管理。规范建设工程用工管理及分包单位准入规定，培育高素质施工作业人员，稳定施工劳务用工队伍。严格依法查处转包、违法分包、挂靠、租借资质、超越资质承揽工程等行为，加大对重大工程、重点地区、高风险时段的监督检查力度。把老旧燃气管道更新改造纳入城市更新行动，推动燃气安全综合治理。强化旅游景区高风险项目安全监管，开展客运索道、观光车、大型游乐设施设备安全整治。加强农村住房建设和危房改造施工安全管理，强化农村住房安全监管。

（十）农林牧渔业

完善农业机械注册登记、安全检验和驾驶培训制度，深化“平安农机”创建活动，强化对重点机具、重要农时以及农机合作社和农机大户等重点主体的安全监管。加强林区、林场基础设施建设安全管理和安全风险防控。推进沿海渔港、避风锚地升级改造和整治维护，加快渔船安全、消防、救生及通信导航等安全应急设施设备升级改造。推进实施渔船更新和标准化改造，严格落实渔船初次检验、营运检验和船用产品检验制度。推动海洋渔船配备升级新型防碰撞自动识别系统、北斗终端等安全通信导航设备，建设渔船渔港动态监管和海洋渔业应急监测救助系统。建立以船长报告为主、船舶“监护人”和基层渔业组织报告为辅的进出港报告机制。强化隐患突出渔船和渔港水域安全监管，严厉打击渔船超员超载、超风级超航区冒险航行作业、涉渔“三无船舶”非法作业等行为。

（十一）功能区

统筹工业园区、物流仓储园区等功能区安全布局，优化园区功能分区布局，严格控制高风险功能分区规模。实施园区安全生产一体化、封闭化管理。完善园区消防设施、消防车道等公用工程配套和安全保障设施。深化物流仓储园区事故隐患整治，加强物流仓储园区内危险货物运输车辆及装卸安全管理。加强水运口岸区域安全监督。推进智慧园区建设，建立园区集约化、智能化安全监管信息共享平台，实现园区内企业、重点场所、重大危险源、基础设施实时风险监控预警。

（十二）危险废物

强化废弃危险化学品等危险废物全过程监管，建立废弃危险化学品等危险废物部门协作、联合执法、重大案件区域会商督办机制，形成覆盖危险废物产生、收集、贮存、转移、运输、利用、处置等全过程的监管体系。及时修订《国家危险废物名录》，修订危险废物鉴别、贮存以及水泥窑协同处置污染控制等标准。制定完善危险废物重点监管单位清单。加强危险废物监管能力与应急处置技术支撑能力建设。

七、强化应急救援处置效能

（一）夯实企业应急基础

完善应急预案管理与演练制度，加大对企业应急预案监督管理力度，加强政企预案衔接与联动。强化重点岗位、重点部位现场应急处置方案实操性监督检查，强化制度化、全员化、多形式的应急救援演练。建立企业应急预案修订与备案制度。推动规模以上高危行业领域企业加强专兼职应急救援队伍建设与应急物资装备配备，建立内部监测预警、态势研判及与周边企业、属地政府的信息通报、资源互助机制。加强超大桥梁垮塌、超长隧道火灾、大型客船遇险、大型船舶原油溢油等巨灾情景构建，建设一批应急演练情景库。开展以基层为重点的实战化应急演练、救援技能竞赛等活动，提升自救互救技能。

（二）提升应急救援能力

合理规划安全生产应急救援基地和队伍布局，推动安全生产应急救援装备建设制度化、标准化。加快推进重点区域、重点行业领域国家级安全生产应急救援队伍建设，提升国家矿山、危险化学品、油气开采、水上搜救、核事故、铁路交通等事故应急处置能力。规范地方骨干、基层安全生产应急救援队伍职能定位、建设规模与装备配备。推动工业园区、开发区等产业聚集区内企业联合建立专职救援队伍。推进国家综合性环境应急、航空应急救援和事件调查、无人智能救援装备测试、航空器消防救援等实训设施建设。完善重点城市群跨区域联合救援机制，提高京津冀、长三角、粤港澳大湾区、长江经济带等跨地区应急救援资源共享与联合处置能力。健全安全生产应急救援社会化运行模式，培育专业化应急救援组织。引导社会力量有序参与安全生产应急救援。

（三）提高救援保障水平

完善国家、省、市、县等各级应急管理部门互联互通的安全生产应急救援指挥平台体系，提升应急救援机构与事故现场的远程通信指挥保障能力。加强应急救援基础数据库建设，完善应急救援装备技术参数信息库，建立应急救援基础数据普查与动态采集报送机制。加强救援实训基础设施建设，提升国家级安全生产应急救援队伍跨区域作战自我保障能力。健全道路交通事故多部门联动救援救治长效机制，完善事故救援救治网络。推进深远海油气勘探开发应急技术、国家大型原油储罐火灾抢险救援科技装备支撑体系建设。加强应急装备实物储备，建立实物储备、协议储备和生产能力储备相结合的储备机制，构建应急装备储备与调度管理平台。完善安全生产应急装备储备与调运制度，健全各地区应急救援资源共享、快速输送与联合处置机制。选择交通枢纽城市开展区域性安全生产应急物资供应链与集配中心建设试点。完善应急救援车辆优先通行机制和应急救援生态环境保护制度。制定应急救援社会化有偿服务、应急装备征用补偿、应急救援人员人身安全保险等政策。

八、统筹安全生产支撑保障

（一）加快专业人才培养

实施高危行业领域从业人员安全技能提升专项行动，严格企业主要负责人、安全生产管理人员安全生产知识和管理能力考核，以及特种作业人员安全技能培训考核。加快建设一批高水平的安全技能培训和特种作业人员实操考试基地，加强高危行业重点岗位系列安全生产培训教材开发。实现重点行业规模以上企业新增从业人员安全技能培训率达到100%。加强安全科学与工程及相关学科建设，创新卓越安全工程师培养模式，培育一批既懂技术又懂管理的安全生产复合型人才。按程序和标准筹建应急管理类大学。加强安全科学与工程专业技术领军人才和青年拔尖人才培养，建设一批创新人才培养基地，造就一批高端安全科技创新人才。完善与理论研究、技术创新、装备研发和应用研究等工作相适应的科技人才激励机制。加强注册安全工程师、注册消防工程师等职业资格管理，探索工程教育专业认证与国家职业资格证书衔接机制。加强注册消防工程师资格考试指导。培养安全生产管理、评价、认证认可和检验检测等专业人才。健全安全生产监管干部培养与使用体系，建立安全生产监管干部到基层锻炼的交流机制。

（二）强化科技创新引领

聚焦重特大事故形成机理和演化规律、复合灾害事故风险防范与应急救援等重大理论问题，实施重大事故防范、重大基础设施安全风险评估等国家科技计划项目，深化风险智能感知和监测预警理论与方法研究。优先发展信息化、智能化、无人化的安全生产风险监测预警装备，重点提升安全生产危险工艺设备的机械化自动化水平，着力破解重大安全风险的超前预测、动态监测、主动预警等关键技术瓶颈。健全与研发平台配套的安全生产科技支撑链条，培育和创建国家级安全生产科技创新平台。依托现有机构完善危险化学品安全研究支撑平台。加快推进安全生产国家级重点实验室、技术创新中心、协同创新中心、战略理论政策智库创建，推动安全生产科技创新资源开放共享，形成基础研究、技术创新和应用研究贯通发展的安全生产科技创新生态。建立安全生产装备与服务需求信息平台、技术创新转化交易平台，优化安全生产科技支撑服务市场化运行机制。推广安全风险分级管控和隐患排查治理技术装备，加强重点行业领域先进技术装备的推广应用。

专栏 3　“十四五”安全生产科技创新优先领域

危险化学品：典型危险化学品生产过程本质安全，化工园区及危险化学品储存、运输与中转重点场站安全保障，典型危险化学品全生命周期智能监管系统，复杂油气开采安全，大型储存场所安全保障。

煤矿：“数字矿井”构建，区域化煤矿重大灾害智能监测预警，重特大事故高效应急救援，煤矿井下精确定位，透明地质，灾变条件下矿井通信系统，井下辅助运输无人化、智能化。

非煤矿山：重大灾害防治基础理论，地压灾害、尾矿库溃坝、边坡坍塌等重大灾害发生机理及预测预报和防治，尾矿库空天地一体化实时智能监测预警，采空区事故隐患治理与资源化开发，矿区灾害事故链应急监测，深部采矿地压灾害监测预警与防治，高陡边坡在线监测预警。

建筑施工：区域性建设工程施工安全智慧监管，基于自动感知采集、无人设备智能识别巡查的智能化施工安全管理。

农业农村：农村农业融合安全监模式构建与体制机制优化，农村基层安全应急综合能力建设与信息化平台建设，新型产业工人安全意识与技能提升，农村基础设施安全设计、建设、验收评估。

特种设备：本质安全保障、在役风险智能防控及耦合损伤和失效演化基础理论，复杂工况下特种设备风险智能识别与评价，特种设备动态物联监测、远程检验评价和智能风险防控等。

交通运输：交通运输安全智慧监管平台设计与建设，交通运输安全生产系统性、区域性和非传统安全风险预警与管控，公路建设与运营安全风险智慧感知和预警。

其他：冶金等重点工业场所智能监控及应急救援，典型生产安全事故风险监测预警，地铁重大风险评测与精准防控，个体职业健康防护及群体避难，严重核事故应急救援技术与装备，救援机器人研发。

（三）推进安全信息化建设

制定完善安全生产信息化标准规范，提高信息化系统的整体适配度，拓展和深化安全生产数字化应用场景。加强重点行业领域企业安全生产风险监测预警系统建设，实现分级分类、实时监测、动态评估和及时预警。汇聚消防安全、交通运输、城市生命线、大型综合体等城市风险感知数据，加快完善城市安全风险监测预警公共信息系统。建立全国统一的应急管理监管执法信息系统，加快推进“互联网+执法”信息系统应用，培育“工业互联网+安全生产”协同创新模式，以物联网、大数据为基础，加强重点行业领域安全生产监管，构建基于工业互联网的安全感知、评估、监测、预警与处置体系。引导高危行业领域企业开展基于信息化的安全风险分级管控和隐患排查治理双重预防机制建设。建立基于大数据的特种设备智慧监管体系。加快推进民航安全大数据平台建设。

九、构建社会共治安全格局

（一）提高全民安全素质

鼓励和支持各类媒体开设不同形式的安全生产专题专栏，引导全社会关心关注安全发展。实施全民安全生产宣传教育行动计划，建设国家安全生产教育平台，引导公众践行安全的生产生活方式。将安全素质教育纳入国民教育体系。推动智能科普宣教和安全宣传体系建设，完善安全生产科普知识库，建立安全生产法规标准查询、解读、互动交流信息平台，推广“两微一端”新媒体平台。鼓励安全文化作品创作，丰富安全生产宣传产品，创新安全文化服务方式和手段，开展安全生产公益宣传活动，持续实施“安全生产月”“安全生产万里行”系列精品活动项目。建设安全科普宣传教育和安全体验基地，在有条件的社区公园、广场、乡村服务场所等设置专题展板，推动安全知识进企业、进农村、进社区、进学校、进家庭，积极开展群众性应急培训，普及安全常识和应急知识。推动建设具有城市特色的安全文化教育体验基地与场馆，加快推进企业安全文化建设。适时发布安全生产白皮书。

（二）推动社会协同治理

实行企业安全生产信用风险分类管理制度，将企业安全生产违法信息记入信用记录。探索建立上市公司安全生产信息强制性披露机制。探索实施安全绩效“领跑者”制度，采取荣誉表彰等激励措施推动企业实现更高标准的安全目标。引导社会资源投向先进、适用、可靠的安全应急产品和服务，鼓励有条件地区培育特色鲜明的国家安全应急产业基地。积极发展安全生产技术咨询、系统设计、设备制造、工程施工、运营管理等专业化服务，健全安全生产专业技术服务机构依法从业和健康发展机制。制定政府购买安全生产服务清单。鼓励协会、联合会、商会、慈善组织等社会组织参与安全生产工作。建立公众参与安全管理决策的有效渠道和合理机制，培养发展安全生产社会监督员，鼓励公众监督政府安全生产工作、企业违法违规行为。

（三）深化安全交流合作

健全京津冀、长三角、粤港澳大湾区、成渝城市群等区域安全生产协调联动机制，加强重大安全风险联防联控。搭建安全生产交流合作平台，促进安全发展理念、安全监管执法、法规政策标准、新兴产业安全技术、事故应急救援、企业安全管理能力提升等方面的国际交流合作。加强与东盟、上海合作组织、国际劳工组织、联合国开发计划署等合作，分享安全发展理念与实践经验。加强与安全生产国际标准的衔接，推动“一带一路”国家和地区安全生产标准互认。依托国际友好城市，开展城市安全国际合作，构建多方参与的城市安全互助网络。

十、实施安全提升重大工程

（一）重大安全风险治理工程

实施化工园区和大型油气储存基地本质安全提升工程、危险化学品企业安全改造工程，推动安全管理数字化转型试点。推进城镇人口密集区中小型企业和危险化学品生产企业搬迁，持续实施工艺优化和技术更新改造，加强安全仪表系统管理，提升自动化控制水平。开展煤矿瓦斯综合治理和水害、火灾、冲击地压等重大灾害治理。全面完成尾矿“头顶库”治理。深化农村公路平交路口“一灯一带”工程和干线公路灾害防治工程，实施高速公路护栏提质升级工程。开展消防安全治理工程，推进行业消防安全标准化管理标杆建设、单位社区消防安全能力建设，实施企业专职消防队、乡镇政府专职消防队标准化建设。改造升级高层建筑、大型城市综合体、轨道交通、石油化工等重点场所消防系统，打通城镇消防“生命通道”。

（二）监管执法能力建设工程

根据各地区域特点和执法需求，合理确定各级负有安全生产监管监察职责的机构执法车辆配备类型和数量，补充更新执法车辆。补充更新各级安全生产监管监察机构、消防救援机构执法个体防护装备、执法制式服装和调查取证装备，建设完善执法装备库，重点增补执法过程管理、数据分析、5G多功能综合执法等智能化专业装备，在特殊领域优先配备无人机、机器人等高科技执法装备。建设完善基层安全生产监管监察机构业务保障用房和特殊业务用房，加强执法装备维护校验条件建设，完善计算存储网络、信息安全防护保障和智能运维等系统。全面汇聚行政许可、行政执法、监测预警、事故调查等数据资源，完善移动执法应用系统，实现执法大数据多维分析、自助式分析、可视化展示功能，提升安全生产执法信息化水平。

（三）安全风险监测预警工程

建成国家安全生产监管监察执法大数据系统，构建1个国家级和32个省级安全生产监管监察“互联网+执法”平台。建成危险化学品、矿山、烟花爆竹等高危行业企业以及油气管道等重点领域风险监测预警系统，构建全面覆盖的风险监测与感知数据“一张网”。建设国家矿用重要装备安全大数据赋能、全链条监管及智慧巡察服务平台。利用卫星监测技术对露天矿山、尾矿库等风险早期识别，建设矿山安全风险研判与智能分析预警系统、“智慧监察”平台。完善全国危险化学品登记系统，构建涵盖生产、使用、运输、贮存、经营、废弃处置环节的危险化学品全生命周期信息监管平台。建设国家安全发展示范城市创建支撑管理信息化平台。

（四）救援处置能力建设工程

建设空、天、地、海一体化应急通信网络，优化升级国家安全生产应急救援综合指挥平台和应急通信保障系统，完善重点行业领域和区域安全生产应急救援指挥决策调度平台。建强一批国家和区域矿山排水、海洋油气开采、水上搜救、隧道施工、电力等行业领域安全生产应急救援力量，推进救援队伍装备补充升级和更新换代，提升国家级安全生产应急救援队伍通信保障和远途作战后勤保障能力。完善国家危险化学品安全生产应急救援队伍布局。完善国家应急医学研究中心教、研设施，改造基础工作环境，配备先进科研设备。建设综合应急实训演练基地，完善安全生产工作实操实训条件。

（五）科技创新能力建设工程

建设国家安全生产综合集成创新中心，建成危险化学品、矿山、城市安全、金属冶炼、油气等重大事故防控技术支撑基地，重点建设重大事故情景还原与相似模拟、事故预防技术中试以上工程装置，完善复杂环境下耦合事故验证实验条件。推动有条件地区和企业建设安全生产科技创新资源开放共享和成果推广平台。建设安全生产监管监察执法装备验证测试实验室和智能化矿山安全生产监管监察技术支撑实验室。依托现有资源，建设完善省级安全生产技术支撑中心实验室和区域安全生产综合技术支撑中心实验室。

（六）安全生产教育实训工程

完善国家安全生产监管监察执法综合实训华北基地条件，增补石油天然气管道输送、烟花爆竹、地下空间等专业领域及矿山、冶金、商贸、机械等行业安全生产监管实训功能。建设安全生产监管监察人员执法资格考试平台，升级改造现有考试机构考场。完善应急管理和安全监管干部网络学院信息平台、网络培训资源库等，打造线上与线下相结合、虚拟与现实相融合、多终端、全覆盖、互联互通、共建共享的安全生产线上培训生态圈。实施危险化学品安全培训网络建设工程，建设一批区域性危险化学品企业安全生产实训基地。

十一、健全规划实施保障机制

（一）明确任务分工（略）

（二）加大政策支持（略）

（三）推进试点示范

以改善安全状况、推动安全发展为目标，以体制创新、制度供给、模式探索为重点，推进国家安全发展示范城市建设。积极推进安全社区、平安校园、安全生产标准化企业等建设。推进安全生产数字化改革试点，加快推进数字化技术在安全风险管控、应急处置等领域的应用。实施安全应急装备应用示范，加快先进安全应急装备科研成果工程化应用。强化城市安全风险综合监测预警工作体系建设试点，打造城市安全“智慧大脑”。推动国家安全发展示范城市率先建成较为完善的安全治理制度体系，形成若干可操作、有效管用、可在全国复制推广的安全生产重大制度成果。

（四）强化监督评估（略）

国务院安全生产委员会
2022年4月6日

“十四五”全国道路交通安全规划（节选）

为贯彻落实党中央、国务院关于加强道路交通安全工作的系列重大决策部署，根据《国民经济和社会发展第十四个五年规划和2035年远景目标纲要》《“十四五”国家安全生产规划》等，制定本规划。

一、道路交通安全现状与趋势

（一）发展现状（略）

（二）面临形势（略）

二、指导思想与目标

（一）指导思想（略）

（二）基本原则

健全机制，协同治理。坚持系统思维，构建更为严密的交通安全责任体系和更加系统的现代交通治理体系。强化党政领导责任、部门监管责任、企业主体责任，加强部门协作、社会协同，全力打造共建、共治、共享的道路交通安全社会治理格局。

夯实基础，源头治理。坚持问题导向，聚焦基础性、源头性、系统性问题，下大力气补短板、堵漏洞、强弱项，提升道路交通各要素的本质安全水平。树立事前预防、主动防控思想，针对突出问题追本溯源，防范化解源头风险，努力从根本上消除事故隐患、从根本上解决问题。

改革创新，依法治理。坚持深化改革，加快体制创新、机制创新、制度创新，将安全发展理念贯穿于道路交通各要素、各环节，推动道路交通安全与经济社会协调发展。善于运用法治思维解决问题，推进科学立法、严格执法、全民守法，培育全社会交通安全法治文化。

科技赋能，智慧治理。坚持科技驱动，以支撑实战为牵引，探索研发新技术新方法，巩固深化先进装备应用，让科技为交通安全赋能。推动新兴科技与交通安全工作深度融合，运用前沿技术助力交通安全管理理念、管理手段、管理模式创新，提升交通安全治理现代化、信息化、智慧化水平。

（三）规划目标

道路交通现代治理迈上新台阶。道路交通安全管理机制进一步完善，部门合力进一步加强，企业主体责任进一步压实，社会参与度进一步提高，道路交通现代治理体系进一步健全。

道路交通治理能力达到新水平。法治思维、系统观念不断融入道路交通安全治理，大数据、人工智能、5G 等新技术充分应用于道路交通安全管理工作，交通秩序明显改善，风险防控、执法管控与应急救援等能力明显提升。

道路交通本质安全实现新提升。公路和城市道路安全设施更加规范完善，道路通行环境更友好、更安全。机动车产品安全技术标准更加严格，生产一致性、主被动安全性明显提高，智能辅助安全保障技术广泛应用。

道路交通文明意识得到新提高。公众的交通安全意识、守法意识、规则意识显著增强，全民道路交通安全宣传教育体系进一步建立完善，与我国机动化程度相匹配的全社会“汽车文明”基本形成。

道路交通事故预防取得新成效。在机动车、驾驶人、公路通车里程和公路运输量大幅增长的环境下，道路交通事故死亡人数稳中有降，较大道路交通事故有效压降，重特大道路交通事故有效遏制，道路交通安全形势总体稳定向好。

专栏 1　“十四五”道路交通安全主要指标

序号	指标名称	预期值
1	道路交通事故万车死亡率	“十四五”期间相较于“十三五”末年年均下降 3%左右
2	较大道路交通事故起数	“十四五”期间相较于“十三五”末年年均下降 4%左右
3	重特大道路交通事故起数	“十四五”期间年均控制在 4 起左右
4	国省干线交通安全设施技术状况优良率	2025 年达到 85%
5	电动自行车和摩托车头盔佩戴率	2025 年摩托车骑乘人员头盔佩戴率达 90%，电动自行车骑行人员佩戴率达到 80%
6	汽车安全带佩戴率	2025 年前排达到 95%，后排达到 70%

三、健全道路交通安全现代治理体系

（一）健全道路交通安全责任体系

建立健全各级道路交通安全工作协调机制，坚持党政同责、一岗双责、齐抓共管、失职追责，落实党政领导干部道路交通安全责任制，推行道路交通死亡事故党政领导到场制度。加大道路交通安全在“平安中国”、安全生产、乡村振兴、文明城市等考核中的权重，建立量级匹配的考核制度，真正形成责任全覆盖、管理全方位、过程全监管的道路交通安全综合治理格局。建立道路交通安全部门协作责任制，明确监管责任，细化责任清单，完善监管链条，真正形成监管合力。建立健全道路交通安全隐患排查治理体系，健全全链条、可追溯的管理机制。

（二）依法压实道路交通相关单位安全主体责任

推动层层压实道路交通相关企事业单位和社会团体的安全管理、安全投入、产品质量、教育培训等主体责任和社会责任，强化车辆生产改装、车辆检验检测、驾驶人培训、道路建设养护、道路运输、货物装卸企业、客货运场站、物流园区等相关企业单位主要负责人、实际控制人的第一责任人法定责任。加强货运源头单位、货物装卸企业、客货运场站、物流园区等单位交通安全管理，明确并落实管理方责任。强化道路运输安全隐患排查治理和风险分级管控，加强道路运输车辆动态监控，落实企业动态监控主体责任，及时纠正处理相关违法违规行为。建立健全道路交通新模式、新业态法规制度与监管体系，落实网约车、共享汽车、互联网道路货运、外卖快递等平台企业安全主体责任。

（三）完善城乡交通安全协同治理机制

进一步强化超大城市、特大城市等规模城市的交通安全精细化风险治理协作机制。推动道路交通安全基层社会化治理，与基层社会治理体系有机融合，将交通安全管理和服务延伸到社区和单位。建立健全职责明晰、分工合作、跟踪督查、常态考核的乡镇交通安全工作机制，进一步落实乡镇政府交通安全监管责任。全面实施、规范运行农村公路“路长制”，并融合农村交通安全管理资源，通过“两站两员”“农村公路专管员”“乡村农机两员”、警保邮合作加强农村管理力量。推动农村客运高质量发展，强化农忙时节、集中返乡返岗等重点时段农民群众出行服务保障。强化中小学校车安全保障，通过发展专用校车、定制公交等方式，标本兼治解决“黑校车”问题。

（四）建立健全道路交通安全信用体系

加快推进道路交通安全信用体系建设，加强信用法规制度和技术标准建设，按照分级分类管理的原则，推进信用数据共享公开，推动信用评价、联合奖惩和信用修复，加大对失信交通运输企业及其主要负责人的教育、检查力度，依法依规开展失信惩戒。探索构建道路交通安全信用评价指标、评价方法和分级标准，研究信用信息共享和信用惩戒及修复程序，通过行政与市场手段，推动采取保险费率浮动、行业监管、市场准入等措施实施，实现守信激励和失信惩戒。

专栏2　道路交通安全责任体系建设提升工程

1. 建立道路交通安全“党政同责，一岗双责”机制：将道路交通安全工作纳入本地区经济社会发展总体规划，同部署、同推进、同考核。将道路交通安全工作纳入本地政府工作重要议事日程，将道路交通安全工作专项资金纳入年度财政预算。发生亡人道路交通事故，党政领导亲赴现场，组织指挥抢救，协调有关单位做好善后处理、事故调查和隐患整改工作。

2. 建立与道路交通安全量级匹配的考核制度：提高道路交通安全在“平安中国”、安全生产、乡村振兴、文明城市等考核中所占的权重比例和分值，建立与道路交通安全事故量级匹配的考核制度。

3. 建立道路交通安全行业第一责任人法定责任制度：建立健全车辆生产改装、车辆检验检测、驾驶人培训、道路建设养护、道路运输等企业单位主要责任人、实际控制人的第一责任人法定责任制度。第一责任人应组织制定本单位道路交通安全规章制度和操作规程。保证本单位道路交通安全投入的有效实施。督促、检查本单位的道路交通安全相关工作，及时消除交通事故隐患。组织制定并实施本单位的道路交通事故应急救援预案。

四、提高道路交通安全依法治理能力

（一）完善道路交通安全法律规范体系

全面贯彻依法治理要求，推动加快修订《道路交通安全法》《道路交通安全法实施条例》等，研究制修订配套规范和技术标准。研究制定机动车辆生产法律法规，强化车辆安全源头监管。完善道路交通安全设施标准和制度，制修订道路安全设施设计、施工、安全性评价等技术标准。加强统筹规划，推进交通安全管理、安全生产、交通运输等领域法律规范、技术标准之间良好衔接。鼓励充分行使地方立法权，完善地方法规规章，细化执法标准，解决非机动车管理等交通安全突出问题。

（二）提升执法管理水平与执法效能

健全完善执法能力提升体系，加强法治人才培养，深化执法教育训练，强化领导干部、实战单位常态化学法用法，全面提升运用法治思维和法治方式解决热点难点问题的能力。健全完善执法管理体系，固化执法管理机制，实现对源头管理、路面执法、交通事故处理等环节的全方位、全流程、全要素监管。加强路面执法力度，规范交通秩序，减少严重交通违法行为。健全完善执法效能评价体系，从制度、机制、措施、效果等方面科学设置交通安全工作考核指标，全面、科学、客观地评价工作成效。推进执法公开，主动接受群众监督，提升执法公信力，最大程度实现执法的社会效果。健全完善执法保障体系，强化执法权益保障，强化执勤执法安全防护。

（三）提升重点违法违规行为治理能力

建立严重交通违法行为动态研判、常态治理机制，依法严查“三超一疲劳”等易扰乱交通秩序、易肇事肇祸的严重违法行为，严厉打击机动车假牌假证违法行为。强化农村地区交通安全执法，依法严查面包车超员、酒驾醉驾、轻型货车、三轮车、拖拉机违法载人等违法行为。稳步开展超长平板半挂车、超长集装箱半挂车治理工作。坚持和优化治超联合执法常态化制度化工作机制，推动公安交管和交通运输部门治超信息共享和业务协同，提高联合执法效能。充分发挥高速公路出入口、省界视频监控、重点营运车辆联网联控系统等信息化手段作用，加强长距离跨省大件运输监督管理。完善危险货物道路运输安全防控体系建设，加强部门协同配合和信息共享，形成全链条监管执法合力。充分利用道路运输车辆动态运行数据，加强执法监管和处罚。认真贯彻《民法典》《刑法》《行政处罚法》《安全生产法》《道路交通安全法》等法律法规，用足用好行政、民事、刑事法律手段，加强行刑衔接，严格依法追究相关人员和单位的法律责任，研究推动将货车严重违法超限超载纳入刑法规范范围。强化科技支撑，加强大数据、人工智能、5G 等技术在执法办案工作中的深度应用，推动新技术智能辅助执法。

专栏 3　道路交通安全执法管控效能提升工程

1. 公路交通安全防控体系深化工程：进一步织密道路交通安全监测防控网，依标准联网接入各类道路交通监控设备。进一步深化主干公路防控体系建设，打造高速公路“三道防线”，重点推进高速公路主要出口和服务区、国省道市际、重点县执法站建设。推广应用机动车查控分级分类标准，推进车辆布控联网联控，提高设备利用率和防控覆盖范围，突出重点车辆、重点违法、实现精准预警、靶向查控。到 2023 年，高速公路、普通国省道的防控体系应用率分别达到 50%、45%；到 2025 年，高速公路、普通国省道的应用率分别达到 95%、80%。

2. 新型执法管控装备示范应用工程：创新应用新技术研发可穿戴式、便携式执法管控装备等新型装备。以隧道、桥梁、长下坡、匝道等重点路段为突破点，加强视频视觉技术应用，推进路侧智能交通管控设施建设，实现交通违法和交通事件的自动发现、警示提醒。创新沉浸式、互动式、情景式的执法培训模式，推动应用 VR、AR 等先进技术手段开展实战演练，进一步提升执法人员素质能力，到 2023 年，实现在 45%以上的地市应用；到 2025 年，力争在 80%以上的地市应用。

五、打造安全有序的道路通行环境

（一）全面提升农村公路安全性

推动“四好农村路”高质量发展，加强农村公路建设质量管理，严格落实新改建农村公路的交通安全设施“三同时”制度。推动压实县乡两级政府责任，完善符合农村公路特点的管养体制和管养体系。建立健全高风险路段排查机制，继续深化农村公路安全生命防护工程建设，加大农村公路危旧桥梁改造力度，重点推进农村公路临水临崖、急弯陡坡路段路侧安全防护设施设置，完善农村客运线路沿线县乡公路的安全设施，同时满足消防救援车辆通行需要，切实提升农村公路工程质量和安全保障水平。

（二）加快推进普通国省道重点路段安全提升

巩固提升干线公路重点路段安全隐患治理效果，推动瓶颈路段升级改造。持续推动双向四车道以上的大流量公路，根据对向碰撞事故数量及公路功能、交通流量、设计速度等，按照相关标准规范要求逐步推进中央隔离设施设置。农村平交路口实施警告标志、道路标线、减速带、警示桩、交通信号灯（含闪光警告信号灯）“五必上”，具备条件的平交路口实施支路进主路“坡改平”工程。坠车交通事故多发的路侧险要路段实施警告标志、减速设施、路侧护栏“三必上”。优化穿村过镇路段交通组织和安全设施设置，引导不同性质交通流分道行驶，保障非机动车和行人通行空间。切实推动路侧“小开口”“绿植视距遮挡”等难点问题整改。针对事故多发路段、交通安全风险突出路段、新提级为国省道行政等级的道路，实施道路安全设施提档升级。深入推动马路市场等各类违规占用道路资源问题的清理整顿工作。推动在超限检测站前设置货车检测车道和交通标志，安装电子抓拍系统，强化超限超载违法行为的发现能力，引导超限超载车辆进站接受检测，消除超限超载违法行为。

（三）强化高速公路重点路段安全保障

针对高速公路碰撞中央分隔带护栏事故多发、运营期交通运行状况变化较大、大型车辆交通量增长较快等重点路段，结合交通事故数据及原因分析，科学评估中央分隔带护栏与现状交通运行、防护需求适应情况。中央分隔带护栏适应性不足、确需升级改造的，结合高速公路改扩建、养护工程，分类、分批、分期推进提质升级工作。优化提升互通立交及出入口等交通组织复杂路段的指路标志信息指引、标线渠化诱导。针对长大桥隧、连续长陡下坡、团雾多发、施工作业区路段、危险货物运输车辆通行等高风险路段，加强交通安全警示信息发布和安全诱导服务，强化分类分级动态通行管控。推动落实施工路段交通安全提示、预警、防护设施标准化、规范化。建立高速公路服务区车辆饱和度预警机制，防止服务区车辆溢出，影响主线通行安全。推动高速公路基础设施规划、设计、建设、养护、运管与服务等数字化，强化高速公路交通感知网络同步建设和部门间共享共用。

（四）精细化提升城市道路通行安全性

建立健全城市道路隐患协同治理机制，加强住房城乡建设、公安交管、综合执法、交通运输、园林绿化等部门的协调配合，鼓励街道、居委会等基层组织参与交通安全治理和联合整治。加强交通安全设施全周期管理，在城市道路规划、建设、使用、改造等阶段，同步设置完善警示、隔离、防撞等设施，持续开展在用交通标志、标线和信号灯的规范性、合理性排查整改。公路变更为城市道路的，及时按照城市道路标准设置完善交通设施。在易发交通事故的路口、路段应用智能化的声、光、电警示装置和交通技术监控设备保障通行安全。加强对城市慢行交通系统的安全管理，着力保障慢行交通安全，努力压降非机动车和行人事故，改善人行道、非机动车道通行条件，因地制宜设置行人过街设施、大型车辆右转安全警示区等。加强重点区域综合治理，优化商业集中区、景区景点、学校、医院、客运场站、大型居住区等周边交通组织，结合城市更新行动，对支路小巷、社区道路开展稳静化改造。探索通过城市智慧基础设施建设、人行道净化和自行车专用道建设、车路协同技术等，提升道路安全性。

（五）健全道路安全性评价体系与评价制度

推进道路交通事故数据跨部门共享，持续开展交通事故多发点段和严重安全隐患分析研判工作，健全完善通报挂牌机制，推动道路交通安全隐患排查治理水平不断提升。完善公安等多部门参加的公路工程竣工验收工作机制。探索实施道路设施、驾驶行为、车辆和天气等多源数据融合的道路安全风险评估方法，推动道路安全性评价体系和评价制度创新，不断提升主动、系统、精准防控道路安全风险隐患的能力和水平。对抗倾覆稳定性不足的独柱桥梁及时采取加固等措施，按要求做好工程验收和实施效果跟踪评估。

专栏4　道路交通环境安全性提升工程

1.“四好农村路”示范创建工程：深入推进“四好农村路”高质量发展，加强农村客运车辆安全运营管理，分类有序创建一批经验突出、模式成熟的“四好农村路”全国示范县，引领推动农村公路交通安全水平明显提升。到2023年，县、乡级农村公路管理养护责任落实率达到100%；到2025年，优良中等路率达85%以上，全国农村公路等级公路比例平均达到95%以上。

2. 普通国省道交通设施隐患排查治理工程：深入开展普通国省道交通设施隐患排查治理。定期排查、优化并完善交通标志标线、防护栏（墙）等安全设施。推动双向四车道以上大流量公路按照相关标准规范要求增设中央隔离设施，坠车交通事故多发的路侧险要路段实施“三必上”、交通事故多发的平交路口实施“五必上”改造。综合治理穿村过镇路段，加大交叉口和路段渠化组织力度，明确通行路权，减少混合交通冲突风险。

3. 高速公路安全防护设施提升工程：全面开展高速公路安全防护设施升级。对碰撞中央分隔带护栏事故多发、运营期交通运行状况变化较大、大型车辆交通量增长较快等重点路段，中央分隔带护栏经评估确需升级改造的，结合高速公路改扩建、养护工程，分类、分批、分期推进提质升级工作。完善长隧道、特长隧道的照明、通风、报警、救援设施，增设视频监控、违法抓拍、烟雾报警等设备，推行隧管站建设。到2023年，20个以上省份建立高速公路交通安全隐患动态排查治理机制；到2025年，所有省份建立高速公路交通安全隐患动态排查治理机制。

六、强化车辆本质安全和运行安全

（一）推动落实车辆生产销售企业安全主体责任

严格道路机动车辆生产企业和产品准入管理，完善违规车辆生产企业和产品退出机制。进一步细化完善国产机动车生产企业及产品管理规定，提升企业生产一致性保证能力，健全车辆生产一致性检查制度，加大检查频率，保证车辆生产一致性。优化完善跨部门协作机制，强化获证后监管及守诺核查，压实生产企业主体责任。深化资源要素共享，实现认证、商检等信息共享，提高进口车辆产品的合规性。依法依规做好生产、销售车辆所载车联网卡的实名登记工作。建立实施车辆违规信息、安全隐患信息发现、通报、整改、反馈制度，强化机动车检验、登记、使用等环节发现的违规非标车辆信息的跨部门共享，在车辆注册登记、市场准入、检验检测等环节加大查处力度，优化在用车交通事故调查和信息收集，主动发现车辆产品安全缺陷。强化违规车辆、安全隐患车辆的行政监管，充分运用司法手段，严肃追责问责违规生产销售企业，推动消费者协会等公益组织对车辆安全质量等问题开展公益诉讼，倒逼车辆生产销售企业落实安全主体责任。

（二）进一步提升重点车辆安全性能

强化标准引领，修订机动车运行安全国家标准，研究制定经营性机动车运营安全国家标准，推进客货运车辆辅助安全、主被动安全标准升级。提升载客汽车安全要求，提升客运车辆阻燃性能水平，提高客运车辆安全逃生要求；提升车高大于或等于1850mm的小微型普通客车、面包车安全性能，减少非法改装和超载空间；实行公路客运、旅游客运车辆全环节、全链条安全管理，鼓励地方政府实施在用大中型客车安全性提升行动，依法推动不符合车辆安全技术条件要求、达到报废标准的卧铺客车、57座以上大客车等退出市场，推动客运车辆安装乘员不系安全带报警装置。提升载货汽车安全要求，推动重型货车严格按照相关标准装备车道偏离预警系统和车辆前向碰撞预警系统，严格自卸半挂车、平板式清障车等违规情形较多车型的安全技术规范，提升轻型货车被动安全性能，制定实施载货车辆货物装载与栓固国家标准，提高常压液体危险货物罐式车辆罐体防撞、防漏性能，推动低平板挂车退出散货运输市场，推动在用重型货车安装右侧盲区消除预警装置等安全装置。提高客货运车辆主被动安全装置装备率，推广应用智能视频监控报警技术，重型货车全面普及缓速器等安全装置，加强中置轴挂车列车、双挂汽车列车等新型汽车列车车型运行安全研究，探索驾驶行为动态监测装置等辅助安全装置应用，研究在“两客一危”、货车等重点车型安装应用酒精锁。提升新能源汽车安全要求，构建新能源汽车运行安全性检验技术及装备体系，强化新能源汽车运行安全性检验和监管，严格规范远程升级要求，保障车辆行驶安全性。

（三）开展违规车辆专项治理（略）

（四）建立健全新技术新业态安全监管体系

进一步健全完善智能网联汽车标准体系，提升智能网联汽车产品检验检测能力。开展智能网联汽车运行安全特性研究，以及融入现有道路交通系统的法律法规、技术标准适应性研究，研究自动驾驶、车路协同下的安全监管体系，构建智能网联汽车运行安全性检验技术及标准体系，保障上公共道路测试及示范应用车辆的运行安全。探索开展智能网联汽车准入和上路通行管理措施。研发智能网联汽车道路交通违法违规行为取证装备，制定智能网联汽车、新能源汽车安全事故调查分析标准。构建智能网联汽车产品准入、运行安全性检验技术及标准体系，保障公共道路测试、示范应用等车辆的运行安全。实现智能网联汽车的可信身份认证和运行安全监测评估、事故后追溯，支持汽车准入管理。完善新能源汽车国家监测与管理平台功能。

专栏5　重点车辆安全性提升工程
1. 客货运车辆安全性提升工程：提高客货运车辆自动紧急制动、车道保持、轮胎爆胎应急防护等主被动安全装备的装备率，全面普及重型货车缓速器等安全装置。加强车辆生产、销售和使用等环节一致性监督检查和动态监管，联合开展车辆非法改装专项整治行动，依法严肃追究相关违法违规企业和人员法律责任。到2023年，新出厂的大型客车自动紧急制动系统、轮胎爆胎应急防护装置装备率达到100%，新出厂的重型货车自动紧急制动系统装备率达到50%；到2025年，大型客车自动紧急制动系统装备率、轮胎爆胎应急防护装置装备率分别达到40%、60%，重型货车自动紧急制动系统装备率达到20%。 2. 新能源汽车安全技术检验提升工程：研制适用于新能源汽车运行安全性检验的系列装备，制订新能源汽车运行安全性检验技术标准，实现线下快速、自动检验。到2023年，新能源汽车运行安全性检验和监管体系框架基本形成；到2025年，实现新能源汽车运行安全

续表

性检验和监管体系在3个省份6个地市的示范应用。 3. 智能网联汽车运行安全测评与监管工程：构建封闭场地测试、半开放道路测试、公共道路测试的完整测试环境，完善国家智能交通综合测评基地的测评能力，建成面向运行安全的国家级智能网联汽车检验检测中心。研发全国统一的智能网联汽车运行数据监管体系，强化运行过程监管，提升智能网联汽车运行安全性。研发智能网联汽车道路交通违法违规行为取证装备，制定智能网联汽车安全事故调查分析标准。到2023年，完成全国统一的智能网联汽车运行监管体系建设；到2025年，建成面向运行安全的国家级智能网联汽车检验检测中心。

七、提升道路交通参与者安全文明素质（略）

（一）建立健全社会化宣传教育体系

（二）着力提升驾驶人交通安全意识

（三）重点加强农村交通安全宣传教育

（四）全面落实全民交通安全宣传教育

（五）大力推进交通安全文化建设及传播

专栏6 全民交通安全规则意识提升工程
1. 交通安全宣传教育实践平台建设工程：推动各级政府与驾驶培训企业、学校、社区、村镇等单位建立交通安全教育联盟体系，推进地市、区县建设具有授课讲解、情景模拟、互动体验等方式功能的交通安全宣传教育实践基地。提质升级已建宣传教育基地，培育完善一批集学习、培训、教育、实践、服务为一体的交通安全宣传教育实践平台。到2023年，60%的地市、40%的区县建立交通安全宣传教育实践基地，至少建成10个交通安全宣传教育实践平台；到2025年，90%的地市、80%的区县建立交通安全宣传教育实践基地，至少建成20个交通安全宣传教育实践平台。 2. 全民交通安全宣传教育融媒体平台建设工程：建设全民交通安全宣传教育融媒体中心，制定融媒体建设相关标准规范，推动信息内容、技术应用、平台终端、管理手段共融互通，提高交通安全宣传教育内容资源共享水平，形成交通安全宣传教育信息化服务体系。到2023年，至少建成5个省级和20个市级全民交通安全宣传教育融媒体中心；到2025年，至少建成10个省级和50个市级全民交通安全宣传教育融媒体中心。 3. 全国交通安全信息综合服务平台建设工程：研发全国交通安全信息综合服务平台，涵盖机动车驾驶人培训学习、模拟考试、安全出行知识等服务，为群众提供规范、全面、精准的交通信息服务指引，为全体交通参与者了解规则、学习规则、掌握规则提供权威平台环境。到2023年，实现部分功能模块试点应用；到2025年，全面推广应用。

八、完善道路交通应急处置和救援急救机制

（一）提升监测预警和应急处置专业化水平

健全完善道路交通应急管理和救援标准体系，建立道路交通应急资源库，打通各部门风险监测、感知、识别、预警信息链路，实现跨部门信息数据实时共享传递和交通应急管理一张图。健全道路交通突发警情信息报送处置体系，加强事故、灾害等突发警情信息监测分析，提升危险货物运输车辆事故处置救援专业化水平。开展危险化学品安全信息码与电子运单融合试点，制定完善危险货物道路运输事故应急救援装备标准，研发专用防护救援装备，完善不同品类的危险货物道路运输事故预案措施。提升公路车辆救援规范化水平。加强突发事件下应急物资道路运输保障体系建设。完善更新各类应急预案并加强演练，加强应急装备物资储备。依托实战训练基地加强对道路交通应急指挥、物资调配、疏导管制、事故处置、舆情引导等预案实景或虚拟场景的演练训练，提升应急条件下的风险识别与处置、防护等技能。

（二）完善道路交通应急救援机制

健全完善道路交通应急救援机制，明确公安交管、交通运输、卫生健康、应急管理、消防救援、气象、生态环境、发展改革、市场监管等部门和机构的职责任务。完善跨区域、跨部门、跨行业道路交通应急救援指挥联动机制，深化“一路多方”交通应急联动，细化道路交通应急救援工作程序，提高应急

救援救治效能。建立风险监测预警、风险影响评估、快速指挥联动、路面区域管控、应急现场处置、伤亡人员救援、信息传递发布等环节的全链条全周期长效联动。培育专业化、市场化应急救援组织，鼓励公益组织、保险行业等力量参与道路交通应急处置与救援。

（三）提升道路交通事故伤员的快速救援救治能力

完善统一高效的道路交通事故社会救助基金运行管理体系，优化救助基金筹集，扩大救助基金垫付范围，强化高效便民服务，全面落实应缴尽缴、应助尽助、应付尽付。建立并完善警-路-医-消联动交通事故应急响应模式，提升院前医疗急救能力和“黄金1小时”的救治力度。积极推行事故危重伤员“就近结合就优”送治原则，依托医疗基础条件较好、创伤急救能力较强的医疗机构，建立完善危重伤员救治网络，建立伤员救治信息通报反馈机制，强化救治进展跟踪和救治质量评价，提升抢救成功率。强化应急车道管理，严厉打击整治违法占用应急车道行为，确保救护、救援车辆顺利通行。严格执行交通事故现场安全防护要求。鼓励推广直升机参与抢救急重伤员，积极推广锥筒自动布设回收装置、事故现场远程预警机器人、一体化闯入报警设备等新技术新装备。

专栏7　道路交通应急救援急救能力提升工程
1. 道路交通应急指挥系统建设工程：整合道路交通信息、救援装备信息、视频卡口信息与道路、医疗、消防、气象数据资源链路，建立跨地区、跨行业、多部门信息共享共用机制，实现应急管控方案的快速生成与决策优化，形成数据一图预警、预案一键生成、资源一网调配、信息一秒推送的应急管理全域智能信息化指挥调度新格局。到2023年，在全国不少于10个省份开展试点。到2025年，在全国全面推广实施。 2. 道路交通事故救援救治网点建设工程：依托警-路-医-消联动机制，选择条件较好、通行量大的高速公路及国省道，对沿线道路交通事故应急救援资源进行摸排评估，优化应急救援资源配置。在道路交通事故易发多发路段附近增加急救中心或急救站，对有条件的高速公路路段建设主线救援驿站或消防救援站，推进警—路—医—消救援车辆“同出、同救”。依托医疗基础条件较好、创伤急救能力较强的医疗机构，建立完善交通事故危重伤员救治网络和分配机制。到2023年，在全国不少于5个省市建立道路交通事故急救中心。到2025年，建成不少于10条道路交通事故应急救援救治示范公路，道路交通应急救援人员到达现场时间平均缩短50%。

九、深化道路交通安全科技创新应用

（一）强化协同创新和基础研究

健全产、学、研、用深度融合的协同创新机制，形成行业需求引领、有效分工协作、科技创新支撑的新格局。深化道路交通全要素协同管控理论及技术研究，建构满足道路交通安全高质量发展的国家技术标准体系，做好交通安全科技顶层设计。汇聚各类创新成果，促进道路交通安全科技成果在交通安全治理中的应用推广。健全道路交通事故深度调查技术支撑体系，建设全国道路交通事故深度调查分析系统，建立道路交通事故深度调查专业队伍，推动在全国范围内建设道路交通事故调查分析实验室。推动部门层面共享涉及辅助驾驶、自动驾驶相关事故数据。

（二）推动交通安全科技深化应用

推动农村交通安全科技应用创新，深化交通违法发现查处、交通安全隐患排查、公路交通安全防控体系在农村地区的全面应用。深化道路交通联网联控技术应用，推进城市交通精细组织，加快部署蜂窝车联网（C-V2X），推动交通设施网联化改造，加强交通信号联网联控，强化交通出行诱导服务。研发推广机动车和非机动车电子标识等技术，构建车辆数字身份注册认证体系，推动可信数字身份在车联网、自动驾驶技术等方面的应用。

（三）开展新业态新问题前瞻性研究探索

推动设立道路交通安全防控与综合治理重点研发计划，推进图像智能识别、北斗高精定位、5G+AI、边缘计算等新技术在交通安全治理中的应用，针对新业态新问题开展前瞻性研究探索。研究智能网联汽车运行管理、通行规则、事故责任认定等政策法规与安全保障技术，加快研究制定相关标准规划，制定自动驾驶运行安全测试技术体系，强化测试过程监管，促进自动驾驶新业态安全、健康发展。研究车路协同应用技术架构体系，开展路侧设施数字化智能化改造、车路协同示范应用。研究全面城镇化、快速机动化、人口老龄化等社会经济条件变化在道路交通领域衍生的系列安全问题，探索针对性解决方案。

专栏 8　道路交通安全科技支撑提升工程
1. 道路交通事故深度调查分析平台建设工程：到 2023 年，完成全国道路交通事故深度调查分析系统研发及推广，完成不少于 10 个道路交通事故调查分析实验室建设，在不少于 10 个省（区、市）建立道路交通事故深度调查专业队伍。到 2025 年，每个省（区、市）完成不少于 1 个道路交通事故调查分析实验室建设。至少建立一支道路交通事故深度调查专业队伍。 2. 实施道路交通安全防控与综合治理重点研发计划：研究复杂行车环境全息感知与安全隐患精准识别、新能源汽车交通事故鉴定分析等关键技术，构建交通安全风险“综合评估与提前预警、快速反应与即时干预”的事前预防技术体系，提升交通事故“深度调查与精准溯因，高速救援和有效救治”的事后处置技术能力。研究道路交通行为立体管控与全链取证、交通安全全要素协同监管、新业态下的交通安全执法服务等关键技术，建立交通安全智慧管控技术装备体系。研究交通安全类脑计算、数据挖掘等应用技术，开展智能网联汽车运行安全技术研究，实现智能网联汽车全流程安全管理。2023 年前完成国家重点研发计划立项工作。到 2025 年，完成研发成果的试点应用，并取得初步效果。

十、保障措施（略）

（一）加强组织领导

（二）加强队伍保障

（三）加强经费支持

（四）加强考核评估

国务院安委会办公室

2022 年 7 月 21 日

“十四五”水安全保障规划（节选）

水安全是涉及国家长治久安的大事。党的十八大以来，党中央、国务院高度重视水安全工作，习近平总书记明确提出“节水优先、空间均衡、系统治理、两手发力”的治水思路，把水安全上升为国家战略，作出一系列重大决策部署，为系统解决我国新老水问题、保障国家水安全提供了根本遵循和行动指南。李克强总理强调，要围绕防洪减灾、水资源优化配置、水生态保护修复等，抓紧推进重大水利工程建设，统筹加强中小型水利设施建设，提高水安全保障能力。

“十四五”时期是我国全面建成小康社会、实现第一个百年奋斗目标之后，乘势而上开启全面建设社会主义现代化国家新征程、向第二个百年奋斗目标进军的第一个五年。进入新发展阶段，完整、准确、全面贯彻新发展理念，构建新发展格局，推动高质量发展，对水安全保障提出了新要求新任务。为贯彻落实党中央、国务院决策部署，根据《中共中央关于制定国民经济和社会发展第十四个五年规划和二〇三五年远景目标的建议》《中华人民共和国国民经济和社会发展第十四个五年规划和 2035 年远景目标纲要》，以及国家“十四五”规划编制工作的总体要求，在深入调查研究、广泛听取意见的基础上，全面总结评估水利改革发展“十三五”规划实施情况，系统分析水安全状况及面临形势，研究提出了“十四五”时期水安全保障的总体思路、目标任务、重大政策举措，完成了《“十四五”水安全保障规划》（以下简称《规划》）。《规划》是今后五年水安全保障工作的重要依据。

一、现状与形势

（略）

二、总体要求

（一）指导思想（略）

（二）工作原则（略）

（三）规划目标

到 2025 年，水旱灾害防御能力、水资源节约集约安全利用能力、水资源优化配置能力、河湖生态保护治理能力进一步加强，国家水安全保障能力明显提升。

防洪减灾。近年来暴露的防洪薄弱环节全面解决，流域防洪减灾体系进一步完善。大江大河干流 3 级以上堤防基本实现达标，中小河流治理河段达到规划的防洪标准，全国 5 级及以上堤防达标率由现状的 73%提高到 77%。流域控制性枢纽有序建设，新增防洪库容 40 亿立方米。对流域分蓄洪起关键作用、启用频繁的蓄滞洪区基本具备正常启用条件。现有病险水库安全隐患全面消除，水利工程运行管理逐步实现规范化、信息化、标准化，山洪灾害防御能力大幅增强，重点防洪城市防洪能力显著提升，重点涝区排涝能力明显提升。水旱灾害预报、预警、预演、预案及调度管理体系不断完善，重大水安全事件风险防范化解能力进一步增强。

水资源节约集约安全利用。水资源刚性约束制度基本建立，水资源利用效率和效益大幅提高。全国用水总量控制在 6400 亿立方米以内，万元国内生产总值用水量、万元工业增加值用水量均较 2020 年下降 16%左右，农田灌溉水有效利用系数提高到 0. 58。水资源配置工程体系更加完善，新增水利工程供水能力 290 亿立方米，地级及以上城市应急备用水源基本建立，农村自来水普及率达到 88%，万亩以上灌区灌溉面积达到 5. 14 亿亩。农业水价综合改革深入推进，基本完成改革任务，促进农业节水。

水生态保护。江河湖库水源涵养与保护能力明显提升，重点河湖基本生态流量达标率达到 90%以上，人为水土流失得到基本控制，重点地区水土流失得到有效治理，全国水土保持率提高到 73%以上。地下水监控管理体系基本建立，全国地下水超采状况得到缓解，京津冀和东北等重点地区地下水超采状况得到有效遏制。

2035 年目标展望：建成与基本实现社会主义现代化国家相适应的水安全保障体系，人民群众饮水放心、用水便捷、亲水宜居、洪旱无虞。江河湖泊流域防洪减灾体系基本完善，监测、预报、预警、预演、预案和防洪调度水平大幅提升，防灾减灾能力显著增强；节水型社会全面建成，水资源节约和循环利用达到世界先进水平，经济社会发展与水资源承载能力基本协调，城乡供水保障能力明显增强；水生态空间得到有效保护，水土流失得到有效治理，河湖生态水量得到有效保障，美丽健康水生态系统基本形成；现代水治理体系基本建立，水利基本公共服务实现均等化，水法治体系基本健全，水安全保障智慧化水平大幅提高。

三、实施国家节水行动，强化水资源刚性约束

（略）

四、加强重大水资源工程建设，提高水资源优化配置能力

（略）

五、加强防洪薄弱环节建设，提高流域防洪减灾能力

（略）

六、加强水土保持和河湖整治，提高水生态环境保护治理能力

（略）

七、加强农业农村水利建设，提高乡村振兴水利保障能力

（略）

八、加强智慧水利建设，提升数字化网络化智能化水平

按照“强感知、增智慧、促应用”的思路，加强水安全感知能力建设，畅通水利信息网，强化水利网络安全保障，推进水利工程智能化改造，加快水利数字化转型，构建数字化、网络化、智能化的智慧水利体系。

（一）加强水安全监测体系建设

以流域为单元，完善水文、取水计量及水土保持等监测站网体系布局，实施国家基本水文站提档升级，推广新型监测手段应用，扩大实时在线监测范围，提高监测站网布设密度，提升网格化全要素动态监测感知能力。

加强监测站网建设。以七大流域为单元实施水情测报提升工程。加快大江大河及其重要支流、省级行政区界水文监测站网建设和升级改造，加快完善重点洪水易发区流域面积3000平方公里以下中小河流水文监测体系，提高中小河流水文监测覆盖面。加强大江大河重要河段和断面水下地形动态监测。加密布设地下水监测站，提高地下水超采区、生态脆弱区等重点区域监测站网密度和监测能力。加强河湖生态流量监测，强化河道断流点监测。加强河湖水域岸线、水面面积等要素监测，在重要江河湖泊、饮用水水源开展自动监测能力建设。加快规模以上取水户取水在线监测计量设施建设，提升取水计量监管能力。加强全国水土流失动态监测及专项调查，优化水土保持监测站点布局，完善水土保持监测站网，升级水土保持信息管理系统，支撑水土流失科学精准防治、全面高效监管。

加强新型监测手段应用。充分利用高分遥感卫星、雷达、无人机、无人船、水下机器人等监测手段，加快视频、遥感等新技术应用创新，提高遥感影像数据智能处理能力和业务化应用水平，加快实现对江河湖泊、水利工程、水利治理管理活动等的全覆盖全流程动态感知。优化完善水利业务网络、水利视频会商系统、水利蓝信等基础设施，加强5G、北斗卫星等新一代通信技术的应用，扩建大容量、广覆盖、易维护的物联通信网络。强化水利网络安全态势感知和水利关键信息基础设施安全防护。

（二）推进水利工程智能化改造与建设

推进传统水利工程向新型水利基础设施转型，加快已建水利工程智能化改造，不断提升水利工程建设运行管理智能化水平。

加快已建水利工程智能化改造。对已建水利工程特别是大型水库、跨流域跨区域引调水工程等重要水利工程，结合新型基础设施建设，推进物联网应用和智能化改造，全面推行“互联网+安全监管”，为水利工程安全高效运行提供有力保障。实施长江流域水库群联合调度系统智能化改造、黄河下游防洪工程安全监控系统建设。因地制宜开展一批引调水、水库、堤防等水利工程智能化试点改造与建设。

推进智能水利建设。积极推进BIM技术在水利工程全生命周期运用，新建骨干项目鼓励按照智能化要求同步进行规划建设管理，同步构建实体工程和数字孪生工程。加快建设覆盖重大水利工程，联通国家、流域、区域的水利工程控制网和业务网，实现水流、信息流和业务流的互联互通。

（三）加快水利数字化建设

推进数字流域、数字孪生流域建设，全面提升水利数字化水平。

推进数字流域建设。以流域为单元、数字地形为基石、干支流水系为骨干、水利工程为重要节点，对物理流域的全要素进行数字化映射。加强自然地理、经济社会等信息数据采集与处理，深化遥感技术和地面监测技术的有机结合，推进建立空天地一体化的流域全覆盖监测。构建覆盖全国主要江河流域的数字化映像，开展长江、黄河、淮河、海河、珠江、松辽、太湖等大江大河大湖数字流域建设。

推动数字孪生流域建设。集成耦合水文、水力学、泥沙动力学、水资源、水工程等专业模型和可视

化模型，推进集防洪调度、水资源管理与调配、水生态过程调节等功能为一体的数字孪生流域模拟仿真能力建设。推动构建水安全全要素预报、预警、预演、预案的模拟分析模型，强化洪水演进等可视化场景仿真能力。选择淮河、海河流域重点防洪区域，开展数字孪生流域试点建设。

（四）推动涉水业务智能化应用

按照大系统设计、分系统建设、模块化链接的建设思路，以数字化场景、智慧化模拟、精准化决策为路径，积极探索构建水利数字孪生应用场景，推动构建水利“2+N”智能业务应用体系，提升仿真、分析、预警、调度、决策和管理支撑能力。

建设流域防洪管理与调度体系。以数字流域为基础，加快流域水工程防灾联合调度系统建设，在国家防汛抗旱指挥系统的基础上，汇集气象、水情、雨情、工情、墒情、灾情等信息，优化水库、河道、蓄滞洪区等工程联合调度运用，加强对洪水资源的调度、管理与利用，制定动态优化的精细数字预案，开展人机互动的同步仿真预演，形成智慧防洪体系，实现及时准确预报、全面精准预警，提高流域防洪管理和调度运用水平。

建设水资源管理与调配体系。逐步建立流域和区域水资源总量、初始水权分配以及经济社会发展指标综合台账，明确取用水总量控制红线，实施取用水量和生态水量等要素在线监测，提高水资源优化配置和实时、智慧调度水平，建立健全从流域、区域到全域的水资源管理与调配体系。

加强其他涉水业务应用系统开发与建设。实施国家水利综合监管平台、水工程防灾联合调度系统等工程，构建病险水库、河湖长制、水土保持、农村饮水、工程建设、工程运行、水政执法、节约用水、水利监督、水利政务服务等领域的业务应用系统，加快水利业务数字化转型、智能化升级。

九、加强水利重点领域改革，提高水利创新发展能力

（略）

十、加强水利管理，提高水治理现代化水平

（略）

十一、加强规划实施保障

（略）

国家发展改革委、水利部

2022 年 1 月 11 日

数字乡村发展行动计划（2022—2025 年）（节选）

数字乡村是乡村振兴的战略方向，也是建设数字中国的重要内容。“十四五”时期是乘势而上开启全面建设社会主义现代化国家新征程、向第二个百年奋斗目标进军的第一个五年，也是全面推进乡村振兴、建设数字中国的发力期。为贯彻落实《中华人民共和国国民经济和社会发展第十四个五年规划和 2035 年远景目标纲要》《数字乡村发展战略纲要》《“十四五”国家信息化规划》部署要求，加快推进数字乡村建设，充分发挥信息化对乡村振兴的驱动引领作用，整体带动和提升农业农村现代化发展，促进农业全面升级、农村全面进步、农民全面发展，特制定本行动计划。

一、总体要求

（一）指导思想（略）

（二）基本原则（略）

（三）行动目标

到2023年，数字乡村发展取得阶段性进展。网络帮扶成效得到进一步巩固提升，农村互联网普及率和网络质量明显提高，农业生产信息化水平稳步提升，“互联网+政务服务”进一步向基层延伸，乡村公共服务水平持续提高，乡村治理效能有效提升。到2025年，数字乡村发展取得重要进展。乡村4G深化普及、5G创新应用，农业生产经营数字化转型明显加快，智慧农业建设取得初步成效，培育形成一批叫得响、质量优、特色显的农村电商产品品牌，乡村网络文化繁荣发展，乡村数字化治理体系日趋完善。

二、重点任务

（一）数字基础设施升级行动

1. 推进乡村信息基础设施优化升级。持续实施电信普遍服务，开展农村地区4G基站补盲建设，逐步推动5G和千兆光纤网络向有条件、有需求的乡村延伸。持续推进城市农村“同网同速”，优化提升农村宽带网络质量。探索运用卫星等多种手段，提升农村及偏远地区学校、医院网络接入水平和质量。深入实施智慧广电建设工程，依托有线电视网络承载智慧乡村服务。优化广播电视业务网络，推动广播电视服务走向“终端通”“人人通”。优化农村信息服务基础设施建设，有序推进农业农村、商务、民政、邮政、供销等部门农村信息服务站点的整合共享，推广“多站合一、一站多用”。鼓励开发适应“三农”特点的信息终端、技术产品、移动互联网应用（App）软件，不断丰富“三农”信息终端和服务供给。

2. 推动乡村传统基础设施数字化改造升级。完善农村公路基础数据统计调查制度，强化电子地图定期更新，提升农村公路管理数字化水平，推动“四好农村路”高质量发展。加快农村电网数字化改造，实施农村电网巩固提升工程，补强农网薄弱环节。加快农村水利工程智慧化、水网智能化，进一步加强全国河长制湖长制管理信息系统建设和应用，推动各类信息共享和联动更新。支持国家骨干冷链物流基地、区域性农产品冷链物流设施、产地冷链物流设施等建设，补齐冷链物流短板。

专栏1　乡村基础设施数字化改造提升工程
继续实施无线数字化覆盖工程。推进农村地区中央广播电视节目无线数字化覆盖，满足广大人民群众收看收听数字广播电视节目的需求。 推进农村地区中小型水利设施智能化改造。完善雨水情测报和工程安全监测体系，全面提升中小型水利工程的信息感知能力，落实工程安全管理责任制，充分利用信息技术手段，逐步推进农村地区中小型水利工程全生命周期的仿真运行管理，实现智能化、自动化监管。

（二）智慧农业创新发展行动

3. 加快推进农业农村大数据建设应用。建立健全农业数据资源目录，以第三次全国国土调查成果为基础，加快建设全国农业农村基础数据库，构建全国农业农村数据资源“一张图”。以粮、棉、油、果、菜、茶、糖、生猪、奶牛、水产等重要农产品为重点，深入推进单品种全产业链大数据建设，提升数据分析应用能力。加强大数据采集、传输、存储、共享、安全等标准体系建设，提高农业农村数据流通、使用效率。建立健全重要农产品市场监测预警体系，为政府和市场主体提供公共数据服务。打造惠农数字粮食服务平台，构建粮食产购储加销大数据体系，以数字技术赋能优质粮食工程。推动建成全国农田建设数字化监管平台，完善自然资源调查监测、国土空间规划、永久基本农田等数据库，建设自然资源三维立体“一张图”。

4. 建设天空地一体化农业观测网络。统筹使用国家民用空间基础设施中长期发展规划卫星及民商遥感卫星等资源，构建农业天基网络，形成常规监测与快速响应的农业遥感观测能力。开发适合我国农业生产特点和不同地域需求的无人机导航飞控、作业监控、数据快速处理平台，构建航空观测网络，提升区域高精度观测和应急响应能力。整合利用各类农业园区、基地的物联网数据采集设施，逐步推动数据汇集。

5. 加快农业生产数字化改造。建设一批智慧农场、智慧牧场、智慧渔场，推动智能感知、智能分析、智能控制技术与装备在农业生产中的集成应用。推进无人农场试点，通过远程控制、半自动控制或自主控制，实现农场作业全过程的智能化、无人化。大力推进数字育种技术应用，建设数字育种服务平台，加快"经验育种"向"精确育种"转变，逐步发展设计育种。完善国家农产品质量安全追溯管理信息平台，推进农产品质量安全信息化监管，探索建立追溯管理与风险预警、应急召回联动机制。

6. 加快智慧农业技术创新。制定智慧农业技术发展路线图，重点突破智慧农业领域基础技术、通用技术和关键技术，超前布局前沿技术。加强专用传感器、动植物生长信息获取及生产调控机理模型等关键共性技术攻关，重点推进适用各种作业环境的智能农机装备研发，推动农机农艺和信息技术集成研究与系统示范。加强农机装备技术创新，逐步突破 200 马力无人驾驶拖拉机、大型液压翻转犁、精密播种机械、复式作业机具等整机和机具。

7. 加强农业科技信息服务。完善农业科技信息服务体系，支持培育一批面向新型农业经营主体和小农户的信息综合服务企业，引导社会主体开展以数据为关键要素的农业生产社会化服务。建立完善科技特派员综合信息服务平台，支持科技特派员开展在线指导答疑和交流工作经验。

专栏 2　智慧农业建设工程
建设国家农业农村大数据平台。改造提升农业农村云基础设施，升级完善农业农村数据采集系统，建设农业农村数据"一张图"和农业农村大数据分析通用系统。 建设国家数字农业农村创新中心。围绕关键共性技术攻关、战略性前沿性技术超前布局、技术集成应用与示范，建设国家数字农业农村创新中心和分中心。 建设国家数字农业创新应用基地。在数字化水平领先的地区，建设一批国家数字农业创新应用基地，对接国家数字农业农村创新中心和分中心，实现相关技术产品集成应用、中试熟化、标准验证、示范推广等，推进数字技术在农业生产经营中的综合应用和集成示范。

（三）新业态新模式发展行动（略）

（四）数字治理能力提升行动

11. 完善农村智慧党建体系。推进全国党员干部现代远程教育系统优化升级，扩大网络党课在农村党员教育中的应用。丰富党建信息化综合平台功能，加快基层党组织"上云"。综合运用重点新闻网站、政务网站、"两微一端"等平台，积极稳妥、依法依规推动党务、村务、财务等信息网上公开，拓宽党群沟通渠道，畅通社情民意。

12. 推动"互联网+政务服务"向乡村延伸。完善全国一体化政务服务平台，推动实现网上政务服务省、市、县、乡、村五级全覆盖，提高涉农事项全程网上办理比例，推动政务服务"网上办、掌上办、一次办"。推进电子政务外网向乡镇、村延伸，扩大乡村基层便民服务中心、服务站点部署范围，推进线上线下深度融合。建立健全政务数据共享协调机制，稳步扩大涉农政务信息资源共享范围。深化农村综合服务网点覆盖，推进农村地区数字社区服务圈建设，提升政务、商超、养老等综合服务功能，做好乡村服务"最后一百米"。建设农村工程建设项目管理信息化平台，实现农村工程建设项目"一网统管"和"一网通办"。

13. 提升村级事务管理智慧化水平。推广村级基础台账电子化，建立统一的"智慧村庄"综合管理服务平台。推广村级事务"阳光公开"监管平台，推进村级事务及时公开、随时查看。进一步丰富村民自治手段，推进村民在线议事、在线监督。加快农村集体资产监督管理平台建设，促进建成便民快捷、管理高效、上下联动、部门共享的农村集体资产大数据库。

14. 推动社会综合治理精细化。逐步完善"互联网+网格治理"服务管理模式，打造基层治理"一张网"，推广"一张图"式乡村数字化治理模式。深入推进公共法律服务网络平台、实体平台、热线平台三大平台融合发展，整合法律服务网与司法行政 App、小程序功能。推广运用智能移动调解系统，拓展利用移动端开展法律服务，为农民群众提供在线法律咨询、法律援助、维权指引、视频调解等线上服务。高质量建成涵盖所有县、乡、村的公共安全视频图像应用体系，进一步加大农村地区公共安全视频图像应用系统建设。引导各级各类社会化视频图像接入公共安全视频图像信息共享交换平台，积极推动视频图像资源与网格中社会治理基础数据有效融合、开放共享。

15. 加强农村智慧应急管理体系建设。依托天空地一体化监测体系，加强自然灾害综合监测预警，对乡村地质灾害、洪涝灾害、林牧区森林草原火灾等灾害及生产生活安全进行监测预警。依托应急资源管理平台，合理调度防灾救灾物资，做好乡村受灾人群应急救援和保障服务。完善覆盖全面、实时监测、全局掌控的乡村数字化公共卫生安全防控体系，建立突发事件风险监测与预警信息共享平台，引导村民开展自我卫生管理和卫生安全防控。完善农村气象灾害智能预报系统，构建广覆盖、立体化的预警信息发布体系，建立精细到乡镇的气象预报和灾害性天气短时临近预警业务，推动预警信息到村到户到人。加快应急广播体系建设，推进基层应急广播主动发布终端覆盖，建立应急广播快速传达通道。

专栏4　乡村数字治理体系打造工程
开展乡村治理数字化建设。加快推进农村地区数字基础设施、系统平台和应用终端建设，强化系统集成、数据融合和网络安全保障。因地制宜加强农村地区便民服务软件建设，提高乡村治理数字化、智能化、便捷化水平。推进农村地区数据资源整合，实行一次综合采集、多方共享利用。 推进农村地区“智慧法援”建设。推进“云公共法律服务中心”“云律所”建设，利用远程视频系统为农村地区提供线上法律援助、咨询等服务。支持在每个行政村设立法律援助联络点，依托村（居）法律顾问和法律明白人设立联络员，配备实现宽带接入的计算机、打印机、复印机等设备设施。定期组织对法律援助联络员的业务培训，提升法律援助服务能力。 巩固提升农村地区公共安全视频图像信息系统建设。积极推进农村公共安全视频图像信息系统建设和智能化示范应用。充分发挥公共安全视频图像信息系统基础平台和海量视频资源优势，探索在维护国家安全和社会稳定、农村治安防控和社会治理、生态建设与保护、疫情防控和防灾减灾等方面的智能应用。 构建农村地区智慧化气象灾害预警体系。构建由地面观测调查、无人机摄影测量、雷达监测以及卫星遥感等综合互补的一体化、智慧化农业农村气象灾害观测探测体系。发展精细化、动态化农业气象灾害预报预警技术和农用天气预报技术，面向农业农村气象灾害高风险区域、灾害高敏感对象，建立灾害影响速判决策支撑系统。 推进农村地区应急广播主动发布终端覆盖。聚焦基层应急广播主动发布终端建设，做强应急广播“最后一公里”，建设质量高、抗毁灭能力强的应急广播大喇叭主动发布终端，推动应急信息精准传递。

（五）乡村网络文化振兴行动（略）

（六）智慧绿色乡村打造行动（略）

（七）公共服务效能提升行动（略）

（八）网络帮扶拓展深化行动（略）

三、保障措施

（一）加强组织领导（略）

（二）加强政策支持（略）

（三）加强人才支撑（略）

（四）加强指导监督统（略）

（五）加强安全保障

加强农业农村数据安全保护，落实涉农关键信息基础设施安全保护制度和网络安全等级保护制度，开展网络安全监督检查专项行动。继续强化农村地区电信广播电视设施安保工作，大力打击盗窃破坏电信广播电视设施的违法行为。依法打击涉农信贷、保险及网贷平台等领域中的互联网金融诈骗行为，做好互联网金融风险防范宣传工作。组织开展面向农村居民的网络安全教育培训，提升个人信息保护意识。

（六）加强宣传引导（略）

中央网信办
农业农村部
国家发展改革委
工业和信息化部
科技部
住房和城乡建设部
商务部
市场监管总局
广电总局
国家乡村振兴局
2022 年 1 月 26 日

“十四五”应急管理标准化发展计划（节选）

应急管理标准化是新时期应急管理战略性、引领性、基础性工作，是推进应急管理体系和能力现代化的重要战略举措。为深入贯彻落实《国家标准化发展纲要》和《“十四五”国家应急体系规划》，进一步加强“十四五”应急管理标准化体系建设，持续提升应急管理标准化水平，制定本计划。

一、总体要求

（略）

二、主要任务

（一）健全优化应急管理标准体系。（略）

（二）加快推进急需短缺和重要标准制修订。循序渐进务求实效，按照“先急后缓”原则加强统筹，集中力量加快修订与人民生命安全关系最直接的标准，争取早日出台、确保有效管用。密切跟踪研究事故灾害暴露的标准化短板问题，对标落实法律法规和应急管理标准体系建设要求，加快重点行业和关键领域标准立改废。在安全生产方面，加强基础通用标准，个体防护装备标准，事故调查统计相关标准，矿山安全、危险化学品安全、烟花爆竹安全生产、石油天然气开采安全标准，以及粉尘防爆、涂装作业、冶金有色、工贸安全等领域重要标准制修订；在消防救援方面，加快制修订消防救援队伍队站建设、装备建设、作战训练，消防通信指挥信息化、消防物联网建设、消防监督检查、消防产品监督管理、社会消防治理、社会消防技术服务管理、火灾调查等相关标准；在减灾救灾与综合性应急管理方面，加快制修订应急管理术语、符号、标记和分类等基础通用标准，风险监测和管控标准，水旱灾害应急管理标准，地震灾害应急救援相关标准，地质灾害应急救援相关标准，应急装备标准，应急管理信息化标准，救灾和物资保障标准，应急预案制定和演练、救援现场指挥、专业应急救援力量建设标准，应急救援事故灾害调查和综合性应急管理评估统计规范标准，应急救援教育培训标准，以及其他防灾减灾救灾和综合性应急管理有关标准。

（三）强化标准宣贯实施和监督管理。（略）

（四）加强标准化基础保障工作。加强全国安全生产、个体防护装备、消防、应急管理与减灾救灾等标准化技术委员会建设，突出专家把关，落实专家责任制，提升标准制修订的科学性和专业性。制定《应急管理专业标准化技术委员会管理办法》，指导规范标准化技术委员会高效运行。加强应急管理标准化相关基础研究，为标准化工作提供理论指导和科技支撑，优先安排对应急管理行业领域标准化具有全局性、战略性影响的重大研究项目，以及应急管理信息化、智能化相关标准研究项目。加快应急管理标准化信息平台建设，协调推动与国家标准信息管理平台互联互通，实现标准化全过程信息化管理。借鉴国务院有关部门标准化经费保障做法，制定出台《应急管理标准化经费管理办法》，规范标准制修订、技术审查、评估复审、宣贯实施、基础研究等经费支出。

（五）加强地方、团体和企业标准化工作。（略）

（六）加强应急管理标准化国际合作与交流。（略）

三、保障措施

（略）

应急管理部

2022 年 4 月 26 日

“十四五”住房和城乡建设科技发展规划（节选）

为促进住房和城乡建设领域科技发展，依据《中华人民共和国国民经济和社会发展第十四个五年规划和 2035 年远景目标纲要》《中共中央办公厅　国务院办公厅关于推动城乡建设绿色发展的意见》和国家科技创新相关规划，制定本规划。

一、形势需求

（一）发展基础（略）

（二）发展趋势

“十四五”时期是立足新发展阶段，贯彻新发展理念，构建新发展格局，推动住房和城乡建设事业高质量发展的关键时期，亟须进一步强化科技创新支撑引领作用。

发展绿色低碳技术是落实城乡建设领域碳达峰碳中和目标任务的重要途径。加快推进城乡建设绿色发展，迫切需要加强科技攻关，研发和推广绿色环保、节能减排、资源循环、安全韧性等技术，提升城乡建设绿色低碳发展质量，推动形成绿色生产方式和生活方式。

发展数字化、智能化技术是推动城市治理体系和治理能力现代化的重要支撑。进一步提升城市精细化管理水平，加强城市治理方式创新，迫切需要推进 5G、大数据、云计算、人工智能等新一代信息技术与住房和城乡建设领域的深度融合，加快推进基于数字化、网络化、智能化的新型城市基础设施建设，促进城市高质量发展。

发展工业化、产业化技术是推进建筑业供给侧结构性改革的重要手段。加快推进建筑业转型升级，解决建造方式粗放、劳动生产率不高、建筑工人短缺等突出问题，迫切需要加快推动智能建造与新型建筑工业化协同发展，大力发展数字设计、智能生产、智能施工和智慧运维，促进中国建造从价值链中低端向中高端迈进。

二、总体要求

（略）

三、重点任务

围绕建设宜居、创新、智慧、绿色、人文、韧性城市和美丽宜居乡村的重大需求，聚焦“十四五”

时期住房和城乡建设重点任务，在城乡建设绿色低碳技术研究、城乡历史文化保护传承利用技术创新、城市人居环境品质提升技术、城市基础设施数字化网络化智能化技术应用、城市防灾减灾技术集成、住宅品质提升技术研究、建筑业信息技术应用基础研究、智能建造与新型建筑工业化技术创新、县城和乡村建设适用技术研究等 9 个方面，加强科技创新方向引导和战略性、储备性研发布局，突破关键核心技术、强化集成应用、促进科技成果转化。

（一）城乡建设绿色低碳技术研究（略）

（二）城乡历史文化保护传承利用技术创新（略）

（三）城市人居环境品质提升技术集成（略）

（四）城市基础设施数字化网络化智能化技术应用

以建立绿色智能、安全可靠的新型城市基础设施为目标，推动 5G、大数据、云计算、人工智能等新一代信息技术在城市建设运行管理中的应用，开展基于城市信息模型（CIM）平台的智能化市政基础设施建设和改造、智慧城市与智能网联汽车协同发展、智慧社区、城市运行管理服务平台建设等关键技术和装备研究。

专栏 4　城市基础设施数字化网络化智能化技术重点任务
1. CIM 平台。研究 CIM 构建理论、方法及标准体系，研究城市基础设施数据资源体系与要素编码及 CIM 多源异构数据治理、存储、调用、共享等技术，研究 CIM 基础平台图形引擎、城市空间仿真模拟与智能化技术，CIM 典型业务场景应用范式与平台建设评估方法，以及国家、省、市 CIM 平台互联互通方法、技术和保障措施。 2. 智能化市政基础设施建设和改造。研究基于 CIM 的市政基础设施智能化管理平台构建技术。研发城镇供水、排水管网病害识别技术，管网运行健康评估技术及产品，黑臭水体监测评估与修复治理技术，城市燃气高效利用与节能减排关键技术，高效热泵供热技术和可再生能源供热技术，综合交通枢纽高效便捷换乘技术，市政基础设施安全运行监测监管、大数据分析和模拟仿真技术。 3. 智慧城市与智能网联汽车协同发展。研究支持车路协同运行的城市道路、建筑、公共设施融合感知体系，研发耦合时空信息的城市动态感知车城网平台，开发智能网联汽车在公交、旅游、特种作业、物流运输等多场景应用技术及装备。 4. 城市运行管理服务平台。研究“城市运行管理一网统管”目标下，5G、大数据、云计算、人工智能等新一代信息技术在市容市貌、公共空间秩序、基础设施运行监测等领域的应用技术，研究支撑国家、省、城市三级平台互联互通、数据同步、业务协同的体系构建技术。 5. 完整居住社区智慧运维。研究完整社区典型场景的智能感知、服务决策、监测预警及医疗救治等关键技术及装备，开发社区全过程运维服务平台及装备，研究智慧社区平台与城市政务服务一体化平台对接技术。

（五）城市防灾减灾技术集成（略）

（六）住宅品质提升技术研究（略）

（七）建筑业信息技术应用基础研究（略）

（八）智能建造与新型建筑工业化技术创新（略）

（九）县城和乡村建设适用技术研究（略）

四、创新体系建设

（略）

五、组织实施

（略）

住房和城乡建设部

2022 年 3 月 1 日

第二节　地方政策规划性文件

本节收录了25部2022年印发的行业相关地方政策规划性文件，具体目录如下：

序号	规划名称	印发机构	印发时间
1	北京市数字经济全产业链开放发展行动方案	北京市经济和信息化局	2022年5月30日
2	北京市“十四五”时期交通发展建设规划	北京市人民政府	2022年4月10日
3	“十四五”河北省城市基础设施建设实施方案	河北省住房和城乡建设厅	2022年9月30日
4	黑龙江省“十四五”数字经济发展规划	黑龙江省人民政府	2022年3月22日
5	苏州市数字经济“十四五”发展规划	苏州市人民政府办公室	2022年7月1日
6	浙江“公安大脑”建设发展规划（2022—2023年）	浙江省公安厅	2022年5月20日
7	浙江省数字安防产业人才发展行动计划（2022—2025年）	浙江省安全技术防范行业协会	2022年4月26日
8	江西省5G应用“扬帆”行动计划	江西省工业和信息化厅	2022年4月2日
9	江西省数字政府建设三年行动计划（2022—2024年）	江西省人民政府办公厅	2022年5月27日
10	2022年河南省数字经济发展工作方案	河南省发展改革委	2022年3月19日
11	河南省大数据产业发展行动计划（2022—2025年）	河南省人民政府办公厅	2022年9月21日
12	湖南省新型数字基础设施建设“十四五”规划	数字湖南建设领导小组（省信息化领导小组）	2022年5月
13	广东省新一代人工智能创新发展行动计划（2022—2025年）	广东省科技厅、省工业和信息化厅	2022年12月22日
14	广州市科技创新“十四五”规划	广州市人民政府办公厅	2022年2月17日
15	深圳市数字政府和智慧城市“十四五”规划发布	深圳市政务服务数据管理局、深圳市发展改革委	2022年5月24日
16	深圳市培育发展智能网联汽车产业集群行动计划（2022—2025年）	深圳市发展和改革委员会	2022年6月6日
17	广西交通运输标准化“十四五”发展规划	广西壮族自治区交通运输厅	2022年3月
18	海南省政府数字化转型总体方案（2022—2025）	海南省人民政府办公厅	2022年7月15日
19	重庆市自动驾驶和车联网创新应用行动计划（2022—2025年）	重庆市人民政府办公厅	2022年9月29日
20	四川省“十四五”新型城镇化实施方案	四川省发展和改革委员会	2022年11月24日
21	成都市“十四五”新型智慧城市建设规划	成都市政务服务管理和网络理政办公室	2022年6月

续表

序号	规划名称	印发机构	印发时间
22	成都市新一代人工智能产业发展规划（2022—2025）	成都市新经济发展委员会、成都市经济和信息化局、成都市发展和改革委员会、成都市科学技术局	2022 年 12 月 28 日
23	云南省校园安全防范能力提升三年行动计划（2022—2024 年）	云南省人民政府办公厅	2022 年 4 月 24 日
24	云南省数字经济发展三年行动方案（2022—2024 年）	云南省人民政府	2022 年 4 月 27 日
25	昆明市数字经济发展三年行动计划（2022—2024 年）	昆明市人民政府	2022 年 12 月 26 日

因篇幅所限，内容详情请查阅《中国安全防范行业年鉴》（2022 版）网络版。网络版网址：http：//www. 21csp. com. cn/njcd/2022/。

管理与服务篇

第五章 技防管理

第一节 全国公安机关科技信息化部门 2022年安全技术防范管理工作概述

2022年，全国公安机关科技信息化部门深入贯彻落实党中央、国务院和公安部党委有关决策部署，以公安中心工作和实战任务需求为导向，持续开展提升技防管理水平，优化行业服务与监督，推进视频图像联网应用等重点工作，在规范安防行业发展的同时，持续引导安防行业服务公安工作、引领技术发展等方面的专业力量，推动行业迈向高质量发展。

一、持续提升技防管理水平，优化服务

全国公安机关科技信息化部门在2022年积极回应行业发展新需求新期待，深化改革、优化流程、创新服务，出台便民利企改革措施，持续提升技防管理水平。

北京市公安局科信部门全力推动公共安全视频监控建设联网应用工作，严格落实视频图像系统建设、管理责任。一是创新优化图像备案申办模式，进一步精简政务服务事项申请材料，压缩办理时限，推出微信扫码申报图像备案的办理模式，向全市进行推广应用。二是研究执法检查和行政处罚考评新模式，对“公共安全图像信息备案管理系统”功能进行调整，实现执法更加规范。三是编发公共安全图像信息系统执法规范性文件，全面规范全局民警对公共安全图像信息系统监督检查行为。

河北省公安厅安全技术防范管理部门通过多种形式优化安全技术防范行业服务、监督、管理工作。一是组织举办2022年公安科技活动周。充分展示全省公安机关近年来具有公安特色的科技成果和应用，积极引导公安科技发展成果更快更好地服务基层公安民警、更多更广泛地惠及广大人民群众。二是进一步做好企业备案工作。2022年共完成备案企业789家，促进行业规范健康发展、企业合法良性竞争。三是严格开展检查工作。各市级公安机关技防部门按照“双随机、一公开”检查工作的要求，扎实开展相关检查工作，促进各市技防设施建设和应用保持良性运行状态。

山西省公安厅安全技术防范管理部门进一步转变职能，优化服务，强化安全技术防范行业服务、管理工作。根据新修订的《山西省安全技术防范条例》，山西省取消安全技术防范从业单位资质证申请、资质申报、资质变更申请三项技防业务，并及时向全省相关企业和单位做好《山西省安全技术防范条例》修订的宣贯工作。

辽宁省公安厅安全技术防范管理部门组织开展安全技术防范领域公安机关法治化营商环境建设监督整治工作，组织起草并下发科技信息化子方案，形成专班，明确任务，高标准推动安全技术防范领域法治化营商环境建设监督政治工作；组织开展技防管理工作建章立制及政务公开工作，组织修订了《安全技术防范政务服务事项目录2022版》，依法开展技防备案及政务公开工作。

上海市公安局安全技术防范管理部门持续优化安防行业管理。一是大力推广线上评审会议模式，减少疫情传播风险。2022年共召开线上评审会议231场，参加人员1500余人次。二是加强安防行业调查研究和情况统计，了解疫情下企业困难需求，整理形成专项调研报告。三是组织开展2022年度技防从业人

员技术能力测试，并针对技术弱项开展专题培训，为企业发展提供人才保障，2022 年共培训技防从业人员 600 余名。四是推出新晋技防专家见习办法，对新晋技防专家进行全方位考核管理。五是持续深化行政审批改革，多次延长《上海市公共安全防范工程设计施工单位核准证书》年度核准时限，合理放宽年审材料要求，帮助企业渡过难关，确保行业健康发展。同时，为疫情管控建筑设施技防项目评审验收开辟“绿色通道”，加快材料审核进度，实行工程质量承诺制度。

安徽省公安厅安全技术防范管理部门积极落实行业协会商会脱钩改革要求，实现机构、职能、资产、财务、人员、党建、外事全脱钩；根据国家“放管服”相关规定，在皖事通中下载安全技术防范生产许可行政审批事项。

广东省公安厅安全技术防范管理部门持续提升技防管理水平，优化服务。一是稳步推进 2022 年技防审批工作，通过加强信息化建设提升行政审批及执法检查能力，2022 年广东公安技防管理系统共计受理 4884 条事项。二是开展规范性文件修订调研工作，2022 年广东省多个地市分别组织召开技防两项行政许可作用效果与改革建议调研工作会议。三是研究新修订的《行政处罚法》下技防执法减免责适用情形，并制定配套监管措施。四是开展技防验收标准制修订工作，组织行业专家对技防验收标准开展修订完善工作。五是组织召开全省公安技防管理工作会议并开展第五届广东智慧安防专家线上培训班。六是开展“双随机、一公开”监管工作，2022 年对 7 家省外技防从业单位开展了“双随机、一公开”抽查工作。七是开展广东智慧安防专家库换届工作。八是开展“放管服”改革工作，通过部分容缺办理调整，为疫情期间企业办理技防业务提供便利。九是开展技防普法工作，指导地市技防办通过媒体宣传、走访企业、安防从业人员继续教育培训等形式开展普法宣传，进一步加强技防普法宣传。

二、指导“雪亮工程”“智慧安防小区”建设　推进视频联网应用工作

全国公安机关科技信息化部门认真贯彻国家相关工作部署，积极采取有效举措，大力推进公共安全视频监控建设联网应用工作，深化指导各地“雪亮工程”“智慧安防小区”建设。

河北省公安厅安全技术防范管理部门按照中央部署安排，重点围绕“雪亮工程”项目建设应用，组织开展公共安全视频监控建设联网应用工作，取得显著成效。2022 年，河北省“雪亮工程”示范和重点支持城市已全部通过中央验收，全省基本建成覆盖重点公共区域和重点行业、领域等重点部位的视频监控系统，为各级政府和各相关职能部门依法履职、推进社会治理现代化提供重要技术支撑。

山西省公安厅安全技术防范管理部门持续推进全省公共安全视频监控建设联网应用工作。结合山西省现状，编制《山西省公安视频图像信息系统重点项目建设任务书》。加快推进《山西省公安视频图像智能化系统建设项目》落地实施，充分发挥省级公共安全视频监控建设联网应用协调机构办公室的作用，圆满完成 2018—2020 年“雪亮工程”重点支持项目验收评估工作。

辽宁省公安厅安全技术防范管理部门组织开展“雪亮工程”示范和重点支持城市项目竣工验收工作，按照统一部署，组织辽宁省相关市按照政策要求开展收尾评估工作，目前，全省“雪亮工程”均已完成项目建设任务，相关地区通过了验收。

吉林省公安厅安全技术防范管理部门多种举措着力提升视频图像系统建设运行质量，强化系统网络安全防护能力，提高技术创新措施服务实战效能。一是建立视频图像大数据智能创新应用联合实验室，研究建立全新警企合作、创新研发模式。二是升级智能化前端基础设施，全面推进视频图像系统前端基础设施建设，推进公共安全视频监控系统结构化、数据化、智能化转型升级。三是推进公安检查站视频图像系统升级改造。四是通过实地勘查，摸清重点行业领域视频资源底数，全面推进全省重点行业、领域视频资源联网整合工作。五是开展公安视频图像数据常态化治理，调整优化省级视频图像应用平台，对重点点位基础信息进行人工复核。六是开展视频图像系统网络安全排查整改，严格规范网络连接审批流程，有效消除风险隐患。

黑龙江省公安厅安全技术防范管理部门规范视频图像设备安装和信息采集、使用、管理的监管，加

强对采集数据和公民隐私信息的安全保护；紧紧围绕公安业务和社会公共安全需要，重点推进视频监控建设联网应用和重要行业领域的省级标准、行业标准修订工作；推动平安城市、“雪亮工程”等项目的后续建设，以“六智”为主线，有效提升智能化应用水平。

江苏省公安厅安全技术防范管理部门开展技防质效提升攻坚工作，组织开展“三查三补三增”，推动实现“五个更加”的工作目标，解决一批制约技防工作高质量发展的痛点难点问题；稳步推进“智慧版”技防城建设，确定评估对象，评估依据和评估方法，定期调度推进，开展实地评估；优化提升全省“雪亮工程”运行效能，在实现项目全面通过国家验收基础上，按计划、分阶段有序开展对接工作，推进省级平台升级并开展新旧系统割接，通过开展视频传输网和视频流数据整治工作，加强安全管理，同时向相关部门按需推送共享视频数据，服务行业部门；积极推动技防工作实战化转型，通过多种举措提升各类社会面技防单元建设应用水平和公安机关利用技防手段开展实战的水平；孵化培育智慧技防技术场景创新，紧贴风险防控、社会治理、便民利民等实战需求，开展智慧技防新技术、新场景探索。

安徽省公安厅安全技术防范管理部门多措并举全力推动“雪亮工程”整体建设，实现安徽省“雪亮工程”示范/重点支持项目全部通过国家验收评估。

福建省公安厅安全技术防范管理部门持续深化“雪亮工程”建设和共享应用，持续推动各地加强公共安全视频图像系统的整合联网，为形成“共建共治共享”的大安全大平安格局提供有力的科技支撑；推动“雪亮工程”与省市域社会治理现代化工作深度融合，持续提升服务社会基层治理的能力。

湖北省公安厅安全技术防范管理部门贯彻落实公安视频图像智能化建设及应用，编制《湖北公安视频图像信息系统重点项目建设任务书》，完成多个市州项目评审工作，推动新形势下湖北公安视频图像智能化建设提档升级；组织全省公安科信部门选拔业务精英参加2022年度全国公安视频图像智能化应用比武竞赛，荣获全国一等奖；加快全省“雪亮工程”的验收工作，确保“雪亮工程”建设质量；持续开展省市融合一体化建设，优化完善各应用系统功能，提高视频图像智能化应用水平。

湖南省公安厅安全技术防范管理部门大力推进公共安全视频监控建设联网应用和技防管理工作。一是圆满完成“雪亮工程”年度建设任务，推动“雪亮工程”（中小学安防设施建设）纳入2022年全省10件重点民生实事项目，基本实现了全省中小学、幼儿园等周边重点部位智能安防设施全覆盖；二是圆满完成2016—2020年“雪亮工程”示范和重点支持城市项目建设，确保部分市州通过验收评估。

广西壮族自治区公安厅安全技术防范管理部门秉持“警、企、民”携手，以公安机关为主导，动员四大网络运营商搭建平台，坚持群众自愿原则，进一步强化城市平安“脉络”大力提升社会治理水平，其中南宁市持续推进“守望”工程，桂林市推出平安智柱。

贵州省公安厅安全技术防范管理部门全力推动全省公共安全视频监控建设联网应用工作和安全技术防范管理工作。一是持续推进贵州省“雪亮工程”建设和验收评估，配合完成各市州“雪亮工程”项目验收工作，持续开展贵州省公共安全视频监控图像联网共享工作。二是推进全省视频图像数据治理，切实提高公安视频图像数据质量，充分挖掘视频图像价值，全力支撑公安应用。三是指导各地将视频图像数据资源服务于新冠疫情常态化防控工作。四是开展视频图像系统运维保障工作，更好服务于各类安保活动和专项任务。五是认真开展视频大练兵和培训工作，“以赛促建、以赛促用、以赛促战”。

西藏自治区公安厅安全技术防范管理部门通过深入推进智感、智联、智算、智萃、智防、智惠六大工程，充分发挥技防管理工作职能，加大科技应用创新，全面提升信息化及智能化水平，进一步提高全区技防能力。

陕西省公安厅安全技术防范管理部门持续推进全省“雪亮工程”建设。一是推动“雪亮工程”与本地经济社会发展深度融合；二是采取线上线下相结合的方式，组织基层视频应用培训，充实基层技术实力；三是根据相关部门要求，征集“雪亮工程”示范和重点支持城市（区）项目竣工验收工作资料，要求各地级市及时上报区域内建设进展情况。

甘肃省公安厅安全技术防范管理部门加快推进全省公共安全视频监控系统建设、联网和应用。一是统筹规划推进项目建设，积极建立完善工作机制，及时掌握项目建设进度。二是将“雪亮工程”与“智慧城市”等深度结合，加快视频资源整合联网共享，通过共享交换平台，持续整合汇聚各类视频资源，向公安、消防、交通、应急等部门进行数据共享。三是加快推进智慧安防小区建设，实现全省14个市州、86个县区智慧安防小区建设工作全覆盖。

宁夏回族自治区公安厅安全技术防范管理部门结合“雪亮工程”建设及各行业视频大数据智能化建设，大力推进视频监控联网建设、数据汇聚共享和实战应用，在全区“一张网”的整体框架下，在区域建设、网络优化和资源整合等方面取得了重大进展，进一步提高了宁夏全区视频图像系统建设及联网数量，形成了政府机关、企业行业和社会面视频图像大共享格局，有效服务全区城市管理、治安防范、打击犯罪等。

新疆生产建设兵团公安局安全技术防范管理部门大力开展视频图像系统建设联网应用工作，完善视频图像数据治理体系建设，推进视频图像智能化建设应用。

三、推进地方政策及规范性文件出台与修订

政策法规既是行业发展的规范，也是行业的保障和支撑。2022年，各地公安机关科技信息化部门积极探索地方政策，出台相关文件，指导安防行业有序发展。

河北省公安厅安全技术防范管理部门启动《河北省公共安全技术防范管理规定》修订程序，对技防系统的标准、安装、验收，以及技防系统从业单位管理和相关法律责任进行修订完善。

山西省公安厅安全技术防范管理部门积极推动《山西省安全技术防范条例》修订工作，并于2022年5月27日通过了山西省第十三届人民代表大会常务委员会第三十五次会议审议。

安徽省公安厅安全技术防范管理部门制定《关于深化全省公共场所视频监控资源整合共享工作的指导意见》等4个规范性文件，实现公共场所视频监控设备规范建设、资源充分共享，省级平台汇聚公共场所视频资源较去年增长107.8%。

湖南省公安厅安全技术防范管理部门积极探索建立公共安全视频图像管理的地方性条例。株洲市公安局根据有关法律、法规，结合株洲市实际，起草编制《株洲市公共安全视频图像信息系统管理条例》。

四、指导行业协会规范化建设

2022年，全国公安机关科技信息化部门指导各地行业协会在服务国家整体战略、服务公安工作、服务行业发展等方面发挥了积极作用。

按照相关政策要求，辽宁省公安厅安全技术防范管理部门积极对行业协会开展的相关业务进行指导，部门主要领导带队赴行业协会指导调研，协调解决行业协会面临的业务困惑和难题，共同会商研究加强行业协会党建、组织东北安博会、开展安防职业技能建设、设立团体标准等工作。

黑龙江省公安厅安全技术防范管理部门指导行业协会商会开展乱收费专项清理整治“回头看”和社会组织与境外非政府组织交流合作自查工作；根据相关标准，指导行业协会开展能力评价工作，2022年共有600余家企业获得能力评价证书；指导行业协会启动5A级社会组织评审申报。

浙江省公安厅安全技术防范管理部门指导行业协会积极推动浙江省安防专业工程师、高级工程师职称评审工作，加大职称政策宣传力度；指导省安防协会积极打造各类科创平台，相继成立数字安防视觉认知联合实验室、建立数字孪生三维空间创新中心、筹建数智安防标准化实验室，强化科技支撑能力建设；指导行业安防协会推进安防人才培养工作，发布《浙江省数字安防产业人才发展行动计划（2022—2035）》，开展各类培训、送教工作，举办全国安防行业职业技能竞赛浙江赛区选拔赛。

安徽省公安厅安全技术防范管理部门持续强化行业管理，提升支撑力度，指导行业协会举办“智安江淮——2022中国（安徽）智安社区建设高峰论坛”，支撑举办第四届全省安防行业职业技能竞赛等工作。

福建省公安厅安全技术防范管理部门加强行业引导，建立健全创新协同机制。积极指导行业协会发挥桥梁纽带作用，引导行业企业参与，整合协会专家委员会和企业各方资源，推进企业人才、科研优势和公安信息化实战优势的深度融合，构建警民联合、聚力发展的创新协同新机制。

湖北省公安厅安全技术防范管理部门指导行业协会制定《协会第五届主要工作计划及目标》；推进安防工程企业设计施工维护能力评价、承办“2022 年全国行业职业技能竞赛——首届全国安防行业职业技能竞赛”湖北省分赛区选拔，研发上线协会“会员服务中心”线上平台等工作，积极推动湖北省安防行业的高质量发展。

湖南省公安厅安全技术防范管理部门指导行业协会举办安防行业从业人员技术培训，提升行业人员业务能力水平；指导行业协会成功举办“2022 第二十二届湖南智慧安防产品与技术博览会”，加强行业交流，推动行业发展。

广东省公安厅安全技术防范管理部门指导行业协会推进国家综合标准化试点项目工作，初步完成试点工作机制，并对项目配套的 15 项系列标准立项，基本完成试点任务。

广西壮族自治区公安厅安全技术防范管理部门加强对行业协会监督指导，多次深入协会开展调查研究并指导工作，不断提升协会为企业服务的意识。同时，借助协会平台，将全区安防工程企业凝聚起来，加强企业之间的沟通交流，推动区内安防企业在公平竞争中发展壮大，促进广西安防行业管理工作健康有序发展，同时指导行业协会开展反诈骗宣传活动。

重庆市公安局安全技术防范管理部门加强对行业协会的指导，要求协会以传达学习党的二十大精神为契机，推动协会政治建设；推动协会进一步完善建章立制，制定《重庆市公共安全技术防范协会指导监督办法（试行）》，为协会规范运行和健康发展提供坚实基础。

五、推动行业力量参与安防标准化建设工作

行业高质量发展离不开标准化支撑引领和示范带动作用。2022 年，各地公安机关科技信息化部门积极推进安防行业标准制修订工作，并通过加强标准的宣贯培训，推动标准的贯彻实施。

上海市公安局安全技术防范管理部门发挥标准化建设工作主动性，持续完善安防标准体系。起草《市域铁路安全技术防范系统要求》，制定《健康通行核验及人体测温筛查出入口控制系统应用技术要求》，完成《重点单位重要部位安全技术防范系统要求　第 20 部分：游乐场所》审定稿，推动《重点单位重要部位安全技术防范系统要求　第 25 部分：化工企业》发布；持续推进安防地方标准宣贯工作，组织开展网上在线培训，2022 年共举办在线培训 5 期，培训单位 600 家，培训技术人员 1800 人次。

浙江省公安厅安全技术防范管理部门指导行业协会落实各类标准的建设及意见征求工作。一是完成 GA/T ×××—2022 公安视频图像安全事件分类分级指南、GA/T ×××—2022 公安视频联动应用指南等 5 个行业标准的征求意见。二是开展地方标准 DB33/T 768 的 7 个相关部分的制修订。三是完成两项团体标准“视频图像物联终端设备安全技术要求”“视频数据应用防泄密保护系统技术要求”的发布。四是开展 4 个团体标准的立项建设，不断提升行业标准化建设能力水平。

广东省公安厅安全技术防范管理部门指导广东省安全防范报警系统标准化技术委员会持续开展标准化工作。一是编制、发布广东省地方标准《普通高等学校安全技术防范要求》《中小学校和幼儿园安全技术防范要求》。二是开展地方标准《医院安全防范工程技术规范》修订工作。

第二节　全国公安机关技防管理部门名录

机构名称	地址	联系电话
公安部科技信息化局安全技术防范与视频应用管理处	北京市东城区东长安街 14 号	010-66266548
北京市公安局指挥部视频警务和安技防通信保障处	北京市东城区前门东大街 9 号	010-85222166
天津市公安局图像侦查和技防监管总队	天津市西青区新科道 2 号	022-27205281
河北省公安厅安全技术防范管理办公室	河北省石家庄市桥西区槐安西路 276 号	0311-66991868
山西省公安厅信息通信处视频专班	山西省太原市龙城大街 77 号	0351-7388528
内蒙古自治区公安厅科技信息化总队	内蒙古自治区呼和浩特市海拉尔大街 15 号	0471-6550392
辽宁省公安厅技术防范办公室	辽宁省沈阳市岐山中路 2 号	024-86992121
吉林省公安厅图像侦查总队	吉林省长春市新发路 806 号	0431-93418345
黑龙江省公安厅科技信息化总队	黑龙江省哈尔滨市南岗区中山路 145 号	0451-82696966
上海市公安局技术防范办公室	上海市静安区太阳山路 38 号	021-22023461
江苏省公安厅科技处	江苏省南京市扬州路 1 号	025-83525952
浙江省公安厅科技信息化局	浙江省杭州市上城区民生路 66 号	0571-87286656
安徽省公安厅科技信息化处（信息中心）	安徽省合肥市庐阳区安庆路 270 号	0551-62801347
福建省公安厅科技通信处	福建省福州市鼓楼区华林路 12 号	0591-87093880
江西省公安厅安全技术防范管理办公室	江西省南昌市赣江南大道 1366 号	0791-87288333
山东省公安厅信息通信处	山东省济南市经二路 185 号	0531-85123230
河南省公安厅科技处	河南省郑州市金水区金水路 9 号	0371-65991155
湖北省公安厅安全技术防范管理办公室	湖北省武汉市武昌区雄楚大道 181 号	027-67128301
湖南省公安厅科信总队	湖南省长沙市芙蓉区八一路 110 号	0731-84597723
广东省公安厅安全技术防范管理办公室	广州市越秀区黄华路 56 号 2 栋 3 楼	020-83922515
广西壮族自治区公安厅安全技术防范管理办公室	广西壮族自治区南宁市佛子岭路 1 号	0771-2892000
海南省公安厅安全技术防范管理办公室	海南省海口市龙华区滨涯路 9 号	0898-68836200
重庆市公安局科技信息化总队	重庆市渝北区黄龙路 555 号	023-63962200
贵州省公安厅安全技术防范管理办公室	贵州省贵阳市宝山北路 82 号	0851-85904884
云南省公安厅安全技术防范办公室	云南省昆明市西山区广福路 656 号	0871-63052792

续表

机构名称	地址	联系电话
西藏自治区公安厅科技信息化总队	西藏自治区拉萨市城关区林廓东路 26 号	0891-6311272
陕西省公安厅安全技术防范管理办公室	陕西省西安市凤城二路 19 号	029-86165983
甘肃省公安厅安全技术防范管理办公室	甘肃省兰州市城关区庆阳路 98 号	0931-5156343
青海省公安厅科技信息化总队安全技术防范办公室	青海省西宁市城东区八一中路 50 号	0971-8293519
宁夏回族自治区公安厅安全技术防范管理办公室	宁夏回族自治区银川市北京中路 86 号	0951-6136291
新疆维吾尔自治区公安厅科技信息化总队	新疆维吾尔自治区乌鲁木齐市沙依巴克区钱塘江路 284 号	0991-5586330
新疆生产建设兵团公共安全视频监控建设联网应用部门协调工作组办公室	新疆维吾尔自治区乌鲁木齐市光明路 106 号	0991-5988547

第六章　标准化与技术监督

第一节　行业标准

全国安全防范报警系统标准化技术委员会

全国安全防范报警系统标准化技术委员会（以下简称“全国安防标委会”）成立于 1987 年，归口工作范围为安全防范报警系统和产品，涉及入侵和紧急报警、视频监控、出入口控制、防爆安检、安防工程、实体防护和人体生物特征识别应用等多个专业技术领域。

全国安防标委会的主要工作任务是向国家标准化管理委员会和公安部科技信息化局提出安全防范报警系统技术领域标准化工作的方针、政策和技术措施的建议；按照国家标准化工作的方针、政策，制定安全防范报警系统技术领域的标准体系和标准制修订规划、计划草案；按照国家和行业下达的标准制修订年度计划组织制定和审查国家标准草案和行业标准草案；对经批准、发布的国家标准、行业标准，组织宣贯、培训和定期复审；为企业标准化工作提供咨询和服务；对口国际电工委员会/报警与电子安防系统技术委员会（IEC/TC79）的工作，参加 IEC/TC79 国际标准草案的制定、审查和投票表决。

全国安防标委会的常设工作机构为秘书处，办公地点设在公安部第一研究所。

根据工作需要，经国家标准化管理委员会批准，全国安防标委会于 2000 年成立了实体防护设备分技术委员会（SAC/TC100/SC1），办公地点设在公安部第三研究所。2007 年成立了人体生物特征识别应用分技术委员会（SAC/TC100/SC2），办公地点设在公安部第一研究所。

截至 2022 年 12 月底，全国安防标委会完成的现行标准共 280 项，其中国家标准 77 项，行业标准 203 项。按专业技术领域划分，基础通用标准 5 项，入侵和紧急报警 39 项，视频监控 55 项，出入口控制 19 项，防爆安全检查 25 项，安全防范系统工程 80 项，实体防护设备 20 项，人体生物特征识别应用 37 项。同时全国安防标委会积极参加 IEC、ISO、ITU 三大国际标准化机构的工作，派出 20 余名技术专家牵头制定 12 项国际标准，参与制定 10 项国际标准。

2022 年全国安防标委会工作重点内容如下：

一、标准制修订总体情况

2022 年，全国安防标委会在编的国家标准和行业标准共 70 余项。已完成并经批准发布的标准共 30 项，其中国家标准 12 项，行业标准 18 项；完成标准报批稿 44 项，其中国家标准 14 项，行业标准 30 项。

2022 年，全国安防标委会完成并经批准发布 30 项标准，见下表：

序号	标准编号	名称
1	GB 16796—2022	安全防范报警设备　安全要求和试验方法（代替 GB 16796—2009）

续表

序号	标准编号	名称
2	GB/T 28181—2022	公共安全视频监控联网系统信息传输、交换、控制技术要求（代替 GB/T 28181—2016）
3	GB/T 41482—2022	毫米波全息成像人体安全检查设备
4	GB/T 41483—2022	基于介电常数技术的液态危险化学品安全检查仪通用技术要求
5	GB 55029—2022	安全防范工程通用规范
6	GB/T 29315—2022	中小学、幼儿园安全防范要求（代替 GB/T 29315—2012）
7	GB 17565—2022	防盗安全门通用技术条件
8	GB/T 41786—2022	公共安全　生物特征识别　术语
9	GB/T 41987—2022	公共安全　人脸识别应用　防假体呈现攻击测试方法
10	GB/T 41988—2022	公共安全　虹膜识别应用　图像技术要求
11	GB/T 41989—2022	公共安全　虹膜识别应用　算法评测方法
12	GB/T 41990—2022	公共安全　虹膜识别应用　采集设备
13	GA 1801. 1—2022	国家战略储备库反恐怖防范要求　第 1 部分：石油储备库
14	GA 1801. 2—2022	国家战略储备库反恐怖防范要求　第 2 部分：通用仓库
15	GA 1801. 3—2022	国家战略储备库反恐怖防范要求　第 3 部分：成品油库
16	GA 1801. 4—2022	国家战略储备库反恐怖防范要求　第 4 部分：火炸药库
17	GA 1802. 1—2022	生物安全领域反恐怖防范要求　第 1 部分　高等级病原微生物实验室
18	GA 1802. 2—2022	生物安全领域反恐怖防范要求　第 2 部分　病原微生物菌（毒）种保存中心
19	GA 1802. 3—2022	生物安全领域反恐怖防范要求　第 3 部分　高生物安全风险疫苗生产单位
20	GA 1803—2022	城市中心广场反恐怖防范要求
21	GA 1804—2022	危险化学品生产企业反恐怖防范要求
22	GA 1805—2022	危险化学品经营企业反恐怖防范要求
23	GA 1806—2022	核设施单位反恐怖防范要求
24	GA 1807—2022	核技术利用单位反恐怖防范要求
25	GA 1808—2022	军工单位反恐怖防范要求
26	GA 1809—2022	城市供水系统反恐怖防范要求
27	GA 1810—2022	城镇燃气系统反恐怖防范要求
28	GA 1811. 1—2022	传媒设施反恐怖防范要求　第 1 部分：媒体机构
29	GA 1811. 2—2022	传媒设施反恐怖防范要求　第 2 部分：广播电视传输覆盖网设施
30	GA 1813—2022	水利系统反恐怖防范要求

2022 年，全国安防标委会完成 44 项标准报批稿，包括 11 项公共安全视频图像信息联网共享应用国家标准报批稿、8 项公安部公共安全视频监控应用云平台项目行业标准报批稿（详情见“二、积极开展重要领域标准项目研究及制定”）、7 项重点目标反恐怖防范行业标准报批稿，以及下表中的 18 项标准报批稿：

序号	标准编号	名称
1	GB 25287	周界防范高压电网装置（修订）
2	GB/T	公共安全　生物特征识别应用　算法评测数据库要求
3	GB/T	公共安全　声纹识别应用　第 1 部分：采集识别建库技术要求
4	GA/T	安防线缆应用技术要求
5	GA/T	城市公共汽电车和道路客运暴恐袭击风险评估导则
6	GA/T	安全防范　指纹识别应用　识别设备通用技术要求
7	GA/T	安全防范　指纹识别应用　出入口控制指纹识别模块通用技术要求
8	GA/T	安全防范　指纹识别应用　小尺寸指纹识别模块技术要求和测试方法
9	GA/T	安全防范　人脸识别应用　识别算法性能评测方法
10	GA/T	安全防范　人脸识别应用　人脸图像质量评测方法
11	GA/T	安全防范　人脸识别应用　安全管理规范
12	GA/T	安全防范　出入口控制　人脸识别系统技术要求
13	GA/T	安全防范　手部静脉识别应用　图像数据交换格式
14	GA/T	安全防范　掌静脉识别应用　算法性能评测方法
15	GA/T	安全防范　掌静脉识别应用　采集设备
16	GA/T	安全防范　声纹识别应用　网络语音样本技术要求
17	GA/T	安全防范　声纹识别应用　程序接口规范
18	GA/T	安全防范　虹膜识别应用　采集设备通用技术要求

二、积极开展重要领域标准项目研究及制定

（一）积极推进公共安全视频图像信息联网共享应用国家标准编制

2022 年，全国安防标委会在该领域完成并经批准发布标准 1 项，为 GB/T 28181—2022《公共安全视频监控联网系统信息传输交换控制技术要求》；完成国家标准报批稿 11 项，具体如下：

序号	标准编号	名称
1	GB/T	公共安全视频图像信息联网共享应用总体要求
2	GB/T	公共安全视频图像数据项
3	GB/T	公共安全视频图像信息综合应用系统技术要求
4	GB/T	公共安全视频图像信息综合应用服务接口技术要求
5	GB/T	公共安全视频图像分析系统　第 1 部分：通用技术要求
6	GB/T	公共安全视频图像分析系统　第 2 部分：视频图像内容分析及描述技术要求
7	GB/T	公共安全视频图像分析系统　第 3 部分：视频图像增强技术要求
8	GB/T	公共安全视频图像分析系统　第 4 部分：视频图像检索技术要求
9	GB/T	公共安全视频图像分析系统　第 5 部分：检验规范

续表

序号	标准编号	名称
10	GB/T	公共安全视频监控联网信息安全测试规范
11	GB/T	公共安全视频图像信息联网应用运维管理平台技术要求

（二）积极推进公共安全视频监控应用云平台项目行业标准编制

在该领域已经批准发布 11 项标准的基础上，2022 年全国安防标委会完成了剩余的 8 项标准报批稿，具体如下：

序号	标准编号	名称
1	GA/T	国家标准 GB 35114—2017 符合性测试规范
2	GA/T	公安视频监控视频存储技术要求
3	GA/T	公安视频图像分析系统　第 4 部分：视频图像检索技术要求
4	GA/T	公安视频图像分析系统　第 5 部分：检验规范（升级为国标 GB/T《公共安全视频图像分析系统　第 5 部分：检验规范》）
5	GA/T	公安视频图像信息联网应用运维管理平台技术要求
6	GA/T	公安视频图像信息联网应用运维管理平台软件测试规范
7	GA/T	公安视频图像信息联网应用运维管理规范
8	GA/T	公安数据元（视频图像）

（三）继续推进反恐怖防范标准的制定工作

2022 年，全国安防标委会会同公安部反恐怖局、科技信息化局以及相关行业部门继续推进反恐怖防范标准的制定工作，完成并经公安部批准发布 18 项行业标准（见上表）；完成下列 7 项标准报批稿：

1. GA《铁路系统反恐怖防范要求　第 1 部分：客运车站》；
2. GA《铁路系统反恐怖防范要求　第 2 部分：旅客列车》；
3. GA《铁路系统反恐怖防范要求　第 3 部分：运营线路》；
4. GA《铁路系统反恐怖防范要求　第 4 部分：重点场所》；
5. GA《铁路系统反恐怖防范要求　第 5 部分：危险货物运输》；
6. GA《交通运输系统反恐怖防范要求　第 7 部分：公路桥梁》；
7. GA《交通运输系统反恐怖防范要求　第 8 部分：公路隧道》。

（四）积极开展文物安全防范标准编制工作

为落实公安部、国家文物局打击防范文物犯罪工作部署和《公安机关打击文物犯罪专项行动工作方案》，公安部科信局、治安局，国家文物局督察司和全国安防标委会成立了文物安全防范标准编制工作专班，组织申报了强制性国家标准《文物系统博物馆安全防范要求》1 项和推荐性行业标准《石窟寺和石刻安全防范要求》《古文化遗址和古墓葬安全防范要求》2 项。目前这 3 项标准均已完成征求意见稿。

三、国际标准化工作不断取得新突破

2022 年，全国安防标委会在国际电工委员会（IEC）、国际标准化组织（ISO）、国际电信联盟（ITU）三大国际标准化机构积极开拓国际标准化工作，组织我国专家牵头制定 4 项国际标准，其中经批准发布的有 2 项。

（一）积极主导和参与 IEC/TC79 国际标准化工作

2022 年 6 月 14—15 日，报警和电子安防系统标准化技术委员会（IEC/TC79）在线上召开全体成员大会，全国安防标委会组成 8 名专家代表团参加会议。

2022 年，全国安防标委会组织我国专家牵头制定的下列 2 项国际标准均已完成征求意见稿：

序号	标准编号	名称
1	IEC 62820-1-1	楼宇对讲系统　第 1-1 部分：系统要求——通用要求（修订）
2	IEC 62820-1-2	楼宇对讲系统　第 1-2 部分：系统要求——数字楼宇对讲系统（IP）（修订）

根据我国楼宇对讲专业技术领域新技术发展应用的实际情况，在认真研究 IEC 62820《楼宇对讲系统》系列标准的基础上，向 IEC/TC79 提出下列 2 项新工作项目提案：

序号	项目编号	名称
1	IEC 62820-1-3	楼宇对讲系统—智能家居要求（制定）
2	IEC 62820-1-4	楼宇对讲系统—特定应用要求（制定）

2022 年，全国安防标委会完成了 IEC/TC79 发起的全部 12 次网络投票，其中新工作项目提案 NP 投票 2 次、委员会草案 CD 投票 1 次、委员会投票草案 CDV 投票 2 次、国际标准最终草案 FDIS 投票 1 次，投票率为 100%。

（二）积极参与 ISO/TC332 国际标准化工作

2022 年 6 月 8 日和 10 日，SAC/TC100/SC1 组成 5 名专家代表团参加了金融机构和商业组织安全设备标准化技术委员会（ISO/TC332）分别召开的第二次主席顾问组会议和第二次全体成员会议。

2022 年 11 月 4 日和 12 月 15 日，SAC/TC100/SC1 组织我国专家参加了 ISO/TC332 第三次、第四次主席顾问组会议。

（三）积极提出国际标准新工作项目提案

2022 年，SAC/TC100/SC1 组织我国专家在我国国家标准和行业标准的基础上，向 ISO/TC332 秘书处提交了《高安全电子锁》国际标准新工作项目提案。

（四）积极作为，牵头制定 ITU 国际标准

2022 年，全国安防标委会派出专家积极参与我国牵头制定并完成的下列 2 项 ITU 视频监控国际标准：

序号	标准编号	名称
1	ITU-T H. 626. 5	Architecture for intelligent video surveillance systems（智能视频监控系统架构）
2	ITU-T H. 627. 3	Protocols for intelligent video surveillance systems（智能视频监控系统的协议）

以上 2 项国际标准在我国公共安全行业标准 GA/T 1400《公安视频图像信息应用系统》的基础上编制而成，已分别于 2022 年 1 月 SG16 全会、2022 年 10 月 SG16 全会顺利获批。

2022 年，我国专家参加 ITU-T SG16 全会及 Q12 报告人会议共 3 次，累计提交技术提案 3 篇。

（五）完成 2022 年 IEC/TC/SC 国内技术对口单位考核评估

按照国家标准委标准创新司的要求，全国安防标委会认真总结有关工作，向国家标准委提交了 2019—2021 年度国际标准化工作考核评估材料，并顺利通过线上答辩和专家审核。

四、加大安防标准的宣贯培训力度，推动安防标准的贯彻实施

（一）紧密配合公安工作开展重要标准的宣贯培训

为进一步增强公安科技信息民警开展安全技术防范工作和视频监控建设联网应用工作的能力，全国安防标委会配合公安部科技信息化局在线举办了“全国公安技防和视频应用培训班”，选派标准起草专家对多项国家标准和行业标准进行宣贯，培训各省、自治区、直辖市公安厅（局），新疆生产建设兵团公安局技防/科信管理干部140余人。

（二）继续加大网上标准培训力度

按照公安部科技信息化局关于开展“安防标准解读网络公开课”活动的指示精神，全国安防标委会会同公安部安全与警用电子产品质量检测中心和中国安全防范产品行业协会开展了“安防标准解读网络公开课”的视频录制工作。

2022年完成了三批重要安防标准的解读视频录制并上报公安部科技信息化局，涉及入侵和紧急报警系统、视频监控系统、出入口控制系统、防爆安全检查系统、实体防护系统等共32项国家标准和行业标准。

（三）编制多项重要标准的宣贯培训教材和标准解读材料

为进一步推动新批准发布国家标准的贯彻实施，2022年，全国安防标委会组织编写了GB 55029—2022《安全防范工程通用规范》实施指南（草案）以及GB/T 28181—2022《公共安全视频监控联网系统信息传输、交换、控制技术要求》、GB/T 29315—2022《中小学、幼儿园安全防范要求》、GB 17565—2022《防盗安全门通用技术条件》、GB/T 41482—2022《毫米波全息成像人体安全检查设备》、GB/T 41987—2022《公共安全 人脸识别应用 防假体呈现攻击测试方法》等共10项新发布国家标准的解读材料。

地　　址：北京市海淀区首体南路1号　公安部第一研究所新科研楼19层1916B
联 系 人：施巨岭　王　新
电　　话：010-68773938　010-68773908

全国安全防范报警系统标准化技术委员会实体防护设备分技术委员会

全国安全防范报警系统标准化技术委员会实体防护设备分技术委员会（以下简称“实体防护分会”）是经国家标准化管理委员会批准成立的全国性专业标准化技术工作组织，是我国安全防范技术领域中实体防护设备技术专业内从事全国性标准化工作的技术工作组织，负责本专业技术领域的标准化技术归口工作和本专业国家标准、行业标准的制修订工作。

实体防护分会的主要工作任务是：遵循国家有关方针政策，向全国安防标委会提出实体防护专业标准化工作的方针、政策和技术措施的建议；按照国家制修订标准的原则，以及采用国际标准和国外先进标准的方针，提出本专业制修订国家标准和行业标准的规划及年度计划；根据国家标准化管理委员会和公安部科技信息化局批准的计划，在全国安防标委会领导下组织本专业国家标准和行业标准的制修订工作和相关的科研工作；组织本专业国家标准和行业标准送审稿的审查工作，对标准中的技术内容负责，提出审定结论意见，提出强制性标准和推荐性标准的建议。定期复审已发布的本专业国家标准和行业标准，提出修订、补充、废止或继续执行的意见；在全国安防标委会的领导下负责组织本专业国家标准和行业标准的宣讲、解释工作，对本专业已颁布标准的实施情况进行调查和分析，作出书面报告。向国家标准化管理委员会、公安部科技信息化局和全国安防标委会提出本专业标准化成果奖励项目和标准化先

进个人、先进集体进行奖励的建议；在全国安防标委会的领导下组织参加有关国际标准化活动，做好与相关标准化国际组织的技术交流工作；根据全国安防标委会的安排，在产品质量监督检验、认证等工作中承担本专业标准化范围内产品质量标准水平评价工作及本专业引进项目的标准化审查工作，并向项目主管部门提出标准化水平分析报告。

2014年8月，经国家标准化管理委员会和公安部科技信息化局批准，实体防护分会第三届委员会正式成立。目前，实体防护分会共有委员41名、顾问2名，秘书处设在公安部第三研究所。

2022年实体防护分会重点工作如下：

一、扎实完成标准制修订工作

2022年，实体防护分会组织召开了15次标准评审或讨论会，完成了1个国家标准GB 17565—2022《防盗安全门通用技术条件》的发布；完成2个国家标准的报批，包括《国家标准外文版防盗保险柜（箱）》（报批稿）、《国家标准外文版金库门通用技术要求》（报批稿）；完成1个国家标准《国家标准安全防范透明防护材料通用技术要求（送审稿）》送审；完成1个行业标准《实体防护产品抗破坏性能通用评价方法》（征求意见稿）征求意见，对实体防护分会所归口的标准和标准体系进行了进一步梳理，为今后的工作奠定了良好的基础。

二、积极参加国际标准化活动

2022年3月，实体防护分会组织有关专家对新修改的ISO/TC332业务领域进行研讨，提出2项针对性修改意见并被ISO技术委员会采纳。

6月，由实体防护分会牵头组建的5位专家代表团代表我国参加ISO/TC332第二次全会和主席顾问组第二次会议。

8月，实体防护分会先后在ISO网站上进行ISO/TC332 SBP（战略计划）投票，以及ISO/TC332印度提议成立4个标准PWI（前期工作组）投票。

11月，由实体防护分会牵头组建的5位专家代表团代表我国线上参加TC332主席顾问组第三次会议。会议上，我国代表通报中国提出一个新标准提案（PWI）《高安全电子锁》，得到了TC332主席、秘书处初步认可，并被列入下一次主席顾问组会议议程。

12月，由实体防护分会牵头组建的4位专家代表团代表我国线上参加了TC332主席顾问组第四次会议。会上，我国代表对提出新标准提案（PWI）《高安全电子锁》进行详细汇报，该提案被列入下一次委员会内部投票（CIB）。

地　　址：上海市徐汇区岳阳路76号
联 系 人：李　剑
电　　话：021-64336810转1735

全国安全防范报警系统标准化技术委员会人体生物特征识别应用分技术委员会

全国安全防范报警系统标准化技术委员会人体生物特征识别应用分技术委员会（以下简称“生物特征识别分会”）成立于2007年，主要承担公共安全领域和安全防范行业中人体生物特征识别应用产品、系统以及测试检验等方面的标准化工作，常设工作机构秘书处办公地点设在公安部第一研究所。

截至2022年12月，生物特征识别分会已发布生物特征识别应用技术标准40项，包括国家标准12项，行业标准28项。其中：基础技术标准2项；人脸识别应用技术标准12项；指纹识别应用技术标准7

项；指静脉识别应用技术标准 7 项；掌静脉识别应用技术标准 1 项；虹膜识别应用技术标准 7 项；声纹识别应用技术标准 1 项；其他标准 3 项。

2022 年，生物特征识别分会积极推进标准制修订工作，经批准发布国家标准 5 项，完成标准审查 2 项，申请标准制修订计划项目 2 项，在编标准项目 17 项。

一、发布实施多项标准

完成并经批准发布国家标准 5 项，详见下表：

序号	标准编号	名称
1	GB/T 41786—2022	公共安全　生物特征识别　术语
2	GB/T 41987—2022	公共安全　人脸识别应用　防假体呈现攻击测试方法
3	GB/T 41988—2022	公共安全　虹膜识别应用　图像技术要求
4	GB/T 41989—2022	公共安全　虹膜识别应用　算法评测方法
5	GB/T 41990—2022	公共安全　虹膜识别应用　采集设备

二、完成多项标准送审稿审查

完成标准送审稿审查 2 项，其中国家标准 1 项、行业标准 1 项，详见下表：

序号	名称	性质	计划编号
1	公共安全　生物特征识别应用　算法评测数据库要求	国标	20211211-T-312
2	安全防范　指纹识别应用　小尺寸指纹识别模块技术要求和测试方法	行标	201870006

三、组织多项标准立项

立项申报并列入 2022 年公共安全行业标准制修订计划 2 项，详见下表：

序号	名称	制/修订	起草单位
1	安全防范　人脸识别应用　近红外人脸识别设备技术要求	修订	公安部安全与警用电子产品质量检测中心
2	公安视频监控步态识别应用技术要求	制订	公安部第一研究所

四、在编多项标准

至 2022 年 12 月 31 日，归口生物特征识别分会的在编标准共计 17 项，详见下表：

序号	名称	性质	计划编号
1	安全防范　指纹识别应用　识别设备通用技术要求	行标	201346009
2	安全防范　指纹识别应用　出入口控制指纹识别模块通用技术要求（GA 701 修订）	行标	201549028
3	安全防范　人脸识别应用　识别算法性能评测方法	行标	200873053

续表

序号	名称	性质	计划编号
4	安全防范　人脸识别应用　人脸图像质量评测方法	行标	201778001
5	安全防范　出入口控制　人脸识别系统技术要求（GA/T 1093 修订）	行标	2019BZ003
6	安全防范　手部静脉识别应用　图像数据交换格式	行标	201474007
7	安全防范　掌静脉识别应用　算法性能评测方法	行标	201650009
8	安全防范　掌静脉识别应用　采集设备	行标	201549024
9	安全防范　声纹识别应用　网络语音样本技术要求	行标	201650014
10	安全防范　声纹识别应用　程序接口规范	行标	201650012
11	安全防范　指纹掌静脉融合应用　轨道交通人员通道控制设备	行标	2021BZ103
12	公共安全生物特征识别标准体系表	行标	201549025
13	安全防范　掌纹识别应用　掌纹图像技术要求	行标	201650010
14	安防虹膜识别应用　采集设备通用技术要求	行标	20171230
15	多模态特征融合应用指纹和指静脉融合技术要求	行标	201346008
16	安全防范　人脸识别应用　安全管理规范	行标	201650008
17	公共安全　声纹识别应用　第 1 部分：采集识别建库技术要求	国标	20194393-T-312

地　　址：北京市海淀区首体南路 1 号
联 系 人：邢更力　刘延珍
电　　话：010-68773872　010-68773871

全国警用装备标准化技术委员会

全国警用装备标准化技术委员会（以下简称“警标委”）是经国家标准化管理委员会（以下简称“国标委”）批准成立的全国警用装备专业标准化技术工作组织，主要负责警用装备领域国家标准和行业标准的制修订工作，负责武器警械、警用车辆、警用防护装备、警服和警用装具专业技术领域的警用装备标准化归口工作和本专业国家标准、行业标准的制修订工作。

按国家标准化相关管理规定，警标委受国标委领导，由公安部负责日常管理和业务指导，常设工作机构秘书处，办公地点设在公安部第一研究所。

警标委的主要工作任务是：遵循国家有关标准化工作的方针、政策，开展警用装备技术领域的标准化工作，制定本专业标准体系和标准制修订计划，按照本专业标准制修订年度计划，组织制定国家及行业标准；组织对所制定的标准进行宣贯实施和定期复审、修订，为全国警用装备主管部门进行规范化管理提供技术支撑。

警标委组成结构涵盖了国内警用装备管理部门、使用部门、研发单位、检测机构、业内专家、生产销售单位等。其中管理使用部门、科研院所及检测机构占 57%，专业生产警用装备的企业单位占 43%。

2022 年，警标委在全力做好新冠疫情防控工作的同时，坚持围绕公安装备业务工作需要，服务大局，较好地完成了标准制修订和上级下达的各项任务。

一、积极推进标准制修订工作

（一）上报审批并经公安部技术监督委员会批准发布 7 项行业标准，其中与安防相关的标准详情如下：

序号	标准编号	名称
1	GA/T 1992—2022	公安监管场所安全防范与信息管理系统技术要求
2	GA/T 1993—2022	公安监管场所信息交互终端

（二）完成审查并正在报批的行业标准 6 项，包括《芬太尼类药物专用智能柜通用技术规范》及其他标准。

（三）完成 4 项相关国家标准，以及 35 项相关行业标准，共计 39 项标准的送审稿。

（四）完成 40 余项相关行业标准的征求意见稿。

二、积极推进行业标准立项及标准制修订计划清查梳理

如期完成由警标委归口管理的 36 项行业标准的申报立项工作。并按照公安部科技信息化局的要求，梳理完成截至 2020 年度由警标委归口管理的全部标准（含国家标准与行业标准）制修订计划项目清单。

三、完成业务部门急需的技术标准编写及相关技术服务工作

其中与安防相关的有：完成《警用防暴头盔》及《警用防刺服》技术标准修订工作；积极协调组织公安部第一研究所安检事业部、特种警用装备事业部等部门作为主起草单位开展《芬太尼类药物专用智能柜通用技术规范》标准的制定工作；配合公安部业务局完成标准技术服务工作，包括编制 2022 年度 10mm 警用转轮防暴手枪、97 式防暴枪等装具的验收工作方案等。

四、积极开展科研项目

一是正在按计划执行“公安部技术研究计划”《防护装备舒适度评价方法与研究》项目；二是完成了由警标委与公安部装备财务局被装处共同担任项目负责单位的公安部理论及软科学研究项目《警察人体分析与号型体系分析研究》的申报工作；三是完成了已结项的所级科研项目“警用‘低慢小’飞行器拦截指挥控制系统关键技术研究”专家组成果评估和科技成果奖申报材料的编写工作。

地　　址：北京市海淀区首都体育馆南路 1 号
联 系 人：孙　非
电　　话：010-68773422　010-68773412

公安部社会公共安全应用基础标准化技术委员会

公安部社会公共安全应用基础标准化技术委员会（以下简称“基础标委会”）于 2008 年 1 月 23 日在京正式成立，由公安部机关业务局，部属研究所、院校、标准化技术委员会，质量检验机构、质量认证机构、行业协会以及生产、使用、经销等方面的企业代表组成。

基础标委会负责制修订社会公共安全行业内新技术、新标准领域及跨技术领域、跨部门、跨警种的公用性国家标准和公安行业标准及其宣传培训和监督检查工作。

其具体任务有：遵循国家有关方针、政策，向公安部科技信息化局提出社会公共安全应用基础标准化工作的方针、政策、管理和技术措施的建议；按照国家制修订标准的原则以及采用国际标准和国外先进标准的方针，负责制定社会公共安全应用基础标准体系，提出社会公共安全应用基础国家标准与公安行业标准的规划和年度计划的建议；根据公安部科技信息化局批准的计划或下达的任务，组织开展社会公共安全应用基础国家标准和公安行业标准的制修订工作及相关的科研工作；组织社会公共安全应用基础国家标准和公安行业标准送审稿的审查工作，对标准中的技术内容负责，提出审定结论意见，提出强制性标准或推荐性标准的建议。定期复审已发布的社会公共安全应用基础国家标准和公安行业标准，提出修订、补充、废止或继续执行的意见；负责组织社会公共安全应用基础国家标准和公安行业标准的宣讲、解释工作。对已颁布标准的实施情况进行调查和研究，作出书面报告。向公安部科技信息化局提出社会公共安全应用基础标准化成果奖励项目和对标准化工作先进个人、先进集体进行奖励的建议；负责与相关国际标准化组织的联系，组织参加有关国际标准化活动，做好与相关标准化国际组织的技术交流工作；在产品质量监督检验、认证等工作中，承担社会公共安全应用基础标准化范围内产品质量标准水平评价工作，并向项目主管部门提出标准化水平分析报告；在完成上述任务前提下，基础标委会面向社会开展社会公共安全应用基础标准化工作，指导社会公共安全应用基础地方标准、企业标准的制定、审查和宣讲、咨询等技术服务工作。

基础标委会成立几年来，组织制定了几十项有重要影响且是当前亟须的国家标准和公安行业标准，社会效益显著。基础标委会现有委员 40 名，通讯委员 20 名，秘书处办公地点设在公安部第一研究所。

2022 年，基础标委会主要完成了以下工作：

一、完成多项标准申报立项工作

基础标委会组织公安部相关业务部门、直属单位、各地公安机关开展标准制修订计划项目申报工作，共收到申报行业标准项目计划 23 项，并最终下达 9 项，其中包括 7 项食药环实验室建设及检测、鉴定和勘查取证标准；再次申报《网络身份认证公共服务　标准体系》等 10 项行业标准，这 10 项行业标准包括基础通用类标准 4 项、业务应用类标准 2 项、安全类标准 4 项。同时，基础标委会还收到公安部第一研究所申报的《城市公共安全信息应用认证指数及测评通用要求》和《智慧城市服务体验感知评价通则　公共安全信息应用》国家标准立项申请。

二、完成多项标准起草及其管理工作

2022 年，共有 27 项标准处于起草过程中。《执法办案管理场所信息应用技术要求》已报批待发布；《人员基础信息采集系统通用技术规范》和《单警执法视音频记录系统　第 1 部分：基本要求》等 4 项行业标准与业务主管部门协商意见，目前暂停进度；《社会治安预警等级评估规范》已召开送审稿审查会并按照专家意见修改草案；《微剂量 X 射线安全检查设备测试体校准规范》《移民和出入境管理标准体系表》《公安标准制修订工作导则》等 5 项标准和“网络身份认证服务基础设施”10 项标准处于征求意见阶段；《居民身份网络认证　软件测试　第 1 部分：网络身份凭证应用系统软件测试要求》和《公安部属标准化技术委员会考核评估指标体系》在起草组讨论阶段。

三、开展标准复审工作

基础标委会组织召开 2022 年度国家标准复审会议。会议对于《大型活动安全要求　第 1 部分：安全评估》等 5 项国家标准进行评审，经表决，全部 5 项标准复审结论均为修订。会后起草组根据复审结论对于 5 项国家标准进行修订，提出新版标准草案并申报立项。

地　　址：北京市海淀区首都体育馆南路 1 号

联 系 人：杨童权
电　　话：010-68773878

全国爆炸物品公共安全管理标准化技术委员会

全国爆炸物品公共安全管理标准化技术委员会（以下简称“爆标委”）成立于2019年4月，由来自公安、工信、应急管理等相关部门和科研机构、高等院校、行业协会以及企业的124名委员组成，负责爆破作业安全管理与安全技术，爆破安全监测与测试技术，爆炸物品的购买、运输、使用和储存、销毁（不含生产、经营环节）安全管理领域的国家标准制修订工作，旨在传导政府声音、汇聚行业力量，承担支撑和推进爆炸物品安全管理工作的社会责任，推动形成问题联治、工作联动、平安联创的良好格局，当前秘书处承担单位为公安部第一研究所。

爆标委坚持以习近平新时代中国特色社会主义思想为指导，深入推进爆炸物品公共安全管理标准化工作，充分发挥标准化工作在推进爆炸物品安全管理规范化、科技化、信息化建设中的基础性、战略性引领作用，为推动爆炸物品行业实现更高质量、更有效率、更加公平、更可持续发展提供制度支撑和技术保障，着力提升爆炸物品公共安全治理现代化水平，努力为建设更高水平的平安中国作出新的贡献。

2022年，爆标委坚持贯彻党的二十大精神，积极推动爆炸物品公共安全管理标准化、规范化建设，提高涉爆单位安全管理水平和政府部门安全监管能力，加强爆炸物品整体防控，预防爆炸案件、事故发生，保障公共安全，并结合我国实际，研究、采用、借鉴国际标准和国外先进标准，不断完善全国爆炸物品公共安全管理标准体系。年内，爆标委秘书处承担单位由中国爆破行业协会调整为公安部第一研究所。

地　　址：北京市海淀区首体南路1号
联 系 人：邱日祥　王灵栓
电　　话：010-68773253

广东省安全防范报警系统标准化技术委员会

广东省安全防范报警系统标准化技术委员会（以下简称“广东安防标委会”）前身为广东省视频监控标准化技术委员会，于2014年成立，2021年正式升级改名为“广东省安全防范报警系统标准化技术委员会”，并扩大了专业覆盖范围。现广东安防标委会为第二届，由广东省公安厅作为业务指导单位，主要由21名委员组成，涵盖了广东省安全防范报警系统技术领域内使用单位、研发单位、检测机构等单位的专家，由广东省公共安全技术防范协会作为秘书处承担单位。

目前，广东安防标委会的专业覆盖范围涉及入侵和紧急报警、视频监控、出入口控制、防爆安检、安防工程、实体防护和人体生物特征识别应用等专业技术领域，主要负责全省安全防范技术领域内的标准化技术归口工作。其基本职责是：提出安全防范领域标准化工作的政策和措施建议，推动建立和完善本专业领域标准体系；开展归口地方标准的起草、征求意见、技术审查、复审工作；承担安全防范领域团体标准、企业标准文本质量检查及产品和标准符合性验证；承担归口地方标准的解释工作；承担省标准化主管部门标准宣贯和标准起草人员培训；承担省标准化主管部门标准实施情况的评估、研究分析，向省标准化主管部门反馈标准实施信息；支持企事业单位参与安全防范领域国际标准、国家标准、行业标准、地方标准和团体标准的制修订以及相关标准化活动；管理下设分技术委员会；承担省标准化主管部门交办的其他工作。

2022 年，广东安防标委会开展工作情况如下：

一、积极开展归口地方标准的制修订工作

一是组织完成地方标准 DB44/T 702—2022《普通高等学校安全技术防范要求》和 DB44/T 834—2022《中小学校和幼儿园安全技术防范要求》的修订工作，并获得发布和实施；二是按计划指导修订 DB44/T 1167—2013《医院安全防范工程技术规范》。

二、积极指导或参与其他（国家、行业、团体）标准制修订

2022 年，广东安防标委会指导、参与制修订国家标准 14 项、行业标准 8 项、团体标准 17 项。团体标准中包括已经完成制定的《机动车号牌图像自动识别技术规范》《交通信息采集　视频非机动车与行人交通参数检测技术规范》和 14 项广东公共安全技术防范综合标准化试点系列团体标准，以及正在制定中的《视频监控系统前端图像采集设备宽动态能力评价方法》。

此外，2022 年广东安防标委会还积极开展了以下工作：加强标委会间交流与合作，促进行业间通用标准化知识应用的发展；积极参与国家级试点项目“广东公共安全技术防范综合标准化试点”，完成项目中期检查工作；研究并完善广东省安防领域标准体系，发布《广东省安全技术防范标准体系》和标准明细表；拓展完善广东省安全技术防范标准信息查询库；推动省体系在广东省公共安全管理的具体应用，联合广州市公安局白云区分局等单位制定并发布《居住场所公共部位门禁系统技防应用标准体系》等。

地　　址：广东省广州市天河区软件路 11 号 D 栋四楼 401
联 系 人：林纯佳
电　　话：020-87322101-216

2022 年颁布的安防及安防相关的地方标准、团体标准目录

（截至 2022 年 12 月 31 日）

一、地方标准

序号	标准编号	标准名称	发布机构	发布日期	实施日期
1	DB3701/T 29—2022	《智慧中药房建设与运行规范》	济南市市场监督管理局	2022-01-05	2022-02-01
2	DB44/T 702—2022	《普通高等学校安全技术防范要求》	广东省市场监督管理局	2022-01-11	2022-04-11
3	DB44/T 834—2022	《中小学校和幼儿园安全技术防范要求》	广东省市场监督管理局	2022-01-11	2022-04-11
4	DB33/T 2426—2022	《公共数据元管理规范》	浙江省市场监督管理局	2022-01-12	2022-02-12
5	DB41/T 1859—2022	《智慧景区建设评价规范》	河南省市场监督管理局	2022-01-13	2022-04-12
6	DB2201/T 16—2022	《城市智能体数据治理技术规范》	长春市市场监督管理局	2022-01-14	2022-01-30
7	DB2201/T 19—2022	《城市智能体数据指标卡片管理规范》	长春市市场监督管理局	2022-01-14	2022-01-30
8	DB2102/T 0041—2022	《大数据标准体系框架》	大连市市场监督管理局	2022-01-17	2022-02-17
9	DB32/T 4192—2022	《车路协同路侧设施设置指南》	江苏省市场监督管理局	2022-01-28	2022-02-28

续表

序号	标准编号	标准名称	发布机构	发布日期	实施日期
10	DB32/T 4197—2022	《区块链信息系统通用测试规范》	江苏省市场监督管理局	2022-01-28	2022-02-28
11	DB4403/T 228—2022	《智慧农贸市场建设与管理规范》	深圳市市场监督管理局	2022-01-29	2022-03-01
12	DB4403/T 229—2022	《智慧农贸市场管理系统建设规范》	深圳市市场监督管理局	2022-01-29	2022-03-01
13	DB13/T 5485—2022	《电梯智能化应急处置系统技术要求》	河北省市场监督管理局	2022-02-28	2022-03-31
14	DB3205/T 1037—2022	《电梯应急处置智慧调度工作规范》	苏州市市场监督管理局	2022-02-28	2022-03-10
15	DB52/T 1652—2022	《数字化供应链业务管理指南》	贵州省市场监督管理局	2022-03-03	2022-06-01
16	DB42/T 1830—2022	《一体化智慧配电系统技术规范》	湖北省住房和城乡建设厅、湖北省市场监督管理局	2022-03-03	2022-07-01
17	DB63/T 2019—2022	《市场监管大数据平台接口规范》	青海省市场监督管理局	2022-03-10	2022-04-10
18	DB34/T 4090—2022	《智能交通系统工程检验规范》	安徽省市场监督管理局	2022-03-29	2022-04-29
19	DB34/T 4101—2022	《智能驾驶　激光雷达与摄像头的感知数据融合接口规范》	安徽省市场监督管理局	2022-03-29	2022-04-29
20	DB34/T 4091. 1—2022	《网络安全等级保护测评机构　第 1 部分：测评质量要求》	安徽省市场监督管理局	2022-03-29	2022-04-29
21	DB34/T 4091. 2—2022	《网络安全等级保护测评机构　第 2 部分：测评质量检查规范》	安徽省市场监督管理局	2022-03-29	2022-04-29
22	DB4201/T 654—2022	《智能网联道路建设规范（总则）》	武汉市市场监督管理局	2022-04-13	2022-05-13
23	DB35/T 2054—2022	《智慧消防　信息平台通用技术要求》	福建省市场监督管理局	2022-04-15	2022-07-25
24	DB42/T 1865. 5—2022	《政府网站集约化建设规范　第 5 部分：系统安全》	湖北省市场监督管理局	2022-04-25	2022-06-25
25	DB33/T 2487—2022	《公共数据安全体系建设指南》	浙江省市场监督管理局	2022-04-26	2022-05-26
26	DB33/T 2488—2022	《公共数据安全体系评估规范》	浙江省市场监督管理局	2022-04-26	2022-05-26
27	DB5301/T 75—2022	《城市轨道交通网络与信息安全管理规范》	昆明市市场监督管理局	2022-05-15	2022-06-15
28	DB54/T 0264—2022	《政务服务“一网通办”业务规范》	西藏自治区市场监督管理局	2022-05-06	2022-06-06
29	DB51/T 2897—2022	《四川省现代农业园区数字农业建设技术规范》	四川省市场监督管理局	2022-05-20	2022-07-01
30	DB32/T 4274—2022	《工业互联网安全脆弱性分析与检测规范》	江苏省市场监督管理局	2022-05-26	2022-06-26
31	DB37/T 4512—2022	《电梯安全物联网技术规范》	山东省市场监督管理局	2022-06-02	2022-07-02
32	DB14/T 2463—2022	《人工智能数据标注总体框架》	山西省市场监督管理局	2022-06-14	2022-09-15
33	DB14/T 2464—2022	《人工智能数据标注一般技术要求》	山西省市场监督管理局	2022-06-14	2022-09-15
34	DB14/T 2465—2022	《人工智能数据标注通用工作规程》	山西省市场监督管理局	2022-06-14	2022-09-15
35	DB3202/T 1034—2022	《智能网联道路基础设施建设指南　第 1 部分：总则》	无锡市市场监督管理局	2022-07-20	2022-07-27
36	DB4106/T 71—2022	《智慧多功能杆建设技术规范》	鹤壁市市场监督管理局	2022-08-15	2022-08-30
37	DB3205/T 1042—2022	《数字政府　城市网络安全评价指标体系》	苏州市市场监督管理局	2022-08-19	2022-08-26

续表

序号	标准编号	标准名称	发布机构	发布日期	实施日期
38	DB3205/T 1043—2022	《数字政府　城市网络安全威胁流量监测数据管理规范》	苏州市市场监督管理局	2022-08-19	2022-08-26
39	DB45/T 2558—2022	《电梯安全风险评估规范》	广西壮族自治区市场监督管理局	2022-08-25	2022-09-30
40	DB3502/T 086—2022	《智慧多功能杆建设技术导则》	厦门市市场监督管理局	2022-08-25	2022-08-25
41	DB4105/T 196—2022	《政务网络安全监测规范》	安阳市市场监督管理局	2022-08-29	2022-10-01
42	DB50/T 1290—2022	《智能网联汽车道路测试远程监控系统技术规范》	重庆市市场监督管理局	2022-09-20	2022-12-20
43	DB37/T 4550—2022	《智慧城市网络安全建设和评估指南》	山东省市场监督管理局	2022-10-21	2022-11-21
44	DB34/T 1618—2022	《社会治安视频监控系统图像采集点编码规则》	安徽省市场监督管理局	2022-10-26	2022-11-26
45	DB4403/T 271—2022	《公共数据安全要求》	深圳市市场监督管理局	2022-11-14	2022-12-01
46	DB3310/T 90—2022	《公共数据安全可信保障指南》	台州市市场监督管理局	2022-12-12	2022-12-16
47	DB11/T 779—2022	《安全防范系统运行检验规范》	北京市市场监督管理局	2022-12-27	2023-04-01
48	DB11/T 2046. 1—2022	《智慧停车系统技术要求　第 1 部分：总则》	北京市市场监督管理局	2022-12-27	2023-04-01
49	DB11/T 2046. 2—2022	《智慧停车系统技术要求 第 2 部分：停车场（库）外场设备》	北京市市场监督管理局	2022-12-27	2023-04-01
50	DB11/T 2046. 3—2022	《智慧停车系统技术要求 第 3 部分：停车场（库）管理模块》	北京市市场监督管理局	2022-12-27	2023-04-01
51	DB35/T 1716—2022	《智慧景区等级划分与评定》	福建省市场监督管理局	2022-12-27	2023-03-27
52	DB4403/T 306—2022	《智慧停车　停车库（场）信息化建设规范》	深圳市市场监督管理局	2022-12-30	2023-02-01
53	DB41/T 2376—2022	《住宅小区智能安防系统技术规范》	河南省市场监督管理局	2022-12-30	2023-03-29
54	DB32/T 4433—2022	《物联网　智慧小区安防信息系统安全技术要求》	江苏省市场监督管理局	2022-12-31	2023-01-31

二、团体标准

序号	标准编号	标准名称	发布机构	发布日期	实施日期
1	T/SZZM 001. 1—2022	《中小学校智慧照明技术规范 第 1 部分：教室智慧照明》	深圳市照明学会、深圳市医院协会、深圳市建筑工程署、深圳市医院管理者协会	2022-01-05	2022-02-05
2	T/SZZM 001. 2—2022	《中小学校智慧照明技术规范 第 2 部分：校园智慧照明》	深圳市照明学会、深圳市医院协会、深圳市建筑工程署、深圳市医院管理者协会	2022-01-05	2022-02-05
3	T/STMA 008—2022	《党政信息网络空间安全运维管理体系标准》	四川省技术市场协会	2022-01-06	2022-02-01
4	T/GDNS 001—2022	《医疗设备安全规范》	广东省计算机信息网络安全协会	2022-01-14	2022-02-15

续表

序号	标准编号	标准名称	发布机构	发布日期	实施日期
5	T/ZS 0265—2022	《全息智慧路口建设规范》	浙江省产品与工程标准化协会	2022-01-17	2022-01-24
6	T/CRSUD 001—2022	《数字化能力服务城市评价指标》	中国城市发展研究会	2022-01-18	2022-01-18
7	T/BEEA 002—2022	《居住区智慧多功能杆系统技术规程》	北京建筑节能与环境工程协会	2022-01-18	2022-05-01
8	T/CCMSA 11027—2022	《居住建筑智能门技术要求》	中国建筑金属结构协会	2022-01-18	2022-03-01
9	T/CECC 015—2022	《机构养老智慧管理系统建设规范》	中国电子商会	2022-01-25	2022-01-25
10	T/CPPC 1039—2022	《智慧畜牧数据交换技术规范》	中国生产力促进中心协会	2022-01-26	2022-01-30
11	T/HBIIIA 001—2022	《多功能智慧灯杆系统技术规范》	河北省信息产业与信息化协会	2022-01-28	2022-02-07
12	T/TDIA 00009—2022	《基于数字孪生的新型智慧城镇建设技术规范（第 1 部分：数字城镇底座）》	北京电信技术发展产业协会	2022-01-30	2022-01-30
13	T/ZHAS 5—2022	《摄像头三工位主动对位组装机》	珠海市标准化协会	2022-02-05	2022-02-05
14	T/SIOT 317—2022	《智慧健康养老　养老机构运营管理信息化平台技术要求》	上海市物联网行业协会	2022-02-08	2022-02-28
15	T/SZZX 010—2022	《智能门系统通用技术要求》	深圳市质量协会	2022-02-10	2022-02-11
16	T/SHIF 0001—2022	《智能家居产品通用技术要求》	佛山市顺德区智能家居产业联合会	2022-02-10	2022-02-15
17	T/UWA 005. 1—2022	《高动态范围（HDR）视频技术　第 1 部分：元数据及适配 300B》	世界超高清视频产业联盟	2022-02-10	2022-02-10
18	T/UWA 010—2022	《智能视频处理系统通用技术规范》	世界超高清视频产业联盟	2022-02-10	2022-02-10
19	T/SZIOT 012—2022	《灯杆智能化改造技术要求》	深圳市物联网产业协会	2022-02-21	2022-03-20
20	T/TAF 110—2022	《智能终端侧业务风险防控安全指南》	电信终端产业协会	2022-02-23	2022-02-23
21	T/SIOT 028—2022	《基于标识密钥的物联网平台安全技术要求》	上海市物联网行业协会	2022-02-25	2022-03-25
22	T/GSIA 002—2022	《大数据产品评估规范》	贵州省软件行业协会	2022-02-25	2022-02-26
23	T/GSIA 001—2022	《大数据企业评估规范》	贵州省软件行业协会	2022-02-25	2022-02-26
24	T/BJCSA 02—2022	《网络空间安全服务规范》	北京网络空间安全协会、广东省网络空间安全协会	2022-02-28	2022-03-20
25	T/CSAE 246—2022	《智能网联汽车 V2X 系统预警应用功能测试与评价方法》	中国汽车工程学会	2022-03-04	2022-03-04
26	T/CSAE 247—2022	《智能网联汽车道路试验监管系统技术要求》	中国汽车工程学会	2022-03-04	2022-03-04
27	T/CAS 579—2022	《智慧家庭　智能家居智能化能力等级评估模型》	中国标准化协会	2022-03-07	2022-03-07
28	T/JSQX 0001—2022	《道路交通边缘计算设备技术要求》	江苏省汽车行业协会	2022-03-15	2022-04-10
29	T/JSQX 0002—2022	《车载通信终端设备安全要求》	江苏省汽车行业协会	2022-03-15	2022-04-10

续表

序号	标准编号	标准名称	发布机构	发布日期	实施日期
30	T/CITSA 20—2022	《道路交叉路口交通信息全息采集系统通用技术条件》	中国智能交通协会	2022-03-16	2022-03-16
31	T/ZJHIA 01—2022	《医疗物联网设备安全管控基本要求》	浙江省卫生信息学会	2022-03-16	2022-03-16
32	T/GDNS 002—2022	《关键信息基础设施安全保障指标体系细则》	广东省计算机信息网络安全协会	2022-03-28	2022-04-28
33	T/GDNS 003—2022	《高校人脸识别基准库建设规范》	广东省计算机信息网络安全协会	2022-03-28	2022-04-28
34	T/GDNS 004—2022	《关键信息基础设施安全保障知识图谱管理模型和评价方法》	广东省计算机信息网络安全协会	2022-03-28	2022-04-28
35	T/SIA 001—2022	《企业个人信息安全管理规范》	中国软件行业协会	2022-03-31	2022-03-31
36	T/ZGCSC 001—2022	《智慧城市数字孪生城市技术参考架构》	中关村智慧城市产业技术创新战略联盟	2022-04-11	2022-04-12
37	T/CAICI 36. 1—2022	《智慧灯杆支撑子系统　第 1 部分：供电子系统》	深圳市物联网产业协会	2022-04-13	2022-05-10
38	T/CAICI 36. 2—2022	《智慧灯杆支撑子系统　第 2 部分：通信子系统》	中国通信企业协会	2022-04-13	2022-05-01
39	T/BALI 001—2022	《智慧灯杆技术规范》	北京照明电器协会	2022-04-28	2022-05-01
40	T/NJSTA 001—2022	《智能停车系统技术标准》	南京市停车服务业协会	2022-04-29	2022-05-01
41	T/SDWCIA 0015—2022 T/GDWCA 0091—2022 T/HNWCA 0004—2022 T/AHDD 0006—2022 T/SOECC 0002—2022 T/NBCWCC 0003—2022	《电线电缆企业质量安全水平评价规范》	山东省电线电缆行业协会、 广东省电线电缆行业协会、 湖南省电线电缆行业协会、 安徽省电线电缆商会、 苏州市光电产业商会、 宁波市电线电缆商会	2022-05-19	2022-05-19
42	T/ZJVITIA 01—2022	《智能车载通讯终端通用技术》	浙江省汽车工业技术创新协会	2022-05-24	2022-06-01
43	T/CIIA 016—2022	《智慧工地应用规范》	中国信息协会	2022-05-25	2022-08-25
44	T/SHJTGCXH 001—2022	《智慧道路建设技术指南》	上海市交通工程学会	2022-05-26	2022-06-26
45	T/CESA 1192—2022	《信息技术　无人集群　术语》	中国电子工业标准化技术协会	2022-05-30	2022-05-30
46	T/BJITS 3—2022	《智能交通　团体标准体系表编制导则》	北京市智能交通协会	2022-06-06	2022-06-06
47	T/SHJX 040—2022	《城市轨道交通 TACS 技术规范》	上海市交通运输行业协会	2022-06-08	2022-06-28
48	T/WAPIA 047. 1—2022	《无线局域网系统规范　第一部分：工程设计》	中关村无线网络安全产业联盟	2022-06-22	2022-06-22
49	T/WAPIA 047. 2—2022	《无线局域网系统规范　第二部分：工程施工》	中关村无线网络安全产业联盟	2022-06-22	2022-06-22
50	T/WAPIA 047. 3—2022	《无线局域网系统规范　第三部分：验收测试方法》	中关村无线网络安全产业联盟	2022-06-22	2022-06-22
51	T/CASMES 34—2022	《智慧医院　运营管理信息化评价技术规范》	中国中小企业协会	2022-06-23	2022-07-01

续表

序号	标准编号	标准名称	发布机构	发布日期	实施日期
52	T/CASMES 37—2022	《智慧社区　公共安全　安全技术防范建设规范》	中国中小企业协会	2022-06-23	2022-07-01
53	T/CASMES 54—2022	《智慧交通安全防范系统视频安防监控子系统技术要求》	中国中小企业协会	2022-06-23	2022-07-01
54	T/SSPIA 004—2022	《住宅高空抛物安全防范系统建设要求》	苏州市安全技术防范行业协会	2022-06-25	2022-07-10
55	T/IQA 14—2022	《物联网　智慧银行网点管控系统技术要求》	中关村智联软件服务业质量创新联盟	2022-06-30	2022-07-01
56	T/CESA 1197—2022	《人工智能　深度合成图像系统技术规范》	中国电子工业标准化技术协会	2022-06-30	2022-06-30
57	T/CESA 1198—2022	《人工智能　视频图像审核系统技术规范》	中国电子工业标准化技术协会	2022-06-30	2022-06-30
58	T/CESA 1199—2022	《人工智能　智能字符识别技术规范》	中国电子工业标准化技术协会	2022-06-30	2022-06-30
59	T/JSQX 0009—2022	《毫米波雷达数据采集接口规范》	江苏省智能网联汽车标准化技术委员会	2022-07-08	2022-08-01
60	T/ZAI 5.1—2022	《智慧园区　软件系统技术要求　第1部分：总体参考架构》	中关村数智人工智能产业联盟	2022-07-11	2022-07-15
61	T/CMAX 24001—2022	《面向C-V2X的智能化交通安全设施技术要求》	中关村智通智能交通产业联盟	2022-07-26	2022-07-27
62	T/CMAX 21004—2022	《面向C-V2X的城市一般道路应用场景测试内容与方法》	中关村智通智能交通产业联盟	2022-07-26	2022-07-27
63	T/CIITA 506—2022	《数据元件安全审核要求》	中国信息产业商会	2022-07-28	2022-08-28
64	T/ZGCSC 003—2022	《智慧城市　知识体系框架》	中关村智慧城市产业技术创新战略联盟	2022-07-29	2022-07-30
65	T/NBFS 4—2022	《智能文字识别技术在金融领域的应用系统设计指南》	宁波市金融学会	2022-08-01	2022-08-01
66	T/SZAF 03—2022	《安全防范系统隔离式防雷与接地装置技术规范》	深圳市安全防范行业协会	2022-08-05	2022-10-10
67	T/ZJCX 0017—2022	《摄像机AI算法云服务平台》	浙江省企业技术创新协会	2022-08-15	2022-08-15
68	T/SILA 005—2022	《智慧灯杆网关规范》	上海浦东智能照明联合会	2022-08-19	2022-08-19
69	T/ZAI 6—2022	《智慧园区　无人驾驶巡逻车智能管控应用系统技术要求》	中关村数智人工智能产业联盟	2022-08-24	2022-09-01
70	T/CICC 3704—2022	《城市大脑　术语》	中国指挥与控制学会	2022-08-28	2022-08-28
71	T/CICC 3705—2022	《城市大脑顶层规划和总体架构》	中国指挥与控制学会	2022-08-28	2022-08-28
72	T/CICC 3706—2022	《城市大脑数字神经元基本规定》	中国指挥与控制学会	2022-08-28	2022-08-28
73	TCSPIA 008—2022	《视频图像目标聚类服务技术要求》	中国安全防范产品行业协会	2022-08-30	2022-08-30
74	TCSPIA 009—2022	《城市轨道交通车辆细水雾灭火系统技术规程》	中国安全防范产品行业协会	2022-08-30	2022-08-30

续表

序号	标准编号	标准名称	发布机构	发布日期	实施日期
75	T/CTS 9—2022	《智能网联汽车道路测试与示范应用通行规范》	中国道路交通安全协会	2022-09-02	2022-09-02
76	T/CITSA 25—2022	《交通系统高精度地图服务技术规范》	中国智能交通协会	2022-09-07	2022-09-07
77	T/ZKJXX 00025—2022	《道路数据采集中多源传感器语义数据的统一表达》	中关村空间信息产业技术联盟	2022-09-15	2022-09-16
78	T/JSVA 001—2022	《公共体育场馆大型群众性活动安全保障规范》	江苏省体育场馆协会	2022-09-21	2022-09-28
79	T/HNPCIA 27—2022	《智慧化工园区设计、建设、验收规范》	河南省石油和化学工业协会	2022-09-29	2022-11-01
80	T/JSCTS 18—2022	《高速路网云控平台数据接入规范》	江苏省综合交通运输学会	2022-09-30	2022-12-01
81	T/SZSA 028.4—2022	《智慧园区照明技术规范 第 4 部分：灯杆地理位置标识编码规则》	深圳市半导体产业发展促进会	2022-10-09	2022-10-20
82	T/CAS 654—2022	《基于人工智能的消费者视觉表征数据采集及应用要求》	中国标准化协会	2022-10-13	2022-10-13
83	T/CAB 0189—2022	《智能家电语音识别交互设计指南》	中国产学研合作促进会	2022-10-21	2022-10-21
84	T/GHDQ 90—2022	《车辆信息安全术语和定义》	吉林省汽车电子协会	2022-10-23	2022-10-24
85	T/GHDQ 91—2022	《车辆车云通信信息安全技术要求》	吉林省汽车电子协会	2022-10-23	2022-10-24
86	T/GHDQ 93—2022	《移动终端控车应用软件信息安全技术要求》	吉林省汽车电子协会	2022-10-23	2022-10-24
87	T/SHJX 047—2022	《智能网联汽车匝道场景交通和谐性测试与评价方法》	中国上海市交通运输行业协会	2022-10-24	2022-10-24
88	T/GHDQ 103—2022	《智能网联汽车服务平台信息安全技术要求》	吉林省汽车电子协会	2022-11-02	2022-11-03
89	T/GHDQ 104—2022	《智能网联汽车远程监控系统信息安全技术要求》	吉林省汽车电子协会	2022-11-02	2022-11-03
90	T/GHDQ 106—2022	《车辆远程升级信息安全测试规范》	吉林省汽车电子协会	2022-11-02	2022-11-03
91	T/GHDQ 107—2022	《车辆信息安全应急响应和漏洞管理技术要求》	吉林省汽车电子协会	2022-11-02	2022-11-03
92	T/CPUMT 008—2022	《工业信息安全漏洞分类分级指南》	中国和平利用军工技术协会	2022-11-08	2022-11-08
93	T/GZBD 9—2022	《大数据安全管理规范》	贵州省大数据发展促进会	2022-11-21	2022-12-21
94	T/GSEE 0003—2022	《高海拔地区电网多旋翼无人机智能巡检工作规范》	广东省电机工程学会	2022-12-06	2022-12-06
95	T/CSVA 0103—2022	《智慧体育场馆建设指南》	中国体育场馆协会	2022-12-07	2022-12-07
96	T/SXSZCY 0001—2022	《智慧电力园区智慧配电物联网设备选型技术规范》	山西省数字产业协会	2022-12-08	2023-01-01
97	T/KCH 009—2022	《智慧园区　系统功能规范》	杭州市科技合作促进会	2022-12-12	2022-12-19
98	T/KCH 010—2022	《智慧城市物联网支撑平台　功能规范》	杭州市科技合作促进会	2022-12-12	2022-12-19
99	T/CI 146—2022	《智慧教室　基于云网边端协同的教学评价体系技术指南》	中国国际科技促进会	2022-12-12	2022-12-12
100	T/ZGCSC 006—2022	《雄安新区智能城市发展评价指标》	中关村智慧城市产业技术创新战略联盟	2022-12-20	2022-12-21

续表

序号	标准编号	标准名称	发布机构	发布日期	实施日期
101	T/SSITS 2002—2022	《低速无人驾驶清扫车安全规范》	深圳市机器人标准检测技术学会、低速无人驾驶产业联盟	2022-12-23	2023-01-01
102	T/GDPAWS 16—2022	《博物馆安全生产标准化规范》	广东省安全生产协会团体标准化技术委员	2022-12-28	2023-01-01
103	T/CI 175—2022	《智能交通基础设施数字化技术规范》	中国国际科技促进会	2022-12-29	2022-12-29

第二节　产品认证

中国安全技术防范认证中心

中国安全技术防范认证中心（以下简称“一所认证中心”）是依据《中华人民共和国认证认可条例》等相关法律、法规，由中国国家认证认可监督管理委员会和中华人民共和国公安部于 2001 年 7 月批准成立，实施合格评定的认证机构，隶属公安部第一研究所。

一所认证中心在公安部领导和国家认监委的指导下，依据国际通行导则和产品认证机构规范要求建立了完整的认证质量管理体系，紧紧围绕服务社会公共安全和公安工作宗旨，规范运营，开展安全技术防范、道路交通安全、刑事技术等产品的社会公共安全产品认证工作。

一所认证中心具备开展国家授权的认证业务的资质。员工由基础理论知识扎实，实践经验丰富，长期从事社会公共安全产品质量、标准、检验等工作的中高级技术专家组成，具备制定相关认证技术规范文件和实施产品认证受理、检验、检查、决定等工作的资质和能力，拥有一批经培训合格并取得相应职业资格的注册工厂检查员。主要分包实验室已通过国家认可，能满足认证检测分包的要求。

一所认证中心承担了防盗报警产品 CCC 认证工作，并积极推动了 GA 认证、CSP 认证工作的发展。近年来，在已开展安防防盗安全门、防盗锁、警用活体指/掌纹采集仪、DNA 检测试剂、道路交通信号灯、呼出气体酒精含量探测仪、身份证阅读机具等 GA 认证的基础上，一所认证中心先后开展了安防线缆及接插件、公共安全视频监控产品 GA 认证。同时，一所认证中心大力推动安防实体防护防盗保险柜（箱）、汽车防盗报警系统、重点区域视频监控产品、防爆安检设备、汽车行驶记录仪、车身反光标识、数据安全防护存储器，以及公共安全产品合格认证等机构认证项目，设立了一所认证中心机构认证品牌。从 2021 年起，一所认证中心创新拓展服务认证领域，积极推动报警运营服务认证等项目实施工作。

2022 年，一所认证中心按照年度整体工作计划，积极推进各项工作落实，主要工作内容如下：

一、平稳推进认证业务

截至 2022 年 12 月 31 日，一所认证中心持有效证书共计 1007 张，具体包括：自愿性产品认证（GA）企业 133 家、证书 433 张；自愿性产品认证（CSP）企业 213 家、证书 574 张。

二、积极创建认证评价业务，在公共安全领域不懈努力

一是组织开展并顺利完成了中央政法委等三部委下达的 2018—2020 年“雪亮工程”重点支持项目验

收评估工作。二是启动了多项新的认证业务，如数据防护存储器产品认证、公安刑侦非接触指（掌）纹采集器设备认证、邮件快件智能 X 射线安检设备认证等。三是积极参与国家认监委对一所认证中心实施的年度强制性产品认证指定机构检查及“双随机抽查”工作，编制《2021 年度社会责任报告》工作。四是组织完成了中国合格评定国家认可委员会对一所认证中心的 2022 年度监督评审工作，并顺利通过。

三、扎实开展科研工作

2022 年，作为国家重点研发计划“智慧城市评价”项目牵头实施单位，一所认证中心扎实推进了项目课题组织协调和研究工作，完成了项目四个课题的综合绩效评价。项目组组织召开了 2 项国家标准和 6 项行业标准的标准审查会，全部标准均通过审查。一所认证中心还牵头组织了《社会安全防控智慧安检系统检测认证关键技术研究及应用示范》国家项目的申报工作。

地　　址：北京市海淀区首都体育馆南路一号
联 系 人：李　萌
电　　话：010-88513436
网　　址：www. cspga. com

公安部第三研究所认证中心

公安部第三研究所认证中心（以下简称“三所认证中心”）成立于 2015 年 5 月，是依据《中华人民共和国产品质量法》《中华人民共和国认证认可条例》等相关法律、法规，由中国国家认证认可监督管理委员会（简称 CNCA）和中华人民共和国公安部批准成立，由公安部科技信息化局直接领导，开展防盗报警、实体防护、通信安全、网络安全、道路交通安全、安全监控、安全识别、安全检查、警用装备等社会公共安全产品认证的专业机构，是依法成立并独立承担法律责任实施合格评定的认证运作实体。

三所认证中心目前由 20 余名基础理论扎实，实践经验丰富，长期从事社会公共安全产品认证、检测、标准研究工作的专职人员组成，拥有注册工厂检查员 54 名，办公场地约 400 平方米，综合受理大厅 700 平方米。

三所认证中心主要依托于公安部第三研究所属下七个国家和省部级检测中心，拥有自有实验室——国家安全防范报警系统产品质量监督检验中心（上海）、国家网络与信息系统安全产品质量监督检验中心，为客户提供高效、优质、全面的“检测认证一站式”服务。

目前，三所认证中心承担了 2 种强制性认证、5 种 GA 自愿性认证以及 9 种机构 TRIMPS 自愿性认证的产品，具体如下：

汽车行驶记录仪	CCC
车身反光标识	

图 6-1　强制性认证的产品

防盗安全门	GA
防盗锁	
公安 350 兆模拟无线通信设备	
身份证阅读机具	
公共安全视频监控产品	

图 6-2　公安部属自愿性认证的产品

入侵探测器、防盗报警控制器	公安部第三研究所认证 Certified By The Third Research Institute Of Ministry Of Public Security
智能安全联网（网络安全）产品	
防盗保险柜（箱）	
汽车防盗报警系统	
汽车行驶记录仪	
车身反光标识	
工业控制系统专用防火墙	
微剂量 X 射线安全检查设备	
安全数据存储器产品	

图 6-3　开展的机构 TRIMPS 自愿性认证的产品

2022 年，三所认证中心积极推进各项工作落实，主要工作内容如下：

一、认证完成情况

2022 年，三所认证中心在公安部领导和国家认监委的指导下，积极贯彻科技兴警战略，认真参加队伍教育整顿，创新业务发展，拓展认证范围，参与专项课题研究，不断提升服务质量。截至 2022 年 10 月 10 日，三所认证中心保有有效的强制性产品认证证书 494 张，境内外获证企业 105 家；保有有效自愿性产品认证证书 218 张，获证企业 48 家；保有有效的服务认证证书 232 张。2022 年 10 月 10 日，防盗报警产品移出 CCC 认证目录，所有认证证书全部转入自愿认证，原有自愿性产品认证业务总量保持稳定，其中实体防护产品业务持续下降，智能联网产品认证稳步上升。

二、持续推进认证业务转型和范围拓展

2022 年 10 月 10 日，三所认证中心 CCC 业务全部下线，同日，CCC 目录仅存的防盗报警产品全部转入 TRIMPS 机构认证。2022 年，三所认证中心持续推进认证业务转型发展，与公安部第三研究所检测业务部门配合，完成 1 项新型产品、1 项新型服务业态的实施规则编制工作，为拓展新业务提供了技术依据。此外，三所认证中心与上海检测中心共同开发完成的“智能联网产品认证”实施工作进入第 5 个年头，业务发展势头较好，2022 年新发证书 43 张，目前持有的有效认证证书达 65 张；其他的自愿性产品认证的项目达到稳定水平，自愿性产品认证总的有效认证证书持有量为 218 张。

三、积极开展认证风险和公正性风险排查识别工作

一是组织各岗位人员对认证活动开展年度风险点排查，确定相应的控制措施。二是在 6 月顺利举行认证中心第二届公正性委员会第二次会议，通过函审审议了与认证活动公正性有关的方针和原则。

四、持续完善认证工作信息化

2022 年，根据业务需求，在认证业务管理信息化系统里新增服务认证管理模块，并对产品认证模块进行了二次开发，新增认证标志管理、认证人员管理等功能模块，对认证业务管理平台进行持续完善，实现无纸化办公。

五、积极履行社会责任

2022 年，三所认证中心进一步探索新时代履行社会责任的有效方式，派出技术专家参加上海市、区两级市场监管部门组织的抽查工作，履行作为上海认证检测协会、中国消费品质量安全促进会的会员责任，做好技术支撑服务，树立良好的机构形象。

地　　址：上海市岳阳路 76 号
联 系 人：徐　君
电　　话：021-64337098
网　　址：www. trimps. net. cn

第三节　产品检测

国家安全防范报警系统产品质量检验检测中心（北京）

公安部安全与警用电子产品质量检测中心成立于 1986 年，在此基础上先后成立了公安部特种警用装备质量监督检验中心、国家安全防范报警系统产品质量检验检测中心（北京）（以下简称“北京检测中心”）、神盾计量校准中心和国家测速仪型式评价实验室（公安）。

北京检测中心是经公安部政治部批准，通过中国国家认证认可监督管理委员会资质认定合格、中国合格评定国家认可委员会认可的多学科、多专业具有第三方公正地位的技术服务机构，是国内公安系统唯一集检验、检测、校准于一身的综合型国家级实验室。

作为中国安全技术防范认证中心（CSP）和中国网络安全审查技术与认证中心（CCRC）签约实验室，北京检测中心承担安全防范产品和移动互联网应用产品自愿性认证检测工作，国家网络安全专用产品安全检测工作。目前，北京检测中心经资质认定和实验室认可的检测检验能力有 1000 余项，计量校准能力有 40 项，具备按照相应的国家标准、行业标准、地方标准及 IEC、EN、UL 等国际标准开展相关测试服务工作的能力。现建有电性能、安全性能、防护性能、电磁兼容（EMC）5 米法电波暗室、微波暗室、防弹性能、锁具测试、环境试验、警用通信、警用装备、警用车辆、警用无人机、警用机器人、警用服装服饰、信息安全、软件测评、视频图像联网标准符合性检测、视频智能分析、消音室、声学、光学、长度、力学、无线电、视频图像（暗室）、屏蔽室、电池检测、步行、防伪、技侦、化学、UL 目击测试、CE 认证检测、校准检定等 50 余个专业实验室和专业靶场。

2022 年，北京检测中心主要工作情况如下：

一、稳中求进、进中向好，确保质检业务平稳推进

北京检测中心检验检测业务涉及产品大类主要包括安防电子类、实体防护类、警用装备类、警用服

装服饰类、系统工程类、软件类、信息安全类、防化类、道路交通类、计量校准类、测速仪型式评价类等，2022年全年共出具检测报告24094份，涉及企业数量3144家。在检验类别方面，中心检验类别包括委托检验、型式检验、认证检验、交收检验、计量校准、行业监督抽查和型式评价7类，其中委托检验企业数量和出具报告数量均最多，分别为2880家和21800份，占比分别为92%和90%。

二、全力支撑、全面提升，推进安防行业提质增效

（一）坚持“两个服务”，提升支撑保障能力。北京检测中心充分发挥技术专长，忠诚履行“服务公安工作、服务公共安全”职责使命，积极服务各大部委、军队，多次承担国家重大活动、重要场所安保任务等。一是圆满完成冬奥会、党的二十大安保维稳工作，对在京多家大型互联网平台开展网络安全执法检查工作并积极开展安保维稳公安装备质量交收检验等工作。二是完成2018—2020年“雪亮工程”重点支持项目现场验收评估工作、外交部委托驻外使领馆安防工程项目检验、防护装备生产厂商情况摸排、中央政法委综治督导局委托全国扫黑办12337智能化平台测试等工作。三是积极配合部队装备选型采购，完成相关保密设备招标检测、多类统型装备检验验收、全制式移动通信管控设备招标检测等工作。四是配合公安部相关部门开展2022年度算法评测检测、全国公安地图服务管理系统（云图）测试、跨省互联中心ICC设备互联测试等工作。五是配合公安部相关部门开展“2020式防暴头盔”行业标准制定申报，以及其他标准制修订任务。六是配合公安部相关部门完成无人机侦测干扰系统实战效能评估活动等无人机管控工作任务。七是配合公安部相关部门完成ATM产品安全性测评、网络安全产品销售许可检测任务。八是承担各地公安机关、安保单位软件平台建设等任务。

（二）坚持自主创新，夯实发展根基。2022年，北京检测中心紧盯科研创新，深入开展检测认证新技术、新方法的研究、标准编制和检验设备研制等工作，持续推动大数据、云计算、物联网、人工智能等前沿技术与安防行业深度融合。作为科技兴警三年行动计划重点工作，由北京检测中心牵头申报的国家安全防范技术创新中心建设方案已由公安部呈报科技部。北京检测中心全年承担科研项目20余项，完成科研项目15项。牵头国家、行业标准制修订项目及国家标准外文版翻译项目共30余项。其中，经国家市场监督管理总局和国家标准委批准发布国家标准13项，经公安部技术监督委员会批准发布行业标准15项，经住房和城乡建设部批准发布行业标准1项，经中国建筑金属结构协会批准发布团体标准2项。共发表科技论文20余篇，获得授权专利10余项，获得计算机软件著作权登记证书10余项。

三、多措并举、多点发力，开创质检业务新局面

2022年，北京检测中心立足行业市场前沿，与多家机构长期保持良好合作交流，不断开拓业务领域。一是积极拓展金融/轨道交通等行业安防、民用安防、信息安全、食药环、核生化等业务市场。二是广泛参与技术论坛、标准培训等行业活动。三是持续深化国际合作交流。四是充分发挥联盟理事长单位地位，搭建行业创新发展平台。

地　　址：北京市海淀区首都体育馆南路一号
联 系 人：栾　祎
电　　话：010-68773780　68773781
网　　址：www. tcspbj. com

国家安全防范报警系统产品质量检验检测中心（上海）

国家安全防范报警系统产品质量检验检测中心（上海）（以下简称“上海检测中心”）成立于2005

年 3 月，并于 2021 年 9 月 14 日更名为当前名称，是依托公安部第三研究所建立的第三方检验检测机构，业务上受国家认监委、公安部科信局和上海市市场监管局的领导和指导，是经过国家认证认可监督管理委员会授权的、资质认定合格的、通过中国合格评定国家认可委员会认可的、具有第三方公证地位的、面向社会的开放性机构。

上海检测中心现有视频图像处理、无线图传、音频测试、电磁兼容（EMC）、安全性、实体防护、锁具检测、环境试验、防爆安检、警用装备、警用服装服饰、毒品检测等试验室。主要从事安全防范产品及系统检验检测工作，检验检测能力涵盖了红外、微波、超声、视频、声光、机械、机电、光电、压敏、防弹材料、防暴材料、防刺材料、有线和无线通信、高压电网等各类安全产品及系统。

上海检测中心主持或参与完成了上百项安全防范领域的国际标准、国家标准、行业标准的制修订工作。并着力打造学习型研究型检验机构，从事具有重大应用目标的安全防范领域专业项目、课题的研究，围绕国家应急通信保障、信息安全建设、国家安全的重大问题，积极进行原理、机理、技术的探索与创新，并以此作为中心的科研发展战略。

2022 年，上海检测中心在各级党委的坚强领导下，积极应对疫情，凝心聚力、奋力拼搏、求真务实、开拓创新，立足服务公安实战，拓展业务领域，创新服务模式，扩大检验范围，建设实验室资质，开展科研标准研究，提升检测能力和技术水平，圆满完成了全年各项工作。

一、立足公安，加强技术服务支持

（一）服务公安。配合警用装备采购中心完成上海、重庆、青海、山西、江苏等省市警用装备交收检验；接待香港警务处防弹衣检测考察团，初步达成合作共识；配合制定《非致命性武器装备试用实施方案》；开展“警械、防护防暴、爆炸物处置、交通管理等设备协议供货公开遴选项目”。

（二）拓展比测新领域。成为 2022 年度农行、中信银行的年度安防产品采购技术比测检验机构。

（三）推进物联网安全业务。一是作为唯一检测机构参与国家信息中心组织的《公共安全视频监控边界安全交互技术要求》国家标准验证工作，为后续政务外网边界安全交互产品检测打下基础。二是深入参与国家认监委《网联消费电器网络安全通用技术要求》和《网联消费电器网络安全测评要求　智能摄像头》标准制定工作。三是联合华为等企业，持续扩大《社会公共安全领域智能联网产品网络安全认证》影响力，实现逆势增长。

二、提升服务质量

作为对外窗口单位，上海检测中心积极做到防疫防控与对外服务两不误，为厂商客户提供更加优质的服务。同时充分发挥主观能动性，“让群众少跑腿，让数据多跑路，让平台满运转”，提供云检测、线上交流、远程测评、视频认证服务；指导企业网上办理业务；为客户提供检验检测报告扫描等增值服务。

三、夯实实验室建设，提升综合实力

（一）圆满完成 2 次 CNAS 扩项及 6 年换证复评审。2 月，将能力范围扩大至 1350 项。8 月，实验室搬迁后，杨浦、张江两园区新扩项资质能力约 400 项，新授权实验室面积 1 万平方米。

（二）推进实验室基础能力建设。一是杨浦区实验室启动基于微剂量 X 射线技术的食品安全检查设备检验检测，积极拓展食药安全检查设备新领域。二是中心长期开展用于反核恐怖的核安保产品及用于防爆安检的核技术应用产品检验检测及标准化研究，曾牵头制定 GA/T 1060. 1—2013、GA/T 1060. 2—2013 系列核安保设备相关公安行业标准，参与制修订 GB 15208. 1 ~ 15208. 5—2018、GB/T 37128—2018、HS/T 66—2021、YZ/T 0177—2021 等大量核技术应用产品相关国家标准、海关行业标准、邮政行业标准。三是中心已按相关标准要求配置了 241Am、57Co、137Cs 等放射源及 451P 等各类射线检测仪，目前已实际开展便携式伽马能谱仪、手持式核素识别仪、行人行李放射性物质检测系统、车辆放射性物质检测系统、伽马辐射成像系统等多类核安保设备及基于 X 射线技术的多类防爆安检设备检验检测。

（三）参加能力验证比对活动。先后参加中轻检验认证有限公司、中国皮革制鞋研究院等组织的能力验证和测量审核，均获“满意”的结果。2022 年 2 月 21 日参加由中轻检验认证有限公司组织的“鞋底硬度的测定 SIC-PT-202201 能力验证”，7 月 5 日参加由上海电器设备检测有限公司组织的“汽车电子传导发射试验 STIEE-MA-EM04——测量审核”，7 月 6 日参加由上海电器设备检测有限公司组织的“灼热丝实验 STIEE-MA-M01——测量审核”“电气产品绝缘电阻测试 STIEE-MA-E03——测量审核”，7 月 25 日参加由中国海关科学技术研究中心组织的“纺织品水萃取液 pH 值的测定 STRC-MA-W-202219——测量审核”，8 月 8 日参加由中轻检验认证有限公司组织的“皮革双边撕裂力的测定 CNAS PT0038-MA-202210——测量审核”，8 月 16 日参加由上海电器设备检测有限公司组织的“电子电工产品振动试验 SHSCJG-2022-09——能力验证”，9 月 1 日参加由中国海关科学技术研究中心组织的“纺织品　裤形试样（单缝）撕破强力的测定 STRC-PT-W-202211——能力验证”。

四、科研与检测业务相互促进，技术竞争力不断提高

在标准制修订方面，密切配合上海市公安局技术防范办公室推进全市智能安防领域建设工作，主导制定《上海市智能安全技术防范系统产品检测技术要求（试行）》【MSTL-AGF-01-16：2022】。中心制定的智能安防产品检测规范已于 2022 年 3 月正式发布，同年 6 月全面实施。在科研项目开展方面，《安全防范实体防护关键技术系列标准》获公安部科技三等奖。

地　　址：上海市岳阳路 76 号
联 系 人：张　艳
电　　话：021-64336810-1707
网　　址：www. mstl. org. cn

第七章 行业管理与服务

第一节 行业协会

各地方安防行业协会 2022 年工作概述

2022 年是党和国家历史上极为重要的一年。党的二十大胜利召开，描绘了全面建设社会主义现代化国家的宏伟蓝图。面对“需求收缩、供给冲击、预期转弱”三重压力和“全球滞胀、新冠疫情”等冲击，我国安防行业迎难而上，全面落实党中央“疫情要防住、经济要稳住、发展要安全”的战略决策，发展质量稳步提升，科技创新成果丰硕，保持了行业健康稳定可持续发展态势。2022 年全国各地安防协会在相关主管部门的指导下，坚持不懈用习近平新时代中国特色社会主义思想凝心铸魂，坚定不移贯彻总体国家安全观，秉承服务政府、服务行业、服务企业、服务社会的根本宗旨，积极落实各项工作，取得了显著成效。

一、夯实党建基础，发挥引领作用

2022 年全国各地安防协会引领行业在全面学习、全面把握、全面落实党的二十大精神上下功夫，切实把思想和行动统一到党的二十大精神上来，把智慧和力量凝聚到党的二十大确定的各项任务上来，并持续扎实推进党史学习教育常态化制度化，以党建引领推动安防行业新发展。

2022 年 10 月党的二十大圆满召开，中国安全防范产品行业协会（以下简称“中安协”）及各地方安防协会通过电视、网络等形式收听收看党的二十大开幕式，认真聆听和学习习近平总书记所作的工作报告。为充分认识学习宣传贯彻党的二十大精神，中安协发布了《关于中国安防行业深入学习宣传贯彻党的二十大精神的通知》，并邀请中央党校教授进行专题讲座，黑龙江省安全防范产品行业协会（以下简称“黑龙江安防协会”）、福建省公共安全防范行业协会（以下简称“福建安防协会”）、甘肃省安全技术防范协会（以下简称“甘肃安防协会”）、新疆维吾尔自治区安全技术防范行业协会（以下简称“新疆安防协会”）、东莞市公共安全技术防范协会（以下简称“东莞安防协会”）等地方协会党支部共同在线收看了“二十大报告辅导”专题学习会。

中安协及各地安防协会精心组织、多措并举，迅速兴起学习宣传贯彻党的二十大精神热潮。中安协采取专题研讨、成果汇报等多种方式，与举办行业论坛、业务培训、召开理事会等有机融合，统筹用好行业宣传资源和阵地，开辟党的二十大学习专栏；勇于担当、积极作为，推动党的二十大作出的重大决策部署在安防行业落地生效。各地安防协会或不定期开展党史学习教育、主题党建活动，或以爱心捐赠、慰问困难群众等多种形式，积极学习和深入宣传贯彻党的二十大精神，加强党支部建设工作，提高党建工作质量。内蒙古自治区公共安全技术防范行业协会（以下简称“内蒙古安防协会”）党支部认真学习党的重要会议精神，习近平总书记关于科技创新的重要论述和对内蒙古重要讲话重要指示批示精神，开展党史学习教育等主题活动；辽宁省社会公共安全产品行业协会（以下简称“辽宁安防协会”）通过党建工作专职化，提高党建工作质量，并开展“爱心捐赠助战疫情”活动；浙江省安全技术防范行业协会（以下简称“浙江安防协会”）党支部开展了10余场特色鲜明、形式多样的学习教育以及延安游学主题党日活动等；另外上海市、安徽省、湖北省、湖南省、广东省、海南省、贵州省、甘肃省、重庆市、太原市、阳泉市、南通市、厦门市、深圳市、东莞市、珠海市、肇庆市等省市协会也开展相关活动。

2022年，安防行业加强党组织建设，部分省市进行党支部换届或成立党支部、建立党组织。北京安全防范行业协会（以下简称“北安协”）召开协会党员大会，完成党支部换届工作；浙江安防协会、深圳市智慧安防行业协会（以下简称“深圳智慧安防协会”）、海南省智慧城市安防技术行业协会（以下简称“海南智安协”）纷纷于2022年正式成立党支部委员会；安徽省安全技术防范行业协会（以下简称“安徽安防协会”）党支部持续加强党支部标准化建设，制定《协会党支部制度汇编》；2022年济南市社会公共安全防范行业协会（以下简称“济南安防协会”）党支部成立；深圳市安全防范行业协会（以下简称“深圳安防协会”）于2022年协会党委成立11周年之际，积极发展新成立党支部约30个，将协会下辖党组织规模扩大至87个（包含筹备中）。

中安协及各地安防协会通过多种形式加强党建工作的宣传工作。中安协统筹用好行业宣传资源和阵地，开辟党的二十大学习专栏；安徽安防协会率先在省市商协会乃至全国安防行业开设《安防人学习贯彻二十大精神》专栏；福建安防协会在协会网站、公众号上报道会员单位和党员先锋队抗击疫情中的积极贡献。

2022年，安防行业协会积极组织会员单位加强党组织建设、开展主题党建活动。北安协协助1家会员企业建立党组织；内蒙古安防协会党支部带领行业党员认真学习党的重要会议精神；福建安防协会组织30余家会员单位党组织代表召开福建省安防行业党建工作交流会，开展迎“七一”主题党建联建活动；青海安防协会认真学习领会习总书记的一系列重要讲话和党的二十大精神，引导广大非公经济人士坚决听党话、跟党走。新疆安防协会持续推动党史学习教育活动走深走实，组织全国行业代表40余人参观石河子军垦博物馆和新疆警史馆。

二、标准规范先行，引导行业发展

为深入贯彻落实《国家标准化发展纲要》要求，发挥关键技术标准在产业协同、技术协作、产品市场应用中的引领和驱动作用，中安协及各地方安防协会在标准、规范的制修订上精勤耕耘，引领行业发展，取得了显著成果。

高质量开展团体标准工作，是协会充分利用标准化手段引领行业发展重要途径。2022年中安协及各地安防协会加强团体标准制修订工作。2022年中安协首批3项团体标准予以立项，第二批申报的5项标准经专家初步审核后进入待立项评审阶段，中安协发布实施的《头戴式安防视频采集显示设备通用技术要求》等2项团体标准由公安部安全与警用电子产品质量检测中心向国家认证认可监督管理委员会申报了资质认定扩项；北安协编制发布了T/BAX 0003—2022《医院禁限带物品安全检查工作规范》团体标准，组织编制了《安全防范系统效能评估标准》，完成《大型活动安保要求　第1部分：安保服务》等2项团体标准的征求意见稿；张家港市安全技术防范协会配合11家单位起草了《住宅高空抛物安全防范系统建设》团体标准；浙江安防协会完成T/ZJAF 11—2021《视频图像物联终端设备安全技术要求》等2项团体标准的发布，开展4个系列团体标准的立项建设；湖北安防协会立项通过首个团体标准《监狱安防系统运维服务标准》；另外，贵州安防协会、广东安防协会、深圳智安协等地方安防协会积极开展团体标准制修订工作。

地方标准对推动各地技术进步、产业升级具有重要意义。北安协开展了《市属医院安防系统建设指南》修订编写工作，承担地方标准DB11/853—2012《封闭式停车场安全技术防范通用要求》的修订工作；上海安防协会组织相关专家对“寄递企业”“公交车站和公交专用停车场”等5个地方标准的制修订进行讨论、专题调研等工作，编制的《重点单位重要部位安全技术防范系统要求　第 25 部分：化工企业》地方标准发布；另外，浙江安防协会开展地方标准 DB33/T 768 的 7 个相关部分的制修订工作，安徽安防协会启动编制地方标准《医院智慧安防建设指南》；广东安防协会组织修订的 2 项广东省地方标准 DB44/T 702—2022《普通高等学校安全技术防范要求》和 DB44/T 834—2022《中小学校和幼儿园安全技术防范要求》发布并于 2022 年 4 月 11 日开始实施。南京安全防范技术行业协会（以下简称“南京安防协会”）、镇江市安全技术防范行业协会（以下简称“镇江安防协会”）、深圳智慧安防协会等地方协会或主导或参与制定安防领域地方标准。

在行业标准方面，北安协承担《市属医院安防系统建设指南》修订编写工作，上海安防协会参与《危险化学品生产企业反恐怖防范要求》等行业标准的制定；浙江安防协会完成《公安视频图像安全时间分类分级指南》等 5 个行业标准的征求意见稿。

同时，各地安防协会积极搭建平台，充分发挥会员企业在标准化工作中的作用，厦门安防协会积极组织优秀会员单位开展《公共安全信息系统运维服务与服务评价规范》等地方标准制定工作，深圳智慧安防协会积极联系会员企业组织各类标准宣贯、培训、研讨会等 10 余场并成立了深圳市智慧停车标准化技术委员会。

三、发挥专家作用，强化服务职能

中安协及各地安防协会加强专家队伍建设，以咨询服务、人才培训、技能竞赛等各种举措与活动，充分发挥协会专家作用，强化协会服务职能，引领行业高质量发展。

2022 年，安防行业持续加强行业专家队伍建设。中安协调整加强专家咨询委员会建设，完成专家遴选征集 349 人，分设战略规划、视频监控等 11 个专业工作组；北安协完成了第四届专家委员会换届工作，新成立人工智能专业委员会和大数据与云计算专业委员会；广东安防协会完成第五届广东智慧安防专家库的换届工作，目前专家库规模达到 479 人；浙江安防协会充实专家智库，2022 年新增吸收 2 批次智库专家共计 31 人入库，并以专家队伍为基础夯实数智能力中心，成立数字安防视觉认知联合实验室，建立数字孪生三维空间创新中心，筹建数智安防标准化实验室。另外，常州市安全技术防范行业协会完成安防专家建库，珠海安防协会根据章程设立专家委员会。

为安防行业发展建言献策、提供智力支持与咨询服务一直是行业专家的重要职能。2022 年中安协开展行业发展重大问题专项调研工作，确立了《新时代智慧技防工作发展与创新研究》《我国智能安防产业链供应链安全与优化问题研究》《水域安全立体化治理应用研究》等课题调研任务。北安协依托专家队伍配合市公安局、市经信局完成相关调研工作；编制形成《依托“雪亮工程”智能化提升促进“首都安防高端智造”产业发展报告》，筹划建立了视频感知体系智能化应用适配中心；积极开展咨询服务工作，涉及多项“雪亮工程”国检咨询服务等。辽宁安防协会组织专家委员会专家针对相关项目开展论证；上海安防协会注重发挥专家在技防产品方案论证和工程项目评审验收等方面的积极作用，各类专家对产品单位的创新研发开展了多场技术论证；浙江安防协会依托专家承接重大课题与安全风险评估项目，并组织智库专家等对考古遗址安全防范体系进行全面风险评估。内蒙古安防协会、广东省安防协会、深圳智慧安防协会、苏州安防协会、开封市公共安全技术防范协会等协会就本地区技防政策完善、重点项目研发及验收、项目方案论证积极为政府部门建言献策，为会员企业提供咨询服务。

2022 年，中国安全防范产品行业协会、中国就业培训技术指导中心联合举办 2022 年全国行业职业技能竞赛——全国数据安全职业技能竞赛暨首届全国安防行业职业技能竞赛，为国家级二类竞赛，包含安全防范系统安装维护员和数据安全管理员两个赛项。本次竞赛在全国设立 20 个选拔赛分赛区，近 3000 家行业企业、院校，10000 余名选手参赛。各地安防协会结合自身工作，积极组织选手报名和开展选拔赛实施工作。浙江安防协会举办 2022 年全国安防行业职业技能竞赛“宇视杯”浙江赛区选拔赛，安徽省安防协会举办“安徽省职业技能竞赛——第四届全省安全技术防范行业职业技能竞赛”，内蒙古安防协会举办

“智安杯”首届内蒙古安防行业技能竞赛暨全国安全防范系统安装维护员职业技能竞赛内蒙古分赛区竞赛，辽宁省安防协会联合省就业和人才服务中心共同举办了“2022 年全国安防职业技能竞赛”辽宁省选拔赛，阳泉市安防协会举办了“2022 年全国行业职业技能竞赛——全国安防行业职业技能竞赛”山西省选拔赛。北京、广东、湖北、广西、江西、福建、湖北、贵州、新疆、天津、济南、郑州、成都、青岛、深圳等地方协会也圆满完成分赛区选拔赛。通过各分赛区的选拔，最终来自全国各地的 700 余名优秀选手分别参加了两项职业总决赛。

安防工程企业设计施工维护能力评价是加强行业自律、规范企业行为、倡导公平公正的重要抓手，是中安协及地方安防协会的重要工作。2022 年中安协与各地安防协会持续开展对企业的能力评价工作，全年总共新获证企业 511 家，年审通过企业 1508 家，通过复评企业 482 家。其中北京地区新获证企业 144 家，通过年审企业 398 家，通过复评企业 160 家；江苏省新获证企业 59 家，通过年审企业 346 家，通过复评企业 109 家；湖北省新获证企业 105 家，通过年审企业 211 家，通过复评企业 86 家；福建省新获证企业 16 家，通过年审企业 165 家，通过复评企业 87 家；广西壮族自治区新获证企业 30 家，通过年审企业 136 家，通过复评企业 52 家；贵州省新获证企业 31 家，通过年审企业 88 家，通过复评企业 26 家；广东省新获证企业 38 家，通过年审企业 66 家，通过复评企业 15 家；除此以外，天津、上海、河南、四川、浙江、山东、河北、海南、江西、安徽、山西、辽宁、云南、黑龙江、湖南、重庆、陕西、吉林、甘肃、新疆、宁夏等地区累计新获证企业 151 家，通过年审企业 287 家，通过复评企业 91 家。

安防行业培训服务是为行业输送人才、提高人才储备、提升行业高质量发展的重要保障。各地安防协会以多种形式多种途径开展行业培训工作。北安协开展安全防范系统安装维护员职业技能提升培训服务，全年共开设培训班 26 期，累计参加培训人数 1887 人。辽宁安防协会采用线上培训的方式组织了 13 期法律知识培训。上海安防协会组织专家编写组编写培训大纲，委托四家培训机构承担培训工作。浙江安防协会发布《浙江省数字安防产业人才发展行动计划（2022—2025 年）》，连续开展了 9 场送政策送服务的人才行动；优化升级学习图强，引入宇视认证课程；发起共建安防（应急）现代产业学院等。广东安防协会开发论证“公共安全视频监看员”培训课程体系，开展 2 期“公共安全视频监看员”培训，共 7 家企业 78 名学员参加。贵州安防协会加强专业技术培训，组织线上培训近 30 场，惠及行业从业者 2000 余人。新疆安防协会组织 11 期工程技术人员培训，共考核通过 4365 人。江西、安徽、南京、昆山、郑州、青岛、佛山、东莞、珠海等安防协会以及深圳智安协、海南智安协开展了丰富多彩的培训服务，并取得不错效果。

为客观反映我国安防行业发展现状，全面分析行业发展趋势，为行业管理、企业决策提供服务和参考依据，中安协及各地安防协会持续开展年度行业统计工作。多年来，行业统计工作得到了各地安防协会的积极响应与大力支持。2022 年，行业统计工作共采集了 4583 家企业数据，遍及我国除西藏、港澳台地区外的 30 个省、直辖市、自治区。经审核，从中选取了 3855 家企业有效数据作为样本，纳入本次统计范围，最终形成中国安防行业 2022 年度统计报告。在统计调查工作基础上，安徽安防协会首次发布《安徽省安防行业发展报告（2022 版）》；珠海安防协会撰写《促安防业良性发展　打造区域集群产业模式调研报告》《扶持安防行业良性发展　助力新型“智慧+N”城市的构建》提供给政府决策参考，推动珠海安防行业高质量发展。

部分地方安防协会通过与金融机构合作，为安防企业提供多样化的金融服务。内蒙古安防协会调研多家银行中小微企业扶持政策和金融产品，与国有银行、地方银行、商业银行以及航天信息等 10 余家金融机构构建内蒙古安防行业企业金融服务平台。镇江安防协会与中国工商银行镇江分行营业部、中国邮储银行镇江市分行、中国民生银行镇江支行建立战略合作关系，为会员单位提供切实的金融服务支撑。浙江安防协会联合浙商银行、省担保集团为安防企业量身定制综合金融服务方案，与浙商银行杭州分行签订全面战略合作协议，将为会员企业提供 50 亿元意向性综合授信额度。

各地安防协会积极做好各种评优等活动。2022 年内蒙古安防协会完成了包括应用创新企业、科技引领企业、星级诚信企业等 7 类奖项的评优表彰。济南安防协会组织 2021—2022 年度“优秀安防工程师”“优秀安防企业”以及“优秀器材商”评选活动。郑州安防协会连续推进年度评优评先表彰活动，评选出和表彰了各类优秀企业 60 家。广东安防协会设立“广东安防协会科学技术奖”并开展 2022 年度评选，评选出 35 个项目，其中包括 7 项“安防技术发明奖”、13 项“安防科技进步奖”和 15 项“安防创新企业奖”。广西安防协会也在行业内开展评选表彰活动。

四、搭建畅通平台，促进交流合作

围绕发挥资源聚合优势，搭建交流平台，促进产业链中各方合作，推动行业高质量发展，2022 年中安协及各地安防协会不遗余力地做了诸多工作。

搭建在线平台，助力行业服务。中安协基本完成了中国安防大数据服务平台建设工作，通过整合各类离散要素资源，搭建宣传、展示、推广、推介以及与需求侧之间的交互、交流平台，以达到畅通国内国际“双循环”，服务现代安防产业体系建立，构建上下游共同发展的数字产业生态的目的。通过整合协会业务，打造数字化办公和服务体系，提升协会落地服务的能力水平和效率。2022 年网上安博会、能力评价、安防职业技能大赛等模块已上线运行。重庆安防协会开发打造“重庆安防在线学习平台”，并与协会网站、会员管理系统、资质评审线上申办系统打通，截至目前，在线学习考试平台参加学习突破 4814 人次，学习时长达 1540 小时，报名学习企业 93 家，报名学员 232 人，通过考试 221 人，颁发电子结业证书 221 份。

各地安防协会通过举办论坛峰会、展示博览会、安防大讲堂、沙龙等活动服务行业交流，助力行业发展。北安协举办第二届人民安防（八达岭）低空安全峰会，同期举办延庆民用无人驾驶航空试验区建设与发展洽谈会；辽宁安防协会举办第二十四届东北国际公共安全防范产品博览会，并主办辽宁公安智慧警务建设发展论坛；上海安防协会联手多家企业开展线上沙龙；浙江安防协会举办 2022 中国（杭州）数字生态大会暨第 12 届中国（杭州）国际社会公共安全产品与技术博览会，并推出 11 场专业论坛和 1 场高研班；郑州安防协会主办第二届智慧中原安防发展论坛；深圳智慧安防协会先后开展交流座谈会、沙龙、考察活动等 30 余场。除此以外，包括黑龙江、江西、福建、湖南、新疆、广东、广西、深圳、东莞、常州、镇江、成都、济南等地方安防协会等也举办了类似博览会、对接会、交流会等活动。

五、加强媒体宣传，打造行业喉舌

为贯彻落实党中央关于深刻把握时代发展大势和信息化趋势、推动传统媒体和新兴媒体融合发展的重要部署，推动媒体助力安防行业高质量发展，中安协及各地安防协会纷纷加强媒体宣传。

随着新媒体的兴起，中安协及各地安防协会不断丰富行业媒体矩阵。2022 年中安协着力建设行业媒体矩阵，《中国安防》杂志、《中国安全防范行业年鉴》、网站、微信公众号，以及微博、百家号、头条号、视频号等新媒体矩阵基本形成，达到多维度多平台多层面宣传的工作能力和水平。内蒙古安防协会加大网站、微信公众号等新媒体更新频率，注册开通抖音号，完善网站功能，上线新增栏目内容。上海安防协会积极打造媒体矩阵，提高《上海内保与技防》会刊编辑质量，积极维护“上海安防网”，优化微信公众号发布模式。江西安防协会完善“江西安防”网站、《江西安防简讯》、微信公众号。福建安防协会打通《福建安防》杂志、协会网站、微信公众号等宣传交流平台。

各地安防协会以优质内容、丰富栏目及及时、精准信息发布服务行业发展。中安协在成立 30 周年之际，发行了纪念《特刊》，制作了宣传纪录片，全面回顾安防行业在国家改革开放大势下发展的 40 年历史，对行业科技创新、市场应用、重大工程、技防管理工作、标准化、技术监督服务等工作进行了梳理，同时总结中安协在各个阶段所发挥的重要作用，坚定行业发展信心与方向。内蒙古安防协会不断完善网站功能，上线新增会员服务版块，包括：金融服务、招标信息、财税服务、产品技术推广、法律咨询等，延展服务内容。苏州安防协会全年共推出由协会通讯员、编辑、专家撰写的原创性文稿 120 多篇，近 80

万字。安徽安防协会分别在官网官微以多视角宣传安防企业家暨相关企业新征程、新举措，推出《回眸2021》协会十件大事、《皖美安防系列报道》企业风采等栏目。福建安防协会于 2022 年共撰写百余篇通讯稿件，报道会员单位资讯。广东安防协会以“安防世界网”“广东安防协会”新媒体平台和《广东安防简讯》为三大主要媒介，通过各媒体平台共推送消息 1800 余条，其中网站发布信息 600 余条，公众号推送消息 700 余条，搜狐、头条等媒体号发布信息 500 余条。

中国安全防范产品行业协会

中国安全防范产品行业协会（以下简称“中国安防协会”）于 1992 年 12 月 8 日在北京成立。由从事安全防范产品等相关行业的企事业单位、社会团体及个人自愿组成的全国性、行业性、非营利性的社会组织（英文名称 China Security & Protection Industry Association，CSPIA）。

中国安防协会目前拥有在中国境内从事于防入侵、防盗窃、防抢劫、防破坏、防爆炸等安防领域的会员企业 2100 多家，涵盖视频监控、防爆安检、安全报警、出入口控制、实体防护、防伪技术与人体生物特征识别应用技术等安防产品的研发、生产、经营；安全技术防范系统工程设计施工、报警运营服务；以及从事安防教育培训、咨询服务、检测与评价、中介技术服务等活动的相关单位、团体或个人。

中国安防协会加强宏观引导，制定行业发展规划；规范行业发展秩序，推进行业标准化工作建设；弘扬自主创新，推动安防企业品牌战略；促进行业自身建设，开展安防企业能力评价和行业职业认证；强化企业人才队伍建设，培训安防企业和专业技术人员；提升企业竞争力，开展国内外技术与经贸交流合作；加强行业宣传，做好行业资讯服务；加强行业自律，订立行规行约；建立诚信体系，开展行业信用评价；组织发展本行业的公益事业，承担政府主管部门委托的其他任务。

中国安防协会日常办事机构秘书处，内设综合服务部、会员服务部、展览服务部、调研培训部、能力评价中心、杂志编辑部等业务部门。

中国安防协会下设分支机构有中国安全防范产品行业协会专家咨询委员会、防伪技术专业委员会、无人系统安全专业委员会、安检防爆专业委员会和标准化工作委员会。

中国安防协会公开出版发行《中国安防》杂志，向会员单位和相关部门免费赠阅；每年还正式出版发行《中国安全防范行业年鉴》，为各界人士提供翔实的行业信息；中国安防协会相关信息同时公布在内部刊物《安防通讯》及“中国安防行业网”（www. 21csp. com. cn）上。

中国安防协会将努力加强自身建设，抓住机遇，开拓创新，为中国安防行业的长期健康发展，为建设小康、和谐、平安社会作出应有的贡献。

地　　　址：北京市海淀区西三环北路 87 号国际财经中心 C 座 1401
邮　　　编：100089
会　员　部：010-68732036
能力评价中心：010-68730967　68730931
调研培训部：010-68731295　010-68731292
展　览　部：010-68730588　68731701　68731702
传　　　真：010-68730788
网　　　址：www. 21csp. com. cn
中安协微信：cspmag

北京安全防范行业协会

北京安全防范行业协会（以下简称“北安协”）成立于2005年8月，是北京市民政局社团办核准登记的非营利性社会团体组织，北京市公安局是协会上级业务监管单位。2019年成立了中国共产党北京安全防范行业协会支部，并被北京市民政局评为“5A级社会组织”。在政府部门指导下，在会员企业支持下，利用专家委员会的智库资源，充分发挥桥梁纽带作用，提供高效优质服务，持续引领行业规范健康发展。

协会宗旨：为会员服务，为行业服务，为政府服务，为社会服务。

服务理念：客观公正、服务至上。

北京安全防范行业协会设立秘书处负责日常事务及协调开展各项工作，其下设党建工作办公室及六个职能部门：运营管理中心、综合服务中心、人才发展中心、会员服务中心、企业评价中心、委托服务中心；三个分支机构：专家委员会，机关、企事业单位内部安全保卫分会，安防系统维修维护运营中心，专家委员会下设秘书处；一所全资培训学校：北京安全防范职业技能培训学校。

地　　址：北京市西城区德胜门外东滨河路3号北京白孔雀艺术世界A座四层
联 系 人：张　莹
电　　话：010-62072458
网　　址：www. bspia. com

天津市安全防范服务行业协会

天津市安全防范服务行业协会（以下简称“天津安防协会”）成立于2019年10月，现有会员单位200余家。协会由天津市民政局登记管理，由从事安全防范相关行业的企事业单位、社会团体及个人自愿组成的区域性、行业性、非营利性的社会组织。

天津安防协会成立以来得到了行业管理部门天津市公安局的大力支持。协会加强宏观引导，规范行业发展秩序，推进行业标准化工作建设和推动安防企业品牌战略；开展安防企业能力评价和行业职业认证，培训安防企业和专业技术人员；提升企业竞争力，开展国内外技术与经贸交流合作；加强行业自律，建立诚信体系，组织开展本行业的公益事业，承担政府主管部门委托的其他任务。

天津安防协会是中国安全防范产品行业协会的常务理事单位，与国内30余家省市安防行业协会建立了紧密合作关系。成立了专家委员和标准化委员会，由国内安防领域知名专家担任专家委员，以创新思维推进安防技术和产品试点应用，主动适应新技术和新机制发展，不断提升天津市安防标准化水平和体系化建设。

地　　址：天津市南开区航天道58号二号楼403室
联 系 人：丁向东
电　　话：022-58583333
网　　址：www. tjafxh. com

石家庄市安全技术防范协会

石家庄市安全技术防范协会（以下简称“石家庄安防协会”）于2001年10月31日在石家庄成立，是经石家庄市公安局批准，在市民政局登记注册的行业性、非营利性社会团体。

凡是在石家庄市区域内从事安全技术防范产品的研制、开发、生产、销售，安全防范系统工程设计、施工、监理，报警运营服务，报警器材销售，智慧平安社区系统建设，通信技术服务，安防智能化服务，信息咨询服务，安防技术培训等企事业单位，只要遵守本协会章程均可申请加入本协会。现有会员200余家，其中副理事长8家、常务理事15家。

石家庄安防协会严格遵守国家的法律、法规和政策，在政府有关部门的指导下，发挥政府部门技防管理的助手作用，加强行业自律，依靠安防行业的集体力量，促进安全技术防范事业的发展，开展与国内外相关组织的经济技术交流，促进安防企业技术、管理水平和经济效益的不断提高，坚持服务于政府、服务于行业、服务于广大用户，发挥政府与安防企业之间的桥梁和纽带作用，以推动安全技术防范行业的健康发展。

石家庄安防协会充分发挥行业信息平台的作用，以服务会员企业为核心，适时开展形式多样、内容丰富的活动，组织社会公共安全产品展览和技术交流、开设业务培训班、开展咨询和信息服务，推动石家庄市安防行业标准化、规范化建设，竭诚为会员单位服务和行业发展服务，为平安省会建设作出应有的贡献。

地　　址：石家庄市桥西区槐安东路28号仁和嘉园商务楼2407室

联 系 人：刘红伟

电　　话：0311-89873832

网　　址：www. sjzafw. com

秦皇岛市安全技术防范协会

秦皇岛市安全技术防范协会（以下简称“秦皇岛协会”）于2002年成立，是经秦皇岛市民政局登记注册的社会团体法人单位，是由从事安全技术防范产品管理、科研、开发、生产、经营、推广应用、技术培训、信息服务，工程设计、施工、维护等技术服务机构和行业宣传教育、出版、印刷的企事业单位、安全技术防范质量检测单位、防爆安全检查单位、建筑与道路交通安全防范等单位自愿组成的全市性的非营利性社会组织。

秦皇岛协会的宗旨：遵守宪法、法律、法规和国家政策，遵守社会道德风尚，在政府有关部门的指导下，加强技术交流与协作，依靠集体的力量推动全市安全防范技术和产业的发展，为会员单位共同利益服务，维护全行业与会员单位的合法权益；依照政府要求推动技术进步、企业发展，反映企业情况，为政府决策提供参考，发挥政府与企业之间的桥梁纽带作用，发挥实施行业管理的助手作用，开展安全技术防范技术的深度应用研究，发展与国内外、市内外相关的经济技术往来，以促进经济、技术、管理水平和经济效益的不断提高，为维护良好的社会治安秩序、保障人民生命财产安全作出应有的贡献。

秦皇岛协会坚持以为政府服务、为企业服务、为港城治安和百姓安全服务为宗旨，在港城安防行业着力推进诚信体系建设，紧紧围港城治安防控体系建设要求，规范市场管理，推动行业发展，研究制订发展规划，创办了协会网站，为社会各界和广大用户服务。

地　　址：秦皇岛开发区龙海道59号
电　　话：0335-8536058
网　　址：www. qhdaf. net

邯郸市安全防范行业协会

邯郸市安全防范行业协会（以下简称“邯郸安防协会”）成立于1998年9月，是经邯郸市民政局核准登记的行业性组织，是非营利性社会团体、社会法人。现为中国安全防范产品行业协会会员单位、全国城市安防协会合作互助联盟理事单位，拥有会员单位100余家。

邯郸安防协会常设的职能部门有秘书处、专家委员会、党支部、《安防人》编辑部等。2020年7月中安协安防工程企业设计施工维护能力评价中心在协会设立了邯郸分中心，负责河北省企业《安防工程企业设计施工能力证书》受理、评审、颁证和年审工作。

邯郸安防协会的宗旨：贯彻落实党的方针政策和国家法律法规及行业规范标准，发挥政府与企业间的桥梁、纽带作用，团结和组织会员单位，为发展邯郸安防事业，建设规范的安防市场，推进新技术、新产品应用，充分发挥安防技术在打击违法犯罪活动和维护社会稳定中的特有作用。

邯郸安防协会业务范围：安防认证，行业培训，咨询服务，技术交流、合作，会展招商，产品推介等企业服务；行业统计，标准制定，行业调研，工程论证评估等服务；组织制定行业诚信公约；保护会员单位的合法权益，组织开展公益、扶贫工作等。

邯郸安防协会以服务会员企业单位、服务公安政法部门、服务各级政府部门为对象，以服务平安邯郸建设、服务国家安全和社会稳定，整体提升安全防范从业人员业务技能与素质为任务，全面提升安全防范企业风险控制与管理能力，共同提升行业创新动力和竞争力。

地　　址：河北省邯郸市邯山区黎明街12号
电　　话：0310-3010181

太原市人工智能行业协会

太原市人工智能行业协会是2017年8月经太原市行政审批服务管理局批准登记、全体会员大会通过成立的非营利性社会组织，由从事智能行业的企业法人、从业个人以及相关企事业单位自愿组成，是整合人工智能产业链资源，促进行业自律，推动行业健康可持续发展，为政府、人工智能企业和社会提供服务、贡献力量的平台，目前拥有会员企业200余家。

协会秉承“开放包容、合作共赢”的办会宗旨，团结和凝聚本市人工智能领域的科研院所和相关企事业单位，以人工智能关键技术研发为核心，构建人工智能产学研用生态体系，取得了明显成效性。

协会认真履行章程规定，完善制度建设，加强内部规范治理，依法民主办会；持续优化营商环境，为民营企业长期可持续发展筑牢制度基础、打造发展空间、培厚创新土壤；深入企业主动服务，围绕企业呼声、期盼，主动担当作为，畅通服务企业增产增效“最后一公里”；搭建平台协同发展，聚焦产业发展关键核心技术、梳理相关产业链上下游企业需求，构建完善产业生态体系，打造产业协同发展新格局。

自成立以来，太原市人工智能行业协会先后被山西省工商联合会评为“山西省非公企业和商协会组织党建示范党支部”“商会党建工作示范单位”“四好商会”，被山西省人力资源和社会保障厅、山西省工商联联合会授予“山西省工商联先进商会”，被中共太原市委、太原市人民政府评为“优秀商协会”和

“太原市文明单位”，被太原市民政局评为“4A”级商会。

地　　址：山西省太原市小店区平阳路 426 号大和昌业 504 室
电　　话：0351-6189777

阳泉市保安和安防行业协会

阳泉市保安和安防行业协会成立于 2016 年 10 月 21 日，是经阳泉市公安局批准并受其主管、依法在阳泉市民政局注册的由从事保安、安全技术防范等相关行业的企事业单位、社会团体及个人自愿组成的行业性、非营利性的社会组织，是中国安全防范产品行业协会理事单位、全国安防协会合作互助联盟成员。2019 年 3 月 12 日，经中国安全防范产品行业协会授权成立了中安协能评阳泉分中心，全权受理山西省范围内安防工程企业设计施工维护能力证书的审批（二级、三级）和批转（一级）工作。

阳泉市保安和安防行业协会的宗旨是：遵守国家宪法、法律、法规和国家政策，遵守社会道德风尚；团结和组织会员开展调查研究，协助政府部门推进保安及安全技术防范行业改革，探讨发展保安及安全技术防范行业的对策；为阳泉市保安及安全技术防范行业提供指导与服务，加强行业自律，规范服务行为；发挥桥梁纽带作用，促进保安及安全技术防范行业健康发展，为构建和谐社会作出应有的贡献。

地　　址：阳泉市城区南大街 452 号
联 系 人：张春兰
电　　话：18435393931

内蒙古自治区公共安全技术防范行业协会

内蒙古自治区公共安全技术防范行业协会（以下简称“内蒙古安防协会”）成立于 2006 年 12 月 28 日，是以“自愿发起，自筹经费，自聘人员，自主会务”为原则，经内蒙古自治区民政厅登记，由内蒙古自治区公安厅业务指导的社团组织。2019 年被民政部门评为“5A 级社会组织”。凡在内蒙古自治区内从事防入侵、防抢劫、防盗窃、防破坏、防爆炸、防伪等活动的产品开发、生产、销售；技术防范系统工程、施工、维修、使用等；以及相关的管理、教育培训、信息服务等企事业单位，遵守并履行本协会章程，均可以申请加入。

内蒙古安防协会始终坚持团结、服务、求实的服务理念，竭诚为会员单位及全行业服务，为维护社会公共安全和社会稳定贡献力量。随着工作的全面开展，内蒙古安防行业影响力逐步扩大，会员队伍不断壮大并初具规模，范围覆盖全区。作为社会中介组织，内蒙古安防协会严格遵守国家法规、法令，担负着承上启下、协调和监督的重任，在政府、行业、企业及用户之间搭建了畅通的桥梁，不断推进内蒙古安防行业健康发展。

地　　址：内蒙古自治区呼和浩特市赛罕区大学东街 95 号金固大厦三层
联 系 人：乔　丹
电　　话：0471-4915331
网　　址：www. nmgafxh. com

辽宁省社会公共安全产品行业协会

辽宁省社会公共安全产品行业协会（以下简称“辽宁安防协会”），是经辽宁省民政厅核准登记，由辽宁省从事安全技术防范行业的企事业单位、社会团体自愿组成的全省行业性、非营利性社会组织。辽宁安防协会成立于 1999 年 5 月，2018 年 5 月通过辽宁省民政厅“4A 级社会组织”评审。

辽宁安防协会目前拥有会员企业 1500 多家，涵盖视频监控、防爆安检、防盗报警、出入口控制、实体防护与人体生物特征识别应用技术等安防产品的研发、生产、经营；安防系统工程设计施工、报警运营服务以及从事技术培训、咨询服务、检测评价服务等活动的相关单位和团体。

辽宁安防协会宣传贯彻安防工作的法律、法规，参与相关标准、规范的制修订工作；开展本行业调查研究，进行经济、技术信息的统计与分析；制定行规行约，规范行业自我管理行为；针对本行业特点，有计划、有步骤地组织专业技术培训；在会员自愿申请的前提下，对企业进行客观、公正的资信等级评定；举办本行业相关的先进技术和产品的展览会，开展技术交流及产品推广活动；接受行业用户、企业及有关机构、部门的申请或委托，推荐专家参与研发、评价、咨询、工程验收等方面的专业技术服务；开办协会网站、微信公众号和手机 App，出版协会期刊，加强媒体宣传，做好行业和企业信息交流工作；承担政府有关部门和企事业单位及会员委托的其他有关事项。

协会日常办事机构是秘书处，内设会员服务部、资信管理部、展览服务部、培训部等业务部门，下设专家委员会、团体标准委员会和 LED 技术委员会三个分支机构。专家委员会是安防行业的专业技术服务组织；团体标准委员会负责协会团体标准的制修订、推广宣贯等工作；LED 技术委员会主要开展大屏显示行业的技术研究、安装维护和品牌推广等工作。

协会一贯坚持团结、服务、求实、创新的精神，不断提高自律能力，提升管理、服务水平，为维护本地区社会稳定和行业的发展贡献力量。

地　　址：辽宁省沈阳市沈河区文艺路 18 号 17-1-502 室
联 系 人：赵　宇
电　　话：024-24205566
网　　址：www. lnafxh. cn

吉林省社会公共安全产品行业协会

吉林省社会公共安全产品行业协会（以下简称“吉林安防协会”）成立于 2003 年 12 月，是由全省从事消防、道路交通管理、刑事技术、警用装具、防伪技术、安全防范及其系统工程等领域中有关产品研制、开发、生产、经营、技术咨询以及系统工程设计、施工的企业单位自愿组成的，行业性、非营利性社会组织。

吉林安防协会的宗旨是：在政府有关部门的指导下为本行业企业、科研单位、大专院校服务，促进企业发展，维护企业的权益。在政府和企业之间发挥桥梁和纽带的作用，反映企业的愿望和要求，传达贯彻政府的方针、政策和法令，协助政府做好行业管理工作，推进科技进步，提高综合经济效益，积极开展与国内外同行业相关的各项交往活动，推动全行业的发展。

吉林安防协会的业务范围是：开展社会公共安全技术方面的业务研究，信息、技术、学术交流，咨询服务，培训业内人员，制定行业标准。

吉林安防协会自成立以来严格遵守国家各项相关法律和协会章程，定期召开理事会，提高协会民主化、科学化决策水平，促进协会各项工作顺利开展。广泛吸纳会员，截至 2022 年年底，会员单位已近 600 家。

地　　址：长春市朝阳区超强西街与创意路交汇高新慧园 S1 号写字楼（新东方楼上）402 室
联 系 人：孙　颖
电　　话：0431-85829531
网　　址：www. jlafw. com

黑龙江省安全防范产品行业协会

黑龙江省安全防范产品行业协会（以下简称“黑龙江安防协会”）成立于 1999 年，是经黑龙江省民政厅核准登记，以安全技术防范行业为主要内容的自律性组织，是具有独立承担民事责任的社会团体，于 2021 年被黑龙江省民政厅评定为“5A 级社会组织”。

凡是在黑龙江省内从事防爆安全检查设备、安全报警器材、车辆防盗联网系统、社区安全防范系统、出入口控制系统，防盗门、锁、柜，人体防护装备、运钞车等生产经营、设计施工的企、事业单位，只要遵守本协会章程均可申请加入。黑龙江安防协会现有会员单位 600 余家，其中副理事长单位 39 家、常务理事单位 15 家、理事单位 73 家。

黑龙江安防协会严格遵守国家法规、法令，认真履行承上启下、协调、监督的职责，努力为政府服务，为会员服务，为全行业服务，为广大用户服务，在政府与会员及广大用户之间搭建起畅通的桥梁，维系起紧密的纽带，不断推动安全防范产品行业的健康发展。

安防行业的发展任重道远，黑龙江安防协会愿在广大会员单位的共同努力和支持下，共创黑龙江安防行业的美好明天。

地　　址：黑龙江省哈尔滨市南岗区文庙街 8 号 A2 栋 2 单元 7 层
联 系 人：杨雪倩
电　　话：0451-82820110
网　　址：www. hljps. com

上海安全防范报警协会

上海安全防范报警协会（以下简称“上海安防协会”）成立于 1992 年，是经上海市民政管理局核准登记的专业社会团体。业务主管部门是上海市公安局治安总队。

上海安防协会主要从事行业统计、调查、协调、决策论证听证、标准制定、考察、会展、交流、合作、四技服务等。在主管部门的领导下，作为行业自律的服务和管理社团，协会认真发挥桥梁和纽带作用。目前，上海安防协会拥有团体会员 900 余家，会员均为从事安全防范行业的企事业单位。

上海安防协会是跨部门、跨不同经济成分的全行业组织，是行业代表，其主要职责是：依靠行业集体的力量加速上海市安全防范产品的发展，为会员单位的共同利益服务，维护全行业与会员单位的合法权益。发挥政府部门实施行业管理的助手作用；发展与国内相关的经济技术往来，以促进全行业经济技术管理水平和经济效益的不断提高；推进上海市安全防范产品的发展；为维护上海市稳定、社会安定和全社会的公共安全事业作出努力。

上海安防协会充分发挥行业管理优势，拥有内部杂志《上海技防》和协会网站“上海安防网”，并成功举办了“十九届上海国际公共安全产品博览会”，同时每年举办多场新产品新技术交流会，在行业内享有较高声誉。

作为政企之间的桥梁和企事业间的纽带，上海安防协会担负着强烈的责任感、使命感，在促进政企双向沟通中彰显活力，帮助企事业拓展更广阔的发展空间和市场领域，提高行业抗风险能力，引领行业跨越式发展，走向高科技化、规范化和国际化。

地　　址：上海市徐汇区华山路 2018 号 2702 室
联 系 人：施赛琴
电　　话：021-54732803
网　　址：www. sh-anfang. org

南京安全技术防范行业协会

南京安全技术防范行业协会（以下简称“南京安防协会”），成立于 2012 年 3 月 15 日，是由从事安全技术防范产品研制、开发、生产、销售；安全技术防范工程设计、安装、维修、监理；报警运营服务；安全技术防范领域的科学研究、政策研究、教育培训、技术服务、信息服务、咨询服务；安全技术防范系统的使用和管理等单位自愿联合发起，经南京市民政局核准登记的非营利性社会团体，具有独立法人资格，业务上接受南京市公安局的指导和监督管理。

南京安防协会的宗旨是：团结和组织本协会会员，遵守法律、法规和国家政策，遵守社会公共道德，遵守行业规范和相关技术标准；通过政策研究、行业自律、知识产权保护等工作，维护行业与会员的合法权益；在政府主管部门的指导下，依靠行业集体力量，通过开展安防知识普及、成果推广应用、国内外交流合作，提高南京市安全技术防范工作的整体水平；积极发挥会员单位与政府管理部门之间的桥梁与纽带作用；发挥协会的社会公正性、中介协调性、联系广泛性和专业权威性作用，为“平安南京”“和谐南京”建设和维护社会治安稳定作出贡献。

地　　址：南京市秦淮区白下路 175 号辅楼 611
联 系 人：项　康
电　　话：13951787902
网　　址：www. njafxh. com

常州市安全技术防范行业协会

常州市安全技术防范行业协会（以下简称“常州安防协会”）成立于 2003 年 11 月，是经常州市民政局核准登记的非营利性社会团体组织，具备独立法人资格，接受登记管理机关的指导、监督。常州安防协会成立至今，已服务常州市安防企业数十载，是企业与政府沟通的桥梁和纽带、企业间互相交流探讨的平台以及全面展示常州安防事业发展的窗口。

常州安防协会的主要职能是及时有效地组织安防法律法规的学习宣传，协助做好安防知识的培训学习和指导，组织推广普及安防产品和系统，交流先进生产、经营、管理经验，传播安防最新动态信息，发挥协会行业服务、行业自律、行业代表、行业协调功能。

截至 2022 年 12 月，常州安防协会有会员单位 127 家，并建有安防网站、微信公众号等媒介工具，为会员单位提供各类资讯和服务。

地　　址：常州市新北区府翰苑 7 幢 408 室
联 系 人：景玉萍
电　　话：13813655122
网　　址：www. czspia. com

苏州市安全技术防范行业协会

苏州市安全技术防范行业协会（以下简称“苏州安防协会”）于 2010 年 12 月 28 日在苏州成立，是经苏州市民政局核准登记的非营利性社会团体组织，同时是民政部“4A 级”协会。

苏州安防协会目前拥有会员企业 340 多家。协会的宗旨是：团结和组织本协会会员，遵守宪法、法律、法规和国家政策，遵守社会公共道德，遵守行业规范和相关技术标准；通过政策研究、行业自律、知识产权保护等工作，维护会员及行业的合法权益；在政府主管部门的指导下，依靠行业集体力量，通过开展安防知识普及、成果推广与应用，国内外交流与合作，提高苏州市安全防范工作的整体水平；积极发挥会员单位与政府管理部门之间的桥梁与纽带作用；发挥协会的社会公正性、中介协调性、联系广泛性和专业权威性作用。

苏州安防协会内设协会秘书处、功能型党支部、诚信委员会、技防专家委员会、团体标准专家委员会、创新专家委员会、编辑部等各个部门，以及无人机分会、内保分会、消防分会、能源安全分会四个分会。协会专设《苏州安防》内刊、苏州安防网站、苏州安防微信公众号三个宣传平台，平时不断优化“刊、网、号”平台建设，为苏州安防做好宣传。

苏州安防协会专注于推进苏州安防探索性、创新性、引领性的高质量发展，实现质的有效提升和量的合理增长，与全体会员一起共谋苏州安防新发展，为建设“平安中国”“平安苏州”付出努力、作出贡献。

地　　址：江苏省苏州市高新区永和路 6 号 903、905 室
联 系 人：邵　斌
电　　话：13338703386
网　　址：www. szafxh. cn

南通安全防范协会

南通安全防范协会成立于 2016 年 8 月 12 日，是经南通市民政局核准登记的非营利性社会团体组织。现有会员单位 140 余家，均为从事安全防范产品研制、开发、生产、销售，安全防范工程设计、安装、维修、监理、报警运营服务，安全技术防范领域的科研院校、教育培训、信息咨询、技术服务，安全技术防范系统应用和管理的单位。

南通安全防范协会常设功能性党支部、秘书处、专家委员会和《南通安防》编辑部等职能机构，拥有网站、公众号和《南通安防》季刊等媒体。

南通安全防范协会拥护中国共产党领导，遵纪守法，践行社会主义核心价值观。以“五服务三提升”为宗旨，即服务全体会员、服务公安政法、服务各级政府、服务和谐社会、服务国家安全，整体提升安防从业人员业务技能与素质、全面提升安防企业风险控制与管理能力、共同提升行业内容创新动力与核心竞争力。

南通安全防范协会在政府主管部门指导下开展工作，紧紧围绕办会宗旨，积极发挥行业管理优势，搭建政府与企业沟通的桥梁，构建行业互通平台，维护会员单位合法权益，为会员提供高效优质服务，同时也积极引导会员单位遵守法规、依法维权、团结互助、诚信为本、共谋发展，为维护社会稳定和本地区安防行业的发展而不懈努力。

地　　址：南通市通甲路 6 号中江国际广场 3 号楼 1601 室
联 系 人：樊丽娟
电　　话：0513-81183539
网　　址：www. jsntspa. com

镇江市安全技术防范行业协会

镇江市安全技术防范行业协会（以下简称“镇江安防协会”）在镇江市公安局、镇江市民政局的指导下于 2006 年 8 月 6 日成立，成立初衷是为从事安全技术防范系统工程设计、施工、维护，安防报警运营服务，以及相关的企事业单位提供服务。目前在册会员共有 135 家，其中理事单位 45 家、副会长（常务理事）单位 15 家、会长单位 1 家。

镇江安防协会严格遵守宪法、法律、法规和国家政策，努力发挥政府主管部门与安防行业企事业单位之间桥梁和纽带的作用，向政府部门反映行业愿望与要求，同时向行业传达政府部门政策意图；组织企业制定行规行约，建立健全协调与约束机制，实行自律自治；强调职业道德，爱国守法，公平竞争，互补互济，共同发展，促进中国安防行业健康有序快速发展。

镇江安防协会将努力加强自身建设，抓住机遇，开拓创新，为镇江市安防行业的长期健康发展作出应有的贡献。

地　　址：镇江市润州区檀山路 10 号万科锦程 A 座 11 楼
联 系 人：胡青青
电　　话：18605115963
网　　址：www. zjspia. com

张家港市安全技术防范协会

张家港市安全技术防范协会（以下简称“张家港安防协会”）是由张家港广电信息网络有限公司、中国电信张家港分公司、中国移动张家港分公司、中国联通张家港分公司、张家港市金盾安防系统工程有限公司、张家港市保安服务公司安防技术工程分公司、江苏国泰新点软件有限公司等单位自愿组成的行业性、非营利性社会组织。自 2014 年 6 月成立以来，张家港安防协会目前有 31 家会员单位和 24 名专家成员。协会围绕服务“平安张家港”建设总目标，组织和动员会员单位和广大安防企业，积极参与安防领域的政策研究、行业培训、技术咨询服务和安防系统建设，在创建平安港城、保障民生安全等方面做了大量卓有成效的工作，为张家港经济社会发展起到了很好的助推保障作用。

张家港安防协会遵守宪法、法律、法规和国家政策，遵守社会道德风尚，践行“富强、民主、文明、和谐，自由、平等、公正、法治，爱国、敬业、诚信、友善”的社会主义核心价值观。

地　　址：张家港市杨舍镇中兴路 62 号希尔发驾校三楼
联 系 人：陶　莉
电　　话：13915698827
网　　址：www. zjgsta. cn

昆山市安全防范行业协会

昆山市安全防范行业协会（以下简称“昆山安防协会”）于 2008 年 6 月 25 日成立，在昆山市公安局与昆山市民政局的业务指导和监督管理下开展工作，是全国首个县市级“4A 级”社团，目前有会员单位 121 家。协会设理事长 1 人，副理事长单位 12 家，其他理事单位 13 家。

昆山安防协会的宗旨是：团结和组织本协会会员，遵守宪法、法律、法规和国家政策，遵守社会公共道德，遵守行业规范和相关技术标准；通过政策研究、行业自律，知识产权保护等工作，维护会员及行业的合法权益；在政府主管部门的指导下，依靠行业集体力量，通过开展安防知识普及，成果推广与应用，提高昆山市安全防范工作的整体水平；积极发挥行业协会与政府管理部门之间的桥梁与纽带作用；发挥协会的社会公正性、中介协调性、联系广泛性和专业权威性作用，为平安昆山的创建和行业的稳定有序发展作出贡献。

昆山安防协会现至四届理事会，理事会成员 26 名；秘书处处理日常事务，服务于会员单位政府沟通，统计行业数据；专家组成员 26 名，负责安防项目评审验收项目，制定本地标准，制订培训目标与计划。在会员服务方面，昆山安防协会的主要工作有安防技术培训；安防能力证书报审辅导，组织新技术学习和培训；其他协会参观交流；安防工程文件咨询；组织会员单位的文化活动；协调会员矛盾；参与行业调研；企业诚信评价等。

地　　址：昆山市城北路 707 号保安大楼 5 楼
联 系 人：黄　勇
电　　话：13511627007
网　　址：www. kssec. com

浙江省安全技术防范行业协会

浙江省安全技术防范行业协会（以下简称“浙江安防协会”）2003 年 2 月 28 日成立于杭州，是由从事安全技术防范行业的企事业单位、社会团体及个人依法自愿发起成立的地方性、行业性、非营利性社会团体组织组成，是中国社会组织“4A 级”协会。协会登记管理机关是浙江省民政厅，党建领导机关是中共浙江省社会组织综合委员会，业务指导部门是浙江省公安厅。

浙江安防协会现有注册会员单位 1500 余家，遍及浙江全省辐射全国，其中上市企业 43 家，年营收过亿企业 259 家，从业人员达 30 万人。

浙江安防协会坚持“科技引领、创新服务”理念，联合高校、研究院所、专业第三方机构等资源，发起成立“浙江省无人机产业技术联盟”“浙江省应急产业技术联盟”和“全国安防职业教育联盟”，构建了“数字安防产业集群创新服务综合体”，以科技与智库、产业创新协同中心、产业人才基地、数字安防生态大会、综合创新服务等为抓手，不断提升“服务企业、服务行业、服务社会、服务国家”的能力，与时俱进，不断探索服务新领域、新热点，真正把会员服务“做专、做精、做深、做实”，让企业满意、政府肯定、社会认可。

协会始终坚持以习近平新时代中国特色社会主义思想为指导，以党的二十大精神为指引，秉持“团结、服务、求实、创新”的办会宗旨，走在前列，干在实处，勇立潮头，竭诚为安防行业及其会员单位服务，助力安防产业高质量发展，助力更高水平“平安中国”建设。

地　　址：杭州市西湖区西溪路小龙驹坞 79 号
联 系 人：后学娟
电　　话：13656696719
网　　址：www. zjaf. net

杭州市安全技术防范行业协会

杭州市安全技术防范行业协会（原杭州市社会公共安全产品行业协会，以下简称“杭州安防协会”）于 1995 年 11 月 18 日在杭州市成立，是经杭州市民政局登记注册的地方性行业组织，是非营利性社会团体、社会法人。杭州安防协会在业务上受杭州市公安局领导，目前共有会员单位 519 家，其中理事单位 90 家。凡是在杭州市境内从事安全技术防范产品的研制、开发、生产、经营、维修、技术培训、信息服务、安全防范系统工程设计、施工、监理、监测、运营、保险的单位和广大用户单位、个人，遵守本协会章程的，均可申请加入本协会。

杭州安防协会的宗旨是：遵守国家的法律、法规和政策，在政府有关部门的指导下，发挥政府部门实施管理的助手作用，加强行业自律；依靠技防行业的集体力量，促进安全技术防范事业的发展；发展与国内外相关组织的经济技术交流，促进技防企业技术、管理水平和经济效益的不断提高；坚持服务于政府、服务于行业、服务于广大用户，在政府、企业用户之间搭建起桥梁和纽带，以推动杭州市安全技术防范行业的健康发展，为社会安定和社会公共安全事业作出应有的贡献。

杭州安防协会坚持“树立杭州安防行业品牌、塑造杭州安防产业形象、提升杭州安防企业实力”的工作目标，充分发挥协会作为企业与政府之间沟通桥梁与行业信息平台的作用，以服务会员企业为核心、适时开展形式多样、内容丰富的活动：组织社会公共安全产品展览和技术交流、开设业务培训班、开展咨询和信息服务；引进先进技术，建立安防技术高端智库，打造杭州安防品牌；大力推广杭州平安城市建设，树立杭州安防产业形象，扬“品质安防，杭州创造”之势。

杭州安防协会将不断扩大同行间交流与合作，竭诚为会员单位及全行业服务，为促进社会公共安全事业的发展贡献力量。

地　　址：浙江省杭州市滨江区滨盛路 1505 号银丰大厦 1515
联 系 人：夏　蝶
电　　话：18668120992
网　　址：www. hzaf. net

安徽省安全技术防范行业协会

安徽省安全技术防范行业协会（以下简称“安徽安防协会”）于2002年6月26日经省民政厅批准正式登记成立，是由安徽省内从事安全技术防范产品研制、开发、生产、经营和承接安全技术防范工程的企事业单位，以及安全技术防范工程使用、管理单位等自愿组成的全省性、非营利性社会组织。协会的行业管理部门是安徽省公安厅，登记管理部门是安徽省民政厅。2019年6月，成立中共安徽省安全技术防范行业协会支部；同年12月，被安徽省民政厅评定为“5A级省级社会组织”。

安徽安防协会主要从事行业调研统计、人才培训、行业交流、咨询服务、制定行业标准、加强行业自律、订立行规行约、承担政府主管部门委托的其他任务等。协会成立专家库，由来自高等院校、科研机构、企事业单位、政府有关部门的176名专家组成；设立秘书处、职业技能等级认定中心。日常办事机构为秘书处，内设会员部、资信部、综合部和财务部。

近年来，安徽安防协会强化党建政治引领，以党建促会建，促进党建与会建融合发展。以“自律”“维权”“服务”为宗旨，不断拓宽服务平台，坚持服务政府、服务社会、服务行业、服务会员，团结和组织全体会员单位及全行业同人，为建设规范的安防市场、推动安徽省安防行业高质量发展建功立业。

地　　址：合肥市潜山路与皖河支路交口新华国际广场A座805、806室
联 系 人：于利莉
电　　话：0551-62818875
网　　址：www. aspia. cn

福建省公共安全防范行业协会

福建省公共安全防范行业协会（以下简称“福建省安防协会”）成立于2008年2月28日，接受福建省民政厅、福建省公安厅的监督管理。由500余家从事公共安全防范产品研发生产、经营销售；公共安全防范工程设计、施工、维护、监理；政务警务综合管理平台、网络安全、数据安全、信息管理等技术方案设计、推广、应用；智慧城市、平安城市、雪亮工程项目建设、管理；报警运营、检测评价、信息咨询、教育培训、产业政策研究等单位依据《社会团体管理条例》自愿组成。

福建省安防协会忠实履行“服务政府、服务社会、服务行业、服务会员”宗旨，维护会员单位的合法权益，不断提高政治思想理论及服务工作水平；充分发挥参谋助手、桥梁纽带作用，引领行业积极向上；开展企业信用评价工作，建立诚信体系；积极推动行业标准化建设、加强人才队伍建设；促进区域协调发展，搭建交流沟通平台；实施品牌战略，助力地方经济建设，为“平安福建”“数字福建”“雪亮工程”建设作出了积极贡献。

展望未来，福建省安防协会将以党的二十大精神为指导，秉承创新、协调、绿色、开放、共享的新发展理念，自信自强、笃行不怠，构建行业新发展格局，以奋进步伐迈向高质量发展的新阶段。

地　　址：福建省福州市鼓楼区软件大道89号A区16座二层
联 系 人：林小娇
电　　话：0591-87881123
网　　址：www. fjsafxh. com

厦门市安全技术防范协会

厦门市安全技术防范协会（以下简称“厦门安防协会”）成立于 2006 年 9 月，是经厦门市民政局批准，自愿接受厦门市公安局业务指导和监管的社会民间团体。目前有会员单位 100 多家，其中理事单位以上的有 33 家，成员包括公共安全的产品研发、生产、销售单位，系统集成及智能化工程商、报警运营单位、行业维护单位、公共安全巡查出勤单位、行业监理单位、行业检测单位，以及行业政策制定、规范、研究及提供服务等单位。

厦门安防协会成立至今，在相关主管部门指导下，做好上传下达平台桥梁作用；开展协会主导的安防大讲堂及合作技术研讨会，提升行业相关知识及发展前景展望、探讨；牵头开展团体标准制定及标准宣贯；开展安防行业技能比赛、企业评优争先；组织会员企业开展本地及异地走访交流、参观学习；开展各地协会间交流；组织体育竞赛活动；定期举办理事会议、会员大会。

厦门安防协会以“诚信、协会、创新、共赢”为宗旨。主要服务内容有：搭建企业与政府部门之间沟通桥梁；为企业提供相关能力评价和产品认证说明、企业宣传、活动会议支持，提供技术咨询、培训、活动会议赛事信息，提供异地企业介绍资源共享服务；组织会员企业参与团体标准、地方标准制定；组织开展企业走访，参与主管或上级部门组织的职工竞赛；开展行业技术研讨会、标准宣贯会、政策宣传、工作会议等。

地　　址：厦门市思明区软件园二期观日路 30 号三楼 302 单元
联 系 人：刘　斐
电　　话：13306034599

三明市公共安全防范行业协会

三明市公共安全防范行业协会（以下简称“三明安防协会”）成立于 2014 年 4 月 26 日，是三明市工商部门登记注册的法人社团单位，是三明市境内跨部门、跨地区的地方性行业组织，在业务上受三明市公安局指导。凡是在三明市境内从事研制、开发、生产安全技术防范产品，承接安全技术防范系统工程设计、施工，以及相关的企事业单位和个人，都可以自愿参加协会。协会现有会员单位 65 家。

三明安防协会的宗旨：推动行业自律，规范行业行为，维护市场秩序，促进行业进步，依法维护会员的合法权益，为政府职能部门的管理提供积极服务，为增进政府职能部门与企业之间的联系发挥桥梁纽带作用。

三明安防协会业务范围：开展行业、地区经济发展调查研究，提出有关行业经济政策、法规和管理办法方面的意见和建议；进行行业统计、收集、分析，发布行业信息；组织开展行业技术等咨询、指导工作，帮助企业改善经营管理；组织人才、技术职业培训；开展经济技术交流与合作，组织展销会、展览会等；制定行规，监督、规范行业行为，协调同行价格争议，维护公平竞争，维护会员合法权益；组织宣传贯彻国家标准和行业标准，实施并进行监督；积极参与相关产品市场的建设，发展行业和公益事业等。

地　　址：三明市梅列区乾龙新村 201 幢
联 系 人：吴高扬
电　　话：13950988533

江西省安全技术防范行业协会

江西省安全技术防范行业协会（以下简称“江西安防协会”）是经省民政厅注册登记的省级社团法人单位，党建领导机关是省市场监督管理局行业综合党委。江西安防协会接受登记管理机关、党建领导机关、公安机关及有关行业管理部门的业务指导和监督管理，是由在江西省区域内从事安全技术防范产品的研发、生产、经营和承接安全技术防范工程设计、施工、运营及维修的企业单位及个人自愿组成的全省性、行业性、非营利性社会团体，遵循“服务会员、服务行业、服务政府、服务社会”的宗旨，充分发挥政府与企业间的桥梁、纽带作用，积极发挥安全防范技术在打击、预防违法犯罪和维护社会稳定中的作用。

江西安防协会成立于1994年，经过近30年的发展，目前会员单位已遍及江西省11个地市，拥有单位和个人会员近600个；协会有理事单位78个，其中理事长1人、秘书长1人，副理事长单位13个、常务理事单位19个、理事单位46个；另外，协会还聘请总顾问、顾问2人；协会下辖有办公室、专家委员会、质量监督委员会和慈善公益委员会及在赣州、九江、宜春、抚州设有联络处等机构。

地　　址：江西省南昌市红谷滩新区丰和南大道2111号世茂水城3-3栋201室
联 系 人：梅小艳
电　　话：0791-86809351
网　　址：www.jxafw.org

南昌市安全技术防范协会

南昌市安全技术防范协会（以下简称“南昌安防协会”）于2007年8月由南昌市安防行业九家知名企业自主发起，是经南昌市公安局党委会研究同意，在南昌市民政局登记成立的行业性社会团体、非营利性社会组织。协会业务主管部门是南昌市公安局安全技术防范管理办公室，党建主管部门是南昌市中共东湖区彭家桥街道工作委员会。南昌安防协会内设党支部、秘书处、能评中心、专家委、法工委。截至目前，会员单位130余家。

以“服务企业、服务行业、服务社会、服务政府”为宗旨，南昌安防协会的业务范畴为视频监控、防爆安检、安全报警、出入口控制、实体防护、防伪技术与人体生物特征识别应用技术等安防产品的研发、生产、经营；安全技术防范系统工程设计施工、报警运营服务；安防培训、咨询服务、检测与评价、中介技术服务等。

南昌安防协会的主要职责有：坚持党的路线、方针、政策，遵守法律法规，维护行业道德风尚；履行服务、代表、自律、协调等基本职能；协助政府制定行业标准、技术规范、服务准则，成为政府与企业沟通的桥梁；加强行业管理和服务，维护会员单位的合法权益，反映会员单位的夙愿，规范、维护市场经营秩序，提高行业整体素质和技术水平；加强各方的沟通和合作，协调会员间相关事务及相互关系，帮助企业解决实际问题；做好行业调研、信息收集与发布、服务咨询、合作交流、招商推介工作；帮助推广新产品、新技术；抓好能力评定、行业培训工作；积极组织会员企业的评优工作；协助、组织举办展会、论坛等活动；做好协会的宣传工作和网站建设等。

地　　址：南昌市富大有路9号赣昌大厦11楼

联 系 人：刘　军
电　　话：15907086666
网　　址：www.ncafxh.cn

济南市社会公共安全防范协会

济南市社会公共安全防范行业协会（以下简称“济南安防协会”）于 2007 年 12 月 5 日由济南市公安局公安支队主导成立，是由从事安全防范产品研制、开发、生产、销售；安全防范工程设计、安装、维修、监理；报警运营服务；安全防范领域的科学研究、政策研究、技术服务、信息服务、咨询服务；安全防范系统的使用和管理等单位及自然人自愿联合发起成立，经济南市社会团体登记管理机关核准登记的非营利性社会团体组织。截至目前共有会员单位 258 家、理事单位 58 家。协会的宗旨是服务于会员单位、服务于行业发展、服务于政府、服务于社会。团结和组织本协会会员，遵守宪法、法律、法规和国家政策，遵守社会公共道德，遵守行业规范和相关技术标准；通过政策研究、行业自律，知识产权保护等工作，维护会员及行业的合法权益；在政府主管部门的指导下，依靠行业集体力量，通过开展安防知识普及，成果推广与应用，国内外交流与合作，提高济南市安全防范工作的整体水平；积极发挥协会与政府管理部门之间的桥梁与纽带作用；发挥协会的社会公正性、中介协调性、联系广泛性和专业权威性作用，为“平安济南”建设和社会治安稳定作出贡献。

济南安防协会的成立不仅得到了中国安全防范产品行业协会、山东省公安厅、济南市公安局、济南市民政局的大力支持，更得到了安防行业广大企业的认可，顺应了全市广大安防企业希望成立一个全市行业协会的要求，搭建起了企业与政府、企业与企业之间的信息桥梁，促进济南市安防行业的健康有序发展。

地　　址：济南市高新区龙奥北路 909 号海信龙奥九号 4-1207 室
联 系 人：王　哲
电　　话：18953109110
网　　址：www.jnafxh.cn

青岛市社会公共安全防范协会

青岛市社会公共安全防范协会（以下简称“青岛安防协会”）是 2006 年 2 月 5 日经青岛市民政局核准登记的行业性组织、非营利性社会团体、社会法人。目前拥有会员单位 490 余家，行业覆盖公安、金融、交通、能源、通信、军工、水利、电力、城建、教育、运输、公共安全、视频监控、互联网报警、安保、电子、生活综合服务等各大关键领域。

在青岛市公安局的指导下，青岛安防协会积极发挥政府和企业间的桥梁和纽带作用，传达贯彻政府的方针、政策和法令，协助政府做好行业管理工作。同时秉承为会员企业服务的宗旨，为本行业企业、科研单位、大专院校和金融机构服务，反映企业诉求、维护企业利益、促进企业发展，积极发展与相关行业组织和机构的友好关系，共同推动安防行业的繁荣。

青岛安防协会是中国安全防范产品行业协会（以下简称“中安协”）的理事单位，并经中安协授权认定于 2018 年 6 月成立“安防工程企业设计施工维护能力评价青岛分中心”，该中心是山东省内开展安防工程企业能力评价的唯一机构，面向省内办理国家级能力评价的企业免费提供全方位服务。同时，协会是山东省内“安全技术防范工程设计施工等级确认登记证书”官方审核与发证单位，在配合公安管理部门做好安防行业管理的同时，也为企业发展提供评审与登记服务，推动行业规范发展和共同进步。

青岛安防协会积极参与全国各地安防协会的交流合作，为会员企业“走出去”发展牵线搭桥，与各地安防协会建立了良好的互助合作友好关系。协会深入参与行业发展，大力推动企业合作，为促进安防行业健康、有序、快速发展不遗余力。

地　　址：山东省青岛市崂山区银川东路 3 号国信体育中心创新空间
联 系 人：孙　建
电　　话：18954272826
网　　址：www. qdcps. com

郑州市公共安全防范行业防范协会

郑州市公共安全防范行业防范协会（以下简称“郑州安防协会”）于 1995 年 8 月 2 日在郑州市民政局正式注册成立，是由从事防爆、防盗、防劫、防破坏、防非法入侵、防灾害性事故，防伪制作，以安全检查为目的，采取探测、报警、识别、处理、传输等形式的报警系统、防范传输指挥系统、安全检查系统，出入口控制系统，火灾、环境、危及人身安全社会报警系统，防范软件技术，防范周界，防范屏障，防范识别等产品的研制开发，生产经营、维修、技术咨询以及承接设计、安装安全防范系统工程的企事业单位和个人自愿参加的全市性、行业性、非营利性的行业社会团体组织。

郑州安防协会的业务指导单位是郑州市公安局，主管单位是郑州市民政局。2021 年 12 月，协会被郑州市民政局评为“AAAA 级”协会，连续七年被郑州市民政局评选为“郑州市社会组织工作先进单位”，是河南省安防行业的主要代表，在全省及全国安防领域享有盛誉。“郑州安防网（www. zzaf. com. cn）”是协会唯一官方网站，同时拥有新浪、腾讯两个官网认证微博，同时协会开通了微信公众号“zzsafxh”(郑州市安防协会)、筹备并发行了河南安防行业首本杂志内刊《郑州安防》。

郑州安防协会的业务范围：开展河南省安防工程企业设计施工维护能力评价管理工作；开展行业情况调查；推广新产品、新技术、新工艺、新材料和科技成果的应用；组织国内外与本行业有关的先进产品和先进技术的展览（销）会，并组织技术交流；总结交流企业改革，企业管理经验；组织企业订立行规行约，组织发展本行业的公益事业；采用多种形式为行业培训专业技术人员；编辑出版本协会会刊及快讯等。

地　　址：郑州市金水区南阳路 13 号汇商大厦 608
联 系 人：孟丹凤
电　　话：15729370637
网　　址：www. zzaf. com. cn

开封市公共安全技术防范协会

开封市公共安全技术防范协会（以下简称“开封安防协会”）于 2007 年 6 月 1 日经开封市民政局注册登记成立，2019 年通过民政部“2A 级协会”评审，业务主管部门是开封市公安局，目前共有会员单位 42 家。开封安防协会是由从事社会公共安全防范产品行业以及公共安全技术防范工程使用、管理单位、团体和个人等自愿组成的非营利性社会组织。

开封安防协会的宗旨：遵守国家的法律和法规，认真贯彻《河南省公共安全技术防范管理条例》，在政府有关部门的指导下，发挥政府部门实施管理的助手作用；搭建政府与企业之间的桥梁和纽带，推进开封市安全技术防范事业的发展，为会员的共同利益服务，维护全行业与会员单位的合法权益；开展行业情况调查、调研，制定长、短期发展规划；组织与本行业有关的产品、技术展览（销）会，开展技术交流活动，编制技术宣传资料；组织企业订立行规行约，促进本行业的健康有序发展。

地　　址：开封市金明财富中心21层
联 系 人：张同舟
电　　话：13137833166
网　　址：www. kfafw. com

湖北省安全技术防范行业协会

湖北省安全技术防范行业协会（以下简称“湖北安防协会”）经湖北省公安厅批准，湖北省民政厅登记注册，于2003年12月6日成立。2019年1月7日，成立中共湖北省安全技术防范行业协会支部。2019年6月5日，成立湖北省安全技术防范行业协会无人机分会。2022年12月12日，成立湖北省安全技术防范行业协会宜昌办事处。湖北安防协会具有独立法人资格，是由湖北省内从事安全技术防范及相关联产品研发、生产、销售和承接安全技术防范工程项目设计、施工、运维及运营等企业、学校、事业单位、相关经济组织和有关单位等自愿组成的全省性、行业性、非营利性社会团体，现有会员单位近1000家。

湖北安防协会严格遵守国家法律、法规，始终秉承“服务、保护、协调、进步”的办会理念，在政府有关部门的指导下，反映企业诉求，传达政府部门政策要求，努力发挥政府与企业之间的桥梁纽带作用；加强自身建设与发展，组织制定行规行约，建立行业诚信体系；维护行业与会员合法权益，建立健全协调约束机制，实行行业自律自治；组织开展职业技能水平考核认定、企业能力评价等工作；制定行业标准，加强行业标准化建设；搭建与国内外相关组织的经济、产品、技术等交流平台，促进行业技术、管理水平和经济效益的不断提高；强调职业道德、爱国守法、公平竞争，努力推动湖北省安全技术防范行业健康有序发展。

地　　址：湖北省武汉市武昌区积玉桥前进路四清村51号
联 系 人：李　燕
电　　话：13886711155
网　　址：www. hbafxh. org

武汉市安全技术防范行业协会

武汉市安全技术防范行业协会（以下简称“武汉安防协会”）于2015年9月24日成立，是在武汉市公安局、武汉市民政局审批同意下，由武汉从事安全防范产品等相关行业的企业自愿参加成立的具有独立法人资格的非营利性社团团体，荣膺武汉市社会组织“3A级社会组织”。

武汉安防协会目前拥有会员单位400余家，其中工程商、集成商约占75%，厂商、设备代理商约占

25%，其他教育培训、咨询服务、检测与评价、中介技术服务企业约占5%。协会日常办事机构为秘书处，协会下设专家库、专家委员会、青年企业家分会、女企业分会、期刊《武汉安防》编辑部等分支机构。

武汉安防协会在服务于企业、服务于政府、服务于社会的宗旨下，以代表会员的意愿、维护会员合法权益、为会员提供服务、协调会员之间关系、沟通会员企业与政府的联系、传达政府政策精神、维护公平竞争为己任，致力于打造一个为行业提供集资讯交流、技术合作、供需对接、服务集成于一体的全方位资源平台。将为增进武汉市安防企业间的互信沟通，推动安防技术交流与业务合作，搭建企业与企业、政府与企业之间的沟通与交流平台，促进武汉市安防市场健康有序发展贡献力量。

地　　址：武汉市武昌区积玉桥前进路四清村51号湖北省电子信息产品质量监督检验院家属院实验楼

联 系 人：陈　虎

电　　话：027-88062600

网　　址：www. whafxh. org

湖南省安全技术防范协会

湖南省安全技术防范协会（以下简称“湖南安防协会”）是1996年9月26日经省民政厅批准成立的非营利性社会团体。湖南安防协会是由从事防爆安全检查、防盗报警、出入口控制、电子防范监控及防伪等产品的研制开发、生产、经营、维修、技术咨询以及承接设计安装安全防范系统工程的企事业单位自愿参加的全省性行业组织。目前现有会员单位600家。

湖南安防协会的业务范围主要包括制定并组织实施本行业的行业规划、质量规范和服务标准；开展行业调查研究；组织行业培训、技术咨询、信息交流、会展招商、新技术及新产品推介等活动，协助开展产品质量认证工作，组织对会员单位进行等级考核；开展行业统计、发布行业信息；组织会员开展国内外技术交流与合作等。

地　　址：长沙市芙蓉区五一大道158号人瑞潇湘国际14楼1426室

联 系 人：袁　幸

电　　话：0731-84221599

网　　址：www. hnafxh. com

广东省公共安全技术防范协会

广东省公共安全技术防范协会（以下简称“广东安防协会”）是在广东省公安厅科技信息化总队的支持和指导下，于2006年9月经广东省民政厅核准正式成立的行业民间组织，同时是在“自愿发起，自选会长，自筹经费，自聘人员，自主会务”的原则基础上组建的真正实现民间化和自治化的省级非营利性社团法人组织。会长、常务副会长组成核心领导班子，并全部由企业领导人担任，秘书处负责协会日常工作开展，接受协会理事会和省公安厅业务指导的双重监督，是一家坚持以市场化为主导，适合承接政府有关行政服务职能的极具广东创新特色的行业组织。目前会员企业约1300家。

广东安防协会紧紧围绕我国和广东经济社会发展的工作大局和中心任务，认真贯彻落实党和国家的方针政策，积极充当政府与企业之间的桥梁和纽带，严格遵守国家法则、法令，担负着承上启下、协调和监督的重任，遵循为会员服务、为政府服务、为全行业服务、为广大用户服务的办会宗旨，积极探索现代市场经济条件下促进行业经济发展的有效途径，不断提高服务能力和业务水平，现阶段已经发展成为协助政府部门进行“智能化、数字化、网络化平安城市”建设的重要参与单位，推动着安全防范产品行业的健康发展，为推动企业和行业进步，促进行业和企业又好又快发展做了大量工作，发挥着不可替代的重要作用。

地　　址：广东省广州市天河区软件路 11 号 D 栋 401
联 系 人：肖甘杏
电　　话：020-87322101
网　　址：http：//gdafxh. org. cn

广州市安全防范行业协会

广州市安全防范行业协会（以下简称“广州安防协会”）成立于 2012 年 11 月 13 日，由从事安全防范产品科研、开发、生产以及弱电、信息化系统集成等相关的企事业单位自愿组成的行业性、非营利性的社会组织。广州安防协会积极发挥“行业服务、行业自律、行业代表、行业协调”的协会功能，努力实践“自我管理、自我经营、自我约束”的发展理念，从事安全防范行业的产品应用推广、技术培训、信息服务。

广州安防协会的宗旨：遵守国家的法律、法规和政策，践行社会主义核心价值观，遵守社会道德风尚，贯彻并执行安防行业的法律、法规和政策。积极协助政府职能部门实现对安防行业的规范化管理、维护会员及行业的合法权益；积极发挥协会的行业服务、行业自律、行业代表、行业协调功能，切实起到行业协会与政府管理部门、行业、企业、用户之间的桥梁纽带作用，促进行业健康发展、切实服务会员企业；加强协会自身建设，团结和组织会员单位为广州地区的安全防范系统应用创新服务，为促进社会的长治久安，为保障人民生命财产安全作贡献。

地　　址：广州市黄埔区香雪八路 98 号香雪国际公寓 F 栋 407-1
联 系 人：赵　亮
电　　话：18928858258
网　　址：www. gzspia. org. cn

深圳市安全防范行业协会

深圳市安全防范行业协会（以下简称“深安协”）成立于 1995 年 9 月，28 年来秉承“全心全意为会员服务”的宗旨，肩负着强烈的责任感、使命感，致力于做好会员服务，在促进政企双向沟通中彰显活力，同时广泛团结深圳乃至全国、全球安防界各层次的专业人士，构筑行业互动平台，引领行业跨越式发展，走向规范化、科技化和国际化。

深安协是安防领域第一家“全国四好商会”，是“广东四好商会”“广东法律服务示范点”，荣获“深圳市文明单位”“深圳 5A 级协会”“深圳首批标杆商会”“深圳先进基层党组织”“深圳四好商会”“福田爱心商协会”等称号，目前拥有企业会员共 2653 家（外省市超 500 家）、行业智库专家 614 人。

深安协于 1989 年举办 CPSE 安博会，目前展出面积、展商、观众数量居全球第一；1993 年承办全国首本安防科技期刊《中国公共安全》；2001 年始创中国最高规格的安防专业学术会议，中国安防论坛；2011 至 2015 年，受深圳市政府委托组织编写了《深圳市安防产业发展运行报告》；2015 年至今，每年组织编写《中国安防行业调查报告》；每年举办全国安防团拜会、智慧物联与安防生态大会、中国安防集成商大会、中国安防赋能大会、百城会、湾区行、安防名企行等 300 场各类型活动。

展望未来，深安协将围绕“数字中国”“平安城市”“深圳 20+8”等产业政策，积极推进行业高质量发展，为助推中国特色社会主义先行示范区发展凝心聚力，为全面建设社会主义现代化国家新征程添砖加瓦。

地　　址：深圳市福田区深南大道 6025 号英龙大厦 4 楼
联 系 人：张　霞
电　　话：0755-88309116
网　　址：www. szspia. org

深圳市智慧安防行业协会

深圳市智慧安防行业协会是 2012 年 12 月 27 日经深圳市公安局和政府相关职能部门的指导在市民政局注册登记，具有法人资格的社会团体。2017 年、2022 年连续获得深圳市民政局授予的“深圳 5A 级社会组织”称号，也是第一批具有承接政府职能转移资格的行业协会。

深圳市智慧安防行业协会自成立以来已拥有会员近千家，本着“服务于企业，服务于政府，全面促进安防产业发展”的宗旨，在标准制定、政府服务、产品检测服务、工程检测服务、职业技能培训评价、人才服务、金融服务、市场开拓等方面提供专业化、综合性的系列配套服务，努力发挥政府和企业间的桥梁和纽带作用，赢得了相关部门及广大会员企业的尊重和信任。

地　　址：深圳市福田保税区桃花路鑫瑞科科技大厦西座 3 楼
联 系 人：陈在杰
电　　话：18820902032
网　　址：www. vasia. org. cn

佛山市公共安全技术防范协会

佛山市公共安全技术防范协会（以下简称“佛山安防协会”）成立于 2020 年 7 月 7 日，是经佛山市民政局批准成立，佛山市公安局主管，佛山市公共安全技术防范领域从业单位和个人自愿组成的专业性、非营利性社会团体组织。目前共有会员单位 129 家。

佛山安防协会的宗旨是促进佛山市安防技术发展，增进安防企业间的交流与合作，提升安防企业的市场竞争力，维护会员单位合法权益，搭建会员与政府之间的沟通桥梁，实现行业的健康发展。

佛山安防协会的业务范围包括：维护会员合法权益；开展技术交流和研讨；推广会员单位新产品、新技术、新工艺、新材料和科技成果的应用；通过协会网站、微信公众号等电子媒体，做好会员单位的信息交流及宣传工作；接受相关政府职能部门委托或授权的其他事项。

地　　址：佛山市禅城区华宝南路 13 号佛山国家火炬园 D 座 15 楼 11 号

联 系 人：邓春苗
电　　话：0757-82130556
网　　址：www.fsafxh.cn

东莞市公共安全技术防范协会

东莞市公共安全技术防范协会（以下简称“东莞安防协会”）成立于 2013 年 8 月 13 日，是经东莞市民政局核准登记，由东莞市从事防入侵、防抢劫、防盗窃、防破坏、防爆炸、防伪等活动的产品开发、生产、销售；技防系统工程、防伪工程设计、施工、维修、使用等单位以及相关的管理、教育培训、咨询服务、信息服务等单位自愿结成的专业性、非营利性质的社会组织。

东莞安防协会的主要职责：在政府有关部门的指导下，依靠行业集体的力量加速东莞市安全防范产品的发展，为会员单位的共同利益服务，维护全行业与会员单位的合法权益；发挥政府部门实施行业管理的助手作用；发展与国内相关的经济技术往来，以促进全行业经济技术管理水平和经济效益的不断提高；推进东莞市安全防范产品的发展；为平安社会和发展东莞的公共安全事业作出努力。

东莞安防协会业务范围：开展一系列的活动，建立安防专家库，扩大国内、国际安防产品技术交流；开展调查研究，统计、收集、分析、发布信息；参与质量监督工作；协调会员关系；制定和宣贯行业标准、规划；组织相关业务培训；组织学习、交流及研讨；编制协会期刊，建设协会媒体；开展安防创优评优活动，表彰和奖励优质工程项目、优秀企业、优秀人才；制定行规行约等。

地　　址：广东省东莞市东城街道莞樟路东段 236 号 4 栋 201-205 室
联 系 人：郑国珍
电　　话：13712286677
网　　址：www.dgafxh.com

珠海市公共安全技术防范协会

珠海市公共安全技术防范协会（以下简称“珠海安防协会”）经珠海市公安局批准筹备，在珠海市公安局业务指导单位的领导下，于 2010 年 11 月 1 日经珠海市民政局核准成立，为自发性的非营利性的社会组织。协会于 2014 年开通了珠海公共安全技术防范协会官网和微官网；2017 年创办了协会安防人的电子期刊，同年参与制定并出台了全国首部《珠海经济特区公共安全技术防范条例》地方性法规；2018 年成立了珠海市公共安全技术防范协会党支部；2019 年取得社会团体免税资质；2020 年成立了珠海市社会组织总会党委第三总支，取得“先进基层党组织”称号。珠海安防协会以多元化的形式，通过积极探索，不断创新，坚守着以“为企业牵线，为成功搭桥”的服务信念，培育出了“求真、务实、科学”的安防精神，最终形成了具有自身特色的行业协会，是珠海市“5A 级社会组织”“珠海市代表性、示范性社会组织”“市域社会治理民情观察点”。目前协会有会员单位 175 家，专家库成员 124 人。

珠海安防协会紧紧围绕“服务会员、服务政府、服务社会”的办会宗旨，坚持以“发挥桥梁纽带作用、推动行业健康发展”为己任，不断提高管理服务水平，协助业务指导部门积极开展以企业走访，倾听企业心声，协助企业改善营商环境、继续教育培训、参观会展、企业沙龙、项目论证、座谈会等各类多元化的活动，增强了凝聚力和向心力，积极发挥了协会桥梁和纽带的平台职能作用，有效推进安防业有序、健康发展，为树立珠海安防协会及安防人的形象夯实了良好的基础，充分发挥着行业“领头羊”

的作用。

地　　址：珠海市香洲区人民西路663号泰盈汇盈中心2301室
联 系 人：吴晓岚
电　　话：0756-2663718
网　　址：www.zhafxh.cn

肇庆市公共安全技术防范协会

肇庆市公共安全技术防范协会（以下简称“肇庆安防协会”）成立于2019年，是在“自愿发起，自选会长，自筹经费，自聘人员，自主会务”的原则基础上成立的非营利性行业组织。针对一些会员企业在人工智能、大数据、5G等新技术变革背景下面临的企业经营、发展方向、技术创新、业务创新、业务拓展、转型升级等战略问题，为会员企业提供专业咨询服务。

凡肇庆市内从事防入侵、防抢劫、防盗窃、防破坏、防爆炸、防伪等活动的产品开发、生产、销售，技防系统工程、防伪工程设计、施工、维修、使用等；以及相关的管理、教育培训、咨询服务、信息服务等企事业单位，只要遵守协会章程，均可申请加入。

肇庆安防协会的业务范围：开展调查研究，掌握行业情况，向政府提出行业规划和制定有关经济政策、经济法规的建议，提出本行业中长期发展规划的建议，根据政府指导部门的授权，参与质量监督工作；配合政府有关部门开展资质的前期审核、协助发证、方案论证、工程评估验收等活动；利用多种形式，做好行业信息交流及宣传工作。

肇庆安防协会的宗旨：遵守宪法、法律、法规和国家政策，遵守社会道德风尚，自觉践行社会主义核心价值观。遵守宪法、法律、法规和国家政策，遵守社会道德风尚，自觉践行社会主义核心价值观，是以加强安防行业自律管理，维护安防行业合法权益，协调会员之间的关系，规范会员行为，促进安防技术发展，为政府服务、为会员服务、为全行业服务、为广大用户服务，在政府与会员及广大用户之间搭建起畅通的桥梁，维系起紧密的纽带维护公平竞争，沟通会员与政府相关部门之间的关系，促进同行业经济发展。

地　　址：广东省肇庆市新元北路5号城投汇金大厦A楼1304室
联 系 人：任晓莉
电　　话：13760077665

广西安全技术防范行业协会

广西安全技术防范行业协会（以下简称“广西安防协会”）于2013年1月22日成立，是经广西民政厅核准登记的非营利性社会团体，接受广西公安厅指导、监督和管理。2018年广西安防协会被广西民政厅评为“AAAA级”协会，同年5月成立党支部。

广西安防协会始终秉承“为人民服务”的宗旨，以团结、求实、创新的精神，竭诚为会员单位、为社会服务，努力发挥政府部门与安防企事业单位之间桥梁纽带作用，强调爱国守法，宣传行业，促进交流；组织企业制定行业行规，建立健全行业协调与约束机制，推进自律自治，公平竞争；开展安防工程企业设计施工维护能力评价工作、职业教育和行业竞赛工作；促进广西安防行业健康有序快速发展。

地　　址：广西壮族自治区南宁市青秀区东葛路 7 号 2 栋 11 层 2110 号
联 系 人：温金兰
电　　话：0771-2828500
网　　址：www. gxafr. com

海南省智慧城市安防技术行业协会

海南省智慧城市安防技术行业协会（以下简称“海南智慧安防协会”）于 2018 年 1 月 12 日成立，是由从事安全防范产品等相关行业的企事业单位、社会团体及个人自愿组成的地方性、行业性、非营利性的社会组织，是具有法人资格的全省性社会团体。同时是中国安全防范产品行业协会常务理事单位，是全国安防协会合作互助联盟理事单位。目前协会共有会员单位 112 家，其中理事及以上单位 23 家。

海南智慧安防协会日常办事机构秘书处内设会员综合服务部、能力评价中心、资源开发服务部、技术劳务咨询服务部等业务部门，协会下设海南省智慧城市安防技术行业协会专家委员会。

海南智慧安防协会业务范围：开展行业调研和统计，收集、分析、发布行业信息；参与质量管理和监督工作；承担行业新技术的推广服务，技术培训，信息服务，引导企业科技创新，引进吸收国外先进技术；开展安防企业技术培训及发证和行业资质评审认证及发证；开展对安防工程项目的设计、论证、评审、技术咨询、项目验收、监理服务；开展职业培训；组织会员单位开展对外业务开拓与交流；开展行业技术交流、宣传、会务等服务工作。

地　　址：海口市海秀路 111 号海纳商务大厦 605 号
联 系 人：张若娴
电　　话：18907667911
网　　址：www. hnzhaf. com

重庆市公共安全技术防范协会

重庆市公共安全技术防范协会（以下简称“重庆安防协会”）于 2009 年 3 月经重庆市民政局批准正式成立，业务主管单位是重庆市公安局。2019 年 3 月 25 日完成换届，现有会员单位 700 家。

重庆安防协会是在重庆市范围内由从事安全防范产品研制、开发、生产、销售，安全防范工程设计、安装、维护、监理，报警运营服务，安全防范领域的科学研究、政策研究、技术服务、信息服务、咨询服务，以及安全防范系统的使用、管理等单位自愿联合发起成立的具有独立法人地位的地方性、非营利性的专业性社会团体。日常办事机构为秘书处，内设综合部、会员部、宣传部、培训部、党建部等业务部门。

重庆安防协会在政府主管部门的指导下，团结和组织会员，遵守宪法、法律、法规和国家政策，遵守社会公共道德，践行社会主义核心价值观，遵守相关行业规范和技术标准，协助政府主管部门对本领域进行有效的指导、管理、服务，为重庆市的“治安防控、科技创安”和社会稳定作出贡献。

地　　址：重庆市渝北区紫园路 116 号鼎泰公寓 4 单元 5-2
联 系 人：何　宇
电　　话：13883277114

网　　址：www. cqafxh. com

四川省信息系统集成服务行业协会

四川省信息系统集成服务行业协会于 2022 年 6 月 6 日由四川省民政厅批准正式登记成立，是由四川省境内依法注册的从事信息系统集成服务行业生产（或销售）及提供服务的企业、事业单位和相关组织自愿结成的地方性、行业性社会团体，是非营利性社会组织。目前有会员企业 40 余家。

四川省信息系统集成服务行业协会的党建领导机关是中共四川省社会组织第二综合委员会，日常办事机构为秘书处，下设有专家咨询委员会、安防专业委员会、信息安全专业委员会、商用密码专业委员会、建筑智能化专业委员会、团体标准化技术管理委员会等多个专业分支机构。

四川省信息系统集成服务行业协会的业务范围：宣传贯彻国家信息系统集成服务方面的政策、法规，研究行业发展方法；开展行业统计、行业调查，参与制定行业实行自律的行业规则、质量规范和服务标准；构建交流平台，组织会员开展专项培训，加强行业协会规范自律发展，开展新技术（标准）推广，提供技术咨询服务等。

地　　址：四川省成都市金牛区茶店子西街 36 号 1 栋 2 单元 29 楼 17 号
联 系 人：陈　佳
电　　话：18808055225
网　　址：www. scisia. com

成都安全防范协会

成都安全防范协会于 2006 年 12 月 28 日在成都成立，是经成都市民政局核准登记注册的社团法人，是由安全防范行业单位自愿组成的跨部门、跨不同经济成分的行业组织，是地区性的非营利性的社会组织，业务上受成都市公安局的指导、监督和管理。成都安全防范协会下设无人系统安全专业委员会和专家委员会，同时亦是中国安全防范产品行业协会授权的安防工程企业能力评价成都分中心，为在四川省内注册的安防工程企业提供能力评价服务。

协会宗旨：团结和组织本会会员，遵守宪法、法律、法规和国家政策，践行社会主义核心价值观，遵守社会公共道德，遵守行业规范和相关技术标准，遵守社会道德风尚，自觉加强诚信自律建设。通过政策研究、行业自律，知识产权保护等工作，维护会员及行业的合法权益；在政府主管部门的指导下，依靠行业集体力量，通过开展安防知识普及，成果推广与应用，国内外交流与合作，提高成都市安全防范工作的整体水平；积极发挥行业协会与政府管理部门之间的桥梁与纽带作用；发挥协会的社会公正性、中介协调性、联系广泛性和专业权威性作用，为全市社会治安稳定及行业发展作出贡献。

业务范围：建立全渠道服务资源平台，提升会员企业的技术与产品市场能力；协调会员关系，维护会员合法权益；组织会员开展文化活动和业务交流活动；开展国内、国际交流与合作，组织包括一年一届的成都国际安博会以及各种产品推介活动；开展行业评优，促进产业升级与提高；通过网站、内刊、微信公众号等平台宣传政策法规、行业标准、行业动态以及安防企业的新产品新技术；进行行业统计、行业调查等。

地　　址：成都市高新区府城大道西段 399 号天府新谷 10 号楼 2301 室

联 系 人：王永宁
电　　话：13808022158
网　　址：www. sccdafxh. com

贵州省安全技术防范行业协会

贵州省安全技术防范行业协会（以下简称“贵州安防协会”）于 2007 年 3 月 15 日成立，2021 年获评贵州省“5A 级社会组织”，是贵州省内从事安全技术防范产品的研发、生产、经营和承接安全技术防范工程设计、施工、运营及维修的企业单位自愿组成的全省性、行业性、非营利性社会组织。凡是在贵州省境内从事安全技术防范产品研制、开发、生产，承接安全技术防范系统工程设计、施工，以及相关的企事业单位和个人，都可以自愿加入协会，截至 2022 年末会员数量为 201 家。

贵州安防协会的宗旨是“在服务中引导，在引导中自律”，为政府职能部门的管理提供积极服务，推动会员之间的协调自律，规范从业行为，维护市场秩序，促进贵州省安全技术防范行业的健康进步，依法维护会员的合法权益，反映企业情况，为增进政府职能部门与企业之间的联系起好桥梁纽带作用。

贵州安防协会日常办事机构为秘书处，内设办公室、能评中心、认定中心，贵州安防协会专家委员会下设教研组、信息安全组、标准组、金融组、乡村振兴组、宣传组、科普组、职称组八个工作组。

地　　址：贵州省贵阳市南明区蟠桃宫蟠桃大厦 20 楼 1 号
联 系 人：齐　媛
电　　话：13765132831
网　　址：www. gzsaf. com

陕西省安全防范产品行业协会

陕西省安全防范产品行业协会（以下简称“陕西安防协会”）于 2003 年 11 月 3 日在西安成立，是经陕西省民政厅核准登记，自主办会、服务为本、行业自律的非营利性社会团体组织，在业务上受省级相关部门指导和监督管理。2021 年 1 月，成立中共陕西省安全防范产品行业协会支部，同年 4 月被陕西省民政部门评为“3A 等级社会组织”。凡是在陕西省境内从事安全技术防范产品的研制、开发、经营、维修，技术培训、信息服务，安全防范报警系统工程设计、施工、监理、检测、运营、保险的单位和广大用户单位，只要遵守协会《章程》均可自愿申请加入协会。截至 2022 年已有副理事长单位 16 家、理事单位 28 家、会员单位近 600 家。

陕西安防协会遵循党的基本路线，坚持党的领导，发挥党组织的先锋作用。遵守宪法、法律、法规和国家政策，践行社会主义核心价值观，弘扬爱国主义精神，遵守社会道德风尚，自觉加强诚信自律建设。秉承“服务国家、服务政府、服务公安、服务行业、服务群众”宗旨，依照协会《章程》组织开展各项工作，为政府、企业、用户之间搭建桥梁，认真履行各项职能，反映行业诉求，维护会员合法权益，开展行业诚信建设，编辑出版协会会刊，团结依靠全体会员及全行业同人，为促进陕西省安防行业健康发展和陕西省社会治安稳定作出积极贡献。

地　　址：西安市莲湖区未央路 1-3 号（北关）宫园美寓 11617 室
联 系 人：朱少娟

电　　话：18229090201
网　　址：www. sxafwz. com

甘肃省安全技术防范协会

甘肃省安全技术防范协会（以下简称“甘肃安防协会”）于2011年3月30日在兰州成立，是由甘肃省从事安全技术防范行业设计、施工、维修、咨询以及开发、生产、销售的相关企业自愿组成的，非营利性、自律性的社会组织。2018年被甘肃省民政厅评为“甘肃省5A级社会组织”。目前拥有会员单位878家。

甘肃安防协会下设秘书处和专家委员会，秘书处是日常办事机构，专家委员会是安全防范行业的专业技术服务组织。

甘肃安防协会的宗旨：遵守宪法、法律、法规和国家政策及政府主管部门的有关规定，遵守社会道德风尚，遵循“自律、规范、服务”的准则，在核定的业务范围认真履行各项职能，维护会员利益，发挥政府部门与企业间的桥梁和纽带作用。

地　　址：甘肃省兰州市城关区民主西路7号民百家园1202
联 系 人：王志鹏
电　　话：13919166191
网　　址：www. gssafxh. com

青海省公共安全技术防范协会

青海省公共安全技术防范协会（以下简称“青海安防协会”）成立于2009年6月16日，是经青海省民政厅登记注册的省级社团法人和青海省境内跨部门、跨地区的地方性行业组织，受青海省公安厅的业务指导和青海省民政厅的监督管理，目前拥有会员企业近300家。

青海安防协会以“提供服务、反映诉求、规范行为”为宗旨，内设秘书处、会员服务管理中心、专家委员会、财务室。业务范围主要包括开展青海省公共安全技术防范行业调查，向政府提供安防行业的政策建议；组织青海省安防行业的人才、技术、职业培训；受政府委托制定并监督执行青海省安防行业的行规行约，促进行业自律，同时负有党的建设、扶贫帮困、社会公益等任务。

青海安防协会以会员单位和人民行业需求为导向，内强素质、外树形象，求真务实，开拓创新，规范行业行为，做强安防业务，为建设富裕、文明、和谐、美丽新青海作贡献。

地　　址：青海省西宁市城西区香格里拉路2号
联 系 人：蔡　静
电　　话：18897059961
网　　址：www. qhsafxh. com

新疆维吾尔自治区安全技术防范行业协会

新疆维吾尔自治区安全技术防范行业协会（以下简称“新疆安防协会”）于2011年9月26日在乌

鲁木齐市成立，是经新疆维吾尔自治区民政厅登记注册的社团法人，是由从事安全技术防范产品开发、生产、销售，技术培训、信息服务，承接安全技术防范系统工程设计、施工，运行维护以及相关企事业单位自愿参加的地方性行业组织，行业管理部门是新疆维吾尔自治区公安厅。新疆安防协会于2021年获评“5A级社会组织”，目前拥有会员单位802家。

新疆安防协会秉承服务于政府、服务于会员、服务于行业、服务于广大用户的宗旨，严格遵守宪法、法律、法规和国家政策，遵守社会道德风尚；在政府有关部门的指导下，依靠行业的集体力量，加速自治区安全技术防范事业的发展，为会员单位的共同利益服务，维护全行业与会员单位的合法权益，加强行业自律，维护用户的利益；发挥政府部门的助手作用，发展与国内外相关组织的经济技术交流，以促进全行业技术管理水平和经济效益的不断提高；推进自治区安全防范工作的开展。

地　　址：乌鲁木齐市沙依巴克区黄河路七一酱园高层B座1303室
联 系 人：吴　蒙
电　　话：0991-5821076
网　　址：www. xjafxh. org

第二节　安防实验室

视频图像智能分析与应用技术公安部重点实验室

视频图像智能分析与应用技术公安部重点实验室（以下简称“视频实验室”）是2012年11月27日经公安部批准成立，由广东省公安厅和中山大学共建的公安部重点实验室。视频实验室以公安业务需求为导向，紧密结合基层实战，适应人工智能、大数据、物联网等技术的飞速发展，围绕视频图像智能分析与应用技术的核心目标，重点研究“视频图像智能编目与检索技术”“视频监控系统联网与信息共享技术”“目标特征提取、识别与行为智能分析技术”“基于公安业务的视频图像应用技术”四个研究方向，涵盖了安全防范、计算机视觉、信息处理、通信工程、网络技术、智能交通、光电一体化等多项技术，应用于科信、治安、交管、刑侦、经侦、禁毒等多个公安业务领域。

地　　址：广东省广州市越秀区黄华路97号
联 系 人：洪小龙
电　　话：020-83111198

中国人民公安大学安全防范技术与风险评估公安部重点实验室

中国人民公安大学安全防范技术与风险评估公安部重点实验室（以下简称“公安大学重点实验室”）是安防行业的知名科研机构之一。依托于中国人民公安大学在安全防范工程、网络安全技术、治安学、公安管理学、犯罪学、侦查学等多个学科强大的师资力量，公安大学重点实验室聚焦于安全防范系统工程、智能视频分析与侦查技术、社会安全风险评估与预测预警技术三个方向的理论研究、技术研发和成果转化，内设有安全防范技术与应用研究中心、风险评估与预测预警研究中心、警务大数据智能分析研究中心、视频警务信息综合应用研究中心、网络空间安全技术研究中心、视频网络安全监测预警技术研究中心等科研支撑机构。

2022 年，公安大学重点实验室工作情况如下：

一、提升科研环境，建强基础设施

以依托单位中国人民公安大学在建的校园大数据平台为支撑，通过整合资源、机制建设等方式，开展了如下工作：一是加强实验室管理，提升实验室规范化运行能力。二是增加实验室建设投入，提升实验室科研基础能力。2022 年 9 月公安大学网络安全研究中心建成并投入使用，2022 年 10 月教育强国实验室动工建设，目前已基本完成现场施工和非涉密设备的公开招标采购。

二、持续开展课题研究

2022 年，公安大学重点实验室共承担国家级和省部级等各类课题 27 项，其中在研 14 项，完成 13 项。共发表核心以上高水平论文 19 篇，其中 SCI 论文 6 篇，授权发明专利 5 项，申请软件著作权 5 项。毕业研究生 34 人、本科生 126 人。2022 年，公安大学重点实验室在安全防范技术研究方向完成了多个重要成果，成果如下：

（一）安全防范技术与工程方向

开展了超大规模多维感知全域智联技术研究与应用研究，该项成果荣获 2022 年公安部科学技术一等奖；完成安全防范系列教材编写，其中《智能视频监控系统与应用》《传感探测技术及应用》2 部教材已具备出版条件；《安全防范导论》《安全防范系统与工程》《风险分析与安防管理》《目标智能识别与准入控制》《防爆安全检查技术与应用》《视频监控系统安全》6 部教材完成初稿；提出和改进了混合数据索引方式、数据库搭建、轻量级检索方法、基于情景的案例检索方法、基于图的流程挖掘与复用方法，开发了融合事理图谱与知识图谱的电信诈骗领域知识问答应用系统。

（二）视频侦查技术方向

针对当前警务视频应用中存在的技术难题，提出了面向中文语言图像指代分割的跨模态融合方法，在实现多特征目标分割、外观自适应目标跟踪的基础上，利用警务知识引导，结合关注目标视觉特征，构建了基于特征关联和多损失融合、面向可见光—红外图像、基于注意力机制与条件卷积的跨时空目标关联模型，解决了“面向视频监控的跨时空目标关联准确度较低”的问题。

（三）风险评估与预测预警

开展了武汉重大突发公共卫生事件应急处置大数据分析与决策关键技术及应用研究，研究成果获公安部科学技术三等奖；开展了基于机器学习模型的犯罪预测研究，构建了顾及时空“点—线”关联特征的出行轨迹描述模型；针对 2022 年北京冬奥会的赛事特点，形成了《北京冬奥会态势感知与运行保障信息资源需求分析报告》和《冬奥会赛事运行信息资源目录》等重要系列成果，完成了冬奥会赛事运行、比赛场馆、安保、舆情、公安、气象、交通、应急八大类共 1400 余类信息资源标准设计，为北京冬奥会赛事运行和服务保障提供了重要支撑。

地　　址：北京市大兴区金星路 9 号
联 系 人：李　欣
电　　话：010-83905971

智能语音技术公安部重点实验室

智能语音技术公安部重点实验室（以下简称“智能语音实验室”）于 2012 年 5 月经公安部批准，是由安徽省公安厅、公安部物证鉴定中心及科大讯飞股份有限公司三方联合建立的第一个“警企联建”的部级实验室。

智能语音实验室以“围绕实战、服务实战、实战检验、实战引领”为导向，坚持“实用、管用、好用、爱用”的标准，坚持以公安业务的重大科技需求为导向，针对智能语音及人工智能等技术在公安领域的实战实用进行深入研究开发，大力开展科研攻关，积极研究关键性、急需性先进技术，推进智能技术的不断突破，强化技术研究与公安实战应用的紧密结合，促进成果转化和推广应用，走出了一条“产学研训战”结合的新路子，打造促进科技成果应用转化的重要平台和基地。

2022 年，智能语音实验室在公安部的统筹推进下，聚焦“十四五”国家公共安全发展战略，围绕《公安部重点实验室建设与管理暂行办法》要求，依据《2022 年度工作计划》，发力战略性、前瞻性技术研究。同时有效落实 2020 年实验室评估中公安部科技信息化局及评估专家提出的工作要求，积极发挥职能作用和自身优势，时刻跟踪前沿技术进展，推进智能语音技术与公安工作深度融合创新，助力新时代公安工作不断发展进步。

一、夯实根基，不断提高能力建设

目前智能语音实验室拥有固定人员 89 人，流动人员及客座专家 16 人，学术委员会 11 人，特邀专家 2 人。2022 年引进博士后科研人员 3 名。

2022 年，智能语音实验室积极开展各类人才引进、培养与合作活动，本年度共培训专业技术人员 5500 余人次。一是全年面向全国公安机关举办智能语音技术专项培训及交流活动 58 场，为全国 10 余场声纹会战、比武培训提供技术支持，培训警务语音技术专项人员 4000 余人次。二是联合科大讯飞大学，围绕技术创新与实战应用，设置大数据赋能公安实战建设应用、情指勤舆督实战建设应用、声纹数据库基本原理和建设应用、声纹信息采集和分析技术等系列培训课程，累计培训实验室人员约 1500 人次。

二、凝心聚力，充分增强交流协作

智能语音实验室持续加强对外合作交流力度，推动创新性技术研究，开展深层次的科研合作，提升实验室的影响力。一是持续加强国内外智能语音与人工智能核心技术的交流，参加多场具有行业影响力的论坛，参与 20 余人次，建立了良好的学术沟通交流渠道。二是通过项目协作等途径面向全国公安机关重点开放总价值 716 万元的设备共享，共享时长累计超过 8600 小时。其中，以声纹自动化比对服务为例，本年度为安徽、贵州、广东等省份开放共享比对服务 1200 余次。通过比对，比中高位直接命中案件嫌疑人的战果 20 余起。

三、立足根本，有效保障运行管理

按照《公安部重点实验室建设与管理暂行办法》的有关规定和年度工作计划，实验室不断加强运行管理，在依托单位的指导下，积极开展业务交流，促进实验室规范化建设。

地　　址：安徽省合肥市安庆路 282 号
联 系 人：姜之磊
电　　话：0551-62801667

第三节　行业联盟

中关村安防工程检测技术联盟

中关村安防工程检测技术联盟（以下简称“安防工程检测技术联盟”）是经北京市民政局批准成立的社会团体，2017年由公安部安全与警用电子产品质量检测中心和来自河北、湖南、广西、内蒙古、陕西、新疆等地的工程检测机构共同发起成立，以检测机构为主体、市场为导向，检测与研究相结合的行业组织。

安防工程检测技术联盟的主要业务范围为开展安防工程检测技术的学术研究、学术交流、技术研发、咨询培训、会议会展、承办委托、国际交流等。现有成员单位41家，涵盖了全国各省区市，其中理事长单位1家、副理事长单位2家、理事单位5家、监事单位3家、会员单位29家、观察期会员单位1家。

2022年，在公安部科技信息化局、北京市民政局、中关村科技园区管理委员会的关心和指导下，联盟秉承“资源共享、优势互补、协同创新、合作共赢”的工作宗旨，立足科技资源、产业基础和发展需求，圆满完成党建、规范管理、技术交流和宣传推广等各项工作。主要工作如下：一是坚持党建引领，全面贯彻落实党的二十大精神。2022年6月10日，中共北京市中关村社团第四联合党委批复同意成立中共北京市社团第四联合党委第九流动党员联合支部委员会，支部工作范围覆盖安防工程检测技术联盟。根据支部工作安排，联盟多次参加支部组织党建活动。二是开展换届筹备及规范化管理工作。三是开展合作交流、宣传推广等活动。在GB 35114、GB/T 28181、GA 1400、GA 1399等标准的普及应用和大数据、智能应用的时代背景下，安防工程检测技术联盟助力各成员单位相互支撑合作，开展了如下工作：第一，持续提升检验报告规范化。借“雪亮工程”验收评估契机，安防工程检测技术联盟组织专家组对各成员单位出具的检验报告进行规范性审核。第二，持续开展技术培训工作。不断创新培训模式，与培训平台合作开展GB 50348—2018、GA 38—2021等重要标准的网上培训工作，数百名联盟学员参加培训并通过考试取得合格证书。第三，持续强化宣传推广。利用宣传栏、流动展板等载体进行常态化宣传，并与《中国安全防范技术与应用》杂志、《中国安防》杂志、《警察技术》杂志等媒体合作，设置联盟专版，不断提升联盟成员单位的行业知名度和品牌影响力。

地　　址：北京市海淀区首体南路1号7号楼20门4层2012
联 系 人：张凡忠
电　　话：010-68775143

中关村中安公共安全视频智能应用技术联盟

中关村中安公共安全视频智能应用技术联盟（以下简称“公共安全视频技术联盟”）是经北京市民政局进行注册登记，在公安部科技信息化局的倡议下，由公安部第一研究所、北京旷视科技有限公司、北京华为数字技术有限公司、紫光集团有限公司、北京中盾安全技术开发公司等30多家人工智能和安防产业相关企事业单位及科研院所共同参与，以公共安全行业视频智能分析领域产、学、研、用各方为主体，市场为导向，研究与交流相结合的社会团体。

公共安全视频技术联盟业务范围为在公安部科技信息化局的领导下，开展公共安全视频智能应用技术领域内的政策调研、技术研究、成果转化、标准制定、专业咨询、会议培训、对外交流、承办委托。

2022 年，公共安全视频技术联盟主要工作如下。

一、党建工作

公共安全视频技术联盟与中关村安防工程检测技术联盟等 3 个社会团体联合成立了中共北京市中关村社团第四联合党委第九流动党员联合支部委员会。

二、业务工作

在理事会工作方面，2022 年 6 月 28 日，公共安全视频技术联盟第一届理事会第三次会议以视频会议形式顺利召开。

在专业技术工作方面，2022 年 1 月先后以视频会议形式召开了公共安全视频技术联盟标准工作组第一次全体会议、技术创新组第一次全体会议。2022 年，各专业技术工作组持续不断推动联盟各项工作稳步前进。其中包括不断推进《2022 年度项目指南（征求意见稿）》《视图智能化技术白皮书》以及《视图智能化产业白皮书》的编制工作；推动两项团体标准通过立项审查并进入编制阶段；积极筹备“公共安全视频智能化应用技术论坛”；筹备开展相关算法测评工作等。

地　　址：北京市海淀区首体南路一号 7 号楼 20 门 2010 号、2011 号
联 系 人：张　翔
电　　话：010-68773191

中关村安信网络身份认证产业联盟

中关村安信网络身份认证产业联盟（以下简称“网络身份认证联盟”）是由公安部第一研究所于 2017 年牵头成立的网络身份认证产业联盟，拥有自主可控的领先核心技术。

网络身份认证联盟以居民身份证作为我国网络可信身份基础信任根，以网络可信身份认证应用为基础，凝聚产业上下游企业，积极开展网络身份认证领域的技术研究、学术交流，打造可信身份认证产业生态圈。网络身份认证联盟目前有会员单位 118 家，包括 10 家世界 500 强企业，2 家中国 500 强企业，以及 10 家上市公司，总市值约 11 万亿元人民币，约占中国所有上市公司总市值的 14%。

2022 年，网络身份认证联盟秉承“以技术创新驱动为指导，以网络身份认证为重点，以探索和建立我国网络身份认证机制为目标，为企业升级转型服务”的宗旨，积极拓展会员单位、开展标准制定、助力会员企业发展、推动信创产品落地、支撑国家网络身份认证基础设施建设，主要围绕以下四个方面开展工作：

一、凝聚行业力量、共筑可信生态

2022 年，网络身份认证联盟在年初通过开展问卷调查、电话咨询及交流拜访等多种形式的调研，倾听会员声音、了解会员需要，制定全年活动规划，对会员单位普遍关心的政策解读、产品展示等方面筹备了专题沙龙、培训，并组织会员单位参加数字中国展会。

二、制定联盟标准、推进成果转化

2022 年，网络身份认证联盟积极推动《居民身份网络可信凭证生态应用参考模型》等 8 项标准的起

草工作，完成了征求意见稿并进入送审阶段。

三、加强会员服务、助力企业发展

一是按计划完成了会员单位交流拜访工作。二是完成联盟宣传工作。全年共完成网站新闻发布 17 篇，公众号新闻推送 17 次，海报设计 18 张。同时完成联盟年鉴和 5 周年海报的设计制作，以及微信小程序的开发和上线运行。

四、统筹信创产业、服务基础设施

一是为会员单位与“互联网+”可信身份认证平台对接提供支持。“互联网+”可信身份认证平台在中央网信办、国家发改委和科技部的支持指导下，公安部领导下组织建设，2016 年被国家发改委列为“互联网+”重大工程基础保障类项目，为各行业提供统一、权威、多级可信的网络身份认证服务。网络身份认证联盟立足行业发展为会员单位提供社会化服务平台向“互联网+”可信身份认证平台迁移的支持。二是推荐信创产品在国家基础设施平台的使用。国家基础设施平台是国内首个超大规模信创设备应用平台，从国产化操作系统、数据库、中间件等方面都进行了国产化适配，网络身份认证联盟积极推荐会员单位的信创产品在国家基础设施平台使用。三是为国家基础设施平台对接测试提供服务支撑。积极配合国家基础设施平台的对接测试与应用推广需求，组织行业专家、企业及会员单位为该平台提供服务支撑。

地　　址：北京市海淀区首体南路 1 号科研楼 17 层
联 系 人：王　毅
电　　话：010-68775800-8080

北京安防视音频编解码技术产业联盟

北京安防视音频编解码技术产业联盟（以下简称“SVAC 联盟”）于 2012 年 6 月，在国标委、公安部、工信部、发改委、科技部等部委的大力支持下，经北京市民政局正式登记注册成立。SVAC 联盟通过创新机制和完善制度，为会员单位提供了良好的沟通交流平台，于 2015 年被北京市民政局授予“5A 级中国社会组织”的荣誉称号。

SVAC 联盟现拥有成员单位 40 余家，已形成涵盖芯片、模组、设备、平台、系统等完整的产业链。目前全国众多省区市采用 SVAC 标准建设和正在启动建设的项目有数百个，遍布山西、河北、广东、四川、新疆、甘肃、贵州、福建、河南、北京、天津等地，涉及平安城市、智能交通、监狱、教育、商业地产、园区监控等多个行业领域，取得了良好的社会效益。SVAC 联盟将继续围绕 SVAC 标准开展标准研究修订、宣贯推广、交流合作及项目评审，提供标准产品指导、咨询及相关服务等工作，为会员单位做好服务工作。

2022 年，SVAC 联盟秉承联盟宗旨，围绕核心技术、产业发展，顺应产业需求，积极发挥联盟职能作用，主要从促进产业发展、扎实做好服务、完善组织建设，加强技术研究等方面开展工作并圆满完成既定任务。

一、发挥联盟作用，促进产业发展

2022 年，结构化的联盟成员单位不断壮大，多样化的 SVAC 基础性设备与日俱增，朝着方便性、适应性、简单化发展。截至目前有 30 多家成员单位拥有基于 SVAC 标准的 400 余款产品，基础性的 SVAC

前端设备、视频服务器、解码器，NVR 和支持多种 SVAC 应用功能的各类平台及系统已形成规模，智能化的设备有了突飞猛进的发展。在芯片方面，2022 年中星微推出了国内自主创新的新一代视频编解码“星光智能三号”芯片，欣博电子推出了低功耗 SVAC2.0 编解码芯片 SC6235，取得了显著的产品技术进步。

二、加强自身建设，扎实做好服务

2022 年，SVAC 联盟新制定《财务管理办法》《考勤管理办法》等相关制度 2 项，对原有制度修订 10 余项；为会员单位免费发放多版本解码 SDK 和参考代码，共计 100 余次；参与并指导编解码器标准符合性测试平台建设；委托国家安全防范报警系统产品质量监督检验中心作为 SVAC 设备的检测单位，近年来共计检测委托服务 400 余次。

三、提高竞争力，完善组织建设

SVAC 联盟始终将建立科学、高效、规范的组织架构作为提高核心竞争力的关键因素。2022 年 3 月 18 日，SVAC 联盟召开了第三届第一次全体会员大会，完成了换届选举工作。

四、展望未来，开展新一代标准研究

按照公安部科技信息化局要求，SVAC 联盟于 2022 年 9 月正式启动 SVAC3.0 标准修订工作。本次修订将通过补充完善 GB/T 25724—2017 部分条款，引入大量智能化技术，进一步增强国密认证、可信、加密等安全保障技术，创新可提升编解码效率的工具和算法，增强芯片化和产业化的适应性，为我国公共安全视频监控的规模化发展及智能、安全深度应用提供技术保障。

地　　址：北京海淀区首体南路一号院
联 系 人：黄麒麟
电　　话：13811678633
网　　址：www.svac.com.cn

行业发展篇

第八章 新产品、新技术

第一节 中国国际社会公共安全产品博览会第八届创新产品评选

为促进我国安防企业提升自主创新能力，帮助企业塑造品牌形象和拓展国内外市场，为广大用户选择新产品提供权威性的参考依据，中国国际社会公共安全产品博览会组委会开展了第八届创新产品评价、推介及系列宣传活动。本届评价活动共收到105家的266款产品申报，经过网上评选、现场复评和专家合议，最终评选出6款产品获得“重大行业创新贡献奖”、18款产品获“优秀创新产品特等奖”、40款产品获得“优秀创新产品奖”。本节重点收录了“重大行业创新贡献奖”和“优秀创新产品特等奖”的详细信息，因篇幅有限，“优秀创新产品奖”的产品仅以简要列表呈现。

第二节 创新产品展示

一、重大行业创新贡献奖

公司名称	华为技术有限公司
产品图片	
产品名称	魔方系列摄像机
产品型号	X2281-10-HLI-E2（10~50mm）（4mm）、X2241-10-HLI-E2（10~50mm）（4mm）
产品概况	“魔方”系列化双目AI筒型摄像机，具备双目双智能架构，广角定焦镜头覆盖全景，变焦镜头兼顾细节，实现一个方向兼顾多目标全结构化和单目标细节抓拍。一体化镜头快速变倍聚焦，小巧轻便，易安装，整体重量2kg，单人单手轻松安装。超低功耗，节能节电，最大功耗比业界同类设备低40%。支持POE供电，极简安装。
关键技术指标	支持1~4TOPS算力；支持全结构化、多算法切换、行为分析、人群态势分析，目标、人体、机非人、车辆、车辆事件检测，交通数据统计；支持背光自适应、透雾自适应；软件定义，支持算法在线加载与升级；120dB超级宽动态，强反差场景还原真实细节。
产品创新点	双镜全析：双镜协同，双智能，全景和全结构化细节兼顾。 精彩夜摄：算力换图像，ImageTurbo智能抓图引擎，夜间抓拍图精准还原，清晰成像。 以小见大：设计小巧、功耗比业界低40%，支持POE供电。

公司名称	天地伟业技术有限公司
产品图片	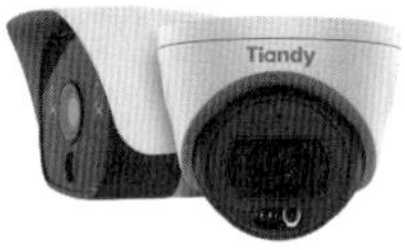
产品名称	PI 主动智能摄像机
产品型号	TC-C52BQ
关键技术指标	主动场景：PI 主动智能摄像机通过生物视觉引擎的深度学习，可以自动识别 50 余种监控场景，实现图像参数自动调优，监控场景自适应。 主动策略：全维度感知，人、车、颜色、声音的全维度探测感应，实现人员、车辆的进入、离开、滞留报警，并对目标的颜色特征进行感知。
产品创新点	主动场景：实现场景（scene）自适应融合，让 AI 定义 PQ，让算力赋能 ISP。通过深度学习识别 50 余种监控场景，对上百套图像参数进行自动调优，真正实现 ISP 参数零配置。 主动策略：拥有独立 GPU 引擎，一改传统摄像机的单一检测，将角色（人体、车辆）、属性（颜色）、行为（行动方向、滞留）、声音进行多维度建模；对异常事件的理解更深入，报警更准确，并且可以发出主动警戒；可预警行为违规、规避重大事故。 亲民 AI：实现小硬件大智能，采用更科学的封装，更低的内存耗用，更轻量的业务模型，带来整体方案成本最大化降低。

公司名称	中国移动（成都）产业研究院
产品图片	
产品名称	中移凌云
产品型号	5G 网联无人机管理运营平台
产品概况	以“5G+AI”为核心，结合人工智能、原生云、时空大数据库、数据挖掘与分析及边缘计算等关键技术，构建智慧飞行枢纽、智能内业处理和多元关系挖掘三大核心能力，实现分布式、弹性部署、可自愈、云网融合的无人机行业云原生服务，带动云—网—端的智能协同。
关键技术指标	支持多厂商、多型号无人机；支持无人机超视距控制；支持平台控制自动飞行；数据实时采集、实时传输、智能处理。（已通过了公安部等保三级认证、CNAS 认证、信创认证）
产品创新点	作为 5G 网联无人机云平台，具备面向市场化的核心优势，通过实现设备网联化、作业无人化，构建业内首个业务端到端的无人机管理运营平台。

公司名称	商汤科技
产品图片	
产品名称	SenseNebula AIE 龙腾 A 系列
产品型号	ST-SNMA-SX0XX1
产品概况	基于商汤自研算法和技术中台的软硬一体嵌入式产品。SenseNebula AIE 为 IPC、智能相机、门禁机等各式前端设备提供接入能力，支持人车非、烟火、活体检测、行人闯入、围栏布防、人员离岗、人群密度、消防通道占用、非机动车闯入、灭火器检测等多种算法融合解析，支持算法自由调度，具备数据边缘汇聚、边缘自治和云边协同的能力。
关键技术指标	1. 关键算法包括：重点人员、人体分析、违规行为、异常状态、违规作业、机动车以及非机动车等要素的分析； 2. 关键性能包括：最大接入能力 16 路视频流或 32 路图片流，处理性能 16 人/秒； 3. 存储能力有：图像库总容量 30 万张，图像库数量 50 个，实时监测库容量 30 万。
产品创新点	1. 具有多算法融合、多终端接入、端边云边协同等特色：单通道多算法混合编排功能；算法丰富，多达 70+种智能功能；数据安全，隐私保护，支持人像库“图片不存储、特征加密存储”、敏感信息脱敏；符合《中华人民共和国个人信息保护法》要求。 2. 主要面向城市安全生产等场景，新应用领域包括：护校安园、危化品园区等。 3. AIE 龙腾 A 系列外观：169mm×103.5mm×33.8mm，业内领先的轻量化体积、低功耗设计，安装简单，无须专业的机房环境。

公司名称	杭州联汇科技股份有限公司
产品图片	
产品名称	AI 视觉操作系统
产品型号	OmVision OS

续表

公司名称	杭州联汇科技股份有限公司
产品概况	视觉操作系统（OmVision OS）是联汇面向 AI 视觉算法领域开发的算法运行操作系统，旨在为 AI 视觉算法提供稳定、安全和高性能的运行环境，并针对传统 AI 视觉算法精准率和召回率提升慢弊端，首创算法协同调优运行机制，可在算法原有精准率和召回率基础上针对每路视频个性化调优实时提升指标。支持端云部署、弹性扩容、灵活调度、效果可视，支持以视频接入标准、算法兼容标准、告警输出标准、交付验收标准“四个标准”与第三方厂商视频云、算法服务低代码快速对接，解决客户不同厂家系统的有效融合。
关键技术指标	1. AI 识别能力：支持 21000 多种目标、300 多种属性、200 多种行为识别，支持自定义 1000 多万种场景适配。 2. 数据处理能力：可接入公有云、私有云、设备直连、本地存储、视频流地址等视频源；存储量级达 TB 级，支持最长 14 天历史视频回放。 3. 服务能力：支持算法应用运行时对 GPU、CPU、内存等资源的使用，调度服务资源供需的优先次序，支持 CUDA 和模型蒸馏加速，支持自定义调度快慢队列、插队、撤回、加速等，支持高并发、高可用；支持在线线性扩展以及扩容后的数据自动负载均衡；支持自定义模板任务，包括一次性任务、定时循环任务和资源更新智能任务，模板任务支持无监督执行算法应用及告警等。
产品创新点	1. 基于视觉预训练大模型，具有多种目标、多种属性、多种行为的通识能力，自动精确识别万事万物，可生成不同功能的算法应用。 2. 兼容一切 AI 算法部署运行，基于视频接入标准、算法兼容标准、告警输出标准、交付验收标准“四个标准”实现一次接入，完整部署，弹性扩容，满足不同厂家的模型算法运行。 3. 协同调优提升 AI 算法精度，首创算法协同调优运行机制，可在算法应用执行前、中、后三个阶段进行干预，执行前规范算法应用执行要求，执行中针对每个告警执行校验，执行后优化每路视频误报难点，并结合人工反馈+AI 自主学习，时刻提升精度。 4. 支持个性化场景语义自定义，后置调优可针对每路视频误报特点进行个性化调整，解决因监控场景不同而导致的算法误报问题。 5. 兼容各类厂商摄像头协议，即插即用。

二、优秀创新产品特等奖

公司名称	华为技术有限公司
产品图片	
产品名称	智能交通微边缘
产品型号	ITS800-C02-32T（16VR）
产品概况	ITS800 是专为交通场景设计的智能边缘感知计算设备，具有超强计算性能、开放软件架构、超大容量存储、宽工作温度范围等特点。针对智慧交管全息路口、智慧高速路侧感知、非现场治超等精准感知场景，发挥视频和雷达多模态感知融合技术优势，实现路侧全时空、全要素、全天候即时感知。
关键技术指标	1. 32T 算力，支持 32 路视频接入，16 路视频分析，最大支持 12 路摄像机+4 路雷达的雷视拟合； 2. 多方向视频+雷达（路口）或长短焦视频+雷达（路段）、帧级时空同步的雷视拟合； 3. 采用多算仓架构，支持加载第三方算法或应用； 4. 支持云端算法安全动态加载，端边云数据协同； 5. 软硬一体，生产预安装，开箱即插即用； 6. 支持容器化第三方应用轻量部署。

续表

公司名称	华为技术有限公司
产品创新点	ITS800提供车牌、车速、位置、属性、行驶姿态5类元数据，可快速合成40多种业务指标，从传统的一个指标需要一种算法或一种设备的补丁式，演进到一个设备一种算法采集全量指标的方案，全面服务于城市交通治理和智慧高速全场景。其中，雷达和视频轨迹拟合作为ITS800核心自研算法，是业界独有的创新性算法，通过对雷达数据和摄像机视频实时逐帧分析和拟合，实现数字化全息视角精准轨迹标注，对路口/路段全天候、全要素、全方向的数据采集。

公司名称	厦门立林科技有限公司
产品图片	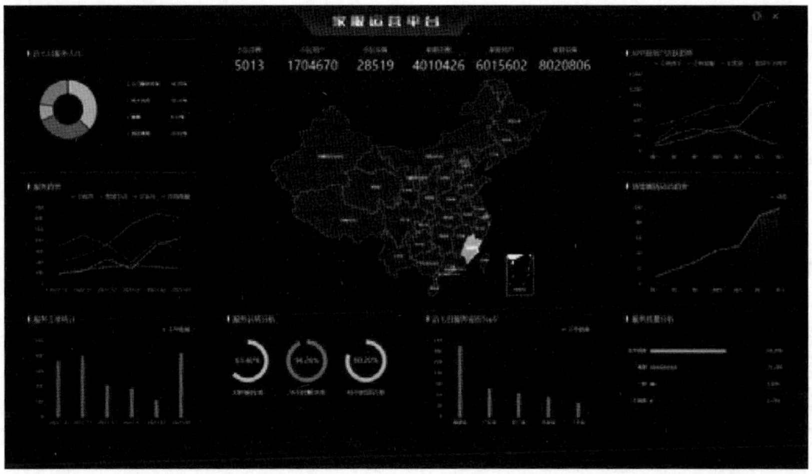
产品名称	智慧生活——立林数字运营服务平台
产品型号	2.0
产品概况	是以物联网+互联网，实现服务联网的立林家服数字化运营平台，为立林客户全面赋能，主要包括数字家庭运营服务和数字社区运营服务。数字家庭运营服务通过打造立林家服完整服务体系，提供售前售中售后服务、智慧康养服务、社区生活服务以及物业服务等。数字社区运营服务通过App链接物业硬件设备及家庭智能设备，建设数字社区，打造多角色实名社区邻里互动平台，构建社交+工具的新模式。为社区及物业提供更加便捷的信息管理及内容推送平台，多功能模块互联互通和融合应用，打造数字家庭和智慧社区生活。
关键技术指标	1. 支持海量连接（亿级）、毫秒级接入、安全连接TLS、等保认证三级、支持多协议连接（MQTT/CoAP/HTTP/WebSocket/TCP）； 2. 基础数据能力（支持10种数据类型、支持复合数据类型嵌套）、复杂场景建模能力（有向图、复杂度10层、孪生节点：1000个）、物模型描述语言（TSL描述）、数据计算能力（内置函数25个以上，支持规则编译、支持脚本计算）； 3. 消息可达率高（99.99%）、消息实时保障、海量topic、规则引擎、千万级并发、计算存储分离； 4. 海量异构设备检索性能（百毫秒级别）； 5. 单元化架构、隔离、容灾、弹性收缩、系统服务指标（SLA）能达到99.99%。
产品创新点	1. 邻里社交互动系统； 2. 智能工单系统； 3. 智慧生活VR生态商城系统； 4. 中小企业实现物联网生态战略的技术方案； 5. 智能家居工程施工平台化技术方案。

公司名称	北京声迅电子股份有限公司
产品图片	
产品名称	禁限带品智能识别机
产品型号	TS9701
产品概况	禁限带品智能识别机是一种基于深度学习技术，对扫描的包裹 X 光图像中的禁限带品进行识别和分析的智能系统。采用视觉大模型对大量禁限带品 X 光图像数据进行训练，采用分布式训练技术，可以利用多台服务器，通过网络协同工作，采用迁移学习技术，快速适应新的禁限带品识别任务，提高了识别的准确率和效率。禁限带品智能识别机广泛应用于轨道交通、医院、邮政等领域，提高了安检效率。
关键技术指标	可识别禁限带品种类大于 160 种；识别响应时间小于 100ms；禁限带品识别检出率大于 95%；禁限带品识别误报率小于 5%。
产品创新点	智能物检方面，克服传统人工值机主观性和疏忽等缺陷，提高安检质量。 智能集中判图方面，通过对安检点位的物理或者逻辑集中，减低了人力投入。

公司名称	北京蓝色星际科技股份有限公司
产品图片	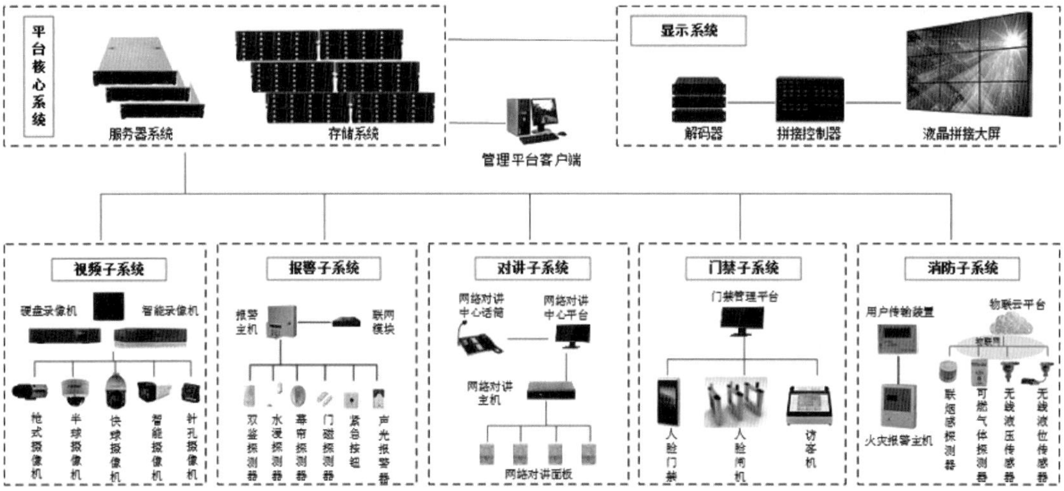
产品名称	安消一体化物联管理平台
产品型号	物联管理平台
产品概况	视频数据对于客户业务开展的辅助作用越来越大，如金融机构的运营、理财等部门逐步利用视频资源建设理财双录、远程视频授权等系统。金融机构对视频监控存储设备的安全性和可用性提升到了金融核心系统级别，将安防视频存储设备升级为智慧金融核心业务系统的终端物联设备；安消一体化管理平台从操作系统、数据库、业务与核心能力和开发部署环境上全面针对智慧金融核心业务系统进行适配和开发，重构业务与核心能力层解耦的平台构架，低开发量快速适配不断变化的智慧金融业务模型，成为智慧金融核心业务系统的基础组件。智能视频技术服务赋能客户智能决策，降本增效，提高生产力。

续表

公司名称	北京蓝色星际科技股份有限公司
关键技术指标	安防与智慧消防的融合，能够打破单位消防系统、视频监控系统、出入口管理系统等相互独立的现状，实现消防信息共享和有效利用，为及时发现火灾、监视火情、应急响应与疏散指挥等提供有效手段，提升单位应急指挥处置能力及火灾防控的整体水平，实现安消一体管理、应急联动。
产品创新点	是一款综合的网络管理平台产品，通过整合视频监控、防盗报警、对讲、门禁、车辆管理等安防子系统，实现音视频管理、报警管理、门禁管理、停车管理、安防设备管控等智慧安防应用；通过整合火灾报警主机、物联消防探测器智慧消防子系统，实现消防警情接入、消防报警处置、消防可视化展示、消防运行管理、消防设备管控等智慧消防应用；系统结合AI智能算法及算力，实现针对用户业务场景的智能化应用，提供针对人员、车辆、业务、中心值守、大数据统计分析以及系统整体运维等管理性应用功能。BlueStar Center系列产品支持集中式部署及分布式部署模式；可以根据实际用户项目需求在硬件及应用功能上进行定制扩展。

公司名称	中星微技术股份有限公司
产品图片	
产品名称	安全加固网关
产品型号	VS-GW8004S
产品概况	VS-GW8004S安全加固网关是一款用于对通用网络摄像机进行安全改造升级以满足国标GB 35114协议要求的转码网关设备。可通过GB/T. 28181、ONVIF、RTSP协议接入1路最高4K分辨率的H. 264/H. 265视频流，将其转码为符合《GB/T 25724—2017公共安全视频监控数字视音频编解码技术要求》（简称SVAC2）的视音频编码，同时满足《GB 35114—2017公共安全视频监控联网信息安全技术要求》（简称安全国标）的最高要求，达到安全等级C级。
关键技术指标	1. 支持CB/T 28181、ONVIF协议接入1路通用网络摄像机； 2. 支持H. 264/H. 265编码格式的网络摄像机接入； 3. 支持最高4096×2160@ 30fps视频接入； 4. 支持最高2560×1440@ 30fps SVAC2视频输出； 5. 视频压缩编码支持SVAC2. 0国家标准（GB/T 25724—2017）； 6. 信息安全标准支持GB 35114—2017，支持视频认证和加密（达到最高安全等级C级要求），支持对敏感数据分级加密。
产品创新点	采用SVAC2. 0的编码技术、自主芯片、自主产品，在不改变现有网络拓朴结构的前提下，能实现普通摄像机安全加固成为安全摄像机（达到最高安全等级C级要求），能有效保证视频信息数据安全，驱动监控行业向“全域覆盖、全网共享、全时可用、全程可控”的目标，安全性达到国内的领先水平。 产品能实现H. 264/H. 265视频码流转换到SVAC2. 0视频码流，且符合GB 35114 B/C级安全要求。可接入1路最高4K（8MP）分辨率的H. 264/H. 265网络摄像机，将其转码为1080P（2MP）/4MP SVAC2编码，支持SVAC 2. 0码流加密和认证功能，满足《GB 35114—2017公共安全视频监控联网信息安全技术要求》最高安全等级C级要求。该产品采用嵌入式一体化设计，黑色外壳，坚固耐用，尺寸小巧，可适应工作温度-40℃～+70℃恶劣的工作环境，部署方式采用了抵近摄像机的安装方式，可以部署在摄像机配套电源箱内，非常方便操作。支持网络摄像机通过10/100M以太网方式接入，支持满足GB/T 28181、ONVIF、RTSP协议的H. 264/H. 265视频码流。

公司名称	中国电信股份有限公司
产品图片	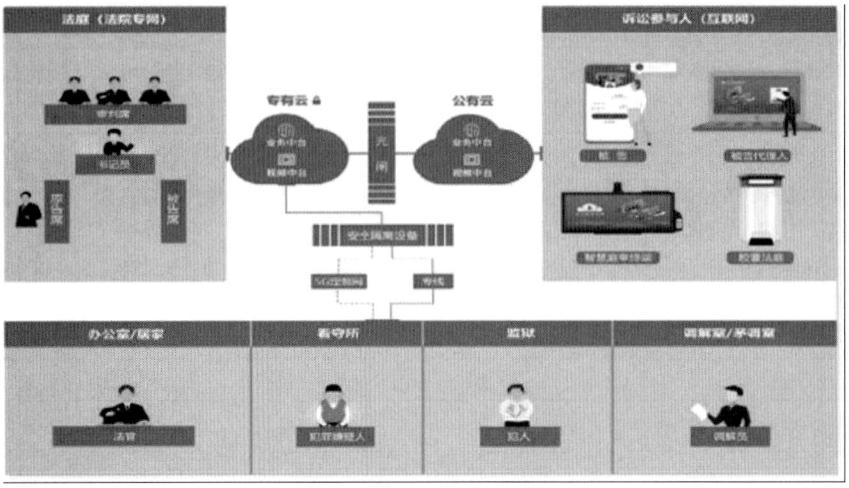
产品名称	天翼云法庭
产品型号	CTGE-ZG006-TYY09.6
产品概况	天翼云法庭基于 5G 通信技术和多方音视频交互技术，实现一个基于“大容量、无线化、低时延的全场景、全生命周期”庭审系统，可以跨网系、跨地域、跨终端的综合性办案，通过与办案系统、语音转写系统、庭审直播等系统的无缝对接，实现排期自动获取、庭审语音转写和庭审直播等功能。通过 PC、手机 App，微信小程序“三端融合”，可满足随时随地、随叫随到的诉讼需求。
关键技术指标	1. 支持至少 10 路互联网端庭审接入（PC、手机 App 或微信小程序）。 2. PC 端至少 12 路视频画面显示，手机 App、小程序端至少 4 路视频画面显示。 3. 支持内网远程观摩，不少于 30 方同时观摩。 4. 使用光闸作为安全交换介质进行跨网开庭，文本光闸和视频光闸分开，即数据、消息通过文本光闸，音视频码流通过视频光闸进行交换。 5. 支持系统全云化（专有云+公有云）部署，法庭内充分利用现有科技法庭设备，无须额外增加设备。 6. 支持三端融合，庭审参与人使用 App（安卓、IOS）、微信小程序、Windows 客户端参与庭审。
产品创新点	天翼云法庭充分发挥中国电信“天翼国家云”和“5G 定制网”优势，在行业内唯一采用“专有云+5G 定制网+双中台”的全云化先进技术架构，法院无须部署服务器，法庭无须设备改造，即开即用，通过构建一套横跨内外网 PaaS 统一视频调度云平台，实现省市县三级法院跨网系、跨地域、跨终端的 SaaS 跨网庭审应用，满足法官和书记员以及诉讼当事人在法庭、办公室、互联网上等任意场所随时随地开庭的需求。

公司名称	慧盾信息安全科技（苏州）股份有限公司
产品图片	
产品名称	慧盾视频核心安全网关
产品型号	SmartSPG6300-CSG

续表

公司名称	慧盾信息安全科技（苏州）股份有限公司
产品概况	慧盾视频核心安全网关是针对视频监控平台推出的安全防护产品，该产品部署于视频监控网络的核心层，融合资产管理、前端准入、终端防泄密、终端访问控制、网络防攻击、违规外联、弱口令扫描、链路质量检测、安全管理可视化等功能。通过内置资产特征库和流量分析技术，对前端设备主动探测或被动监测，可以对前端设备接入行为进行精确识别和管控。通过对应用终端的身份认证管理，可以对终端访问视频监控平台行为进行安全管控，防止应用终端非法下载视频、截屏/录屏和屏幕拍摄等行为，有效杜绝视频网络内的视频数据泄露事件。通过协议分析和流量监测，实现只允许授信业务接入视频监控网络，防止非法入侵、非法扫描和DDOS攻击等行为，保护视频监控平台应用安全，为用户提供全程可控的视频监控网络。
关键技术指标	1. 内置资产特征库和流量分析技术； 2. 应用终端身份认证技术； 3. 协议分析和流量监测技术。
产品创新点	1. 通过内置资产特征库和流量分析技术，对前端设备主动探测或被动监测，可以对前端设备接入行为进行精确识别和管控； 2. 通过对应用终端的身份认证管理，可以对终端访问视频监控平台行为进行安全管控，防止应用终端非法下载视频、截屏/录屏和屏幕拍摄等行为，有效杜绝视频网络内的视频数据泄露事件； 3. 通过协议分析和流量监测，实现只允许授信业务接入视频监控网络，防止非法入侵、非法扫描和DDOS攻击等行为。

公司名称	利亚德光电股份有限公司
产品图片	
产品名称	利亚德 Micro LED 微间距显示屏-TXU 系列
产品型号	TXU
关键技术指标	采用最前沿的 MicroLED 显示技术；采用了 ASIC 专用芯片；产品采用无线连接的设计理念，独创的点触式接插设计；压铸工艺一体成型，屏幕接触面采用 CNC 技术；独创的调平孔的机械机构；碳纤维把手设计；双电源双信号备份的设计；支持自动休眠。
产品创新点	1. 采用最前沿的 Micro LED 技术，相比传统产品有更震撼的视觉效果。 2. 采用 ASIC 专用芯片，极大地提升输出信号一致性、稳定性。 3. 采用无线连接的设计理念，独创的点触式接插设计，免去现场复杂连线安装，连接稳定高效。 4. 箱体部分采用了压铸工艺一体成型，屏幕接触面采用 CNC 技术。 5. 使用调平孔的机械机构设计，新一代屏幕拼装方法，突出完成了拼接无缝隙这一强悍优势，这个功能大大减少了人力需求，此拼接方案可以大大降低对安装人员的技术要求。 6. 产品获多项发明+实用新型以及 2022 德国红点奖。

公司名称	山东华软金盾软件股份有限公司
产品图片	
产品名称	视域数据安全平台
产品型号	VDSP/V6. 0. 0
产品概况	金盾软件视域数据安全平台，以视频图像数据为核心，从数据产生、使用、存储、交互、销毁的全生命周期进行安全防护，让数据使用看得见、流转交互管得住、泄露事件查得清。该平台能够广泛适用于视频图像数据涉及的各类业务场景，包含各级用户日常办公过程中的视频图像数据使用流转场景、数据跨部门跨单位共享调用场景、数据集中投放展示场景等多种应用场景。
关键技术指标	1. 可满足 1~10m 范围内会场场景拍照行为识别； 2. 能满足 2000 路实时视频调阅水印印刻需求； 3. 能满足不低于 10 路并发实时视频打码要求。
产品创新点	1. 理念的创新：将传统的数据安全防护、数据防泄密理念转变为数据安全治理，切实与实际业务场景进行结合，从数据使用的角度出发满足安全管理要求。 2. 方案的革新：真正事前防泄密的安全管理手段，通过识别潜在拍照泄密行为，将数据泄露行为扼杀在摇篮，从源头杜绝数据外泄事件的发生。 3. 管理上的闭环：从数据使用的角度出发，考虑数据全生命周期的闭环安全管理，除了施加防护策略，还与全方位综合审计进行结合，真正做到了闭环管理。 4. 技术上的创新：完全肉眼不可见隐式水印技术、用户行为识别技术、基于场景自定义的敏感隐私信息打码技术。

公司名称	上海广拓信息技术有限公司
产品图片	
产品名称	基于嵌入式架构的光纤振动信号传感系统
产品型号	F7

续表

公司名称	上海广拓信息技术有限公司
产品概况	广拓历时四年研发行业首创嵌入式 Linux 振动光纤系统，嵌入式结构，集采集、运算、分析功能于一体，减少数据传输转换时间，提高时效性；微秒级信号处理速度，避免丢失采样数据引发的误报。采用高中低频分析技术，通过不同频谱收集的振动信号特征区别入侵和干扰信号。定制版 Linux 系统，摒弃对 Windows 系统依赖，大部分元器件实现国产化，国产化率达到 90%。摆脱国外原材料控制。
关键技术指标	F7 嵌入式 Linux 振动光纤系统产品参数： 定位精度最高达到±1 米； 功耗 30W； 报警响应时间：入侵报警≤2s，断纤报警≤1s。
产品创新点	嵌入式结构：集采集、运算、分析功能于一体，减少数据传输转换时间，提高时效性；采集的位宽更高，准确还原现场振动信号，报警更准确。 信号处理速度成量级提升：传统分体式振动光纤为毫秒级速度，采用电脑软件计算，信号处理速度为毫秒级，可能丢失采样数据。广拓嵌入式振动光纤为微秒级速度，采用专业的工业级芯片可实现硬件加速，信号处理速度达到微秒级，避免丢失采样数据引发的漏报。 全频谱技术分析更准确：采用高中低频分析技术，通过不同频谱收集的振动信号特征区别入侵和干扰信号。智能分析识别场景，模拟海量环境干扰信号特征，建立模型数据库，自动识别风、雨、雪、车辆、动物等。 定制版 Linux 系统更安全：摒弃对 Windows 系统依赖，大部分元器件实现国产化，国产化率达到 90%。

公司名称	安徽超清科技股份有限公司
产品图片	
产品名称	5G 智慧综合杆
产品型号	CQS 系列
产品概况	由感知输出层、网络通信控制层、平台层、应用层四级架构组成。由智慧灯杆专用网关实现数据采集、通信传输及联动控制，专用智慧灯杆云平台实现数据展现及管理。智慧灯杆中所涉及的设备，如 LED 屏、气象仪、传感器、摄像头等通信协议与超清科技网关适配，实现智慧灯杆的全面整合、全面感知。
关键技术指标	1. 灯光控制；2. 精准摄像；3. WIFI/4G/5G 网络服务；4. 气象环境监测；5. LED 广告屏；6. IP 音柱；7. 一键报警求助；8. 汽车充电桩；9. 控制系统；10. 基于边缘计算的智慧网关设计。
产品创新点	从软件系统来看，智慧杆管理系统采用 5G+IoT+AI+SSM 框架，支持多协议多网络接入、支持统一认证体系、支持统一视频监控、支持智能化运维、支持微信小程序等，并以智慧杆为载体，搭载智能照明、无线 AP、微基站、广播系统、充电桩、环境监测、视频监控、LED 信息屏等设备，构建智慧杆网络，为智慧城市提供海量城市运行数据，成为智慧城市建设的“新型公共基础设施”。 从硬件来看，智慧杆可根据不同城市文化特点，设计不同造型，主体材料采用 GR65 高强钢，内网表面热镀锌防腐处理，表面喷涂户外纯聚酯塑粉，抗强紫外线，使用十年内无粉化、脱落、剥离现象。强弱电分开走线，提供一体化电源模块为杆体挂载设备供电；可实现对杆体倾斜、漏电、舱门异常打开等指标监测，对故障和危险进行实时告警等。

公司名称	北京天防安全科技有限公司
产品图片	
产品名称	天慧视频监控网络空间安全监测服务平台
产品型号	THVADM-1000
产品概况	针对视频监控网络的安全现状和管理需求，开发的一套对视频监控网络进行自我安全检测与安全管理的系统。平台通过高效率资产发现与智能识别分类技术实现对网络资产的统一管理，通过对视频监控网络中各种设备、应用系统的高效率弱口令检测、安全漏洞检测、网络边界完整性检测等技术，及时发现网络中存在的各类安全隐患以及时整改，并提供方便高效的资产快速定位与应急响应能力，从而帮助用户实时掌握视频监控网络整体安全态势，切实提升网络安全管理和防护能力。
关键技术指标	1. 系统整体通过主动式远程网络空间测绘技术实现，不需要利用镜像数据分析以及无须部署客户端等代理程序方式来实现空间测绘； 2. 系统通过分级管理、分布式部署等方式灵活适应不同场景需求； 3. 系统自动识别分类资产的设备类型、操作系统、品牌等； 4. 针对视频监控设备（包括 IPC、DVR、NVR 等设备类型的网页登录、RTSP 等）的简单口令以及默认出厂口令进行准确检测，也针对 MongoDB、mysql、ES 等常见数据库，以及 SSH、TELNET、FTP、RDP 等常见应用协议服务进行弱口令检测； 5. 针对视频监控设备漏洞（如海康、大华、宇视、科达、天地伟业等）、常见应用漏洞（如 OpenSSH、OpenSSL、Apache Struts2、数据库等）、重大安全漏洞（如永恒之蓝、RDP、心脏滴血等）提供准确安全的检测手段。
产品创新点	天慧视频监控网络空间安全监测服务平台采用了高效率视频监控网络资产发现与智能识别技术、设备资产机器学习与聚类分析技术、高效率视频监控设备弱口令检测技术、基于设备资产的漏洞扫描技术、大规模网络环境快速扫描技术等新型技术。

公司名称	北京航星机器制造有限公司
产品图片	
产品名称	CT 型行李物品检查系统
产品型号	TS1000

续表

公司名称	北京航星机器制造有限公司
产品概况	航天海鹰© TS1000 是北京航星机器制造有限公司自主研发的多功能快速 CT 型行李物品检查系统。系统拥有独立的 DR 探测和 CT 探测系统，可以获取物品彩色的三维立体图像、DR 图像、CT 切片图像。系统采用先进的螺旋锥束扫描和双能 CT 成像技术，可以获得被检物品的密度、等效原子序数等多维物质属性信息，能够自动探测燃爆物/毒品等多种违禁物品。 系统创造性地融合了辐射探测、危险化学气体探测等功能模块（选配项），可以对 CT 系统难以探测的放射性物质、具有挥发性的危险化学物质进行快速高精度探测，对 CT 探测起到了重要的补充作用，扩展了核、化探测能力，使得系统的检出率更高，误报率更低。
关键技术指标	可以获取物品彩色的三维立体图像、DR 图像、CT 切片图像。行李传送速度为 0.25～0.3m/s，通过率最高可达 1080 件/小时。 DR 空间分辨率 0.8mm 线对；DR 丝分辨力 AWG40；DR 穿透力 46mm 钢板；CT 空间分辨率优于 1.5mm 线对（3.33LP/cm）；CT 密度分辨率 1%；泄漏剂量率 1μGy/hr（距设备 5cm 处）；噪声 64dB（A）。
产品创新点	1. 采用自主知识产权专利技术的非等圆弧 CT 光路布局，不仅大大减小了设备的整体宽度和高度尺寸，方便设备的安装，其空间分辨率、密度分辨率等指标也大幅度增强。 2. 采用钣金和玻璃钢壳体相结合的方式，避免了以往过于工业化的设计风格，现代化的造型更能适应国际化机场建设的需求。 3. 采用多传感器融合技术，利用计算机技术将来自多传感器的信息和数据进行优化处理使用，最终产生对探测环境的一致性解释，这不仅是利用了多个传感器相互协同操作的优势，而且综合处理了其他信息源的数据来提高整个 CT 检查系统的智能化。

公司名称	北京锐士装备科技有限公司
产品图片	
产品名称	车载式无人机防御系统
产品型号	Rs-VMAU3300
产品概况	锐士装备 Rs-VMAU3300 型车载式无人机防御系统主要包含无人机侦测与反制两大功能，由无人机定位分系统、无线电测向分系统、GNSS 导航诱骗分系统，无人机链路压制分系统、指控平台分系统、供电分系统及操控终端组成。适用于重大活动、要人随卫、政府机关、工业设施、赛事演出、临时现场、机场空域及边防巡逻等场景。其可以在载车行进和进入临时现场时，应用无线电无源侦测技术迅速发现从载车所属车队四周接近的无人机，并通过破坏其 GNSS 或者通信链路从而达成对无人机的驱离、迫降或返航，以保障载车所属车队的安全。 与同类产品比较，Rs-VMAU3300 型车载式无人机防御系统具有高度集成、侦测融合、扩展定位、多种干扰、实时校北、快速部署等特点。可为时速≤140 公里的车队及临时驻地、现场提供全天时、全天候、立体式无人机侦测反制手段。

续表

公司名称	北京锐士装备科技有限公司
关键技术指标	链路侦测距离≥4km；有效驱离距离≥900m；有效拦截距离≥1000m；具备不同来向多架次无人机侦测能力；具备单方向、多方向及全方向拒止反制能力；具备使整个防御圈内低慢小无人机无法起飞、防御圈外无法进入的主动防御手段；具备在目标侦测信息辅助下指定方向驱离无人机的定向驱离反制能力；可为≤140km/h 速度的车队及临时驻地、现场提供全天时、全天候、立体式无人机侦测反制手段。
产品创新点	高度集成：专为车载设计，查打一体化，隐蔽性强，拆装方便； 侦测融合：融合频谱侦测和链路侦听手段，支持 300MHz~6GHz 超宽频范围侦测，可实现常规无人机精准测向，大疆系精准定位，覆盖范围可达 4km； 扩展定位：支持 4G、5G 组网，系统数据向服务器实时回传，部署 2 台支持交叉定位及飞手位置，部署 3 台支持 TDOA 精准定位无人机和飞手位置，多种干扰：具备单方向、多方向及全方向拒止反制能力，具备禁飞、定向驱离、主动防御能力； 该系统可扩展部署于水面船艇和空中机动平台，成为海基和空基低慢小无人机侦测打击装备。

公司名称	北京灵汐科技有限公司
产品图片	
产品名称	类脑芯片领启© KA200
产品型号	领启© KA200
产品概况	公司自主研发的 LynOS ®是端云一体的类脑软件开发平台，方便用户对领启® KA200 等类脑芯片产品进行统一接口的 AI 应用开发，支持高效图优化和全自动编译，可广泛应用于视觉、语音、自然语言处理以及脑科学研究等领域。 类脑芯片 KA200 作为灵汐科技的智慧成果，不仅登上全球顶级期刊《Nature》封面，而且入选 2019 年中国科学十大进展、中国十大科技进展新闻，在世界互联网大会上作为领先成果发布，参展国家“十三五”创新成就展，已在行业内具备较大影响力。
关键技术指标	1. 神经元数目：25 万； 2. 突触数目：2500 万； 3. 能效比（突触操作数/瓦）：≥1TSops/W； 4. 扩展神经元数目：200 万@稀疏模式； 5. 扩展突触数目：20 亿@稀疏模式； 6. 内置视频和图片编解码器：480FPS@ 1080P； 7. 算力指标：16TFlops@ FP16，32Tops@ INT8。
产品创新点	灵汐科技类脑计算产品是构建在存算一体、众核并行、异构融合的架构之上，能同时支持计算机科学和神经科学的神经网络模型，并支持两者融合的混合神经网络计算模型。随着 KA200 在 2021 年实现量产，基于 KA200 的类脑计算产品现已在各行各业的 AI 计算场景中广泛应用。在应用领域上，灵汐科技类脑计算产品将推进和加速大规模脑仿真和脑科学研究，同时为新型类脑智能应用提供计算平台，覆盖并拓展深度学习的应用。

公司名称	杭州迪普科技股份有限公司
产品图片	
产品名称	迪普公安视频专网安全运营平台
产品型号	SAC3000
产品概况	一款协助用户完成威胁监测、态势感知、数据治理、通报预警、应急处置及协同指挥的安全运营产品。视频专网安全运营平台以安全运营体系为核心，基于 AI+安全大数据技术帮助用户实现视频专网安全运营数字化、安全态势可视化、安全决策科学化、安全能力持久化，构建整体联动的动态、主动、积极、纵深、精准、整体的安全防御体系。
关键技术指标	功能指标：支持威胁监测、态势感知、数据治理、通报预警、应急处置、协同指挥、事件分析及异构纳管功能。主要性能指标：1. 安全运营平台实时解析流量不低于 100Gbps，2. 系统的数据存储量不少于 128TB。
产品创新点	针对日新月异的网络攻击，应用了一系列机器学习技术来构建更为高效精准的分析模型，针对常见网络攻击、加密流量恶意行为、异常流量识别、综合态势评估、攻击者真实意图 URL 检测及智能语义分析等数十个应用场景构建安全运营能力。应用全新设计的安全运营体系，帮助用户解决运营流转难、响应速度慢及通用性差等痛点，具有覆盖面广、自动化程度高及响应速度快等优势。支持对接第三方安全平台及各类安全防护设备，通过统计、聚合、关联及溯源等方式，提高分析研判效率与准确率，实现视频专网网络安全的统一平台、统一管理、统一运营。

公司名称	深圳市江波龙电子股份有限公司
产品图片	
产品名称	SLC NAND Flash
产品型号	FSNU8A00XG-TWT/FSNS8A00XG-TWT
产品概况	5G 的增强移动带宽、高可靠低时延、海量物联三大运用场景将催生物联网、车联网、AR/VR、超高清视频等领域的发展。江波龙电子旗下存储品牌 FORESEE 推出的 SLC NAND Flash 契合近年来电子产品高可靠、低功耗的主流趋势，为电子设备提供必要的数据存储应用，目前主要应用于 5G 模块、路由器、GPON、机顶盒、家用 IPC、工业 IPC、智能音箱、无人机等，已在 MTK、Spreadtrum、Qualcomm 等多个平台完成验证。

续表

公司名称	深圳市江波龙电子股份有限公司
关键技术指标	1. 支持 1.8V 超低功耗，接轨 5G 时代。1.8V 的供电，相比 3.3V 器件功耗降低 40%左右，兼容主流 3.3V 产品标准，并能够满足客户对低功耗的需求。高稳定性与轻小体积的特点，更是为移动设备、工规市场、车载系统、物联网及人工智能等领域奠定良好的存储基础。 2. 多种封装选择，满足 5G 设备的不同需求。产品容量包括 512Mb、1Gbit、2Gbit、4Gbit，同时提供 WSON8、BGA63、TSOP48 多种封装选择，满足客户不同应用的存储需求。 3. 工规温度要求，广泛工业应用。产品符合-40℃~85℃工规温度要求，足以胜任各种工业应用场景的严苛使用环境。 4. 10 年平稳运行，数据历久弥新。产品数据保持时间长达 10 年，擦写寿命高达 10 万次，确保产品使用耐久可靠，即使在工业应用中也从不“掉链子”。
产品创新点	1. 已通过江波龙研发团队、测试团队近 50 大项 80 子项全面的芯片级别测试，并且已通过 JEDEC 标准严格的可靠性验证（如 77pcs/3lot 1000hrs 的 HTOL 等），专门设计开发特有的超稳定测试，测试结果均为 PASS，足以抵挡环境恶劣的工业环境。 2. 支持 UID 和 OTP（One Time Programable）一次性编程功能，为客户提供更多存储安全信息的区域，程序烧入芯片 OTP 区域后，将不可再次更改和擦除，极大保护用户数据安全，结合 UID 可以有效防止信息泄露的风险。 3. 该产品拥有超过 10 项专利，具备自主的知识产权，并且从设计、封测、品控等各环节对产品进行严格的全生命周期流程管理；自主开发的仿真测试系统（APE）和研发验证平台（LVTS）引入国际主流仿真软件，支撑研发过程的测试与验证。

三、优秀创新产品奖

公司名称	产品名称
天地伟业技术有限公司	全向智能摄像机
厦门市美亚柏科信息股份有限公司	慧聚视图共享网关系统
上海富瀚微电子股份有限公司	AI 智能芯片 FH8898
中星微技术股份有限公司	国密国标汽车行驶记录仪
中兴通讯股份有限公司	中兴 Axon 50 Ultra（中兴 5G 安全旗舰手机）
中国电信股份有限公司	翼平安—社会稳定风险预警防控平台
中国电信股份有限公司	翼平安—96110 反诈平台
安保迪科技（深圳）有限公司	HID 移动门禁系统
安徽超清科技股份有限公司	智慧社区微脑一体机
安徽清新互联信息科技有限公司	5G 智能一体化警灯
北京高普乐光电科技股份公司	超视距多波段布控侦查仪
北京机械设备研究所	便携式室内人员定位装置
北京启明星辰信息安全技术有限公司	启明星辰零信任接入系统
北京天防安全科技有限公司	天防视频网络安全检查工具
未来数通（海南）科技有限公司	赛磐石数据拴锁系统
北京星天地信息科技有限公司	星 GisMaps 二三维可视化应用平台
成都鼎桥通信技术有限公司	5G 高清布控球

续表

公司名称	产品名称
东莞市宇瞳光学科技股份有限公司	1/1.8″4K 超广角变焦镜头
广州博冠光电科技股份有限公司	8K 超高清双光谱摄像机
广州英码信息科技有限公司	AI 赋能管理平台
广州映博智能科技有限公司	安防机器人
杭州中奥科技有限公司	博搜—智能语义搜索系统
济南和普威视光电技术有限公司	电子哨兵 HP DMS10
江西中科智鹏物联科技有限公司	无人机侦测反制一体化设备
来邦科技股份公司	窗口会见
欧科互动网络科技（北京）有限公司	链上天眼 PRO
奇点新源国际技术开发（北京）有限公司	智慧墙周界入侵探测系统（智慧线©）
厦门力鼎光电股份有限公司	E5369 1/1.7 英寸恒定大光圈 F1.3 电动变焦 f10-40mm 镜头
厦门算能科技有限公司	人工智能加速卡 SC7 FP300
熵基科技股份有限公司	熵基科技感知数据门
上海为旌科技有限公司	高性能智慧视觉芯片
深圳鲲云信息科技有限公司	鲲云数据流 AI 芯片 CAISA
深圳市奥威尔通信科技有限公司	奥威尔六类双屏蔽网线
深圳市兰德华电子技术有限公司	智能钥匙柜
深圳市微纳感知计算技术有限公司	微纳灵听全向声学雷达
深圳市亚略特科技股份有限公司	TrustIVS AI-BOX
思特威（上海）电子科技股份有限公司	思特威 4K 超星光级夜视全彩图像传感器 SC850SL
银河水滴科技（北京）有限公司	银河水滴步态大数据平台
珠海亿智电子科技有限公司	亿智 AI SOC 芯片 SV820

第九章 应用领域

第一节 视频监控领域

视频专网安全运营防护体系的构建与应用

近年来，随着全国雪亮工程、平安城市等一系列信息化建设项目的推进，城市道路、主干道已经完成了海量摄像头的铺设，在此背景下，公安系统已经建立起一张辐射城市道路以及乡村主干道的视频监控业务专用网络，这张视频专网是社会治安监控系统建设，也是推进“科技强警示范城市”建设的重要组成部分。这张承载海量摄像头等各类物联网终端的业务承载网，承载着城市道路、居民出行、车辆、行人等各方面的民生信息，视频专网已经成为不法分子攻击的重要目标，研究视频专网的安全风险，建立系统化的安全防护手段已经刻不容缓，成了保障视频专网业务稳定开展的关键。

基于《关于加强公共安全监控建设联网应用工作的若干意见（发改高技〔2015〕996号）》《GB 35114—2017 公共安全视频监控联网信息安全技术要求》等相关政策要求以及视频专网安全现状，结合视频专网业务体系，围绕“看防管用”安全防护模型，针对视频专网前端接入区、网络边界区、系统应用区、运维管理区四大区域，为用户提供全方位安全防护手段。在入侵行为对视频专网发生影响之前，能够及时精准预警，实时构建弹性防御体系。避免、转移、降低视频专网面临的风险，构建集防护、检测、响应于一体的全面的安全保障体系，从而使视频专网业务上达到“全域覆盖、全网共享、全时可用、全程可控”的目标。整网安全管理上实现整网安全可视、可管、可控。

针对视频网安全防护的思路，业界有些安全厂商提出了通过技术、人员、管理三大核心要素共同结合，提供基于“识别、防护、检测、响应、恢复”（IPDRR）五大核心能力的服务化运营支持，全方位保障视频监控网络安全。本次从“看防管用”的安全防护模型为思路来进行视频专网安全防护与基于“识别、防护、检测、响应、恢复”（IPDRR）模型有异曲同工之妙，都是对标实战要求，以业务安全为目标，以资产为核心，以人为本，通过清晰地了解视频专网自身的安全情况，设计合理的安全运营构架，建立复杂安全保障和快速响应体系，深度感知安全威胁、敌我态势，借助专业技术工具以标准化管理流程集中研判、快速预警、统一指挥、紧急处置、追查反制等策略和措施，实现事前预警、事中监控、事后响应，快速规范化解决安全问题，力求安全问题闭环管理，持续迭代提升和输出整体安全能力。

——摘自《中国安防》杂志2022年1—2月合刊

安防监控网络场景应用下的安全技术解析

我国的网络安全产业已发展多年，在技术层面有了一定的积累和沉淀，但现阶段通用网络安全技术在安防监控网络场景下对资产识别、安全检测、接入管控、威胁监测与处置等环节的应用上仍有不足。为此，采用新的解决思路和新的技术弥补当前通用网络安全技术在安防监控网络场景应用中的不足，切实保障我国安防监控产业的安全发展就成了当前迫切需要解决的问题。

资产识别，让所有资产都能被看见；脆弱性检测，挖出安防专网中的“定时炸弹”；准入控制，持续可信认证，禁止“仿冒品”入内；威胁监测，大数据、AI 新技术加持破除“攻防不对等”现象；联动处置，“产品联动+生态合作”，实现安全共建。通过探析安防监控网络场景应用中的访问控制、内容保护、攻击防护及脆弱性防护等解决思路，有望加强安防系统应用安全的防护，在产品设计、研发阶段多站在用户角度考虑，尽可能地开放更多技术接口，提供标准化产品，抱着开放共享、合作共赢的心态，积极与其他同行展开合作，为用户提供更有效、更易用的产品。

——摘自《中国安防》杂志 2022 年 1—2 月合刊

2022 年视频安全服务市场应用热点展望

从 2021 年的市场热点事件和市场表现，我们可以提炼出 2022 年视频安全服务市场发展态势的几个特点：

1. 不规范市场的规范与清理

随着《网络产品安全漏洞管理规定》《数据安全法》《个人信息保护法》《网络安全法》等法律法规的实施，视频监控的使用范围和边界将告别“逐利性执法”驱动市场，通过依法行政、依法处罚形成规范监控、依法采集、依法使用、依法建设的良性循环。“逐利性执法”“隐蔽性人脸信息采集”等市场影响的相关项目建设与采购已经在政府侧采购中被叫停或取消。

2. 定额、定比、定量的预算投资成政府侧采购主流

视频安全服务市场表现在采购货物、安全信息技术服务并举的采购内容中，视频安全服务的货物包括各类视频专网的前置机设备、脱敏脱密设备、视频监控前端设备的可信计算芯片、视频解析算法漏洞扫描专用设备、视频安全嗅探器、加密器、存储安全介质等。安全信息服务将表现为项目侧和产品安全认证侧，项目侧安全类审计整改将于全过程咨询数字化与安全监理服务中深化应用，在发改委、财政局、大数据局等项目的立项、财审、设计方案建设认定中将会预留一定比例或额度的安全治理预算完成安全等级保护、视频安全技术服务等。

3. 企业服务侧的视频安全服务将成“标配”

企业服务侧的视频安全服务将会在国企央企、智能制造、能源电力等领域快速成为标配，进而成为企业服务侧的市场主体的视频安全服务共识。降本增效、确权免责的安全需求与相应建设将会与安全主体责任、企业风险与绩效挂钩，成为安全的进一步覆盖，企业服务的 IT 部门将从传统的数据安全延伸到视频监控的前端业务中，形成安全解耦：“安”和“全”。“安”解决的是视频采集、汇聚、解析、查录播控等内容与业务相关的数据泄露、信息解密、信息传输、数据交易等企业切肤之痛。“全”解决的是视频数据的一致性、完整性、高可用性、备份容灾、数据防篡改防抵赖。

4. 视频安全服务产品形态多样化

2022 年视频安全服务市场的“货架与商品铺货日趋琳琅满目”，视频安全服务产品形态多样化将会是大势所趋。产品形态由安全服务零星采购转变为大规模的全域覆盖、全链赋能的统建共治模式的丰富产品形态，包括视频安全服务的大平台、小系统、轻终端、微服务、核芯片的产品形态，其中视频安全服务芯片的国产化自主可控。随着视频监控前端 14 纳米工艺的国产化成熟量产，GB 35114 国标指引下的视频安全可信计算芯片将会成为新建扩建项目的标配。丰富的产品形态必将带来更多增量市场关联影响。

5. 个人与家庭的广泛使用

个人与家庭已经广泛使用了互联网或家庭宽带为传输方式的摄像头设备，用于远程监控、远程对讲，为在外工作的人们提供了清晰地看家、看老人、看宠物的连接方式，由运营商捆绑销售的家庭宽带套餐中已经广泛包含了摄像头设备。各种智能网联新能源汽车也都标配了能够联网的车载视频和行车记录仪设备，小区楼道、电梯都广泛安装了摄像头设备。个人与家庭市场的规模化已经在 2021 年市场表现中得到体现。

——摘自《中国安防》杂志 2022 年 1—2 月合刊

视频监控技术服务“一网统管”的趋势分析

随着视频监控技术在“一网统管”中的持续深入应用，智慧城市基础设施支撑能力不断提升，行业应用不断深化，为实现国家治理能力现代化向更高水平跃升奠定了坚实基础。放眼未来，视频监控对城市管理、社会治理的深度赋能将朝着以下趋势继续发展。

1. 群众的参与度越来越高

“一网统管”建设是苏州城市建设发展中的一项为民工程、实事工程，群众的热情参与能够帮助管理者更精准把握城市“脉搏”、更好开出城市“药方”、更快解决城市“痛点”、更彰显“人民城市人民建，人民城市为人民”的服务宗旨。未来群众通过在线连线视频、离线提交视频线索等方式参与到社会管理中的频次将越来越多，城市管理者将积极响应互动，配套管理变革，提供便捷诉求渠道，做到“民有所呼、我有所应”。

2. 视频来源渠道越来越多

从视频监控资源来看，目前各地“一网统管”主要依靠政府投资的一、二类视频资源，大量三类社会面资源尚未接入，许多有价值的视频资源仍存在于各个信息孤岛上。从视频监控类型来看，无人机、车载、执法记录仪、第三方云资源、AR 等视频资源的实时接入、分析与互动要求将越来越高，同时也将对视频交换共享和智能解析应用提出新的挑战。

3. 视频资产确权和利用越来越开放

目前虽然已对视频的结构化分析做了很多工作，但仍有大量资源未得到充分利用，如何加强视频监控领域的“政产学研用”是当务之急。管理者需要大胆探索、努力创新，适时将视频资源对可信第三方开放，让技术服务管理、服务生活；并加强相关法律研究，在确保信息安全的前提下，借鉴上海、北京、贵阳等地的大数据交易所相关运行模式，尝试视频资源的资产确权、定价与交易。

4. 视频管理功能向服务功能的转变

视频监控技术以往主要服务于公共安全领域，近些年随着技术的进步与发展，已逐步向社会治理领域的多方面覆盖，有效地支撑了政府的城市管理与运行。未来，视频监控技术需要更多地从管理功能拓展到服务功能，让群众能够有更多的参与感和获得感，如通过家校互动、远程探访、交通查看、随手拍问题反馈、兴趣点订阅等功能，让视频监控技术普及百姓的手里、受用到心里。

——摘自《中国安防》杂志 2022 年 3 月刊

视频监控技术安全市场产品研发与技术应用实践

目前，全国视频监控网络安全防护整体水平尚处于起步阶段，视频监控网络安全防护方案仍以沿用通用信息网络安全防护技术方案为主，缺少针对视频监控设备、系统及业务特性的成熟技术方案。少数相对较为成熟的专用防护技术方案推出时间短，技术普及范围小。现有视频监控网络安全防护技术及产品不能完全满足用户对防系统入侵、防数据伪造和防信息窃取等多方面的迫切需求，市场具有较大的发展空间和发展潜力。

公安部第三研究所在视频监控网络信息安全方面开展了大量的工作，在 GB 35114、GA/T 1781 视频监控网络安全系统等方面推出了一系列的产品，包括 GB 35114 视频监控安全管理平台、视频安全智能应用盒、视频监控系统安全检查工具箱等。其中，视频监控安全管理平台是一套符合 GB 35114 标准，完整实现 C 级安全信令通信和级联、设备安全接入认证和管理、用户安全认证、视频流汇聚转发、视频共享对接等安全应用功能的平台。平台由视频安全信令网关、视频脱密网关、视频安全客户端插件等组成，其中视频安全信令网关实现 GB 35114 安全前端的注册、设备认证、用户认证、数据接入、信令联动，实现与视频监控共享平台间的目录、数据共享。视频脱密网关实现对加密视频数据的解密转码和视频数据转发。视频安全客户端插件实现 GB 35114 加密视频数据在主流视频厂商现有普通视频平台客户端上的调阅等应用。

视频安全智能应用盒采用国产高性能、低功耗智能 AI 芯片，实现了设备安全接入、视频图像数据采集、标准协议转换、智能分析、国标 GB/T 25724 视频编解码和数据加密签名等功能，满足 GB 35114 C 级前端安全要求，覆盖了单路、并发 4 路、并发 8 路等不同的前端改造应用场景。视频安全联网设备产品不仅具备将普通视频接入转换为 GB 35114 C 级加密视频的能力，更实现了 GA/T 1781 标准规定的功能和性能。设备可以接入 50 路监控网络前端设备，动态部署智能分析策略，在单设备上同时实现多路视频数据的 C 级加密和人、车智能分析采集应用，充分实现社会面视频资源的共享。

视频监控系统安全检查工具箱关注视频监控系统终端资产状态、违规行为、弱口令、系统漏洞等威胁信息，可及时发现绕过现有安全防御机制的风险行为，主动检查资产问题，预警威胁信息与风险行为，为视频系统终端提供全面的安全检查能力。产品适用于资产规模多达数万个设备的应用场景，其网络接入和部署灵活，可实现全网资产状态、全网安全风险的实时监控，对用户业务和网络运行也没有影响，有助于全面提升视频监控及物联网应用的安全监测和应急响应能力。

——摘自《中国安防》杂志 2022 年 5 月刊

国外视频监控即服务（VSaaS）的市场实践及其启示

近年来，关于视频监控即服务（Video Surveillance as a Service，VSaaS）一直是安防行业关注度较高的话题。它主要是指利用云计算、云存储、数据中心、商业智能等技术，对涉及监控的数据中心架构和技术进行优化设计，从而实现整体架构的健壮化、可扩展和标准化，进一步实现视频数据的集中化、情报化、信息化以及视频监控管理与操作的高效化和简单化，最终降低视频监控设施建设与持有总成本。

VSaaS 是一种托管的、基于云的监控服务，可以远程管理视频监控系统，提供更具创新性、可伸缩的安全解决方案。与传统内部视频管理系统（VMSs）相比，具有明显优势。目前，智能化发展趋势也迫使许多企业更多地向 IP 视频监控和 VSaaS 市场过渡。据媒体消息，Reportlinker. com 发布《2022 年 VSaaS 全球市场报告》称，全球 VSaaS 市场预计将从 2021 年的 29. 3 亿美元增长到 2022 年的 35. 5 亿美元，复合年增长率（CAGR）为 21. 2%。预计 2026 年市场将达到 72. 3 亿美元，复合年增长率为 23. 5%。亚太地区已成为 2021 年最大的 VSaaS 市场。

——摘自《中国安防》杂志 2022 年 6 月刊

边缘计算及其在视频结构化中的应用

边缘计算在视频结构化中的应用包括模型开发和模型部署两个步骤。模型开发即设计与训练神经网络模型，在视频结构化任务中，此处的网络模型通常指目标检测模型。模型部署即转化模型并将其部署到边缘计算设备上。

1. 模型开发

在视频结构化任务中，预先定义了结构化所需的人、物类别，且当前用于训练目标检测模型的大型通用数据集较为完备，通常可以采用监督学习从给定数据集中学习出一个优化模型。

模型的开发大体分为三个阶段。

（1）准备数据。目标检测任务中常用的数据集为 PASCAL VOC 与 MS COCO，两个数据集的标注方式为标注训练图像中目标的包围框及其类别标签。根据目标检测任务应用的场景不同，也可根据需求自行采集并标注定制化数据集。

（2）构建网络。针对任务目标搭建神经网络结构，在具体代码实现过程中，通常需要导入相关模块，如 numpy、TensorFlow、PyTorch 等。

（3）优化参数。通过设计合理的损失函数、学习率、优化方法、迭代次数等，训练网络并获得最佳参数，将网络保存为模型文件，用于后续的模型部署工作。

2. 模型部署

模型部署的目标是期望模型能以足够的精度在目标硬件平台上稳定地运行推理过程，是一项复杂的系统工程，下面阐述模型部署的关键点。

（1）模型转换与平台选择。当前有多种边缘计算设备平台可用于部署模型，不同平台支持的模型格式不同，如 NVIDIA 支持 TensorRT 模型、华为支持 OM 模型，需要将训练得到的模型转换为目标平台支持的格式用于推理。不同的任务和模型需要有相应的平台自定义算子做支撑，因此对平台的依赖性很强。

（2）模型轻量化。深度学习模型需要大量的计算、内存和电能，这成为实时推理或在计算资源有限的边缘设备上运行模型推理的挑战，而模型轻量化是解决这一问题的重点，它决定了系统推理的速度和准确性。由于边缘计算设备的计算能力有限，一般需要通过剪枝、量化等模型压缩方法使模型更轻量化。剪枝是指移除模型中对结果作用较小的组件，深度学习网络模型存在着大量冗余的参数，大量神经元激活值趋近于 0，将这些神经元去除后可以具备同样的模型表达能力；量化是指将浮点运算转换为整型运算，是将训练好的深度神经网络的权重、激活值等从高精度转化成低精度的操作过程，在损失少量精度的前提下对模型进行压缩。但是在轻量化过程中，可能导致模型推理的准确率下降，此时需要在推理的速度和准确率之间取得平衡。

（3）模型部署。目前模型部署形式一般有流程化部署与服务化部署两种。流程化部署需要自行构建整套管道（Pipeline）方法，可使用的 SDK 有很多，如 NVIDIA 的 DeepStream、华为的 MindX SDK、寒武纪的 CNStream。服务化部署将模型作为一个推理的服务端，向外对客户端提供推理服务，业务逻辑等操作由客户端来完成，如 NVIDIA 的 Triton Inference Server、百度的 Paddle Serving。值得注意的是，部署形式与设备平台的选择既要考虑到开发难度、成本、系统性能，又要考虑到后期系统维护和可移植性。

——摘自《中国安防》杂志 2022 年 7 月刊

视频编解码技术在安防行业的应用

进入 21 世纪以来，视频在移动互联网领域、AR 和 VR，甚至最新兴的元宇宙领域及传统的智能安防领域，逐渐变为主流应用。在国内外标准化领域，视频编解码等相关领域的标准化的竞争也更加白热化。在国际领域，由于不同国家和地区文化不同、不同行业和企业的管理理念和关切点不同，视频编码标准专利许可政策一直无法达成统一，以至于出现了多个专利池分别推出各自的专利许可政策，这在某种程度上阻碍了视频编码标准在各个企业产品的落地和在行业中的推进。为破解这种局面 LCEVC 和 EVC 这样的解决方案才有机会成为和 H. 266/VVC 相同地位的 ISO/IEC 国际标准。

在国内，由于不同行业和主管部门关切点的不同，以及和各企业的关切点无法统一，尤其是在国际化的背景之下，不管是芯片公司还是软硬件产品制造商，都会从更宏观的视野评估和考量各自的产品布局。

H. 266/VVC 虽然号称相比 H. 265/HEVC 在编码效率上提高一倍，但是这是以更加复杂的计算量为代价的。虽然 H. 266/VVC 更加适用于智能安防领域的 4K、8K、全景和多目的视频编解码应用，同时考虑到以上几个因素，H. 266/VVC 在智能安防领域还有多少年落地，H. 266/VVC 标准和其他几个竞争标准谁先落地，从产业角度来讲，决定的因素实在太多，目前来看，确实无法给出准确的时间表。这一问题，至少目前趋势还不明朗，我们只能拭目以待。

——摘自《中国安防》杂志 2022 年 7 月刊

以应用与安全为导向的视频监控资源共享轻量级架构设计

鉴于当前视频网络域、网络拓扑和联网结构的多样性和复杂性，传统的基于 GB/T 28181 的异构平台级联互联共享架构将会十分复杂，不仅涉及众多平台的升级改造，还会产生多域、多层级、多路由的结构性紊乱和网络安全问题，同时还涉及平台厂商之间的市场竞争与博弈，使得跨部门、跨网域的视频监控资源共享推进难以落地。

在确保信息安全的前提下围绕如何以更快、更简单、更直接的方式获取视频信息为根本目标，尽可能减少用户和平台之间、平台和平台之间的技术接口交互。借鉴分布式仓库管理的模式构建共享系统的结构，把用户（货物需求方）和平台（仓库供给方）分离开来，构建一套 C2P 的共享系统架构。针对省域范围的跨域、跨平台、跨层级共享，采取基于视频资源共享交换管理平台和视频安全共享交换网关的扁平化、分布式共享交换架构，实现视频共享管理、视频数据和视频应用的分离。

——摘自《中国安防》杂志 2022 年 8 月刊

视频图像数据质量治理与应用实践

随着全国平安城市、雪亮工程项目的建设推进，我国已经建设、联网的各种视频感知摄像机前端点位数量已达近千万路，随着各地视频智能化实战应用系统的建设完善，视频图像数据在社会公共安全领域的重要性日益增强，社会治安环境也在持续好转。然而，通过对视频智能化应用中常见问题进行分析，发现部分问题都是由于视图数据质量问题导致。若要持续提升视频智能化应用成效，就必须提升图像数据质量，视频图像数据治理工作迫在眉睫。

视频图像数据质量问题早在全国平安城市项目建设初期就已经存在，只是因为当时视频智能化应用程度较低，并未引起大家的足够重视。现如今，随着视频 AI 算法的日益成熟，摄像机技术提升和基础网络环境的建设完善，全国视频智能化应用热潮已全面铺开，视频图像数据质量问题已经引起各地用户的重点关注，视频图像数据治理工作也都在悄然提速。提升视频图像数据质量，绝非一朝一夕，依靠一套治理系统就能全部解决的，它需要在建设一套高性能视频图像数据治理系统的基础上，由各级建设部门积极配合，配套建立常态化治理队伍及相关治理机制，才能让视频图像数据治理工作走得更稳、更远，才能更好支撑行业视频实战应用。

——摘自《中国安防》杂志 2022 年 8 月刊

突破创新引领行业发展　实战应用助力安防可视

安防行业范围广泛、产业规模庞大，产业链上各个环节紧密协同，为安防行业的高质量发展提供了坚实的保障与强劲的助力。在安防产业的众多领域之中，显示领域在当今智能安防时代显得尤为重要，安防可视化需求达到了空前高度。一方面，政策为安防行业的信息化、智能化指明了方向、进行了规范；另一方面，近年来显示技术颠覆性的突破创新为安防可视化提供了技术支撑。在政策与科技的双重加持下，安防显示领域得到了加速发展，安防显示产品的应用不仅在覆盖率上不断增加，在品质上也不断迭代升级，市场形势一片欣欣向好。

随着技术的发展，如今智能安防已赋能千行百业，这为安防显示企业带来了更广阔的市场机会。我们看到一些数据，近几年全球安防市场继续保持较高的增长速度，截至 2021 年年底全球安防行业总产值达到 4000 亿美元，其中中国安防市场达 1500 亿美元，占全球市场的五分之二。我国大力开展的智慧城市、平安城市工程建设也为安防行业提供了更多的机会。

对于安防显示的发展趋势，主要有以下四个方面：一是数字高清化。高清化意味着高分辨率、高清接口等一系列的配套技术不断地创新和发展。二是节能环保化。节能环保是国家“十四五”规划中对新基建提出的要求，安防行业也在寻求节能发展的新思路，因此安防显示领域在研发高密度显示屏的同时还要考虑低能耗的技术要求。三是数字智能化。从长远来看，随着 5G 技术的渗透，安防可视化从前端的摄像设备到后端的显示设备都将朝着数字化、网格化的方向发展，系统需要真正实现智能、流畅的远程操控。四是安全可靠化。智能监控中心、指挥调度中心等都需要 7×24 小时不间断运行，因此未来的显示设备必须安全可靠。安防显示只有朝着以上四个方向发展才能融入安防行业的实战交互中，实现数据呈现、实战应用，才能凸显我们高端制造以及创新创造的能力。

——摘自《中国安防》杂志 2022 年 10 月刊

民用监控　蔓延成长春光可望

家庭安防是民用监控产品的重要应用场景之一。当前家用摄像头越来越智能化，逐步渗透到我们生活中的方方面面。2020 年公安机关受理盗窃案件共 212 万起，公安机关查处盗窃案件数共 174 万起，虽然随着我国治安环境越来越好，财产盗窃案件数量在逐年下降，但是此类案件总量依旧庞大。民用监控产品可以通过人、车、物的识别，判断即将发生的入侵事件，拉响警报震慑罪犯，第一时间将信息推送给业主用户，并且借助云端存储的功能防止录像被破坏。民用监控的出现可以有效降低盗窃案件发生频率。

此外，家用摄像头还可借助行为分析、声音检测等功能，针对特定人群进行看护。家用摄像头可运用行为分析技术，检测到老人突发性晕倒，第一时间呼叫看护人；可通过声音识别，对幼儿啼哭进行判断等。对于爱宠人士，家用摄像头可针对宠物进行识别、跟踪、记录、互动。部分家用摄像头还集成了火焰识别功能，结合人体识别，当检测到人不在厨房且长期未关火的情况时进行报警，可防止火灾的发生。

小商铺安防是民用监控产品的另一个重要应用场景。小商铺、便利店因其灵活、方便、普及等特点，如今逐渐成为大众购物的重要选择，为广大群众提供了生活购物的方便。但由于这些店铺的自主购物模式也潜藏了相当一部分的安全隐患，一些不务正业游手好闲的社会人员，利用了这些潜藏的安全漏洞顺手牵羊，结果给商店、店铺、超市造成一定的损失。民用监控设备可以广泛用于小型店铺、小型餐馆等，用于监控门店人员出入、商品防丢、货物财产防盗、门店纠纷等事件的证据追溯，以及对店员的远程监督和管理等方面，通过行为检测与跟踪技术发挥安防和管理作用。

随着物联网技术和智能家居行业的不断发展，民用监控产品将走出属于自己的独立路线和风格，将以更丰富的形态、更易用的功能、更友好的使用体验直接服务于广大消费者。对于安防监控行业来说，民用市场的不断发展壮大，也将给整个行业带来更多的活力和机会。

——摘自《中国安防》杂志 2022 年 10 月刊

机房物理环境国密安全视频监控系统建设与应用

基于 SVAC 和 GB 35114 标准的国密人脸视频门禁系统、国密安全视频监控系统已经应用于数字政府政务云、中国电信、浪潮等等保三级机房物理环境，助力数百家机房物理环境满分通过密评，为关键信息基础设施保护、重点信息系统保护提供重要保证。

未来积极推动机房物理环境视频监控系统优先采用信源签名技术对视频监控音像开展全生命周期的完整性验证和溯源，加强应用自主知识产权标准实现完全自主可控，加快建立基于强制性国家标准 GB 35114 建立密评视频监控密码应用技术指南和标准，明确在国密测评和符合性改造中确认其符合 GB/T 39786 等相关国密标准，进一步规范密码技术在视频监控领域的应用，逐步实现具有我国自主知识产权的 SVAC 视频编解码技术、国产密码技术在监控产品中的深度应用和广泛普及，有效保护我国视频图像数据安全。

——摘自《中国安防》杂志 2022 年 10 月刊

视频管理在智慧城管中的应用

智慧城管是利用视频感知技术，对城市管理中的各类问题进行智能化分析，向城市管理部门提出预测、预报和预警等决策分析结果，为决策处理提供数据支持，解决城管行业各类“城市病”的应用。视频监控是智慧城管中最基础和最广泛的视频相关业务应用，涉及市容环境、环境秩序、市政设施等多个领域，而且随着视频监控平台云化的趋势，客户端类型和功能需求更加多样化，网络传输环境更加复杂，因此视频监控应用在智慧城管中具有代表性。

视频监控应用主要包括视频接入、视频存储、视频转发和视频转码等模块。视频接入模块通过 SDK 或 GB/T 28181、ONVIF 等协议从前端摄像机获取实时视频流，视频存储模块根据需求进行视频存储和录像管理，视频转发模块将实时视频或录像转发给客户端进行解码播放，视频转码模块根据网络状况对视频码流和传输数据进行实时调整。

由于视频监控平台接入的前端摄像机通常数量较大、涉及面广、差异化明显，很难在摄像机端对视频编码提出统一要求，如编码参数自适应实时控制、支持容错特性、可伸缩编码、多描述编码等。因此，在不稳定的网络状况下，只能通过非实时的编码参数调节、解码端差错隐藏、信道编码等方法来保证视频质量，但实际效果有限。为了解决此问题，可以在视频监控平台中增加视频转码模块，对原始视频码流进行重新编码，使其具有更好的编码标准兼容性，能够适配复杂异构的网络环境，提供更精细、更灵活的网络适应能力。该方案不影响原始视频码流的存储，可以满足高清视频存储需求。

目前已成熟实现了暴露垃圾、乱堆物料、出店经营、流动商贩、机动车违停、违法设置广告牌匾、沿街晾晒、违规撑伞、垃圾满溢等场景的 AI 视觉自动识别分析。这些场景涉及市容环境、环境秩序、市政设施等多个领域，是智慧城管中的高发问题、难点问题、热点问题等。通过视频图像分析技术，可以自动识别发现这些问题，并向城市管理部门提供及时、有效的数据支持。

合理利用交警、交通、应急、环保等部门的视频管理资源，横向共享城管数据资源是智慧城管合理发展过程中亟须解决的问题，也是促进智能城市发展的有力抓手。智慧城管是智慧城市的重要组成部分，随着信息技术的发展和知识社会的演进，智慧城管的发展必将得到强力推进。视频管理技术的发展可以为智慧城管的建设提供大量的支撑和工具，可以预见，在未来的建设中视频的数据量会爆炸性增长，对海量视频数据处理系统的要求会越来越高，对视频数据挖掘的能力要求将越来越强，视频大数据将引入越来越多的 AI 机器学习，通过深度学习、智能图算法等尖端技术来提高智慧城管的智能化水平。

——摘自《中国安防》杂志 2022 年 11 月刊

弱网环境下视频抗误码技术的研究和应用

视频监控是安防场景中最基础和最广泛的视频相关业务应用。视频监控涉及的行业很广，而且随着视频监控平台云化的趋势，客户端类型和功能需求更加多样化，网络传输环境更加复杂，因此视频监控应用在安防场景中具有代表性。

视频监控应用主要包括视频接入、视频存储、视频转发和视频转码等模块。视频接入模块通过 SDK 或 GB/T 28181、ONVIF 等协议从前端摄像机获取实时视频流，视频存储模块根据需求进行视频存储和录像管理，视频转发模块将实时视频或录像转发给客户端进行解码播放，视频转码模块根据网络状况对视频码流和传输数据进行实时调整。

由于视频监控平台接入的前端摄像机通常数量较大、涉及面广、差异化明显，很难在摄像机端对视频编码提出统一要求，如编码参数自适应实时控制、支持容错特性、可伸缩编码、多描述编码等。因此，在不稳定的网络状况下，只能通过非实时的编码参数调节、解码端差错隐藏、信道编码等方法来保证视频质量，但实际效果有限。为了解决此问题，可以在视频监控平台中增加视频转码模块，对原始视频码流进行重新编码，使其具有更好的编码标准兼容性，能够适配复杂异构的网络环境，提供更精细、更灵活的网络适应能力。该方案不影响原始视频码流的存储，可以满足高清视频存储需求。

——摘自《中国安防》杂志 2022 年 11 月刊

深度挖掘视频资产　全方位赋能智慧校园建设

视觉，是万物感知的主要信息来源。对于人类世界而言，人们获取的外界信息中，有 83%来自视觉。“十四五”期间，以数据为驱动力，以信息化引领业务发展，各大高校争先投入智慧校园建设浪潮。视频类数据以实时、鲜活、真实等属性，逐步在智慧校园建设中发挥着越来越重要的价值。视频数据已从解决看得见—看得清—看得懂，到全方位赋能学校业务。新型智慧校园的建设，离不开 AI 视觉数据的有效应用。

学校可构建视频联网共享平台，整合分批分期建设的分散视频资源，运用云计算、大数据、人工智能等先进技术，开放解析算力资源，基于算法仓融合各类型、各场景算法，充分释放视频资源的价值，科学化、集约化地统筹未来建设的视频资源，打造一个可“共建、共管、共享”的学校 AI 视觉中台，快速构建可视化、智能化的视频应用能力。

实践出真知，自己的数据才能长出适合自己的特色教育果实。学校视频数据不单单给保卫用于学生安全工作，积极开放视频数据资源，可以助力学校教学、科研等各个方面，助力应用百花齐放。

基于统一AI视觉中台，视频结果数据在校内各业务部门开放共享。基于业务要求，按需申请算力资源和算法，调用结果数据，让AI能力像用水用电一样便捷。通过接入各场景数据，整合—清洗—关联—挖掘—分析，再通过深度学习训练模型，将分析结果应用到心理健康、精准资助、就业推荐等场景，为师生提供高效、准确的个性化引导和服务。实现以“数据”为中心，建设全要素、网络化、数字化、全覆盖且具有较强预警功能的大数据研判系统，提升学校人才管理水平和竞争力，为学校实现以“数据”为基础的科学决策提供有力支撑。

——摘自《中国安防》杂志2022年11月刊

视频监控安全建设与应用需求

对于视频监控安全的建设与应用需求来说，不同的行业、不同的部位痛点与需求也不尽相同。针对公共安全重点区域、重点行业领域，视频监控安全必须要满足GB 37300—2018《公共安全重点区域视频图像信息采集规范》要求，采集设备输出的视音频信号应采用数字编码，其视频采样方式、视音频编码数据格式应符合GB/T 25724的规定，接入联网系统的协议应符合GB/T 28181的规定。

从需求角度来讲主要有以下几点：(1) 在采集环节。前端设备建设存在非法替换、私接乱接的问题，需要对设备进行身份安全认证，实现统一的设备入网身份鉴别，阻止非法设备接入。(2) 在传输环节。视频数据不加密传递，黑客可以轻松截获视频数据流，需要对视频进行加密保护，解决视频监控系统重要视频“裸奔”问题。(3) 在访问环节。用户人员身份不明确，随意访问平台不受控制，需要对用户身份进行认证，解决未授权用户访问视频信息问题。(4) 在控制环节。非法用户可以破解摄像头口令，或通过协议漏洞控制设备，需要基于密钥的信令认证，解决摄像头被控制问题。(5) 在应用环节。非法用户破解系统后，替换或伪造视频源，需要基于数字签名技术，保障重要视频数据的真实性、完整性，解决视频数据的不可信问题。

——摘自《中国安防》杂志2022年12月刊

第二节 人工智能领域

人工智能技术在社会治理中的现代化应用

社会治理是一个多层次的过程，其中“市域”和“基层（区县及以下）”是主要的层级。“市域”在社会治理层级中处于中位，起到承上启下的作用，向上可承接部省指示任务，向下可指导协调“基层”社会治理工作。“市域”注重资源整合、风险研判、协同指挥，是社会治理处置资源最为丰富的层级，在整个社会治理链条中，是最能够发挥效能的层级。市级有地方立法权，也可以从体制机制、法治等层面加强社会治理。“基层”注重实战实效，是社会治理的第一线，直接面对社会矛盾和风险。

运用人工智能技术，提升社会矛盾风险预测预警预防能力，是社会治理的重要手段。人工智能技术可以针对不同场景，优化智能预警模型规则和流程，有效提升“五类风险”的防范化解能力。人工智能技术可以重点聚焦在社会治理风险人群、重点事件和异常场景，不断拓展基于大数据分析的风险人群防控预警、重点事件根因挖掘、重点场景研判预警、对人地事物网组织的管理及态势等应用模块。人工智能技术可以围绕社会治理的高价值业务场景构建价值应用，通过集成使能平台，集成云大、视图解析、NLP 等人工智能技术，实现社会矛盾风险早发现、早预防、早处置。

依托综治中心（或社会治理现代化指挥中心）实体，运用大数据、物联网、人工智能等现代科技手段，构建政法大数据协同应用体系，打造防控精准、资源集约、运行高效的社会治理及治安防控实战应用。形成“治理事项监管中心、民安民生服务中心、数据分析研判中心、决策调度指挥中心、风险评估预警中心”五大中心应用，实现领导“智治”决策、综治专干“智治”管理、平安员“智治”处理、群众“智治”采集，全面实现社会治理总体态势把控。

——摘自《中国安防》杂志 2022 年 1—2 月合刊

城市超脑在全面推进城市数字化转型中的创新应用浅析

从信息化到智能化再到智慧化，是建设智慧城市的必由之路且前景广阔。目前，上海、浙江、广东等地正在全面推进城市数字化转型，纷纷提出加强一体化数据中心、城市大脑等新型基础设施建设的任务。城市超脑作为一种融合了大数据、人工智能技术的新型基础设施，在城市运行管理中发挥了辅助支撑作用，已经成为推动城市数字化转型的一项创新举措，同时也成为引领新型智慧城市建设和投资方向的重点领域。

数字化转型不再是城市更新的“可选项”，而是“必选项”。而城市超脑为城市数字化转型提供了一个新的思路。它是利用大数据、人工智能等新一代信息技术构建的支撑经济、社会和政府数字化转型的新型基础设施和城市运营赋能平台。其建设理念是依托知识图谱、知识建模、知识学习等人工智能技术，结合专家知识，实现城市治理、民生服务、产业经济等各领域的知识积累和业务创新。它可以实现一湖汇数、一网统管、一屏尽览、一键联动，解决城市精细化治理和精准服务的各类需求，支撑城市数字化转型，助力城市高质量发展。

城市数字化转型离不开大数据、人工智能等技术的深度应用，更应该遵循“人民城市人民建、人民城市为人民”的理念。然而面向未来，全面推进城市数字化转型依然还存在挑战。为此，需要重点在以下几个领域持续发力：推进网格化协同治理，提高治理效率和水平；全民推广智慧场景应用，提升服务质量和满意度；完善协同指挥体制机制，提高应急响应和处置能力；培育数字经济产业发展，提高经济增长和竞争力。真正将城市超脑打造成为一个便民利企的“惠民大脑”、系统治理的“智慧大脑”、政企合作的“示范大脑”、育才兴业的“活力大脑”，从而助力国家全面推进城市数字化转型。

——摘自《中国安防》杂志 2022 年 1—2 月合刊

区块链基础设施赋能安防行业发展

区块链技术作为新一代信息技术，与 5G、人工智能、大数据等技术出现了融合发展的态势。这样，它可以解决一些单一技术无法解决的问题。例如，5G 与区块链的融合，可以利用 5G 的网络覆盖广、传输速度快、低时延、大连接等特点，帮助区块链基础设施接入更多的终端，提高数据传输的效率和安全性。另外，人工智能技术可以为区块链基础设施中的智能合约提供保障，探索智能算力分配的方法。由此可见，区块链基础设施在未来会不断与新技术融合，催生新的场景，推动区块链基础设施走向更贴近产业发展需求的方向。

——摘自《中国安防》杂志 2022 年 1—2 月合刊

生物识别技术百花齐放　赋能安防行业多元发展

当前生物特征识别技术的应用相当广泛，在计算机应用领域居于重要地位。在计算机安全学中，生物特征识别是认证的重要手段，生物测定则被广泛地应用在安全防范和国家公共安全领域。生物特征识别技术主要是指通过人类生物特征进行身份认证的一种技术，这里的生物特征通常具有唯一性（与他人不同）、可以测量或可自动识别和验证、遗传性或终身不变等特点。身体特征识别主要包括：指纹、静脉、掌型、视网膜、虹膜等；行为特征识别主要包括：签名、语音、行走步态等。目前比较成熟并大规模使用的方式主要为指纹、虹膜、脸、耳、掌纹、手掌静脉等，此外，语音识别、脑电波识别、唾液提取 DNA 等研究也有突破，有望进入商用阶段。

声纹识别是一种基于语音的生物认证方式，它具有便捷、非接触、隐私保护等优势，在金融、安防、司法等领域有着广泛的应用。声纹识别技术经过多年的发展，目前已经在单一场景下表现出了较高的准确性和可靠性。步态识别是一种基于人体体形和行走姿态的生物认证方式，它的物理基础是每个人不同的生理结构和行走习惯。步态识别技术具有不需要人员配合、非侵犯性、全天候、自动实时等特点，并且可以在低分辨率和远距离条件下非接触地识别对象身份，这使得它在公共安全领域具有极大的优势。随着三维传感技术的快速发展，实时获取三维信息的设备越来越多样化和低成本化。更重要的是，三维动作捕捉技术为上层的行为语义分析提供了精准的基础数据，三维识别技术或将成为未来发展的趋势。

——摘自《中国安防》杂志 2022 年 3 月刊

AI 视觉平台赋能智慧园区建设

园区规模广、业态多，包括工业园区、产业园区、物流园区、都市工业园区、科技园区、创意园区等。智慧园区将从向使用者供水、供电、供气及供其他配套设施的经营管理模式逐渐转变为布局合理且能够满足从事某种特定行业生产和科学实验需要的标准性建筑物或建筑物群体。在此要求下，利用人工智能、云计算、大数据、物联网、互联网等数字化技术，搭建 AI 视觉管理平台，整合各类资源，助力园区数字化转型，实现运营智慧化、工作智慧化和提质增效的目的。

针对园区视频数据的价值提取，让视频数据自己“说话”，建设一套深度智能解析系统，提供快速、准确、弹性的解析服务是 AI 视觉平台设计的极大优势。通过基础资源池的容器化部署，满足对基础资源的灵活调度，满足不同部门、不同业务的智能解析需求。智能解析系统采用充分解耦设计，软件与硬件解耦，算法解耦，多算法兼容共存设计，进一步调动各厂商的优势，满足系统顶层设计的开放、兼容的应用和建设需求。

技术的发展可以为园区 AI 视觉平台建设提供大量的支撑和工具，建设一个真正有用的系统，才能帮助用户解决问题。技术需要落地到实际用户场景中，从用户的实际应用场景出发，才能发挥最大效果。AI 视觉平台围绕园区用户切实需求，以“建以致用”为目标，充分发挥园区 AI 视觉中枢的建设价值。同时提供开放、标准的应用生态，满足应用快速定制开发和接入。对于各部门和各业务的应用需求，支撑用户快速开发，避免应用孤岛，打造全开放的应用生态。

——摘自《中国安防》杂志 2022 年 4 月刊

数据中台在安防行业的应用与机遇

作为安防平台市场的重要组成部分，安防数据中台以IaaS为支撑、数据为驱动，形成“数据—信息—决策—执行”的数据智能流动闭环。安防数据中台不仅具备传统数据中台的共性，而且具备安防行业的特殊性，它能够提供大数据采集、存储、计算、交换、共享等功能，实现数据集成、数据治理、数据建模、数据安全等功能。

在我国加快推进社会治理现代化，努力建设更高水平的平安中国的今天，平安建设既是重要内容也是重要保障。平安中国建设是永恒的主题，而安防是与平安和谐最直接、最密切的行业，这意味着安防行业的发展前景也是永恒广阔的。具体到安防数据中台，它在公共安全、智能交通、轨道交通、应急、住建、政务等领域的应用也将越来越广泛，市场发展空间巨大。因为，依托互联网、物联网、大数据等信息技术，搭建多元社会治理和公共服务平台，提供社会公共服务、社会风险感知、社会民生服务等方面，构建线上与线下深度融合的治理体系是未来提升社会治理水平的重要手段，这对安防数据平台而言是重大利好。

随着大数据、物联网、5G、人工智能等创新技术的突破性进展和发展，在这些领域中，安防数据中台可以提高社会治理的精准度和靶向性。

——摘自《中国安防》杂志2022年4月刊

浅析AI视觉技术如何助力“智慧教育”新发展

以AI视觉技术为驱动的智慧教育面向校园业务对象，实现校园场景化智能升级，保障师生安全，提升管理效率。它可以建设一套统合AI基础计算资源、AI算法能力及AI服务能力的AI算力云平台，为相关部门提供统一的AI算力服务。AI视觉技术从以下几个方面入手在智慧教育中进行深度应用：

1. 视觉智算中心

视觉智算中心云化集群部署，并采用分层解耦的方式建设。首先，它实现了视频、录像、图片流、离线视频全量解析能力的灵活调配，使本地服务器具备算法仓库功能，同时实现了多种AI算法的并行运行能力以及算法应用按时按需任意切换调用，并支持算法在线动态加载、升级、卸载；其次，它具备校园AI开放平台训练功能，实现了对校园内各种业务场景人工智能算法精准度训练，提升智能管理能力、节省智能建设成本、满足校园各种业务场景的智慧应用需求；最后，视觉智算中心具备极其灵活的属性，它可根据场景的需求灵活更换、切换算法，新增视频智能化需求，当面临新的智能化需求时只需要加载新的算法即可，无须更换或者新增单一智能功能摄像机或智能服务器，不受硬件限制。

2. AR数智云图

视频管理从标清发展到高清、星光、星光+、黑光，经过这一历程，实现了最开始的基本看得见、看得清功能，之后又能看得更加清晰，再到现在的全景类摄像机，可谓前端的功能越来越丰富。但在应用平台上，摄像机一直只是作为一个视频来源，用户也仅仅将它用于简单地看视频。一方面，普通摄像机画面不能兼顾整体覆盖范围，在发生异常事件时不能和报警源一起联动，且人工操作定位慢、视频检索困难、单镜头覆盖范围有限，对指挥人员实时视频现场指挥调度存在较大的局限性，往往只能成为事后追溯和事件线索收集的工具。另一方面，当前大部分场景都是各类系统独立运行，信息的共享融合和一体化应用程度比较低，大大影响了系统作用的发挥。在新的形势下，为了应对日益变化的社会治安问题和恐怖事件威胁，AR数智云图进一步打破了系统的孤岛效应，通过系统联动、数据融合的设计，当发生警情时能够自动快速形成对事件的全方位、系统化、有效的总结，并实时展示给指挥员和决策者，从而对决策指挥的正确性、有效性、及时性、快速反应性产生最大的支撑作用。

3. AI 寻踪系统

AI 寻踪系统基于地图的视图研判搜索模块，提供人员、机动车、非机动车的有图搜索和无图搜索功能，形成个性化检索分析、数据融合关联搜索、对比分析等特色应用，为事件侦查研判提供全方位、立体化、智能化的目标搜索方式，从而实现“确认目标”这一重要环节。

对某一目标进行查询研判后，系统可以对目标进行轨迹分析，通过摄像机的地理位置信息，将某目标的全部抓拍信息在地图上以直观轨迹的形式补全，并且根据时间顺序在地图上进行动画显现。这种轨迹刻画应用能够帮助安保人员迅速分析出事件嫌疑人的行踪规律，结合多维度的数据轨迹进行碰撞分析，能得到某些行动规律以及进行落脚点分析。

4. AI 开放平台

校园在智能化升级改造建设过程中存在大量个性化场景需进行算法定制，为使得算法检测识别率更高、应用效果更佳，通过建立 AI 开放训练平台实现算法在实际使用的同时亦可保证算法实时进行精准度训练。此功能可最大限度保障定制算法尽快投入使用以及尽快实现算法高精准、应用高体验的效果。

——摘自《中国安防》杂志 2022 年 4 月刊

以视频 AI 驱动智慧型平安校园建设

智慧平安校园建设即针对校园的特色和安防需求，一方面依靠先进的设备和高速的校园网络，另一方面依靠统一管理平台把不同区域不同时期建设的安防系统统一起来，将所有监控点组成一个强大的安全防护网络，并且把校园的相似监控地点作统一部署，同时布置不同监控点之间的联动，再通过告警系统通知到相关负责人。除了校园内部的安全建设，其还包括对校园周界防范功能的集成、地图资源的利用以及对出入口系统的管控等，最终通过统一的管理平台和新增功能，实现人防、物防和技防相结合的智慧平安校园建设目标。以视频 AI 驱动的智慧平安校园平台主要从重点区域监管、高低联动、车辆异常行为管理和人员异常行为分析四方面入手。

——摘自《中国安防》杂志 2022 年 4 月刊

深度学习框架在计算机视觉领域的应用

人工智能是新一轮科技革命和产业变革的重要驱动力量，近些年在推动传统产业升级和培育新兴产业发展中发挥着越来越重要的作用。深度学习是人工智能浪潮的核心技术，它依赖于硬件芯片和软件算法的高速发展，在各个领域的产业应用中取得了显著的进展。

然而，在深度学习引起重视的初期，将前沿的学术成果应用到产业中面临着一系列的挑战。一方面，深度学习的硬件和算法都在快速迭代，让新算法能在新型的人工智能芯片上运行是一项艰巨的任务；另一方面，深度学习的产业应用需要把前沿技术和产业需求结合起来，但是学术成果和产业应用之间存在着一定的鸿沟。为了解决这些问题，深度学习框架应运而生了。它能够适配各种人工智能芯片，支持各类创新的算法，保证了不同的软件算法在不同的硬件芯片上都能发挥最佳性能。同时，它既给学术科研提供了创新基础，也为产业落地提供了完善的端边云部署工具链，让学术成果能快速应用到产业中。

——摘自《中国安防》杂志 2022 年 5 月刊

全栈 AIoT 赋能城市网格化治理

社区是城市治理体系中的基础网格、城市治理的“最后一公里”、人们日常生活的核心单元。随着智慧技术不断地迭代，城市治理向管理现代化和网格精细化方向发展，尤其是人工智能技术大规模得到商用、城市网格化物联数据挖掘和认知，以及大数据协同和共享等深度融合应用，这些全新的治理手段不断推动城市治理的精细化及智能化。城市网格化治理是一种数字化管理模式，管理对象主要分布在市容环卫、设施管理、街面秩序、综合管理、突发事件等范围，对以网格为单元的市政基础设施部件及相关的人、事、物元素等进行全方位数字治理。

城市网格化数字治理的核心是以物联网、人工智能、大数据和云计算技术为支撑，采用端、边、云分布式协同架构，在最低层级、最早时间以相对最小成本解决最突出的问题，从而取得最佳综合效益，实现线上线下协同高效处置一件事情。网格化的数字治理是城市一网统管的基石，它利用实时在线数据和各类数字化方法，及时、精准地发现问题，对接需求，研判形势，预防风险。因此，当前迫切需要全栈数智 AIoT 技术赋能城市网格化治理，以人为本，为居民打造更舒适、安全、高效的网格社区环境。

——摘自《中国安防》杂志 2022 年 5 月刊

AI 等技术融合执法规范化管理系统中的应用

移动执法设备是执法规范化建设的排头兵，以其易携带、实用性强、准确率高等特点成了公安机关日常业务中最重要的助手，同时移动执法设备也是执法业务数据获取的源头。

当前，移动执法设备已经实现从功能机进入智能机时代，尤其是 4G/5G 通信技术、人工智能算法的融入，实现在移动执法设备上即可完成人像识别、车牌识别等智能化识别功能。公安民警在身份核查、车辆信息核查执法过程中通过智能化移动执法设备可以在在线或者离线状态下进行识别并分析出结构化数据，再通过系统后端大数据平台进行分类查询与比对，可以实现人证或者车辆信息的核验，并结合相关数据库实时比对并将比对结果上报，实现查询和布控。目前，这类智能化移动执法终端设备在治安卡口、流动布控等方面应用较为普遍。

——摘自《中国安防》杂志 2022 年 6 月刊

浅谈 AI 视觉技术在智安小区建设中的应用

以 AI 视觉建设为依托，建立标准统一、覆盖全面、功能丰富、智慧互联、惠民利民、共建共享的小区安全防范体系，可为基层社会治理提供智慧化安全管理，实现各小区动态信息感知、安全状态监测、数据汇聚共享，构建全时管理、全域巡查的智慧安防感知网，夯实小区单元治安防控根基，进而可为地方的社会治理现代化和更高水平的平安城市建设提供重要保障。

智安小区是传统社区的升级，是时代发展的必然结果。智安小区通过结合人工智能、大数据等新一代信息技术，为小区建立更智能化的安防系统，提升人防、物防和技防的功能，有利于预防不法行为，保障小区居民的安全。新技术不仅可以采集和分析信息，还可以让小区管理变得轻松高效。安防行业依托新一代信息技术，通过前端感知、视图分析、视图库等系统体系建设满足智安小区建设的需求，智安小区市场前景广阔。未来行业企业需要不断增强服务能力，主动适应市场需求变化。

——摘自《中国安防》杂志 2022 年 7 月刊

AI 赋能安防运营服务发展变化

人工智能的行业应用，则进一步丰富和提升了安防运维服务的协同性与创新性，其中安防无人机自动巡逻、智能巡检机器人、人工智能视频监控系统等技术逐渐渗透，尤其是在各类大型体育赛事、大型活动中得以率先落地。这些人工智能的应用，不仅有助于提升运维服务企业资本、劳动、技术等要素之间的匹配度，提高运行效率，同时为运维服务带来了科技升级，有助于其摆脱在用户眼中数十年如一日的刻板印象，为用户带去更好的服务体验。

——摘自《中国安防》杂志 2022 年 7 月刊

新一代信息技术在报警运营服务中的应用价值

未来，智能物联 AIoT 等新兴行业市场将成为发展热点，物联网在安防运营领域将得到深度应用。其重要功能之一就是能及时提供所监测对象参数、指标异常状态并发出预警、报警，为报警服务带来巨大的市场发展机遇。如在电气火灾监控、电动车充电管理、消防设施管理、企业用电管理、水资源管理、智能交通管理、危化品管理和节能环保等重点领域，传统报警服务业务将得到充分的延展，“建设+运营”的商业模式将逐步落地。报警运营服务商可抓住这个机遇，积极拓展报警运营服务的深度和广度，不仅为各类客户提供联网报警服务，还将服务内容拓展到客户的精细化管理、合理化降本增效，甚至决策数据提供等领域。

——摘自《中国安防》杂志 2022 年 7 月刊

增强现实技术在应急管理中的实践
——新安江南化工园区应急管理系统建设解析

为进一步提升危化品企业安全管理水平，加快推动精细化工产业转型升级和高质量发展，中央相关部门及各地方政府就化工企业安全生产信息化建设提出了多项指导意见和建议。2020 年 2 月中共中央办公厅、国务院办公厅印发了《关于全面加强危险化学品安全生产工作的意见》，提出要综合利用物联网、大数据、人工智能等高新技术，推进化工园区安全生产信息化、智能化系统建设。

当前，人员不安全行为主要依赖安防、应急中心盯控，通过人工巡逻督查、视频监控盯控、录像回看等方式。“人盯人”的模式容易出现督查不到位、监管人员麻痹大意、主观偏离意识等情况，园区安全生产整体监管效率较低且全过程、全时段、全地域监管难度大。充分利用成熟稳定的 AI 智能识别技术加强人员管控，在保证较高识别率和较低误报率的前提下，对园区内重点管控区域的人员非法闯入等行为进行实时监测、识别、预警、取证，提高园区安全和智能化水平。

——摘自《中国安防》杂志 2022 年 7 月刊

AI 技术引领移动执法终端迈入数智应用时代

随着基于人工智能技术的图像识别技术的快速发展，智能化正为移动执法终端带来更多应用的可能。端侧芯片技术成熟，使得移动执法终端的摄像单元在执法现场收集到的视频流或者图像，不用上传后台或云端即可通过自身强大的处理芯片及内嵌的多种算法，实现图像内容的快速结构化处理与解析。

目前移动执法终端中嵌入式人像识别算法通常基于视觉特征、像素统计特征、人像图像变换系数特征、人像图像代数特征等对人像进行特征建模，提取的图像特征值数据与数据库中存储的特征模板进行搜索匹配，通过设定一个阈值，将相似度与这一阈值进行比较，来实现对相关信息的判断。车牌识别则是应用分开理论建立基于有向分形参数的车牌定位预处理模型，结合投影法提取车牌区域，再将字符进行分割和识别，实现识别结果的输出。无论是人像识别还是车牌识别，移动执法终端都只需要把图像特征提取与解析后的关键信息上传云端进行决策，不需要上传完整的图像数据，这样既减少了后台、云端的工作量，又实现了快速响应现场处理的业务需求，提升了办案效率。

——摘自《中国安防》杂志 2022 年 8 月刊

人工智能在智慧养老中的深度应用

当前人工智能在智慧养老领域为解决老人居家养老过程中的难点堵点问题提供了技术保障，其应用场景不断丰富。智能语音技术让机器和老人实现便捷交互；自然语言理解技术让机器能够识别老年人的沟通意图，与之形成良性互动；智能感知设备可以实时感知老年人的身体状况，结合安全守护模型分析形成无形的守护纽带；全科医生的知识图谱能够帮助老人实现个性化的健康指导，实现医养结合，等等。

人工智能通过与养老行业的深度融合推动着、变革着传统的养老服务，养老服务也需要积极拥抱人工智能科技，两者在相互交融、促进中不断满足老年人多样化、个性化的养老需求，推动养老服务深层次的变革。

随着人工智能的发展，未来智慧养老会从各个领域改变现有的养老服务模式，从老人的日常智能护理、定制管家再到老年人的健康管理，甚至是情感陪伴，这些场景可能涉及一个智能产品，也可能涉及多个智慧化应用，让老年人无论是在家庭、社区还是机构都可以享受智慧养老带来的便利。让技术更好地服务老年人、让老年人的晚年生活更有品质，是人工智能赋能养老领域不变的追求。

——摘自《中国安防》杂志 2022 年 8 月刊

大数据技术赋能安防融创发展

公安部自 2018 年启动全国部省市三级公安大数据智能化平台建设以来，在全国范围内极大地推动了数据域专网、云基础设施、数据汇聚与治理、大数据处理与服务能力建设。各级大数据平台建设在反电诈、疫情防控、执法规范化、公安政务服务改革等重点工作中都发挥了重要的价值。随着大数据智能化工作的开展，一批公安自己的大数据建设技术专家、数据专家、业务专家也得到了很好的锤炼和培养，为公安信息化人才培养提供了很好的助力。

大数据中心作为数字经济的“底座”，不仅为各行业“上云用数赋智”提供了基础性支撑，也为数据这一新生产要素的自由流动创造了可能。但是以下几个问题仍需注意：1. 大数据中心“一哄而上”的状态可能带来产能过剩的风险；2. 若数据中心不相通，还会导致有效数据处理能力不足；3. 大数据中心自身绿色发展的问题。“东数西算”工程的全面启动，一方面亟须改进大数据中心的建设布局、发展模式，推动大数据中心向绿色高效、集约化发展转型；另一方面要加快推动数据中心、云、网络之间的协同联动，避免形成数据中心“孤岛”效应，提高资源的整体利用率。

——摘自《中国安防》杂志 2022 年 9 月刊

精耕 AI 赋能安防多场景应用

人工智能、大数据、云计算等新一代信息技术在安防行业的融合发展与场景应用，已成为行业数字化转型、智能化提升、融合化创新的驱动器，也成为培育行业市场新模式、新业态以及繁荣数字安防新生态的重要推手。

当前，安防行业依然是人工智能技术商业落地发展快、市场容量大、应用场景丰富的主要赛道。当人工智能进入安防后，有效助力安防实现事前研判和事前预警功能，打造了主动预防的现代安防体系。通过人工智能技术对视频数据进行结构化分析，继而“唤醒”沉睡的数据，更有利于推动人工智能在行业的落地。据了解，随着人工智能逐渐深入安防应用，也有不少问题逐渐凸显出来。首先，目前人工智能技术在车辆、人像的识别、比对方面已经具备了规模化商用的基础，并且已经在一些领域实现了较大规模的落地，但在其他领域的落地还处于探索、实验阶段，缺乏成熟的解决方案和应用场景，限制了人工智能技术在泛安防时代的广泛普及。其次，当前人工智能技术与应用场景的结合还不够深入和广泛，需要更多的创新和实践，以及相应的政策和法规的支持和引导。再次，人工智能技术虽然在公共安全、智能交通等领域取得了不错的实战效果，但在更多行业还没有形成较大的实战落地，需要加强跨行业、跨领域的合作和交流。最后，隐私安全问题也是人工智能技术在安防行业应用中不可忽视的一个方面，需要建立完善的隐私保护机制和标准，保障个人和社会的利益。

——摘自《中国安防》杂志 2022 年 9 月刊

“AI+数字孪生”在智慧化工园区方向的应用

人工智能技术在公共安全行业取得了广泛的应用，而面对化工园区安全生产主体责任的大多数化工企业来说，安全生产工伤风险防范成了各类人工智能机器学习技术的盲区。对于智慧化工园区建设来说，填补该盲区的技术空白就显得意义重大。利用人工智能视频深度学习算法形成的视频行为分析能力可以设计构造基于人的行为特征算法，用以规范在安全生产中人的操作异常行为导致的安全风险。如危化品企业防爆区域的人员抽烟行为，特殊作业的作业区域、作业环境及人员的防护措施不到位行为，高危装置及作业区未按照规定作业动作操作的违规行为等，视频 AI 分析长尾算法应运而生。通过智能高清视频设备部署在企业重点人员作业位置，通过前置视频 AI 分析芯片或后端视频 AI 算法的人工智能计算，识别计算施工人员的作业时间、行为习惯、特征动作，可先定义对应的危险作业行为、位置和特征，进而识别作业操作步骤。如加油站油罐车卸油的长尾连续算法，需要对有无放置消防气瓶、有无对接油管等进行识别。视频 AI 算法识别与企业装置开停车信号进行联动后，当识别到违规或危险作业动作时，如无防护施工、离岗脱岗、抽烟等特征和行为动作，自动触发告警、装置连锁停车，防范化解重大事故的发生。

随着化工行业向高质量、精细化发展，化工园区也将由传统的规范化发展向高质量发展迈进，化工园区的产业发展提升、绿色环保建设、智慧化建设、标准化建设将初具规模。人工智能及数字孪生从数据智能分析、实景化指挥、管理及数字工厂相关应用出发，在未来“十四五”发展时期将会成为支撑化工园区智慧化发展的核心技术，化工行业整体有望迎来新一轮的技术革新。

——摘自《中国安防》杂志2022年9月刊

人工智能技术在建筑楼宇的消防安全建设实践与探索

建筑楼宇场景复杂多样，消防隐患也五花八门，依靠人力进行查看、排查、复核的处置效率较低。利用人工智能技术可提升建筑消防安全隐患的排查效率，实现消防隐患的智能预警。核心场景包含但不限于室外消防通道、消防控制室、电动自行车停放点、室内消防通道、公共场合等。

1. 室外消防车通道占用监管

通过在消防车通道安装AI智能摄像机，或利用原有的摄像头的视频资源进行后台智能分析和识别，对消防车通道的堵塞情况进行在线的实时分析和预警。当发生堵塞行为的时候，联动现场的广播/喇叭设备，第一时间播报和劝离，这样可以提高单位消防隐患识别的效率，同时大大减轻和缓解消防安全管理人员的监督压力。

2. 电动自行车停放管控

通过部署在电梯或停车场的AI摄像机或利用原有视频资源进行后台分析，对电动自行车驶入电梯或乱停乱放进行智能识别和预警、语音提醒。当电动自行车进入电梯，除了适时的语音驱离，同时可以联动电梯阻止关门和运行，达到电动自行车不能入户的目的。从而提升消防安全管理人员对电动自行车的管控效率，实现违规和隐患的实时预警。

3. 室内消防通道堵塞监管

通过对室内消防通道的视频数据进行智能分析，实现室内消防通道占用的预警，及时通知到消防安全管理人员快速进行整改，保障室内消防安全通道通畅。

4. 消防重点区域消防隐患监管

对于仓库、档案室、机房所等重点场所，一般都有较高的消防防火要求。通常情况下，采用热成像摄像机能够及时发现火情，但也存在着成本较高的问题。针对已安装高清摄像机的场所可以通过对视频资源（可见光）进行分析，实现对烟雾、明火的智能识别，及时预警和提醒。

5. 其他场景消防隐患监管

通过视频AI技术还可以对消防设施设备进行管理，如识别灭火器是否按要求摆放（是否在规定位置、是否数量合适）、消防斧是否丢失、消防水带是否丢失等。在水雾或水汽比较浓厚的区域，比如餐厅厨房，往往烟雾、温感的效果不佳，造成较多的误报。可以通过视频AI技术实现智能透雾、烟雾智能分析等算法的探索，提升厨房的火灾探测水平。

——摘自《中国安防》杂志2022年9月刊

人脸识别产品在公共安全领域的应用现状与发展趋势

近年来，随着深度学习技术的发展，人脸识别技术已成为人工智能技术发展产业化最成功的案例。人脸识别产品目前应用范围已经覆盖政府应用如司法、刑侦、社保、医保、安全防范等，商业验证如金融、电信、电力等以及民用范畴如智能手机、考勤机、笔记本电脑等领域。在公共安全领域，人脸由于其普遍性、唯一性、可靠性和易采集性的生理特征已在身份识别认证中发挥着举足轻重的作用，受到行业的极大重视。公共安全领域人脸识别产品发展主要有以下三个趋势：

1. 终端产品赋能化

前端赋能是人脸识别发展的大趋势之一。随着芯片技术趋向于更精密化、更强算力、更低功耗的发展趋势以及深度学习技术的移动端迁移技术的发展，使前端设备为后端分担更多智能分析压力提供可能性。目前前端产品赋能主要采用的手段包括研制内置智能芯片的新一代人脸功能摄像机；增加小体积分析后端，研制智能化分析共享设备等。

另外，前端多传感器融合技术是人脸识别的另一发展趋势。为克服环境因素的影响，除提升芯片和算法性能外，也可通过增加基础传感器来实现复杂环境下的人脸数据采集，如具有红外摄像头的人脸采集设备和具有多摄像头或结构光技术的 3D 人脸采集设备，通过红外成像或 3D 建模解决传统二维摄像机对于黑暗场景、人脸旋转、遮挡、极度相似等鲁棒性较差等问题。

2. 系统产品数据化

人像大数据技术在公共安全行业已有一定的发展，尤其在公安系统中，利用人脸识别系统将海量数据整合利用，可以有效增强公安治安人员黑名单的排查、不明身份人员身份确认等功能，解决传统人工排查效率低下等问题，提升公安信息化水平。通过人脸数据分析可提供多种功能的行业系统应用，并针对业务需求设计不同技战功能，真正实现人脸识别系统产品落地和产业化。

3. 行业应用标准化

行业应用标准化工作应包含人脸识别产品标准化体系建设和人脸识别产品测试标准化建设。由于人脸识别系统涉及范围十分广泛，不同行业对人脸识别产品的需求和侧重点均有所不同。因此，针对公共安全行业需求和应用场景的标准化体系建设迫在眉睫。不断完善标准化建设有利于推动和规范我国人脸识别技术和相关产业的快速有序发展。标准化体系的建设要基于国际标准建设情况以及我国人脸识别技术发展现状，建成独立的、完整的具有生命力的标准体系，充分考虑现有技术的基础上考虑原有标准兼容和对未来标准体系的扩展问题。而人脸识别产品测试标准化建设是对人脸识别产品市场规范化的重要体现，将人脸识别产品的功能、性能和安全测试设定在同一起跑线，有利于人脸识别产品的去伪存真，对人脸识别产品产业健康发展具有深远影响。

——摘自《中国安防》杂志 2022 年 11 月刊

人工智能视频监管在城管中的应用

人工智能视频监管在城管中的应用，是利用人工智能视频分析技术，通过视频图像分析系统，对城市事件违规违法行为进行智能识别、预警、取证、派发，创建非接触性管理和执法模式。它基于已有的视频设备，通过人工智能视频分析算法，实现城市管理问题快速精确分类，并基于分类结果判定异常问题，从而实现城市管理问题的快速发现、报警和取证，如发现店外经营、无照经营游商、机动车乱停放等事件，均立即发出报警提醒，变被动管理为主动预防。

合理利用交警、交通、应急、环保等部门的视频管理资源，横向共享城管数据资源是智慧城管合理发展过程中亟须解决的问题，也是促进智能城市发展的有力抓手。智慧城管是智慧城市的重要组成部分，随着信息技术的发展和知识社会的演进，智慧城管的发展必将得到强力推进。视频管理技术的发展可以为智慧城管的建设提供大量的支撑和工具，可以预见，在未来的建设中视频的数据量会爆炸性增长，对海量视频数据处理系统的要求会越来越高，对视频数据挖掘的能力要求将越来越强，视频大数据将引入越来越多的 AI 机器学习，通过深度学习、智能图算法等尖端技术来提高智慧城管的智能化水平。

在视频图像分析领域，AI 分析的重要性与日俱增。提高视频分析告警的准确率，深入 AI 视觉分析在市容、环卫、秩序等智慧城管场景的应用，加速视觉技术在智慧城管业务中的快速落地发展，提升采集数据质量和算法开发水平，实现城管各业务系统间数据互联互通，提升数据的可用性和可迁移性，建立数据标准和数据共享平台是智慧城管发展的必由之路。

——摘自《中国安防》杂志 2022 年 11 月刊

人工智能与安防行业融合发展的探索研究

随着人工智能、物联网、大数据、云计算、5G 等新一代信息技术与安全防范技术在行业技术创新和场景应用中的融合发展，安防行业数字化转型升级、智能化融合创新的步伐进一步加大，新一代信息技术成了培育安防行业市场新模式、新业态以及繁荣数字安防新生态的重要推手。安防行业应用场景丰富、商业落地条件充足、市场容量巨大、商业价值潜力强劲，近年来已经成了人工智能深度融合发展的成功应用领域，且融合发展的趋势进一步凸显。

人工智能技术是模拟人思维的信息过程，生产能以人类智能相似的方式做出反应的智能技术。目前投入和运用较多的人工智能技术包括信息检索、特征识别、知识图谱、机器视觉、机器学习、人机交互、AR/VR、事件逻辑推理以及分析求解等多个关键技术。

近年来，随着数字化改革、新型基础建设的持续推进，人工智能技术得到了越来越广泛的应用，特别是在安防领域取得了巨大成果。这几年安防行业进入了以新一代信息技术为核心技术体系的转型升级期，安防技术及知识体系已经与以人工智能、大数据、云计算、物联网、5G 等为代表的新一代信息技术快速融合，形成了与物信融合、多维感知、城市大脑、AI 赋能、智能感知等相结合的新时代安防技术的知识体系，促进了安防行业的创新发展。在智能化升级发展中，海康威视、大华股份、宇视等安防头部企业纷纷拥抱人工智能，商汤、旷视、依图等人工智能企业全面进军安防应用领域，华为、阿里、百度等互联网平台企业涉足布局智能安防领域。

在人工智能新一代信息技术的软硬件产品及服务的赋能下，传统安防行业借助机器视觉、智能算法、知识图谱等技术在各级各类安防场景中实现了智能化落地应用，安防应用场景范围不断加大，涵盖了公安、交通、社区、文教、金融、司法、海关、能源、应急、环保等多个行业。同时，市场需求的主体也在企业、消费者等民用安防市场得到快速发展。

未来，随着视觉智能、计算摄像、光电计算等 AI 新技术的出现和应用，监控视频智能计算将实现高效率和低能耗，深度神经网络等模型在监控视频分析任务中的应用将实现飞跃式发展，如人脸、行人的检测、追踪和识别，行为的识别，群体的分析和决策等。这将进一步提升安防的智能化水平，并带来计算范式、性能指标、竞争基础、游戏规则、技术轨道和产业形态等方面的颠覆性变革。

——摘自《中国安防》杂志 2022 年 12 月刊

第三节　入侵报警与运营服务领域

入侵探测报警技术方兴未艾　应用场景多元丰富

在传统的入侵报警应用中，常规采用红外光线作为探测源探测人或者物体信号。激光技术作为我国重要的战略支撑技术，在军工、医疗、工业、能源等领域都有着深入的应用且发挥着重要作用，由于其光源具备方向性好、亮度高、单色性好、相干性好等优势，因此也被应用于多类型的入侵探测报警场景。

此外，在时代的进步与社会的发展以及视频监控技术的革新下，催生了一系列人工智能与传统视频监控技术的激烈碰撞与有机融合，视频监控入侵探测报警体系便在此背景下应运而生。其中，随着智慧园区信息化建设的不断深入，人们对园区的舒适性、便捷性、高效性、安全性的要求日益增高，智慧园区建设中的自动化、智慧化、信息化等技术的高效结合在园区创建设计中备受关注。据公安部门对犯罪活动记录的整理分析，犯罪分子作案时间往往在晚上，夜间园区的安全防范成为园区安全管理的重中之重。同时，博物馆也是安防产品技术的重要应用领域，博物馆的安全等级极高，入侵探测报警系统必须达到“零漏报、低误报”的要求，因此研究“博物馆安全防范系统中入侵探测报警系统的漏洞与对策”具有必要性、紧迫性。

——摘自《中国安防》杂志2022年4月刊

激光探测技术在入侵报警领域的应用及未来趋势探讨

激光对射的探测原理是激光从发射端到接收端探测的过程中，光束被遮断（可以是单光束也可以是多光束）会产生报警信息，这个信号的产生即时而快速，只要产生一次遮挡就会发送一次报警信息。上文从稳定性、安全性、抗干扰性能以及环境适应性等多个方面分析了激光光源的优势。激光对射作为一种探测报警设备，通过采用激光作为探测器光源与主机、平台等构成一套完整的入侵报警系统已成为当前炙手可热的入侵报警模式。

得益于各大厂家在技术方面的不断突破，在激光探测的核心基础上，针对探测距离、应用环境、通信方式等差异化需求作了相应的定制开发，激光对射的类型也从单一走向多元化。目前，市场上激光对射产品主要有普通智能型、超远距离型、超长型、可见光型、防爆型、网络POE供电型等多种形态，适用于地产、机场、军队、监狱、工地、企业园区、文博等常规周界探测及更多的延伸应用场景。

1. 长防范距离场景

在桥梁限高、边境线等防范距离较长的场景下，固定的探测距离内不适合多对安装的环境中，我们可以采用超远距离激光对射，警戒距离可达数千米。

2. 超高度周界探测场景

在一些没有实体围墙或者栅栏的周界探测环境中，需要实现落地式探测的目的，因此对激光对射的高度有所要求。可以采用超高高度激光对射，最高可以达到3米以上。当然，更高的高度意味着有更多的光束，光束之间的距离以及光束频率也需要经过特殊设计，避免串光干扰。在超高高度的应用中，可通过运用智能变频技术让每对光束都有相应的频率，即便是多光束探测，也可尽量避免出现相互串光的问题。

3. 危险品存放场景

除了长度和高度的要求外，在实际的项目中常常还会遇到一些存在危险品的场所如化工、石油、煤矿等。在这些区域的防范中，我们不仅要保证探测效果，更要避免激光对射产生电火花对现场环境造成不良影响，所以在这种环境中我们可以采用带本安防爆功能的激光对射。

4. 空旷区域布放场景

在工地、临时防范区域、野外仓库等不便布线的安防行业项目应用中，入侵报警部分需要采用网络方案。网络POE版本激光对射自带网络接口，不仅可以直接接入系统原有的网络中还能够实现POE供电、灵活布线等功能。

——摘自《中国安防》杂志2022年4月刊

浅析博物馆入侵探测报警系统存在的漏洞与对策

通过分析室内移动入侵探测器的技术现状可知，目前博物馆入侵探测报警系统漏洞是由于空间入侵探测器技术原理上的缺陷导致，由于技术原理受限，上述入侵探测器无法从根本上解决漏洞。通过大量的研究及实践，目前一种利用光多普勒效应的入侵探测技术突破了技术瓶颈，从根本上解决了上述漏洞。

光多普勒入侵探测技术经理论分析及实践，可有效解决传统主动红外、被动红外、微波、超声波等入侵探测技术受自然环境影响大，易被干扰、误报率高以及漏报失灵等问题，有效提高了入侵探测的准确率。并且该技术可实现遮挡报警、灵敏度减弱报警的功能，是目前唯一符合国际、国内入侵探测器最高安全等级标准要求的产品。可填补现有博物馆安全技术防范系统中入侵探测部分存在漏报、失灵的巨大漏洞。

——摘自《中国安防》杂志 2022 年 4 月刊

浅析大型活动安保工作中的安防应用与发展

1. 激光对射报警系统

冬奥会会场、场馆安装的激光对射报警系统中，四光束激光入侵探测器具有安装维护便捷、使用寿命长、低成本的特点，探测器沿围墙布设，可利用螺丝固定于围墙顶部或使用安装支架进行侧安装。激光对射运行稳定，一年仅需校正一两次光路，在运行过程中遇到损坏，仅需更换激光管，成本可控。

2. 智能服务机器人

在国家跳台滑雪中心“雪如意”，智能服务机器人在场馆内自主导航，遇到行人或障碍物会主动避让，如同“巡逻员”提供室内巡逻安防服务，对场馆内情况进行实时监测和管理。此外，自动消毒机器人、配送机器人等服务型机器人在服务上可有效减少人员接触，有助于疫情防控。

3. 超高速摄像机

本届冬奥会上，国家速滑馆内使用的超高速摄像机，时速可达 90km/h（冬奥会速滑比赛中运动员速度可以达到 15~18m/s，相当于 50~70km/h），克服了人力跟拍上的速度缺陷，实现了对运动员位置的实时追踪，灵活抓拍比赛画面，辅助裁判快速公正判断。同时，还可以根据转播要求进行加速、减速、超越等操作，为观众带来更好的观赛体验。

4. 多模态生物力学快速反馈系统

该系统运用 AI 无干扰三维动作捕捉、超宽带精准定位测试、北斗导航、高速运动自动跟拍机器人、无人机摄影等多项技术，系统分析滑雪运动员的助滑、起跳、飞行和落地姿态，为教练和运动员调整训练方案提供精确的数据支撑。

——摘自《中国安防》杂志 2022 年 4 月刊

小区综合安全服务市场发展探析

小区综合安全服务与传统报警服务有很大不同，传统报警服务主要是银行、商业店铺等的防盗报警和银行等场所的紧急报警。而小区家庭的安全服务内容非常广泛，形式多种多样。

1. 防盗报警服务

中国已成为全世界最安全的国家之一，入室盗窃发案率非常低。小区集中居住模式加上物业公司的安保服务，小区家庭被盗现象极其少见。所以，小区只有极少数家庭愿意为防盗报警服务买单。因此，专业的报警服务企业在家庭防盗业务板块的重点对象是别墅家庭和少数底楼有小花园的小区家庭。

2. 老人安全服务

（1）在床头等位置安装 SOS 紧急求助按钮，老人遇到紧急情况需要救助时，按下按钮就可以将信息传到报警服务公司或指定手机上，以便老人得到及时救助。

（2）在卫生间、卧室、客厅等处安装非穿戴、非视频的无感老人跌倒探测器，老人跌倒后能自动检测，自动将老人跌倒报警信息发送到报警服务公司或指定手机上。

（3）在老人床的床单下铺上睡眠质量监测带，可以自动检测老人的睡眠质量、晚上翻身次数、起床次数、呼吸频率等，一旦老人呼吸异常自动将报警信息发送到报警服务公司或指定的手机上。

3. 家庭水、电、气、火安全服务

（1）在家庭强电箱里安装智慧用电安全监测终端，24 小时不间断自动检测家庭用电情况，包括电压是否过高、电流是否过大、线路发热是否过大、是否漏电等，一旦发生用电安全隐患，自动将报警信息传到报警公司或指定手机上。

（2）在厨房安装可燃气体探测器，一旦燃气泄漏自动报警，并将报警信息传到报警公司或指定手机上。同时，还可以在不改造燃气管道的前提下，加装自动关闭燃气阀门的机械手，检测到燃气泄漏时自动关闭阀门。

（3）在厨房、卫生间、暖气管附近安装水浸探测器，一旦管道漏水自动报警，并将报警信息传到报警公司或指定手机上。

（4）在厨房等有火灾风险的位置安装带温感的烟雾探测器，一旦发生火灾自动报警，并将报警信息传到报警公司或指定手机上。

——摘自《中国安防》杂志 2022 年 5 月刊

智慧养老安全服务平台在社区居家应用探析

当前，政府主导、企业运维、市场运作的居家和社区养老服务形式备受关注，运用 5G、互联网、人工智能、大数据等新技术通过平台系统打造“社区+运维+物业”养老服务新模式，是破解当前社区居家养老安全服务难题的有效路径。国家近期出台的《“十四五”国家老龄事业发展和养老服务体系规划》（以下简称《规划》）也将对此产生极大提振作用。《规划》指出，推动“互联网+养老服务”发展，支持社区养老服务机构平台化建设，提供菜单式就近便捷为老服务。

“社区+运维+物业”养老服务模式下的合作方式是“街道社区+安防运维公司+物业公司”。街道社区统筹行政资源、网格资源等，对社区内各类养老资源进行管理和配置；安防运维公司承接社区小区住宅“适老装置”业务，做好专业化运维服务，保障老人社区居家养老整个系统的正常运行；物业公司为小区提供保安、保洁等物业服务，对于社区老人的安全服务精准及时。

具体运行操作上，安防运维公司利用自身运维优势整合社区网格资源、物业公司安保资源将老人、子女、社区、物业连接成一个整体，形成运维养老服务以支撑社区居家养老为依托的养老服务闭环。

——摘自《中国安防》杂志 2022 年 6 月刊

安防报警运维企业转向“增值性服务”

以报警运营服务为代表的安防运维服务建立之初，主要是为用户提供设备故障检修、警情联动等基础性、单一化服务。与安防产品技术创新、系统集成近年来的变革性发展相比，安防运维服务的市场体量较小，市场占比不到 10%。这种落后局面的形成因素较为复杂，目前主要集中在创新意识不强、技术应用滞后、品牌优势不突出等方面。

为改变这种落后局面，一些安防运维服务企业开始将目光转向“增值性服务”，即结合不同行业需求，提供定制化安防运维服务。

例如，24 小时运维值守的应用，就是为了确保用户布防时段防区安全，特别是银行、商铺等场所，夜间往往是盗窃破坏、非法入侵的高发时段，有了 24 小时人机运维值守，用户的夜间及假日防区安全得到了更加全方位的保护。

昼夜巡检巡查服务则实现了对用户前端设备的及时检测维护，在学校、医院等重点区域，变事后处理为事前预防，保障了用户前端设备正常运行以及警情及时上传，有效降低事件风险。

而对于远离城市和工业区的偏远地区的无人值守网点，运维服务企业定制开发远程运维管理平台，可实现设备运行状态的实时查看、设备异常工作自动报警、设备异常自动修复、设备远程控制等核心功能，为用户节省网点运营成本的同时，可有效提高防区安防服务效率和服务效果，切实贴近用户需求，为用户带来高品质的服务体验。

——摘自《中国安防》杂志 2022 年 7 月刊

新技术在报警运营服务中的应用价值

未来，智能物联 AIoT 等新兴行业市场将成为发展热点，物联网在安防运营领域将得到深度应用。其重要功能之一就是能及时提供所监测对象参数、指标异常状态并发出预警、报警，为报警服务带来巨大的市场发展机遇。如在电气火灾监控、电动车充电管理、消防设施管理、企业用电管理、水资源管理、智能交通管理、危化品管理和节能环保等重点领域，传统报警服务业务将得到充分的延展，“建设+运营”的商业模式将逐步落地。报警运营服务商可抓住这个机遇，积极拓展报警运营服务的深度和广度，不仅为各类客户提供联网报警服务，还将服务内容拓展到客户的精细化管理、合理化降本增效，甚至决策数据提供等领域。

优良的服务体验是报警运营服务企业生存发展的根基。随着客户需求和数量的不断增长变化，加强服务企业内部服务流程管理成为服务企业必须重视的领域。运营服务业务系统与运营服务管理系统都将“云化”并进一步融合，企业可将服务内容和服务过程同步呈现给客户，并最终形成服务结果交付给客户。

——摘自《中国安防》杂志 2022 年 7 月刊

深挖市场突破边界——报警服务业市场拓展与应用发展

首先是在公共交通领域，“一键报警”服务表现突出。在高速公路碰到突发情况，报警后却讲不清楚自己所处的位置，这样的情况可能有不少人碰到过。路遇交通事故堵车、设施故障影响行车秩序、路面积水结冰无法通过、施工围挡和违停车辆阻挡等，为了解决以上突发事件，2021 年年底西安公安交警推出“一键报警”功能，群众在路面上遇到问题后能够第一时间反馈给警方，并及时收到反馈处理结果，确保道路交通的安全与畅通。

为全面震慑各类车内危害驾驶员行车安全行为，消除市民、驾驶员反映强烈的行车安全风险隐患，呼和浩特市 2019 年下发《呼和浩特市加强城市公交车安全管理实施意见》，“在全部运营公交车驾驶区域安装安全防护隔离设施，并在公交车厢内设立安全警戒线、喷涂张贴统一警示标语、安装一键报警等技术防范设施”。

此外，一些共享单车 App 以及约车软件平台也推出了“一键报警”服务，有助于消除用户安全隐患。

在家庭社区服务领域，“电动车禁入电梯识别管控系统”具备无人值守报警功能，通过 AI 智能电动车识别算法，实现对电动车检测分析识别及实时预警电梯轿厢内电动车闯入事件。当电动车进入电梯时，系统会提醒当事人，并让电梯停止运行，发出警示语言监控播报，同时推送消息至物业管理人员手机，直到电动车推出电梯，电梯才恢复正常运行，为消除电梯间安全隐患发挥了重要作用。此外，一批智能锁也在系统内植入了“报警”功能，涵盖锁舌异常报警、防拆报警、布防报警、系统锁定报警、低电量报警等多重报警功能，通过“本地+App”远程告警加持，将家庭安全装进居民“口袋”，为居家安全提供保障。

——摘自《中国安防》杂志 2022 年 11 月刊

报警服务应用场景日趋多元，从一元化向多元化发展

过去报警服务企业技术团队主要是为本企业用户提供包括设备系统运维、监控工程、项目维保、安全运营等服务工作，通过多年实践锻造，技术团队的专业技能、工作效能均得到了显著提高，已具备承揽更大市场技术服务的能力，为此一些报警服务企业技术团队在服务好自身用户的同时，开始尝试“走出去”，为政府机关、大型企业设备端、网络端、平台端提供软硬件运维服务（特别是涉及“安全生产”的危爆、化工等企业，安全需求更加紧急、迫切，但自身并不具有安全运维能力，亟须专业运维团队提供技术支持），从传统报警服务跨步到更广义的软硬件运维服务，实现了报警服务企业技术实力与业务能力的双提升。

报警运营服务业也从基础性故障检修、警情联动为主的“一元化”发展，到与多行业、多领域市场需求相结合，延伸、派生出越来越多的服务内容，为运维服务升级加码，最终推动和实现报警运营服务从“一元化”向“多元化”的深度融合发展，新场景的报警运营服务不断“应运而生”，其中石油石化、智慧社区（园区）、智能电网行业、智慧燃气、养老看护、消防等新场景应用和普及较为迅速，报警栏服务在新行业、新领域的应用前景值得期待。

——摘自《中国安防》杂志 2022 年 12 月刊

第四节　出入口控制领域

2022 年楼宇对讲系统应用发展趋势

楼宇对讲与智能家居、智慧社区深度融合。目前，作为连接社区和家庭之间的桥梁，楼宇对讲与智能家居在智慧社区中的应用结合已经成为行业发展的趋势，同时许多楼宇对讲厂商开始打造智慧社区综

合管理平台和集成智能门禁、视频监控、停车场、梯控等产品及子系统来实现数据的统一汇聚、统一管理，提升小区居民的安全感和满意度。

一方面，智能家居带动楼宇对讲功能扩展。随着越来越多的楼宇对讲厂家开始深入到智能家居领域，将楼宇对讲系统与智能家居系统进行结合，楼宇对讲除了具备传统的对讲开锁功能外，还集合了短信通知、手机 App 远程控制、安防报警、室内监控查看、电梯呼唤、家居控制、信息家园等众多便捷化功能。楼宇对讲与智能家居相辅相成，进一步提升了两者的增值空间和性价比，从而在功能的扩展上带来了巨大的发挥空间。未来智能家居的发展方向应是以实用、易用为主。随着智能家居配套技术的不断成熟和产品化，数字化对讲将在其功能上实现与智能家居系统更加深入的合作，在更宽广的范围内结合以实现更多的功能。

另一方面，智慧社区推动楼宇对讲融合发展。智慧社区的建设要求提高人们居住环境的安全性和舒适性。推动打造出集云门禁、云对讲、社区购物、社区信息、视频监控、家居智能控制于一体的社区服务管理平台。以对讲系统为入口，通过智慧社区平台，有利于延伸到物业管理、社区安防、智慧停车、智慧家庭以及社区商圈等多种产品线，提供社区与家庭智慧化的整体解决方案，通过智慧社区平台拓展了更加强大的功能与多样化的增值服务，更好地为智慧社区建设作贡献，为广大业主提供智能化业务。

——摘自《中国安防》杂志 2022 年 1—2 月合刊

步态识别技术应用于公共安全领域的优势和需求

步态识别技术符合视频监控场景下公共安全领域的应用需求。步态识别作为一种新的生物特征识别手段，融合了人的生理特点和行为习惯，具有明显的个体差异，具备非接触、唯一性、难以伪装等特点。步态识别技术面向公共安全是通过分析步态视频对个体身份进行识别和鉴定，它不但适用于街面场景，而且适用于“三站一场”、重点敏感区域等大人流量复杂公共场所的远距离身份识别，对可疑人员实时布控，实现事前预警。尤其是在当前疫情环境下，佩戴口罩出行常态化，大大削弱了人脸识别在人员身份判定和关注人员检索、比对等方面的作用，若能将步态识别与人脸系统相结合则可以更快锁定和缩小嫌疑人的范围，从而提高城市公共安全的保障水平。

步态识别技术落地应用是公共安全领域信息化建设发展到一定阶段的必然要求。近年来，随着平安城市、雪亮工程在全国范围内的大规模开展，视频监控建设数量与日俱增，大量的治安监控分布在人群密集区域、治安复杂场所、关系国计民生的重点领域、居民社区、乡村。这类治安监控虽然实现了对整体环境的监测，但是产生的海量视频和图像文件无法得到有效的利用，周而复始的循环覆盖并没有挖掘出更多的潜在数据价值。步态识别技术的出现使上述难题得以有效解决，不仅能够实现远距离行人特征提取，而且在跨不同颜色着装、夜晚红外光场景下不受影响。经过多地实际应用表明，步态识别技术能够在现有视频监控系统不作任何改动的情况下实现城市约 90%普通治安摄像机的智能化，并提取出每路视频监控画面中约 90%的人员特征信息，补齐了“雪亮工程”建设期间对于人员特征分析的短板，大大提升城市视频智能化水平，使公共安全建设更加深入和全面。

——摘自《中国安防》杂志 2022 年 3 月刊

出入口控制技术日新月异　应用市场欣欣向荣

在各类安防子系统中，出入口控制是最早使用“个性化目标探测”的子系统。对“数字化/结构化”目标的流动管控是出入口控制系统的基本功能。广义的出入口控制系统对人员流动、物品流动、资金流动、信息流动的管理有非常广泛的应用领域，如当前疫情下广泛使用的“健康宝”“行程码”等。近年来，我国移动互联网产业创新技术和商业模式发展迅速，给予传统出入口控制行业大量创新技术积累和应用示范。新一代移动互联出入口控制技术立足于发挥移动互联技术在创新硬件、移动通信、用户应用、运营模式、产业生态等多个方面的优势，对出入口控制系统的系统架构、硬件组合、通信链路、用户界面、信息存储进行全面优化升级。特别是在物联网、生物特征技术、互联网技术、大数据储存等底层技术的赋能下，出入口控制技术在安防行业的建设与应用也有了新的发展，提供了更加智能、人性化的通行方式。

——摘自《中国安防》杂志 2022 年 5 月刊

智慧通行方案在产业园区中的应用

针对园区出入口场景，智慧通行方案主要通过“前端通道闸机+智慧门禁管理平台+微信小程序”的方式实现人员信息线上管理、访客预约登记、前端设备快速识别响应、进出、体温记录管理以及车辆通行管理等功能。该方案具有以下价值：一是降本提效。从智能园区建设的顶层规划出发，实现园区在建设智能通行场景的同时也支持更多创新服务应用，以避免重复信息化建设的成本耗费。统一物联建筑标准，利用一个网络平台统一管理几个子系统，完成了人行/车行数字管理工作，有效地帮助工业园区减少人员成本，提高管理水平。二是提升服务。打造智能化无感出入场景，创造更为方便灵活的进出管理方法，改善园区进出感受。针对园内进出人员的复杂性，通过区分人员类型进出权限设定以增强保安管控力量，并且可过滤非法人员，如遇险情可实现与子系统的有效连接，为园内人员提供了更为安全的周边环境。三是数据赋能。通过智慧车行大数据分析可以使管理者直观掌握园区的停车位利用情况和吞吐量，以及动态掌握园内停车费收入和入园用车种类、付款偏好和停车费时长的占比等。帮助园区管理者进一步优化停车位的经营模式，合理布局新能源汽车充电设施，进一步优化使用者的停车位使用体验。通过智人行大数据分析，重点专注于对园区内的企业员工的大数据分析，并通过园区内出入管控设备和智云平台的使用，从而掌握园区公司的产业特征、发展规模和运营活力。

——摘自《中国安防》杂志 2022 年 5 月刊

AI 赋能下的出入口控制技术与“健康码”创新融合的探析

出入口作为安全防护的第一道防线，在该处对进出人员进行有效的进出监管和信息记录是安全防范的关键。随着人脸识别等 AI 技术的赋能，对出入口控制领域人员通行和车辆通行各个应用场景的感知、控制、传输、存储、数据呈现等进行了技术升级和优化，使众多新时代创新技术和管理思路落地实现，为广大用户提供更优秀的智能化体验，为项目及关联者带来更多的经济收益和社会效益。

面对国内疫情的严峻形势，全社会防控压力激增，尤其是在人员密集、流动性大、通行效率要求高等应用场景对出入口的人员防疫健康码核查提出了更高的要求。针对学校、园区、办公楼进出频繁等场所而言，不但要求对人的身份进行确认，还需要核查人员的健康信息，全面管理、监测进出人员的身份、健康状态，并能对内部人员、访客进行大数据分析，以数据指引提升管理效率，并能对疫情控制、走势研判提供有力的数据支撑。

——摘自《中国安防》杂志 2022 年 5 月刊

基于无感检测技术的新一代智慧公安检查站建设与应用

公安检查站作为保护城市安全不受侵犯的第一道防线，是建设立体化社会治安防控体系的重要部分，在维持社会长治久安和构建大型活动的安保屏障等方面起到了不可忽视的作用。自 2020 年全国取消高速公路省界收费站以来，依附于高速公路省界收费站设立的省际公安检查站受到了极大的冲击，公安检查站自此也将承担更大的安全责任与使命，如何确保“安全”与“快捷”是公安检查站变革的关键。

近年来，智慧新警务建设在越来越多的地区被不断推行，公安检查站也随之成为警务科技建设的中坚力量。新一代智慧检查站领域充分应用人工智能、大数据等先进技术，将检查站管理模式由完全依靠人力物力向科技化、智能化转变，实现科技力量与人工智慧的完美交融，构建新一代智慧安检模式，将检查站由被动防控向“非接触、无感知”的主动防范转换，提升警务工作的实战效果，进一步发挥检查站“护城河”和“过滤器”的作用。同时，随着科技强警战略的全面实施，智慧公安检查站如何充分应用科技引领警务创新，从而助推核录安检模式完全由传统安检模式向智慧安检模式转变，助力检查站快速完成信息采集、信息录入、信息比对及信息上传工作，全面推进智慧检查站发展成为亟须思考的问题。

——摘自《中国安防》杂志 2022 年 8 月刊

自动驾驶技术进步，动静交通一体化进一步推进

从长期来看，结合自动驾驶技术的动静交通一体化仍是城市智慧停车的一个重要发展趋势。如今自动驾驶技术已在多个领域取得了显著进展，甚至部分场景已实现了商业化应用，如智慧园区的巡检车、物流车和环卫车。而由于“驾驶”与“停车”之间的必然联系，自动驾驶技术与智慧停车技术的融合也在不断尝试中，如通过无人巡检车实现对车场的巡检，不仅能够精准统计车位占用情况，实现精准引导、反向寻车，并且能够实现场内无人值守，在出入口无人值守的基础上进一步实现全方位的无人值守停车场。除了“非载人”的场景外，在单车智能与停车场系统联网的技术下，现在已能实现停车场内自动泊车，即“入口下车即走，在入场时一键自动泊车、离场时一键召唤车辆”，这样真正意义上的“无人驾驶自主泊车”在某些场景下也已有了实际的应用，例如天津生态城的亿利精灵乐园停车场。

随着自动驾驶和城市智慧停车的不断发展，相信未来动态交通和静态交通的融合程度将进一步加深，实现真正意义上的动静交通一体化。

——摘自《中国安防》杂志 2022 年 12 月刊

第五节　安检防爆领域

解析毫米波技术在高安保级别领域的融合应用

在我国，以“出行一张脸、物流一张单、通关一次检、运行一张网、监管一平台”为主要内容的“智慧民航”新业态加快形成，航空出行正在从“走得了”向“走得快”“行得好”转变。从安检过程来

看，毫米波人体安检设备也已经正式纳入中国民航安检设备清单。旅客出行首先经过自助式身份验证闸机，在X光行李安检仪中放入随身行李物品，旅客进入毫米波人体安检设备。通过毫米波安检技术，人体衣物下所携带的各种材质物品将在后台形成三维全息图像，如存在可疑物品将自动报警，无可疑物品则可以快速通过。相比传统安检的模式，整个“人检”过程不再需要安检人员用金属探测器进行接触式搜身，提高了安检效率，使旅客体验更加人性化。

我国有数千个各类型矿业、电子企业等，由于其行业具有特殊属性，在管制区域内不仅要严禁枪支弹药、管制刀具、易燃易爆、有毒有害等危险因素进入，同时还要严查涉及核心竞争力的新产品、新技术、精密元件、贵重原材料等特定物品被夹带出工厂，造成知识产权损失。其检测目标材质多样，不仅涵盖金属，还包括各类型半导体、液体、胶状物、塑料、陶瓷、玻璃、复合材料等，因此检测目标具有多样性、隐蔽性的特点。传统安检模式无法满足需求，而毫米波人体安检技术成为智慧化升级的最佳选择。毫米波人体安检设备能够对人体外表（衣服内）藏匿的物品实现360°的三维成像检测，在不侵犯职工人身权的前提下，对查验物品目标进行定向安全检查，预防违禁品进入管控区域，或将公司的贵重原材料、产品、研发技术资料等携带出，既保障了公司财产的安全，又能够保障员工的职业健康和尊严。

——摘自《中国安防》杂志2022年4月刊

安检技术在智慧医院中的应用

医院智慧安防系统建设是智慧医院的重要组成部分，其中安检系统是保障医务人员人身安全的第一道重要屏障，也是医院构建安全防范系统的重要手段和措施。目前各地各级医院陆续建设安检系统，有力保障了医务人员人身安全。但安检系统在实际建设与日常运行中也存在一些问题，如安检效率低、与医院日常工作流程不协调等。

针对这些问题，医院安检系统不应只是安检设备的部署，更应通过构建专用网络将各安检点的X光机、禁带品识别机、安检门、危险液体检测仪、爆炸物检测仪、视频监控、远程对讲、一键报警等设备数据以及安检人员的工作数据进行汇聚、统一管理，形成一套完整的信息化管理系统，实现如下主要功能：

（1）远程监控实时化。实现安检设备、安检人员、安检行为过程等相关信息的关联，通过视频监控系统远程调阅实现对安检点现场运行情况的实时掌握。

（2）警企联动处置流程化。实现安检事件从发现、触发至处置完毕的闭环管理，通过一键报警等装置实现警企联动快速响应，处置过程信息全电子化记录。

（3）检查在线化。利用移动终端进行在线检查，改变以纸质单据为主的现场检查模式。

（4）人员上岗实名化。实现安检员的实名管理，通过对安检人员基本信息、在岗情况、工作时长和持证情况等进行在线采集与分析，实现安检人员在岗、考勤一体化管理。

（5）设备管理档案化。实现安检点设备统一入网管理，构建规范化设备档案，做到设备配置数据后台可查、可控以及日常设备维修情况电子化记录，提高设备档案管理工作效率。

（6）数据分析可视化。可根据权限、时间、地理等多个维度进行数据分析和可视化展示，对问题率、检出率、安检率、在岗率和持证率等安检信息根据不同维度进行汇总、分析并进行可视化展示。

（7）人像识别异常快速处置化。当发现以往有过言行过激行为的特殊人群时，在安检员按下紧急按钮后，中控室和警务室的监控屏幕上可实时接收到报警信息并联动显示安检点视频、图像和位置等信息，并实现与安检点无线指挥和对讲，便于及时进行应急处置。有条件的医院还可进一步实现与公安人像识别系统对接，协助公关机关及时发现网逃人员。

通过实现上述功能，医院安检信息化管理系统可以对安检过程中携带物品、就诊人员、安检员、现场环境、安检设备等进行自动化监管，对报警事件和突发事件进行有效预判、处置和跟踪，解决安检信息孤岛、时效性差、追溯难的问题，实现了中心监管全覆盖、安检要素全自动化智能管理，有效提高了医院整体安检信息化管理水平。

——摘自《中国安防》杂志 2022 年 6 月刊

安检防爆技术多元化发展应用前景大有可为

安检防爆设备通常应用于机场、地铁、海关、车站等场所，为预防和制止爆炸、枪击、行凶等案件发生，对货物、人身和携带物品等进行安全检查，从而达到保障生命财产安全，维护社会和谐发展的目的。当下安检防爆技术得到了巨大的发展，X 射线透视成像、离子迁移谱、放射性物质检测、拉曼光谱技术、电子辐照技术、背散射技术、毫米波全息成像、太赫兹探测与成像等多种新型安检技术出现在实际应用中，为安检防爆带来了全新的发展模式。

随着国内外对安检精度和效率的要求不断提高，CT 设备正在逐步替代传统的透视设备，三维 CT 图像也正在逐步替代二维透视图像，成为安检员判图的主要依据。同时，为适应新形势下反恐工作的需要，确保城市轨道交通运营安全，进一步增加地铁安检设施和安保力量，最大限度查堵危险品、违禁品进站以及震慑违法犯罪行为。可利用生物识别、大数据、物联网等新技术，使得城市轨道交通安检从现有的“物检”向“人物同检”模式转换，不断完善城市轨道交通人物同检模式，逐步建立与城市轨道交通客流特点相适应的安检新模式。面对如此巨大的市场需求和技术变革，安检防爆技术呈现出多元化发展趋势，未来将出现一个百花齐放、百舸争流的大好局面，从而推动安检防爆领域更快更好发展。

——摘自《中国安防》杂志 2022 年 8 月刊

城市轨道交通人物同检的实践与思考

近年来，我国城市轨道交通线网不断延伸，客运量逐年增长，在防恐防范要求不断提高和客流不断增长的现实情况下，安检工作尤为重要。当前，北京地铁、广州地铁等陆续开展了城市轨道交通人物同检实践，探索解决现有的安检技术、设备与安检标准、运营效率之间的矛盾问题。基于问题导向，有必要进一步优化城市轨道交通人物同检现有工作模式，以期更好地服务广大乘客，满足乘客对安全轨道交通出行的需要。

为适应新形势下反恐工作的需要，确保城市轨道交通运营安全，进一步增加地铁安检设施和安保力量，最大限度地查堵危险品、违禁品进站以及震慑违法犯罪，可利用生物识别、大数据、物联网等新技术，使得城市轨道交通安检从现有的“物检”向“人物同检”模式转换，不断完善城市轨道交通人物同检模式，逐步建立与城市轨道交通客流特点相适应的安检新模式。

——摘自《中国安防》杂志 2022 年 8 月刊

新起点开启安检防爆高质量发展新征程

从产品技术应用来看，我国安检设备涵盖了 X 射线、金属探测、爆炸物检测、痕量探测、毒品化学品探测、液体检测、人体安全检查和放射性物质检测等多个领域。早期以进口为主的市场格局已经被打破，国产品牌凭借不断提高的技术水平和性能优势，赢得了用户的信赖和认可。比如，在人体安检方面，金属探测安检门的报警灵敏度和分区精度都有了显著提升，还集成了机器识别技术和红外热成像技术，可以实现人脸识别和体温测量等功能，在医院、地铁等领域广泛应用。同时，成像式人体安检设备也得到了研发和推广，太赫兹人体安检仪和毫米波人体安检仪作为新型的成像式人体安检设备，在一些领域得到了应用。在检物方面，近几年禁带品智能识别设备研制成功，双源双视角安检机悄然兴起，上下双通道安检机问世，这些产品已在地铁、医院等领域得到成功应用。

——摘自《中国安防》杂志2022年9月刊

第六节　无人系统领域

民用无人机应用存在的困境

目前民用无人机在测绘、植保、应急等领域的产品和服务正处于发展初期，需求主要来自各级政府、企事业单位，对财政资金依赖程度较高，尚未形成稳定的市场。部分无人机企业片面偏重技术研发，侧重提高产品某一方面性能，对市场真实需求了解不够，供需循环不畅阻挡产业快速发展。

另外，民用无人机应用配套体系尚需完善。一方面是产品服务难以满足用户需求，以农林植保无人机为例，由于作业时间高度集中于农忙季节，故障设备如果不能得到及时维修，将严重影响用户体验。另一方面民用无人机相关基础设施发展滞后，如空管、监视、通信、识别等技术和设施的缺失，使得管理部门为了保障公共安全采取“一刀切”的禁飞措施，阻碍无人机市场拓展。

——摘自《中国安防》杂志2022年3月刊

分区分级，科学合理应用无人机探测反制技术

随着无人机在国民经济和社会发展各领域的广泛应用，其所带来的各种潜在安全威胁也越发被重视起来。为了有效地抵御无人机尤其是小型民用无人机所带来的安全威胁，无人机探测与反制技术装备目前也正得到越来越广泛的应用，但相关技术应用须格外注意：

（1）分区分级。基于现有条件，通过风险评估将所辖地区根据风险等级不同划分为自飞区域和管控区域。划分一级、二级、三级管控区域，采取不同级别的防御措施。根据无人机所侵入区域、危害程度、紧急程度和发展势态，科学划分该事件的危害级别，制定不同等级的应急响应流程和对策，分级响应，有效配置警力及装备，避免资源浪费。

（2）科学融合无人机探测技术，及时、准确预警。建立“一点发现，多维跟踪”的全天候、全方位探测系统。结合雷达探测具有发现全面、可以处理多目标的特点，无线电探测没有电磁污染、可以长期作业，配合光电设备适合近距离无盲区精准探测的优势，实现长期值守、全域覆盖、精准识别、全程跟踪的探测效果。

（3）利用无人机反制技术，构建多样化手段协同体系，有效阻截。综合考虑技术特点、装备成本、附带影响等因素，将多种反制手段相结合，设计多层级反制体系。针对无人机入侵空域，优先使用电子干扰阻断或者诱骗控制，迫不得已使用特制无人机撞击或其他动能打击摧毁。在城市等复杂电磁环境区域，设置电子干扰阻断设备前须要遵循《无线电管理条例》，取得无线电管理机构核准，最大限度减少探

测反制设备对周边无线电环境的影响，避免产生次生危害。

——摘自《中国安防》杂志 2022 年 3 月刊

交叉双旋翼构型无人直升机在应急领域的应用分析

交叉双旋翼无人直升机具有飞行速度快、飞行高度高、载重性能强等特点，极大地弥补了我国在尖端无人直升机领域的空白。围绕应急领域的任务需求，进一步研究无人机的可拓展性，挖掘其在应急领域多种场景条件下执行任务能力，交叉双旋翼无人直升机主要应用在以下领域：

1. 高原特殊地形条件

（1）高原地区复杂天候物资投送。高原多山、地形复杂地区，针对建设工程设施运输、人员物资补给等多种需求，相比其他运输方式，无人机运输效率更高且能避免林木砍伐，有效保护生态环境。

（2）高原地区消防救援。高寒、低压、缺氧、地势复杂等地域环境限制了救援人员的效率，对于高原地区的火情处置，无人机不受地域环境的限制，可及时有效发现火情并执行灭火作业。

交叉双旋翼复合推力尾桨构型无人直升机高原性能优异，可在高原起降飞行，弥补我国青海、西藏等高原地区应急救援、消防灭火、物资运输需求的缺口。

2. 森林、草原、荒漠等广袤区域

针对森林、草原、荒漠等广袤区域内突发性灾难事件，前期的侦查巡逻及灾情发生后的快速应急响应是减小灾难损害、保护人民生命财产安全的要策。如何高效应对此类事件，无人机提出了一种应急预案，无人机可通过装载在智能化陆基移动指挥平台上，通过编队分区域分时段进行大范围侦查巡逻，并且不受高山、森林、丘陵、洼地等各种不利地形地势条件的限制，快速飞抵目标地点，并且无人机飞行速度快，相比起传统依靠人力去巡逻检查更为高效。

利用搭载的光电吊舱、红外热成像仪、GPS 或北斗导航等设备，通过 4G/5G 网络将实时图像信息传输到智能化陆基移动指挥平台，人员可通过接收的视频图像了解该区域内的情况。在发生火灾或者其他特殊紧急情况时，可第一时间收到信息及时决策。

由于无人机作为一个飞行平台，其可拓展性越强大，适应能力、作战能力越强。当火灾发生时，指挥人员的指令一发出无人机可立刻换载泡沫灭火弹或其他灭火设备，以最大飞行速度飞抵着火点，执行灭火作业，防止火势的进一步蔓延。相较于传统的灭火方式，无人机灭火更加及时、高效，也能避免不必要的人员伤亡。

3. 一般情况下应急救援

（1）紧急抢险救灾。当发生地震、洪水、泥石流、山体滑坡等自然灾害时，无人机可在空中执行急难险重任务且不受地形天候影响。

（2）地理测绘。通过无人机搭载的光电吊舱，可便捷、快速捕捉地理状况，并将图像信息实时回传终端。

（3）人员搜救。近些年来，“驴友”失踪事件时有发生，针对山区、水域等复杂自然环境下大范围人员搜寻工作，无人机执行人员搜救任务的效率更高。

（4）通信中继。发生地震、洪水、泥石流等灾害时，往往会造成道路崩塌、通信基础设施受损等情况，无人机可第一时间奔赴现场，通过挂载移动基站承担起一定区域内的通信传输任务。

（5）紧急投送医学药品。疫情期间，对于封控区、隔离区等采取疫情防控措施的居民买药困难情况，无人机可采用低空自动飞行和可视监控相结合的操控方案，在预定抛投点上空定点悬停，实现药品的无接触配送。

（6）空投医院。无人机所具备的大载荷、飞得快等优势特点，可在紧急情况下第一时间快速打通疫区、灾区等地医疗物资运送空中通道，及时将防疫物品及所需医疗用品投送医院。另外，无人机可利用喊话器、探照灯等设备帮助警察执行侦查、追捕任务，大幅提高工作效率并节省警力资源，更好地维护社会治安，保障社会安全稳定。

——摘自《中国安防》杂志2022年6月刊

无人船在水域安全防控市场的应用与前景

无人船是一种可远程操作、自主航行、能自动完成一项或多项任务的水面机器人，是融合船舶、通信、控制、材料、能源等多学科技术的智能装备。无人船在水域安全防控领域中的应用主要包括安全生产监管、应急救援、水域治安管理、火情侦查、水下探测五个方面。

1. 安全生产监管

无人船应用于安全生产监管，可重点保障渔船、正常商船、个人级游艇或海钓船等船只和人员的安全。例如，船只在水上有风险，进入了危险区域，或渔民在航道里作业不符合规范等情形下，船只可能发生碰撞、发生事故，需要给船上人员发出及时预警。或者遇到恶劣天气，仍有船只强行出海，或台风天气仍有渔民未按要求归港，易造成人员伤亡或船只倾覆，均需要及时监管。

2. 应急救援

目的是确保水上突发事故能以最快速度、最短时间进行处置，增加救援成功概率。

3. 水域治安管理

在执行反走私、偷渡，打击非法采砂运砂等任务时，无人船精准巡防、执法公正，实时回传和记录现场取证的视频图像等信息，大大降低了地毯式巡查防控、监管取证难度高的问题，有效震慑走私、偷渡、非法采砂运砂等违法犯罪活动，加大高科技强边固防力度，帮助构建值守无人化的管控体系。

此外，无人船还多次出现在国内外大型峰会、论坛、展会和节日庆典等活动中，协助开展水域治安管理。

4. 火情侦查

因为水上消防有其特殊性，在大片渔船停靠的码头，一旦某船只着火，火势很容易在船只之间迅速蔓延，酿成大规模灾难，所以能及时处置这些船只，查看前方火情、警情非常重要。火灾发生后，随时可能再次爆炸，无人船可代替消防员奔赴一线抵近侦查，在火灾现场水域不间断巡视、警戒，提醒无关船只不要进入危险水域，避免发生次生灾害。而且，专业的无人消防艇，可以做一些近距离的灭火、喷水动作，更高效处置火情，第一时间将着火船只的火灾等级降低，防止波及其他船只造成次生火灾。

5. 水下探测

在汛期中国的几大水系都会提前预警、加强防范，例如给堤坝“做CT”探测其是否牢固或存在隐患，测量堰塞湖的水深、流速和水下地形等情况，检验其能否应对汛期等。

无人船可根据巡堤查险的作业需求，搭载多波束测深仪、单波束测深仪、侧扫声呐和多普勒流量仪等仪器，对水下堤坝变化情况、垮塌面积和水流速度等进行测量分析，高效检测人工巡堤难以发现的水下风险点。操作人员只需在软件界面上规划作业区域和测量线路，无人船即可根据设定任务自动执行测量工作。

无人船取代人工实现自动化实时测量，一方面因无人船平台稳定性好，风浪环境下也能保障测量结果的准确性，无漏测、无盲区，可减小人工观测带来的误差；另一方面可及时、有效预防堤坝和堰塞湖决口形成洪峰，减轻自然灾害造成的损失，提高水域应急处理能力。

当前，各水域治安和执法部门在日常巡逻执法中仍面临覆盖、取证、安全等诸多难题。拥有远程控制、替代人力、实时监测特点的无人船，在安全生产监管、应急救援、水域治安管理、火情侦查、水下探测等方面具备智能化、无人化优势，可大幅提升水上监管效率与执法水平。

相较有人船，无人船能够更灵活地进入复杂多变的水域环境，拓宽水域巡逻的范围。相较人工巡查方式，无人船可以持续自主作业，并能轻松转运到各个作业地点，极大提高巡逻效率和安全防控效果，大幅减少人力和设备成本。最重要的是，无人船的无人化作业从根本上解决了人员安全性问题，尤其是面对一些危险、危爆场景时，能够替代人力，更加快速、高效、智能地实施救援，或者通过数据图像实时回传帮助提前预判险情，降低事件人员和抢险人员的伤亡率，充分保障人民群众的生命安全。因此，无人船在水域安全防控市场的应用和普及是大势所趋，其发展前景也必将越来越广阔。

——摘自《中国安防》杂志2022年8月刊

无人机深度融入安全防范　探测与反制技术方兴未艾

无人机被广泛运用到社会生产生活的各个领域，不仅针对个人或家庭使用的消费级无人机正被普通消费者所接受，而且针对企业、政府等行业市场应用的工业级无人机正落地千行百业。根据行业需求的不同，工业无人机功能各有特色。近五年间，工业无人机持续深耕行业细分领域，如智能交通、消防救援、警用安防、电力巡护、风电检查、铁道巡检、桥梁定检、光伏检查、边境巡防、水域监控等行业化应用场景不断涌现。

而安防行业是维护国家安全及社会稳定的重要安全保障性行业。所以，基于公安业务及公共安全的现实需求，近年来以无人机为代表的无人系统在安防行业的应用风生水起，特别是在涉及公安业务方面，无论是治安管理、交通巡查、活动安保、侦查抓捕、边境巡防、应急救援等业务领域，无人机都呈现出非常鲜明的优势，在满足公安实战化应用的同时，更为安防行业带来了新的技术变革与应用创新。

——摘自《中国安防》杂志2022年9月刊

无人机在安防行业应用的机遇与挑战

安防是无人机应用的重要领域之一，无人机让安防立体化成为现实，同时推动5G、大数据、人工智能技术多元科技的融合。随着“无人时代”2.0的到来，针对视频的深度应用将是未来安防发展的必然趋势。安防与无人机两大行业在融合中互相促进，共同发展，将朝着智能化、细分化、定制化、专业化方向发展，相应地对其安全性、规范性、可控性必将有着更高的需求。目前，无人机在安防行业主要应用于以下几个方面：

1. 防疫抗灾

2020年以来，无人机化身防疫卫士的新闻很多。在疫情灾害救援中，无人机在物质运送、搜索救援以及灾情感知方面发挥着重要作用。无人机可以快速到达现场，协助警方处理应急事件。无人机可携带可视喊话器模块，指挥调度力量、检查警力部署并进行现场喊话、巡查搜查。同时无人机也可携带多功能抛投模块，抛投催泪弹、烟幕弹、震爆弹、灭火弹等，协助警方处理突发事件。其生存能力强、机动性能好、使用方便等特点，在处理自然灾害、事故灾难以及社会安全事件等方面能发挥出重要作用。

2. 治安巡逻

安防无人机与地面安保相配合进行日常治安巡防，构建起现代化、立体治安防控网络，可有效节约人力，提升巡控管理工作科技水平。无人机携带高清数码摄像机、夜视仪等设备，帮助安保部门对管辖区域进行定时定线高空巡逻，并实时监测和识别暴露垃圾、乱堆物料、出店经营、流动商贩、机动车违停、违法设置广告牌匾、沿街晾晒、违规撑伞、垃圾满溢等场景，及时发现和处理问题，还可有效弥补监控死角、盲区多等情况，确保全方位掌控相关区域的公共安全状况。

3. 大型活动安保

在大型活动中，无人机可以通过空中监控实时掌握现场动态，合理调配警力，防止人群踩踏等事故的发生；也可以搭载空中喊话工具对地面进行疏导指挥，可及时发布广播指引；还可以挂载探照灯对局部区域进行不间断照明，防止因黑暗造成恐慌发生拥堵和踩踏。在夜间搭载热感成像相机可对人群密集度做出直观判断，实时进行疏散分流，并对可能发生的踩踏、火灾隐情提前预警。

4. 反恐处突

当发生恐怖袭击或暴力事件时，无人机可以快速到达现场，协助警方进行侦查抓捕。无人机可携带可视喊话器模块，与嫌疑人进行沟通或警告；也可以携带多功能抛投模块，抛投催泪弹、烟幕弹、震爆弹等，制服或驱散嫌疑人；还可以携带高清数码摄像机、夜视仪等设备，对现场情况进行实时监控和录像，为后续的取证和分析提供依据。

5. 应急救援

紧急状况发生时，人力搜救的效率是远远不够的，配备了红外热像仪的无人机正在逐渐成为救援团队的必备法宝。无人机兼具地面移动终端和现场指挥平台的功能，可以通过网络将无人机采集的视频信息传输至云服务器，辅助决策者进行指挥调度作业；通过高视图传终端，在主演练场可远程登录查看无人机航拍的灾害照片，同时实现无人机多机飞行任务管理功能；通过无人机搭载的云台相机对灾区地形地貌进行航拍侦查，通过无人机搭载的热释红外云台相机可对危险区域进行红外测温侦查，通过无人机配合地面站二维建图系统，进行实时正摄建图规划，以上视频及数据能实时回传至主演练场指挥中心，接收指挥中心调度指令并快速响应，轻松实现危化品监控、现场空情预警和特殊事件应急处理。

6. 应急消防

利用无人机与监控设备和平台对接的低成本、易维护、便操作等特点，可以快速地实现巡查监控，同时可以挂载火灾检测设备，可以做到对森林、城市等地方的火灾预防功能，做到早发现、早报告、早处理。当有火灾发生时可以及时地通过语音喊话功能疏散群众，做到实时救援与指挥。

7. 边防巡查

在边防巡查中，无人机通过地面站设置飞行路线可高效实现边境线巡逻或对重点海域的缉私巡逻。在无法到达的地区，边防战士可以操控无人机通过实时图传来观察，有效避免巡逻盲区。此外，在一些偏远山区使用无人机搭载光谱分析设备对相关区域进行扫描式监测，能快速高效地实现监管。

——摘自《中国安防》杂志2022年12月刊

从警用无人机应用痛点看未来发展趋势

警用无人机是新型警用装备，近年来发展迅速，规模数量不断扩大。它能够为公安警务实战提供有效的支撑和服务。那么，警用无人机航空的未来发展方向是什么呢？从警用无人机的应用痛点出发，我们可以看到以下几个方面：

装备多样化。为了适应各种复杂多变的警务任务，警用无人机需要具备多元化的飞行平台和多样化的任务装备。各警种将根据自身需求，优选适合的无人机平台，并配备高可靠的作战模块，以快速解决警务实战难题。

持续智能化。为了提高警用无人机的自主性和效率，警用无人机需要实现“观察—判断—决策—行动”回路的自主化。也就是说，在公安的有限干预下，警用无人机能够在线感知环境、实时理解态势、优化决策控制，并应对各种意外事件。在此基础上，结合集群化、协同化作战，警用无人机将迈向集群智能。

深入融合化。为了将警用无人机的优势转化为实战成果，警用无人机需要深入融入公安业务系统中。例如，与 PGIS 公安地理信息系统、现场勘验系统、人像比对系统、视频联网共享平台、车辆大数据平台等系统进行数据交互和共享，并开发专用警用无人机 App，以满足公安信息化作战的需求。

警航专业化。为了保证警用无人机系统的安全稳定运行，需要有专业化的人员来操控和管理。未来，警用无人机操控人员不仅要掌握现代无人机技术、驾驶技能、相关警务设备的使用方法，还要熟悉公安信息化作战所需的技能，并具备较高的政治素质和专业培训。

警政一体化。为了发挥警用无人机在城市治理和经济建设中的作用，需要探索政务航空应用模式。也就是说，在专业支撑和协同联动的基础上，利用警用无人机满足多种政务需求，并实现资源复用和服务全体的效果。

——摘自《中国安防》杂志 2022 年 12 月刊

“无人机+系统解决方案”或成为多场景应用的新体验

以“无人机+系统解决方案”在多类应用场景应用或将成为满足用户综合需求的新体验。如充分发挥对农业应用场景的理解，通过“农业无人机+无人车”等硬件装备完成撒肥、播种、施药等任务，通过遥感无人机、农业物联网设备和智能农业系统完成农田监测和统计分析任务，建立农业无人机、农业无人车、农业物联网设备和智慧农业系统等在内的一整套系统解决方案。另外，在消费领域，比亚迪于 2020 年成立了无人机公司，汽车与无人机的消费模式正在孕育，未来以智能网联车、无人机、无人艇多类产品或可能带来新的消费体验。

——摘自《中国安防》杂志 2022 年 12 月刊

附　录

附录一　现行法律、法规、规章和其他规范性文件目录

一、现行有效的法律、法规、规章及规范性文件目录

序号	法规名称	颁布机构	实施日期
1	中华人民共和国个人信息保护法	全国人大常委会	2021 年 11 月 1 日
2	中华人民共和国数据安全法	全国人大常委会	2021 年 9 月 1 日
3	中华人民共和国安全生产法（2021 年修正）	全国人大常委会	2021 年 6 月 10 日
4	中华人民共和国产品质量法（2018 年修正）	全国人大常委会	2018 年 12 月 9 日
5	中华人民共和国标准化法	全国人大常委会	2018 年 1 月 1 日
6	中华人民共和国招标投标法（2017 年修正）	全国人大常委会	2017 年 12 月 28 日
7	中华人民共和国文物保护法（2017 年修正本）	全国人大常委会	2017 年 11 月 28 日
8	中华人民共和国反恐怖主义法（2018 年修正）	全国人大常委会	2016 年 1 月 1 日
9	中华人民共和国国家安全法	全国人大常委会	2015 年 7 月 1 日
10	中华人民共和国就业促进法	全国人大常委会	2008 年 1 月 1 日
11	关键信息基础设施安全保护条例	国务院	2021 年 9 月 1 日
12	生产安全事故应急条例	国务院	2019 年 2 月 17 日
13	快递暂行条例	国务院	2018 年 5 月 1 日
14	关于加强质量认证体系建设促进全面质量管理的意见	国务院	2018 年 1 月 17 日
15	关于推动国防科技工业军民融合深度发展的意见	国务院	2017 年 11 月 23 日
16	关于进一步加强文物安全工作的实施意见	国务院	2017 年 9 月 9 日
17	关于印发新一代人工智能发展规划的通知	国务院	2017 年 7 月 8 日
18	加强中小学幼儿园安全风险防控体系建设意见	国务院	2017 年 4 月 25 日
19	国家突发事件应急体系建设“十三五”规划	国务院	2017 年 1 月 12 日
20	关于国家重大科研基础设施和大型科研仪器向社会开放的意见	国务院	2014 年 12 月 31 日
21	国务院关于扶持小型微型企业健康发展的意见	国务院	2014 年 10 月 31 日
22	关于加快科技服务业发展的若干意见	国务院	2014 年 10 月 9 日

续表

序号	法规名称	颁布机构	实施日期
23	企业信息公示暂行条例	国务院	2014 年 10 月 1 日
24	物流业发展中长期规划（2014—2020 年）	国务院	2014 年 9 月 12 日
25	国家新型城镇化规划（2014—2020 年）（节选）	国务院	2014 年 3 月 16 日
26	突发事件应急预案管理办法	国务院	2013 年 10 月 25 日
27	长江三峡水利枢纽安全保卫条例	国务院	2013 年 10 月 1 日
28	关于推进物联网建设有序健康发展的指导意见	国务院	2013 年 2 月 5 日
29	关于印发“十二五”国家自主创新能力建设规划的通知	国务院	2013 年 1 月 15 日
30	校车安全管理条例	国务院	2012 年 4 月 5 日
31	中华人民共和国招标投标法实施条例（2019 年修正）	国务院	2012 年 2 月 1 日
32	关于第六批取消和调整行政审批项目的决定	国务院	2012 年 9 月 23 日
33	关于促进企业技术改造的指导意见	国务院	2012 年 9 月 1 日
34	关于加强道路交通安全工作的意见	国务院	2012 年 7 月 22 日
35	危险化学品安全管理条例	国务院	2011 年 12 月 1 日
36	保安服务管理条例	国务院	2010 年 1 月 1 日
37	民用爆炸物品安全管理条例（2014 年修正）	国务院	2006 年 9 月 1 日
38	娱乐场所管理条例（2016 年修正）	国务院	2006 年 3 月 1 日
39	国家突发公共事件总体应急预案	国务院	2006 年 1 月 8 日
40	企业事业单位内部治安保卫条例	国务院	2004 年 12 月 1 日
41	对确需保留的行政审批项目设定行政许可的决定	国务院	2004 年 7 月 1 日
42	中华人民共和国认证认可条例	国务院	2003 年 11 月 1 日
43	关于加强基层治理体系和治理能力现代化建设的意见	中共中央、国务院	2021 年 7 月 11 日
44	关于加强和改进乡村治理的指导意见	中共中央办公厅、国务院办公厅	2019 年 6 月 23 日
45	关于推进城市安全发展的意见	中共中央办公厅、国务院办公厅	2018 年 1 月
46	关于加强社会治安防控体系建设的意见	中共中央办公厅、国务院办公厅	2015 年 4 月 13 日
47	“十四五”文物保护和科技创新规划	国务院办公厅	2021 年 11 月 8 日
48	国务院办公厅关于全面推进城镇老旧小区改造工作的指导意见	国务院办公厅	2020 年 7 月 10 日
49	关于开展工程建设项目审批制度改革试点的通知	国务院办公厅	2018 年 5 月 14 日
50	关于保障城市轨道交通安全运行的意见	国务院办公厅	2018 年 3 月 7 日
51	国家突发环境事件应急预案	国务院办公厅	2014 年 12 月 29 日
52	推进长江危险化学品运输安全保障体系建设工作方案	国务院办公厅	2014 年 6 月 9 日
53	关于加强公交车行驶安全和桥梁防护工作的意见	国务院安全生产委员会	2018 年 12 月 10 日
54	公共安全人脸识别应用图像技术要求	国家市场监督管理总局、国家标准化管理委员会	2018 年 7 月 1 日

续表

序号	法规名称	颁布机构	实施日期
55	关于印发《国家新一代人工智能标准体系建设指南》的通知	国家标准化管理委员会、中央网信办、国家发展改革委、科技部、工业和信息化部	2020 年 7 月 27 日
56	关于印发《网络音视频信息服务管理规定》的通知	国家互联网信息办公室、文化和旅游部、国家广播电视总局	2019 年 11 月 18 日
57	关于印发《加快推动全国中小学幼儿园安全防范建设三年行动计划》的通知	公安部、教育部	2019 年 9 月 16 日
58	关于印发《超高清视频产业发展行动计划（2019—2022 年）》的通知	工业和信息化部、国家广播电视总局、中央广播电视总台	2019 年 2 月 28 日
59	关于加快安全产业发展的指导意见	工业和信息化部、应急管理部、财政部、科技部	2018 年 6 月 19 日
60	科技型中小企业评价办法	科学技术部、财政部、国家税务总局	2017 年 5 月 3 日
61	“十四五”智能制造发展规划	工业和信息化部、国家发展和改革委员会、教育部、科技部、财政部、人力资源和社会保障部、国家市场监督管理总局、国务院、国有资产监督管理委员会	2021 年 12 月 21 日
62	关于加快构建全国一体化大数据中心协同创新体系的指导意见	国家发展改革委、中央网信办、工业和信息化部、国家能源局	2020 年 12 月 23 日
63	关于加强公共安全视频监控建设联网应用工作的若干意见	国家发展改革委、中央综治办、科技部、工业和信息化部、公安部、财政部、人力资源和社会保障部、住房和城乡建设部、交通运输部	2015 年 5 月 6 日
64	《深入实施国家知识产权战略行动计划（2014—2020 年）》的通知	知识产权局、中央宣传部、外交部、国家发展改革委、教育部、科技部等部委	2014 年 12 月 10 日
65	关于印发维护医疗秩序打击涉医违法犯罪专项行动方案的通知	国家卫生健康委员会、中央综治办、中宣部、最高人民法院、最高人民检察院、公安部、民政部、司法部、工商总局、中国银保监会、国家中医药局	2013 年 12 月 20 日
66	关于印发《道路旅客运输企业安全管理规范（试行）》的通知	交通运输部、公安部、国家安全监管总局	2012 年 1 月 19 日
67	关于做好县城城镇化公共停车场和公路客运站补短板强弱项工作的通知	国家发展改革委办公厅	2020 年 7 月 7 日
68	关于印发《促进智慧城市健康发展的指导意见》的通知	国家发展改革委、工业和信息化部、科学技术部、公安部、财政部、自然资源部、住房和城乡建设部、交通运输部	2014 年 8 月 27 日

续表

序号	法规名称	颁布机构	实施日期
69	关于组织开展新型智慧城市评价工作务实推动新型智慧城市健康快速发展的通知	国家发展改革委、网信办、国家标准委员会	2016 年 11 月 22 日
70	关于进一步加强学校幼儿园安全防范工作建立健全长效工作机制的意见	中央治综治办、教育部、公安部	2010 年 8 月 23 日
71	安全技术防范产品管理办法	国家质量技术监督局、公安部	2000 年 9 月 1 日
72	邮电局（所）安全防范规定	邮电部、公安部	1997 年 9 月 24 日
73	关于促进安全产业发展的指导意见	工业和信息化部、国家安全监管总局	2012 年 8 月 7 日
74	电力监控系统安全防护规定	国家发展和改革委员会	2014 年 9 月 1 日
75	关于印发《智慧城市时空大数据平台建设技术大纲（2019 版）》的通知	自然资源部	2019 年 1 月 24 日
76	关于印发《2019 年教育信息化和网络安全工作要点》的通知	教育部	2019 年 2 月 27 日
77	关于印发《高等学校人工智能创新行动计划》的通知	教育部	2018 年 4 月 2 日
78	关于印发《国家新一代人工智能创新发展试验区建设工作指引》的通知	科学技术部	2019 年 8 月 29 日
79	科技部关于发布国家重点研发计划“智能机器人”等重点专项 2018 年度项目申报指南的通知	科学技术部	2018 年 8 月 3 日
80	“十三五”公共安全科技创新专项规划	科学技术部	2017 年 4 月 24 日
81	“十三五”先进制造技术领域科技创新专项规划	科学技术部	2017 年 4 月 14 日
82	“十四五”大数据产业发展规划	工业和信息化部	2021 年 11 月 30 日
83	关于加强车联网网络安全和数据安全工作的通知	工业和信息化部	2021 年 9 月 15 日
84	关于开展民爆行业安全生产集中整治行动的通知	工业和信息化部	2019 年 11 月 29 日
85	关于印发《电信和互联网行业提升网络数据安全保护能力专项行动方案》的通知	工业和信息化部	2019 年 6 月 28 日
86	关于加快推进虚拟现实产业发展的指导意见	工业和信息化部	2018 年 12 月 21 日
87	推进互联网协议第六版（IPv6）规模部署行动计划	工业和信息化部	2018 年 4 月 25 日
88	促进新一代人工智能产业发展三年行动计划（2018—2020 年）	工业和信息化部	2017 年 12 月 14 日
89	关于加强民用爆炸物品生产销售全过程安全管控的通知	工业和信息化部	2014 年 7 月 1 日
90	国家集成电路产业发展推进纲要	工业和信息化部	2014 年 6 月 24 日
91	信息化发展规划	工业和信息化部	2013 年 9 月 29 日
92	民用爆炸物品生产企业门禁式定员监控系统安全技术条件	工业和信息化部	2013 年 9 月 5 日
93	关于印送《贯彻落实网络安全等级保护制度和关键信息基础设施安全保护制度的指导意见》的函	公安部	2020 年 7 月 22 日
94	公安机关互联网安全监督检查规定	公安部	2018 年 11 月 1 日

续表

序号	法规名称	颁布机构	实施日期
95	关于印发《关于深入开展城市报警与监控系统应用工作的意见》的通知	公安部	2010年4月6日
96	娱乐场所治安管理办法	公安部	2008年10月1日
97	金融机构营业场所和金库安全防范设施建设许可实施办法	公安部	2006年2月1日
98	关于加强对列入强制性产品认证目录内的安全技术防范产品质量监督管理的通知	公安部	2005年7月20日
99	中华人民共和国公安部关于规范安全技术防范行业管理工作几个问题的通知	公安部	2004年8月3日
100	关于严格执行《国务院关于取消第二批行政审批项目和改变一批行政审批项目管理方式的决定》的通知	公安部	2003年3月20日
101	关于印发绿色社区创建行动方案的通知	住房和城乡建设部、国家发展和改革委员会、民政部、公安部、生态环境部、国家市场监督管理总局	2020年7月22日
102	关于开展城市居住社区建设补短板行动的意见	住房和城乡建设部、教育部、工业和信息化部、公安部、商务部、文化和旅游部、国家卫生健康委员会、国家税务总局、国家市场监督管理总局、国家体育总局、国家能源局、国家邮政局、中国残疾人联合会	2020年8月18日
103	住房和城乡建设部等部门关于加强和改进住宅物业管理工作的通知	住房和城乡建设部、中央政法委、中央文明办、发展改革委、公安部、财政部、人力资源和社会保障部、应急部、市场监管总局、银保监会	2020年12月25日
104	关于开展国家智慧城市试点工作的通知	住房和城乡建设部	2012年11月22日
105	关于加强城市轨道交通安防设施建设工作的指导意见	住房和城乡建设部	2010年6月28日
106	关于印发《城市轨道交通工程安全质量管理暂行办法》的通知	住房和城乡建设部	2010年1月8日
107	工程造价咨询企业管理办法	住房和城乡建设部	2006年7月1日
108	建设工程勘察质量管理办法	住房和城乡建设部	2003年2月1日
109	建筑智能化系统工程设计管理暂行规定	住房和城乡建设部	1998年3月10日
110	高速铁路安全防护管理办法	交通运输部、公安部、自然资源部、生态环境部、住房和城乡建设部、水利部、应急管理部	2020年5月6日
111	数字交通“十四五”发展规划	交通运输部	2021年12月22日
112	交通运输部关于推动交通运输领域新型基础设施建设的指导意见	交通运输部	2020年8月3日
113	交通运输部关于印发《推进综合交通运输大数据发展行动纲要（2020—2025年）》的通知	交通运输部	2019年12月9日

续表

序号	法规名称	颁布机构	实施日期
114	危险货物道路运输安全管理办法	交通运输部	2019 年 11 月 10 日
115	交通运输部关于印发《数字交通发展规划纲要》的通知	交通运输部	2019 年 7 月 25 日
116	城市轨道交通运营管理规定	交通运输部	2018 年 7 月 1 日
117	民用航空安全管理规定	交通运输部	2018 年 2 月 13 日
118	铁路旅客运输安全检查管理办法	交通运输部	2015 年 1 月 1 日
119	关于加强城市轨道交通运营安全管理的意见	交通运输部	2014 年 9 月 30 日
120	关于加强安全生产科技创新工作的决定	应急管理部	2012 年 9 月 17 日
121	关于进一步加强安全生产应急平台体系建设的意见	应急管理部	2012 年 9 月 6 日
122	居家安防智能管理系统技术要求	国家市场监督管理总局	2020 年 3 月 1 日
123	认证机构管理办法	国家市场监督管理总局	2018 年 1 月 1 日
124	关于进一步加强公共交通领域电梯安全工作的指导意见	国家市场监督管理总局	2012 年 1 月 19 日
125	强制性产品认证管理规定	国家市场监督管理总局	2009 年 9 月 1 日
126	关于切实加强博物馆公共安全工作的紧急通知	国家文物局	2010 年 5 月 13 日
127	关于增设涉密信息系统集成“保密安防监控”单项资质的通知	国家保密局	2006 年 10 月 11 日
128	涉及国家秘密的计算机信息系统集成资质管理办法（试行）	国家保密局	2001 年 10 月 15 日
129	关于进一步加强监督管理规范使用认证标志有关问题的通知	国家认证认可监督管理委员会	2007 年 3 月 5 日
130	关于协助做好强制性产品认证行政执法工作有关问题的通知	国家认证认可监督管理委员会	2006 年 5 月 23 日
131	认证技术规范管理办法	国家认证认可监督管理委员会	2006 年 3 月 1 日
132	强制性产品认证标志管理办法	国家认证认可监督管理委员会	2002 年 5 月 1 日
133	关于请组织申报社会治安防控领域创新能力建设专项的通知	国家发展改革委办公厅、公安部办公厅	2016 年 2 月 17 日
134	关于印发超高清视频标准体系建设指南（2020 版）的通知	工业和信息化部、国家广播电视总局	2020 年 5 月 6 日
135	关于深入推进移动物联网全面发展的通知	工业和信息化部办公厅	2020 年 4 月 30 日
136	关于推进医院安全秩序管理工作的指导意见	卫生健康委、中央政法委、网信办、最高人民法院、最高人民检察院、公安部、司法部、国家中医药局	2021 年 9 月 22 日
137	关于开展智慧健康养老应用试点示范的通知	工业和信息化部办公厅、民政部办公厅、国家卫生健康委员会办公厅	2017 年 7 月 27 日
138	关于印发《道路运输安全生产工作计划（2018—2020 年）》的通知	交通运输部办公厅、公安部办公厅、应急管理部办公厅	2018 年 6 月 13 日

续表

序号	法规名称	颁布机构	实施日期
139	关于印发严密防控涉医违法犯罪维护正常医疗秩序意见的通知	国家卫生计生委办公厅、公安部办公厅、国家中医药管理局办公室	2017 年 6 月 26 日
140	关于加强医院安全防范系统建设的指导意见	国家卫生计生委办公厅、公安部办公厅	2013 年 10 月 12 日
141	“十四五”国家信息化规划	中央网络安全和信息化委员会	2021 年 12 月 27 日
142	国家地理信息产业发展规划（2014—2020 年）	国家发展改革委、测绘地信局	2014 年 7 月 18 日
143	中国人民解放军军用安全技术防范产品安全认证管理办法	中国人民解放军原总政治部保卫部	2008 年 5 月 1 日

二、现行有效的地方法规、规章及规范性文件目录

序号	法规名称	颁布机构	实施日期
1	北京市轨道交通运营安全条例	北京市人民代表大会常务委员会	2015 年 5 月 1 日
2	北京市“十四五”时期高精尖产业发展规划	北京市人民政府	2021 年 8 月 11 日
3	北京市中小学校幼儿园安全管理规定（试行）	北京市人民政府	2019 年 9 月 1 日
4	北京市公共安全图像信息系统管理办法	北京市人民政府	2007 年 4 月 1 日
5	北京市公共安全图像信息系统备案管理规定（试行）	北京市人民政府	2007 年 8 月 31 日
6	关于加强图像信息管理系统建设工作的意见	北京市人民政府	2006 年 4 月 28 日
7	北京市住宅区及住宅安全防范设施建设和使用管理办法	北京市人民政府	2003 年 10 月 1 日
8	关于《北京市公共安全图像信息系统管理办法实施意见（试行）》的通知	北京市公安局	2013 年 9 月 10 日
9	北京市写字楼内部治安保卫工作规定	北京市公安局、北京市住房和城乡建设委员会、北京市社会建设工作办公室、北京市工商行政管理局	2011 年 9 月 1 日
10	北京市金银珠宝经营场所治安保卫工作规范	北京市公安局、北京市商务委员会、北京市工商行政管理局	2012 年 12 月 1 日
11	关于进一步加强本市公共租赁住房人脸识别技术应用管理的通知	北京市住房和城乡建设委员会	2020 年 6 月 30 日
12	关于在建设工程施工现场推广使用远程视频监控系统的通知	北京市住房和城乡建设委员会	2013 年 10 月 30 日
13	北京市突发事件信息管理办法	北京市突发事件应急委员会	2014 年 1 月 16 日
14	天津市安全技术防范管理条例	天津市人民代表大会常务委员会	2006 年 9 月 7 日
15	天津市电梯安全监督管理办法	天津市人民政府	2012 年 4 月 1 日
16	《关于加强我市技术防范网络体系建设实施意见》的通知	天津市人民政府办公厅	2012 年 9 月 29 日
17	关于实施《天津市视频监控摄像机技术规范》的通知	天津市公安局技防办	2013 年 5 月 22 日
18	关于进一步加强我市视频监控图像信息系统建设资源共享工作的通知	天津市公安局技防办	2010 年 7 月 27 日

续表

序号	法规名称	颁布机构	实施日期
19	关于印发《天津市技防网电子卡口技术规范》的通知	天津市公安局技防监管总队	2013 年 12 月 5 日
20	河北省突发事件应对条例	河北省人民代表大会常务委员会	2013 年 7 月 1 日
21	河北省数字经济发展规划（2020—2025 年）	河北省人民政府	2020 年 4 月 19 日
22	河北省公共安全技术防范管理规定修正案	河北省人民政府	2010 年 11 月 30 日
23	山西省安全技术防范条例	山西省人民代表大会常务委员会	2022 年 5 月 27 日
24	山西省大数据发展应用促进条例	山西省人民代表大会常务委员会	2020 年 7 月 1 日
25	山西省安全技术防范条例实施细则	山西省公安厅	2013 年 3 月 20 日
26	内蒙古自治区公共安全技术防范管理条例	内蒙古自治区人民代表大会常务委员会	2020 年 7 月 23 日
27	关于修改《内蒙古自治区公共安全技术防范管理条例》的决定	内蒙古自治区人民代表大会常务委员会	2017 年 7 月 22 日
28	内蒙古自治区公共安全视频监控图像信息系统管理办法	内蒙古自治区人民政府	2022 年 9 月 7 日
29	内蒙古自治区公共安全技术防范管理条例实施细则	内蒙古自治区公安厅	2014 年 6 月 19 日
30	关于规范管理公共安全技术防范报警运营服务业的意见	内蒙古自治区公安厅	2010 年 11 月 12 日
31	内蒙古自治区公安机关公共安全技术防范监督检查规定（试行）	内蒙古自治区公安厅	2009 年 8 月 5 日
32	内蒙古自治区公共安全技术防范系统设计施工和维修单位备案等级评定办法	内蒙古自治区公安厅	2007 年 7 月 20 日
33	辽宁省公共安全技术防范条例	辽宁省人民代表大会常务委员会	2015 年 2 月 1 日
34	辽宁省治安特业服务管理办法	辽宁省人民政府	2020 年 1 月 1 日
35	辽宁省公共安全视频图像信息系统管理办法	辽宁省人民政府	2008 年 1 月 1 日
36	《辽宁省公共安全技术防范条例》实施细则（试行）	辽宁省公安厅	2015 年 6 月 5 日
37	吉林省公共安全视频图像信息系统管理办法	吉林省人民政府	2013 年 1 月 1 日
38	黑龙江省公共安全技术防范条例	黑龙江省人民代表大会常务委员会	2012 年 11 月 11 日
39	《黑龙江省公共安全技术防范条例》行政处罚裁量权基准	黑龙江省公安厅	2018 年 8 月 31 日
40	关于切实加强水利行业反恐工作的通知	黑龙江省水利厅	2011 年 7 月 8 日
41	关于印发黑龙江省道路运输企业安全生产管理办法（试行）的通知	黑龙江省交通运输厅、黑龙江省安全生产监督管理局	2012 年 9 月 1 日
42	上海市数据条例	上海市人民代表大会常务委员会	2022 年 1 月 1 日
43	上海市实施《中华人民共和国突发事件应对法》办法	上海市人民代表大会常务委员会	2013 年 5 月 1 日
44	上海市关于进一步加快智慧城市建设的若干意见	上海市人民政府	2020 年 2 月 10 日
45	上海市社会公共安全技术防范管理办法（2010 年修正）	上海市人民政府	2001 年 4 月 1 日
46	上海市全面推进城市数字化转型“十四五”规划	上海市人民政府办公厅	2021 年 10 月 24 日
47	《关于本市推动新一代人工智能发展的实施意见》的通知	上海市人民政府办公厅	2017 年 10 月 26 日

续表

序号	法规名称	颁布机构	实施日期
48	《关于放宽〈上海市公共安全防范工程设计施工单位核准证书〉申报升级项目业绩认定期限的通知》	上海市公安局技防办	2022年9月15日
49	《关于对本市公共安全防范工程设计施工单位开展2021年度核准工作的通知》	上海市公安局技防办	2022年1月26日
50	《关于印发〈本市安全防范涉及人脸识别应用产品及相关数据传输技术要求（试行）〉的通知》	上海市公安局技防办	2021年12月13日
51	《关于加强视频监控网络安全的通知》	上海市公安局技防办	2021年11月12日
52	《关于印发〈紧急报警装置管理使用规范〉的通知》	上海市公安局技防办	2021年7月15日
53	《关于贯彻执行国家标准〈居家安防智能管理系统技术要求〉（GB/T 37845—2019）的通知》	上海市公安局技防办	2021年1月6日
54	《关于印发〈上海市第二批智能安全技术防范系统产品检测技术要求（试行）〉》的通知	上海市公安局技防办	2018年11月27日
55	关于印发《关于上海市地方标准〈住宅小区智能安全技术防范系统要求〉的补充要求》的通知	上海市公安局技防办	2018年8月28日
56	关于印发《智能集成服务设备对接服务接口要求》的通知	上海市公安局技防办	2018年6月28日
57	关于印发《上海市第一批智能安全技术防范系统产品检测技术要求（试行）》的通知	上海市公安局技防办	2018年6月25日
58	关于印发《上海市寄递业安检设备技术规范》的通知	上海市公安局技防办	2018年6月15日
59	关于进一步规范安全技术防范产品管理的通知	上海市公安局技防办	2018年4月26日
60	关于废止《本市车辆阻挡装置基本技术要求（暂行）》的通知	上海市公安局技防办	2017年11月20日
61	关于废止若干技防产品技术规范的通知	上海市公安局技防办	2017年5月24日
62	关于印发《关于〈数字视频安防监控系统基本技术要求〉的补充说明（一）》的通知	上海市公安局技防办	2013年8月8日
63	关于《本市视频安防监控系统用摄像机镜头技术规范（试行）》的通知	上海市公安局技防办	2013年5月1日
64	关于印发《本市专业型数字录像设备补充技术要求（试行）》的通知	上海市公安局技防办	2011年10月19日
65	关于印发《本市视频安防监控系统用彩色显示终端技术规范（试行）》的通知	上海市公安局技防办	2011年7月8日
66	关于加强监管本市安防工程所用技防产品的通知	上海市公安局技防办	2011年1月21日
67	关于印发《本市视频安防监控用彩色数字摄像机技术规范试行》的通知	上海市公安局技防办	2010年9月5日
68	关于进一步规范区域报警系统接处警服务工作的通知	上海市公安局技防办	2010年7月16日
69	关于进一步规范中小学幼儿园紧急报警系统相关技术要求的通知	上海市公安局技防办	2010年5月25日
70	关于印发《本市区域报警视频联动服务系统基本技术要求试行》的通知	上海市公安局技防办	2010年4月8日

续表

序号	法规名称	颁布机构	实施日期
71	关于印发《本市视频安防监控用模拟彩色摄像机技术规范试行》的通知	上海市公安局技防办	2010 年 1 月 6 日
72	关于印发《上海综合型数字录像设备补充技术要求（试行）》的通知	上海市公安局技防办	2009 年 7 月 17 日
73	关于贯彻实施《重点单位重要部位安全技术防范系统要求　第 9 部分：零售商业》的补充通知	上海市公安局技防办	2009 年 6 月 30 日
74	关于贯彻执行国家标准《脉冲电子围栏及其安装和安全运行》的通知	上海市公安局技防办	2009 年 6 月 8 日
75	关于印发《张力式电子围栏入侵探测装置技术要求》的通知	上海市公安局技防办	2009 年 3 月 30 日
76	关于印发《本市安防工程用高压电子脉冲式探测器基本技术要求》的通知	上海市公安局技防办	2008 年 12 月 1 日
77	关于印发《栅栏、玻璃类电控防盗门技术规范》的通知	上海市公安局技防办	2008 年 7 月 1 日
78	关于贯彻国家标准《视频安防监控数字录像设备》（GB 20815—2006）的补充通知	上海市公安局技防办	2008 年 3 月 19 日
79	关于在居民住宅小区等技防工程项目中推广使用电子围栏周界报警系统的通知	上海市公安局技防办	2007 年 8 月 20 日
80	关于印发《本市技防设施使用年限的规定》的通知	上海市公安局技防办	2002 年
81	关于印发《上海市公共安全技术防范工程管理实施细则》的通知	上海市公安局技防办	2001 年 4 月 1 日
82	上海市人工智能产业发展“十四五”规划	上海市经济和信息化委员会	2021 年 12 月 27 日
83	《上海市智能网联汽车道路测试和示范应用管理办法（试行）》的通知	上海市经济信息化委、上海市公安局、上海市交通委	2019 年 9 月 10 日
84	江苏省人民政府办公厅关于加强铁路安全管理的意见	江苏省人民政府办公厅	2017 年 4 月 12 日
85	江苏省收费营业场所安全防范工作规定（试行）	江苏省公安厅	2013 年 3 月 1 日
86	江苏省“十四五”智慧交通发展规划	江苏省交通运输厅	2021 年 9 月 8 日
87	江苏省超高清视频产业发展行动计划	江苏省工业和信息化厅、江苏省广播电视局、江苏省广播电视总台	2020 年 2 月 24 日
88	南京市社会治理促进条例	南京市人民代表大会常务委员会	2021 年 3 月 10 日
89	浙江省无人驾驶航空器公共安全管理规定	浙江省人民代表大会常务委员会	2019 年 3 月 28 日
90	浙江省社会治安综合治理条例	浙江省第九届人民代表大会	2018 年 1 月 1 日
91	浙江省数字政府建设“十四五”规划	浙江省人民政府	2021 年 6 月 4 日
92	浙江省人民政府关于印发浙江省新一代人工智能发展规划的通知	浙江省人民政府	2017 年 12 月 4 日
93	关于印发《浙江省国家信息经济示范区建设实施方案》的通知	浙江省委办公厅、省政府办公厅	2017 年 4 月 27 日
94	关于加强全省社会治安动态视频监控系统建设的意见	浙江省委办公厅、省政府办公厅	2008 年 8 月 27 日
95	住宅小区安全技术防范系统建设技术规范	浙江省公安厅	2020 年 7 月 6 日

续表

序号	法规名称	颁布机构	实施日期
96	浙江省公安视频专网安全管理工作规范	浙江省公安厅	2015 年 12 月 31 日
97	浙江省安全技术防范系统日常安全检查工作规范	浙江省公安厅	2007 年 12 月 12 日
98	全省社会治安动态视频监控系统“白昼工程”建设实施方案	浙江省公安厅	2007 年 8 月 1 日
99	基于公共运营商的社会治安动态视频监控系统建设工作规范	浙江省公安厅	2006 年 9 月 4 日
100	浙江省社会治安动态视频监控系统建设指导意见	浙江省公安厅	2004 年 8 月 20 日
101	关于加强社会治安动态视频监控系统共享平台建设的通知	浙江省公安厅技防办	2008 年 2 月 26 日
102	关于加强安全技术防范体系建设的实施意见	浙江省社会管理综合治理委员会	2013 年 1 月 6 日
103	关于开展安全技术防范体系建设试点工作的通知	浙江省社会管理综合治理委员会	2013 年 7 月 31 日
104	关于在全省重大水利建设工程中试行视频监控系统建设的通知	浙江省水利厅	2017 年 12 月 5 日
105	安徽省突发事件应对条例	安徽省人民代表大会常务委员会	2013 年 3 月 1 日
106	关于支持人工智能产业创新发展若干政策的通知	安徽省人民政府	2020 年 3 月 7 日
107	安徽省公共安全视频图像信息系统管理办法	安徽省人民政府	2016 年 11 月 2 日
108	安徽省公共安全技术防范管理规定（2004 年修正）	安徽省人民政府	2002 年 2 月 1 日
109	安徽省公共安全技术防范管理规定实施细则	安徽省公安厅	2002 年 12 月 4 日
110	关于深化全省公共场所视频监控资源整合共享工作的指导意见	安徽省公共场所视频监控资源整合共享工作领导小组	2022 年 6 月 1 日
111	福建省社会治安综合治理条例	福建省人民代表大会常务委员会	2011 年 5 月 21 日
112	福建省公共安全技术防范管理办法	福建省人民政府	2015 年 7 月 1 日
113	关于数字福建智慧城市建设的指导意见	福建省人民政府	2014 年 4 月 10 日
114	福建省公安机关公共安全技术防范监督管理实施细则	福建省公安厅	2015 年 7 月 23 日
115	关于全省推广开展智慧安防小区建设的指导意见	福建省公安厅、福建省住房和城乡建设厅	2019 年 12 月 9 日
116	山东省公共安全技术防范管理办法	山东省人民政府	2004 年 12 月 1 日
117	山东省人民政府办公厅关于加快推进新型智慧城市建设的指导意见	山东省人民政府办公厅	2020 年 10 月 11 日
118	山西省大数据发展应用促进条例	山西省人民代表大会常务委员会	2020 年 7 月 1 日
119	山西省安全技术防范条例	山西省人民代表大会常务委员会	2012 年 10 月 1 日
120	山西省“十四五”政府治理能力现代化规划	山西省人民政府	2021 年 9 月 16 日
121	山西省安全技术防范条例实施细则	山西省公安厅	2013 年 3 月 20 日
122	江西省突发事件应对条例	江西省人民代表大会常务委员会	2013 年 9 月 1 日
123	江西省公共安全技术防范管理规定（2004 年修正）	江西省人民政府	2004 年 7 月 1 日
124	江西省公安行政处罚自由裁量权细化标准（公共安全技术防范管理类、消防管理类、交通管理类）	江西省公安厅	2015 年 9 月 1 日
125	河南省公共安全技术防范管理条例	河南省人民代表大会常务委员会	2016 年 3 月 29 日

续表

序号	法规名称	颁布机构	实施日期
126	河南省数字政府建设总体规划（2020—2022 年）实施方案	河南省人民政府办公厅	2021 年 9 月 28 日
127	河南省推进新型基础设施建设行动计划（2021—2023 年）	河南省人民政府办公厅	2021 年 4 月 7 日
128	河南省人民政府办公厅关于加快推进新型智慧城市建设的指导意见	河南省人民政府办公厅	2020 年 7 月 10 日
129	关于加快推进新型智慧城市建设的指导意见	郑州市人民政府	2020 年 12 月 21 日
130	湖北省学校安全条例	湖北省人民代表大会常务委员会	2020 年 8 月 1 日
131	湖北省数字经济发展“十四五”规划	湖北省人民政府	2021 年 10 月 17 日
132	湖北省新型基础设施建设“十四五”规划	湖北省人民政府	2021 年 9 月 4 日
133	湖北省国家安全技术保卫办法	湖北省人民政府	2017 年 4 月 15 日
134	关于进一步加强单位内部治安保卫工作的意见	湖北省人民政府	2014 年 7 月 25 日
135	湖北省突发事件应对办法	湖北省人民政府	2014 年 3 月 1 日
136	湖北省公共安全视频图像信息系统管理办法	湖北省人民政府	2013 年 9 月 1 日
137	湖北省公共安全技术防范管理规定	湖北省人民政府	2008 年 1 月 1 日
138	关于印发《湖北省中小学幼儿园安全防范标准》的通知	湖北省综合治理委员会、湖北省教育厅、湖北省公安厅	2011 年 9 月 19 日
139	湖北省文物保护单位及博物馆纪念馆安全技术防范工程建设管理办法	湖北省文化厅、湖北省公安厅、湖北省监察厅、湖北省财政厅	2011 年 8 月 31 日
140	湖南省“十四五”信息化发展规划	湖南省委网络安全和信息化委员会办公室、湖南省发展和改革委员会	2021 年 9 月 6 日
141	长沙市平安建设条例	长沙市人民代表大会常务委员会	2022 年 10 月 1 日
142	广东省平安建设条例	广东省人民代表大会常务委员会	2022 年 1 月 1 日
143	广东省数字经济促进条例	广东省人民代表大会常务委员会	2021 年 9 月 1 日
144	广东省安全技术防范管理条例	广东省人民代表大会常务委员会	2002 年 8 月 1 日
145	广东省数字交通“十四五”发展规划	广东省人民政府	2021 年 11 月 2 日
146	广东省科技创新“十四五”规划	广东省人民政府	2021 年 9 月 22 日
147	广东省数字政府改革建设“十四五”规划	广东省人民政府	2021 年 6 月 30 日
148	广东省建设国家数字经济创新发展试验区工作方案	广东省人民政府	2020 年 11 月 3 日
149	广东省城市轨道交通运营安全管理办法	广东省人民政府	2020 年 9 月 1 日
150	广东省安全技术防范管理实施办法	广东省人民政府	2017 年 8 月 1 日
151	广东省公共安全视频图像信息系统管理办法	广东省人民政府	2009 年 4 月 1 日
152	关于《广东省安全技术防范管理实施办法》的操作细则	广东省公安厅	2018 年 4 月 1 日
153	关于加快智慧城市和数字政府建设的若干意见	深圳市人民政府	2020 年 12 月 29 日
154	广西壮族自治区安全技术防范管理暂行规定（2004 年修正）	广西壮族自治区人民政府	2000 年 2 月 1 日
155	广西公安机关社会管理视频监控系统联网技术指导性意见（试行）	广西壮族自治区公安厅	2011 年 6 月 1 日

续表

序号	法规名称	颁布机构	实施日期
156	关于印发广西智能安防小区建设指导性技术方案的通知	广西壮族自治区公安厅、广西壮族自治区住房和城乡建设厅	2021年9月1日
157	关于推动城市停车设施发展的实施意见	广西壮族自治区发展和改革委员会、住房和城乡建设厅、公安厅、自然资源厅	2021年8月31日
158	海南省“十四五”综合交通运输规划	海南省人民政府办公厅	2021年5月20日
159	重庆市公共安全视频图像信息系统管理办法	重庆市人民政府	2016年8月1日
160	四川省“十四五”新型基础设施建设规划	四川省人民政府	2021年9月8日
161	四川省公共安全技术防范专家管理办法（试行）	四川省公安厅	2010年3月26日
162	贵州省安全技术防范管理条例（2017年修正）	贵州省人民代表大会常务委员会	2018年1月1日
163	贵州省公共安全视频信息系统管理办法	贵州省人民政府	2012年2月24日
164	云南省公共安全视频图像信息系统管理规定	云南省人民政府	2016年10月1日
165	陕西省安全技术防范条例	陕西省人民代表大会常务委员会	2006年10月1日
166	陕西省公共安全图像信息系统管理办法	陕西省人民政府	2011年8月1日
167	陕西省“雪亮工程”建设技术指南	陕西省“雪亮工程”省级协调工作领导小组办公室	2019年1月1日
168	甘肃省道路交通安全条例（2020年修订）	甘肃省人民代表大会常务委员会	2020年5月1日
169	甘肃省公共安全视频信息系统管理办法	甘肃省人民政府	2011年5月1日
170	甘肃省加快推进“雪亮工程”建设的指导意见	甘肃省委办公厅、省政府办公厅	2018年4月13日
171	甘肃省“雪亮工程”建设规范	甘肃省综治办、省发改委、省公安厅	2018年
172	甘肃省公共安全视频监控联网应用实施方案	甘肃省公安厅	2017年3月27日
173	甘肃省级共享平台与市州综治平台对接技术方案	甘肃省政法委	2019年8月7日
174	雪亮工程省级示范平台网络安全技术防护措施与突发事件应急预案	甘肃省政法委	2019年8月7日
175	宁夏回族自治区人民政府办公厅关于加快新型智慧城市建设的实施意见	宁夏回族自治区人民政府办公厅	2017年5月24日
176	关于印发《关于进一步开展全区公安机关视频图像信息整合与共享深化视频应用工作的意见》的通知	宁夏回族自治区公安厅	2012年8月15日
177	新疆维吾尔自治区民用无人驾驶航空器安全管理规定	新疆维吾尔自治区人民政府	2018年7月1日
178	新疆维吾尔自治区公共安全视频信息系统管理办法	新疆维吾尔自治区人民政府	2014年7月1日
179	新疆维吾尔自治区社会公共安全技术防范管理暂行规定	新疆维吾尔自治区人民政府	2004年10月11日

附录二 我国安全技术防范标准体系表

一、范围

本体系表提出了安全技术防范领域的标准体系结构和基本内容以及发布的、在编的国家标准、行业标准的具体名称，不包括安全技术防范行业涉密标准。

本体系表用于公共安全行业的安全技术防范领域的标准制定和修订。

二、指导思想

1. 编制标准体系表是我国安全技术防范标准化工作的一项重要基础性工作。

2. 安全技术防范标准体系表是我国安全技术防范现有、应有和预计制定标准的蓝图，是编制安全技术防范标准制、修订规划和计划的基本依据，是促进我国安全技术防范标准组成达到科学合理化的重要基础，是开展安全技术防范领域科学技术研究的重要参考资料。

3. 安全技术防范标准体系表将随着科学技术的发展而不断更新和充实。

三、编制原则

1. 目标明确

编制我国安全技术防范标准体系表的目的是为我国安全技术防范标准化工作提供基本依据，保障我国安全技术防范标准化工作科学、高效的开展，从而促进我国安全技术防范产业健康、有序和快速发展。

2. 全面成套

本体系表编制遵从了全面成套的原则，内容涵盖了我国安全技术防范行业的通用标准、行业所涉及的各专业（子系统）通用标准、构成各专业（子系统）的产品标准等。

3. 层次适当

本体系表的层次结构是根据 GB/T 13016 的相关要求划分的，第一层为安全技术防范行业通用标准；第二层为各专业（各子系统）通用标准等；第三层为产品标准等。

4. 划分清楚

本体系表中的标准元素和标准集合按照基础、技术、工程、管理、服务等标准化活动性质的同一性进行划分，基本做到了体系表内的子体系或类别划分清楚。

5. 国际接轨

在本标准体系表的编制过程中，参考了相关的国际、区域和国外标准体系。重点研究了与我国安全技术防范标准化工作对口的国际电工委员会（IEC）和欧洲电工委员会（CLC）的相关标准，并基本将其标准纳入了体系表中。

6. 适合国情

在参考相关的国际、区域和国外标准体系的同时，本体系表的编制更注重适合我国国情，并没有照搬国际、区域和国外的标准体系结构和标准名称，而是根据我国安全技术防范标准化工作的实际需要，将这些标准元素合理纳入不同层次和子体系中，同时对标准名称进行了适当调整。

四、相关术语和定义

1. 安全技术防范　security

利用各种电子信息设备组成系统和/或网络，用于防入侵、防盗窃、防抢劫、防破坏、防爆安全检查等，以实现维护社会公共安全的目的。

2. 标准体系　standard system

一定范围内的标准按其内在联系形成的科学的有机整体。

[GB/T 13016—2009，3.3]

3. 标准体系表　diagram of standard system

一定范围的标准体系内的标准按其内在联系排列起来的图表。

[GB/T 13016—2009，3.4]

4. 基础标准　basic standard

具有广泛的适用范围或包含一个特定领域的通用条款的标准。

[GB/T 20000.1—2002，2.5.1]

5. 产品标准　product standard

规定产品应满足的要求以确保其适用性的标准。

[GB/T 20000.1—2002，2.5.4]

6. 服务标准　service standard

规定服务应满足的要求以确保其适用性的标准。

[GB/T 20000.1—2002，2.5.6]

7. 技术标准　technical standard

规定技术应满足的要求以确保其适用性的标准。

8. 工程标准　engineering standard

规定工程应满足的要求以确保其适用性的标准。

9. 公共管理标准　public administration standard

规定公共管理应满足的要求以确保其适用性的标准。

10. 行业通用标准　industry general standard

规定行业领域内应满足的通用要求以确保其适用性的标准。

11. 专业通用标准　specialty general standard

规定行业中某一专业领域内应满足的通用要求以确保其适用性的标准。

五、体系结构

1. 体系结构框图

我国安全技术防范标准体系结构框图（见图 1）。

2. 体系结构说明

（1）横向层次。本标准体系横向主要分为三层结构，第一层为安全技术防范通用标准，包括基础标准、技术标准、工程标准、公共管理标准和服务标准等。第二层为专业通用标准，包括安全技术防范各专业（各子系统）的术语、技术和工程标准等；将作为安全技术防范工作基础的风险评估、安全防护和效能评估等列入该层；同时将公共管理标准和服务标准的细分类别列入该层。第三层为产品标准和产品应用标准。在第二层和第三层的有些部分，根据实际需要，按分类或门类增加了扩展层。

（2）纵向层次。本标准体系纵向划分了基础标准、技术标准、工程标准、公共管理标准和服务标准五个子体系。鉴于支撑安全技术防范工作的重要性，将术语、风险评估、安全防护和效能评估标准纳入基础标准子体系中；将安全防范系统和入侵/反劫/社会报警系统、视频监控系统、出入口控制系统、防爆安全检查系统、实体防护系统、人体生物特征识别应用系统、防伪技术等子系统以及各类产品标准纳入技术标准子体系中；将安全防范工程设计、施工、检测、验收和产品应用等纳入工程标准子体系；将执法标准、工作标准和管理标准纳入公共管理标准子体系；将安防系统运营服务、行业组织和中介服务纳入服务标准子体系。

六、标准明细表

1. 本标准体系表给出了《我国安全技术防范标准明细表》，由 31 个表格组成，目前共列入了 378 个标准元素。随着科学技术的进步和新产品的生产以及新的安全需求带来的新的应用，标准体系表和标准明细表都有一个不断完善的过程。

2. 《我国安全技术防范标准明细表》各表格的编号原则是：标准体系第一层的表格编号为 101～105；第二层的表格编号为 201～218；第三层的表格编号为 301～308。

3. 《我国安全技术防范标准明细表》的具体内容，见附录 A。

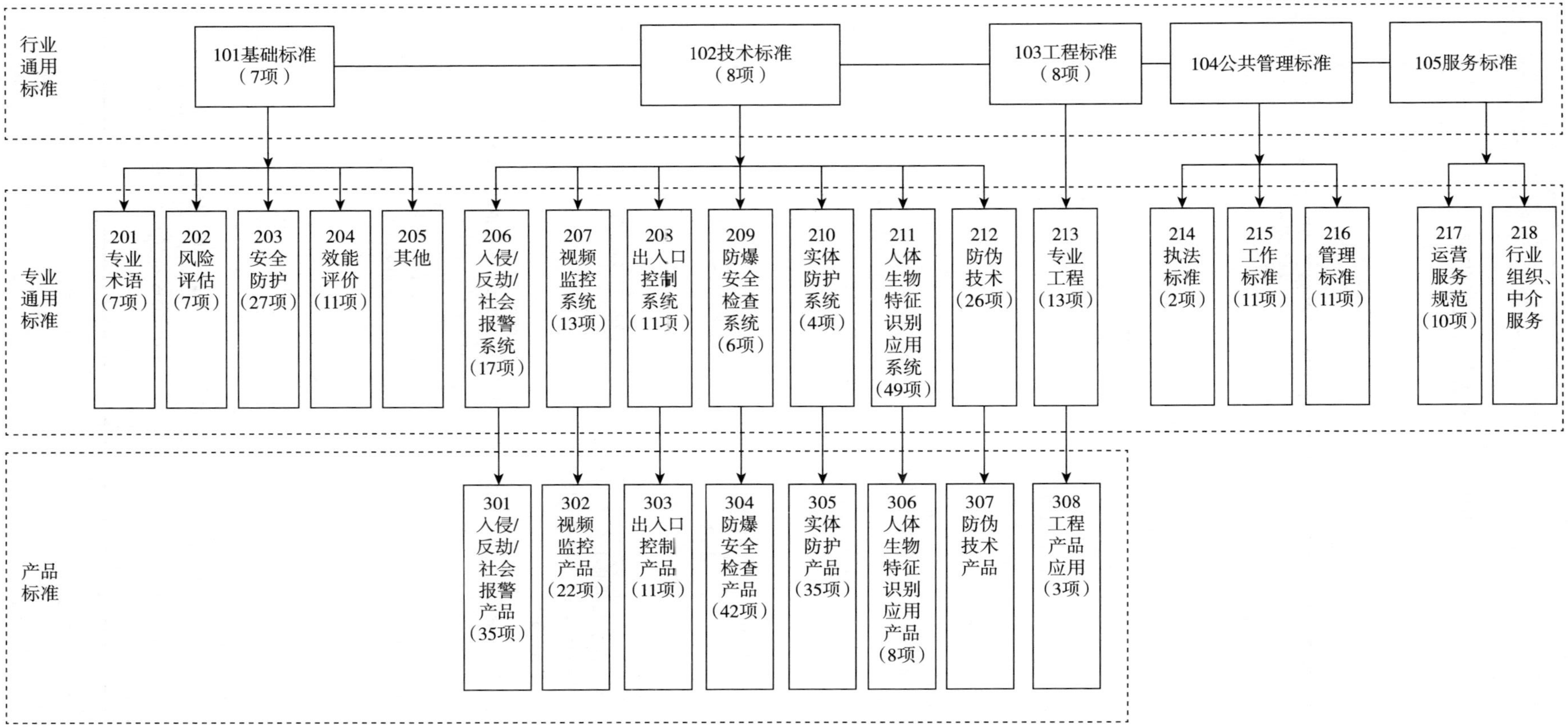

图 1　我国安全技术防范标准体系结构框图*

*本表内项目数与后文表格内项目非一一对应。

附录 A

我国安全技术防范标准明细表

101 基础标准

编号	级别和属性	标准名称	现行标准	国际国外相关标准	优先级
101-1	GA/T	安全防范报警系统术语			
101-2	GA	安全防范报警视觉听觉信号规范			
101-3	GA/Z	防护目标安全风险评估导则			
101-4	GA/T	安全防范系统效能评估导则			
101-5	GA/T	安全技术防范产品分类与代码	GA/T 405—2002 安全技术防范产品分类与代码		
101-6	GA/T	安全技术防范管理信息代码	GA/T 550—2005 安全技术防范管理信息代码（归口信标委）		
101-7	GA/T	安全技术防范管理信息基本数据结构	GA/T 551—2005 安全技术防范管理信息基本数据结构（归口信标委）		

102 技术标准

编号	级别和属性	标准名称	现行标准	国际国外相关标准	优先级
102-1	GB/T	安全防范系统管理平台技术要求与测试方法			
102-2	GB	安全防范系统信息安全技术要求（采集信息的原始完整性、物理防护、访问控制）			
102-3	GB	安全防范报警设备　安全要求和试验方法	GB 16796—2009 安全防范报警设备　安全要求和试验方法		
102-4	GB	安全防范报警设备环境适应性要求和测试方法	GB/T 15211—2013（代替 GB/T 15211—1994）安全防范报警设备　环境适应性要求和试验方法	IEC 62599—1 ED. 1	
102-5	GB	安全防范报警设备电磁兼容抗扰性要求	GB/T 30148—2013 安全防范报警设备　电磁兼容抗扰度要求和试验方法	IEC 62599—2 ED. 1	
213-6	GB/T	安全防范系统供电技术要求	GB/T 15408—2011（代替 GB/T 15408—1994）安全防范系统供电技术要求		
213-7	GB/T	安全防范系统雷电浪涌防护技术要求	GA/T 670—2006 安全防范系统雷电浪涌防护技术要求		

续表

编号	级别和属性	标准名称	现行标准	国际国外相关标准	优先级
102-8	GB	安全防范系统设备效能检验方法（使用、防范效果测试、同类功能参照原则——安防目的与评价方法、信息的原始完整性）			

103 工程标准

编号	级别和属性	标准名称	现行标准	国际国外相关标准	优先级
103-1	GA/T	安全防范工程程序与要求	GA/T 75—1994 安全防范工程程序与要求		
103-2	GB	安全防范工程技术规范	GB 50348—2018（代替 GB 50348—2004）安全防范工程技术标准		
103-3	GA/T	安全防范系统通用图形符号	GA/T 74—2017（代替 GA/T 74—2000）安全防范系统通用图形符号		
103-4	GA/T	安全防范工程费用预算编制办法	GA/T 70—2014（代替 GA/T 70—2004）安全防范工程费用预算编制办法		
103-5	GA	安全防范工程监理规范			
103-6	GA	安全防范系统检验规范（初次检验和运行中的测试取样方法、测试方法、运行检验、性能下降评价）			
103-7	GA	安全防范系统验收规则	GA 308—2001 安全防范系统验收规则		
103-8	GA	安全防范系统维护规范（设备的寿命问题、设备性能下降评估）	GA/T 1081—2020（代替 GA 1081—2013）安全防范系统维护保养规范		

201 专业术语标准

编号	级别和属性	标准名称	现行标准	国际国外相关标准	优先级
201-1	GA/T	入侵/反劫/社会报警系统术语			
201-2	GA/T	安防视频监控系统术语			
201-3	GA/T	出入口控制系统术语			
201-4	GA/T	防爆安全检查系统术语			
201-5	GA/T	实体防护系统术语			
201-6	GA/T	安防生物特征识别应用术语	GA/T 893—2010 安防生物特征识别应用术语		
201-7	GA/T	安全防伪技术术语			

202 风险评估标准

编号	级别和属性	标准名称	现行标准	国际国外相关标准	优先级
202-1	GA	安全防范风险评估导则			
202-2	GA	文物保护单位和博物馆风险等级划分原则	GA 27—2002 文物系统博物馆风险等级和安全防护级别的规定		
202-3	GA	冶金钢铁企业治安保卫重要部位风险等级和安全防护要求	GA 873—2010 冶金钢铁企业治安保卫重要部位风险等级和安全防护要求		
202-4	GA	放射性物品库风险等级和安全防范要求			

203 安全防护标准

编号	级别和属性	标准名称	现行标准	国际国外相关标准	优先级
203-1	GB/T	文物保护单位和博物馆安全防范系统技术要求	GB/T 16571—2012（代替 GB/T 16571—1996）博物馆和文物保护单位安全防范系统要求		
203-2	GB/T	银行安全防范报警联网系统技术要求	GB/T 16676—2010（代替 GB/T 16676—1996）银行安全防范报警监控联网系统技术要求		
203-3	GB/T	住宅小区安全防范系统通用技术要求	GB/T 21741—2021 住宅小区安全防范系统通用技术要求		
203-4	GB/T	中小学、幼儿园安全技术防范系统要求	GB/T 29315—2012 中小学、幼儿园安全技术防范系统要求		
203-5	GB/T	高等院校安全技术防范系统要求	GB/T 31068—2014 普通高等学校安全技术防范系统要求		
203-6	GB/T	医疗卫生机构安全技术防范系统要求	GB/T 31458—2015 医院安全技术防范系统要求		
203-7	GA	石油石化系统治安反恐防范要求	GA 1551.1—2019 石油石化系统治安反恐防范要求　第 1 部分：油气田企业 GA 1551.2—2019 石油石化系统治安反恐防范要求　第 2 部分：炼油与化工企业 GA 1551.3—2019 石油石化系统治安反恐防范要求　第 3 部分：成品油和天然气销售企业 GA 1551.4—2019 石油石化系统治安反恐防范要求　第 4 部分：工程技术服务企业 GA 1551.5—2019 石油石化系统治安反恐防范要求　第 5 部分：运输企业		

续表

编号	级别和属性	标准名称	现行标准	国际国外相关标准	优先级
203-8	GA	电力系统治安反恐防范要求	GA 1800.1—2021 电力系统治安反恐防范要求　第 1 部分：电网企业 GA 1800.2—2021 电力系统治安反恐防范要求　第 2 部分：火力发电企业 GA 1800.3—2021 电力系统治安反恐防范要求　第 3 部分：水力发电企业 GA 1800.4—2021 电力系统治安反恐防范要求　第 4 部分：风力发电企业 GA 1800.5—2021 电力系统治安反恐防范要求　第 5 部分：太阳能发电企业 GA 1800.6—2021 电力系统治安反恐防范要求　第 6 部分：核能发电企业		
203-9	GA	银行营业场所风险等级和安全防护级别的规定	GA 38—2015（代替 GA 38—2004）银行营业场所安全防范要求		
203-10	GA	广播电影电视系统重点单位重要部位的风险等级和安全防护级别	GA 586—2020（代替 GA 586—2005）广播电视重点单位重要部位安全防范要求		
203-11	GA	银行自助设备　自助银行安全防范的规定	GA 745—2017（代替 GA 745—2008）银行自助设备、自助银行安全防范要求		
203-12	GA	银行业务库安全防范的要求	GA 858—2010 银行业务库安全防范的要求		
203-13	GA	民用爆炸物品储存库治安防范要求	GA 837—2009 民用爆炸物品储存库治安防范要求		
203-14	GA	小型民用爆炸物品储存库安全规范	GA 838—2009 小型民用爆炸物品储存库安全规范		
203-15	GA	民用爆炸物品警示标识、登记标识通则	GA 921—2011 民用爆炸物品警示标识、登记标识通则		
203-16	GA	剧毒化学品库房安全防范规定	GA 1002—2012 剧毒化学品、放射源存放场所治安防范要求		
203-17	GA	枪支弹药保管（储存）设施安全规范	GA 1016—2012 枪支（弹药）库室风险等级划分与安全防范要求		
203-18	GA	南水北调工程安全规范	GA/T 1710—2020 南水北调工程安全防范要求		
203-19	GA	射击场所设置安全规范	GA 1798—2021 营业性射击场设置与安全防范要求		
203-20	GA	娱乐场所治安管理信息系统视频监控技术规范			
203-21	GA	证券经营机构安全技术防范系统要求			
203-22	GA	展陈枪支失效处理与安全防范要求	GA 1015—2012 枪支去功能处理与展览枪支安全防范要求		

204 效能评价标准

编号	级别和属性	标准名称	现行标准	国际国外相关标准	优先级
204-1	GA	安防视频监控图像信息原始完整性技术要求与测试方法			
204-2	GA/T	爆破作业单位民用爆炸物品储存库安全评价导则	GA/T 848—2009 爆破作业单位民用爆炸物品储存库安全评价导则		
204-3	GA	文物保护单位和博物馆安全防范系统验收规范			
204-4	GA	银行安全防范系统验收规范			
204-5	GA/T	住宅小区安全防范系统安全等级评价导则			
204-6	GA/T	中小学、幼儿园安全防范系统安全等级评价导则			
204-7	GA/T	高等院校安全防范系统安全等级评价导则			
204-8	GA/T	医疗卫生机构安全防范系统安全等级评价导则			

206 入侵/反劫/社会报警系统

编号	级别和属性	标准名称	现行标准	国际国外相关标准	优先级
206-1	GB/T	入侵报警系统技术要求	GB/T 32581—2016 入侵和紧急报警系统技术要求		
206-2	GA/T	民用车辆反劫防盗联网报警系统通用技术要求	GA/T 553—2005 车辆反劫防盗联网报警系统通用技术要求		
206-3	GA	特种车辆反劫防盗联网报警系统通用技术要求（运钞车等）	GA 164—2018（代替 GA 164—2005）专用运钞车防护技术要求		
206-4	产品检测通用技术要求				
206-4-1	GB	报警设备检测通用技术要求［测试样品（信息源）、探测响应时间、误报率、漏报率、信号的传输延迟、评价方法等］			
206-5	报警传输系统的要求				
206-5-1	GA/T	报警传输系统的要求　第1部分：系统的一般要求	GA/T 600.1—2006 报警传输系统的要求　第1部分：系统的一般要求		
206-5-2	GA/T	报警传输系统的要求　第2部分：设备的一般要求	GA/T 600.2—2006 报警传输系统的要求　第2部分：设备的一般要求		

续表

编号	级别和属性	标准名称	现行标准	国际国外相关标准	优先级
206-5-3	GA/T	报警传输系统的要求　第 3 部分：利用专用报警传输通路的报警传输系统	GA/T 600.3—2006 报警传输系统的要求　第 3 部分：利用专用报警传输通路的报警传输系统		
206-5-4	GA/T	报警传输系统的要求　第 4 部分：利用公共电话交换网络的数字通信机系统的要求	GA/T 600.4—2006 报警传输系统的要求　第 4 部分：利用公共电话交换网络的数字通信机系统的要求		
206-5-5	GA/T	报警传输系统的要求　第 5 部分：利用公共电话交换网络的话音通信机系统的要求	GA/T 600.5—2006 报警传输系统的要求　第 5 部分：利用公共电话交换网络的话音通信机系统的要求		
206-5-6	GA/T	报警传输系统的要求　第 6 部分：基于 IP 网络的报警传输系统			
206-6	报警传输系统串行数据接口的信息格式和协议				
206-6-1	GB/T	报警传输系统串行数据接口的信息格式和协议　第 1 部分：总则	GB/T 21564.1—2008 报警传输系统串行数据接口的信息格式和协议　第 1 部分：总则		
206-6-2	GB/T	报警传输系统串行数据接口的信息格式和协议　第 2 部分：公用应用层协议	GB/T 21564.2—2008 报警传输系统串行数据接口的信息格式和协议　第 2 部分：公用应用层协议		
206-6-3	GB/T	报警传输系统串行数据接口的信息格式和协议　第 3 部分：公用数据链路层协议	GB/T 21564.3—2008 报警传输系统串行数据接口的信息格式和协议　第 3 部分：公用数据链路层协议		
206-6-4	GB/T	报警传输系统串行数据接口的信息格式和协议　第 4 部分：公用传输层协议	GB/T 21564.4—2008 报警传输系统串行数据接口的信息格式和协议　第 4 部分：公用传输层协议		
206-6-5	GB/T	报警传输系统串行数据接口的信息格式和协议　第 5 部分：数据接口	GB/T 21564.5—2008 报警传输系统串行数据接口的信息格式和协议　第 5 部分：数据接口		
206-7	GB	无线（射频）报警设备互联要求	入侵报警系统　无线（射频）设备互联技术要求	IEC60642-5-3 Ed1.0：2010	
206-8	GB/T	报警系统联网技术要求			

207 视频监控系统

编号	级别和属性	标准名称	现行标准	国际国外相关标准	优先级
207-1	系统技术要求				
207-1-1	GB/T	视频监控系统技术要求（包含前端信息采集技术要求）	GA/T 367—2001 视频安防监控系统技术要求		
207-1-2	GB/T	视频监控系统设备控制协议	GA/T 647—2006 视频安防监控系统前端设备控制协议 V1.0		

续表

编号	级别和属性	标准名称	现行标准	国际国外相关标准	优先级
207-1-3	GA	城市监控报警联网系统　合格评定　第 1 部分：系统功能性能检验规范	GA 793. 1—2008 城市监控报警联网系统　合格评定　第 1 部分：系统功能性能检验规范		
207-1-4	GA	城市监控报警联网系统　合格评定　第 2 部分：管理平台软件测试规范	GA 793. 2—2008 城市监控报警联网系统　合格评定　第 2 部分：管理平台软件测试规范		
207-1-5	GA	城市监控报警联网系统　合格评定　第 3 部分：系统验收规范	GA 793. 3—2008 城市监控报警联网系统　合格评定　第 3 部分：系统验收规范		
207-1-6	GA	城市监控报警联网系统　技术标准　第 1 部分：通用技术要求	GA/T 669. 1—2008 城市监控报警联网系统　技术标准　第 1 部分：通用技术要求		
207-1-7	GA	城市监控报警联网系统　技术标准　第 2 部分：安全技术要求	GA/T 669. 2—2008 城市监控报警联网系统　技术标准　第 2 部分：安全技术要求（拟升级为 102. 2）		
207-1-8	GA	城市监控报警联网系统　技术标准　第 3 部分：前端信息采集技术要求	GA/T 669. 3—2008 城市监控报警联网系统　技术标准　第 3 部分：前端信息采集技术要求（拟转换到 202-1-2）		
207-1-9	GA	城市监控报警联网系统　技术标准　第 4 部分：视音频编、解码技术要求	GA/T 669. 4—2008 城市监控报警联网系统　技术标准　第 4 部分：视音频编、解码技术要求（拟转换到 202-1-3）		
207-1-10	GA	城市监控报警联网系统　技术标准　第 5 部分：信息传输、交换、控制技术要求	GA/T 669. 5—2008 城市监控报警联网系统　技术标准　第 5 部分：信息传输、交换、控制技术要求（拟转换到 202-2-2）		
207-1-11	GA	城市监控报警联网系统　技术标准　第 6 部分：视音频显示、存储、播放技术要求	GA/T 669. 6—2008 城市监控报警联网系统　技术标准　第 6 部分：视音频显示、存储、播放技术要求（拟转换到 202-1-4，202-1-5）		
207-1-12	GA	城市监控报警联网系统　技术标准　第 7 部分：管理平台技术要求	GA/T 669. 7—2008 城市监控报警联网系统　技术标准　第 7 部分：管理平台技术要求		
207-1-13	GA	城市监控报警联网系统　技术标准　第 8 部分：传输网络技术要求	GA/T 669. 8—2009 城市监控报警联网系统　技术标准　第 8 部分：传输网络技术要求（拟转换到 202-2-3）		
207-1-14	GA	城市监控报警联网系统　技术标准　第 9 部分：卡口信息识别、比对、监测系统技术要求	GA/T 669. 9—2008 城市监控报警联网系统　技术标准　第 9 部分：卡口信息识别、比对、监测系统技术要求		
207-1-15	GA	城市监控报警联网系统　技术标准　第 10 部分：无线视音频监控系统技术要求	GA/T 669. 10—2009 城市监控报警联网系统　技术标准　第 10 部分：无线视音频监控系统技术要求（拟转换到 202-1-6）		
207-2	公共安全视频图像信息联网共享应用标准体系（见附件：公共安全视频图像信息联网共享应用标准体系）				
207-3	公安视频图像信息联网与应用标准体系（见附件：公共安全视频图像信息联网共享应用标准体系）				

208 出入口控制系统

编号	级别和属性	标准名称	现行标准	国际国外相关标准	优先级
208-1	系统要求				
208-1-1	GB/T	出入口控制系统技术要求	GB/T 37078—2018 出入口控制系统技术要求		
208-1-2	GB/T	出入口控制系统　门禁控制系统技术要求	GA/T 1739—2020 出入口控制系统　控制器		
208-1-3	GB/T	出入口控制系统　访客对讲系统技术要求	GB/T 31070. 1—2014 楼宇对讲系统　第 1 部分：通用技术要求 GB/T 31070. 2—2018 楼宇对讲系统　第 2 部分：全数字系统技术要求 GB/T 31070. 3—2021 楼宇对讲系统　第 3 部分：特定应用技术要求 GB/T 31070. 4—2018 楼宇对讲系统　第 4 部分：应用指南		
208-1-4	GB/T	出入口控制系统　停车场（库）安全管理系统技术要求	GA/T 761—2008 停车场（库）安全管理系统技术要求		
208-1-5	GB/T	出入口控制系统　大型场馆电子检票系统技术要求			
208-1-6	GB/T	出入口控制系统　物品标签安全防盗系统技术要求			
208-1-7	GB/T	出入口控制系统　电子巡查系统技术要求	GA/T 644—2006 电子巡查系统技术要求		
208-2	GB/T	安全防范用一卡通系统安全性要求			
208-3	GB/T	出入口控制系统联网集成技术要求			
208-4	人员定位报警管理系统技术要求				
208-4-1	GA	拘押场所人员定位管理系统			
208-5	产品检测通用技术要求				
208-5-1	GB/T	出入口控制的设备检测通用技术要求（容量、误识率、拒认率、通行率、识读反应速度、控制的及时性、信号的传输延迟、评价方法等）			

209 防爆安全检查系统

编号	级别和属性	标准名称	现行标准	国际国外相关标准	优先级
209-1	试验用标准样品要求				
209-1-1	GB	防爆安全检查产品试验用标准样品要求　通用要求（真实样品和模拟物样品）（涵盖采样、制备）			

续表

编号	级别和属性	标准名称	现行标准	国际国外相关标准	优先级
209-1-2	GB	防爆安全检查产品试验用标准样品要求　固体类样品要求			
209-1-3	GB	防爆安全检查产品试验用标准样品要求　液体类样品要求			
209-1-4	GB	防爆安全检查产品试验用标准样品要求　乳胶类样品要求			
209-2	产品检测通用技术要求				
209-2-1	GB	防爆安全检查的设备检测通用技术要求（误识率、拒认率、通行率、识读反应速度、控制的及时性、信号的传输延迟、评价方法等）			
209-3	GB	防爆安全检查系统联网技术要求			

210 实体防护系统

编号	级别和属性	标准名称	现行标准	国际国外相关标准	优先级
210-1	GB	实体防护系统安全等级划分（包括安全分类、分级、标识与型号命名方法）			
210-2	GA	产品检测规程（人员要求、检测设备、检测方法、样品条件等）（产品检测通用技术要求）			
210-3	GB/T	实体防护设备检测通用技术要求（测试样品、系统级指标——防破坏时间、净工作时间、分级、破坏方法手段、风险等级、设备的分级要求、安全级别、评价方法等）			
210-4	GB	实体防护设备防弹性能（和）测试方法	GA/T 1709—2019 实体防护产品防弹性能分类及测试方法		

211 人体生物特征识别应用系统

编号	级别和属性	标准名称	现行标准	国际国外相关标准	优先级
211-1	指纹识别				
211-1-1	GA/T	安防指纹识别应用系统　通用技术要求			
211-1-2	GA/T	安防指纹识别应用系统　数据交换格式	GA/T 1285—2015 安防指/掌纹识别应用图像数据交换格式		

续表

编号	级别和属性	标准名称	现行标准	国际国外相关标准	优先级
211-1-3	GA/T	安防指纹识别应用系统　指纹图像数据	GA/T 894. 2—2010 安防指纹识别应用系统　第 2 部分：指纹图像记录格式		
211-1-4	GA/T	安防指纹识别应用系统　指纹图像质量	GB/T 35736—2017 公共安全　指纹识别应用　图像技术要求		
211-1-5	GA/T	安防指纹识别应用系统　指纹模板数据			
211-1-6	GA/T	安防指纹识别应用系统　程序接口规范			
211-1-7	GA/T	安防指纹识别应用系统　算法评测方法	GB/T 35676—2017 公共安全　指静脉识别应用　算法识别性能评测方法		
211-1-8	GA/T	安防指纹识别应用系统　指纹活体鉴别			
211-2	人脸识别				
211-2-1	GB/T	安防人脸识别应用系统　通用技术要求	GB/T 31488—2015 安全防范视频监控人脸识别系统技术要求		
211-2-2	GA/T	安防人脸识别应用系统　人脸图像采集	GA/T 1324—2017 安全防范　人脸识别应用　静态人脸图像采集规范 GA/T 1325—2017 安全防范　人脸识别应用　视频图像采集规范		
211-2-3	GA/T	安防人脸识别应用系统　数据交换格式			
211 2 4	GB/T	安防人脸识别应用系统　人脸图像数据			
211-2-5	GA/T	安防人脸识别应用系统　人脸图像质量	GB/T 35678—2017 公共安全　人脸识别应用　图像技术要求		
211-2-6	GA/T	安防人脸识别应用系统　人脸模板数据			
211-2-7	GA/T	安防人脸识别应用系统　算法评测方法			
211-2-8	GA/T	安防人脸识别应用系统　人脸活体鉴别			
211-3	指静脉识别				
211-3-1	GA/T	安防指静脉识别应用系统　通用技术要求			
211-3-2	GA/T	安防指静脉识别应用系统　指静脉图像	GB/T 35742—2017 公共安全　指静脉识别应用　图像技术要求	安防指静脉识别应用系统图像技术要求	
211-3-3	GA/T	安防指静脉识别应用系统　指静脉模板数据			

续表

编号	级别和属性	标准名称	现行标准	国际国外相关标准	优先级
211-3-4	GA/T	安防指静脉识别应用系统　程序接口规范			
211-3-5	GA/T	安防指静脉识别应用系统　算法评测方法	GB/T 38122—2019 公共安全指纹识别应用　验证算法性能评测方法	安防指静脉识别应用系统算法评测方法	
211-3-6	GA/T	安防指静脉识别应用系统　指静脉活体鉴别			
211-4	声纹识别				
211-4-1	GA/T	安防声纹识别应用系统　通用技术要求			
211-4-2	GA/T	安防声纹识别应用系统　声纹数据			
211-4-3	GA/T	安防声纹识别应用系统　声纹质量			
211-4-4	GA/T	安防声纹识别应用系统　数据交换格式			
211-4-5	GA/T	安防声纹识别应用系统　程序接口规范			
211-4-6	GA/T	安防声纹识别应用系统　算法评测方法	GA/T 1179—2014 安防声纹确认应用算法技术要求和测试方法		
211-4-7	GA/T	安防声纹识别应用系统　声纹活体鉴别			
211-5	虹膜识别				
211-5-1	GA/T	安防虹膜识别应用系统　通用技术要求			
211-5-2	GA/T	安防虹膜识别应用系统　虹膜数据			
211-5-3	GA/T	安防虹膜识别应用系统　虹膜质量			
211-5-4	GA/T	安防虹膜识别应用系统　数据交换格式	GA/T 1286—2015 安防虹膜识别应用　图像数据交换格式		
211-5-5	GA/T	安防虹膜识别应用系统　程序接口规范			
211-5-6	GA/T	安防虹膜识别应用系统　算法评测方法	GA/T 1208—2014 安防虹膜识别应用　算法评测方法		
211-5-7	GA/T	安防虹膜识别应用系统　虹膜活体鉴别			
211-6	掌纹（形）识别				
211-6-1	GA/T	安防掌纹（形）识别应用系统　通用技术要求			
211-6-2	GA/T	安防掌纹（形）识别应用系统　掌纹（形）数据			

续表

编号	级别和属性	标准名称	现行标准	国际国外相关标准	优先级
211-6-3	GA/T	安防掌纹（形）识别应用系统 掌纹（形）质量			
211-6-4	GA/T	安防掌纹（形）识别应用系统 数据交换格式	GA/T 1285—2015 安防指/掌纹识别应用图像数据交换格式		
211-6-5	GA/T	安防掌纹（形）识别应用系统 程序接口规范			
211-6-6	GA/T	安防掌纹（形）识别应用系统 算法评测方法			
211-7	签字识别				
211-7-1	GA/T	安防签字识别应用系统 第 1 部分：通用技术要求			
211-7-2	GA/T	安防签字识别应用系统 第 2 部分：签字数据			
211-7-3	GA/T	安防签字识别应用系统 第 3 部分：签字质量			
211-7-4	GA/T	安防签字识别应用系统 第 4 部分：数据交换格式			
211-7-5	GA/T	安防签字识别应用系统 第 5 部分：程序接口规范			
211-7-6	GA/T	安防签字识别应用系统 第 6 部分：算法评测方法			
211-8	其他生物特征识别				

213 专业工程标准

编号	级别和属性	标准名称	现行标准	国际国外相关标准	优先级
213-1	入侵报警系统工程				
213-1-1	GB	入侵报警系统工程设计规范	GB 50394—2007 入侵报警系统工程设计规范		
213-1-2	GB	入侵报警系统工程施工规范			
213-2	安防视频监控系统工程				
213-2-1	GB	安防视频监控系统工程设计规范	GB 50395—2007 视频安防监控系统工程设计规范		
213-2-2	GB	安防视频监控系统工程施工规范			
213-3	出入口控制系统工程				
213-3-1	GB	出入口控制系统工程设计规范	GB 50396—2007 出入口控制系统工程设计规范		

续表

编号	级别和属性	标准名称	现行标准	国际国外相关标准	优先级
213-3-2	GB	出入口控制系统工程施工规范			
213-3-3	GB	访客对讲系统工程设计规范（包括控制门的选型、防护效果）			
213-3-4	GB	访客对讲系统工程施工规范			
213-3-5	GB	停车场（库）安全管理系统工程设计规范	GA/T 1742—2020 封闭式停车场安全防范要求		
213-3-6	GB	停车场（库）安全管理系统工程施工规范			
213-3-7	GB	电子巡查系统工程设计规范			
213-3-8	GB	电子巡查系统工程施工规范			
213-4	GB	防爆安全检查系统工程技术规范［设计（交通运输场所、大型活动场所）、安装、检验/检查、验收］			

214 执法标准

编号	级别和属性	标准名称	现行标准	国际国外相关标准	优先级
214-1	GA	安全技术防范设施监督检查工作规范			

215 工作标准

编号	级别和属性	标准名称	现行标准	国际国外相关标准	优先级
215-1	GA	城市报警与监控系统安全使用工作规范			
215-2	GA/T	城市报警与监控系统建设安全风险与防护工作指南			
215-3	GA	城市报警与监控系统运行规范			
215-4	GA	城市报警与监控系统维护规范			
215-5	GA/T	城市报警与监控系统实战应用指南			
215-6	GA	基层公安机关城市报警与监控系统应用管理工作规范			
215-7	GA	基层公安机关城市报警与监控系统监控中心警情处置规范	GA/T 1072—2013 基层公安机关社会治安视频监控中心（室）工作规范		
215-8	GA	安全防范报警企业资质信用评定工作规范			

续表

编号	级别和属性	标准名称	现行标准	国际国外相关标准	优先级
215-9	GA	安全防范报警系统/产品检测工作规范			
215-10	GA	安全防范报警系统/产品认证工作规范			
215-11	GA/T	安全防范报警系统标准化工作导则			

216 管理标准

编号	级别和属性	标准名称	现行标准	国际国外相关标准	优先级
216-1	GA	安全防范报警工程从业企业资质标准			
216-2	GA	安全防范报警运营服务从业企业资质标准			
216-3	GA	安全防范报警咨询评估从业企业资质标准			
216-4	GA/T	安全防范报警企业信用评价导则			
216-5	GA	安全防范从业人员资格要求			
216-6	GA/Z	防爆安全检查系统技术培训指南			
216-7	GA	市公安局城市报警与监控系统建设、管理和应用工作绩效考核办法			
216-8	GA	基层公安机关城市报警与监控系统管理工作考核办法			
216-9	GA/T	城市报警与监控系统建设模式分类指南			
216-10	GA	城市报警与监控系统建设中前端摄像机设置规则			
216-11	GA	安防视频监控图像信息采集、接入、使用管理要求	GA/T 792.1—2008 城市监控报警联网系统　管理标准　第 1 部分：图像信息采集、接入、使用管理要求		

217 运营服务规范

编号	级别和属性	标准名称	现行标准	国际国外相关标准	优先级
217-1	报警运营服务				
217-1-1	GA/T	运维服务体系架构	包括：运维服务的框架、服务（模式）的分类、服务的指标、服务监测与评估以及服务改进等		

续表

编号	级别和属性	标准名称	现行标准	国际国外相关标准	优先级
217-1-2	GA/T	运维设备分类和编码要求	包括：运维系统设备分类、编码规则和编码管理要求		
217-1-3	GA/T	系统运行维护要求	包括：系统运行维护、故障处置、报警响应及报警处置预案编制等管理要求（参照 GA/T 792.2）		
217-1-4	GA/T	巡防服务要求	包括：巡防机制与执勤工作流程、警情处置流程、巡防队技能训练与会操要求等		
217-1-5	GA	报警服务中心运维服务规范	GA 1383—2017 报警运营服务规范		
217-1-6	GA/T	文件管理要求	包括：电子文档、纸质文档分类，存档、调用、保密要求及控制管理要求		
217-1-7	GA/T	服务质量要求	包括：服务岗位分类、岗位工作标准、工作质量要求		
217-1-8	GA/T	运营服务收费标准	包括：联网设备巡检、故障检测、故障维修收费，接处警服务、巡逻服务收费标准		
217-2	防爆安全检查系统运维服务				
217-2-1	GA	防爆安全检查系统运行保障服务规范			
211-2-2	GA	防爆安全检查系统操作规程			

301 入侵/反劫/社会报警产品

编号	级别和属性	标准名称	现行标准	国际国外相关标准	优先级
301-1	入侵探测器				
301-1-1	GB	入侵探测器　通用要求	GB 10408.1—2000 入侵探测器　第 1 部分：通用要求		
301-1-2	GB	入侵探测器　超声波多普勒探测器	GB 10408.2—2000 入侵探测器　第 2 部分：室内用超声波多普勒探测器		
301-1-3	GB	入侵探测器　微波多普勒探测器	GB 10408.3—2000 入侵探测器　第 3 部分：室内用微波多普勒探测器		
301-1-4	GB	入侵探测器　对射式主动红外入侵探测器	GB 10408.4—2000 入侵探测器　第 4 部分：对射式主动红外入侵探测器		
301-1-5	GB	入侵探测器　被动红外探测器	GB 10408.5—2000 入侵探测器　第 5 部分：室内用被动红外探测器		
301-1-6	GB	入侵探测器　微波和被动红外复合入侵探测器	GB 10408.6—2009 入侵探测器　第 6 部分：微波和被动红外复合入侵探测器		
301-1-7	GB	入侵探测器　超声驻波入侵探测器	GB 10408.7—1996 入侵探测器　第 7 部分：超声波和被动红外复合探测器（已废止）		

续表

编号	级别和属性	标准名称	现行标准	国际国外相关标准	优先级
301-1-8	GB	入侵探测器　振动入侵探测器	GB/T 10408. 8—2008 入侵探测器　第 8 部分：振动入侵探测器		
301-1-9	GB	入侵探测器　被动式玻璃破碎探测器	GB 10408. 9—2001 入侵探测器　第 9 部分：室内用被动式玻璃破碎探测器		
301-1-10	GB	入侵探测器　反射式主动红外入侵探测器			
301-1-11	GB	遮挡式微波入侵探测器	GB 15407—2010（代替 GB 15407—1994）遮挡式微波入侵探测器技术要求		
301-1-12	GB	磁开关入侵探测器	GB 15209—2006 磁开关入侵探测器		
301-1-13	GA	激光入侵探测器	GA/T 1158—2014 激光对射入侵探测器技术要求		
301-1-14	GB	受力式开关报警装置			
301-1-15	GA	紧急报警装置（手动、脚动、遥控等）			
301-1-16	GB	异常声音探测报警装置（对声音探测分析之后报警）			
301-1-17	GB	特殊环境用入侵探测器（防爆、防腐、防尘等环境）			
301-1-18	GB	新型智能传感器［包括化学传感器（气味、气体探测等）、生物传感器（细菌、病毒探测等）］			
301-2	报警控制管理设备				
301-2-1	GB	报警系统告警装置	GB/T 36546—2018 入侵和紧急报警系统告警装置技术要求		
301-2-2	GB	报警控制指示设备	GB 12663—2019（代替 GB 12663—2001）入侵和紧急报警系统　控制指示设备		
301-2-3	GB	智能家居报警控制器	GB/T 37845—2019 居家安防智能管理系统技术要求		
301-2-4	GB	报警中心管理平台技术要求			
301-3	GB	报警声音复核装置（音频探测器、切换、功放、记录、喇叭）			
301-4	GB	安全喷雾装置		（EN50131-8:2009）	
301-5	周界探测报警装置				
301-5-1	GA	光缆振动探测报警装置	GA/T 1217—2015 光纤振动入侵探测器技术要求		
301-5-2	GA	电缆探测报警装置	GA/T 1372—2017 甚低频感应入侵探测器技术要求		

续表

编号	级别和属性	标准名称	现行标准	国际国外相关标准	优先级
301-5-3	GA	泄漏电缆探测报警装置	GA/T 1031—2012 泄露电缆入侵探测装置通用技术条件（制定中）		
301-5-4	GA	地音探测报警装置			
301-5-5	GA	张力式围栏	GA/T 1032—2013 张力式电子围栏通用技术要求		
301-5-6	GB	脉冲式电子围栏（由 SAC/TCxx 归口）			
301-5-7	GB	周界防护高压电网装置	GB 25287—2010 周界防范高压电网装置		
301-6	车辆反劫防盗报警装置				
301-6-1	GB	车辆防盗报警系统　乘用车	GB 20816—2006 车辆防盗报警系统　乘用车		
301-6-2	GA	车辆防盗报警器材安装规范	GA 366—2001 车辆防盗报警器材安装规范		
301-6-3	GA/T	车辆反劫防盗联网报警系统中车载防盗报警设备与车载无线通信终接设备之间的接口	GA/T 440—2003 车辆反劫防盗联网报警系统中车载防盗报警设备与车载无线通信终接设备之间的接口		

302 视频监控产品

编号	级别和属性	标准名称	现行标准	国际国外相关标准	优先级
302-1	前端设备				
302-1-1	GA/T	视频监控摄像机通用技术要求（含模拟数字、IP 摄像机、一体化辅助光源、抓拍用）	GA/T 1127—2013 安全防范视频监控摄像机通用技术要求		
302-1-2	GB/T	视频监控系统　变速球型摄像机	GA/T 645—2006 视频监控系统　变速球型摄像机		
302-1-3	GB/T	视频监控高清摄像机测量方法	GA/T 1128—2013 安全防范视频监控高清晰度摄像机测量方法		
302-1-4	GB/T	视频监控热红外摄像机			
302-1-5	GA/T	云台（承载质量、控制精度、变动速度）			
302-1-6	GA/T	防护罩（防尘、遮阳、防爆、防暴、防水）			
302-1-7	GA/T	视频监控镜头（空间分辨率、光谱范围、光强动态范围）			
302-1-8	GA/T	摄像机辅助光源（红外、红外激光、闪光灯、可见光照明灯）			
302-2	GB/T	视频音频编解码器（视频服务器）			
302-3	传输设备				
302-3-1	GA/T	视频监控视音频光端机技术要求（含用于视音频传输用的光纤收发器）	GA/T 1178—2014 安全防范系统光端机技术要求		

续表

编号	级别和属性	标准名称	现行标准	国际国外相关标准	优先级
302-3-2	GA/T	EPON			
302-3-3	GA/T	光汇聚设备			
302-4	矩阵切换控制设备				
302-4-1	GA/T	视频监控系统　视音频矩阵切换设备通用技术要求	GA/T 646—2016（代替 GA/T 646—2006）安全防范视频监控矩阵设备通用技术要求		
302-5	视频存储设备				
302-5-1	GB	视频监控数字录像设备	GB 20815—2006 视频监控数字录像设备		
302-5-2	GA/T	视频监控网络存储设备	GA/T 1357—2018 公共安全视频监控硬盘分类及试验方法		
302-5-3	GA/T	视频监控车载数字录像设备	GA/T 1354—2018 安防视频监控车载数字录像设备技术要求		
302-6	GA/T	视频显示设备（专业监视器、CRT/LCD/DLP/LED、显示比例、显示像素、刷新率、亮度、对比度、色彩还原性、灰度级、响应时间、组合关系、寿命）			
302-7	系统配套设备				
302-7-1	GA/T	视频分配器			
302-7-2	GA/T	字符叠加器（标识字符发生器、时间日期字符发生器、楼层字符叠加器）			
302-8	GB/T	视频监控智能分析设备	GB/T 30147—2013 安防监控视频实时智能分析设备技术要求		
302-9	GA/T	音频设备（音频采集、双向对讲、广播）			

303 出入口控制产品

编号	级别和属性	标准名称	现行标准	国际国外相关标准	优先级
303-1	识读设备				
303-1-1	GA/T	自定义符识读装置			
303-1-2	GA/T	模式识别装置			
303-1-3	GA/T	电子巡查信息采集装置			
303-2	控制设备				
303-2-1	GA/T	门禁控制器			
303-2-2	GA/T	停车库（场）出入口控制设备	GA/T 992—2012 停车库（场）出入口控制设备技术要求		
303-3	执行设备				

续表

编号	级别和属性	标准名称	现行标准	国际国外相关标准	优先级
303-3-1	GA/T	出入口控制电动栏杆机（涵盖探测装置）	GA/T 992—2012 车辆出入口电动栏杆机技术要求		
303-3-2	GA/T	出入口控制路障（涵盖探测装置）			
303-3-3	GA	电控锁（SC1）	电控锁技术要求（制定中）		
303-4	GA/T	访客对讲设备	GA/T 269—2001 黑白可视对讲系统；GA/T 72 涵盖黑白、彩色		
303-5	GA/T	出入口控制快速通道装置	GA/T 1260—2016 人行出入口电控通道闸通用技术要求		
303-6	出入口控制一体化设备（采集、识别、判断、控制/处理）				
303-6-1	GA	电子防盗锁（指纹、声纹、虹膜等采集识别符合相应的技术标准）	GA 374—2001 电子防盗锁		

304 防爆与安全检查产品

编号	级别和属性	标准名称	现行标准	国际国外相关标准	优先级
304-1	X 射线安全检查设备				
304-1-1	透射 X 射线技术的安全检查设备				
304-1-1-1	GB	通用技术要求	GB 15208.1—2018 微剂量 X 射线安全检查设备　第 1 部分：通用技术要求		
304-1-1-2	GB	透射式行包安全检查设备	GB 15208.2—2018 微剂量 X 射线安全检查设备　第 2 部分：透射式行包安全检查设备		
304-1-1-3	GB	透射式货物安全检查设备	GB 15208.3—2018 微剂量 X 射线安全检查设备　第 3 部分：透射式货物安全检查设备		
304-1-1-4	GB	人体安全检查设备	GB 15208.4—2018 微剂量 X 射线安全检查设备　第 4 部分：人体安全检查设备		
304-1-1-5	GB	背散射物品安全检查设备	GB 15208.5—2018 微剂量 X 射线安全检查设备　第 5 部分：背散射物品安全检查设备		
304-1-1-6	GB	便携式 X 射线安全检查设备	GB 12664—2003 便携式 X 射线安全检查设备通用规范		
304-1-1-7	GA	乘用车辆安全检查设备	GA/T 1731—2020 乘用车辆 X 射线安全检查系统技术要求		
304-1-2	计算机图像重建（CT）技术的安全检查设备				
304-1-2-1	GB	基于计算机图像重建（CT）技术的安全检查设备　第 1 部分：行包检查	GB/T 37128—2018 X 射线计算机断层成像安全检查系统技术要求		

续表

编号	级别和属性	标准名称	现行标准	国际国外相关标准	优先级
304-1-2-2	GB	基于计算机图像重建（CT）技术的安全检查设备　第2部分：液体检查			
304-1-3	GB	衍射X射线安全检查设备			
304-1-4	GB	X射线安全检查设备安全等级标准（保密标准）			
304-2	GB	基于中子分析技术的探测设备			
304-3	GB	基于离子迁移谱技术的痕量毒品/炸药探测仪	GA/T 841—2009 基于离子迁移谱技术的痕量毒品/炸药探测仪通用技术要求		
304-4	GB	采用拉普光谱分析的液体安全检查设备	GA/T 1067—2013 20184823-T-312 基于拉曼光谱技术的危险化学品安全检查设备通用技术要求		
304-5	GB	基于核四极共振技术的安全检查设备			
304-6	GB	基于荧光透视技术的安全检查设备			
304-7	GB	基于太赫兹光谱技术的安全检查设备	太赫兹人体安全检查设备通用技术要求（行标制订中）		
304-8	GB	基于介电常数测量技术的安全检查设备	20184822-T-312 基于介电常数技术的液态危险化学品安全检查仪通用技术要求		
304-9	GB	基于热氧化还原技术的炸药安全检查设备			
304-10	GB	基于声表面波技术的炸药安全检查设备			
304-11	GB	基于荧光淬灭技术的炸药安全检查设备	GA/T 1323—2016 基于荧光聚合物传感技术的痕量炸药探测仪通用技术要求		
304-12	GB	基于质谱技术的炸药安全检查设备			
304-13	GB	基于γ射线透射成像技术的安全检查设备			
304-14	GB	基于毫米波（亚毫米波）技术的安全检查设备	20184821-T-312 毫米波全息成像人体安全检查仪		
304-15	基于化学技术的炸药安全检查设备				
304-15-1	GB	基于化学比色法技术的炸药安全检查设备			
304-15-2	GB	基于化学发光技术的炸药安全检查设备			
304-15-3	GB	便携式炸药检测箱	GA 60—1993 便携式炸药检测箱技术条件		
304-16	便携式放射性物质探测与识别设备				

续表

编号	级别和属性	标准名称	现行标准	国际国外相关标准	优先级
304-16-1	GB	便携式放射性物质探测与识别设备通用技术要求　第 1 部分：探测设备	GA/T 1060.1—2013 便携式放射性物质探测与识别设备通用技术要求　第 1 部分：探测设备		
304-16-2	GB	便携式放射性物质探测与识别设备通用技术要求　第 2 部分：识别设备	GA/T 1060.2—2013 便携式放射性物质探测与识别设备通用技术要求　第 2 部分：识别设备		
304-17	金属探测设备				
304-17-1	GB	手持式金属探测器	GB 12899—2018 手持式金属探测器通用技术规范		
304-17-2	GB	通过式金属探测门	GB 15210—2018 通过式金属探测门通用技术规范		
304-17-3	GB	基于金属探测的探雷器			
304-17-4	GB	信件炸弹探测设备			
304-18	基于视频技术的安全检查设备				
304-18-1	GA/T	手持式视频检查仪	GA/T 1152—2014 安全防范　手持式视频检查仪通用技术要求		
304-18-2	GA/T	车底安全视频检查设备	GA/T 1336—2016 车底成像安全检查系统通用技术要求		
304-19	光学检查设备				
304-19-1	GA/T	车底安全检查镜			
304-19-2	GA/T	安全检查软管窥镜			
304-20	GA/T	机械钟控定时引爆装置探测器	GA/T 71—1994 机械钟控定时引爆装置探测器		
304-21	基于化学传感技术的安全检查设备				
304-21-1	GB	易燃易爆危险气体探测装置			
304-21-2	GB	有毒气体探测设备			

305 实体防护产品

编号	级别和属性	标准名称	现行标准	国际国外相关标准	优先级
305-1	门（窗、栅栏）				
305-1-1	防盗安全门				
305-1-1-1	GB	防盗安全门　第 1 部分：通用技术要求	GB 17565—2007 防盗安全门通用技术条件		
305-1-1-2	GB	防盗安全门　第 2 部分：钢质门			

续表

编号	级别和属性	标准名称	现行标准	国际国外相关标准	优先级
305-1-1-3	GB	防盗安全门　第 3 部分：钢木复合门			
305-1-1-4	GB	防盗安全门　第 4 部分：防盗防火门			
305-1-2	GB	防盗安全门安装规范			
305-1-3	GA/T	楼宇对讲电控防盗门	GA/T 72 楼宇对讲及电控防盗门通用技术要求		
305-1-4	GB	金库门	GB 37481—2019 金库门通用技术要求		
305-1-5	GA	防尾随联动互锁安全门	GA 576—2005 防尾随联动互锁安全门通用技术条件		
305-1-6	GA	防弹、防爆门	GA/T 1707—2019 防爆安全门		
305-1-7	GA	防护窗			
305-1-8	GA	防护栅栏			
305-1-9	GA	监室门			
305-1-10	GA	其他防护门（伸缩门、感应门、车库门、卷帘门、旋转门等）	GA/T 1499—2018 卷帘门安全性要求		
305-2	柜（箱）				
305-2-1	GB	防盗保险柜（箱）	GB 10409—2019（代替 GB 10409—2001）防盗保险柜（箱）		
305-2-2	GA	提款箱	GA 746—2008 提款箱		
305-2-3	GA	银行用保管箱	GA 501—2004 银行用保管箱通用技术条件		
305-2-4	GA	枪械专用保险柜	GA 1051—2013 枪支弹药专用保险柜		
305-2-5	GA	保管箱（最低标准、要求明示：该保管箱不是防盗保险箱，使用时请注意风险。考虑宾馆应用）			
305-2-6	GA	ATM 用保险柜			
305-2-7	GA	投入式保险柜			
305-2-8	GA	组合式金库			
305-3	锁具				
305-3-1	GA/T	机械防盗锁	GA/T 73—1994 机械防盗锁		
305-3-2	GA	电子防盗锁	GA 374—2019（代替 GA 374—2001）电子防盗锁		
305-3-3	GA	电控防盗锁（涵盖磁力锁、电插锁、电锁扣、远程控制等）			
305-3-4	GA	机电一体化防盗锁			

续表

编号	级别和属性	标准名称	现行标准	国际国外相关标准	优先级
305-3-5	GA	生物特征识别锁具（是否单独制定锁体、锁头标准）	GA 701—2007 指纹防盗锁通用技术条件		
305-4	防护材料				
305-4-1	GA	防弹复合玻璃	GA 165—2016（代替 GA 165—1997）防弹透明材料		
305-4-2	GA	防爆炸复合玻璃	GA 667—2020（代替 GA 667—2006）防爆炸透明材料		
305-4-3	GA	防砸复合玻璃	GA 844—2018（代替 GA 844—2009）防砸透明材料		
305-4-4	GA	银行营业场所透明防护屏障安装规范	GA 518—2004 银行营业场所透明防护屏障安装规范		
305-4-5		其他高性能防护材料			
305-5	其他防护产品（机电一体化防护装置）				
305-5-1	GA	专用运钞车防护技术要求	GA 164—2005 专用运钞车防护技术要求		
305-5-2	GA	银行自助服务亭（包括防护罩）	GA/T 1337—2016 银行自助设备防护舱安全性要求		
305-5-3	GA	金融营业场所用组合柜台（包括柜台传递槽）			
305-5-4	GA	银行营业场所安全柜员系统			

306 人体生物特征识别应用产品

编号	级别和属性	标准名称	现行标准	国际国外相关标准	优先级
306-1	GB/T	安防指纹识别应用系统　采集设备	GB/T 35735—2017 公共安全　指纹识别应用　采集设备通用技术要求		
306-2	人脸识别				
306-2-1	GA/T	安防人脸识别应用系统　受控人脸图像采集模块/设备技术要求			
306-2-2	GA/T	安防人脸识别应用系统视频监控嵌入式人脸图像采集设备技术要求			
306-2-3	GA/T	安防人脸识别应用系统　设备接口技术要求			
306-3	GA/T	安防指静脉识别应用系统　指静脉采集/验证设备			
306-4	GA/T	安防声纹识别应用系统　声纹采集/验证设备			
306-5	GA/T	安防虹膜识别应用系统　虹膜采集/验证设备			

续表

编号	级别和属性	标准名称	现行标准	国际国外相关标准	优先级
306-6	GA/T	多生物特征识别采集/验证设备			

307 防伪技术产品

编号	级别和属性	标准名称	现行标准	国际国外相关标准	优先级
307-1	GB/Z	安全防范系统产品应用指南　第 1 部分　入侵报警产品（各类产品的选型与安装要求，包括优缺点、适用场所等）			
307-2	GB/Z	安全防范系统产品应用指南　第 2 部分　视频监控产品			
307-3	GB/Z	安全防范系统产品应用指南　第 3 部分　出入口控制产品			

308 工程产品应用

编号	级别和属性	标准名称	现行标准	国际国外相关标准	优先级
307-1	GB/Z	安全防范系统产品应用指南　第 1 部分　入侵报警产品（各类产品的选型与安装要求，包括优缺点、适用场所等）			
307-2	GB/Z	安全防范系统产品应用指南　第 2 部分　视频监控产品			
307-3	GB/Z	安全防范系统产品应用指南　第 3 部分　出入口控制产品			

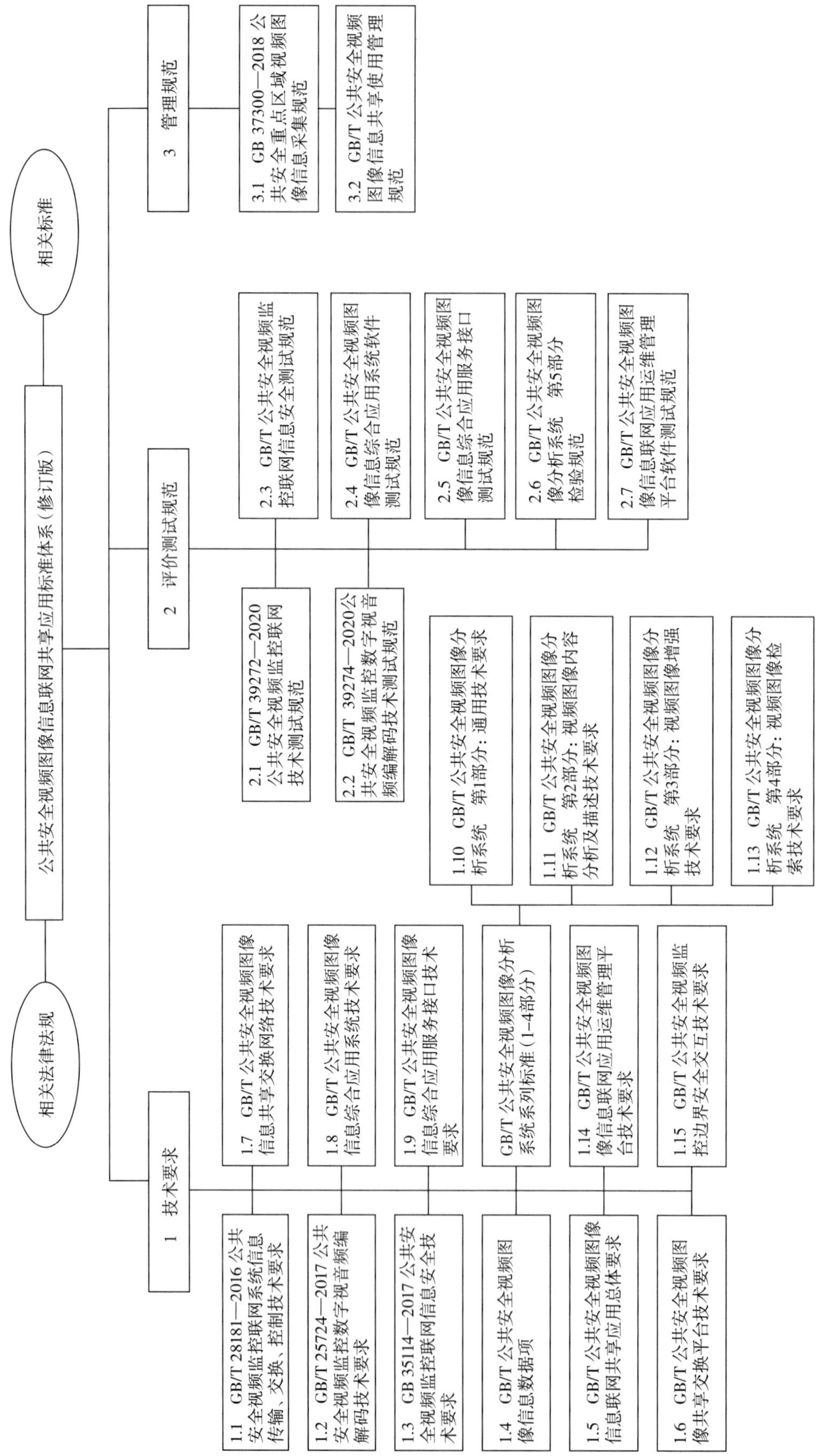
公共安全视频图像信息联网共享应用标准体系（修订版）
相关法律法规
相关标准
1 技术要求
2 评价测试规范
3 管理规范
1.1 GB/T 28181—2016 公共安全视频监控联网系统信息传输、交换、控制技术要求
1.2 GB/T 25724—2017 公共安全视频监控数字视音频编解码技术要求
1.3 GB 35114—2017 公共安全视频监控联网信息安全技术要求
1.4 GB/T 公共安全视频图像信息数据项
1.5 GB/T 公共安全视频图像信息联网共享应用总体要求
1.6 GB/T 公共安全视频图像共享交换平台技术要求
1.7 GB/T 公共安全视频图像信息共享交换网络技术要求
1.8 GB/T 公共安全视频图像信息综合应用系统技术要求
1.9 GB/T 公共安全视频图像信息综合应用服务接口技术要求
GB/T 公共安全视频图像分析系统系列标准（1-4部分）
1.14 GB/T 公共安全视频图像信息联网应用运维管理平台技术要求
1.15 GB/T 公共安全视频监控边界安全交互技术要求
1.10 GB/T 公共安全视频图像分析系统 第1部分：通用技术要求
1.11 GB/T 公共安全视频图像分析系统 第2部分：视频图像内容分析及描述技术要求
1.12 GB/T 公共安全视频图像分析系统 第3部分：视频图像增强技术要求
1.13 GB/T 公共安全视频图像分析系统 第4部分：视频图像检索技术要求
2.1 GB/T 39272—2020 公共安全视频监控联网技术测试规范
2.2 GB/T 39274—2020 公共安全视频监控数字视音频编解码技术测试规范
2.3 GB/T 公共安全视频监控联网信息安全测试规范
2.4 GB/T 公共安全视频图像信息综合应用系统软件测试规范
2.5 GB/T 公共安全视频图像信息综合应用服务接口测试规范
2.6 GB/T 公共安全视频图像分析系统 第5部分 检验规范
2.7 GB/T 公共安全视频图像信息联网应用运维管理平台软件测试规范
3.1 GB 37300—2018 公共安全重点区域视频图像信息采集规范
3.2 GB/T 公共安全视频图像信息共享使用管理规范

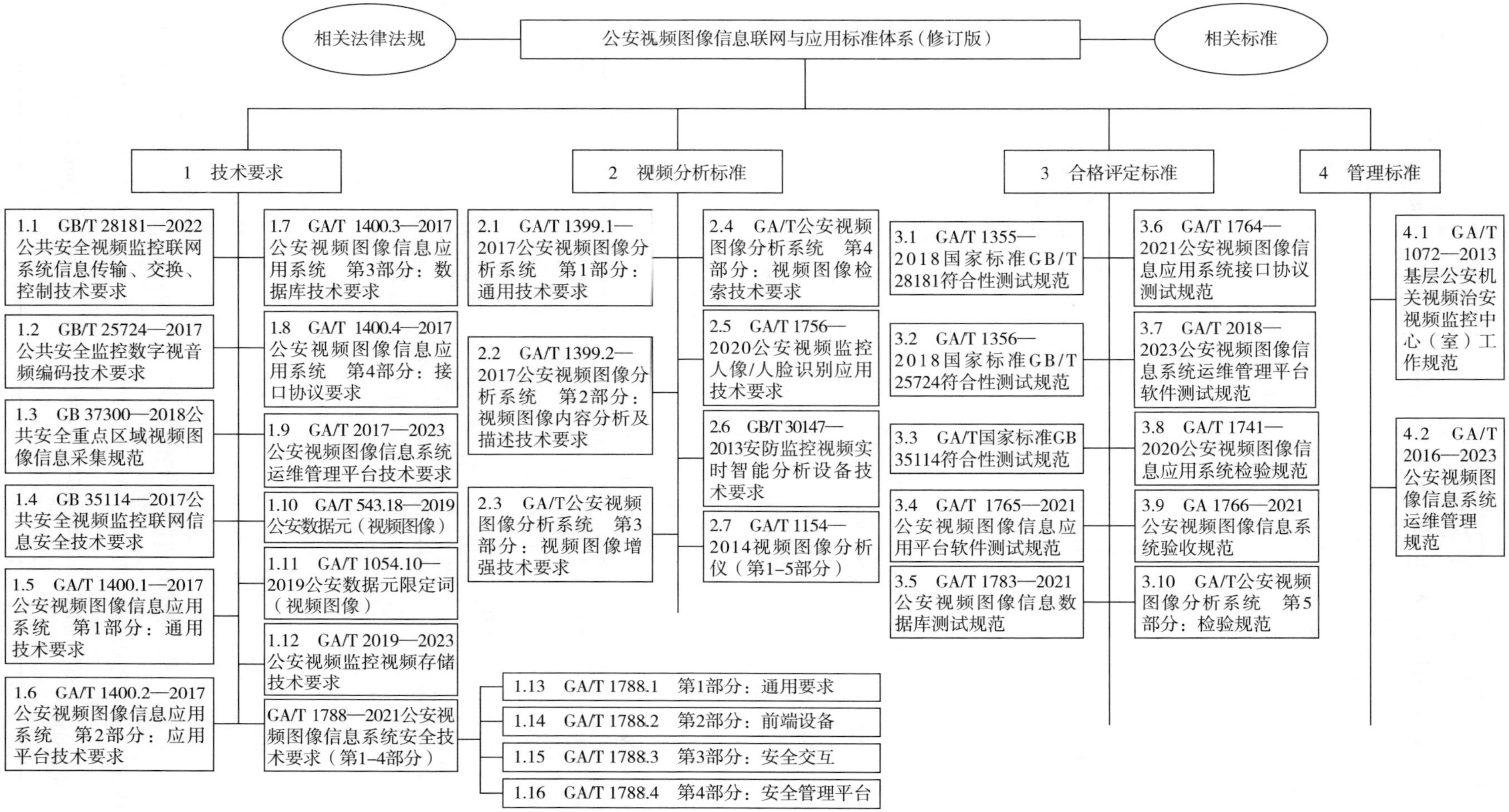

相关法律法规
公安视频图像信息联网与应用标准体系（修订版）
相关标准
1 技术要求
2 视频分析标准
3 合格评定标准
4 管理标准
1.1 GB/T 28181—2022公共安全视频监控联网系统信息传输、交换、控制技术要求
1.2 GB/T 25724—2017公共安全监控数字视音频编码技术要求
1.3 GB 37300—2018公共安全重点区域视频图像信息采集规范
1.4 GB 35114—2017公共安全视频监控联网信息安全技术要求
1.5 GA/T 1400.1—2017公安视频图像信息应用系统 第1部分：通用技术要求
1.6 GA/T 1400.2—2017公安视频图像信息应用系统 第2部分：应用平台技术要求
1.7 GA/T 1400.3—2017公安视频图像信息应用系统 第3部分：数据库技术要求
1.8 GA/T 1400.4—2017公安视频图像信息应用系统 第4部分：接口协议要求
1.9 GA/T 2017—2023公安视频图像信息系统运维管理平台技术要求
1.10 GA/T 543.18—2019公安数据元（视频图像）
1.11 GA/T 1054.10—2019公安数据元限定词（视频图像）
1.12 GA/T 2019—2023公安视频监控视频存储技术要求
GA/T 1788—2021公安视频图像信息系统安全技术要求（第1–4部分）
1.13 GA/T 1788.1 第1部分：通用要求
1.14 GA/T 1788.2 第2部分：前端设备
1.15 GA/T 1788.3 第3部分：安全交互
1.16 GA/T 1788.4 第4部分：安全管理平台
2.1 GA/T 1399.1—2017公安视频图像分析系统 第1部分：通用技术要求
2.2 GA/T 1399.2—2017公安视频图像分析系统 第2部分：视频图像内容分析及描述技术要求
2.3 GA/T公安视频图像分析系统 第3部分：视频图像增强技术要求
2.4 GA/T公安视频图像分析系统 第4部分：视频图像检索技术要求
2.5 GA/T 1756—2020公安视频监控人像/人脸识别应用技术要求
2.6 GB/T 30147—2013安防监控视频实时智能分析设备技术要求
2.7 GA/T 1154—2014视频图像分析仪（第1–5部分）
3.1 GA/T 1355—2018国家标准GB/T 28181符合性测试规范
3.2 GA/T 1356—2018国家标准GB/T 25724符合性测试规范
3.3 GA/T国家标准GB 35114符合性测试规范
3.4 GA/T 1765—2021公安视频图像信息应用平台软件测试规范
3.5 GA/T 1783—2021公安视频图像信息数据库测试规范
3.6 GA/T 1764—2021公安视频图像信息应用系统接口协议测试规范
3.7 GA/T 2018—2023公安视频图像信息系统运维管理平台软件测试规范
3.8 GA/T 1741—2020公安视频图像信息应用系统检验规范
3.9 GA 1766—2021公安视频图像信息系统验收规范
3.10 GA/T公安视频图像分析系统 第5部分：检验规范
4.1 GA/T 1072—2013基层公安机关视频治安视频监控中心（室）工作规范
4.2 GA/T 2016—2023公安视频图像信息系统运维管理规范

附录三 全国安全防范报警系统标准化技术委员会现行标准目录

现行标准目录

（共 280 项，其中：国标 77 项，行标 203 项）
截至 2022 年 12 月 31 日

序号	标准编号	名称	发布日期	实施日期
（一）基础通用标准（共 5 项，其中：国标 1 项，行标 4 项）				
1	GB/T 15408—2011	安全防范系统供电技术要求	2011-04-25	2011-12-01
2	GA/T 405—2002	安全技术防范产品分类与代码	2002-12-11	2003-01-01
3	GA/T 550—2005	安全技术防范管理信息代码	2005-09-08	2005-10-01
4	GA/T 551—2005	安全技术防范管理信息基本数据结构	2005-09-08	2005-10-01
5	GA/T 1730—2020	公共安全产品合格评定标志	2020-05-20	2020-11-01
（二）入侵和紧急报警系统（共 39 项，其中：国标 24 项，行标 15 项）				
1	GB 15407—2010	遮挡式微波入侵探测器技术要求	2010-11-10	2011-09-01
2	GB/T 15211—2013	安全防范报警设备 环境适应性要求和试验方法	2013-12-31	2015-03-01
3	GB 10408. 1—2000	入侵探测器 第 1 部分：通用要求	2000-10-17	2001-06-01
4	GB 10408. 2—2000	入侵探测器 第 2 部分：室内用超声波多普勒探测器	2000-10-17	2001-06-01
5	GB 10408. 3—2000	入侵探测器 第 3 部分：室内用微波多普勒探测器	2000-10-17	2001-06-01
6	GB 10408. 4—2000	入侵探测器 第 4 部分：主动红外入侵探测器	2000-10-17	2001-06-01
7	GB 10408. 5—2000	入侵探测器 第 5 部分：室内用被动红外探测器	2000-10-17	2001-06-01
8	GB 10408. 9—2001	入侵探测器 第 9 部分：室内用被动式玻璃破碎探测器	2001-11-16	2002-08-01
9	GB 12663—2019	入侵和紧急报警系统 控制指示设备	2019-10-14	2020-11-01
10	GB 15209—2006	磁开关入侵探测器	2006-04-30	2007-01-01
11	GB 20816—2006	车辆防盗报警系统 乘用车	2006-12-19	2008-01-01
12	GB/T 10408. 8—2008	振动入侵探测器	2008-09-24	2009-08-01
13	GB 10408. 6—2009	微波和被动红外复合入侵探测器	2009-04-16	2010-01-01
14	GB/T 21564. 1—2008	报警传输系统串行数据接口的信息格式和协议 第 1 部分：总则	2008-03-24	2008-11-01
15	GB/T 21564. 2—2008	报警传输系统串行数据接口的信息格式和协议 第 2 部分：公用应用层协议	2008-03-24	2008-09-01

续表

序号	标准编号	名　　称	发布日期	实施日期
16	GB/T 21564. 3—2008	报警传输系统串行数据接口的信息格式和协议　第 3 部分：公用数据链路层协议	2008-03-24	2008-09-01
17	GB/T 21564. 4—2008	报警传输系统串行数据接口的信息格式和协议　第 4 部分：公用传输层协议	2008-03-24	2008-09-01
18	GB/T 21564. 5—2008	报警传输系统串行数据接口的信息格式和协议　第 5 部分：数据接口	2008-03-24	2008-09-01
19	GB 16796—2022	安全防范报警设备　安全要求和试验方法（代替 GB 16796—2009）	2022-12-29	2024-01-01
20	GB 25287—2010	周界防范高压电网装置	2010-11-10	2011-09-01
21	GB/T 30148—2013	安全防范报警设备　电磁兼容抗扰度要求和试验方法	2013-12-17	2014-08-01
22	GB/T 31132—2014	入侵报警系统　无线（射频）设备互联技术要求	2014-09-03	2015-02-01
23	GB/T 32581—2016	入侵和紧急报警系统技术要求	2016-04-25	2016-11-01
24	GB/T 36546—2018	入侵和紧急报警系统　告警装置技术要求	2018-07-13	2019-02-01
25	GA/T 553—2005	车辆反劫防盗联网报警系统通用技术要求	2005-09-07	2005-11-01
26	GA/T 600. 1—2006	报警传输系统的要求　第 1 部分：系统的一般要求	2006-02-10	2006-05-01
27	GA/T 600. 2—2006	报警传输系统的要求　第 2 部分：设备的一般要求	2006-02-10	2006-05-01
28	GA/T 600. 3—2006	报警传输系统的要求　第 3 部分：利用专用报警传输通路的报警传输系统	2006-02-10	2006-05-01
29	GA/T 600. 4—2006	报警传输系统的要求　第 4 部分：利用公共电话交换网络的数字通信机系统的要求	2006-02-10	2006-05-01
30	GA/T 600. 5—2006	报警传输系统的要求　第 5 部分：利用公共电话交换网络的话音通信机系统的要求	2006-02-10	2006-05-01
31	GA/T 1031—2012	泄漏电缆入侵探测装置通用技术要求	2012-12-24	2013-03-01
32	GA/T 1032—2013	张力式电子围栏通用技术要求	2013-01-09	2013-03-01
33	GA/T 1158—2014	激光对射入侵探测器技术要求	2014-05-03	2014-10-01
34	GA/T 1217—2015	光纤振动入侵探测器技术要求	2015-06-26	2015-10-01
35	GA/T 1372—2017	甚低频感应入侵探测器技术要求	2017-01-16	2017-03-01
36	GA/T 1589—2019	展示物品防盗装置通用技术要求	2019-09-20	2019-12-01
37	GA/T 1757—2020	入侵和紧急报警系统　紧急报警装置	2020-11-27	2021-05-01
38	GA/T 1758—2020	安防拾音器通用技术要求	2020-11-27	2021-05-01
39	GA/T 1782—2021	入侵和紧急报警系统接警中心机	2021-06-28	2021-10-01
（三）视频监控系统（共 55 项，其中：国标 8 项，行标 47 项）				
1	GB 20815—2006	视频安防监控数字录像设备	2006-12-19	2008-01-01
2	GB/T 25724—2017	公共安全视频监控数字视音频编解码技术要求	2017-03-09	2017-06-01

续表

序号	标准编号	名　　称	发布日期	实施日期
3	GB/T 28181—2022	公共安全视频监控联网系统信息传输、交换、控制技术要求（代替 GB/T 28181—2016）	2022-12-30	2023-07-01
4	GB/T 30147—2013	安防监控视频实时智能分析设备技术要求	2013-12-17	2014-08-01
5	GB 35114—2017	公共安全视频监控联网信息安全技术要求	2017-11-01	2018-11-01
6	GB 37300—2018	公共安全重点区域视频图像信息采集规范	2018-12-28	2020-01-01
7	GB/T 39272—2020	公共安全视频监控联网技术测试规范	2020-11-19	2021-06-01
8	GB/T 39274—2020	公共安全视频监控数字视音频编解码技术测试规范	2020-11-19	2021-06-01
9	GA/T 367—2001	视频安防监控系统技术要求	2001-12-10	2002-06-01
10	GA/T 645—2014	安全防范监控变速球型摄像机	2014-09-09	2014-12-01
11	GA/T 646—2016	安全防范视频监控矩阵设备通用技术要求	2016-06-07	2016-06-07
12	GA/T 669. 1—2008	城市监控报警联网系统　技术标准　第 1 部分：通用技术要求	2008-08-04	2008-08-04
13	GA/T 669. 2—2008	城市监控报警联网系统　技术标准　第 2 部分：安全技术要求	2008-08-04	2008-08-04
14	GA/T 669. 3—2008	城市监控报警联网系统　技术标准　第 3 部分：前端信息采集技术要求	2008-08-04	2008-08-04
15	GA/T 669. 6—2008	城市监控报警联网系统　技术标准　第 6 部分：视音频显示、存储、播放技术要求	2008-08-04	2008-08-04
16	GA/T 669. 7—2008	城市监控报警联网系统　技术标准　第 7 部分：管理平台技术要求	2008-08-04	2008-08-04
17	GA/T 669. 9—2008	城市监控报警联网系统　技术标准　第 9 部分：卡口信息识别、比对、监测系统技术要求	2008-08-04	2008-08-04
18	GA/T 792. 1—2008	城市监控报警联网系统　管理标准　第 1 部分：图像信息采集、接入、使用管理要求	2008-08-04	2008-08-04
19	GA 793. 1—2008	城市监控报警联网系统　合格评定　第 1 部分：系统功能性能检验规范	2008-08-04	2008-08-04
20	GA 793. 2—2008	城市监控报警联网系统　合格评定　第 2 部分：管理平台软件测试规范	2008-08-04	2008-08-04
21	GA/T 669. 8—2009	城市监控报警联网系统　技术标准　第 8 部分：传输网络技术要求	2009-08-11	2009-09-01
22	GA/T 669. 10—2009	城市监控报警联网系统　技术标准　第 10 部分：无线视音频监控系统技术要求	2009-08-11	2009-09-01
23	GA/T 1072—2013	基层公安机关社会治安视频监控中心（室）工作规范	2013-07-26	2013-10-01
24	GA/T 1127—2013	安全防范视频监控摄像机通用技术要求	2013-12-20	2014-01-01
25	GA/T 1128—2013	安全防范视频监控高清晰度摄像机测量方法	2013-12-20	2014-01-01
26	GA/Z 1164—2014	公安视频图像信息联网与应用标准体系表	2014-05-23	2014-05-23
27	GA/T 1178—2014	安全防范系统光端机技术要求	2014-08-12	2014-08-12
28	GA/T 1211—2014	安全防范高清视频监控系统技术要求	2014-12-16	2015-04-01
29	GA/T 1216—2015	安全防范监控网络视音频编解码设备	2015-01-29	2015-03-01
30	GA/T 1353—2018	视频监控摄像机防护罩通用技术要求	2018-02-23	2018-02-23

续表

序号	标准编号	名　　称	发布日期	实施日期
31	GA/T 1354—2018	安防视频监控车载数字录像设备技术要求	2018-02-23	2018-02-23
32	GA/T 1355—2018	国家标准 GB/T 28181—2016 符合性测试规范	2018-02-23	2018-02-23
33	GA/T 1356—2018	国家标准 GB/T 25724—2017 符合性测试规范	2018-02-22	2018-02-22
34	GA/T 1357—2018	公共安全视频监控硬盘分类及试验方法	2018-05-07	2018-05-07
35	GA/T 1399. 1—2017	公安视频图像分析系统　第 1 部分：通用技术要求	2017-05-31	2017-05-31
36	GA/T 1399. 2—2017	公安视频图像分析系统　第 2 部分：视频图像内容分析及描述技术要求	2017-05-31	2017-05-31
37	GA/T 1400. 1—2017	公安视频图像信息应用系统　第 1 部分：通用技术要求	2017-05-31	2017-05-31
38	GA/T 1400. 2—2017	公安视频图像信息应用系统　第 2 部分：应用平台技术要求	2017-05-31	2017-05-31
39	GA/T 1400. 3—2017	公安视频图像信息应用系统　第 3 部分：数据库技术要求	2017-05-31	2017-05-31
40	GA/T 1400. 4—2017	公安视频图像信息应用系统　第 4 部分：接口协议要求	2017-05-31	2017-05-31
41	GA/T 1352—2018	视频监控镜头	2018-08-06	2018-08-06
42	GA/T 1708—2020	安全防范视频监控红外热成像设备	2020-02-03	2020-05-01
43	GA/T 1711—2020	安防监控中心电磁环境控制限值和测量方法	2020-02-11	2020-08-01
44	GA/Z 1736—2020	基于目标位置映射的主从摄像机协同系统技术要求	2020-08-07	2021-01-01
45	GA/T 1741—2020	公安视频图像信息应用系统检验规范	2020-09-09	2021-02-01
46	GA/T 1756—2020	公安视频监控人像/人脸识别应用技术要求	2020-11-06	2021-05-01
47	GA/T 1764—2021	公安视频图像信息应用系统接口协议测试规范	2021-02-04	2021-07-01
48	GA/T 1765—2021	公安视频图像信息应用平台软件测试规范	2021-02-05	2021-07-01
49	GA 1766—2021	公安视频图像信息系统验收规范（代替 GA 793. 3—2008）	2021-02-05	2021-07-01
50	GA 1781—2021	公共安全社会视频资源安全联网设备技术要求	2021-06-07	2021-10-01
51	GA/T 1783—2021	公安视频图像信息数据库测试规范	2021-06-28	2021-10-01
52	GA/T 1788. 1—2021	公安视频图像信息系统安全技术要求　第 1 部分　通用要求	2021-08-10	2021-12-01
53	GA/T 1788. 2—2021	公安视频图像信息系统安全技术要求　第 2 部分　前端设备	2021-07-20	2021-12-01
54	GA/T 1788. 3—2021	公安视频图像信息系统安全技术要求　第 3 部分　安全交互	2021-08-10	2021-12-01
55	GA/T 1788. 4—2021	公安视频图像信息系统安全技术要求　第 4 部分　安全管理平台	2021-08-10	2021-12-01
		（四）出入口控制系统（共 19 项，其中：国标 5 项，行标 14 项）		
1	GB/T 31070. 1—2014	楼宇对讲系统　第 1 部分：通用技术要求	2014-12-22	2015-06-01
2	GB/T 31070. 2—2018	楼宇对讲系统　第 2 部分：全数字系统技术要求	2018-12-28	2019-07-01
3	GB/T 31070. 3—2021	楼宇对讲系统　第 3 部分：特定应用技术要求	2021-05-21	2021-12-01
4	GB/T 31070. 4—2018	楼宇对讲系统　第 4 部分：应用指南	2018-12-28	2018-12-28
5	GB/T 37078—2018	出入口控制系统技术要求	2018-12-28	2019-07-01

续表

序号	标准编号	名　　称	发布日期	实施日期
6	GA 374—2019	电子防盗锁	2019-03-01	2019-04-01
7	GA/T 394—2002	出入口控制系统技术要求	2002-09-25	2002-12-31
8	GA/T 1738—2020	出入口控制系统　编码识读设备	2020-09-09	2021-02-01
9	GA/T 1739—2020	出入口控制系统　控制器	2020-09-09	2021-02-01
10	GA/T 72—2013	楼宇对讲电控安全门通用技术条件	2013-11-22	2014-01-01
11	GA/T 644—2006	电子巡查系统技术要求	2006-09-22	2006-11-01
12	GA 701—2007	指纹防盗锁通用技术条件	2007-05-17	2007-10-01
13	GA/T 678—2007	联网型可视对讲系统技术要求	2007-01-23	2007-03-01
14	GA/T 761—2008	停车库（场）安全管理系统技术要求	2008-04-07	2008-06-01
15	GA/T 992—2012	停车库（场）出入口控制设备技术要求	2012-07-19	2012-07-19
16	GA/T 1132—2014	车辆出入口电动栏杆机技术要求	2014-01-20	2014-04-01
17	GA 1210—2014	楼宇对讲系统安全技术要求	2014-12-23	2015-01-01
18	GA/T 1260—2016	人行出入口电控通道闸通用技术要求	2016-05-30	2016-07-01
19	GA/T 1742—2020	封闭式停车场安全防范要求	2020-09-28	2021-04-01
（五）防爆安全检查系统（共 25 项，其中：国标 12 项，行标 13 项）				
1	GB 12664—2003	便携式 X 射线安全检查设备通用规范	2003-06-24	2004-02-01
2	GB 12899—2018	手持式金属探测器通用技术规范（代替 GB 12899—2003）	2018-11-19	2019-12-01
3	GB 15208. 1—2018	微剂量 X 射线安全检查设备　第 1 部分：通用技术要求	2018-11-19	2019-12-01
4	GB 15208. 2—2018	微剂量 X 射线安全检查设备　第 2 部分：透射式行包安全检查设备	2018-11-19	2019-12-01
5	GB 15208. 3—2018	微剂量 X 射线安全检查设备　第 3 部分：透射式货物安全检查设备	2018-11-19	2019-12-01
6	GB 15208. 4—2018	微剂量 X 射线安全检查设备　第 4 部分：人体安全检查设备	2018-11-19	2019-12-01
7	GB 15208. 5—2018	微剂量 X 射线安全检查设备　第 5 部分：背散射物品安全检查设备	2018-11-19	2019-12-01
8	GB 15210—2018	通过式金属探测门通用技术规范（代替 GB 15210—2003）	2018-11-19	2019-12-01
9	GB/T 37128—2018	X 射线计算机断层成像安全检查系统技术要求	2018-12-28	2019-07-01
10	GB/T 41086—2021	基于拉曼光谱技术的危险化学品安全检查设备通用技术要求	2021-12-31	2022-07-01
11	GB/T 41482—2022	毫米波全息成像人体安全检查设备	2022-04-15	2022-11-01
12	GB/T 41483—2022	基于介电常数技术的液态危险化学品安全检查仪通用技术要求	2022-04-15	2022-11-01
13	GA/T 71—1994	机械钟控定时引爆装置探测器	1994-03-11	1994-07-01
14	GA/T 841—2021	基于离子迁移谱技术的痕量毒品/炸药探测仪通用技术要求（代替 GA/T 841—2009）	2021-09-17	2021-12-01
15	GA 921—2011	民用爆炸物品警示标识、登记标识通则	2011-01-13	2011-05-01
16	GA 926—2011	微剂量透射式 X 射线人体安全检查设备通用技术要求	2011-03-25	2011-07-01

续表

序号	标准编号	名　　称	发布日期	实施日期
17	GA/T 1060. 1—2013	便携式放射性物质探测与核素识别设备通用技术要求　第 1 部分：γ 探测设备	2013-04-11	2013-08-01
18	GA/T 1060. 2—2013	便携式放射性物质探测与核素识别设备通用技术要求　第 2 部分：识别设备	2013-04-11	2013-08-01
19	GA/T 1067—2013	基于拉曼光谱技术的液态物品安全检查设备通用技术要求	2013-05-22	2013-10-01
20	GA/T 1152—2014	安全防范　手持式视频检查仪通用技术要求	2014-04-28	2014-10-01
21	GA/T 1323—2016	基于荧光聚合物传感技术的痕量炸药探测仪通用技术要求	2016-08-15	2016-08-15
22	GA/T 1336—2016	车底成像安全检查系统通用技术要求	2016-11-07	2016-11-07
23	GA/T 1563—2019	鞋内安全检查仪技术要求	2019-05-05	2019-05-05
24	GA/T 1731—2020	乘用车辆 X 射线安全检查系统技术要求	2020-05-26	2020-11-01
25	GA/T 1779—2021	被动式太赫兹成像人体安全检查设备通用技术要求	2021-05-28	2021-10-01
（六）安全防范系统工程（共 81 项，其中：国标 12 项，行标 69 项）				
1	GB 55029—2022	安全防范工程通用规范	2022-03-10	2022-10-01
2	GB 50348—2018	安全防范工程技术标准	2018-05-14	2018-12-01
3	GB 50394—2007	入侵报警系统工程设计规范	2007-03-21	2007-08-01
4	GB 50395—2007	视频安防监控系统工程设计规范	2007-03-21	2007-08-01
5	GB 50396—2007	出入口控制系统工程设计规范	2007-03-21	2007-08-01
6	GB/T 16571—2012	博物馆和文物保护单位安全防范系统要求	2012-11-05	2013-02-01
7	GB/T 16676—2010	银行安全防范报警监控联网系统技术要求	2010-11-10	2011-05-01
8	GB/T 29315—2022	中小学、幼儿园安全防范要求（代替 GB/T 29315—2012）	2022-04-15	2022-06-01
9	GB/T 31068—2014	普通高等学校安全技术防范系统要求	2014-12-22	2015-06-01
10	GB/T 31458—2015	医院安全技术防范系统要求	2015-05-15	2015-12-01
11	GB/T 37845—2019	居家安防智能管理系统技术要求	2019-08-30	2020-03-01
12	GB/T 21741—2021	住宅小区安全防范系统通用技术要求（代替 GB/T 21741—2008）	2021-12-31	2021-12-31
13	GA/T 75—1994	安全防范工程程序与要求	1994-03-11	1994-07-01
14	GA/T 74—2017	安全防范系统通用图形符号	2016-06-23	2016-06-23
15	GA 308—2001	安全防范系统验收规则	2001-10-17	2001-12-01
16	GA 27—2002	文物系统博物馆风险等级和安全防护级别的规定	2002-03-25	2002-06-01
17	GA 38—2021	银行安全防范要求（代替 GA 38—2015、GA 745—2017、GA 858—2010，部分代替 GA 1003—2012、GA 1280—2015）	2021-03-24	2021-09-01
18	GA/T 70—2014	安全防范工程建设与维护保养费用预算编制办法	2014-08-05	2014-10-01
19	GA 586—2020	广播电视重点单位重要部位安全防范要求	2020-06-23	2020-09-01

续表

序号	标准编号	名　称	发布日期	实施日期
20	GA/T 670—2006	安全防范系统雷电浪涌防护技术要求	2006-12-14	2007-06-01
21	GA 837—2009	民用爆炸物品储存库治安防范要求	2009-06-29	2009-08-01
22	GA 838—2009	小型民用爆炸物品储存库安全规范	2009-06-29	2009-08-01
23	GA/T 848—2009	爆破作业单位民用爆炸物品储存库安全评价导则	2009-09-17	2009-12-01
24	GA 873—2010	冶金钢铁企业治安保卫重要部位风险等级和安全防护要求	2010-06-07	2010-09-01
25	GA 1002—2012	剧毒化学品、放射源存放场所治安防范要求	2012-06-29	2012-09-01
26	GA 1003—2012	银行自助服务亭技术要求	2012-07-01	2012-09-01
27	GA 1015—2012	枪支去功能处理与展览枪支安全防范要求	2012-12-26	2012-12-26
28	GA 1016—2012	枪支（弹药）库室风险等级划分与安全防范要求	2012-12-26	2012-12-26
29	GA/T 1081—2020	安全防范系统维护保养规范	2020-05-26	2020-11-01
30	GA 1089—2013	电力设施治安风险等级和安全防护要求	2013-09-30	2013-11-01
31	GA 1166—2014	石油天然气管道系统治安风险等级和安全防范要求	2014-12-31	2015-02-01
32	GA/T 1185—2014	安全防范工程技术文件编制深度要求	2014-09-28	2014-10-01
33	GA 1257—2015	民用枪弹编号及包装标识要求	2015-04-30	2015-06-01
34	GA 1258—2015	民用枪支编号及包装标识要求	2015-04-30	2015-06-01
35	GA 1280—2015	自动柜员机安全性要求	2015-10-28	2016-01-01
36	GA/T 1297—2021	安防线缆	2021-06-07	2021-12-01
37	GA 1383—2017	报警运营服务规范	2017-02-22	2017-05-01
38	GA/T 1406—2017	安防线缆应用技术要求	2017-08-21	2017-08-21
39	GA/T 1351—2018	安防线缆接插件	2018-02-25	2018-02-25
40	GA 1467—2018	城市轨道交通安全防范要求	2018-03-26	2018-03-26
41	GA/T 1468—2018	寄递企业安全防范要求	2018-03-09	2018-03-09
42	GA/T 1469—2018	光纤振动入侵探测系统工程技术规范	2018-03-22	2018-03-22
43	GA 1511—2018	易制爆危险化学品储存场所治安防范要求	2018-08-13	2018-11-01
44	GA 1517—2018	金银珠宝营业场所安全防范要求	2018-09-10	2019-01-01
45	GA 1524—2018	射钉器公共安全要求	2018-10-22	2019-05-01
46	GA 1525—2018	射钉弹公共安全要求	2018-10-22	2019-05-01
47	GA 1531—2018	工业电子雷管信息管理通则	2018-10-22	2019-02-01
48	GA 1551.1—2019	石油石化系统治安反恐防范要求　第 1 部分：油气田企业	2019-03-28	2019-07-01
49	GA 1551.2—2019	石油石化系统治安反恐防范要求　第 2 部分：炼油与化工企业	2019-03-28	2019-07-01
50	GA 1551.3—2019	石油石化系统治安反恐防范要求　第 3 部分：成品油和天然气销售企业	2019-03-28	2019-07-01

续表

序号	标准编号	名 称	发布日期	实施日期
51	GA 1551.4—2019	石油石化系统治安反恐防范要求　第4部分：工程技术服务企业	2019-03-28	2019-07-01
52	GA 1551.5—2019	石油石化系统治安反恐防范要求　第5部分：运输企业	2019-03-28	2019-07-01
53	GA 1551.6—2021	石油石化系统治安反恐防范要求　第6部分：石油天然气管道企业	2021-12-28	2022-07-01
54	GA/T 1710—2020	南水北调工程安全防范要求	2020-02-11	2020-05-01
55	GA/T 1740.1—2020	旅游景区安全防范要求　第1部分：山岳型	2020-09-09	2021-02-01
56	GA 1744—2020	城市公共汽电车及场站安全防范要求	2020-10-09	2021-04-01
57	GA 1800.1—2021	电力系统治安反恐防范要求　第1部分：电网企业	2021-04-25	2021-08-01
58	GA 1800.2—2021	电力系统治安反恐防范要求　第2部分：火力发电企业	2021-04-25	2021-08-01
59	GA 1800.3—2021	电力系统治安反恐防范要求　第3部分：水力发电企业	2021-04-25	2021-08-01
60	GA 1800.4—2021	电力系统治安反恐防范要求　第4部分：风力发电企业	2021-04-25	2021-08-01
61	GA 1800.5—2021	电力系统治安反恐防范要求　第5部分：太阳能发电企业	2021-04-25	2021-08-01
62	GA 1800.6—2021	电力系统治安反恐防范要求　第6部分：核能发电企业	2021-04-25	2021-08-01
63	GA 1798—2021	营业性射击场设置与安全防范要求	2021-11-30	2022-06-01
64	GA 1801.1—2022	国家战略储备库反恐怖防范要求　第1部分　石油储备库	2022-12-28	2023-07-01
65	GA 1801.2—2022	国家战略储备库反恐怖防范要求　第2部分　通用仓库	2022-12-28	2023-07-01
66	GA 1801.3—2022	国家战略储备库反恐怖防范要求　第3部分　成品油库	2022-12-28	2023-07-01
67	GA 1801.4—2022	国家战略储备库反恐怖防范要求　第4部分　火炸药库	2022-12-28	2023-07-01
68	GA 1802.1—2022	生物安全领域反恐怖防范要求　第1部分　高等级病原微生物实验室	2022-12-28	2023-07-01
69	GA 1802.2—2022	生物安全领域反恐怖防范要求　第2部分　病原微生物菌（毒）种保藏中心	2022-12-28	2023-07-01
70	GA 1802.3—2022	生物安全领域反恐怖防范要求　第3部分　高生物安全风险疫苗生产单位	2022-12-28	2023-07-01
71	GA 1803—2022	城市中心广场反恐怖防范要求	2022-12-28	2023-07-01
72	GA 1804—2022	危险化学品生产企业反恐怖防范要求	2022-12-28	2023-07-01
73	GA 1805—2022	危险化学品经营企业反恐怖防范要求	2022-12-28	2023-07-01
74	GA 1806—2022	核设施单位反恐怖防范要求	2022-12-28	2023-07-01
75	GA 1807—2022	核技术利用单位反恐怖防范要求	2022-12-28	2023-07-01
76	GA 1808—2022	军工单位反恐怖防范要求	2022-12-28	2023-07-01
77	GA 1809—2022	城市供水系统反恐怖防范要求	2022-12-28	2023-07-01
78	GA 1810—2022	城镇燃气系统反恐怖防范要求	2022-12-28	2023-07-01
79	GA 1813—2022	水利系统反恐怖防范要求	2022-12-28	2023-07-01
80	GA 1811.1—2022	传媒设施反恐怖防范要求　第1部分：媒体机构	2022-12-31	2023-07-01

续表

序号	标准编号	名　　称	发布日期	实施日期
81	GA 1811.2—2022	传媒设施反恐怖防范要求　第 2 部分：广播电视传输覆盖网设施	2022-12-31	2023-07-01
（七）实体防护系统（共 19 项，其中：国标 3 项，行标 16 项）				
1	GB 17565—2022	防盗安全门通用技术条件（代替 GB 17565—2007）	2022-12-01	2024-01-01
2	GB 10409—2019	防盗保险柜（箱）（代替 GB 10409—2001）	2019-04-04	2020-05-01
3	GB 37481—2019	金库门通用技术要求	2019-04-04	2020-05-01
4	GA/T 73—2015	机械防盗锁	2015-01-29	2015-03-01
5	GA/T 143—1996	金库门通用技术条件	1996-07-18	1996-10-01
6	GA 164—2018	专用运钞车防护技术要求（代替 GA 164—2005）	2018-09-03	2018-12-01
7	GA 165—2016	防弹透明材料	2016-10-08	2016-11-01
8	GA 166—2006	防盗保险箱	2006-02-10	2006-05-01
9	GA/T 501—2020	银行保管箱（代替 GA 501—2004）	2020-02-03	2020-08-01
10	GA 576—2018	防尾随联动互锁安全门通用技术条件（代替 GA 576—2005）	2018-09-10	2019-01-01
11	GA 667—2020	防爆炸透明材料（代替 GA 667—2006）	2020-01-19	2020-08-01
12	GA/T 746—2020	提款箱（代替 GA 746—2008）	2020-11-09	2021-05-01
13	GA 844—2018	防砸透明材料（代替 GA 844—2009）	2018-08-06	2019-01-01
14	GA 1051—2013	枪支弹药专用保险柜	2013-03-11	2013-05-01
15	GA/T 1337—2016	银行自助设备防护舱安全性要求	2016-09-08	2016-10-01
16	GA/T 1499—2018	卷帘门安全性要求	2018-08-06	2019-01-01
17	GA/T 1707—2020	防爆安全门	2020-02-03	2020-08-01
18	GA/T 1709—2020	实体防护产品防弹性能分类及测试方法	2020-02-11	2020-08-01
19	GA/T 1797—2021	钢丝焊接网安全围栏	2021-09-27	2021-09-27
（八）人体生物特征识别应用（共 37 项，其中：国标 12 项，行标 25 项）				
1	GB/T 31488—2015	安全防范视频监控人脸识别系统技术要求	2015-05-15	2015-12-01
2	GB/T 35676—2017	公共安全　指静脉识别应用　算法识别性能评测方法	2017-12-29	2018-07-01
3	GB/T 35678—2017	公共安全　人脸识别应用　图像技术要求	2017-12-29	2018-07-01
4	GB/T 35735—2017	公共安全　指纹识别应用　采集设备通用技术要求	2017-12-29	2018-07-01
5	GB/T 35736—2017	公共安全　指纹识别应用　图像技术要求	2017-12-29	2018-07-01
6	GB/T 35742—2017	公共安全　指静脉识别应用　图像技术要求	2017-12-29	2018-07-01
7	GB/T 38122—2019	公共安全指纹识别应用　验证算法性能评测方法	2019-10-18	2020-05-01
8	GB/T 41786—2022	公共安全　生物特征识别　术语	2022-10-12	2023-05-01
9	GB/T 41987—2022	公共安全　人脸识别应用　防假体呈现攻击测试方法	2022-10-12	2023-05-01

续表

序号	标准编号	名　　称	发布日期	实施日期
10	GB/T 41988—2022	公共安全　虹膜识别应用　图像技术要求	2022-10-12	2023-05-01
11	GB/T 41989—2022	公共安全　虹膜识别应用　算法评测方法	2022-10-12	2023-05-01
12	GB/T 41990—2022	公共安全　虹膜识别应用　采集设备	2022-10-12	2023-05-01
13	GA/T 893—2010	安防生物特征识别应用术语	2010-12-02	2010-12-02
14	GA/T 894.3—2010	安防指纹识别应用系统　第 3 部分：指纹图像质量	2010-12-02	2010-12-02
15	GA/T 894.6—2010	安防指纹识别应用系统　第 6 部分：指纹识别算法评测方法	2010-12-02	2010-12-02
16	GA/T 922.2—2011	安防人脸识别应用系统　第 2 部分：人脸图像数据	2011-01-13	2011-05-01
17	GA/T 894.7—2012	安防指纹识别应用系统　第 7 部分：指纹采集设备	2012-07-18	2012-07-18
18	GA/T 938—2011	安防指静脉识别应用系统设备通用技术要求	2012-12-26	2013-03-01
19	GA/T 939—2011	安防指静脉识别应用系统算法评测方法	2012-12-26	2013-03-01
20	GA/T 940—2011	安防指静脉识别应用系统图像技术要求	2012-12-26	2013-03-01
21	GA/T 1093—2013	出入口控制人脸识别系统技术要求	2013-12-16	2014-01-01
22	GA/T 1126—2013	近红外人脸识别设备技术要求	2013-12-17	2014-01-01
23	GA/T 1179—2014	安防声纹确认应用算法技术要求和测试方法	2014-08-18	2014-10-01
24	GA/T 1181—2014	安防指静脉识别应用　程序接口规范	2014-09-01	2014-10-01
25	GA/T 1208—2014	安防虹膜识别应用　算法评测方法	2014-12-22	2015-10-01
26	GA/T 1212—2014	安防人脸识别应用　防假体攻击测试方法	2014-12-12	2015-01-01
27	GA/T 1213—2014	安防指静脉识别应用　3D 数据技术要求	2014-12-12	2015-01-01
28	GA/T 1284—2015	安防指/掌纹识别应用　图像数据交换格式一致性测试方法	2015-12-22	2015-12-22
29	GA/T 1285—2015	安防指/掌纹识别应用　图像数据交换格式	2015-12-30	2015-12-30
30	GA/T 1286—2015	安防虹膜识别应用　图像数据交换格式	2015-12-30	2015-12-30
31	GA/T 1324—2017	安全防范　人脸识别应用　静态人脸图像采集规范	2017-10-08	2017-12-01
32	GA/T 1325—2017	安全防范　人脸识别应用　视频图像采集规范	2017-10-08	2017-12-01
33	GA/T 1326—2017	安全防范　人脸识别应用　程序接口规范	2017-10-08	2017-12-01
34	GA/T 1429—2017	安防虹膜识别应用　图像技术要求	2017-09-07	2017-11-01
35	GA/T 1470—2018	安全防范　人脸识别应用　分类	2018-03-12	2018-03-12
36	GA/T 1486—2018	安全防范　虹膜识别应用　程序接口规范	2018-05-07	2018-05-07
37	GA/T 1755—2020	安全防范　人脸识别应用　人证核验设备通用技术要求	2020-11-06	2021-05-01

实体防护设备标准明细表

全国安全防范报警系统标准化技术委员会实体防护设备分技术委员会（SAC/TC100/SC1）体系表

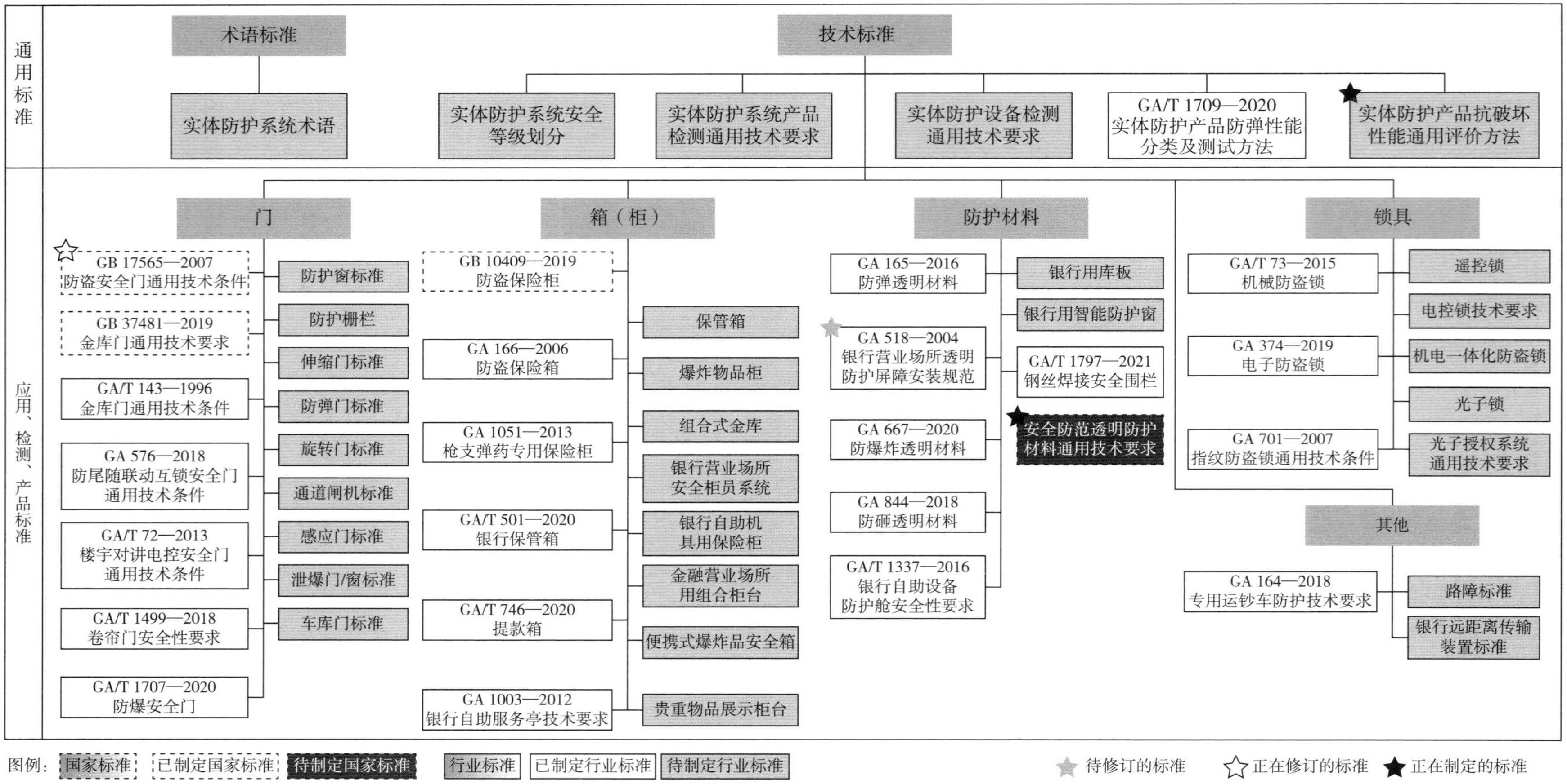

201 专业术语标准

编号	级别和属性	标准名称	现行标准
201-5	GA/T	实体防护系统术语	

210 实体防护系统

编号	级别和属性	标准名称	现行标准
210-1	GB	实体防护系统安全等级划分（包括安全分类、分级、标识与型号命名方法）	
210-2	GA	产品检测规程（人员要求、检测设备、检测方法、样品条件等）（产品检测通用技术要求）	
210-3	GB/T	实体防护设备检测通用技术要求（测试样品、系统级指标——防破坏时间、净工作时间、分级、破坏方法手段、风险等级、设备的分级要求、安全级别、评价方法等）	
210-4	GA/T 1709	实体防护产品防弹性能分类及测试方法	GA/T 1709—2020 实体防护产品防弹性能分类及测试方法
210-5	GA	实体防护产品抗破坏性能通用评价方法	（制定中）

305 实体防护产品

编号	级别和属性	标准名称	现行标准
305-1	门（窗、栅栏）		
305-1-1	防盗安全门		
305-1-1-1	GB	防盗安全门第 1 部分：通用技术要求	GB 17565—2022 防盗安全门通用技术条件
305-1-1-2	GB	防盗安全门第 2 部分：钢质门	
305-1-1-3	GB	防盗安全门第 3 部分：钢木复合门	
305-1-1-4	GB	防盗安全门第 4 部分：防盗防火门	
305-1-2	GB	防盗安全门安装规范	
305-1-3	GA/T	楼宇对讲系统及电控防盗门技术条件	GA/T 72—2005 楼宇对讲系统及电控防盗门技术条件
305-1-4	GB	金库门	GB 37481—2019，合并 GA/T 143—1996 金库门通用技术条件
305-1-5	GA	防尾随联动互锁安全门	GA 576—2018 防尾随联动互锁安全门通用技术条件
305-1-6	GA	防弹门	
305-1-7	GA	防护窗	

续表

编号	级别和属性	标准名称	现行标准
305-1-8	GA	防护栅栏	
305-1-9	GA	监室门	（现归口警标委）
305-1-10	GA/T	防爆安全门	GA/T 1707—2020 防爆安全门
305-1-11	GA/T	银行专用卷帘门	GA/T 1499—2018 卷帘门安全性要求
305-1-12	GA	其他防护门（伸缩门、感应门、车库门、旋转门、移动金库门、防弹门、通道闸机等）	
305-2	柜（箱）		
305-2-1	GB	防盗保险柜（箱）	GB 10409—2019 防盗保险柜（箱），合并 GB 10409—2001 防盗保险柜（修订中）、GA 166—2006 防盗保险箱（修订中）；参照国外标准细化分类
305-2-2	GA	提款箱	GA 746—2020 提款箱
305-2-3	GA	银行保管箱	GA/T 501—2020 银行保管箱
305-2-4	GA	枪械专用保险柜	
305-2-5	GA	保管箱（最低标准、要求明示：该保管箱不是防盗保险箱，使用时请注意风险。考虑宾馆应用）	
305-2-6	GB	ATM 用保险柜	并入 GB 10409—2019 防盗保险柜（箱）
305-2-7	GB	投入式保险柜	并入 GB 10409—2019 防盗保险柜（箱）
305-2-8	GB	组合式金库	并入 GB 10409—2019 防盗保险柜（箱）
305-2-9	GA/T	便携式防盗安全箱	GA/T 3—1991 便携式防盗安全箱
305-2-10	GA	银行自助服务亭技术要求	GA 1003—2012 银行自助服务亭技术要求
305-2-11	GA	防盗防火保险箱	
305-2-12	GA	爆炸物品柜	
305-2-13	GA	银行整体柜台	
305-2-14	GA	银行自助机具用保险柜	
305-2-15	GA	银行营业场所安全柜员系统	
305-2-16	GA	金融营业场所用组合柜台	
305-2-17	GA	便携式爆炸品安全箱	
305-3	锁具		
305-3-1	GA/T	机械防盗锁	GA/T 73—2015 机械防盗锁
305-3-2	GA	电子防盗锁	GA 374—2019 电子防盗锁
305-3-3	GA	电控防盗锁（涵盖磁力锁、电插锁、电锁扣、远程控制等）	

续表

编号	级别和属性	标准名称	现行标准
305-3-4	GA	机电一体化防盗锁	
305-3-5	GA	生物特征识别锁具（是否单独制定锁体、锁头标准）	GA 701—2007 指纹防盗锁通用技术条件
305-3-6	GA	光子锁	
305-3-7	GA	光子授权系统通用技术要求	
305-4	防护材料		
305-4-1	GA	防弹复合玻璃	GA 165—2016 防弹透明材料
305-4-2	GA	防爆炸复合玻璃	GA 667—2020 防爆炸透明材料
305-4-3	GA	防砸复合玻璃	GA 844—2018 防砸透明材料
305-4-4	GA	银行营业场所透明防护屏障安装规范	GA 518—2004 银行营业场所透明防护屏障安装规范（待修订）
305-4-5	GA	其他高性能防护材料	
305-4-6	GA	银行用库板	
305-4-7	GA	银行用智能防护窗	
305-4-8	GA/T	周界防护安全围栏	GA/T 1797—2021 钢丝焊接安全围栏
305-4-9	GB	安全防范透明防护材料通用技术要求	
305-5	其他防护产品（机电一体化防护装置）		
305-5-1	GA	专用运钞车防护技术要求	GA 164—2018 专用运钞车防护技术要求
305-5-2	GA	路障标准	
305-5-3	GA	银行远距离传输装置标准	

附录四 IEC/TC79现行国际标准目录

（截至2022年12月）

序号	标准号	英文名称	中文名称	发布日期
1	IEC60839-5-1：2014	Alarm and electronic security systems-Part 5-1：Alarm transmission systems-General requirements	报警与电子安防系统-第5-1部分：报警传输系统-通用要求	2014-07-28
2	IEC60839-5-2：2016	Alarm and electronic security systems-Part 5-2：Alarm transmission systems-Requirements for supervised premises transceiver（SPT）	报警与电子安防系统-第5-2部分：报警传输系统-受控区域收发器（SPT）要求	2016-02-03
3	IEC60839-5-3：2016	Alarm and electronic security systems-Part 5-3：Alarm transmission systems-Requirements for receiving centre transceiver（RCT）	报警与电子安防系统-第5-3部分：报警传输系统-接收中心收发器（RCT）要求	2016-02-03
4	IEC TS 60839-7-8：2019	Alarm systems-Part 7-8：Message formats and protocols for serial data interfaces in alarm transmission systems-Requirements for common protocol for alarm transmission using the Internet protocol	报警系统-第7-8部分：报警传输系统串行数据接口的信息格式和协议-使用互联网协议的报警传输通用协议要求	2019-05-24
5	IEC60839-11-1：2013	Alarm and electronic security systems-Part 11-1：Electronic access control systems-System and components requirements	报警与电子安防系统-第11-1部分：电子出入口控制系统-系统和部件要求	2013-05-07
6	IEC60839-11-2：2014	Alarm and electronic security systems-Part 11-2：Electronic access control systems Applicants guidelines	报警与电子安防系统-第11-2部分：电子出入口控制系统应用指南	2014-07-24
7	IEC60839-11-5：2020	Alarm and electronic security systems-Part 11-5：Electronic access control systems-Open supervised device protocol（OSDP）	报警与电子安防系统-第11-5部分：公开监控设备协议（OSDP）	2020-07-08
8	IEC60839-11-31：2016	Alarm and electronic security systems-Part 11-31：Electronic access control systems-Core interoperability protocol based on Web services	报警与电子安防系统-第11-31部分：电子出入口控制系统-基于网络服务的核心互联互通协议	2016-11-24
9	IEC60839-11-32：2016	Alarm and electronic security systems-Part 11-32：Electronic access control systems-Access control monitoring based on Web services	报警与电子安防系统-第11-32部分：电子出入口控制系统-基于网络服务的出入口控制监控标准	2016-11-24
10	IEC60839-11-33：2021	Alarm and electronic security systems-Part 11-33：Electronic access control systems-Access control configuration based on Web services	报警与电子安防系统-第11-33部分：电子出入口控制系统-基于网络服务的出入口控制配置	2021-08-25
11	IEC62599-1：2010	Alarm systems-Part 1：Environmental test methods	报警系统-第1部分：环境试验方法	2010-05-19
12	IEC62599-2：2010	Alarm systems-Part 2：Electromagnetic compatibility-Immunity requirements for components of fire and security alarm systems	报警系统-第2部分：电磁兼容性-火灾和安全报警系统元件的抗扰度要求	2010-05-19

续表

序号	标准号	英文名称	中文名称	发布日期
13	IEC62642-1：2010	Alarm systems-Intrusion and hold-up systems-Part 1：System requirements	报警系统-入侵和反劫系统-第1部分：系统要求	2010-06-16
14	IEC62642-2-2：2010	Alarm systems-Intrusion and hold-up systems-Part 2-2：Intrusion detectors-Passive infrared detectors	报警系统-入侵和反劫系统-第2-2部分：入侵探测器-被动红外探测器	2010-10-07
15	IEC62642-2-3：2011	Alarm systems-Intrusion and hold-up systems-Part 2-3：Intrusion detectors-Microwave detectors	报警系统-入侵和反劫系统-第2-3部分：入侵探测器-微波探测器	2011-01-16
16	IEC62642-2-4：2011	Alarm systems-Intrusion and hold-up systems-Part 2-4：Intrusion detectors-Combined passive infrared/Microwave detectors	报警系统-入侵和反劫系统-第2-4部分：入侵探测器-组合被动红外/微波探测器	2011-01-16
17	IEC62642-2-5：2011	Alarm systems-Intrusion and hold-up systems-Part 2-5：Intrusion detectors-Combined passive infrared/Ultrasonic detectors	报警系统-入侵和反劫系统-第2-5部分：入侵探测器-组合被动红外/超声波探测器	2011-01-16
18	IEC62642-2-6：2011	Alarm systems-Intrusion and hold-up systems-Part 2-6：Intrusion detectors-Opening contacts (magnetic)	报警系统-入侵和反劫系统-第2-6部分：入侵探测器-磁开关	2011-01-16
19	IEC62642-2-71：2015	Alarm systems-Intrusion and hold-up systems-Part 2-71：Intrusion detectors-Glass break detectors (acoustic)	报警系统-入侵和反劫系统-第2-71部分：入侵探测器-玻璃破碎探测器（有声）	2015-10-07
20	IEC62642-2-72：2015	Alarm systems-Intrusion and hold-up systems-Part 2-72：Intrusion detectors-Glass break detectors (passive)	报警系统-入侵和反劫系统-第2-72部分：入侵探测器-玻璃破碎探测器（被动）	2015-10-07
21	IEC62642-2-73：2015	Alarm systems-Intrusion and hold-up systems-Part 2-73：Intrusion detectors-Glass break detectors (active)	报警系统-入侵和反劫系统-第2-73部分：入侵探测器-玻璃破碎探测器（主动）	2015-10-07
22	IEC62642-3：2010	Alarm systems-Intrusion and hold-up systems-Part 3：Control and indicating equipment	报警系统-入侵和反劫系统-第3部分：控制和指示设备	2010-10-05
23	IEC62642-4：2010	Alarm systems-Intrusion and hold-up systems-Part 4：Warning devices	报警系统-入侵和反劫系统-第4部分：告警装置	2010-10-07
24	IEC62642-5-3：2010	Alarm systems-Intrusion and hold-up systems-Part 5-3：Interconnections-Requirements for equipment using radio frequency techniques	报警系统-入侵和反劫系统-第5-3部分：使用无线射频技术的互联设备要求	2010-10-07
25	IEC62642-6：2011	Alarm systems-Intrusion and hold-up systems-Part 6：Power supplies	报警系统-入侵和反劫系统-第6部分：电源	2011-02-10
26	IEC/TS62642-7：2011	Alarm systems-Intrusion and hold-up systems-Part 7：Application guidelines	报警系统-入侵和反劫系统-第7部分：应用指南	2011-02-10
27	IEC62642-8：2011	Alarm systems-Intrusion and hold-up systems-Part 8：Security fog device/systems	报警系统-入侵和反劫系统-第8部分：安防喷雾设备/系统	2011-02-10
28	IEC62676-1-1：2013	Video surveillance systems for use in security applications-Part 1-1：System requirements-General	安防视频监控系统-第1-1部分：系统要求-通用要求	2013-10-28

续表

序号	标准号	英文名称	中文名称	发布日期
29	IEC62676-1-2：2013	Video surveillance systems for use in security applications-Part 1-2：General video transmission-performance requirements	安防视频监控系统-第 1-2 部分：通用视频传输-性能要求	2013-10-28
30	IEC62676-2-1：2013	Video surveillance systems for use in security applications-Part 2-1：Video transmission protocols-General requirements	安防视频监控系统-第 2-1 部分：视频传输协议-通用要求	2013-11-07
31	IEC62676-2-2：2013	Video surveillance systems for use in security applications-Part 2-2：Video transmission protocols-IP interoperability implementation based on HTTP and REST services	安防视频监控系统-第 2-2 部分：视频传输协议-基于 HTTP 和 REST 服务的 IP 互联互通实现方式	2013-11-07
32	IEC62676-2-31：2019	Video surveillance systems for use in security applications-Part 2-31：Live streaming and control based on web services	安防视频监控系统-第 2-31 部分：基于 web 服务的实时流和控制	2019-06-26
33	IEC62676-2-32：2019	Video surveillance systems for use in security applications-Part 2-32：Recording control and replay based on web services	安防视频监控系统-第 2-32 部分：基于 web 服务的记录控制和重放	2019-06-26
34	IEC62676-2-33：2022	Video surveillance systems for use in security applications-Part 2-33：Cloud uplink and remote management system access	安防视频监控系统-第 2-33 部分：云链路和远程管理系统接入	2022-07-22
35	IEC62676-3：2013	Video surveillance systems for use in security applications-Part 3：Analog and digital video interfaces	安防视频监控系统-第 3 部分：模拟数字视频接口	2013-07-22
36	IEC62676-4：2014	Video surveillance systems for use in security applications-Part 4：Application guidelines	安防视频监控系统-第 4 部分：应用指南	2014-04-29
37	IEC62676-5：2018	Video surveillance systems for use in security applications-Part 5：Data specifications and image quality performance for camera devices	安防视频监控系统-第 5 部分：摄像机数据规范和图像质量性能	2018-06-05
38	IEC62820-1-1：2016	Building intercom systems-Part 1-1：System requirements-General	楼宇对讲系统-第 1-1 部分：系统通用要求	2016-09-22
39	IEC62820-1-2：2017	Building intercom systems-Part 1-2：System requirements-Building intercom systems using the internet protocol（IP）	楼宇对讲系统-第 1-2 部分：系统要求-使用互联网协议（IP）的楼宇对讲系统	2017-07-26
40	IEC62820-2：2017	Building intercom systems-Part 2：Requirements for advanced security building intercom systems（ASBIS）	楼宇对讲系统-第 2 部分：高安全楼宇对讲系统要求（ASBIS）	2017-09-15
41	IEC62820-3-1：2017	Building intercom systems-Part 3-1：Application guidelines-General	楼宇对讲系统-第 3-1 部分：通用系统应用指南	2017-12-13
42	IEC62820-3-2：2018	Building intercom systems-Part 3-2：Application guidelines-Advanced security building intercom systems（ASBIS）	楼宇对讲系统-第 3-2 部分：高安全楼宇对讲系统应用指南（ASBIS）	2018-02-06
43	IEC62851-1：2014	Alarm and electronic security systems-Social alarm systems-Part 1：System requirements	报警与电子安防系统-社会报警系统-第 1 部分：系统要求	2014-04-10

续表

序号	标准号	英文名称	中文名称	发布日期
44	IEC62851-2：2014	Alarm and electronic security systems-Social alarm systems-Part 2：Trigger devices	报警与电子安防系统-社会报警系统-第2部分：触发设备	2014-04-10
45	IEC62851-3：2014	Alarm and electronic security systems-Social alarm systems-Part 3：Local unit and controller	报警与电子安防系统-社会报警系统-第3部分：本地单元和控制器	2014-04-10
46	IEC62851-5：2014	Alarm and electronic security systems-Social alarm systems-Part 5：Interconnection and communications	报警与电子安防系统-社会报警系统-第5部分：互联和通信	2014-04-10

附录五　安防产品认证业务范围和认证实施规则表

中国安全技术防范认证中心认证业务范围和实施规则表

一、安防产品认证业务范围

（一）开展的行业自愿性认证的产品（GA）目录

防盗安全门、防盗锁、道路交通信号灯、呼出气体酒精含量探测仪、警用活体指/掌纹采集仪、警用DNA 试剂、身份证识读机具、安防线缆及接插件、公共安全视频监控产品（摄像机、安全防范系统光端机、安全防范监控网络视音频编解码设备、安全防范视频监控矩阵设备、安全防范视频监控存储设备、公共安全视频监控安全管理平台）。

（二）开展的机构 CSP 自愿性认证的产品及服务目录

入侵探测器、防盗报警控制器、汽车行驶记录仪、车身反光标识、汽车防盗报警系统、安防实体防护（柜箱）、重点区域视频监控产品、公共安全合格认证（电子防盗锁、入侵探测器、防盗报警控制器）、安全检查设备（X 射线安全检查设备、邮件快件智能 X 射线安全检查设备）、安全数据存储器产品、安防线缆产品、低速无人车产品、报警运营服务。

二、安防产品认证实施规则表

序号	认证类别		认证产品名称	认证实施规则
1	GA	安全技术防范产品自愿性认证	公共安全视频监控产品	CSP-V01-006《社会公共安全产品自愿性认证实施规则　公共安全视频监控产品》
2	GA	安全技术防范产品自愿性认证	防盗安全门产品	CSP-V01-001《安全技术防范产品自愿性认证实施规则　防盗安全门产品》
3	GA	安全技术防范产品自愿性认证	防盗锁产品	CSP-V01-003《安全技术防范产品自愿性认证实施规则　防盗锁产品》
4	GA	道路交通安全产品自愿性认证	机动车测速仪产品	CSP-V02-001《道路交通安全产品自愿性认证实施规则　机动车测速仪产品》
5	GA	道路交通安全产品自愿性认证	呼出气体酒精含量探测器产品	CSP-V02-002《道路交通安全产品自愿性认证实施规则　呼出气体酒精含量探测器产品》
6	GA	道路交通安全产品自愿性认证	道路交通信号灯产品	CSP-V02-004《道路交通安全产品自愿性认证实施规则　道路交通信号灯产品》
7	GA	道路交通安全产品自愿性认证	车身反光标识产品	CSP-V02-005《道路交通安全产品自愿性认证实施规则　车身反光标识产品》
8	GA	刑事技术产品自愿性认证	活体指纹/掌纹采集设备产品	CSP-V03-003《刑事技术产品自愿性认证实施规则　活体指纹/掌纹采集设备产品》

续表

序号	认证类别		认证产品名称	认证实施规则
9	GA	法庭科学产品自愿性认证	DNA 检测试剂产品	CSP-V03-005《法庭科学产品自愿性认证实施规则 DNA 检测试剂产品》
10	GA	社会公共安全产品认证	身份证阅读机具产品	CSP-V05-001《社会公共安全产品认证实施规则 身份证阅读机具产品》
11	GA	安全技术防范产品自愿性认证	安防线缆及接插件产品	CSP-V06-001《安防线缆及接插件产品自愿性认证实施规则 安防线缆及接插件产品》
12	CSP	安全技术防范产品强制性认证	入侵探测器、防盗报警控制器	CSP-V01-008《安全技术防范产品自愿性认证实施规则 防盗报警产品》
13	CSP	安全技术防范产品自愿性认证	安全检查设备 微剂量 X 射线安全检查设备	CSP-V07-001《安全技术防范产品自愿性认证实施规则 安全检查设备》
14	CSP	安全技术防范产品自愿性认证	邮件快件智能 X 射线安全检查设备	CSP-V07-002《邮政行业安全检查设备自愿性认证实施规则 邮件快件智能 X 射线安全检查设备》
15	CSP	社会公共安全产品	安全数据存储器产品	CSP-V08-001《社会公共安全产品自愿性认证实施规则 安全数据存储器产品》
16	CSP	安全技术防范产品自愿性认证	防盗保险柜（箱）	CSP-C19-002《安全技术防范产品自愿性认证实施规则 安防实体防护产品》
17	CSP	安全技术防范产品自愿性认证	汽车防盗报警系统产品	CSP-V01-005《安全技术防范产品自愿性认证实施规则 汽车防盗报警系统产品》
18	CSP	安全技术防范产品自愿性认证	公共安全重点区域视频图像信息采集设备产品	CSP-V01-007《安全技术防范产品自愿性认证实施规则 公共安全重点区域视频图像信息采集设备产品》
19	CSP	安全技术防范产品自愿性认证	公共安全产品	CSP-Q01-001《公共安全产品合格认证实施规则》
20	CSP	道路交通安全产品自愿性认证	汽车行驶记录仪产品	CSP-V02-003《道路交通安全产品自愿性认证实施规则 汽车行驶记录仪产品》
21	CSP	道路交通安全产品自愿性认证	车身反光标识产品	CSP-V02-005《道路交通安全产品自愿性认证实施规则 车身反光标识产品》
22	CSP	社会公共安全产品	低速无人车产品	CSP-V09-001《社会公共安全产品认证实施规则 低速无人车产品》
23	CSP	社会公共安全服务	报警运营服务	CSP-S01-001《社会公共安全服务认证实施规则 报警运营服务》

公安部第三研究所认证中心认证业务范围和实施规则表

一、安防产品认证业务范围

（一）开展的强制性认证的产品（CCC）目录

汽车行驶记录仪、车身反光标识。

（二）开展的行业自愿性认证的产品（GA）目录

防盗安全门、防盗锁、公共安全视频监控产品、公安 350 兆模拟无线通信设备、居民身份证阅读机具。

（三）开展的机构 TRIMPS 自愿性认证的产品目录

入侵探测器、防盗报警控制器、防盗保险柜（箱）、汽车防盗报警器、智能联网产品、汽车行驶记录仪、车身反光标识、工业控制系统专用防火墙、微剂量 X 射线安全检查设备、安全数据存储器产品。

二、安防产品认证实施规则表

序号	认证类别		认证产品名称	认证实施规则
1	CCC	机动车辆及安全附件产品强制性认证	车身反光标识	CNCA-C11-13《强制性产品认证实施规则　车身反光标识》
2	CCC	机动车辆及安全附件产品强制性认证	汽车行驶记录仪	CNCA-C11-14《强制性产品认证实施规则　汽车行驶记录仪》
3	GA	安全技术防范产品自愿性认证	公共安全视频监控产品	TRIMPS-ZY06-001：2020《社会公共安全产品自愿性认证实施规则　公共安全视频监控产品》
4	GA	安全技术防范产品自愿性认证	防盗安全门产品	TRIMPS-ZY01-001：2020《社会公共安全产品自愿性认证实施规则　防盗安全门产品》
5	GA	安全技术防范产品自愿性认证	防盗锁产品	TRIMPS-ZY01-002：2020《社会公共安全产品自愿性认证实施规则　防盗锁产品》
6	GA	公安无线通信设备自愿性认证	公安 350 兆模拟无线通信设备	TRIMPS-ZY02-001：2020《公安无线通信设备自愿性认证实施规则　公安 350 兆模拟无线通信设备》
7	GA	社会公共安全产品认证	身份证阅读机具产品	TRIMPS-ZY03-001：2019《社会公共安全产品自愿性认证实施规则　身份证阅读机具产品》
8	TRIMPS	社会公共安全产品认证	防盗保险柜（箱）产品	TRIMPS-ZY01-003：2020《社会公共安全产品自愿性认证实施规则　防盗保险箱柜产品》
9	TRIMPS	社会公共安全产品认证	智能联网产品	TRIMPS-ZY04-001：2020《社会公共安全领域自愿性认证实施规则　智能联网产品（网络安全）》
10	TRIMPS	社会公共安全产品认证	汽车防盗报警系统产品	TRIMPS-ZY05-001：2020《社会公共安全产品自愿性认证实施规则　汽车防盗报警系统产品》
11	TRIMPS	社会公共安全产品认证	汽车行驶记录仪	TRIMPS-ZY05-002：2020《社会公共安全产品自愿性认证实施规则　汽车行驶记录仪》
12	TRIMPS	社会公共安全产品认证	车身反光标识产品	TRIMPS-ZY07-001：2020《社会公共安全产品自愿性认证实施规则　车身反光标识产品》
13	TRIMPS	社会公共安全产品认证	工业控制系统专用防火墙	TRIMPS-ZY04-002：2020《社会公共安全领域自愿性认证实施规则　工业控制系统专用防火墙》
14	TRIMPS	社会公共安全产品认证	微剂量 X 射线安全检查设备	TRIMPS-ZY08-001：2020《社会公共安全产品自愿性认证实施规则　微剂量 X 射线安全检查设备》
15	TRIMPS	公共安全产品认证	入侵探测器、防盗报警控制器	TRIMPS-PC19-001：2022《公共安全产品认证实施规则　防盗报警产品》
16	TRIMPS	社会公共安全产品认证	安全数据存储器产品	TRIMPS-ZY05-003：2022《社会公共安全产品认证实施规则　安全数据存储器产品》，启动安全数据存储器产品 TRIMPS 自愿性认证

附录六 安防行业展会名录（2022 年）

序号	展会名称	展会时间	展会地点
1	2022 中国（福建）数字安防产业博览会	2022 年 3 月 3—5 日	福州海峡国际会展中心
2	2022 年第 22 届湖南智慧安防产品暨警用装备博览会	2022 年 6 月 16—18 日	湖南国际会展中心
3	第八届亚欧安防博览会、第七届新疆国际消防安全应急救援设备博览会	2022 年 6 月 23—25 日	新疆国际会展中心
4	第二十四届东北国际社会公共安全产品博览会	2022 年 7 月 7—9 日	沈阳新世界博览馆
5	2022 中国（南昌）智能家居产业博览会	2022 年 7 月 8—10 日	江西南昌绿地国际博览中心
6	2022 第二十一届中国（济南）国际公共安全防范产品暨智慧警务创新应用技术博览会	2022 年 7 月 14—16 日	山东国际会展中心
7	2022 第五届中国昆明南亚社会公共安全科技博览会、第四届中国昆明南亚·东南亚消防安全暨应急救援装备展览会	2022 年 7 月 15—17 日	昆明滇池国际会展中心
8	2022 浙江国际应急物资贸易博览会	2022 年 8 月 9—11 日	杭州浙江展览馆
9	2022 中国（杭州）数字安防生态大会暨第 12 届中国（杭州）国际社会公共安全产品与技术博览会	2022 年 11 月 2—4 日	杭州国际博览中心

附录七　获得中国安全防范产品行业协会安防工程企业设计施工维护能力评价一级证书企业名录

（2022 年 12 月 31 日）

一、北京（共 331 家）

序号	企业名称	证书编号	获证时间
1	北京华宇信息技术有限公司	ZAX-NP01201611010002-02	2016-07-28
2	北京易华录信息技术股份有限公司	ZAX-NP01201611010001-02	2016-07-28
3	北京欣智恒科技股份有限公司	ZAX-NP01201611010004-02	2016-07-28
4	中国电子系统技术有限公司	ZAX-NP01201611010003-02	2016-07-28
5	北京浩普诚华科技有限公司	ZAX-NP01201611010005-02	2016-08-15
6	北京希安科电子系统工程有限责任公司	ZAX-NP01201611010015-02	2016-08-25
7	北京佳讯飞鸿电气股份有限公司	ZAX-NP01201611010008-02	2016-08-25
8	北京市警视达机电设备研究所有限公司	ZAX-NP01201611010010-02	2016-08-25
9	千方捷通科技股份有限公司	ZAX-NP01201611010011-02	2016-08-25
10	北京实创上地科技有限公司	ZAX-NP01201611010016-02	2016-08-25
11	中国通广电子有限公司	ZAX-NP01201611010012-02	2016-08-25
12	华迪计算机集团有限公司	ZAX-NP01201611010026-02	2016-08-31
13	北京世纪瑞尔技术股份有限公司	ZAX-NP01201611010018-02	2016-08-31
14	北京市振隆科技股份有限公司	ZAX-NP01201611010017-02	2016-08-31
15	北京明星信达电子技术有限公司	ZAX-NP01201611010021-02	2016-08-31
16	富盛科技股份有限公司	ZAX-NP01201611010020-02	2016-08-31
17	北京联视神盾安防技术有限公司	ZAX-NP01201611010019-02	2016-08-31
18	北京长城电子工程技术有限公司	ZAX-NP01201611010031-02	2016-09-14
19	北京航天长峰科技工业集团有限公司	ZAX-NP01201611010032-02	2016-09-14
20	北京益泰电子集团有限责任公司	ZAX-NP01201611010037-02	2016-09-14
21	通号通信信息集团有限公司	ZAX-NP01201611010029-02	2016-09-14
22	北京中盾安全科技集团有限公司	ZAX-NP01201611010034-02	2016-09-14
23	北京蓝色星际科技股份有限公司	ZAX-NP01201611010040-02	2016-09-14
24	北京公大永泰工程技术有限公司	ZAX-NP01201611010028-02	2016-09-14
25	北京公科飞达交通工程发展有限公司	ZAX-NP01201611010036-02	2016-09-14

续表

序号	企业名称	证书编号	获证时间
26	方正国际软件（北京）有限公司	ZAX-NP01201611010053-02	2016-09-26
27	同方股份有限公司	ZAX-NP01201611010047-02	2016-09-26
28	博康智能信息技术有限公司	ZAX-NP01201611010052-02	2016-09-26
29	北京通建泰利特智能系统工程技术有限公司	ZAX-NP01201611010049-02	2016-09-26
30	北京舜天龙兴信息技术有限公司	ZAX-NP01201611010050-02	2016-09-26
31	北京神州同正科技有限公司	ZAX-NP01201611010056-02	2016-10-12
32	北京欣卓越技术开发有限责任公司	ZAX-NP01201611010069-02	2016-10-12
33	同方威视技术股份有限公司	ZAX-NP01201611010057-02	2016-10-12
34	龙浩通信有限公司	ZAX-NP01201611010062-02	2016-10-12
35	北京东方新一科技开发有限公司	ZAX-NP01201611010063-02	2016-10-12
36	北京国安信息科技有限公司	ZAX-NP01201611010064-02	2016-10-12
37	北京中电兴发科技有限公司	ZAX-NP01201611010059-02	2016-10-12
38	北京博维仕科技股份有限公司	ZAX-NP01201611010070-02	2016-10-12
39	北京韦驮安全工程有限责任公司	ZAX-NP01201611010060-02	2016-10-12
40	北京中盛国华工程技术有限公司	ZAX-NP01201611010067-02	2016-10-12
41	帜扬信通科技股份有限公司	ZAX-NP01201611010073-02	2016-10-19
42	太极计算机股份有限公司	ZAX-NP01201611010076-02	2016-10-19
43	北京真视通科技股份有限公司	ZAX-NP01201611010077-02	2016-10-19
44	北京金尼斯电子技术有限责任公司	ZAX-NP01201611010078-02	2016-10-19
45	北京方法科技发展有限公司	ZAX-NP01201611010080-02	2016-10-19
46	北京众和汇智科技有限公司	ZAX-NP01201611010081-02	2016-10-19
47	北京中消长城消防安全工程有限公司	ZAX-NP01201611010083-02	2016-10-19
48	捷通智慧科技股份有限公司	ZAX-NP01201611010084-02	2016-10-19
49	北京时代凌宇科技股份有限公司	ZAX-NP01201611010085-02	2016-10-19
50	北京竞业达数码科技股份有限公司	ZAX-NP01201611010087-02	2016-10-19
51	北京伟通讯联科技股份有限公司	ZAX-NP01201611010075-02	2016-10-19
52	北京凯凯通达科贸发展有限公司	ZAX-NP01201611010091-02	2016-10-21
53	北京数字政通科技股份有限公司	ZAX-NP01201611010089-02	2016-10-21
54	北京顺天裕技术有限公司	ZAX-NP01201611010093-02	2016-10-21
55	北京航天康明电子技术开发有限公司	ZAX-NP01201611010097-02	2016-11-16
56	北京鼎安科技发展有限公司	ZAX-NP01201611010108-02	2016-11-16
57	北京思维实创科技有限公司	ZAX-NP01201611010106-02	2016-11-16

续表

序号	企业名称	证书编号	获证时间
58	北京天川科技发展有限公司	ZAX-NP01201611010101-02	2016-11-16
59	北京国安电气有限责任公司	ZAX-NP01201611010107-02	2016-11-16
60	北京益泰牡丹电子工程有限责任公司	ZAX-NP01201611010115-02	2016-11-16
61	首都信息发展股份有限公司	ZAX-NP01201611010114-02	2016-11-16
62	北京市电信工程局有限公司	ZAX-NP01201611010100-02	2016-11-16
63	北京宏扬迅腾科技发展有限公司	ZAX-NP01201611010102-02	2016-11-16
64	北京市太极华青信息系统有限公司	ZAX-NP01201611010111-02	2016-11-16
65	北京华成时代科技有限公司	ZAX-NP01201611010105-02	2016-11-16
66	航天四创科技有限责任公司	ZAX-NP01201611010098-02	2016-11-16
67	天地阳光通信科技（北京）有限公司	ZAX-NP01201611010103-02	2016-11-16
68	北京世纪先锋科技有限公司	ZAX-NP01201611010117-02	2016-11-16
69	北京殷图网联科技股份有限公司	ZAX-NP01201611010128-02	2016-11-24
70	北京东华合创科技有限公司	ZAX-NP01201611010125-02	2016-11-24
71	北京华夏电通科技股份有限公司	ZAX-NP01201611010120-02	2016-11-24
72	北京云星宇交通科技股份有限公司	ZAX-NP01201611010126-02	2016-11-24
73	北京中航弱电系统工程有限公司	ZAX-NP01201611010127-02	2016-11-24
74	北京飞利信电子技术有限公司	ZAX-NP01201611010119-02	2016-11-24
75	北京天海航天电子科技有限公司	ZAX-NP01201611010123-02	2016-11-24
76	北京海联捷讯科技股份有限公司	ZAX-NP01201611010124-02	2016-11-24
77	北京中电瑞达电子技术有限公司	ZAX-NP01201611010118-02	2016-11-24
78	金名正元（北京）科技有限公司	ZAX-NP01201611010130-02	2016-11-30
79	北京奥特维科技有限公司	ZAX-NP01201611010132-02	2016-11-30
80	北京图景佳科技有限公司	ZAX-NP01201611010131-02	2016-11-30
81	北京住总建设安装工程有限责任公司	ZAX-NP01201611010135-02	2016-11-30
82	北京中强创业科技集团有限公司	ZAX-NP01201611010142-02	2016-11-30
83	北京亚洲卫星通信技术有限公司	ZAX-NP01201611010133-02	2016-11-30
84	中国自控系统工程有限公司	ZAX-NP01201611010136-02	2016-11-30
85	紫光软件系统有限公司	ZAX-NP01201611010146-02	2016-12-06
86	联通数字科技有限公司	ZAX-NP01201611010144-02	2016-12-06
87	北京铭尚天乐科技发展有限公司	ZAX-NP01201611010145-02	2016-12-06
88	北京玛斯特系统工程有限公司	ZAX-NP01201611010147-02	2016-12-16
89	北京神讯信息科技有限公司	ZAX-NP01201611010149-02	2016-12-16

续表

序号	企业名称	证书编号	获证时间
90	北京声迅电子股份有限公司	ZAX-NP01201611010162-02	2016-12-27
91	北京泰豪智能工程有限公司	ZAX-NP01201611010160-02	2016-12-27
92	北京金山顶尖科技股份有限公司	ZAX-NP01201611010157-02	2016-12-27
93	北京天奥银科科技发展有限公司	ZAX-NP01201611010156-02	2016-12-27
94	北京瑞拓电子技术发展有限公司	ZAX-NP01201611010165-02	2016-12-30
95	中电信数智科技有限公司	ZAX-NP01201611010166-02	2016-12-30
96	中华通信系统有限责任公司	ZAX-NP01201611010168-02	2016-12-30
97	北京国通创安报警网络技术有限公司	ZAX-NP01201611010164-02	2016-12-30
98	煤炭科学技术研究院有限公司	ZAX-NP01201611010169-02	2016-12-30
99	北京民安达安防技术有限责任公司	ZAX-NP01201611010163-02	2016-12-30
100	北京明望杰安智能系统工程有限公司	ZAX-NP01201611010167-02	2016-12-30
101	巨龙在线（北京）科技发展有限公司	ZAX-NP01201711010174-02	2017-01-04
102	北京世纪东方智汇科技股份有限公司	ZAX-NP01201711010180-02	2017-01-04
103	中核弘盛智能科技有限公司	ZAX-NP01201711010175-02	2017-01-04
104	北京创辉源科技发展有限公司	ZAX-NP01201711010176-02	2017-01-16
105	北京中科盈联科技有限公司	ZAX-NP01201711010189-02	2017-01-16
106	北京旭亚威科技发展有限公司	ZAX-NP01201711010184-02	2017-01-16
107	北京大唐高鸿数据网络技术有限公司	ZAX-NP01201711010183-02	2017-01-16
108	北京神州新桥科技有限公司	ZAX-NP01201711010178-02	2017-01-16
109	北京天宇三鼎科技发展有限公司	ZAX-NP01201711010187-02	2017-01-16
110	北京华鼎新铭智能科技发展有限公司	ZAX-NP01201711010185-02	2017-01-16
111	北京北大千方科技有限公司	ZAX-NP01201711010195-02	2017-01-24
112	北京精英智通科技股份有限公司	ZAX-NP01201711010190-02	2017-01-24
113	北京博雄电子工程有限公司	ZAX-NP01201711010205-02	2017-02-08
114	北京集宝保安系统工程有限公司	ZAX-NP01201711010210-02	2017-02-17
115	北京中科软科技有限公司	ZAX-NP01201711010211-02	2017-02-17
116	易慧创新（北京）智能科技有限公司	ZAX-NP01201711010208-02	2017-02-17
117	北京长信泰康通信技术有限公司	ZAX-NP01201711010215-02	2017-03-01
118	北京信达泰利科技有限公司	ZAX-NP01201711010224-02	2017-03-01
119	北京中福通信工程有限公司	ZAX-NP01201711010220-02	2017-03-01
120	北京科海致能科技有限公司	ZAX-NP01201711010216-02	2017-03-01
121	北京市亚太安设备安装有限责任公司	ZAX-NP01201711010217-02	2017-03-01

续表

序号	企业名称	证书编号	获证时间
122	北京时代恒安技术服务有限责任公司	ZAX-NP01201711010213-02	2017-03-01
123	中以联科电子安装工程（北京）有限公司	ZAX-NP01201711010223-02	2017-03-01
124	北京忠业兴达科技有限公司	ZAX-NP01201711010227-02	2017-03-13
125	北京卓达视通科技有限公司	ZAX-NP01201711010225-02	2017-03-13
126	北京正地科技有限公司	ZAX-NP01201711010226-02	2017-03-13
127	北京杰讯系统集成有限公司	ZAX-NP01201711010231-02	2017-03-13
128	北京海湾威尔电子工程有限公司	ZAX-NP01201711010236-02	2017-04-01
129	北京安利杰安全防范科技有限公司	ZAX-NP01201711010241-02	2017-04-01
130	兴唐通信科技有限公司	ZAX-NP01201711010238-02	2017-04-01
131	北京京天威科技发展有限公司	ZAX-NP01201711010240-02	2017-04-01
132	保全世纪（北京）保安服务有限公司	ZAX-NP01201711010233-01	2017-04-01
133	北京艾颖利德科技发展有限公司	ZAX-NP01201711010252-02	2017-04-17
134	北京四方继保自动化股份有限公司	ZAX-NP01201711010243-02	2017-04-17
135	北京东青互联科技有限公司	ZAX-NP01201711010244-02	2017-04-17
136	北京科计通电子工程有限公司	ZAX-NP01201711010248-02	2017-04-28
137	北京宏大京电电子技术有限公司	ZAX-NP01201711010253-02	2017-04-28
138	中智建设技术工程有限责任公司	ZAX-NP01201711010250-02	2017-04-28
139	北京市保安服务总公司	ZAX-NP01201711010256-02	2017-04-28
140	北京华星恒业电气设备有限公司	ZAX-NP01201711010262-02	2017-05-15
141	石化盈科信息技术有限责任公司	ZAX-NP01201711010265-02	2017-05-15
142	北京鼎顺通信工程有限公司	ZAX-NP01201711010260-02	2017-05-15
143	北京天河地塬安防技术服务有限公司	ZAX-NP01201711010261-02	2017-05-15
144	北京万事利达建设发展有限公司	ZAX-NP01201711010271-02	2017-05-26
145	北京赛尔汇力安全科技有限公司	ZAX-NP01201711010269-02	2017-05-26
146	北京城建安装集团有限公司	ZAX-NP01201711010273-02	2017-05-26
147	北京瑞祺皓迪技术股份有限公司	ZAX-NP01201711010266-02	2017-05-26
148	华宇空港（北京）科技有限公司	ZAX-NP01201711010275-02	2017-06-01
149	北京瑞华赢科技发展股份有限公司	ZAX-NP01201711010276-02	2017-06-01
150	北京华之峰智能技术有限公司	ZAX-NP01201711010278-02	2017-06-01
151	铭基电子技术（北京）有限公司	ZAX-NP01201711010282-02	2017-06-19
152	北京万家安全系统有限公司	ZAX-NP01201711010283-02	2017-06-19
153	国泰瑞安股份有限公司	ZAX-NP01201711010285-02	2017-06-19

续表

序号	企业名称	证书编号	获证时间
154	北京万通兴业科技发展有限公司	ZAX-NP01201711010290-01	2017-07-13
155	北京市光环电信股份有限公司	ZAX-NP01201711010295-01	2017-07-28
156	北京华道兴科技有限公司	ZAX-NP01201711010297-01	2017-07-28
157	北京友邦佳通电子科技有限公司	ZAX-NP01201711010299-01	2017-08-04
158	北京兴华保安服务有限公司	ZAX-NP01201711010298-01	2017-08-04
159	中航机场设备有限公司	ZAX-NP01201711010303-01	2017-08-15
160	北京锐易科技有限公司	ZAX-NP01201711010305-01	2017-08-15
161	北京康特尔联合信息技术有限公司	ZAX-NP01201711010312-01	2017-09-06
162	航天科工智慧产业发展有限公司	ZAX-NP01201711010314-01	2017-09-06
163	北京合众思壮时空物联科技有限公司	ZAX-NP01201711010315-01	2017-09-06
164	北京永安商业有限公司	ZAX-NP01201711010317-01	2017-09-18
165	北京中电中天电子工程有限公司	ZAX-NP01201711010316-01	2017-09-18
166	北京嘉铭创新科技有限公司	ZAX-NP01201711010318-01	2017-09-18
167	普天和平科技有限公司	ZAX-NP01201711010322-01	2017-09-29
168	北京世纪实拓科技有限公司	ZAX-NP01201711010319-01	2017-09-29
169	北京辰安科技股份有限公司	ZAX-NP01201711010323-01	2017-10-16
170	北京嘉瑞设备安装有限责任公司	ZAX-NP01201711010324-01	2017-10-26
171	北京坚盾保安服务有限公司	ZAX-NP01201711010330-01	2017-11-15
172	中通建设股份有限公司	ZAX-NP01201711010326-01	2017-11-15
173	北京江森自控有限公司	ZAX-NP01201711010331-01	2017-11-15
174	北京泰益丰技贸有限责任公司	ZAX-NP01201711010327-01	2017-11-15
175	北京世安立天科技发展有限公司	ZAX-NP01201711010335-01	2017-12-01
176	优士创新商业集团有限公司	ZAX-NP01201711010333-01	2017-12-01
177	北京首钢自动化信息技术有限公司	ZAX-NP01201711010334-01	2017-12-01
178	北京京盾西科姆电子安全有限公司	ZAX-NP01201711010338-01	2017-12-01
179	北京德弘诚科技有限公司	ZAX-NP01201711010346-01	2017-12-15
180	普天通信有限责任公司	ZAX-NP01201711010344-01	2017-12-15
181	北京中电万联科技股份有限公司	ZAX-NP01201811010349-01	2018-01-02
182	神州数码系统集成服务有限公司	ZAX-NP01201811010348-01	2018-01-02
183	北京银泰永辉智能科技有限公司	ZAX-NP01201811010356-01	2018-01-15
184	北京沃得沃机电安装有限公司	ZAX-NP01201811010362-01	2018-02-01
185	北京中科晟宇科技有限公司	ZAX-NP01201811010361-01	2018-02-01

续表

序号	企业名称	证书编号	获证时间
186	北京安警技术工程有限公司	ZAX-NP01201811010369-01	2018-02-12
187	中安保实业集团有限公司	ZAX-NP01201811010368-01	2018-02-12
188	北京市设备安装工程集团有限公司	ZAX-NP01201811010371-01	2018-03-01
189	北京斯迪克信息技术有限公司	ZAX-NP01201811010377-01	2018-03-01
190	北京东方国信科技股份有限公司	ZAX-NP01201811010378-01	2018-03-01
191	中天众达智慧城市科技有限公司	ZAX-NP01201811010379-01	2018-03-16
192	软通动力信息技术（集团）股份有限公司	ZAX-NP01201811010386-01	2018-04-16
193	北京现代开元科贸有限公司	ZAX-NP01201811010389-01	2018-05-15
194	金祺创（北京）技术有限公司	ZAX-NP01201811010393-01	2018-07-03
195	北京佰能智诚技术有限公司	ZAX-NP01201811010395-01	2018-07-16
196	中软信息系统工程有限公司	ZAX-NP01201811010402-01	2018-09-03
197	北京中盾安民分析技术有限公司	ZAX-NP01201811010406-01	2018-09-03
198	北京国信桥通信工程有限公司	ZAX-NP01201811010410-01	2018-09-30
199	北京华南设备安装公司	ZAX-NP01201811010409-01	2018-09-30
200	汇智华通信息技术（北京）有限公司	ZAX-NP01201811010416-01	2018-11-01
201	北京同聚达科技有限公司	ZAX-NP01201811010415-01	2018-11-01
202	中科汉鼎（北京）大数据科技有限公司	ZAX-NP01201811010417-01	2018-11-01
203	北京中科金财科技股份有限公司	ZAX-NP01201811010418-01	2018-11-15
204	奇点新源国际技术开发（北京）有限公司	ZAX-NP01201811010421-01	2018-11-30
205	中铁电气化局集团有限公司	ZAX-NP01201811010424-01	2018-12-28
206	北京中加集成智能系统工程有限公司	ZAX-NP01201911010429-01	2019-01-15
207	北京银信电子技术有限责任公司	ZAX-NP01201911010427-01	2019-01-15
208	北京昊普康科技股份有限公司	ZAX-NP01201911010430-01	2019-02-01
209	北京安讯宝建设工程有限公司	ZAX-NP01201911010431-01	2019-02-01
210	北京精英路通科技有限公司	ZAX-NP01201911010432-01	2019-02-15
211	北京万寿伟业技术发展有限公司	ZAX-NP01201911010437-01	2019-04-01
212	北京市速连科通信设备有限责任公司	ZAX-NP01201911010438-01	2019-04-01
213	北京禄特艾迪系统集成技术有限公司	ZAX-NP01201911010440-01	2019-04-15
214	北京安录国际技术有限公司	ZAX-NP01201911010445-01	2019-04-30
215	北京成国邦建设投资发展有限公司	ZAX-NP01201911010444-01	2019-04-30
216	荣联科技集团股份有限公司	ZAX-NP01201911010443-01	2019-04-30
217	中电系统建设工程有限公司	ZAX-NP01201911010448-01	2019-05-15

续表

序号	企业名称	证书编号	获证时间
218	北京中科泰信科技有限公司	ZAX-NP01201911010447-01	2019-05-15
219	北京创达嘉业科技有限公司	ZAX-NP01201911010451-01	2019-06-17
220	中国建筑技术集团有限公司	ZAX-NP01201911010453-01	2019-07-01
221	北京航英科技有限公司	ZAX-NP01201911010454-01	2019-07-01
222	北京乐天兴业科技发展有限公司	ZAX-NP01201911010456-01	2019-07-15
223	中鼎安泰（北京）保安服务有限公司	ZAX-NP01201911010455-01	2019-07-15
224	北京慧图科技（集团）股份有限公司	ZAX-NP01201911010458-01	2019-08-15
225	北京启润智控科技发展有限公司	ZAX-NP01201911010460-01	2019-08-30
226	中移建设有限公司	ZAX-NP01201911010461-01	2019-11-01
227	北京航天星桥科技股份有限公司	ZAX-NP01201911010465-01	2019-11-29
228	北京富恒建设工程有限公司	ZAX-NP01201911010466-01	2019-11-29
229	北京荣德行安全技术有限公司	ZAX-NP01201911010467-01	2019-11-29
230	北京智敏科技发展有限公司	ZAX-NP01201911010469-01	2019-12-16
231	昆仑数智科技有限责任公司	ZAX-NP01201911010471-01	2019-12-30
232	中安网脉（北京）技术股份有限公司	ZAX-NP01201911010472-01	2019-12-30
233	北京博大网信股份有限公司	ZAX-NP01202011010476-01	2020-01-15
234	宝狮视讯科技集团有限公司	ZAX-NP01202011010473-01	2020-01-15
235	北京开元浩海科技发展有限公司	ZAX-NP01202011010477-01	2020-01-15
236	北京鸿天伟业安全技术有限公司	ZAX-NP01202011010482-01	2020-03-16
237	北京中实兴业电子工程有限公司	ZAX-NP01202011010484-01	2020-04-01
238	北京希嘉万维科技有限公司	ZAX-NP01202011010485-01	2020-04-30
239	北京中电拓方科技股份有限公司	ZAX-NP01202011010486-01	2020-04-30
240	北京元泰恒昌科技有限公司	ZAX-NP01202011010487	2020-05-15
241	北京首邮实业有限公司	ZAX-NP01202011010489	2020-05-29
242	北京大恒软件技术有限公司	ZAX-NP01202011010490	2020-06-15
243	北京圣世博泰科技股份有限公司	ZAX-NP01202011010495-01	2020-07-16
244	北京迈科电子系统工程有限公司	ZAX-NP01202011010496	2020-07-30
245	北京中科创新园高新技术有限公司	ZAX-NP01202011010497	2020-07-30
246	北京时代飞扬科技有限公司	ZAX-NP01202011010498	2020-08-17
247	北京华新宏信科技有限公司	ZAX-NP01202011010500	2020-09-01
248	北京艾瑞信系统工程技术有限责任公司	ZAX-NP01202011010501	2020-09-16
249	北京冠宇信息科技股份有限公司	ZAX-NP01202011010502	2020-09-16

续表

序号	企业名称	证书编号	获证时间
250	中咨泰克交通工程集团有限公司	ZAX-NP01202011010505	2020-09-28
251	北京腾蓝智能科技有限公司	ZAX-NP01202011010504	2020-09-28
252	北京网之线科技有限公司	ZAX-NP01202011010507	2020-10-15
253	北京英泰智科技股份有限公司	ZAX-NP01202011010510	2020-10-30
254	北京双安天龙科技有限公司	ZAX-NP01202011010509	2020-10-30
255	北京电信规划设计院有限公司	ZAX-NP01202011010511	2020-11-16
256	北京明创开元信息技术有限公司	ZAX-NP01202011010514	2020-12-30
257	北京华澳再创通信工程有限公司	ZAX-NP01202011010517	2020-12-30
258	中北国泰建设集团有限公司	ZAX-NP01202011010515	2020-12-30
259	立安智通（北京）科技有限公司	ZAX-NP01202011010512	2020-12-30
260	中联兴安泰（北京）工程技术有限公司	ZAX-NP01202011010516	2020-12-30
261	北京锦宏时代科技有限公司	ZAX-NP01202111010518	2021-01-15
262	北京时代长荣机电工程有限公司	ZAX-NP01202111010520	2021-01-15
263	北京正道天成科技发展有限公司	ZAX-NP01202111010528	2021-02-01
264	北京世纪大恒电子技术有限公司	ZAX-NP01202111010521	2021-02-01
265	北京中电裕华工程科技有限公司	ZAX-NP01202111010522	2021-02-01
266	北京时代凌宇信息技术有限公司	ZAX-NP01202111010523	2021-02-01
267	北京建玲思雨科技有限公司	ZAX-NP01202111010524	2021-02-01
268	北京紫翰科技有限公司	ZAX-NP01202111010525	2021-02-01
269	力景（北京）系统技术有限公司	ZAX-NP01202111010527	2021-02-01
270	北京怀教网络科技股份有限公司	ZAX-NP01202111010529	2021-02-09
271	北京浩康联讯科技有限公司	ZAX-NP01202111010531	2021-03-01
272	北京中科医信科技有限公司	ZAX-NP01202111010535	2021-03-15
273	北京通通易联科技有限公司	ZAX-NP01202111010533	2021-03-15
274	北京航天爱威电子技术有限公司	ZAX-NP01202111010537	2021-04-01
275	北京文安智能技术股份有限公司	ZAX-NP01202111010538	2021-04-01
276	北京恒泰实达科技股份有限公司	ZAX-NP01202111010541	2021-04-15
277	北京云知云物联网科技有限公司	ZAX-NP01202111010542	2021-04-29
278	北京秦象兴业科技有限公司	ZAX-NP01202111010545	2021-04-29
279	中警保安服务有限公司	ZAX-NP01202111010544	2021-04-29
280	北京天润新禾信息技术有限公司	ZAX-NP01202111010548	2021-05-14
281	罗克佳华科技集团股份有限公司	ZAX-NP01202111010549	2021-05-14

续表

序号	企业名称	证书编号	获证时间
282	北京中网华通设计咨询有限公司	ZAX-NP01202111010547	2021-05-14
283	北京华软数创科技集团有限公司	ZAX-NP01202111010546	2021-05-14
284	华戎技术有限公司	ZAX-NP01202111010550	2021-05-31
285	北京旷视科技有限公司	ZAX-NP01202111010553	2021-05-31
286	北京华力兴科技发展有限责任公司	ZAX-NP01202111010551	2021-05-31
287	普若泰克科技发展（北京）有限公司	ZAX-NP01202111010552	2021-05-31
288	北京佳和建设工程有限公司	ZAX-NP01202111010554	2021-06-15
289	北斗航天卫星应用科技集团有限公司	ZAX-NP01202111010555	2021-06-30
290	北京冬雪数据工程有限公司	ZAX-NP01202111010558	2021-07-15
291	北京银江瑞讯科技有限公司	ZAX-NP01202111010559	2021-07-30
292	中关村科学城城市大脑股份有限公司	ZAX-NP01202111010560	2021-09-29
293	国政通科技有限公司	ZAX-NP01202111010561	2021-09-29
294	北京新纽科技有限公司	ZAX-NP01202111010562	2021-09-29
295	北京易用时代科技有限公司	ZAX-NP01202111010563	2021-11-01
296	北京航星机器制造有限公司	ZAX-NP01202111010565	2021-11-15
297	北京眼神智能科技有限公司	ZAX-NP01202111010566	2021-12-01
298	中电科安科技股份有限公司	ZAX-NP01202111010568	2021-12-15
299	中船重工信息科技有限公司	ZAX-NP01202111010569	2021-12-30
300	北京真空电子科技有限公司	ZAX-NP01202211010570	2022-01-17
301	北京易豪伟业弱电系统工程技术有限公司	ZAX-NP01202211010571	2022-01-26
302	北京巨龙在线智慧科技有限公司	ZAX-NP01202211010572	2022-01-28
303	北京思立达科技有限公司	ZAX-NP01202211010575	2022-03-15
304	北京青鸟安全系统科技有限公司	ZAX-NP01202211010574	2022-03-15
305	北京佳惠信达科技有限公司	ZAX-NP01202211010576	2022-04-01
306	北京京航安机场工程有限公司	ZAX-NP01202211010578	2022-04-01
307	北京华胜天成科技股份有限公司	ZAX-NP01202211010579	2022-04-15
308	神州数码信息系统有限公司	ZAX-NP01202211010582	2022-04-29
309	中铁建设集团机电安装有限公司	ZAX-NP01202211010581	2022-04-29
310	博慧佳安全技术（北京）有限公司	ZAX-NP01202211010586	2022-06-01
311	北京军懋国兴科技股份有限公司	ZAX-NP01202211010588	2022-06-30
312	北京驷骑中天网络工程技术有限公司	ZAX-NP01202211010589	2022-06-30
313	小哆智能科技（北京）有限公司	ZAX-NP01202211010593	2022-08-15

续表

序号	企业名称	证书编号	获证时间
314	北京世纪高通科技有限公司	ZAX-NP01202211010592	2022-08-15
315	欧必翼（北京）安防科技有限公司	ZAX-NP01202211010594	2022-08-31
316	中国通信建设北京工程局有限公司	ZAX-NP01202211010595	2022-08-31
317	北京恒业世纪科技股份有限公司	ZAX-NP01202211010596	2022-09-15
318	北京泽阳科信交通科技发展有限公司	ZAX-NP01202211010597	2022-09-29
319	北京方正数码有限公司	ZAX-NP01202211010598	2022-10-14
320	北京蓝海华业工程技术有限公司	ZAX-NP01202211010601	2022-11-01
321	华冉景程建设（北京）有限公司	ZAX-NP01202211010600	2022-11-01
322	北京彦崆建设有限公司	ZAX-NP01202211010599	2022-11-01
323	北京竞实永晟科技有限公司	ZAX-NP01202211010604	2022-11-15
324	北京兴天通电讯科技有限公司	ZAX-NP01202211010603	2022-11-15
325	北京中科软件有限公司	ZAX-NP01202211010602	2022-11-15
326	北京民航工程有限公司	ZAX-NP01202211010606	2022-12-01
327	北京万里红科技有限公司	ZAX-NP01202211010607	2022-12-01
328	中建二局安装工程有限公司	ZAX-NP01202211010608	2022-12-01
329	北京百度智行科技有限公司	ZAX-NP01202211010605	2022-12-01
330	大有通源（北京）信息技术有限公司	ZAX-NP01202211010609	2022-12-15
331	中移信息系统集成有限公司	ZAX-NP01202211010610	2022-12-15

二、天津（28 家）

序号	企业名称	证书编号	获证时间
1	中发建筑技术集团有限公司	ZAX-NP01201612000002-02	2016-09-14
2	天地伟业技术有限公司	ZAX-NP01201612000001-02	2016-09-14
3	天津凯发电气股份有限公司	ZAX-NP01201612000005-02	2016-09-26
4	天津市宾士电子科技有限公司	ZAX-NP01201612000006-02	2016-09-26
5	中星电子股份有限公司	ZAX-NP01201612000004-02	2016-09-26
6	天津市天科数创科技股份有限公司	ZAX-NP01201612000003-02	2016-09-26
7	天津鹏安数迅科技有限公司	ZAX-NP01201612000007-02	2016-10-12
8	软通智慧信息技术有限公司	ZAX-NP01201612000009-02	2016-12-16
9	天津安装工程有限公司	ZAX-NP01201712000010-02	2017-01-04
10	天津荣尧智慧科技股份有限公司	ZAX-NP01201712000011-02	2017-01-16
11	天津市中环系统工程有限责任公司	ZAX-NP01201712000016-01	2017-04-01

续表

序号	企业名称	证书编号	获证时间
12	鑫泰智慧（天津）科技有限公司	ZAX-NP01201712000014-02	2017-04-01
13	中国机房设施工程有限公司	ZAX-NP01201712000015-01	2017-04-01
14	天津光电高斯通信工程技术股份有限公司	ZAX-NP01201712000017-02	2017-05-15
15	天津市建邦安防系统工程有限公司	ZAX-NP01201712000018-02	2017-05-15
16	天津市明科远景科技发展有限公司	ZAX-NP01201712000019-01	2017-05-26
17	天津市创安电子有限公司	ZAX-NP01201712000021-01	2017-06-29
18	天津市万德电子有限公司	ZAX-NP01201712000022-02	2017-07-28
19	天津市冠林智能系统集成有限公司	ZAX-NP01201712000023-01	2017-08-15
20	天津天网视通科技有限公司	ZAX-NP01201712000024-01	2017-10-16
21	天津天地伟业信息系统集成有限公司	ZAX-NP01201812000028-01	2018-05-31
22	霍尼韦尔（天津）有限公司	ZAX-NP01201812000029-01	2018-12-17
23	天津卓朗科技发展有限公司	ZAX-NP01201912000031-01	2019-07-15
24	天津蓝点科技发展有限公司	ZAX-NP01201912000032	2019-07-31
25	天津开发区恒通科技发展有限公司	ZAX-NP01201912000033-01	2019-09-16
26	天津天地伟业科技有限公司	ZAX-NP01202012000036-01	2020-06-15
27	中铁二十三局集团电务工程有限公司	ZAX-NP01202112010040	2021-07-30
28	华海智汇技术有限公司	ZAX-NP01202212010042	2022-08-01

三、河北（17 家）

序号	企业名称	证书编号	获证时间
1	河北荣视电子技术有限责任公司	ZAX-NP01201713000001-02	2017-05-04
2	河北华友文化遗产保护股份有限公司	ZAX-NP01201713000003-01	2017-07-28
3	河北安防报警网络有限公司	ZAX-NP01201813000004-01	2018-02-12
4	卓信通信股份有限公司	ZAX-NP01201913000005-01	2019-08-30
5	中移系统集成有限公司	ZAX-NP01201913000006-01	2019-11-01
6	中国通信建设第一工程局有限公司	ZAX-NP01202113010009	2021-05-14
7	河北大义电子科技有限公司	ZAX-NP01202113010010	2021-05-14
8	中国石油天然气管道通信电力工程有限公司	ZAX-NP01202113010008	2021-05-14
9	求实科技集团有限公司	ZAX-NP01202113010012	2021-06-30
10	河北瞭望百宝科技有限公司	ZAX-NP01202113010014	2021-08-16
11	河北迈杰网络科技有限公司	ZAX-NP01202113010015	2021-09-01
12	峰杰技术有限公司	ZAX-NP01202113010016	2021-11-15

续表

序号	企业名称	证书编号	获证时间
13	联通雄安产业互联网有限公司	ZAX-NP01202213010017	2022-05-16
14	中安银城科技有限公司	ZAX-NP01202213010018	2022-06-30
15	中铭银通科技集团有限公司	ZAX-NP01202213010019	2022-08-01
16	中车唐山机车车辆有限公司	ZAX-NP01202213010020	2022-08-31
17	河北汉光重工有限责任公司	ZAX-NP01202213010021	2022-11-01

四、山西（共 4 家）

序号	企业名称	证书编号	获证时间
1	联通（山西）产业互联网有限公司	ZAX-NP01202114010002	2021-08-16
2	圣点世纪科技股份有限公司	ZAX-NP01202114010003	2021-12-15
3	山西天辅通安防工程有限公司	ZAX-NP01202214010004	2022-04-29
4	联想中天科技有限公司	ZAX-NP01202214010005	2022-08-31

五、辽宁（共 4 家）

序号	企业名称	证书编号	获证时间
1	耀程通信建设有限公司	ZAX-NP01201821000003-01	2018-06-15
2	葫芦岛奥维科技有限责任公司	ZAX-NP01202021000004-01	2020-01-15
3	沈阳恒方科技智能工程有限公司	ZAX-NP01202121000005	2021-02-01
4	辽宁邮电规划设计院有限公司	ZAX-NP01202221000007	2022-04-15

六、吉林（共 1 家）

序号	企业名称	证书编号	获证时间
1	吉林省济远建设有限公司	ZAX-NP01202022000001-01	2020-05-29

七、黑龙江（共 2 家）

序号	企业名称	证书编号	获证时间
1	哈尔滨凌海高新技术应用有限公司	ZAX-NP01201723000001-01	2017-07-13
2	黑龙江禾川电子工程有限公司	ZAX-NP01201723000002-01	2017-07-28

八、上海（共31家）

序号	企业名称	证书编号	获证时间
1	中远海运科技股份有限公司	ZAX-NP01201631000002-02	2016-07-28
2	上海恒锐智能工程股份有限公司	ZAX-NP01201631000003-02	2016-07-28
3	上海波汇科技有限公司	ZAX-NP01201631000004-02	2016-08-15
4	浩德科技股份有限公司	ZAX-NP01201631000005-02	2016-08-15
5	上海天跃科技股份有限公司	ZAX-NP01201631000008-02	2016-08-25
6	上海昕龙时信息技术有限公司	ZAX-NP01201631000006-02	2016-08-25
7	中国铁路通信信号上海工程局集团有限公司	ZAX-NP01201631000010-02	2016-09-26
8	上海邮电设计咨询研究院有限公司	ZAX-NP01201631000014-02	2016-11-01
9	上海夫雄智能科技有限公司	ZAX-NP01201631000012-02	2016-11-01
10	上海电气自动化设计研究所有限公司	ZAX-NP01201631000013-02	2016-11-01
11	上海电科智能系统股份有限公司	ZAX-NP01201631000016-02	2016-12-16
12	上海熙菱信息技术有限公司	ZAX-NP01201731000017-02	2017-01-16
13	上海威豪医疗科技有限公司	ZAX-NP01201731000021-02	2017-06-29
14	上海鑫融网络科技股份有限公司	ZAX-NP01201831000023-01	2018-02-12
15	上海银江智慧智能化技术有限公司	ZAX-NP01201831000028-01	2018-11-01
16	上海祥通石化科技有限公司	ZAX-NP01201931000035-01	2019-10-15
17	上海英迈吉东影图像设备有限公司	ZAX-NP01201931000037-01	2019-12-30
18	上海彩祥实业发展有限公司	ZAX-NP01202031000038-01	2020-02-03
19	上海中思信息系统工程有限公司	ZAX-NP01202031000042	2020-12-08
20	上海驰展信息科技有限公司	ZAX-NP01202031000043	2020-12-08
21	上海安宸信息科技有限公司	ZAX-NP01202031000044	2020-12-30
22	上海中兴易联通讯股份有限公司	ZAX-NP01202131000045	2021-02-01
23	上海星舟信息科技股份有限公司	ZAX-NP01202131000053	2021-07-30
24	上海恺驰智能信息系统有限公司	ZAX-NP01202131000052	2021-07-30
25	上海灵岳电子设备有限公司	ZAX-NP01202131000054	2021-07-30
26	上海思源弘瑞自动化有限公司	ZAX-NP01202131000060	2021-12-30
27	上海广拓信息技术有限公司	ZAX-NP01202131000059	2021-12-30
28	上海闪马数据科技有限公司	ZAX-NP01202231000062	2022-04-29
29	海隆石油集团（上海）信息技术有限公司	ZAX-NP01202231000064	2022-11-01
30	中铁上海设计院集团有限公司	ZAX-NP01202231000065	2022-11-15
31	上海韦格安全科技有限公司	ZAX-NP01202231000066	2022-12-01

九、江苏（共 244 家）

序号	企业名称	证书编号	获证时间
1	中博信息技术研究院有限公司	ZAX-NP01201632010004-02	2016-10-12
2	江苏网进科技股份有限公司	ZAX-NP01201632010002-02	2016-10-12
3	江苏巨楷科技发展有限公司	ZAX-NP01201632010008-02	2016-10-19
4	江苏亚奥科技股份有限公司	ZAX-NP01201632010009-02	2016-10-19
5	尚高科技有限公司	ZAX-NP01201632010010-02	2016-10-19
6	蓝深远望科技股份有限公司	ZAX-NP01201632010005-02	2016-10-19
7	江苏智运科技发展有限公司	ZAX-NP01201632010006-02	2016-10-19
8	南京深业智能化系统工程有限公司	ZAX-NP01201632010011-02	2016-10-19
9	国泰新点软件股份有限公司	ZAX-NP01201632010014-02	2016-10-21
10	南京安通杰科技实业有限公司	ZAX-NP01201632010013-02	2016-10-21
11	江苏东方数码系统集成有限公司	ZAX-NP01201632010015-02	2016-11-01
12	江苏科安电子科技发展有限公司	ZAX-NP01201632010016-02	2016-11-01
13	江苏征途电气科技有限公司	ZAX-NP01201632010017-02	2016-11-16
14	江苏达海智能系统股份有限公司	ZAX-NP01201632010018-02	2016-11-16
15	江苏东大金智信息系统有限公司	ZAX-NP01201632010020-02	2016-11-24
16	南京新索奇科技有限公司	ZAX-NP01201632010027-02	2016-11-30
17	同心智能科技有限公司	ZAX-NP01201632010024-02	2016-11-30
18	连云港杰瑞电子有限公司	ZAX-NP01201632010030-02	2016-11-30
19	江苏南工科技集团有限公司	ZAX-NP01201632010021-02	2016-11-30
20	南京南大智慧城市规划设计股份有限公司	ZAX-NP01201632010022-02	2016-11-30
21	多伦科技股份有限公司	ZAX-NP01201632010029-02	2016-11-30
22	江苏安防科技有限公司	ZAX-NP01201632010026-02	2016-11-30
23	南京新世电科技开发有限公司	ZAX-NP01201632010031-02	2016-12-06
24	江苏尤特斯新技术有限公司	ZAX-NP01201632010032-02	2016-12-06
25	江苏开拓信息与系统有限公司	ZAX-NP01201632010033-02	2016-12-06
26	南京恩博科技有限公司	ZAX-NP01201632010042-02	2016-12-16
27	江苏苏源高科技有限公司	ZAX-NP01201632010036-02	2016-12-16
28	南京市消防工程有限公司	ZAX-NP01201632010041-02	2016-12-16
29	昆山市纵横智能科技有限公司	ZAX-NP01201632010039-02	2016-12-16
30	扬州顺泰建设工程有限公司	ZAX-NP01201632010037-02	2016-12-16
31	中电鸿信信息科技有限公司	ZAX-NP01201632010038-02	2016-12-16

续表

序号	企业名称	证书编号	获证时间
32	江苏奥都智能科技有限公司	ZAX-NP01201632010040-02	2016-12-16
33	江苏中铭慧业科技有限公司	ZAX-NP01201632010043-02	2016-12-27
34	南京天禹安信息技术有限公司	ZAX-NP01201632010044-02	2016-12-27
35	江苏泰宁建设工程科技股份有限公司	ZAX-NP01201632010046-01	2016-12-27
36	江苏瀚天智能科技股份有限公司	ZAX-NP01201632010052-02	2016-12-27
37	江苏航天大为科技股份有限公司	ZAX-NP01201632010048-02	2016-12-27
38	江苏三棱智慧物联发展股份有限公司	ZAX-NP01201632010050-02	2016-12-27
39	南京北路智控科技股份有限公司	ZAX-NP01201632010047-02	2016-12-27
40	中通服咨询设计研究院有限公司	ZAX-NP01201632010053-02	2016-12-30
41	江苏信捷智能科技有限公司	ZAX-NP01201632010056-02	2016-12-30
42	南京东大智能化系统有限公司	ZAX-NP01201632010057-02	2016-12-30
43	江苏金陵科技集团有限公司	ZAX-NP01201632010054-02	2016-12-30
44	昆山市慧谷信息工程有限公司	ZAX-NP01201632010058-02	2016-12-30
45	江苏仁安高新技术有限公司	ZAX-NP01201632010061-01	2016-12-30
46	苏州市东亚电脑监控工程有限公司	ZAX-NP01201632010064-02	2016-12-30
47	苏州市世跃智能科技有限公司	ZAX-NP01201632010062-02	2016-12-30
48	南京恒天伟智能技术有限公司	ZAX-NP01201632010055-02	2016-12-30
49	江苏豪纬交通集团有限公司	ZAX-NP01201732010066-02	2017-01-04
50	江苏晓山信息产业股份有限公司	ZAX-NP01201732010065-02	2017-01-04
51	南京科安电子有限公司	ZAX-NP01201732010073-02	2017-01-16
52	南京莱斯信息技术股份有限公司	ZAX-NP01201732010069-02	2017-01-16
53	南京聚立科技股份有限公司	ZAX-NP01201732010070-02	2017-01-16
54	南京南大四维科技发展有限公司	ZAX-NP01201732010071-02	2017-01-16
55	南京熊猫信息产业有限公司	ZAX-NP01201732010072-02	2017-01-16
56	江苏友信智能科技有限公司	ZAX-NP01201732010075-01	2017-01-24
57	南京天溯自动化控制系统有限公司	ZAX-NP01201732010078-02	2017-01-24
58	江苏凯成智能科技有限公司	ZAX-NP01201732010077-02	2017-01-24
59	神州交通工程集团有限公司	ZAX-NP01201732010082-02	2017-02-08
60	江苏国贸酝领智能科技股份有限公司	ZAX-NP01201732010084-02	2017-02-08
61	江苏网信科技集团有限公司	ZAX-NP01201732010083-02	2017-02-08
62	江苏中科智能系统有限公司	ZAX-NP01201732010085-02	2017-02-08
63	扬州市鑫通交通器材集团有限公司	ZAX-NP01201732010081-02	2017-02-08

续表

序号	企业名称	证书编号	获证时间
64	江苏国瑞信安科技有限公司	ZAX-NP01201732010088-01	2017-03-01
65	江苏鑫瑞德系统集成工程有限公司	ZAX-NP01201732010091-02	2017-03-13
66	中邮建技术有限公司	ZAX-NP01201732010094-02	2017-03-20
67	苏州朗捷通智能科技有限公司	ZAX-NP01201732010096-02	2017-03-20
68	江苏兴安建设集团有限公司	ZAX-NP01201732010095-02	2017-03-20
69	朗高科技有限公司	ZAX-NP01201732010099-02	2017-04-01
70	南京洛普股份有限公司	ZAX-NP01201732010097-02	2017-04-01
71	苏州市创美信息工程有限公司	ZAX-NP01201732010104-02	2017-04-17
72	江苏联峰金盾智能科技有限公司	ZAX-NP01201732010105-02	2017-04-17
73	江苏中盈高科智能信息股份有限公司	ZAX-NP01201732010106-02	2017-04-17
74	江苏新和网络科技发展有限公司	ZAX-NP01201732010102-02	2017-04-17
75	南京银创电子有限责任公司	ZAX-NP01201732010103-02	2017-04-17
76	南京川航智能系统有限公司	ZAX-NP01201732010100-02	2017-04-17
77	国电南瑞科技股份有限公司	ZAX-NP01201732010108-02	2017-05-04
78	南京蓝泰交通设施有限责任公司	ZAX-NP01201732010109-02	2017-05-26
79	南京科融数据系统股份有限公司	ZAX-NP01201732010113-01	2017-05-26
80	苏州金螳螂怡和科技有限公司	ZAX-NP01201732010112-02	2017-05-26
81	徐州正通人工环境工程有限公司	ZAX-NP01201732010110-01	2017-05-26
82	江苏中科新瑞科技股份有限公司	ZAX-NP01201732010111-02	2017-05-26
83	南京泽利建设工程有限公司	ZAX-NP01201732010117-02	2017-06-19
84	江苏中智系统集成工程有限公司	ZAX-NP01201732010120-02	2017-06-19
85	江苏云航信智能科技有限公司	ZAX-NP01201732010116-02	2017-06-19
86	南京协成楼宇系统工程有限公司	ZAX-NP01201732010119-02	2017-06-19
87	南京创鸿景智能科技研究有限公司	ZAX-NP01201732010118-01	2017-06-19
88	江苏省淮安市保安服务有限公司	ZAX-NP01201732010115-01	2017-06-19
89	南京乐蝠智能系统集成有限公司	ZAX-NP01201732010122-02	2017-06-19
90	国电南京自动化股份有限公司	ZAX-NP01201732010124-01	2017-06-29
91	江苏瀚远科技股份有限公司	ZAX-NP01201732010126-01	2017-07-13
92	江苏卓茂智能科技有限公司	ZAX-NP01201732010129-01	2017-07-13
93	苏州市太平洋智能化工程有限公司	ZAX-NP01201732010130	2017-07-13
94	江苏博思维光电集团有限公司	ZAX-NP01201732010128-01	2017-07-13
95	江苏亚太伟业智能科技有限公司	ZAX-NP01201732010131-01	2017-07-28

续表

序号	企业名称	证书编号	获证时间
96	苏州金迪智能科技有限公司	ZAX-NP01201732010133-01	2017-07-28
97	中云智盟信息科技江苏有限公司	ZAX-NP01201732010134-01	2017-07-28
98	南京恒特科技有限公司	ZAX-NP01201732010135-01	2017-08-15
99	江苏环亚医用科技集团股份有限公司	ZAX-NP01201732010136-01	2017-08-15
100	苏州金沃智能技术有限公司	ZAX-NP01201732010138-01	2017-09-01
101	江苏中天科技工程有限公司	ZAX-NP01201732010137-01	2017-09-01
102	南京和电科技有限公司	ZAX-NP01201732010139-01	2017-09-06
103	江苏跨世纪智能科技有限公司	ZAX-NP01201732010141-01	2017-09-18
104	江苏天泽智能科技有限公司	ZAX-NP01201732010145-01	2017-09-29
105	中安建设安装集团有限公司	ZAX-NP01201732010142-01	2017-09-29
106	苏州嘉璟智能科技有限公司	ZAX-NP01201732010147-01	2017-09-29
107	江苏永诚交通集团有限公司	ZAX-NP01201732010143-01	2017-09-29
108	苏州信颐系统集成有限公司	ZAX-NP01201732010146-01	2017-09-29
109	江苏大美天第文化产业有限公司	ZAX-NP01201732010148-01	2017-09-29
110	江苏现代照明集团有限公司	ZAX-NP01201732010144-01	2017-09-29
111	宜兴市天际交通科技有限公司	ZAX-NP01201732010149-01	2017-09-29
112	江苏华邦智慧城市信息技术有限公司	ZAX-NP01201732010152-01	2017-10-16
113	南京卫视电子科技有限公司	ZAX-NP01201732010150-01	2017-10-16
114	宝典电气集团有限公司	ZAX-NP01201732010151-01	2017-10-16
115	南通阿尔法机电有限公司	ZAX-NP01201732010156-01	2017-10-26
116	江苏华亿信息技术股份有限公司	ZAX-NP01201732010158-01	2017-10-26
117	江苏泽天智能科技有限公司	ZAX-NP01201732010159-01	2017-12-01
118	安盾智慧建设昆山有限公司	ZAX-NP01201732010161-01	2017-12-15
119	南京广播电视系统集成有限公司	ZAX-NP01201732010160-01	2017-12-15
120	南京第五十五所技术开发有限公司	ZAX-NP01201832010163-01	2018-01-02
121	江苏方德信息技术有限公司	ZAX-NP01201832010165-01	2018-01-15
122	苏州华启智能科技有限公司	ZAX-NP01201832010164-01	2018-01-15
123	华纳智能科技（江苏）有限公司	ZAX-NP01201832010169-01	2018-02-01
124	江苏新亿迪智能科技有限公司	ZAX-NP01201832010167-01	2018-02-01
125	靖江市旭飞安防工程有限公司	ZAX-NP01201832010171-01	2018-02-01
126	中国核工业华兴建设有限公司	ZAX-NP01201832010170-01	2018-02-01
127	江苏菲利特照明集团有限公司	ZAX-NP01201832010176	2018-02-12

续表

序号	企业名称	证书编号	获证时间
128	江苏恒越智能系统集成有限公司	ZAX-NP01201832010175-01	2018-02-12
129	江苏鼎驰电子科技有限公司	ZAX-NP01201832010177-01	2018-03-01
130	隆创信息有限公司	ZAX-NP01201832010178-01	2018-03-01
131	江苏天创科技有限公司	ZAX-NP01201832010181-01	2018-03-16
132	星科电气集团有限公司	ZAX-NP01201832010185-01	2018-04-28
133	齐丰科技股份有限公司	ZAX-NP01201832010186-01	2018-05-15
134	江苏三泰电子科技有限公司	ZAX-NP01201832010187-01	2018-05-15
135	南京感知信息技术有限公司	ZAX-NP01201832010189-01	2018-05-31
136	宝德照明集团有限公司	ZAX-NP01201832010188-01	2018-05-31
137	江苏迦南智控技术有限公司	ZAX-NP01201832010194-01	2018-06-15
138	南京华埠科技系统工程有限公司	ZAX-NP01201832010190-01	2018-06-15
139	江苏赛鸥电气集团有限公司	ZAX-NP01201832010191-01	2018-06-15
140	江苏南科迪智能化系统有限公司	ZAX-NP01201832010199-01	2018-07-03
141	江苏南大尚诚高科技实业有限公司	ZAX-NP01201832010200-01	2018-07-03
142	江苏盛泰科技集团有限公司	ZAX-NP01201832010196-01	2018-07-03
143	南京圣能达信息科技有限公司	ZAX-NP01201832010204-01	2018-07-03
144	江苏杰诚信息科技有限公司	ZAX-NP01201832010202-01	2018-07-03
145	南通市中南建工设备安装有限公司	ZAX-NP01201832010198-01	2018-07-03
146	江苏通广智慧建设集团有限公司	ZAX-NP01201832010201-01	2018-07-03
147	苏州科达科技股份有限公司	ZAX-NP01201832010197-01	2018-07-03
148	江苏建铁信息技术有限公司	ZAX-NP01201832010203-01	2018-07-03
149	无锡路通视信网络股份有限公司	ZAX-NP01201832010205-01	2018-07-16
150	兴泰照明集团有限公司	ZAX-NP01201832010206-01	2018-08-01
151	江苏亿通高科技股份有限公司	ZAX-NP01201832010209-01	2018-08-20
152	江苏泰极信息工程有限公司	ZAX-NP01201832010211-01	2018-09-03
153	江苏海通交通集团有限公司	ZAX-NP01201832010213	2018-09-17
154	江苏金脑袋系统有限公司	ZAX-NP01201832010215-01	2018-09-30
155	国电南瑞南京控制系统有限公司	ZAX-NP01201832010214-01	2018-09-30
156	中国石化集团江苏石油勘探局有限公司	ZAX-NP01201832010218-01	2018-11-01
157	苏州中亿丰科技有限公司	ZAX-NP01201832010221-01	2018-11-30
158	江苏中软智能系统有限公司	ZAX-NP01201832010220-01	2018-11-30
159	瑞澜光电集团有限公司	ZAX-NP01201832010219-01	2018-11-30

续表

序号	企业名称	证书编号	获证时间
160	南京百恩特自动化科技有限公司	ZAX-NP01201932010223-01	2019-02-15
161	江苏达科信息科技有限公司	ZAX-NP01201932010225-01	2019-03-15
162	南京南瑞继保工程技术有限公司	ZAX-NP01201932010229-01	2019-04-30
163	无锡简成道工程技术有限公司	ZAX-NP01201932010227-01	2019-04-30
164	中核华纬工程设计研究有限公司	ZAX-NP01201932010228-01	2019-04-30
165	江苏北天科技有限公司	ZAX-NP01201932010230-01	2019-05-15
166	南京鸿兴达科技信息有限公司	ZAX-NP01201932010231-01	2019-06-17
167	南京凯迪智能工程有限公司	ZAX-NP01201932010232-01	2019-06-17
168	江苏中建智能工程有限公司	ZAX-NP01201932010234-01	2019-07-11
169	南京三宝科技股份有限公司	ZAX-NP01201932010233-01	2019-07-15
170	南京欣网通信科技股份有限公司	ZAX-NP01201932010235-01	2019-07-31
171	南京城市交通科技开发有限公司	ZAX-NP01201932010237	2019-07-31
172	江苏联盟信息工程有限公司	ZAX-NP01201932010236-01	2019-07-31
173	江苏联合交通技术股份有限公司	ZAX-NP01201932010238-01	2019-08-15
174	柯利达信息技术有限公司	ZAX-NP01201932010240-01	2019-08-30
175	苏州市豪仕科技有限公司	ZAX-NP01201932010239-01	2019-08-30
176	中通服网盈科技有限公司	ZAX-NP01201932010241-01	2019-09-16
177	普瑞达科技集团有限公司	ZAX-NP01201932010242-01	2019-09-16
178	江苏创威电子有限公司	ZAX-NP01201932010243-01	2019-09-29
179	澳邦建设集团有限公司	ZAX-NP01201932010246	2019-11-01
180	嘉环科技股份有限公司	ZAX-NP01201932010245-01	2019-11-01
181	天威虎建设股份有限公司	ZAX-NP01201932010248-01	2019-11-12
182	国信紫晶科技（江苏）有限公司	ZAX-NP01201932010249-01	2019-11-15
183	江苏移动信息系统集成有限公司	ZAX-NP01201932010247-01	2019-11-15
184	南京鸿鸣建设工程有限公司	ZAX-NP01201932010250-01	2019-12-16
185	南京补天科技实业有限公司	ZAX-NP01201932010251-01	2019-12-30
186	苏州常安保安服务有限公司	ZAX-NP01201932010252-01	2019-12-30
187	南京国创机电工程有限公司	ZAX-NP01202032010253-01	2020-02-17
188	江苏海健智城科技有限公司	ZAX-NP01202032010255-01	2020-04-15
189	江苏中路交通发展有限公司	ZAX-NP01202032010256-01	2020-04-15
190	江苏荣达信息科技产业有限公司	ZAX-NP01202032010259-01	2020-05-15
191	江苏尔讯智能科技股份有限公司	ZAX-NP01202032010258-01	2020-05-15

续表

序号	企业名称	证书编号	获证时间
192	香江系统工程有限公司	ZAX-NP01202032010260-01	2020-05-19
193	中国电子系统工程第二建设有限公司	ZAX-NP01202032010261	2020-06-30
194	南京捷途科技发展有限公司	ZAX-NP01202032010263	2020-07-16
195	江苏东奇信息科技有限公司	ZAX-NP01202032010265	2020-07-30
196	新立讯科技股份有限公司	ZAX-NP01202032010264	2020-07-30
197	江苏十方通信股份有限公司	ZAX-NP01202032010269	2020-08-17
198	南京云创大数据科技股份有限公司	ZAX-NP01202032010266	2020-08-17
199	南京业祥科技发展有限公司	ZAX-NP01202032010267	2020-08-17
200	江苏昆杰科技有限公司	ZAX-NP01202032010268	2020-08-17
201	江苏有线数据网络有限责任公司	ZAX-NP01202032010270	2020-08-17
202	江苏星瀚智慧信息科技有限公司	ZAX-NP01202032010271	2020-09-01
203	江苏岳洲工程建设有限公司	ZAX-NP01202032010272	2020-09-16
204	南京凌云科技发展有限公司	ZAX-NP01202032010273	2020-09-28
205	江苏若鸿智能科技有限公司	ZAX-NP01202032010275	2020-10-15
206	徐州通创智慧信息科技有限公司	ZAX-NP01202032010276	2020-10-30
207	金卯新能源集团有限公司	ZAX-NP01202032010277	2020-11-16
208	南京正驰科技发展有限公司	ZAX-NP01202032010278	2020-12-30
209	江苏德高智能系统工程有限公司	ZAX-NP01202032010279	2020-12-30
210	南京昂宵科技有限公司	ZAX-NP01202132010280	2021-01-15
211	南京越祥科技有限公司	ZAX-NP01202132010282	2021-02-01
212	南京新高智联信息技术有限公司	ZAX-NP01202132010281	2021-02-01
213	泰州市思诺特电子科技有限公司	ZAX-NP01202132010283	2021-03-01
214	南京禄口国际机场空港科技有限公司	ZAX-NP01202132010284	2021-03-15
215	江苏东思电子科技有限公司	ZAX-NP01202132010287	2021-04-01
216	南京音视软件有限公司	ZAX-NP01202132010286	2021-04-01
217	南京烽火星空通信发展有限公司	ZAX-NP01202132010285	2021-04-01
218	江苏安盾信息科技有限公司	ZAX-NP01202132010289	2021-04-29
219	江苏谷德运维信息技术有限公司	ZAX-NP01202132010290	2021-04-29
220	苏州市安泰交通安全设施工程有限公司	ZAX-NP01202132010291	2021-04-29
221	无锡神探电子科技有限公司	ZAX-NP01202132010288	2021-04-29
222	江苏普信达工程技术有限公司	ZAX-NP01202132010292	2021-04-29
223	江苏星湖科技有限公司	ZAX-NP01202132010294	2021-05-14

续表

序号	企业名称	证书编号	获证时间
224	江苏晟讯杰智能科技有限公司	ZAX-NP01202132010295	2021-05-14
225	江苏德安智慧技术工程有限公司	ZAX-NP01202132010296	2021-08-16
226	中电莱斯信息系统有限公司	ZAX-NP01202132010298	2021-09-01
227	无锡科晟光子科技有限公司	ZAX-NP01202132010297	2021-09-01
228	南京云维建设工程有限公司	ZAX-NP01202132010299	2021-10-15
229	中建八局第三建设有限公司	ZAX-NP01202132010300	2021-10-15
230	南京科鑫数据系统有限公司	ZAX-NP01202132010301	2021-11-01
231	江苏东光系统集成有限公司	ZAX-NP01202132010302	2021-11-01
232	苏州科原机电设备工程有限公司	ZAX-NP01202232010303	2022-01-17
233	华路易云科技有限公司	ZAX-NP01202232010304	2022-03-15
234	南京海视康信息技术有限公司	ZAX-NP01202232010305	2022-04-15
235	深蓝数字科技有限公司	ZAX-NP01202232010306	2022-04-29
236	江苏宁丰世纪信息科技有限公司	ZAX-NP01202232010308	2022-08-01
237	南京浦云交通科技有限公司	ZAX-NP01202232010309	2022-08-15
238	江苏文强科技有限公司	ZAX-NP01202232010310	2022-08-31
239	南通五建智能工程有限公司	ZAX-NP01202232010311	2022-09-15
240	江苏杰东通信科技有限公司	ZAX-NP01202232010312	2022-10-14
241	苏州翀天智能化工程有限公司	ZAX-NP01202232010313	2022-12-01
242	中宏恒大智能科技工程有限公司	ZAX-NP01202232010314	2022-12-15
243	南京竞丰达科技实业有限公司	ZAX-NP01202232010315	2022-12-15
244	苏州安赛电力科技有限公司	ZAX-NP01202232010316	2022-12-30

十、浙江（共 51 家）

序号	企业名称	证书编号	获证时间
1	银江技术股份有限公司	ZAX-NP01201633000002-02	2016-08-15
2	杭州海康威视系统技术有限公司	ZAX-NP01201633000003-02	2016-08-31
3	浙大网新系统工程有限公司	ZAX-NP01201633000004-02	2016-11-01
4	苏柏科技有限公司	ZAX-NP01201633000007-02	2016-12-30
5	浙江友华工程咨询有限公司	ZAX-NP01201733000009-02	2017-02-08
6	浙江中控信息产业股份有限公司	ZAX-NP01201733000012-02	2017-06-19
7	浙江大华系统工程有限公司	ZAX-NP01201733000013-02	2017-06-29
8	英飞拓（杭州）信息系统技术有限公司	ZAX-NP01201733000016-01	2017-09-18

续表

序号	企业名称	证书编号	获证时间
9	金程科技有限公司	ZAX-NP01201733000017-01	2017-09-29
10	浙江金卡实业有限公司	ZAX-NP01201733000018-01	2017-12-01
11	杭州青鸟电子有限公司	ZAX-NP01201833000019-01	2018-01-02
12	浙江盈达科技发展有限公司	ZAX-NP01201833000022-01	2018-01-15
13	浙江省机电设计研究院有限公司	ZAX-NP01201833000025-01	2018-09-17
14	杭州智诺科技股份有限公司	ZAX-NP01201833000027-01	2018-11-30
15	浙江万邦智能科技股份有限公司	ZAX-NP01201933000030-01	2019-01-15
16	华信咨询设计研究院有限公司	ZAX-NP01201933000032-01	2019-04-15
17	浙江德盛工程技术股份有限公司	ZAX-NP01201933000034-01	2019-05-15
18	杭州昊恒科技有限公司	ZAX-NP01201933000036-01	2019-07-15
19	中杭建设有限公司	ZAX-NP01201933000037-01	2019-08-15
20	浙江纳特智能网络工程有限公司	ZAX-NP01201933000038-01	2019-08-30
21	浙江正元智慧科技股份有限公司	ZAX-NP01201933000039-01	2019-08-30
22	浙江力嘉电子科技有限公司	ZAX-NP01201933000040-01	2019-10-15
23	浙江中维信息科技有限公司	ZAX-NP01201933000041-01	2019-11-15
24	联通（浙江）产业互联网有限公司	ZAX-NP01202033000043-01	2020-04-15
25	杭州雄伟科技开发股份有限公司	ZAX-NP01202033000044-01	2020-04-30
26	浙江亿视电子技术有限公司	ZAX-NP01202033000046-01	2020-06-15
27	航天科工广信智能技术有限公司	ZAX-NP01202033000048	2020-09-28
28	首鼎控股集团有限公司	ZAX-NP01202033000050	2020-12-15
29	杭州东南吉通网络有限公司	ZAX-NP01202033000051	2020-12-30
30	浙江北泰智能科技股份有限公司	ZAX-NP01202133000053	2021-04-15
31	全民认证科技（杭州）有限公司	ZAX-NP01202133000055	2021-05-31
32	浙江和仁科技股份有限公司	ZAX-NP01202133000058	2021-06-15
33	杭州东信网络技术有限公司	ZAX-NP01202133000057	2021-06-15
34	杭州当虹科技股份有限公司	ZAX-NP01202133000059	2021-06-30
35	浙江中正智能科技有限公司	ZAX-NP01202133000060	2021-07-15
36	宁波新万保金融设备有限公司	ZAX-NP01202133000061	2021-09-01
37	浙江源创智控技术有限公司	ZAX-NP01202133000062	2021-09-29
38	豪波安全科技有限公司	ZAX-NP01202133000064	2021-11-15
39	宁波圣达智能科技有限公司	ZAX-NP01202133000063	2021-11-15
40	杭州云栖智慧视通科技有限公司	ZAX-NP01202133000065	2021-12-30

续表

序号	企业名称	证书编号	获证时间
41	杭州华卯智能技术有限公司	ZAX-NP01202233000066	2022-04-01
42	杭州精益电子科技有限公司	ZAX-NP01202233000067	2022-04-01
43	浙江华安技术有限公司	ZAX-NP01202233000068	2022-05-16
44	浙江辰时科技集团有限公司	ZAX-NP01202233000069	2022-06-01
45	浙江硕达信科智能技术有限公司	ZAX-NP01202233000070	2022-06-30
46	浙江省邮电工程建设有限公司	ZAX-NP01202233000071	2022-08-01
47	浙江绿锦信息科技有限公司	ZAX-NP01202233000072	2022-08-01
48	浙江大华智慧物联运营服务有限公司	ZAX-NP01202233000073	2022-09-15
49	浙江智晟科技有限公司	ZAX-NP01202233000074	2022-12-01
50	信电技术股份有限公司	ZAX-NP01202233000076	2022-12-01
51	九福科技信息技术有限公司	ZAX-NP01202233000075	2022-12-01

十一、安徽（共 13 家）

序号	企业名称	证书编号	获证时间
1	讯飞智元信息科技有限公司	ZAX-NP01201834000001-01	2018-11-30
2	安徽省安泰科技股份有限公司	ZAX-NP01201934000002-01	2019-07-31
3	合肥天正科技发展有限责任公司	ZAX-NP01201934000005-01	2019-11-01
4	中徽建技术有限公司	ZAX-NP01201934000006-01	2019-11-29
5	四创电子股份有限公司	ZAX-NP01202034000007-01	2020-04-01
6	安徽京桥智能工程有限公司	ZAX-NP01202034000008-01	2020-05-29
7	安徽省六桂智能化科技有限公司	ZAX-NP01202034000010	2020-10-15
8	安徽振轩科技有限公司	ZAX-NP01202134000012	2021-09-01
9	合肥纳科智能科技有限公司	ZAX-NP01202134000013	2021-09-29
10	安徽思远科技有限公司	ZAX-NP01202134000015	2021-12-30
11	天立泰科技股份有限公司	ZAX-NP01202234000016	2022-06-01
12	安徽卫盾安全设备科技有限公司	ZAX-NP01202234000017	2022-06-15
13	中通服和信科技有限公司	ZAX-NP01202234000018	2022-12-30

十二、福建（共 71 家）

序号	企业名称	证书编号	获证时间
1	厦门兴南洋信息技术有限公司	ZAX-NP01201635010002-02	2016-08-25

续表

序号	企业名称	证书编号	获证时间
2	罗普特科技集团股份有限公司	ZAX-NP01201635010001-02	2016-08-25
3	南威软件股份有限公司	ZAX-NP01201635010004-02	2016-08-31
4	中智（福建）科技有限公司	ZAX-NP01201635010003-02	2016-08-31
5	福建人人共享安全服务有限公司	ZAX-NP01201635010006-02	2016-09-14
6	万维智能科技有限公司	ZAX-NP01201635010005-02	2016-09-14
7	冠林电子有限公司	ZAX-NP01201635010007-02	2016-09-14
8	厦门市展威科技有限公司	ZAX-NP01201635010009-02	2016-09-26
9	恒锋信息科技股份有限公司	ZAX-NP01201635010011-02	2016-09-26
10	福建奇新智能科技集团有限公司	ZAX-NP01201635010010-02	2016-09-26
11	福建榕基软件股份有限公司	ZAX-NP01201635010008-02	2016-09-26
12	中邮科通信技术股份有限公司	ZAX-NP01201635010013-02	2016-10-12
13	泽宇科技集团有限公司	ZAX-NP01201635010012-02	2016-10-12
14	中鸿达信息科技有限公司	ZAX-NP01201635010015-02	2016-11-01
15	福建省鸿官通信工程有限公司	ZAX-NP01201635010016-02	2016-11-01
16	福建吉丽安防设备实业有限公司	ZAX-NP01201635010014-02	2016-11-01
17	福建亿安智能技术股份有限公司	ZAX-NP01201635010017-02	2016-11-01
18	福建亚太工程有限公司	ZAX-NP01201635010020-02	2016-11-16
19	福建省晋江市创和保安服务有限公司	ZAX-NP01201635010022-02	2016-11-16
20	福建省智宇系统工程有限公司	ZAX-NP01201635010021-02	2016-11-16
21	福建长城电子技术有限公司	ZAX-NP01201635010019-02	2016-11-16
22	厦门兆翔智能科技有限公司	ZAX-NP01201635010024-02	2016-11-16
23	厦门住安智能科技有限公司	ZAX-NP01201635010018-02	2016-11-16
24	福建平安报警网络有限公司	ZAX-NP01201635010027-02	2016-11-24
25	福州银安技术工程有限公司	ZAX-NP01201635010028-02	2016-11-24
26	福建天马电子有限公司	ZAX-NP01201635010026-02	2016-11-24
27	福建省华大数码科技有限公司	ZAX-NP01201635010025-02	2016-11-24
28	泉州市视达电子工程有限公司	ZAX-NP01201635010031-02	2016-11-30
29	福建奔特信息技术有限公司	ZAX-NP01201635010030-02	2016-11-30
30	厦门柏事特信息科技有限公司	ZAX-NP01201635010029-02	2016-11-30
31	厦门万安智能有限公司	ZAX-NP01201635010035-02	2016-12-16
32	福建省技防电子技术有限公司	ZAX-NP01201635010032-02	2016-12-16
33	福州开发区鸿发光电子技术有限公司	ZAX-NP01201635010033-01	2016-12-16

续表

序号	企业名称	证书编号	获证时间
34	福建易华路信息技术有限公司	ZAX-NP01201635010038-02	2016-12-27
35	厦门纵横集团通信发展有限公司	ZAX-NP01201635010039-02	2016-12-27
36	厦门鑫科安集团股份有限公司	ZAX-NP01201735010043-02	2017-01-16
37	福建点景科技股份有限公司	ZAX-NP01201735010041-02	2017-01-16
38	福建国智计算机系统工程有限公司	ZAX-NP01201735010042-02	2017-01-16
39	福建国通信息科技有限公司	ZAX-NP01201735010040-02	2017-01-16
40	厦门凯迪空间电子有限公司	ZAX-NP01201735010044-02	2017-01-24
41	福州立国安电子有限公司	ZAX-NP01201735010045-02	2017-01-24
42	福建省广电智能系统集成工贸有限公司	ZAX-NP01201735010046-02	2017-02-08
43	福建福光天维电子科技有限公司	ZAX-NP01201735010047-02	2017-02-08
44	福建天傲信息科技有限公司	ZAX-NP01201735010048-02	2017-02-17
45	泉州华通科贸有限公司	ZAX-NP01201735010049-02	2017-02-17
46	福建东政智能科技有限公司	ZAX-NP01201735010051-02	2017-04-17
47	厦门路桥信息股份有限公司	ZAX-NP01201735010050-02	2017-04-17
48	利亚德光电集团系统集成有限公司	ZAX-NP01201735010056-01	2017-08-04
49	福州石径信息技术有限公司	ZAX-NP01201735010057-01	2017-08-04
50	福建省东方四维科技有限公司	ZAX-NP01201735010059-01	2017-08-22
51	福州加百安电子有限公司	ZAX-NP01201735010062-01	2017-12-01
52	福建省新特建设工程有限公司	ZAX-NP01201835010064-01	2018-08-20
53	福建省凯特建设工程有限公司	ZAX-NP01201835010065-01	2018-09-03
54	福建元博信息科技有限公司	ZAX-NP01201835010066-01	2018-09-17
55	福建新宇电子有限公司	ZAX-NP01201835010067-01	2018-10-15
56	福建省一线网络技术有限公司	ZAX-NP01201835010068-01	2018-11-30
57	厦门华炀智慧城市建设有限公司	ZAX-NP01201935010069-01	2019-03-01
58	福建天一网通信工程有限公司	ZAX-NP01201935010070-01	2019-03-01
59	福建省鑫通通信技术开发有限公司	ZAX-NP01201935010072-01	2019-04-30
60	泉州智伟科技有限公司	ZAX-NP01201935010071-01	2019-04-30
61	厦门升光信息科技有限公司	ZAX-NP01201935010073-01	2019-08-15
62	福建创安智能系统有限公司	ZAX-NP01202035010074-01	2020-04-15
63	漳州盈创信息科技有限公司	ZAX-NP01202035010076-01	2020-05-15
64	福建高能信息科技有限公司	ZAX-NP01202035010075-01	2020-05-15
65	福建元信泰智能科技有限公司	ZAX-NP01202035010077-01	2020-05-29

续表

序号	企业名称	证书编号	获证时间
66	厦门天图信息科技有限公司	ZAX-NP01202035010078	2020-07-30
67	厦门市执象智能科技有限公司	ZAX-NP01202135010081	2021-06-30
68	福建省正道保安服务有限公司	ZAX-NP01202135010082	2021-07-30
69	福建省索菲特智能工程有限公司	ZAX-NP01202135010083	2021-12-30
70	厦门纵横集团建设开发有限公司	ZAX-NP01202235010084	2022-04-01
71	海峡创新互联网股份有限公司	ZAX-NP01202235010085	2022-07-15

十三、江西（共 6 家）

序号	企业名称	证书编号	获证时间
1	思创数码科技股份有限公司	ZAX-NP01201836000001-01	2018-08-01
2	江西省华洪科技有限公司	ZAX-NP01201836000002-01	2018-11-30
3	江西省神州公共安全科技有限公司	ZAX-NP01202136020004	2021-03-15
4	南昌航天广信科技有限责任公司	ZAX-NP01202136020005	2021-07-15
5	建投物联股份有限公司	ZAX-NP01202236010007	2022-06-01
6	江西百胜智能科技股份有限公司	ZAX-NP01202236020008	2022-08-31

十四、山东（共 29 家）

序号	企业名称	证书编号	获证时间
1	青岛海信网络科技股份有限公司	ZAX-NP01201637000001-02	2016-08-25
2	山东弘阳集团有限公司	ZAX-NP01201737000003-02	2017-04-28
3	山东胜软科技股份有限公司	ZAX-NP01201737000005-01	2017-12-15
4	青岛浩海网络科技股份有限公司	ZAX-NP01201837010007-01	2018-09-17
5	山东海科信息技术有限公司	ZAX-NP01201837010008-01	2018-12-28
6	山东中苑电子技术有限公司	ZAX-NP01201937010009-01	2019-02-01
7	山东冠勋电子科技有限公司	ZAX-NP01201937010011-01	2019-07-15
8	青岛亿联信息科技股份有限公司	ZAX-NP01201937010012-01	2019-07-15
9	威海北洋光电信息技术股份公司	ZAX-NP01201937010013-01	2019-12-30
10	山东中亚建设集团有限公司	ZAX-NP01201937010014-01	2019-12-30
11	华高数字科技有限公司	ZAX-NP01202037010016	2020-09-01
12	青岛文斯特网络科技有限公司	ZAX-NP01202037010017	2020-10-15
13	青岛正睿致霖电子工程有限公司	ZAX-NP01202037010018	2020-10-30

续表

序号	企业名称	证书编号	获证时间
14	青岛和成实业有限公司	ZAX-NP01202037010019	2020-12-30
15	山东世中兴智能科技有限公司	ZAX-NP01202137010020	2021-02-01
16	浪潮通信信息系统有限公司	ZAX-NP01202137010021	2021-04-01
17	山东大唐保安服务股份有限公司	ZAX-NP01202137010023	2021-06-30
18	浪潮软件科技有限公司	ZAX-NP01202137010024	2021-07-30
19	浪潮软件集团有限公司	ZAX-NP01202137010025	2021-07-30
20	威海新北洋荣鑫科技股份有限公司	ZAX-NP01202137010026	2021-09-01
21	中铁十四局集团电气化工程有限公司	ZAX-NP01202137010027	2021-09-29
22	中国移动通信集团山东有限公司	ZAX-NP01202137010029	2021-12-15
23	青岛海纳云智能系统有限公司	ZAX-NP01202237010030	2022-02-15
24	济南建设设备安装有限责任公司	ZAX-NP01202237010031	2022-02-15
25	建投数据科技（山东）有限公司	ZAX-NP01202237010032	2022-04-29
26	智洋创新科技股份有限公司	ZAX-NP01202237010033	2022-08-15
27	济南作为科技有限公司	ZAX-NP01202237010034	2022-11-01
28	山东天孚莱电子科技有限公司	ZAX-NP01202237010035	2022-11-15
29	威海市方腾科技有限公司	ZAX-NP01202237010036	2022-12-15

十五、河南（共59家）

序号	企业名称	证书编号	获证时间
1	河南晟智科技有限公司	ZAX-NP01201741000002-02	2017-05-15
2	河南海泰天成电子有限公司	ZAX-NP01201741000003-02	2017-05-15
3	大博金科技发展有限公司	ZAX-NP01201741000004-02	2017-05-26
4	濮阳中原信息技术有限公司	ZAX-NP01201741000006-01	2017-10-16
5	河南长龙科技发展有限公司	ZAX-NP01201741000005-01	2017-10-16
6	河南华安保全智能发展有限公司	ZAX-NP01201741000007-01	2017-10-26
7	中电云科信息技术有限公司	ZAX-NP01201741000008-01	2017-10-26
8	天筑科技股份有限公司	ZAX-NP01201741010009-01	2017-11-15
9	中昶智能科技有限公司	ZAX-NP01201741010010-01	2017-12-01
10	河南省联侨科技发展有限公司	ZAX-NP01201741010012-01	2017-12-15
11	郑州优美智能科技有限公司	ZAX-NP01201841010013-01	2018-01-02
12	河南金鹏信息技术股份有限公司	ZAX-NP01201841010016-01	2018-03-16
13	中裕广恒科技股份有限公司	ZAX-NP01201841010014-01	2018-03-16

续表

序号	企业名称	证书编号	获证时间
14	新乡市数网安防工程科技有限公司	ZAX-NP01201841010015-01	2018-03-16
15	竹林松大科技股份有限公司	ZAX-NP01201841010017-01	2018-05-15
16	中科广通科技集团有限公司	ZAX-NP01201841010020-01	2018-08-01
17	河南帅澎信息科技有限公司	ZAX-NP01201841010021-01	2018-08-01
18	河南继元智能科技股份有限公司	ZAX-NP01201841010023-01	2018-08-20
19	郑州银丰电子科技有限公司	ZAX-NP01201841010024-01	2018-08-20
20	河南华邦科技有限公司	ZAX-NP01201841010022-01	2018-08-20
21	郑州顶泰科技有限公司	ZAX-NP01201841010025-01	2018-10-15
22	和光海天信息技术股份有限公司	ZAX-NP01201841010026-01	2018-10-15
23	许昌昌南通信科技有限公司	ZAX-NP01201841010030-01	2018-11-01
24	郑州兰盾电子有限公司	ZAX-NP01201841010028-01	2018-11-01
25	郑州日电华信息技术有限公司	ZAX-NP01201841010029-01	2018-11-01
26	郑州铁路装备制造有限公司	ZAX-NP01201841010031-01	2018-11-30
27	河南鑫隆智能科技有限公司	ZAX-NP01201941010032-01	2019-01-15
28	郑州捷维智能科技有限公司	ZAX-NP01201941010036-01	2019-02-15
29	开封亚太电子工程有限公司	ZAX-NP01201941010035-01	2019-02-15
30	河南汇捷科技股份有限公司	ZAX-NP01201941010038-01	2019-03-15
31	河南大华安防科技股份有限公司	ZAX-NP01201941010039-01	2019-04-01
32	郑州江宏电子有限公司	ZAX-NP01201941010040-01	2019-04-30
33	中电科信息产业有限公司	ZAX-NP01201941010041	2019-05-15
34	河南省华科光电技术有限公司	ZAX-NP01201941010042-01	2019-05-31
35	河南东盛智控科技有限公司	ZAX-NP01201941010043-01	2019-07-01
36	中国通信建设第四工程局有限公司	ZAX-NP01201941010045-01	2019-08-30
37	河南众诚信息科技股份有限公司	ZAX-NP01201941010048-01	2019-11-01
38	盈诚科技有限公司	ZAX-NP01201941010046-01	2019-11-01
39	天汇志诚科技有限公司	ZAX-NP01201941010049-01	2019-11-15
40	郑州丰嘉科技有限公司	ZAX-NP01202041010051-01	2020-04-15
41	河南辉煌科技股份有限公司	ZAX-NP01202041010052-01	2020-05-29
42	河南银融安防设备有限公司	ZAX-NP01202041010054-01	2020-06-15
43	河南华脉通信技术有限公司	ZAX-NP01202041010053	2020-06-15
44	精卓科技股份有限公司	ZAX-NP01202041010055	2020-08-17
45	河南中光学集团有限公司	ZAX-NP01202041010056	2020-09-01

续表

序号	企业名称	证书编号	获证时间
46	河南大立科技有限责任公司	ZAX-NP01202041010057	2020-09-16
47	郑州正一实业有限公司	ZAX-NP01202041010059	2020-10-15
48	河南银鑫电子科技有限公司	ZAX-NP01202041010058	2020-10-15
49	河南嘉轩信息工程有限公司	ZAX-NP01202041010060	2020-10-30
50	河南众联嘉德实业有限公司	ZAX-NP01202041010061	2020-11-16
51	河南巴洛克网络科技有限公司	ZAX-NP01202041010062	2020-12-15
52	河南警盾安全装饰工程有限公司	ZAX-NP01202141010063	2021-03-01
53	中国船舶集团有限公司第七一三研究所	ZAX-NP01202141010064	2021-06-15
54	中科九洲科技股份有限公司	ZAX-NP01202141010065	2021-09-01
55	安辰信息产业有限公司	ZAX-NP01202141010066	2021-09-01
56	郑州鑫雅图安科技有限公司	ZAX-NP01202141010068	2021-12-15
57	河南天豫通电子科技有限公司	ZAX-NP01202241010069	2022-04-15
58	汉威科技集团股份有限公司	ZAX-NP01202241010070	2022-04-29
59	郑州航空港区广电网络服务有限公司	ZAX-NP01202241010071	2022-08-15

十六、湖北（共 83 家）

序号	企业名称	证书编号	获证时间
1	达明科技有限公司	ZAX-NP01201642010002-02	2016-11-01
2	安华智能股份公司	ZAX-NP01201642010003-02	2016-11-16
3	武汉众智数字技术有限公司	ZAX-NP01201642010006-02	2016-11-24
4	武汉中科通达高新技术股份有限公司	ZAX-NP01201642010004-02	2016-11-24
5	武汉市力飞科技发展有限公司	ZAX-NP01201642010008-02	2016-11-30
6	武汉海辰友邦科技发展有限公司	ZAX-NP01201642010007-02	2016-11-30
7	武汉中原之星智能科技有限责任公司	ZAX-NP01201642010009-02	2016-12-06
8	中建三局智能技术有限公司	ZAX-NP01201642010013-02	2016-12-16
9	武汉理工光科股份有限公司	ZAX-NP01201642010014-02	2016-12-16
10	武汉瑞科兴业科技有限公司	ZAX-NP01201642010015-02	2016-12-16
11	武汉烽火信息集成技术有限公司	ZAX-NP01201642010010-02	2016-12-16
12	光谷技术有限公司	ZAX-NP01201642010011-02	2016-12-16
13	中贝通信集团股份有限公司	ZAX-NP01201642010017-02	2016-12-27
14	湖北楚航电子科技有限公司	ZAX-NP01201742010021-02	2017-01-04
15	嘉杰科技有限公司	ZAX-NP01201742010023-02	2017-01-04

续表

序号	企业名称	证书编号	获证时间
16	武汉华微科技有限责任公司	ZAX-NP01201742010026-02	2017-01-16
17	武汉网信安全技术股份有限公司	ZAX-NP01201742010028-02	2017-03-01
18	武汉腾创网络建设工程有限公司	ZAX-NP01201742010027-02	2017-03-01
19	武汉市霍克智能技术有限公司	ZAX-NP01201742010029-02	2017-03-01
20	武汉奥星智能系统有限公司	ZAX-NP01201742010032-02	2017-03-13
21	武汉烽火技术服务有限公司	ZAX-NP01201742010036-02	2017-04-01
22	湖北融汇信息科技有限公司	ZAX-NP01201742010037-02	2017-04-01
23	武汉市博海无线电有限公司	ZAX-NP01201742010039-02	2017-04-01
24	湖北泰跃卫星技术发展股份有限公司	ZAX-NP01201742010038-02	2017-04-01
25	湖北中科网络科技股份有限公司	ZAX-NP01201742010041-02	2017-04-28
26	武汉迈力特通信有限公司	ZAX-NP01201742010043-02	2017-04-28
27	武汉深捷科技股份有限公司	ZAX-NP01201742010044-02	2017-05-15
28	中铁十一局集团电务工程有限公司	ZAX-NP01201742010046-02	2017-05-26
29	中船凌久高科（武汉）有限公司	ZAX-NP01201742010045-02	2017-05-26
30	湖北公众信息产业有限责任公司	ZAX-NP01201742010050-02	2017-06-29
31	景网技术有限公司	ZAX-NP01201742010052-02	2017-07-13
32	领航动力信息系统有限公司	ZAX-NP01201742010053-02	2017-07-13
33	武汉爱迪科技股份有限公司	ZAX-NP01201742010051-02	2017-07-13
34	中船重工纵横科技有限公司	ZAX-NP01201742010054-01	2017-07-13
35	武汉通联高新科技有限责任公司	ZAX-NP01201742010055-01	2017-08-22
36	武汉百捷集团系统集成有限公司	ZAX-NP01201742010057-01	2017-09-18
37	武汉虹信技术服务有限责任公司	ZAX-NP01201742010059-01	2017-10-16
38	武汉华风电子工程有限公司	ZAX-NP01201742010060-01	2017-10-16
39	湖北兆信信息工程有限公司	ZAX-NP01201742010061-01	2017-12-01
40	武汉博安联世科技服务有限公司	ZAX-NP01201842010062-01	2018-01-02
41	湖北金东建电子科技有限公司	ZAX-NP01201842010064-01	2018-04-01
42	湖北安视云科技有限公司	ZAX-NP01201842010065-01	2018-04-16
43	武汉菲旺软件技术有限责任公司	ZAX-NP01201842010066-01	2018-04-28
44	湖北华鹏智慧科技有限公司	ZAX-NP01201842010067-01	2018-05-31
45	湖北集防科技有限公司	ZAX-NP01201842010068-01	2018-05-31
46	武汉鑫丰易科技发展有限公司	ZAX-NP01201842010072	2018-07-03
47	湖北中恒健技术有限公司	ZAX-NP01201842010071-01	2018-07-03

续表

序号	企业名称	证书编号	获证时间
48	湖北晨智系统工程有限公司	ZAX-NP01201842010074-01	2018-08-01
49	湖北周全智能化系统工程有限公司	ZAX-NP01201842010073-01	2018-08-01
50	十堰市创高科技有限公司	ZAX-NP01201842010077-01	2018-11-01
51	武汉安博弘润科技服务有限公司	ZAX-NP01201842010080-01	2018-12-17
52	武汉悠锋科技有限公司	ZAX-NP01201942010082-01	2019-01-15
53	中国通信建设第三工程局有限公司	ZAX-NP01201942010083-01	2019-02-01
54	武汉霓盛智能科技有限公司	ZAX-NP01201942010084-01	2019-02-01
55	亚正科技股份公司	ZAX-NP01201942010085-01	2019-02-15
56	湖北省广播电视信息网络股份有限公司	ZAX-NP01201942010086-01	2019-04-30
57	武汉瑞客特科技有限公司	ZAX-NP01201942010088-01	2019-05-31
58	湖北佳狮盾智能技术有限公司	ZAX-NP01201942010089-01	2019-06-17
59	湖北龙澳系统工程有限公司	ZAX-NP01201942010090	2019-08-15
60	毕昇云（武汉）信息技术有限公司	ZAX-NP01201942010094-01	2019-08-30
61	武汉兴得科技有限公司	ZAX-NP01201942010092-01	2019-08-30
62	武汉广通系统工程有限公司	ZAX-NP01201942010095-01	2019-11-01
63	武汉三江航天网络通信有限公司	ZAX-NP01201942010097-01	2019-12-16
64	鸣飞伟业技术有限公司	ZAX-NP01201942010099-01	2019-12-30
65	十堰万佳安科技发展有限公司	ZAX-NP01202042010101-01	2020-05-29
66	武汉智网伟业科技有限公司	ZAX-NP01202042010102	2020-06-30
67	湖北鑫隆进电子有限公司	ZAX-NP01202042010103-01	2020-06-30
68	武汉凯亿达科技有限公司	ZAX-NP01202042010104-01	2020-07-16
69	武汉三泰金服安防工程有限公司	ZAX-NP01202042010105	2020-09-01
70	武汉万德智新科技股份有限公司	ZAX-NP01202042010106	2020-09-01
71	湖北锦程数字城市技术有限公司	ZAX-NP01202042010107	2020-09-28
72	湖北德源系统工程有限公司	ZAX-NP01202042010108	2020-10-30
73	武汉宏创兴恒技术工程有限公司	ZAX-NP01202042010109	2020-11-26
74	湖北金邦科技有限公司	ZAX-NP01202042010110	2020-12-15
75	武汉民焱科技有限公司	ZAX-NP01202142010111	2021-12-01
76	武汉赫思朗信息技术有限公司	ZAX-NP01202242010112	2022-01-17
77	武汉楚誉科技股份有限公司	ZAX-NP01202242010114	2022-04-01
78	武汉中原电子信息有限公司	ZAX-NP01202242010115	2022-04-01
79	湖北左力建设集团有限公司	ZAX-NP01202242010116	2022-06-30

续表

序号	企业名称	证书编号	获证时间
80	武汉国芯智能化系统有限公司	ZAX-NP01202242010117	2022-08-15
81	武汉三和光电子技术有限公司	ZAX-NP01202242010118	2022-11-01
82	武汉联众云网信息科技有限公司	ZAX-NP01202242010119	2022-12-01
83	达昌技术发展有限公司	ZAX-NP01202242010120	2022-12-01

十七、湖南（共 5 家）

序号	企业名称	证书编号	获证时间
1	长沙威尔达科技开发有限公司	ZAX-NP01201943000002-01	2019-05-31
2	智慧眼科技股份有限公司	ZAX-NP01202043000003-01	2020-04-30
3	湖南湘江智慧科技股份有限公司	ZAX-NP01202143000004	2021-04-29
4	长沙湘计海盾科技有限公司	ZAX-NP01202243000005	2022-08-01
5	湖南湘邮科技股份有限公司	ZAX-NP01202243000006	2022-10-14

十八、广东（共 60 家）

序号	企业名称	证书编号	获证时间
1	浩云科技股份有限公司	ZAX-NP01201644000001-02	2016-07-28
2	深圳市盾牌安保科技有限公司	ZAX-NP01201644000003-01	2016-11-01
3	广东履安实业有限公司	ZAX-NP01201744000004-02	2017-01-16
4	高新兴科技集团股份有限公司	ZAX-NP01201744000007-02	2017-05-26
5	佳都科技集团股份有限公司	ZAX-NP01201744000006-02	2017-05-26
6	广东美电贝尔科技集团股份有限公司	ZAX-NP01201744000008-01	2017-06-19
7	长园共创电力安全技术股份有限公司	ZAX-NP01201744000010-01	2017-10-16
8	金鹏电子信息机器有限公司	ZAX-NP01201744000012-01	2017-10-26
9	深圳力维智联技术有限公司	ZAX-NP01201744000013-01	2017-10-26
10	深圳市旗云智能科技有限公司	ZAX-NP01201844010016-01	2018-02-12
11	深圳新阳蓝光能源科技股份有限公司	ZAX-NP01201844010017-01	2018-04-16
12	盛视科技股份有限公司	ZAX-NP01201844010020-01	2018-05-31
13	中网道科技集团股份有限公司	ZAX-NP01201844010021-01	2018-06-15
14	深圳昌恩智能股份有限公司	ZAX-NP01201844010025-01	2018-09-03
15	深圳市八方通达科技有限公司	ZAX-NP01201844010028-01	2018-10-15
16	广州市高科通信技术股份有限公司	ZAX-NP01201844010029-01	2018-11-15

续表

序号	企业名称	证书编号	获证时间
17	深圳市天盈隆科技有限公司	ZAX-NP01201844010030-01	2018-11-27
18	深圳市天地互通科技有限公司	ZAX-NP01201844010032-01	2018-12-14
19	广东兆邦智能科技股份有限公司	ZAX-NP01201844010033-01	2018-12-17
20	深圳市万佳安物联科技股份有限公司	ZAX-NP01201944010034-01	2019-04-01
21	深圳市方度电子有限公司	ZAX-NP01201944010036-01	2019-08-15
22	深圳市天和时代电子设备有限公司	ZAX-NP01201944010037-01	2019-09-16
23	深圳市天彦通信股份有限公司	ZAX-NP01201944010039-01	2019-10-15
24	深圳市裕华盈峰科技有限公司	ZAX-NP01201944010042-01	2019-11-04
25	鼎垣建工科技（佛山）有限公司	ZAX-NP01202044010045-01	2020-05-15
26	珠海优特电力科技股份有限公司	ZAX-NP01202044010047-01	2020-06-30
27	中筑天佑科技有限公司	ZAX-NP01202044010049-01	2020-07-30
28	安盛信达科技股份公司	ZAX-NP01202044010054	2020-11-26
29	深圳华付技术股份有限公司	ZAX-NP01202044010055	2020-12-08
30	中兴系统技术有限公司	ZAX-NP01202144010058	2021-01-15
31	广东中安金狮科创有限公司	ZAX-NP01202144010057	2021-01-15
32	深圳中天乾坤信息技术有限公司	ZAX-NP01202144010060	2021-03-01
33	珠海汇金科技股份有限公司	ZAX-NP01202144010062	2021-04-15
34	深圳市智宇实业发展有限公司	ZAX-NP01202144010063	2021-04-29
35	深圳市德奥信息技术有限公司	ZAX-NP01202144010064	2021-05-14
36	广东中利融升科技有限公司	ZAX-NP01202144010065	2021-05-31
37	深圳市银之杰科技股份有限公司	ZAX-NP01202144010066	2021-06-30
38	云从科技集团股份有限公司	ZAX-NP01202144010068	2021-07-15
39	中时讯通信建设有限公司	ZAX-NP01202144010069	2021-07-30
40	深圳市禾立佳实业有限公司	ZAX-NP01202144010070	2021-09-01
41	广州市衍泰电气科技有限公司	ZAX-NP01202144010071	2021-09-01
42	深圳金三立视频科技股份有限公司	ZAX-NP01202144010072	2021-09-15
43	杰创智能科技股份有限公司	ZAX-NP01202144010073	2021-09-29
44	深圳市和一实业有限公司	ZAX-NP01202144010074	2021-11-15
45	广东省电信规划设计院有限公司	ZAX-NP01202144010075	2021-12-01
46	深圳贝斯特机械电子有限公司	ZAX-NP01202144010077	2021-12-15
47	深圳华电通讯有限公司	ZAX-NP01202144010078	2021-12-30
48	深圳市神飞电子科技有限公司	ZAX-NP01202144010079	2021-12-30

续表

序号	企业名称	证书编号	获证时间
49	深圳市威视特光电科技有限公司	ZAX-NP01202244010080	2022-03-15
50	广东润联信息技术有限公司	ZAX-NP01202244010081	2022-04-15
51	广东创合科技有限公司	ZAX-NP01202244010082	2022-04-29
52	深圳市计通智能技术有限公司	ZAX-NP01202244010084	2022-06-01
53	广州市颖锐电子技术有限公司	ZAX-NP01202244010085	2022-08-01
54	广东海格怡创科技有限公司	ZAX-NP01202244010087	2022-08-31
55	广东未来信通技术有限公司	ZAX-NP01202244010086	2022-08-31
56	广东华之源信息工程有限公司	ZAX-NP01202244010088	2022-09-29
57	快优智能技术有限公司	ZAX-NP01202244010089	2022-10-14
58	广州中长康达信息技术有限公司	ZAX-NP01202244010090	2022-12-01
59	中安创科（深圳）技术有限公司	ZAX-NP01202244010091	2022-12-15
60	广州健新科技有限责任公司	ZAX-NP01202244010092	2022-12-30

十九、广西（共39家）

序号	企业名称	证书编号	获证时间
1	广西联怡科技有限责任公司	ZAX-NP01201645010002-02	2016-09-14
2	苏中达科智能工程有限公司	ZAX-NP01201645010001-02	2016-09-14
3	广西桂华网络安防工程有限公司	ZAX-NP01201645010003-02	2016-09-26
4	广西思创电子有限公司	ZAX-NP01201645010004-02	2016-09-26
5	广西桂荣电子科技有限公司	ZAX-NP01201645010006-02	2016-10-19
6	鹏耀科技有限公司	ZAX-NP01201645010007-02	2016-11-01
7	广西智宇科技有限公司	ZAX-NP01201645010009-02	2016-11-01
8	广西世纪立林科技有限公司	ZAX-NP01201645010008-02	2016-11-01
9	广西鑫闽网络科技工程有限公司	ZAX-NP01201645010011-02	2016-12-30
10	广西佳宁智能科技有限公司	ZAX-NP01201745010013-02	2017-03-01
11	广西网安科技有限公司	ZAX-NP01201745010015-02	2017-04-28
12	桂林长海发展有限责任公司	ZAX-NP01201745010017-01	2017-05-15
13	广西华业智能科技集团有限公司	ZAX-NP01201745010018-01	2017-05-26
14	南宁市博捷安防电子有限公司	ZAX-NP01201745010021-01	2017-06-19
15	广西交科集团有限公司	ZAX-NP01201745010023-01	2017-08-22
16	润建股份有限公司	ZAX-NP01201745010024-01	2017-09-01
17	广西海天电器有限责任公司	ZAX-NP01201745010026-01	2017-10-16

续表

序号	企业名称	证书编号	获证时间
18	南宁市福安正邦科贸有限公司	ZAX-NP01201745010027-01	2017-11-15
19	广西天道信息技术有限公司	ZAX-NP01201745010028-01	2017-11-15
20	广西新未来信息产业股份有限公司	ZAX-NP01201845010029-01	2018-01-02
21	广西泰乐智能安防工程有限公司	ZAX-NP01201845010030-01	2018-01-15
22	广西壮族自治区通信产业服务有限公司	ZAX-NP01201845010032-01	2018-04-28
23	广西宏天威视科技有限公司	ZAX-NP01201845010033-01	2018-07-16
24	广西冠林科技有限公司	ZAX-NP01201845010034-01	2018-09-17
25	广西森安科技有限公司	ZAX-NP01201945010035-01	2019-05-31
26	广西卓康智能化工程有限公司	ZAX-NP01201945010036-01	2019-07-01
27	广西领视网络科技技术有限公司	ZAX-NP01202045010038-01	2020-04-30
28	广西广播电视信息网络股份有限公司	ZAX-NP01202045010039	2020-07-30
29	广西通信规划设计咨询有限公司	ZAX-NP01202045010041	2020-12-30
30	广西莞龙科技有限公司	ZAX-NP01202145010042	2021-01-15
31	广西新乾宇通讯科技有限公司	ZAX-NP01202145010043	2021-02-09
32	中建泓泰通信工程有限公司	ZAX-NP01202145010044	2021-05-14
33	南宁市燎源安防工程有限公司	ZAX-NP01202145010045	2021-05-31
34	桂林智宇信息技术有限公司	ZAX-NP01202145010046	2021-12-01
35	广西桂军信息工程有限公司	ZAX-NP01202145010047	2021-12-30
36	广西创视天成信息科技有限公司	ZAX-NP01202245010048	2022-02-15
37	广西慧安视智能科技有限公司	ZAX-NP01202245010049	2022-04-01
38	广西亚盛信息技术有限公司	ZAX-NP01202245010050	2022-04-29
39	南宁市索盟电子技术有限公司	ZAX-NP01202245010051	2022-11-01

二十、重庆（共 1 家）

序号	企业名称	证书编号	获证时间
1	高新兴讯美科技股份有限公司	ZAX-NP01201750000002-02	2017-06-29

二十一、四川（共 36 家）

序号	企业名称	证书编号	获证时间
1	成都西物信安智能系统有限公司	ZAX-NP01201651000001-02	2016-08-15
2	四川君逸数码科技股份有限公司	ZAX-NP01201651000002-02	2016-09-14

续表

序号	企业名称	证书编号	获证时间
3	四川大宇信息系统股份有限公司	ZAX-NP01201751000006-02	2017-01-24
4	汉隆科技股份有限公司	ZAX-NP01201751000005-02	2017-01-24
5	成都华迈通信技术有限公司	ZAX-NP01201751000004-02	2017-01-24
6	四川爱克迅安防消防工程有限公司	ZAX-NP01201751000009-02	2017-03-13
7	四川西南交大铁路发展股份有限公司	ZAX-NP01201751000010-02	2017-04-01
8	成都理邦系统工程技术有限公司	ZAX-NP01201751000012-01	2017-10-26
9	佳缘科技股份有限公司	ZAX-NP01201851010013-01	2018-05-15
10	四川新迎顺信息技术股份有限公司	ZAX-NP01201851010015-01	2018-11-01
11	中科院成都信息技术股份有限公司	ZAX-NP01201851010016-01	2018-11-15
12	四川浩特通信有限公司	ZAX-NP01201851010018-01	2018-12-17
13	四川天翼网络股份有限公司	ZAX-NP01201951010022-01	2019-02-01
14	四川珩睿智能科技有限公司	ZAX-NP01201951010023-01	2019-04-01
15	成都格理特电子技术有限公司	ZAX-NP01201951010024-01	2019-04-30
16	成都汉康信息产业有限公司	ZAX-NP01201951010026-01	2019-07-31
17	四川众智公路交通工程有限公司	ZAX-NP01201951010025-01	2019-07-31
18	四川中移通信技术工程有限公司	ZAX-NP01201951010027-01	2019-07-31
19	成都东瑞家茂信息工程有限公司	ZAX-NP01201951010029-01	2019-09-29
20	中全通技术有限公司	ZAX-NP01202051010032-01	2020-04-01
21	四川德尔博睿科技股份有限公司	ZAX-NP01202051010031	2020-04-01
22	四川盛邦润达科技有限公司	ZAX-NP01202051010033-01	2020-04-01
23	华雁智能科技（集团）股份有限公司	ZAX-NP01202051010034-01	2020-05-29
24	成都市品立科技有限责任公司	ZAX-NP01202051010035	2020-08-17
25	民航成都电子技术有限责任公司	ZAX-NP01202051010036	2020-09-01
26	成都国恒信息安全技术有限责任公司	ZAX-NP01202051010037	2020-10-30
27	成都卫士通信息安全技术有限公司	ZAX-NP01202051010038	2020-12-08
28	四川九洲视讯科技有限责任公司	ZAX-NP01202151010039	2021-01-15
29	成都三泰智能科技有限公司	ZAX-NP01202151010040	2021-01-25
30	四川世纪互通机电工程有限责任公司	ZAX-NP01202151010041	2021-04-29
31	成都欣天龙数码科技有限公司	ZAX-NP01202151010042	2021-05-31
32	四川文博建设有限公司	ZAX-NP01202251010045	2022-02-15
33	中讯利邦实业有限公司	ZAX-NP01202251010047	2022-11-01
34	四川旷谷信息工程有限公司	ZAX-NP01202251010046	2022-11-01

续表

序号	企业名称	证书编号	获证时间
35	四川国软科技集团有限公司	ZAX-NP01202251010048	2022-11-15
36	四川能士科技发展有限公司	ZAX-NP01202251010049	2022-12-01

二十二、贵州（共 24 家）

序号	企业名称	证书编号	获证时间
1	信通达智能科技有限公司	ZAX-NP01201652010001-02	2016-09-14
2	贵州华美达科技有限公司	ZAX-NP01201652010002-02	2016-10-12
3	贵州思索电子有限公司	ZAX-NP01201652010003-02	2016-11-16
4	贵州坤盾天成科技有限公司	ZAX-NP01201652010004-02	2016-12-16
5	贵阳方舟科技有限公司	ZAX-NP01201652010006-02	2016-12-27
6	贵州新泰安科技有限公司	ZAX-NP01201652010007-02	2016-12-30
7	贵州申瓯通信电子科技有限公司	ZAX-NP01201752010008-02	2017-02-08
8	贵州东冠科技有限公司	ZAX-NP01201752010009-02	2017-02-08
9	贵阳桑力电子实业有限公司	ZAX-NP01201752010010-02	2017-02-08
10	贵州华城楼宇科技有限公司	ZAX-NP01201752010011-02	2017-03-01
11	遵义汇峰智能系统有限责任公司	ZAX-NP01201752010012-02	2017-04-01
12	贵州正远达科技集团有限公司	ZAX-NP01201752010013-02	2017-04-17
13	贵阳金利沅科技有限公司	ZAX-NP01201752010017-01	2017-10-16
14	贵州建工集团第六建筑工程有限责任公司	ZAX-NP01201752010018-01	2017-10-26
15	贵州云达科技有限公司	ZAX-NP01201752010019-01	2017-11-15
16	贵州美视贝尔科技发展有限公司	ZAX-NP01201752010020-01	2017-11-15
17	贵州建工集团第十建筑工程有限公司	ZAX-NP01201752010021-01	2017-12-15
18	贵州迅达信息产业发展有限公司	ZAX-NP01201952010024-01	2019-08-30
19	贵州鑫垚智能技术有限公司	ZAX-NP01201952010025-01	2019-09-15
20	贵州江南航天信息网络通信有限公司	ZAX-NP01202052010026-01	2020-05-15
21	贵州永光盛安防科技有限公司	ZAX-NP01202052010027	2020-08-17
22	贵州长信天鹰信息系统有限公司	ZAX-NP01202052010028	2020-09-16
23	贵州瑞昇科技发展有限公司	ZAX-NP01202152010029	2021-11-01
24	贵州东冠安防系统运营服务有限公司	ZAX-NP01202252010030	2022-11-15

二十三、云南（共4家）

序号	企业名称	证书编号	获证时间
1	盛云科技有限公司	ZAX-NP01201653000001-02	2016-07-28
2	科海电子股份有限公司	ZAX-NP01201653000002-02	2016-09-14
3	云南金隆伟业科技有限公司	ZAX-NP01201653000003-02	2016-12-30
4	昆明汇振科技有限公司	ZAX-NP01202153000005	2021-12-15

二十四、陕西（共2家）

序号	企业名称	证书编号	获证时间
1	中国通信建设第二工程局有限公司	ZAX-NP01201961000003-01	2019-10-30
2	陕西刚特建设工程有限公司	ZAX-NP01202161000004	2021-09-01

二十五、甘肃（共1家）

序号	企业名称	证书编号	获证时间
1	兰州奥普信息技术有限公司	ZAX-NP01202062000001	2020-07-30

二十六、宁夏（共1家）

序号	企业名称	证书编号	获证时间
1	中科天际科技股份有限公司	ZAX-NP01201864000001-01	2018-08-20

二十七、新疆（共2家）

序号	企业名称	证书编号	获证时间
1	新疆万维网络工程有限公司	ZAX-NP01201865000001-01	2018-02-12
2	新疆远东科技有限公司	ZAX-NP01202065000002-01	2020-01-15

二十八、海南（共4家）

序号	企业名称	证书编号	获证时间
1	海南科澜科技有限公司	ZAX-NP01202146010001	2021-10-15
2	航天海鹰安全技术工程有限公司	ZAX-NP01202146010002	2021-11-01
3	海南电信规划设计院有限公司	ZAX-NP01202246010003	2022-11-15
4	海南通信建设有限公司	ZAX-NP01202246010004	2022-11-15

因篇幅所限，获得中国安全防范产品行业协会（以下简称“中安协”）安防工程企业设计施工维护能力评价（以下简称“能评”）二、三级证书的企业名录，请查阅《中国安全防范行业年鉴》2022年网络版，或登录中安协官网能评中心查询。

网络版地址：http：//www. 21csp. com. cn/njcd/2022/

中安协官网能评中心：http：//122. 112. 2. 213/QYZZCX/index. asp

后 记

《中国安全防范行业年鉴》（以下简称《年鉴》）是国内唯一一部由公安部科技信息化局指导、中国安全防范产品行业协会编制的安防行业权威出版物。

《年鉴》（2022 版）编写工作经过信息采集、信息加工、版面设计、信息审核、排版校对、印刷发行等环节，于 2023 年 12 月正式出版发行。

为更好地开展《年鉴》编写工作，2022 版编写工作提早谋划，明确任务分工，调整并确定本版的基本框架结构，使其总体编排更加合理、内容更加丰富、检索更加便捷。同时将编写工作与协会各项工作相结合，转变思路，形成多部门相互协同的编写工作新机制，梳理并整合协会内部各部门工作数据，为《年鉴》的数据提供有效支撑。

信息采集阶段，编纂工作组主要通过以下渠道广泛征集本《年鉴》的资料和素材：一是公安部科技信息化局向各地公安机关技防管理部门采集政府管理部门相关信息；二是通过中国安全防范产品行业协会向标准、检测和认证等技术服务机构以及各地安防协会发函采集相关信息；三是向专家咨询委员会、各分支机构征集相关稿件；四是摘选《中国安防》杂志相关应用领域的文章；五是依托网站日常工作收集整理稿件内容。

信息整理阶段，编纂工作组首先对所获得的全部资料进行了认真梳理和加工，并按照编写方案进行编写，最终形成了《年鉴》（2022 版）初稿。在此基础上，向供稿部门、行业专家广泛征求修改意见和建议，并在采纳合理意见和建议的基础上，对稿件进行了修改和完善。

公安部科技信息化局、各省（区、市）公安技防管理部门、各地安防协会、全国安全防范报警系统标准化技术委员会等技术服务机构以及广大安防企业大力支持了《中国安全防范行业年鉴》（2022 版）的编写工作，并积极提供稿件和相关资料。

为本书提供稿件的单位如下：

技防管理机构

公安部科技信息化局安全技术防范与视频应用管理处
北京市公安局指挥部视频警务和安技防通信保障处
河北省公安厅安全技术防范管理办公室
山西省公安厅安全技术防范管理办公室
内蒙古自治区公安厅科技信息化总队
辽宁省公安厅技术防范办公室
吉林省公安厅图像侦查总队
黑龙江省公安厅科技信息化总队
上海市公安局技术防范办公室
江苏省公安厅科技处
浙江省公安厅科技信息化局
安徽省公安厅科技信息化处
福建省公安厅科技通信处
江西省公安厅安全技术防范管理办公室
山东省公安厅信息通信处
河南省公安厅科技处
湖北省公安厅安全技术防范管理办公室
湖南省公安厅科信总队
广东省公安厅安全技术防范管理办公室
广西壮族自治区公安厅安全技术防范管理办公室
海南省公安厅安全技术防范管理办公室
重庆市公安局科技信息化总队
贵州省公安厅安全技术防范管理办公室
云南省公安厅安全技术防范办公室
西藏自治区公安厅科信总队
陕西省公安厅安全技术防范管理办公室

甘肃省公安厅安全技术防范管理办公室
青海省公安厅科技信息化总队安全技术防范办公室
宁夏回族自治区公安厅安全技术防范管理办公室
新疆生产建设兵团公共安全视频监控建设联网应用部门协调工作组办公室

行业组织

中国安全防范产品行业协会
北京安全防范行业协会
天津市安全防范服务行业协会
石家庄市安全技术防范协会
秦皇岛市安全技术防范协会
邯郸市安全防范行业协会
太原市人工智能行业协会
阳泉市保安和安防行业协会
内蒙古自治区公共安全技术防范行业协会
辽宁省社会公共安全产品行业协会
吉林省社会公共安全产品行业协会
黑龙江省安全防范产品行业协会
上海安全防范报警协会
南京安全技术防范行业协会
常州市安全技术防范行业协会
苏州市安全技术防范行业协会
南通安全防范协会
镇江市安全技术防范行业协会
张家港市安全技术防范协会
昆山市安全防范行业协会
浙江省安全技术防范行业协会
杭州市安全技术防范行业协会
安徽省安全技术防范行业协会
福建省公共安全防范行业协会
厦门市安全技术防范协会
三明市公共安全防范行业协会
江西省安全技术防范行业协会
南昌市安全技术防范协会
济南市社会公共安全防范协会
青岛市社会公共安全防范协会
郑州市公共安全防范行业协会
开封市公共安全技术防范协会
湖北省安全技术防范行业协会
武汉市安全技术防范行业协会
湖南省安全技术防范协会
广东省公共安全技术防范协会
广州市安全防范行业协会
深圳市安全防范行业协会
深圳市智慧安防行业协会
佛山市公共安全技术防范协会
东莞市公共安全技术防范协会
珠海市公共安全技术防范协会
肇庆市公共安全技术防范协会
广西安全技术防范行业协会
海南省智慧城市安防技术行业协会
重庆市公共安全技术防范协会
四川省信息系统集成服务行业协会
成都安全防范协会
贵州省安全技术防范行业协会
陕西省安全防范产品行业协会
甘肃省安全技术防范协会
青海省公共安全技术防范协会
新疆维吾尔自治区安全技术防范行业协会

技术服务机构

全国安全防范报警系统标准化技术委员会
全国安全防范报警系统标准化技术委员会实体防护设备分技术委员会
全国安全防范报警系统标准化技术委员会人体生物特征识别应用分技术委员会
全国警用装备标准化技术委员会
公安部社会公共安全应用基础标准化技术委员会
中国安全技术防范认证中心
公安部第三研究所认证中心
国家安全防范报警系统产品质量检验检测中心（上海）
国家安全防范报警系统产品质量检验检测中心（北京）
中国人民公安大学安全防范技术与风险评估实验室
智能语音技术公安部重点实验室
中关村中安公共安全视频智能应用技术联盟

广东省安全防范报警系统标准化技术委员会
北京安防视音频编解码技术产业联盟
中关村安防工程检测技术联盟
中关村安信网络身份认证产业联盟
全国爆炸物品公共安全管理标准化技术委员会

以上单位通力协作，在《中国安全防范行业年鉴》（2022 版）的编写过程中发挥了重要作用并作出了积极贡献。在《中国安全防范行业年鉴》（2022 版）付梓之际，谨向所有关心、支持编写工作的领导、专家、机构、协会、企业及编写人员表示衷心的感谢并致以崇高的敬意。

《中国安全防范行业年鉴》（2022 版）编纂工作组
2023 年 9 月